500 French Verbs

Verbs

FOR

DUMMIES

A Wiley Brand

by Zoe Erotopoulos, PhD

Author of *French For Dummies*, Second Edition

WITHDRAWN

FOR

DUMMIES

A Wiley Brand

500 French Verbs For Dummies®

Published by
John Wiley & Sons, Inc.
111 River Street, Hoboken, NJ 07030-5774
www.wiley.com

Copyright © 2013 by John Wiley & Sons, Inc., Hoboken, New Jersey

Published simultaneously in Canada

Verb Tables/Verb Indexing provided by HarperCollins:

© HarperCollins Publishers Ltd 2013

All original Material provided by author: **WILEY**

No part of this publication may be reproduced, stored in a retrieval system or transmitted in any form or by any means, electronic, mechanical, photocopying, recording, scanning or otherwise, except as permitted under Sections 107 or 108 of the 1976 United States Copyright Act, without the prior written permission of the Publisher. Requests to the Publisher for permission should be addressed to the Permissions Department, John Wiley & Sons, Inc., 111 River Street, Hoboken, NJ 07030, (201) 748-6011, fax (201) 748-6008, or online at http://www.wiley.com/go/permissions.

Trademarks: Wiley, For Dummies, the Dummies Man logo, Dummies.com, Making Everything Easier, and related trade dress are trademarks or registered trademarks of John Wiley & Sons, Inc., and may not be used without written permission. All other trademarks are the property of their respective owners. John Wiley & Sons, Inc., is not associated with any product or vendor mentioned in this book.

LIMIT OF LIABILITY/DISCLAIMER OF WARRANTY: WHILE THE PUBLISHER AND AUTHOR HAVE USED THEIR BEST EFFORTS IN PREPARING THIS BOOK, THEY MAKE NO REPRESENTATIONS OR WARRANTIES WITH RESPECT TO THE ACCURACY OR COMPLETENESS OF THE CONTENTS OF THIS BOOK AND SPECIFICALLY DISCLAIM ANY IMPLIED WARRANTIES OF MERCHANTABILITY OR FITNESS FOR A PARTICULAR PURPOSE. NO WARRANTY MAY BE CREATED OR EXTENDED BY SALES REPRESENTATIVES OR WRITTEN SALES MATERIALS. THE ADVICE AND STRATEGIES CONTAINED HEREIN MAY NOT BE SUITABLE FOR YOUR SITUATION. YOU SHOULD CONSULT WITH A PROFESSIONAL WHERE APPROPRIATE. NEITHER THE PUBLISHER NOR THE AUTHOR SHALL BE LIABLE FOR DAMAGES ARISING HEREFROM.

For general information on our other products and services, please contact our Customer Care Department within the U.S. at 877-762-2974, outside the U.S. at 317-572-3993, or fax 317-572-4002. For technical support, please visit www.wiley.com/techsupport.

Wiley publishes in a variety of print and electronic formats and by print-on-demand. Some material included with standard print versions of this book may not be included in e-books or in print-on-demand. If this book refers to media such as a CD or DVD that is not included in the version you purchased, you may download this material at http://booksupport.wiley.com. For more information about Wiley products, visit www.wiley.com.

Library of Congress Control Number: 2013936424

ISBN 978-1-118-51602-7 (pbk); ISBN 978-1-118-61273-6 (ebk); ISBN 978-1-118-61274-3 (ebk); ISBN 978-1-118-61284-2 (ebk)

Manufactured in the United States of America

10 9 8 7 6 5 4 3 2 1

About the Author

Dr. Zoe Erotopoulos holds an MA, MPhil, and PhD in French and Romance Philology from Columbia University in New York City. She has also studied in Aix-en-Provence, at the Sorbonne, and at the École Normale Supérieure in Paris. Her teaching experience ranges from elementary to advanced-level courses in French, including literature and theater. Dr. Erotopoulos's area of expertise is 17th-century French theater. Throughout her academic career, she has taught at a number of institutions, including Columbia University, Reid Hall in Paris, and Trinity College in Hartford, Connecticut. She is presently teaching in the Department of Modern Languages and Literatures at Fairfield University in Fairfield, Connecticut. Dr. Erotopoulos is the author of the latest edition of *French For Dummies*.

Dedication

To my children with all my love.

Author's Acknowledgments

A big thank-you to the acquisitions editor Erin Calligan Mooney who gave me the opportunity to work on *500 French Verbs For Dummies*. I was also very fortunate to work once again with Chad Sievers, my project editor, whose suggestions, sense of humor, and knowledge of the *For Dummies* style were an invaluable part of the writing of this book. To the technical reviewers, Scott Powers, PhD, and Michael Foster, PhD, thank you for your expertise and for your scrupulous attention to detail.

Publisher's Acknowledgments

Acquisitions Editor: Erin Calligan Mooney

Project Editor: Chad R. Sievers

Copy Editor: Chad R. Sievers

Technical Editors: Michael Foster, PhD, and Scott Powers, PhD

Art Coordinator: Alicia B. South

Project Coordinator: Patrick Redmond

Project Manager: Laura Moss-Hollister

Producer: Marilyn Hummel

Cover Photo: ©iStockphoto.com/3DStock

Contents at a Glance

Table of Contents

Introduction

*V*erbs are the building blocks of any sentence structure. You use them every day to say what you're doing, where you are or going to be, what you've done, what you aspire to do or be, and so on. Whether you're asking questions, recounting your past, talking about your likes and dislikes, expressing your wishes and aspirations, or giving orders, you use verbs. In your native language, the use of verbs is intuitive. You know exactly how to conjugate the verb, whether it's regular or irregular, and which tense to use for various circumstances. However, when you're studying a foreign language, you need to be aware of these types of details so that you can correctly conjugate the verbs and accurately use them.

Added to this challenge is the fact that French has many more tenses than English. It actually has more than twice as many tenses, with 14 in total. Don't worry though, because you don't use all the French tenses in everyday conversations. French has many literary tenses that you don't use much in spoken French. No matter how much French you know or have studied, you've come to the right place. *500 French Verbs For Dummies* can help.

About This Book

500 French Verbs For Dummies is a handy reference book that includes the conjugation of 500 verbs in 14 tenses, as well as their imperative and present participle forms. Each verb is conjugated to correspond to appropriate subject pronouns, with their distinct endings, which for the majority of verbs are regular and easily distinguishable. In fact, you may notice many similar patterns upon perusing the verb conjugations. Furthermore, each tense has specific endings that you add to the stem.

After a while, you'll become an expert in recognizing and forming the various tenses. So, refer to the verb tables as often as you want to look up the meaning of a verb or the tenses that you need. The verbs appear alphabetically and in a clear and precise order for easy access, with each verb appearing on one page. Before the verb conjugations, this book also includes a few chapters to get you started.

Foolish Assumptions

While writing this book, I made at least one of the following assumptions about you:

- ✔ You're currently a student in French and wish to have a reference book of verb conjugations so you can use them to improve your speaking skills.
- ✔ You've studied French quite extensively and want to read a French newspaper or your favorite French novel but need a little help with the literary tenses.
- ✔ You studied French a while ago and are a little rusty. You want to get back into learning French and need to refresh your memory regarding verb conjugations.

Conventions Used in This Book

In order to help you make your experience with *500 French Verbs For Dummies* fun and carefree, I use the following conventions:

- ✔ All French words and sentences are **boldface** so you can easily identify them.
- ✔ All English translations follow the French terms and appear in *italics*.
- ✔ Each of the 500 conjugated verbs appears on its own page in two columns. The first column contains the seven simple tenses and the second column the seven complex tenses. The infinitive, its translation in English, the present participle, and the past participle of each verb appear at the top of the page of each verb conjugation table along with the type of verb that it is (regular, stem-changing, irregular, or pronominal). The imperative or command forms of each verb as well as a few example sentences that feature the verb appear at the bottom of each table. See the next page for an example.

How This Book Is Organized

500 French Verbs For Dummies is composed of four parts. I explain the organization and components of each part in these sections.

Part 1: Getting Started with 500 French Verbs

This part contains three chapters that explain the various types of verbs as well as grammar terms and verb forms.

Chapter 1 identifies grammar terms and moods, including the indicative, conditional, subjunctive, and imperative moods. Furthermore, it discusses the subject pronouns and their usage as well as the present participle and gerund forms. Chapter 2 explains the formation and usage of each one of the simple and complex tenses and provides examples of each. I also thoroughly explain the agreement of the past participle in the compound tenses with clear examples. Chapter 3 provides a tutorial on French pronunciation. It also includes the accents and their purpose, elision, and the liaison. I also discuss the two different types of "h"s in this chapter.

Part II: 500 Verb Tables

This part is by far the largest because it contains the conjugation of 500 verbs in all 14 tenses as well as the present and past participles, and the imperative forms of each verb. See Figure 1 for an example of what the tables look like.

ESSENTIAL VERB

#339

parler
(to speak, to talk)

Present Participle: parlant • **Past Participle:** parlé
Regular -er verb

Present		**Passé Composé**	
parle	parlons	ai parlé	avons parlé
parles	parlez	as parlé	avez parlé
parle	parlent	a parlé	ont parlé

Imperfect		**Pluperfect**	
parlais	parlions	avais parlé	avions parlé
parlais	parliez	avais parlé	aviez parlé
parlait	parlaient	avait parlé	avaient parlé

Passé Simple		**Past Anterior**	
parlai	parlâmes	eus parlé	eûmes parlé
parlas	parlâtes	eus parlé	eûtes parlé
parla	parlèrent	eut parlé	eurent parlé

Future		**Future Perfect**	
parlerai	parlerons	aurai parlé	aurons parlé
parleras	parlerez	auras parlé	aurez parlé
parlera	parleront	aura parlé	auront parlé

Conditional		**Conditional Perfect**	
parlerais	parlerions	aurais parlé	aurions parlé
parlerais	parleriez	aurais parlé	auriez parlé
parlerait	parleraient	aurait parlé	auraient parlé

Present Subjunctive		**Past Subjunctive**	
parle	parlions	aie parlé	ayons parlé
parles	parliez	aies parlé	ayez parlé
parle	parlent	ait parlé	aient parlé

Imperfect Subjunctive		**Pluperfect Subjunctive**	
parlasse	parlassions	eusse parlé	eussions parlé
parlasses	parlassiez	eusses parlé	eussiez parlé
parlât	parlassent	eût parlé	eussent parlé

Imperative/Command
parle	parlons	parlez

Verb in Action
Vous parlez français? *(Do you speak French?)*
Il ne pouvait plus parler. *(He could no longer speak.)*
Il parle dix langues. *(He speaks ten languages.)*

Figure 1: A sample verb table.

Part III: The Part of Tens

In this book, this part contains two chapters and highlights ten important verbs in each. The first helps you avoid pitfalls by making you aware of ten false cognate verbs. The second chapter features ten verbs that are transitive in French and intransitive in English and vice versa and explains how to use them. You can also find a bonus Part of Tens chapter for this book online at www.dummies.com/extras/500frenchverbs.

Part IV: Verb Indexes

Conjugating every single verb in the French language is impossible in just one book. It would take volumes to do so. However, I have provided a good starting point. This verb index contains more than 1,300 verbs with their English translations and includes a reference number to the type of verb that is conjugated similarly in Part II. This part includes the verbs in two indexes; one is English to French and the other French to English so you can find any verb of your choice.

Icons Used in This Book

I include some small icons in the book's margins to help you navigate your way through *500 French Verbs For Dummies*. Here are the icons I use:

Keep the information here fresh in your mind. You can refer to it again and again to help you master French verbs.

This icon offers important information that you can actually implement to make mastering French verbs easier.

This icon appears in the verb tables. I've selected 50 verbs that are vital in speaking French. Pay special attention to them. If you can master them, you're on your way.

Where to Go from Here

Jump in and use the parts of this book that you need. If you're a novice and just started studying French, then read the three chapters in Part I, which explain the verb conjugations, tenses, moods, subject pronouns, and pronunciation. If you're more advanced, refer to Part II to look up any tense of a verb of your choice. If you're looking for a verb, flip to the verb index to see whether it's one of the 500 that I conjugate. If not, look up the verb after which it's modeled.

Part I

Getting Started with 500 French Verbs

Visit www.dummies.com for more great Dummies content online.

In this part . . .

✔ Get a quick overview of different grammar terms, including parts of speech related to verbs.

✔ Acquaint yourself with French subject pronouns and how to use them in French.

✔ Identify the four main verb types in French — regular verbs, stem-change verbs, irregular verbs, and pronominal verbs — and know what makes them unique.

✔ Know how to form the present participle, gerund, and past participle so you can sound more like a native speaker.

✔ Discover the seven simple and seven complex tenses of French verbs and when to use each one.

✔ Examine the sounds in the French alphabet and compare them with English letters to know which are similar and which are special to French.

✔ Understand the functions of accent marks and when to use them.

Chapter 1

Jumping into Action with French Verbs

In This Chapter

▶ Eyeing grammar terms and moods

▶ Knowing the subject pronouns

▶ Classifying verb types

▶ Creating the present participle and gerund

*W*hether you're just beginning to study French or are already quite proficient in the language, you may need a little extra help identifying and forming verb tenses, especially the ones that don't actually exist in English. This chapter introduces verb terms and concepts, types of verbs, subject pronouns, and much more.

Identifying Grammar Terms

In order to fully understand the concept of verbs, you need to be able to identify verb forms and discover some tricks to help you conjugate verbs in various tenses quite easily.

The following list defines some grammar terms associated with verbs. These terms are pretty standard for Romance and Germanic languages. In fact, English uses the same terms when referring to verbs.

- ✔ **Verb:** A word that expresses an action such as *to eat* or *to speak* or a state of being, like *to think* or *to be*.

- ✔ **Transitive verb:** These verbs take a direct object. A *direct object* is a noun that follows the verb directly without the use of a preposition. It answers the questions "who" or "what" in relation to the verb. For example, when you say, *We watch the news*, the verb *to watch* is a transitive verb because it's followed by the direct object *the news,* which answers the question *what are we watching?* In French, you'd say **nous regardons les informations.** However, some verbs are transitive in French but intransitive in English, meaning that in English, those verbs require a preposition. These verbs include **attendre** (*to wait for*), **chercher** (*to look for*), **écouter** (*to listen to*), and **payer** (*to pay for*).

✔ **Intransitive verb:** An *intransitive verb* is one that doesn't take a direct object and is often followed by a preposition or by nothing at all. For example, when you say **Il monte au grenier** (*He goes/is going up to the attic*), *to go up* is an intransitive verb in this sentence because the preposition **au** (*to*) follows it. Be aware that some verbs are intransitive in French, but transitive in English, such as **répondre** (*to answer*), **obéir** (*to obey*), **ressembler** (*to resemble*), and **assister** (*to attend*). The preposition **à** follows these verbs in French as in this example, **Elle ressemble à sa mère** (*She resembles her mother*).

✔ **Subject:** A person or a thing that performs the action in a sentence.

✔ **Infinitive:** The nonconjugated form of the verb. The infinitive doesn't have a subject doing the action or a tense like the present, past, or future. In English, an infinitive has the word *to* in front of it, as in *to travel* or *to work*. In French, the infinitives end in **–er**, **–ir**, or **–re**.

✔ **Conjugation:** A verb form that corresponds to the subject and indicates who or what is doing the action and when.

✔ **Verb stem:** The part of the verb that is left after you drop certain endings. For example, to form the present tense, you drop the infinitive endings **–er**, **–ir**, or **–re.** The verb stem varies, depending on the tense that you're forming. For example, to form the future and the conditional tenses, you need to take the entire infinitive of most verbs (for **–re** verbs, drop the "**e**") and add the appropriate endings for each tense. Chapter 2 explains the formation of all the tenses in detail.

✔ **Verb ending:** Endings that you add to the verb stem, which are specific to each type of verb, in order to correspond the verb to each subject pronoun. Also, endings indicate which tense the verb is in, for example, the future, the conditional, the imperfect, and so on.

✔ **Tense:** The *time* of the verb to indicate whether the action is in the present, past, or future.

✔ **Simple tense:** The conjugation of the verb by itself without the use of an auxiliary verb. You form the simple tenses by taking the stem of the verb and adding the appropriate endings. Some verbs require modifying the stem, which I address later in this chapter. The present indicative, the imperfect, the passé simple or simple past, the future, the conditional, the present subjunctive, and the imperfect subjunctive are all simple tenses. Check out Chapter 2.

✔ **Compound tense:** A verb that uses an auxiliary — **avoir** or **être** plus the past participle of the verb. The passé composé, the pluperfect, the past anterior, the future perfect, the conditional perfect, and the past and pluperfect subjunctive are all compound tenses in French. Refer to Chapter 2 for more information.

✔ **Auxiliary:** A helping verb that is used to form the compound tenses. In English *to have* is a helping verb as in *I have traveled* or *He has worked hard.* French has two auxiliary verbs: **avoir** (*to have*) and **être** (*to be*). Most French verbs take **avoir** as their auxiliary and a few verbs take **être**, including all pronominal verbs.

✔ **Mood or mode:** A way of expressing yourself or a way of speaking. A *mood* shows the speaker's attitude or feelings toward an event and most contain several tenses. French, like English, has these four moods:

- **Indicative mood:** You use this mood most often because it expresses objective reality. With the indicative mood, the speaker is talking about a fact or about something that is happening, will happen, or has happened.

- **Subjunctive mood:** Used more often in French than in English, this is the mood of subjectivity, emotion, doubt, and will.

- **Conditional mood:** This mood uses the word *would* and often appears in the result clause of hypothetical sentences, such as "If this were to happen, then this would happen." You also use the conditional mood to make polite requests or suggestions.

- **Imperative mood:** Imperative is the technical term for the command, which expresses an order or a request. Just like in English, you don't use the subject pronoun with commands. For example, in English you'd say *Eat!* or *Let's eat!*

  French has three command forms, which are derived from the **tu, nous,** and **vous** forms of the present tense for the majority of verbs. Here I show the three forms of the verb **manger** (*to eat*) as an example. Conjugate the verb in the three forms and then drop the subject pronoun to get the imperative form: **Mange! Mangeons! Mangez!** The **tu** form doesn't have an **s** on the verb because you drop it for all **–er** verbs in the imperative. A few verbs have irregular imperative forms.

Meeting the Subject Pronouns

No sentence is complete without a subject and a verb. The *subject* indicates who or what is performing the action and the verb is conjugated to correspond to it. Each verb has six conjugations per tense, corresponding to the six person forms, three singular and three plural. Table 1-1 shows the French subject pronouns with their English translations.

Table 1-1	Subject Pronouns in Conjugating Verbs	
Person	*Singular*	*Plural*
1st	**je/j'** (*I*)	**nous** (*we*)
2nd	**tu** (*you* singular informal)	**vous** (*you* singular formal and plural)
3rd	**il/elle/on** (*he, she, it, one*)	**ils/elles** (*they*)

In French, the subject pronoun must always accompany the verb, unless it's in the imperative or command form.

Here are some clarifications regarding subject pronouns.

- **Je:** Unlike *I* in English, **je** isn't capitalized in French, unless it begins the sentence. Additionally, you drop the **e** in **je** and add an apostrophe (**j'**) if the verb that follows it begins with a vowel or a mute h. (For more on the Hs in French, refer to chapter 3.) For example, **J'habite à Boston**. (*I live in Boston.*)

- **Il and elle:** Just like French nouns, French pronouns have a gender, which means that they can be feminine or masculine. For example, **il** (*he*) or **elle** (*she*) refer not only to a person, but also to a masculine or feminine singular object or thing, meaning *it.*

- **Tu and vous:** Both **tu** and **vous** mean *you,* but they have a major difference.

  Tu is always singular. Use the informal singular **tu** with family members, peers, children, or animals.

  Vous can be singular or plural. Use the formal **vous** when you're meeting someone for the first time, with someone who is older than you, and with your supervisor or boss. Use **vous** when you're referring to two or more people, whether informally or formally. Remember that no matter how you use **vous** (to refer to one person or to several people), the verb is always in the second person plural form. *Note:* When it doubt, use **vous**.

✔ **On:** The third person singular pronoun **on** can mean *one we, they,* and *people* in English. For example, **On s'amuse en vacances** can mean *One has fun on vacation* or *we/they/ people have fun on vacation.* Whether **on** refers to a singular or to a plural subject, its verb conjugation is always third person singular.

Categorizing the Main Verb Types

When you conjugate a verb, it's helpful to know what verb type it is so you can follow a set pattern and correctly conjugate it.

French has four main verb types. When you follow the set pattern for each of these types, you can conjugate thousands of verbs. The four main verb types are as follows:

✔ **Regular verbs:** You'll notice three categories of regular verbs in French, whose infinitives end as follows:

- The **–er** verbs: This is the largest group of verbs. Check out the verb table for **parler** (*to talk*) for an example.

- The **–ir** verbs: The second category is also common. Refer to the verb table for **finir** (*to finish*) as an example.

- The **–re** verbs: This is also a common group of verbs and its conjugation is quite simple. Check out the verb table for **attendre** (*to wait for*) for an example.

✔ **Stem-change verbs:** Most of these verbs undergo a stem-change in the first, second, and third person singular and in the third person plural in the present indicative and present subjunctive. This change allows you to pronounce a mute **e,** as in the verbs **appeler** (*to call*) and **jeter** (*to throw*), by doubling their respective consonants **l** and **t** after the mute **e.** Other verbs, such as **acheter** (*to buy*) require the **accent grave** on the e — like so, **è,** instead of a double consonant.

Verbs with infinitives ending in **–cer** and **–ger,** such as the verbs **commencer** (*to begin*) and **manger** (*to eat*), also undergo a stem change, but only in the **nous** (*we*) form in the present indicative. For **–cer** verbs, in order to pronounce the **c** as an *s*, you need to add the **accent cédille** (*cedilla*) underneath the **c** — like so, **ç,** when the **c** is followed by an **a** or an **o.** For **–ger** verbs, you need to keep the **e** after the **g** before the **–ons,** in order for the **g** to be pronounced like the *s* in the English word *leisure* and not like the *g* in the word *guess.* You also add an **e** after the **g** when it's followed by an **a.** Refer to both of these verbs in Part II for clear examples of each tense.

✔ **Irregular verbs:** These verbs don't follow a regular pattern and have a conjugation that is specific to them. They include some very common verbs like **avoir** (*to have*), **être** (*to be*), **aller** (*to go*), **faire** (*to do, to make*), and **venir** (*to come*) to name a few.

✔ **Pronominal verbs:** These types of verbs also have pronominal pronouns that are placed after the subject pronouns. French has three types:

- **Reflexive verbs:** The subject does the action on itself. For example, **Je me lave** means *I wash myself* as opposed to **Je lave la voiture** (*I wash the car*).

- **Reciprocal verbs:** Two or more people are doing the action to each other. For example, **Ils se parlent** means *They speak to each other.*

- **Idiomatic expressions:** You can't understand the meaning of these pronominal verbs from their nonpronominal form. For example, the verb **entendre** means *to hear.* However, in its pronominal form, **s'entendre** means *to get along*, as in **Ils s'entendent bien** (*They get along well*).

These verbs follow a regular conjugation pattern, but they include the pronominal pronouns, which are placed between the subject pronouns and the verb. Also, these verbs include the pronoun **se** (or **s'** if the verb begins with a vowel or a mute **h)** in the infinitive form. Look up the verb table for **se réveiller** (*to wake up*) to see an example.

Forming the Present Participle and the Gerund

In English, the present participle ends in *–ing,* and in French, it ends in **–ant** and often answers the question "why" or "how." To form the present participle of the majority of verbs in French, simply take the **nous** form of the present indicative verb conjugation, drop the **–ons,** and add **–ant.** For example, *doing* is **faisant** and *speaking* is **parlant.**

You can also use the present participle as a verb-noun. In this case, add the preposition **en** in front of the present participle to form the gerund in French. Adding **en** to the present participle means *in, by, while, upon* as in **en parlant**, which can mean *in, by, while, upon speaking.*

To know how to create the past participle, head to Chapter 2.

Chapter 2

Categorizing the Tenses

In This Chapter

▶ Familiarizing yourself with simple tenses

▶ Understanding the ins and outs of compound tenses

▶ Making agreement

*T**ense,* which means *time,* implies that verbs change their forms to tell present, past, or future time. Verb formations have two categories: simple tenses and compound tenses.

This chapter takes a closer look at the simple and compound tenses so you can differentiate between all 14 tenses and know when to use them. For how to conjugate these different tenses, go to the verb table of your choosing.

Using Simple Tenses

In the *simple* tenses, a verb is conjugated by itself without the help of an auxiliary verb. You form the simple tense by taking the stem of the verb and adding specific endings that indicate different times, such as present, past, or future.

French has seven simple tenses that include **le présent de l'indicatif,** (*the present indicative*), **l'imparfait de l'indicatif** (*the imperfect indicative*), **le passé simple** (*the past definite* or *simple past*), **le futur** (*the future*), **le conditionnel** (*the conditional*), **le subjonctif présent** (*the present subjunctive*), and **l'imparfait du subjonctif** (*the imperfect subjunctive*). All but the passé simple and the imperfect subjunctive are used in everyday speech.

 If you're just beginning to study French, start with the present indicative because most of the stems for the formation of simple tenses are derived from this tense and from the infinitive. The following sections explain these simple tenses and how to use them.

Present indicative

The present indicative tense is the most commonly used tense to state a general fact, to describe what you or someone else does every day, or to express how things are. The present tense in French has three meanings in English. For example, if you say **Je travaille,** it means *I work, I do work,* or *I am working.* Use the meaning that best fits the context of the sentence.

Use the present tense to do the following:

- ✔ Describe an action that is happening now or describe a state of being.

  Je parle français. (*I speak French.*)

- ✔ Emphasize the action. English uses the verb *to do* in order to form the emphatic form of the present tense.

  Nous étudions. (*We do study.*)

- ✔ State that you're in the process of doing something. In English, you use the auxiliary verb *to be* and the *–ing* form of the verb.

  Ils préparent le dîner. (*They are preparing dinner.*)

- ✔ Describe a customary or usual occurrence and general truths.

  Nous sortons le week-end. (*We go out on the weekends.*)

- ✔ Indicate the immediate future.

  Elle rentre demain. (*She's coming home tomorrow.*)

- ✔ Express an ongoing action. In French, you use the present tense with the expressions **depuis, il y a . . . que, voilà . . . que,** and **ça fait . . . que** to describe an action that started in the past but continues into the present. They all have the same meaning (*for*). English instead uses the present perfect tense.

  Je travaille depuis 25 ans.

  Il y a 25 ans que je travaille.

  Voilà 25 ans que je travaille.

  Ça fait 25 ans que je travaille.

All mean the same: *I have been working for 25 years.*

Imperfect indicative

The imperfect indicative tense expresses actions in the past that weren't yet completed, were ongoing, were habitual, or were interrupted by another action. The imperfect is also used for description in the past. Some of the possible meanings of this tense in English are *was/were doing something, used to do something,* or *would do something* in the past.

You can use the imperfect tense to do the following:

✔ Express habitual and continuous actions in the past.

Ma fille jouait tous les jours avec ses amis. (*My daughter would play [used to play] every day with her friends.*)

✔ Describe two or more simultaneous actions. French usually uses the expression **pendant que** (*while*) to link the actions.

Je préparais le repas pendant que les enfants mettaient la table. (*I was preparing the meal while the children were setting the table.*)

✔ Express an interrupted action in the past, when another action ensued. The interrupted action is in the imperfect tense, and the second action is in the **passé composé** or the compound past.

Nous lisions le journal quand tu as téléphoné. (*We were reading the newspaper when you called.*)

✔ Describe physical, mental, and emotional conditions as well as weather, time, and scenery.

Il pleuvait et le ciel était gris. (*It was raining and the sky was gray.*)

✔ **Elle portait un imperméable et des bottes.** (*She was wearing a raincoat and boots.*)

✔ Express ongoing action with certain constructions, **être en train de** *(to be in the middle of)* and **venir de** *(to have just).*

Maman était en train d'éplucher les carottes quand elle s'est coupée. (*Mom was in the middle of peeling the carrots when she cut herself.*)

Passé simple

French doesn't use the simple past in everyday speech. It's a literary tense that expresses a completed past action. The conjugation of this tense for the majority of verbs is fairly straightforward. If you're focusing just on speaking French and improving your use of verbs, you don't need to worry about this tense. Just check the verb tables in Part II for the regular and irregular conjugations.

Future

Use the future tense to describe events that will take place in (surprise) the future. The future tense is used to do the following:

- Express a future action or a state of being.

  Mes parents arriveront la semaine prochaine. (*My parents will arrive next week.*)

- Imply a future action with the use of key expressions. This is where the future is used differently in French than in English. These expressions include **aussitôt que** (*as soon as*), **dès que** (*as soon as*), **lorsque** (*when*), **quand** (*when*), and **tant que** (*as long as*).

  In English you'd say, *When I go to Paris, I will visit the Louvre.* However, you aren't in Paris yet, therefore in French you have to use the future tense and say, **Quand j'irai à Paris, je visiterai le Louvre.** (*When I will go to Paris, I will visit the Louvre.*)

 You can also use the immediate or near future to talk about future events. Although you can interchangeably use the near future and the simple future, use the near future to talk about future events that will happen fairly soon. Just like in English, you form this tense by conjugating the verb **aller** (*to go*) in the present indicative, followed by the infinitive of a verb of your choice. For example:

Nous allons jouer au basket cet après-midi. (*We are going to play basketball this afternoon.*)

Conditional

The conditional is a mood that is used quite often in French. It corresponds to the word *would* and to the verb that follows *would* in English. Use the conditional to do the following:

- Make polite requests.

  J'aimerais une tasse de thé. (*I would like a cup of tea.*)

- Make suggestions. In such cases, use the verb **devoir** (*to have to, to must, to ought to*), in the conditional to mean (*should*).

  Elle devrait rester au lit. (*She should stay in bed.*)

✔ Hypothesize as a result of a condition. You use the conditional in the result clause of the second hypothetical sentence when the imperfect tense is used in the *si* (*if*) clause, such as *if something were to happen, then something else would happen.*

S'il faisait du soleil, j'irais à la plage. (*If it were sunny, I would go to the beach.*)

✔ Express the future in indirect discourse. Use the conditional in indirect discourse, when one person repeats the words of another, when the main verb is in the past tense, and you wish to express the future.

Tu as dit que tu achèterais les billets. (*You said that you would buy the tickets.*)

Present subjunctive

The present subjunctive mood expresses the speaker's subjective views, emotions, fears, and doubts. French uses the subjunctive far more than English does. You place the subjunctive in the subordinate clause, introduced by **que** (*that*) when the verb in the main clause expresses emotion, will, wish, command, doubt, or subjectivity.

Use the subjunctive in the subordinate clause when:

✔ There are two clauses linked by **que.**

✔ The subject of the subordinate clause is different from the subject of the main clause. (When the subjects are the same, then the infinitive is used instead of **que** and the subjunctive.)

✔ A verb or verbal expression in the main clause implies doubt, subjectivity, emotion, or command.

French doesn't have a future subjunctive, so you use the present subjunctive to imply both present and future actions.

The subjunctive is used to do the following:

✔ To show emotion or judgment.

Ils sont tristes que tu partes. (*They are sad that you are leaving.*)

✔ To express wish, will, preference, or command.

Mon agent de voyage propose que nous prenions un vol direct. (*My travel agent proposes that we take a direct flight.*)

✔ To imply doubt or uncertainty.

Le météorologue doute qu'il pleuve toute la journée. (*The meteorologist doubts that it will rain the whole day.*)

✔ With impersonal expressions that imply necessity, opinion, and possibility. These expressions include **il faut que** (*it is necessary that*), **il est important que** (*it is important that*), **il est possible que** (*it is possible that*), **il est étrange que** (*it is strange that*), and **il est utile que** (*it is useful that*).

Il faut que nous montrions nos passeports à la douane. (*It is necessary that we show our passports at customs.*)

✔ To express condition, time, concession, and consequence. Use the subjunctive after certain key conjunctions that express a condition or a concession. These conjunctions include **à condition que** (*provided that*), **à moins que** (*unless*), **afin que** (*so that, in order that*), **avant que** (*before*), **de crainte que** (*for fear that*), **de peur que** (*for fear that*), **en attendant que** (*while, until*), **pour que** (*so that, in order that*), and **sans que** (*without*).

Je ferai la cuisine à condition que tu fasses la vaisselle. (*I'll cook provided that you do the dishes.*)

The clauses must have two different subjects in order to use these conjunctions. The following conjunctions, however, always take the subjunctive even without a change of subject: **bien que** (*although*), **jusqu'à ce que** (*until*), **pourvu que** (*provided that*), **quoique** (*although*), and **quoi que** (*whatever, no matter what*).

Ils étudieront jusqu'à ce qu'ils comprennent bien la matière. (*They will study until they understand the material well.*)

✔ With indefinite, doubtful, or subjective antecedents. An *antecedent* is a noun, pronoun, or a concept that comes before a relative pronoun, such as **qui** (*who, that, which*) and **que** (*that, whom*).

Connais-tu quelqu'un qui puisse m'amener à l'aéroport? (*Do you know anyone who could bring me to the airport?*)

Imperfect subjunctive

The imperfect subjunctive is a formal literary tense and not used in everyday speech or informal writing. In informal writing or everyday speech, use the present subjunctive instead. Refer to the verb tables if you want to conjugate a verb in this tense.

Using Compound Tenses

Compound tenses are those that require the auxiliary verbs, in addition to the past participle of the verb of your choice. To create the compound tenses, you need:

✔ **The correct auxiliary verb:** In French, you use either **avoir** (*to have*) or **être** (*to be*), depending on the verb.

Most verbs take **avoir** as their auxiliary and a few take **être,** such as **aller** (*to go*), **entrer** (*to enter*), **naître** (*to be born*), and **venir** (*to come*). Furthermore, all pronominal verbs take the auxiliary **être.** Refer to the verb tables to see what the correct auxiliary is for each verb.

You conjugate these auxiliaries according to which past tense you're forming. For example, to form the past conditional, put the auxiliary verb in the present conditional, and then add the past participle of the action verb. To form the past subjunctive, put the auxiliary verb in the present subjunctive, and then add the past participle of the action verb, and so on.

✔ **The verb's past participle:** To form the past participle of –er verbs, drop the **r** and add an **accent aigu** to the **e** — like so, **é** — as in **parler > parlé.** To form the past participle of –ir, simply drop the **r; finir** becomes **fini.** To form the past participle of –re verbs, drop the –re and add a **u; vendre** becomes **vendu.** For all other irregular past participles, please refer to the verb charts.

Ils ont choisi le vin rouge. (*They chose the red wine.*)

For examples of how you conjugate a verb in a compound tense, refer to the verb tables in Part II.

Making agreement

The complex or compound tenses have two rules of agreement regarding the past participle that you need to remember. They are as follows:

✔ The past participle of verbs taking the auxiliary **être** (except for pronominal verbs) agrees with the subject. If the subject is masculine singular, leave the past participle alone, but if it's feminine singular, add an **e** to the past participle. If it's masculine plural, add an **-s** and if it's feminine plural, add an **-es.**

Nous sommes rentrés à 17 heures. (*We came home at 5 p.m.*)

✔ The past participle of verbs taking the auxiliary **avoir** agrees in number (singular or plural) and gender (masculine or feminine) with the preceding direct object (preceding the verb) if there is one in the sentence.

Elle a servi les hors-d'œuvre becomes **Elle les a servis.** (*She served the hors-d'œuvres* becomes *She served them.*)

The past participle **servis** agrees with the preceding direct object **les** (*them*).

All pronominal verbs take the auxiliary **être,** but they follow the same rule of agreement as **avoir** verbs that I previously discuss.

Consider the following example: **Elle s'est coupée** (*She cut herself.*) The past participle **coupée** agrees with the preceding direct object, which is the pronominal pronoun **s'**, which is feminine singular since it refers to **elle** (*she*). Therefore, you add an **e** to the past participle **coupé**. However, when you say, **Elle s'est coupé les cheveux** (*She cut her hair*), the direct object in this sentence is *hair,* which comes after the verb. The pronominal pronoun **s'** is now an indirect object in this sentence, and therefore there's no agreement with the past participle.

Passé composé

You use the passé composé to describe a completed action in the past. This tense has three meanings in English. For example, **J'ai fini** means *I finished, I have finished,* or *I did finish.* To form it, conjugate the auxiliaries **avoir** or **être** in the present tense and add the past participle of any verb.

✔ **Michelle a vu le film.** (*Michelle saw the film.*)

✔ **Elle est née en France.** (*She was born in France.*)

Pluperfect

You use the pluperfect to describe an action that took place and was completed prior to another more recent past event. In English, this tense uses the word *had* as in *I had traveled extensively* or *He had already packed his bags.* You form this tense by putting the auxiliary verbs **avoir** or **être** in the imperfect tense and adding the past participle of the verb. For example:

J'avais acheté mon billet d'avion et puis j'ai fait mes valises. (*I had bought my plane ticket and then I packed.*)

You also use the pluperfect tense to express regret with **si** (*if*), such as **Si seulement ils avaient compris.** (*If only they had understood.*)

In addition, as part of the third hypothetical sentence using **si**, the pluperfect is used in the **si** clause and the past conditional is used in the result clause, as in **Si tu étais arrivé(e) plutôt, tu aurais vu le début du film.** (*If you had arrived earlier, you would have seen the beginning of the film.*)

Past anterior

The past anterior is a compound tense and expresses an action that took place and was completed prior to a more recent past event. This is comparable to the pluperfect, but is a literary tense as is the passé simple. Both the simple past and past anterior are literary tenses and not used in every day speech or informal writing. Refer to the verb tables for how to conjugate it if you're reading a lot of French novels.

Future perfect

The future perfect expresses an action that will have happened in the future before another future action can occur. In English, the future perfect is translated as *will have done something*. To form this tense, conjugate the two auxiliary verbs in the future tense and add the past participle.

Use the future perfect to do the following:

✔ Show that a future action will be completed by a certain time.

   Il aura fini avant 18 heures. (*He will have finished before 6 p.m.*)

✔ To show that a future action must be completed before another future action can occur. These constructions often require expressions that imply a future action (just like the simple future), such as **aussitôt que** (*as soon as*), **dès que** (*as soon as*), **lorsque** (*when*), **quand** (*when*), and **tant que** (as long as).

   Dès que papa sera rentré, nous dînerons. (*As soon as dad will have come home, we will have dinner.*)

   English uses the present instead of the future perfect with these constructions. You'd say in English, *As soon as dad comes home, we will have dinner.*

✔ To express a probability.

   Jacqueline n'est pas encore là. Elle aura manqué le train. (*Jacqueline is not here yet. She must have missed the train.*)

Conditional perfect

The conditional perfect, also referred to as the *past conditional,* indicates an action that *would have happened* if something else had happened. To form the past conditional, put the auxiliary verbs **avoir** or **être** in the present conditional and add the past participle.

Use the past conditional:

- ✔ In the result clause of the third hypothetical sentence.

   S'il avait plu, j'aurais porté mon imperméable. (*If it had rained, I would have worn my raincoat.*)

- ✔ To express an uncertainty, regret, or a missed opportunity in the past.

   J'aurais voyagé mais je n'avais pas les moyens. (*I would have traveled but I didn't have the means.*)

Past subjunctive

You use the past subjunctive, also referred to as the *perfect subjunctive,* to express doubt, emotion, subjectivity, and will, just like the present subjunctive. It requires the same rules and conditions as the present subjunctive (see the earlier section on the present subjunctive), but you use it when the action of the verb in the subordinate clause takes place before the action of the main clause. You form it by placing the auxiliaries in the present subjunctive and adding the past participle of the verb. For example:

   Je suis ravi(e) que vous soyez venu(e)(s) hier. (*I am delighted that you came yesterday.*)

Pluperfect subjunctive

The pluperfect subjunctive functions like the pluperfect indicative, but you never use it in everyday speech or informal writing, so just be familiar with it in case you come across it in your readings. For practical purposes, just use the past subjunctive instead.

Chapter 3

Pronouncing French Accurately

. . . .

In This Chapter

▶ Sounding out vowels and consonants

▶ Understanding French accents, elision, and liaison

. . . .

Speaking is probably the last and hardest skill to acquire when learning a new language. Added to this challenge is the fact that French isn't as phonetic as some other languages, which means that you don't pronounce all the letters, especially final consonants. However, this chapter provides a basic tutorial on French pronunciation, with straightforward rules that you can easily follow. With it, you can detect patterns, which are consistent, and be able to pronounce any word with ease.

Uttering Vowels and Consonants

French is a Romance language just like Spanish, Italian, Romanian, and Portuguese. Unlike the Anglo-Saxon languages, mainly English and German, whose pronunciation is mostly based on consonants, the pronunciation of the Romance languages is on vowels. This emphasis on vowels gives French its soft, even, musical character. For English speakers, some French consonants appear much softer, whereas others appear crisper than their English equivalents.

The vowels

Table 3-1 contains the French vowel sounds, which are the most difficult for a non-francophone to pronounce. They're shorter than in English and usually end a syllable. Whenever possible, I add the English equivalent. Check out the accompanying CD for audio files that provide an example of these sounds.

Table 3-1		French Vowel Sounds	
French Letter/ Letter Combination	*Sound*	*English Example*	*French Word*
a, â, à	ah	f*a*r	**tasse** (*cup*), **pâtisserie** (*pastry shop*), **là-bas** (*over there*)
e, eu	uh	h*e*r (approximately)	**petit** (*little/small*), **fleur** (*flower*)
é, ez, er	ey	m*ay*	**café** (*coffee/café*), **nez** (*nose*), **parler** (*to speak*)
è, ê, ai, ei	eh	s*e*t	**mère** (*mother*), **fenêtre** (*window*), **clair** (*clear, light-colored*), **neige** (*snow*)
i, î, y	ee	f*ee*t	**vite** (*quickly*), **gîte** (*shelter*), **pays** (*country/countries*)
o	ohh	l*o*ve	**pomme** (*apple*)
ô, au, eau	oh	*o*ld	**côte** (*hill*), **dôme** (*dome*), **aujourd'hui** (*today*), **eau** (*water*)
ou, où	ooh	y*ou*	**amour** (*love*), **où** (*where*)
oi, oy	wah	w*a*tch	**soie** (*silk*), **moyen** (*average*)
u	ew	No English equivalent	**salut** (*hello/goodbye*)

The letter *u*, the *ew* sound, doesn't exist in English, so it takes a little practice to get it right. Here is a little trick to help you: Round your lips as though you were saying *oh!* Now, keeping your lips in that position, say *ee*. This is the closest that you will come to the French **ew**.

The mute e

In French, when the letter *e* appears at the end of a word or between two consonants, you usually don't pronounce it; it's *mute*. For example, you don't pronounce the *e* at the end of **parle** (*speak*) or in the middle of the verb **acheter** (*to buy*).

The nasal sounds

Although the nasal sounds don't exist in English, they're very common in French. In order to pronounce them just so, pretend that you have a cold and pronounce the sounds *ah, oh,* and *un* (without the n) through your nose. They come out nasalized. Here's a phrase that contains all the nasal sounds in French: **un bon vin blanc** (*a good white wine*).

Table 3-2 lists the nasal sounds and includes some words in English whose pronunciation comes somewhat close to their French equivalents so that you can pronounce them as accurately as possible.

Table 3-2		French Nasal Sounds	
Letter/ Letter Combination	*Sound*	*Approximate English Equivalent*	*French Word*
an, am, en, em	ah*n*	fond	**grand** (*large/big*), **ambitieux** (*ambitious*), **enfant** (*child*), **employé** (*employee*)
un	uh*n*	*u*ncle	**brun** (*brown*)
ain, in, aim, im	a*n*	sl*a*ng	**pain** (*bread*), **matin** (*morning*), **faim** (*hunger*), **impossible** (*impossible*)
oin	wa*n*	*we*nch	**loin** (*far*)
ien	ya*n*	*Ya*nkee	**chien** (*dog*)
on, om	oh*n*	wr*o*ng	**bon** (*good*), **nom** (*name*)

The consonants

Although most French consonants are pronounced like their English equivalents, you don't put the stress on them; rather, move quickly on to the following vowel. However, in French, you don't usually pronounce the consonants at the end of a word, which is why the first, second, and third person singular and third person plural of regular **–er** verbs are all pronounced the same, even though they're spelled differently: **(je) parle, (tu) parles, (il/elle/on) parle,** and **(ils/elles) parlent.**

Table 3-3 lists the consonants and shows you how to pronounce them depending on the vowel or the consonant that follows them.

Table 3-3	**Tricky French Consonants**		
Letter/ Letter Combination	Sound	As in English	French Word
s (at the beginning of word)	s	scene	scène (scene)
ss			poisson (fish)
c (in front of e and i)			centre (center)
ç			garçon (boy)
c (in front of a, o, u)	k	conversation	conversation (conversation)
s (between two vowels)	z	raise	raser (to shave)
g (in front of a, o, u)	g	greed	gâteau (cake)
gu (in front of e and i)			guerre (war)
g (in front of e and i)	zh	azure	genou (knee)
ch	sh	ship	chapeau (hat)
gn	ny	onion	montagne (mountain)

The mute h and the aspirate h

French has two different forms of **h:** the *mute h* and the so-called *aspirate h* — neither of which you pronounce. However, with the mute **h,** you drop the **e** of the first person singular **je,** and add an apostrophe before the mute *h.* For example, **j'habite** (*I live*) essentially turns two words into one. There is also a liaison (refer to the next section) between the consonant of the previous word with the vowel sound after the mute **h** of the following word as in **nous habitons** (*we live*).

With the aspirate **h,** you don't drop the **e** of **je.** The words remain separate. For example: **Je hais** (*I hate*). Unlike the mute **h,** there is no liaison between the consonant of the previous word and the vowel sound after the aspirate **h** as in **nous haïsons** (*we hate.*)

Getting Clear on Accents, Liaisons, and Elisions

French has five accents; however, the accent over a vowel in French doesn't indicate that that syllable is stressed. The accent only affects the letter to which it's associated and even then, it doesn't change the pronunciation of that letter unless it is an **e** or a **c**. (See Table 3-1 earlier for examples).

In addition to recognizing the five French accents, you also need to know how liaisons and elisions work. Here are the five accents, the liaison, and elision.

- ✔ **l'accent aigu:** Known as the *sharp accent*, it appears only over the **e** (**é**), and its sound closely resembles the *a* in the word *take*. The past participle of all regular –er verbs ends in **é** (**parler/parlé**) (*to speak/spoken*).

- ✔ **l'accent grave:** Known as the *grave accent*, this accent appears over the letters **e** (**è**), **a** (**à**), and **u** (**ù**), but it only affects the sound of the letter **e**. The accent makes the **è** sound like *eh,* as in the English word *set* or in the French word **père** (*father*). Over the letters **a** and **u**, this accent distinguishes between two words otherwise spelled the same. For example, with the grave accent, **à** is a preposition meaning *to, in,* or *at*. Without the accent, **a** is the third person singular present tense of the verb **avoir,** which means *has*. The same goes for the letter **u**. The word **où** (ooh) means *where,* but the word **ou** means *or*.

- ✔ **l'accent circonflexe:** Known as the *circumflex accent,* when this accent appears over the vowels **a, e, i, o,** and **u,** it's usually a reminder that the letter *s* was dropped from the French word centuries ago, like in the word **hôpital** (*hospital*). Also, the accent circonflexe over the **ô** distinguishes its pronunciation from that of the **o** without the accent circonflexe. See Table 3-1 for examples.

- ✔ **la cédille** or **c cédille:** The *cedilla* or *c cedilla* appears only under the letter **c** (**ç**). The cedilla on the letter **c** signifies that the **c** is pronounced as an *s,* like in the French command **commençons** (*let's begin*). If the letter **c** doesn't have the cedilla under it and it's followed by **a, o,** or **u,** then you pronounce it as *k,* like in the English word *can*.

✔ **le tréma:** The *dieresis* accent indicates that you separately pronounce each vowel in a word. Check out the following verb: **haïr** (*to hate*). Both the letters **a** and **i** are pronounced separately.

✔ **The liaison:** The *liaison* means that the sound of the last consonant of a word is linked with the vowel sound that begins the following word. For example, **nous avons** (*we have*).

✔ **The elision:** When an article or a pronoun ends in an **e** or an **a,** and it's followed by a word starting with a vowel or a mute **h,** the **e** or **a** disappears and is replaced by an apostrophe. *Elision,* like the liaison, contributes to the flow of the French language. For example, **je** + **aime** = **j'aime** (*I like*).

Part II
500 Verb Tables

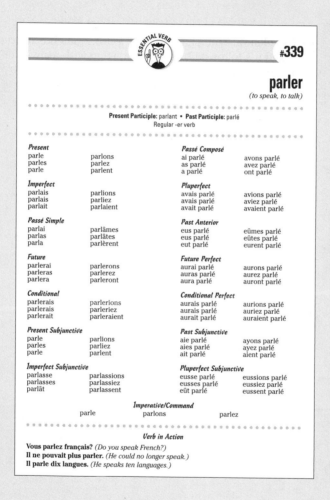

ESSENTIAL VERB

#339

parler
(to speak, to talk)

Present Participle: parlant • **Past Participle:** parlé
Regular -er verb

Present		*Passé Composé*	
parle	parlons	ai parlé	avons parlé
parles	parlez	as parlé	avez parlé
parle	parlent	a parlé	ont parlé

Imperfect		*Pluperfect*	
parlais	parlions	avais parlé	avions parlé
parlais	parliez	avais parlé	aviez parlé
parlait	parlaient	avait parlé	avaient parlé

Passé Simple		*Past Anterior*	
parlai	parlâmes	eus parlé	eûmes parlé
parlas	parlâtes	eus parlé	eûtes parlé
parla	parlèrent	eut parlé	eurent parlé

Future		*Future Perfect*	
parlerai	parlerons	aurai parlé	aurons parlé
parleras	parlerez	auras parlé	aurez parlé
parlera	parleront	aura parlé	auront parlé

Conditional		*Conditional Perfect*	
parlerais	parlerions	aurais parlé	aurions parlé
parlerais	parleriez	aurais parlé	auriez parlé
parlerait	parleraient	aurait parlé	auraient parlé

Present Subjunctive		*Past Subjunctive*	
parle	parlions	aie parlé	ayons parlé
parles	parliez	aies parlé	ayez parlé
parle	parlent	ait parlé	aient parlé

Imperfect Subjunctive		*Pluperfect Subjunctive*	
parlasse	parlassions	eusse parlé	eussions parlé
parlasses	parlassiez	eusses parlé	eussiez parlé
parlât	parlassent	eût parlé	eussent parlé

Imperative/Command

parle	parlons	parlez

Verb in Action

Vous parlez français? *(Do you speak French?)*
Il ne pouvait plus parler. *(He could no longer speak.)*
Il parle dix langues. *(He speaks ten languages.)*

Visit www.dummies.com/extras/500frenchverbs for helpful French verbs that you can use when you're traveling.

In this part . . .

✔ Review verbs tables that include 14 total conjugations — seven simple tenses and seven complex tenses — as well as the past and present participles and the command forms for 500 common French verbs so you can conjugate a given verb in almost any situation.

✔ Compare how regular, stem-change, irregular, and pronominal verbs differ in their conjugations to avoid any confusion when speaking French with native speakers or with your friends and family.

✔ Examine a few example sentences at the bottom of each table that incorporate different conjugations and show the verb in action.

✔ Identify which commonly used verbs are irregular and require more attention because of their unusual conjugations.

abandonner

(to abandon, to give up)

Present Participle: abandonnant • **Past Participle:** abandonné
Regular **-er** verb

Present
abandonne	abandonnons
abandonnes	abandonnez
abandonne	abandonnent

Passé Composé
ai abandonné	avons abandonné
as abandonné	avez abandonné
a abandonné	ont abandonné

Imperfect
abandonnais	abandonnions
abandonnais	abandonniez
abandonnait	abandonnaient

Pluperfect
avais abandonné	avions abandonné
avais abandonné	aviez abandonné
avait abandonné	avaient abandonné

Passé Simple
abandonnai	abandonnâmes
abandonnas	abandonnâtes
abandonna	abandonnèrent

Past Anterior
eus abandonné	eûmes abandonné
eus abandonné	eûtes abandonné
eut abandonné	eurent abandonné

Future
abandonnerai	abandonnerons
abandonneras	abandonnerez
abandonnera	abandonneront

Future Perfect
aurai abandonné	aurons abandonné
auras abandonné	aurez abandonné
aura abandonné	auront abandonné

Conditional
abandonnerais	abandonnerions
abandonnerais	abandonneriez
abandonnerait	abandonneraient

Conditional Perfect
aurais abandonné	aurions abandonné
aurais abandonné	auriez abandonné
aurait abandonné	auraient abandonné

Present Subjunctive
abandonne	abandonnions
abandonnes	abandonniez
abandonne	abandonnent

Past Subjunctive
aie abandonné	ayons abandonné
aies abandonné	ayez abandonné
ait abandonné	aient abandonné

Imperfect Subjunctive
abandonnasse	abandonnassions
abandonnasses	abandonnassiez
abandonnât	abandonnassent

Pluperfect Subjunctive
eusse abandonné	eussions abandonné
eusses abandonné	eussiez abandonné
eût abandonné	eussent abandonné

Imperative/Command
abandonne	abandonnons	abandonnez

Verb in Action
Ah non, là j'abandonne! *(Oh no, I give up!)*
Il a abandonné son chien. *(He abandoned his dog.)*
J'ai décidé d'abandonner la natation. *(I've decided to give up swimming.)*

aboutir
(to lead to, to end up, to succeed)

Present Participle: aboutissant • Past Participle: abouti
Regular **-ir** verb

Present

aboutis   aboutissons
aboutis   aboutissez
aboutit   aboutissent

Imperfect

aboutissais   aboutissions
aboutissais   aboutissiez
aboutissait   aboutissaient

Passé Simple

aboutis   aboutîmes
aboutis   aboutîtes
aboutit   aboutirent

Future

aboutirai   aboutirons
aboutiras   aboutirez
aboutira   aboutiront

Conditional

aboutirais   aboutirions
aboutirais   aboutiriez
aboutirait   aboutiraient

Present Subjunctive

aboutisse   aboutissions
aboutisses   aboutissiez
aboutisse   aboutissent

Imperfect Subjunctive

aboutisse   aboutissions
aboutisses   aboutissiez
aboutît   aboutissent

Passé Composé

ai abouti   avons abouti
as abouti   avez abouti
a abouti   ont abouti

Pluperfect

avais abouti   avions abouti
avais abouti   aviez abouti
avait abouti   avaient abouti

Past Anterior

eus abouti   eûmes abouti
eus abouti   eûtes abouti
eut abouti   eurent abouti

Future Perfect

aurai abouti   aurons abouti
auras abouti   aurez abouti
aura abouti   auront abouti

Conditional Perfect

aurais abouti   aurions abouti
aurais abouti   auriez abouti
aurait abouti   auraient abouti

Past Subjunctive

aie abouti   ayons abouti
aies abouti   ayez abouti
ait abouti   aient abouti

Pluperfect Subjunctive

eusse abouti   eussions abouti
eusses abouti   eussiez abouti
eût abouti   eussent abouti

Imperative/Command

aboutis   aboutissons   aboutissez

Verb in Action

Ils n'ont pas abouti à une décision. *(They haven't reached a decision.)*
Le couloir aboutissait à un petit salon confortable. *(The corridor led to a comfortable little living room.)*
Où aboutit ce sentier? *(Where does this path lead to?)*

s'absenter

(to take time off work, to leave)

Present Participle: s'absentant • **Past Participle:** absenté
Regular pronominal **-er** verb

Present
m'absente	nous absentons
t'absentes	vous absentez
s'absente	s'absentent

Imperfect
m'absentais	nous absentions
t'absentais	vous absentiez
s'absentait	s'absentaient

Passé Simple
m'absentai	nous absentâmes
t'absentas	vous absentâtes
s'absenta	s'absentèrent

Future
m'absenterai	nous absenterons
t'absenteras	vous absenterez
s'absentera	s'absenteront

Conditional
m'absenterais	nous absenterions
t'absenterais	vous absenteriez
s'absenterait	s'absenteraient

Present Subjunctive
m'absente	nous absentions
t'absentes	vous absentiez
s'absente	s'absentent

Imperfect Subjunctive
m'absentasse	nous absentassions
t'absentasses	vous absentassiez
s'absentât	s'absentassent

Passé Composé
me suis absenté(e)	nous sommes absenté(e)s
t'es absenté(e)	vous êtes absenté(e)(s)
s'est absenté/absentée	se sont absentés/absentées

Pluperfect
m'étais absenté(e)	nous étions absenté(e)s
t'étais absenté(e)	vous étiez absenté(e)(s)
s'était absenté/ absentée	s'étaient absentés/ absentées

Past Anterior
me fus absenté(e)	nous fûmes absenté(e)s
te fus absenté(e)	vous fûtes absenté(e)(s)
se fut absenté/ absentée	se furent absentés/ absentées

Future Perfect
me serai absenté(e)	nous serons absenté(e)s
te seras absenté(e)	vous serez absenté(e)(s)
se sera absenté/ absentée	se seront absentés/ absentées

Conditional Perfect
me serais absenté(e)	nous serions absenté(e)s
te serais absenté(e)	vous seriez absenté(e)(s)
se serait absenté/ absentée	se seraient absentés/ absentées

Past Subjunctive
me sois absenté(e)	nous soyons absenté(e)s
te sois absenté(e)	vous soyez absenté(e)(s)
se soit absenté/ absentée	se soient absentés/ absentées

Pluperfect Subjunctive
me fusse absenté(e)	nous fussions absenté(e)s
te fusses absenté(e)	vous fussiez absenté(e)(s)
se fût absenté/ absentée	se fussent absentés/ absentées

Imperative/Command
absente-toi; ne t'absente pas	absentons-nous; ne nous absentons pas	absentez-vous; ne vous absentez pas

Verb in Action
Le médecin s'est absenté cet après-midi. *(The doctor was out this afternoon.)*
Est-ce qu'il faut prévenir les RH si on s'absente? *(Do you have to tell HR if you're not at work?)*
Je m'absenterai du 7 au 14 juillet. *(I'll be away from July 7 to 14.)*

s'abstenir

(to abstain, to refrain)

Present Participle: s'abstenant • **Past Participle:** abstenu
Irregular pronominal **-ir** verb

Present
m'abstiens / nous abstenons
t'abstiens / vous abstenez
s'abstient / s'abstiennent

Passé Composé
me suis abstenu(e) / nous sommes abstenu(e)s
t'es abstenu(e) / vous êtes abstenu(e)(s)
s'est abstenu/abstenue / se sont abstenus/abstenues

Imperfect
m'abstenais / nous abstenions
t'abstenais / vous absteniez
s'abstenait / s'abstenaient

Pluperfect
m'étais abstenu(e) / nous étions abstenu(e)s
t'étais abstenu(e) / vous étiez abstenu(e)(s)
s'était abstenu/abstenue / s'étaient abstenus/abstenues

Passé Simple
m'abstins / nous abstînmes
t'abstins / vous abstîntes
s'abstint / s'abstinrent

Past Anterior
me fus abstenu(e) / nous fûmes abstenu(e)s
te fus abstenu(e) / vous fûtes abstenu(e)(s)
se fut abstenu/abstenue / se furent abstenus/abstenues

Future
m'abstiendrai / nous abstiendrons
t'abstiendras / vous abstiendrez
s'abstiendra / s'abstiendront

Future Perfect
me serai abstenu(e) / nous serons abstenu(e)s
te seras abstenu(e) / vous serez abstenu(e)(s)
se sera abstenu/abstenue / se seront abstenus/abstenues

Conditional
m'abstiendrais / nous abstiendrions
t'abstiendrais / vous abstiendriez
s'abstiendrait / s'abstiendraient

Conditional Perfect
me serais abstenu(e) / nous serions abstenu(e)s
te serais abstenu(e) / vous seriez abstenu(e)(s)
se serait abstenu/abstenue / se seraient abstenus/abstenues

Present Subjunctive
m'abstienne / nous abstenions
t'abstiennes / vous absteniez
s'abstienne / s'abstiennent

Past Subjunctive
me sois abstenu(e) / nous soyons abstenu(e)s
te sois abstenu(e) / vous soyez abstenu(e)(s)
se soit abstenu/abstenue / se soient abstenus/abstenues

Imperfect Subjunctive
m'abstinsse / nous abstinssions
t'abstinsses / vous abstinssiez
s'abstînt / s'abstinssent

Pluperfect Subjunctive
me fusse abstenu(e) / nous fussions abstenu(e)s
te fusses abstenu(e) / vous fussiez abstenu(e)(s)
se fût abstenu/abstenue / se fussent abstenus/abstenues

Imperative/Command
abstiens-toi; ne t'abstiens pas / abstenons-nous; ne nous abstenons pas / abstenez-vous; ne vous abstenez pas

Verb in Action

Il s'est abstenu de faire des commentaires. *(He refrained from making any comments.)*
Ne vous abstenez pas, allez voter. *(Don't abstain, go vote.)*
Il y aurait moins de gaspillage si les gens s'abstenaient d'acheter inutilement. *(There would be less waste if people refrained from buying things they don't need.)*

accepter

(to accept, to agree)

Present Participle: acceptant • **Past Participle:** accepté
Regular **-er** verb

Present
accepte	acceptons
acceptes	acceptez
accepte	acceptent

Passé Composé
ai accepté	avons accepté
as accepté	avez accepté
a accepté	ont accepté

Imperfect
acceptais	acceptions
acceptais	acceptiez
acceptait	acceptaient

Pluperfect
avais accepté	avions accepté
avais accepté	aviez accepté
avait accepté	avaient accepté

Passé Simple
acceptai	acceptâmes
acceptas	acceptâtes
accepta	acceptèrent

Past Anterior
eus accepté	eûmes accepté
eus accepté	eûtes accepté
eut accepté	eurent accepté

Future
accepterai	accepterons
accepteras	accepterez
acceptera	accepteront

Future Perfect
aurai accepté	aurons accepté
auras accepté	aurez accepté
aura accepté	auront accepté

Conditional
accepterais	accepterions
accepterais	accepteriez
accepterait	accepteraient

Conditional Perfect
aurais accepté	aurions accepté
aurais accepté	auriez accepté
aurait accepté	auraient accepté

Present Subjunctive
accepte	acceptions
acceptes	acceptiez
accepte	acceptent

Past Subjunctive
aie accepté	ayons accepté
aies accepté	ayez accepté
ait accepté	aient accepté

Imperfect Subjunctive
acceptasse	acceptassions
acceptasses	acceptassiez
acceptât	acceptassent

Pluperfect Subjunctive
eusse accepté	eussions accepté
eusses accepté	eussiez accepté
eût accepté	eussent accepté

Imperative/Command
accepte	acceptons	acceptez

Verb in Action

Ils ont accepté de travailler ce week-end. *(They have agreed to work this weekend.)*
Je n'accepterai jamais de lui pardonner. *(I will never consent to forgive him.)*
Est-ce que vous accepteriez de répondre à un sondage? *(Would you be willing to participate in a survey?)*

accompagner
(to accompany)

Present Participle: accompagnant • Past Participle: accompagné
Regular **-er** verb

Present
accompagne	accompagnons
accompagnes	accompagnez
accompagne	accompagnent

Imperfect
accompagnais	accompagnions
accompagnais	accompagniez
accompagnait	accompagnaient

Passé Simple
accompagnai	accompagnâmes
accompagnas	accompagnâtes
accompagna	accompagnèrent

Future
accompagnerai	accompagnerons
accompagneras	accompagnerez
accompagnera	accompagneront

Conditional
accompagnerais	accompagnerions
accompagnerais	accompagneriez
accompagnerait	accompagneraient

Present Subjunctive
accompagne	accompagnions
accompagnes	accompagniez
accompagne	accompagnent

Imperfect Subjunctive
accompagnasse	accompagnassions
accompagnasses	accompagnassiez
accompagnât	accompagnassent

Passé Composé
ai accompagné	avons accompagné
as accompagné	avez accompagné
a accompagné	ont accompagné

Pluperfect
avais accompagné	avions accompagné
avais accompagné	aviez accompagné
avait accompagné	avaient accompagné

Past Anterior
eus accompagné	eûmes accompagné
eus accompagné	eûtes accompagné
eut accompagné	eurent accompagné

Future Perfect
aurai accompagné	aurons accompagné
auras accompagné	aurez accompagné
aura accompagné	auront accompagné

Conditional Perfect
aurais accompagné	aurions accompagné
aurais accompagné	auriez accompagné
aurait accompagné	auraient accompagné

Past Subjunctive
aie accompagné	ayons accompagné
aies accompagné	ayez accompagné
ait accompagné	aient accompagné

Pluperfect Subjunctive
eusse accompagné	eussions accompagné
eusses accompagné	eussiez accompagné
eût accompagné	eussent accompagné

Imperative/Command
accompagne	accompagnons	accompagnez

Verb in Action

Je vais en ville. Tu m'accompagnes? *(I'm going into town. Are you coming?)*

Son grand-père l'accompagnera jusqu'à l'aéroport. *(Her/his grandfather will take her/him to the airport.)*

Sabine vous accompagnera à la réunion de New York. *(Sabine will go with you to the meeting in New York.)*

accomplir

(to fulfill, to accomplish, to carry out)

Present Participle: accomplissant • **Past Participle:** accompli
Regular **-ir** verb

Present
accomplis	accomplissons
accomplis	accomplissez
accomplit	accomplissent

Imperfect
accomplissais	accomplissions
accomplissais	accomplissiez
accomplissait	accomplissaient

Passé Simple
accomplis	accomplîmes
accomplis	accomplîtes
accomplit	accomplirent

Future
accomplirai	accomplirons
accompliras	accomplirez
accomplira	accompliront

Conditional
accomplirais	accomplirions
accomplirais	accompliriez
accomplirait	accompliraient

Present Subjunctive
accomplisse	accomplissions
accomplisses	accomplissiez
accomplisse	accomplissent

Imperfect Subjunctive
accomplisse	accomplissions
accomplisses	accomplissiez
accomplît	accomplissent

Passé Composé
ai accompli	avons accompli
as accompli	avez accompli
a accompli	ont accompli

Pluperfect
avais accompli	avions accompli
avais accompli	aviez accompli
avait accompli	avaient accompli

Past Anterior
eus accompli	eûmes accompli
eus accompli	eûtes accompli
eut accompli	eurent accompli

Future Perfect
aurai accompli	aurons accompli
auras accompli	aurez accompli
aura accompli	auront accompli

Conditional Perfect
aurais accompli	aurions accompli
aurais accompli	auriez accompli
aurait accompli	auraient accompli

Past Subjunctive
aie accompli	ayons accompli
aies accompli	ayez accompli
ait accompli	aient accompli

Pluperfect Subjunctive
eusse accompli	eussions accompli
eusses accompli	eussiez accompli
eût accompli	eussent accompli

Imperative/Command
accomplis	accomplissons	accomplissez

Verb in Action

Qu'est-ce que vous avez accompli au cours des 5 dernières années? *(What have you achieved/accomplished in the last five years?)*

Je ne crois pas qu'il ait accompli quoi que ce soit. *(I don't think he has achieved anything at all.)*

accourir

(to rush, to run to)

Present Participle: accourant • **Past Participle:** accouru
Irregular **-ir** verb

Present
accours
accours
accourt
accourons
accourez
accourent

Passé Composé
ai accouru
as accouru
a accouru
avons accouru
avez accouru
ont accouru

Imperfect
accourais
accourais
accourait
accourions
accouriez
accouraient

Pluperfect
avais accouru
avais accouru
avait accouru
avions accouru
aviez accouru
avaient accouru

Passé Simple
accourus
accourus
accourut
accourûmes
accourûtes
accoururent

Past Anterior
eus accouru
eus accouru
eut accouru
eûmes accouru
eûtes accouru
eurent accouru

Future
accourrai
accourras
accourra
accourrons
accourrez
accourront

Future Perfect
aurai accouru
auras accouru
aura accouru
aurons accouru
aurez accouru
auront accouru

Conditional
accourrais
accourrais
accourrait
accourrions
accourriez
accourraient

Conditional Perfect
aurais accouru
aurais accouru
aurait accouru
aurions accouru
auriez accouru
auraient accouru

Present Subjunctive
accoure
accoures
accoure
accourions
accouriez
accourent

Past Subjunctive
aie accouru
aies accouru
ait accouru
ayons accouru
ayez accouru
aient accouru

Imperfect Subjunctive
accourusse
accourusses
accourût
accourussions
accourussiez
accourussent

Pluperfect Subjunctive
eusse accouru
eusses accouru
eût accouru
eussions accouru
eussiez accouru
eussent accouru

Imperative/Command
accours
accourons
accourez

Verb in Action

Son père accourt dès qu'il entend le bébé pleurer. *(His/her father comes running as soon as he hears the baby cry.)*
Les journalistes accoururent dans ce petit village où le fossile eut été découvert. *(Journalists rushed to this small village where the fossil had been discovered.)*

accrocher
(to attract, to catch)

Present Participle: accrochant • **Past Participle:** accroché
Regular **-er** verb

Present
accroche	accrochons
accroches	accrochez
accroche	accrochent

Passé Composé
ai accroché	avons accroché
as accroché	avez accroché
a accroché	ont accroché

Imperfect
accrochais	accrochions
accrochais	accrochiez
accrochait	accrochaient

Pluperfect
avais accroché	avions accroché
avais accroché	aviez accroché
avait accroché	avaient accroché

Passé Simple
accrochai	accrochâmes
accrochas	accrochâtes
accrocha	accrochèrent

Past Anterior
eus accroché	eûmes accroché
eus accroché	eûtes accroché
eut accroché	eurent accroché

Future
accrocherai	accrocherons
accrocheras	accrocherez
accrochera	accrocheront

Future Perfect
aurai accroché	aurons accroché
auras accroché	aurez accroché
aura accroché	auront accroché

Conditional
accrocherais	accrocherions
accrocherais	accrocheriez
accrocherait	accrocheraient

Conditional Perfect
aurais accroché	aurions accroché
aurais accroché	auriez accroché
aurait accroché	auraient accroché

Present Subjunctive
accroche	accrochions
accroches	accrochiez
accroche	accrochent

Past Subjunctive
aie accroché	ayons accroché
aies accroché	ayez accroché
ait accroché	aient accroché

Imperfect Subjunctive
accrochasse	accrochassions
accrochasses	accrochassiez
accrochât	accrochassent

Pluperfect Subjunctive
eusse accroché	eussions accroché
eusses accroché	eussiez accroché
eût accroché	eussent accroché

Imperative/Command
accroche	accrochons	accrochez

Verb in Action
Ils ont accroché la remorque à leur voiture. *(They hitched the trailer up to their car.)*
C'est un chanteur qui sait accrocher son public. *(He's a singer who knows how to capture/attract his audience.)*

accueillir
(to welcome, to accommodate)

Present Participle: accueillant • Past Participle: accueilli
Irregular -**ir** verb

Present
accueille	accueillons
accueilles	accueillez
accueille	accueillent

Imperfect
accueillais	accueillions
accueillais	accueilliez
accueillait	accueillaient

Passé Simple
accueillis	accueillîmes
accueillis	accueillîtes
accueillit	accueillirent

Future
accueillerai	accueillerons
accueilleras	accueillerez
accueillera	accueilleront

Conditional
accueillerais	accueillerions
accueillerais	accueilleriez
accueillerait	accueilleraient

Present Subjunctive
accueille	accueillions
accueilles	accueilliez
accueille	accueillent

Imperfect Subjunctive
accueillisse	accueillissions
accueillisses	accueillissiez
accueillît	accueillissent

Passé Composé
ai accueilli	avons accueilli
as accueilli	avez accueilli
a accueilli	ont accueilli

Pluperfect
avais accueilli	avions accueilli
avais accueilli	aviez accueilli
avait accueilli	avaient accueilli

Past Anterior
eus accueilli	eûmes accueilli
eus accueilli	eûtes accueilli
eut accueilli	eurent accueilli

Future Perfect
aurai accueilli	aurons accueilli
auras accueilli	aurez accueilli
aura accueilli	auront accueilli

Conditional Perfect
aurais accueilli	aurions accueilli
aurais accueilli	auriez accueilli
aurait accueilli	auraient accueilli

Past Subjunctive
aie accueilli	ayons accueilli
aies accueilli	ayez accueilli
ait accueilli	aient accueilli

Pluperfect Subjunctive
eusse accueilli	eussions accueilli
eusses accueilli	eussiez accueilli
eût accueilli	eussent accueilli

Imperative/Command
accueille	accueillons	accueillez

Verb in Action

Les élèves seront accueillis par des familles anglaises. *(The students will stay with English families.)*
Le stade peut accueillir plus de 50.000 spectateurs. *(The stadium can accommodate 50,000 spectators.)*

s'acharner

(to go at furiously, to hound)

Present Participle: s'acharnant • **Past Participle:** acharné
Regular pronominal **-er** verb

Present

m'acharne	nous acharnons
t'acharnes	vous acharnez
s'acharne	s'acharnent

Passé Composé

me suis acharné(e)	nous sommes acharné(e)s
t'es acharné(e)	vous êtes acharné(e)(s)
s'est acharné/acharnée	se sont acharnés/acharnées

Imperfect

m'acharnais	nous acharnions
t'acharnais	vous acharniez
s'acharnait	s'acharnaient

Pluperfect

m'étais acharné(e)	nous étions acharné(e)s
t'étais acharné(e)	vous étiez acharné(e)(s)
s'était acharné/acharnée	s'étaient acharnés/acharnées

Passé Simple

m'acharnai	nous acharnâmes
t'acharnas	vous acharnâtes
s'acharna	s'acharnèrent

Past Anterior

me fus acharné(e)	nous fûmes acharné(e)s
te fus acharné(e)	vous fûtes acharné(e)(s)
se fut acharné/acharnée	se furent acharnés/acharnées

Future

m'acharnerai	nous acharnerons
t'acharneras	vous acharnerez
s'acharnera	s'acharneront

Future Perfect

me serai acharné(e)	nous serons acharné(e)s
te seras acharné(e)	vous serez acharné(e)(s)
se sera acharné/acharnée	se seront acharnés/acharnées

Conditional

m'acharnerais	nous acharnerions
t'acharnerais	vous acharneriez
s'acharnerait	s'acharneraient

Conditional Perfect

me serais acharné(e)	nous serions acharné(e)s
te serais acharné(e)	vous seriez acharné(e)(s)
se serait acharné/acharnée	se seraient acharnés/acharnées

Present Subjunctive

m'acharne	nous acharnions
t'acharnes	vous acharniez
s'acharne	s'acharnent

Past Subjunctive

me sois acharné(e)	nous soyons acharné(e)s
te sois acharné(e)	vous soyez acharné(e)(s)
se soit acharné/acharnée	se soient acharnés/acharnées

Imperfect Subjunctive

m'acharnasse	nous acharnassions
t'acharnasses	vous acharnassiez
s'acharnât	s'acharnassent

Pluperfect Subjunctive

me fusse acharné(e)	nous fussions acharné(e)s
te fusses acharné(e)	vous fussiez acharné(e)(s)
se fût acharné/acharnée	se fussent acharnés/acharnées

Imperative/Command

acharne-toi;	acharnons-nous;	acharnez-vous;
ne t'acharne pas	ne nous acharnons pas	ne vous acharnez pas

Verb in Action

Les habitants du village s'acharnent à rebâtir leur communauté. *(The villagers are working tirelessly to rebuild their community.)*

Il s'acharna tout au long de sa carrière à défendre les démunis. *(Throughout his career he strove to protect the less fortunate.)*

ESSENTIAL VERB

acheter
(to buy)

- -

Present Participle: achetant • **Past Participle:** acheté
e[consonant]-er verb; **e** becomes **è** before consonant + **e, es, ent**

- -

Present		*Passé Composé*	
achète	achetons	ai acheté	avons acheté
achètes	achetez	as acheté	avez acheté
achète	achètent	a acheté	ont acheté

Imperfect		*Pluperfect*	
achetais	achetions	avais acheté	avions acheté
achetais	achetiez	avais acheté	aviez acheté
achetait	achetaient	avait acheté	avaient acheté

Passé Simple		*Past Anterior*	
achetai	achetâmes	eus acheté	eûmes acheté
achetas	achetâtes	eus acheté	eûtes acheté
acheta	achetèrent	eut acheté	eurent acheté

Future		*Future Perfect*	
achèterai	achèterons	aurai acheté	aurons acheté
achèteras	achèterez	auras acheté	aurez acheté
achètera	achèteront	aura acheté	auront acheté

Conditional		*Conditional Perfect*	
achèterais	achèterions	aurais acheté	aurions acheté
achèterais	achèteriez	aurais acheté	auriez acheté
achèterait	achèteraient	aurait acheté	auraient acheté

Present Subjunctive		*Past Subjunctive*	
achète	achetions	aie acheté	ayons acheté
achètes	achetiez	aies acheté	ayez acheté
achète	achètent	ait acheté	aient acheté

Imperfect Subjunctive		*Pluperfect Subjunctive*	
achetasse	achetassions	eusse acheté	eussions acheté
achetasses	achetassiez	eusses acheté	eussiez acheté
achetât	achetassent	eût acheté	eussent acheté

Imperative/Command

achète	achetons	achetez

- -

Verb in Action

Qu'est ce que tu as acheté? *(What did you buy?)*
Il faut que j'achète un cadeau pour son anniversaire. *(I must buy a present for his/her birthday.)*
Ses parents lui achetaient des bonbons. *(His/her parents bought him/her candy.)*
J'achèterai des gâteaux à la pâtisserie. *(I'll buy some cakes at the bakery.)*

acquérir
(to acquire)

Present Participle: acquérant • **Past Participle:** acquis
Irregular **-ir** verb

Present
acquiers	acquérons
acquiers	acquérez
acquiert	acquièrent

Imperfect
acquérais	acquérions
acquérais	acquériez
acquérait	acquéraient

Passé Simple
acquis	acquîmes
acquis	acquîtes
acquit	acquirent

Future
acquerrai	acquerrons
acquerras	acquerrez
acquerra	acquerront

Conditional
acquerrais	acquerrions
acquerrais	acquerriez
acquerrait	acquerraient

Present Subjunctive
acquière	acquérions
acquières	acquériez
acquière	acquièrent

Imperfect Subjunctive
acquisse	acquissions
acquisses	acquissiez
acquît	acquissent

Passé Composé
ai acquis	avons acquis
as acquis	avez acquis
a acquis	ont acquis

Pluperfect
avais acquis	avions acquis
avais acquis	aviez acquis
avait acquis	avaient acquis

Past Anterior
eus acquis	eûmes acquis
eus acquis	eûtes acquis
eut acquis	eurent acquis

Future Perfect
aurai acquis	aurons acquis
auras acquis	aurez acquis
aura acquis	auront acquis

Conditional Perfect
aurais acquis	aurions acquis
aurais acquis	auriez acquis
aurait acquis	auraient acquis

Past Subjunctive
aie acquis	ayons acquis
aies acquis	ayez acquis
ait acquis	aient acquis

Pluperfect Subjunctive
eusse acquis	eussions acquis
eusses acquis	eussiez acquis
eût acquis	eussent acquis

Imperative/Command
acquiers	acquérons	acquérez

Verb in Action
Nous acquérons de nouvelles connaissances tous les jours. *(We acquire new knowledge every day.)*
Tu acquerrais un peu d'expérience si tu travaillais cet été. *(You'd gain some experience if you worked this summer.)*

admettre
(to allow, to admit)

Present Participle: admettant • **Past Participle:** admis
Irregular **-re** verb

Present		*Passé Composé*	
admets	admettons	ai admis	avons admis
admets	admettez	as admis	avez admis
admet	admettent	a admis	ont admis

Imperfect		*Pluperfect*	
admettais	admettions	avais admis	avions admis
admettais	admettiez	avais admis	aviez admis
admettait	admettaient	avait admis	avaient admis

Passé Simple		*Past Anterior*	
admis	admîmes	eus admis	eûmes admis
admis	admîtes	eus admis	eûtes admis
admit	admirent	eut admis	eurent admis

Future		*Future Perfect*	
admettrai	admettrons	aurai admis	aurons admis
admettras	admettrez	auras admis	aurez admis
admettra	admettront	aura admis	auront admis

Conditional		*Conditional Perfect*	
admettrais	admettrions	aurais admis	aurions admis
admettrais	admettriez	aurais admis	auriez admis
admettrait	admettraient	aurait admis	auraient admis

Present Subjunctive		*Past Subjunctive*	
admette	admettions	aie admis	ayons admis
admettes	admettiez	aies admis	ayez admis
admette	admettent	ait admis	aient admis

Imperfect Subjunctive		*Pluperfect Subjunctive*	
admisse	admissions	eusse admis	eussions admis
admisses	admissiez	eusses admis	eussiez admis
admît	admissent	eût admis	eussent admis

Imperative/Command

admets	admettons	admettez

Verb in Action

Les chiens ne sont pas admis dans le restaurant. *(Dogs are not allowed in the restaurant.)*
Le public est admis à partir de 10h. *(Open to the public at 10 a.m.)*
Il refuse d'admettre qu'il s'est trompé. *(He refuses to admit that he made a mistake.)*

admirer
(to admire)

Present Participle: admirant • **Past Participle:** admiré
Regular **-er** verb

Present
admire	admirons
admires	admirez
admire	admirent

Passé Composé
ai admiré	avons admiré
as admiré	avez admiré
a admiré	ont admiré

Imperfect
admirais	admirions
admirais	admiriez
admirait	admiraient

Pluperfect
avais admiré	avions admiré
avais admiré	aviez admiré
avait admiré	avaient admiré

Passé Simple
admirai	admirâmes
admiras	admirâtes
admira	admirèrent

Past Anterior
eus admiré	eûmes admiré
eus admiré	eûtes admiré
eut admiré	eurent admiré

Future
admirerai	admirerons
admireras	admirerez
admirera	admireront

Future Perfect
aurai admiré	aurons admiré
auras admiré	aurez admiré
aura admiré	auront admiré

Conditional
admirerais	admirerions
admirerais	admireriez
admirerait	admireraient

Conditional Perfect
aurais admiré	aurions admiré
aurais admiré	auriez admiré
aurait admiré	auraient admiré

Present Subjunctive
admire	admirions
admires	admiriez
admire	admirent

Past Subjunctive
aie admiré	ayons admiré
aies admiré	ayez admiré
ait admiré	aient admiré

Imperfect Subjunctive
admirasse	admirassions
admirasses	admirassiez
admirât	admirassent

Pluperfect Subjunctive
eusse admiré	eussions admiré
eusses admiré	eussiez admiré
eût admiré	eussent admiré

Imperative/Command
admire	admirons	admirez

Verb in Action

J'admire beaucoup cet auteur. *(I admire this author very much.)*
Assis sur un banc, ils admiraient le paysage. *(They were sitting on a bench enjoying/admiring the scenery.)*
J'admire ton courage. *(I admire your courage.)*

adorer
(to love, to adore)

Present Participle: adorant • **Past Participle:** adoré
Regular **-er** verb

Present		Passé Composé	
adore	adorons	ai adoré	avons adoré
adores	adorez	as adoré	avez adoré
adore	adorent	a adoré	ont adoré

Imperfect		Pluperfect	
adorais	adorions	avais adoré	avions adoré
adorais	adoriez	avais adoré	aviez adoré
adorait	adoraient	avait adoré	avaient adoré

Passé Simple		Past Anterior	
adorai	adorâmes	eus adoré	eûmes adoré
adoras	adorâtes	eus adoré	eûtes adoré
adora	adorèrent	eut adoré	eurent adoré

Future		Future Perfect	
adorerai	adorerons	aurai adoré	aurons adoré
adoreras	adorerez	auras adoré	aurez adoré
adorera	adoreront	aura adoré	auront adoré

Conditional		Conditional Perfect	
adorerais	adorerions	aurais adoré	aurions adoré
adorerais	adoreriez	aurais adoré	auriez adoré
adorerait	adoreraient	aurait adoré	auraient adoré

Present Subjunctive		Past Subjunctive	
adore	adorions	aie adoré	ayons adoré
adores	adoriez	aies adoré	ayez adoré
adore	adorent	ait adoré	aient adoré

Imperfect Subjunctive		Pluperfect Subjunctive	
adorasse	adorassions	eusse adoré	eussions adoré
adorasses	adorassiez	eusses adoré	eussiez adoré
adorât	adorassent	eût adoré	eussent adoré

Imperative/Command

adore	adorons	adorez

Verb in Action

Elle adore le chocolat. *(She loves chocolate.)*
J'adore jouer au tennis. *(I love playing tennis.)*
De toute façon, tu adores tous ses films. *(Anyway, you love all his movies.)*

affaiblir
(to weaken)

Present Participle: affaiblissant • **Past Participle:** affaibli
Regular -**ir** verb

Present
affaiblis	affaiblissons
affaiblis	affaiblissez
affaiblit	affaiblissent

Passé Composé
ai affaibli	avons affaibli
as affaibli	avez affaibli
a affaibli	ont affaibli

Imperfect
affaiblissais	affaiblissions
affaiblissais	affaiblissiez
affaiblissait	affaiblissaient

Pluperfect
avais affaibli	avions affaibli
avais affaibli	aviez affaibli
avait affaibli	avaient affaibli

Passé Simple
affaiblis	affaiblîmes
affaiblis	affaiblîtes
affaiblit	affaiblirent

Past Anterior
eus affaibli	eûmes affaibli
eus affaibli	eûtes affaibli
eut affaibli	eurent affaibli

Future
affaiblirai	affaiblirons
affaibliras	affaiblirez
affaiblira	affaibliront

Future Perfect
aurai affaibli	aurons affaibli
auras affaibli	aurez affaibli
aura affaibli	auront affaibli

Conditional
affaiblirais	affaiblirions
affaiblirais	affaibliriez
affaiblirait	affaibliraient

Conditional Perfect
aurais affaibli	aurions affaibli
aurais affaibli	auriez affaibli
aurait affaibli	auraient affaibli

Present Subjunctive
affaiblisse	affaiblissions
affaiblisses	affaiblissiez
affaiblisse	affaiblissent

Past Subjunctive
aie affaibli	ayons affaibli
aies affaibli	ayez affaibli
ait affaibli	aient affaibli

Imperfect Subjunctive
affaiblisse	affaiblissions
affaiblisses	affaiblissiez
affaiblît	affaiblissent

Pluperfect Subjunctive
eusse affaibli	eussions affaibli
eusses affaibli	eussiez affaibli
eût affaibli	eussent affaibli

Imperative/Command
affaiblis	affaiblissons	affaiblissez

Verb in Action
La maladie l'a beaucoup affaibli. *(The illness has greatly weakened him.)*
Cette nouvelle crise affaiblira probablement la monnaie. *(This new crisis will probably weaken the currency.)*
J'ai remarqué que les effets du médicament s'affaiblissent. *(I've noticed that the effects of the drug are declining/weakening.)*

s'affairer
(to busy oneself)

Present Participle: s'affairant • **Past Participle:** affairé
Regular pronominal **-er** verb

Present
m'affaire	nous affairons
t'affaires	vous affairez
s'affaire	s'affairent

Imperfect
m'affairais	nous affairions
t'affairais	vous affairiez
s'affairait	s'affairaient

Passé Simple
m'affairai	nous affairâmes
t'affairas	vous affairâtes
s'affaira	s'affairèrent

Future
m'affairerai	nous affairerons
t'affaireras	vous affairerez
s'affairera	s'affaireront

Conditional
m'affairerais	nous affairerions
t'affairerais	vous affaireriez
s'affairerait	s'affaireraient

Present Subjunctive
m'affaire	nous affairions
t'affaires	vous affairiez
s'affaire	s'affairent

Imperfect Subjunctive
m'affairasse	nous affairassions
t'affairasses	vous affairassiez
s'affairât	s'affairassent

Passé Composé
me suis affairé(e)	nous sommes affairé(e)s
t'es affairé(e)	vous êtes affairé(e)(s)
s'est affairé/affairée	se sont affairés/affairées

Pluperfect
m'étais affairé(e)	nous étions affairé(e)s
t'étais affairé(e)	vous étiez affairé(e)(s)
s'était affairé/affairée	s'étaient affairés/affairées

Past Anterior
me fus affairé(e)	nous fûmes affairé(e)s
te fus affairé(e)	vous fûtes affairé(e)(s)
se fut affairé/affairée	se furent affairés/affairées

Future Perfect
me serai affairé(e)	nous serons affairé(e)s
te seras affairé(e)	vous serez affairé(e)(s)
se sera affairé/affairée	se seront affairés/affairées

Conditional Perfect
me serais affairé(e)	nous serions affairé(e)s
te serais affairé(e)	vous seriez affairé(e)(s)
se serait affairé/affairée	se seraient affairés/affairées

Past Subjunctive
me sois affairé(e)	nous soyons affairé(e)s
te sois affairé(e)	vous soyez affairé(e)(s)
se soit affairé/affairée	se soient affairés/affairées

Pluperfect Subjunctive
me fusse affairé(e)	nous fussions affairé(e)s
te fusses affairé(e)	vous fussiez affairé(e)(s)
se fût affairé/affairée	se fussent affairés/affairées

Imperative/Command
affaire-toi;	affairons-nous;	affairez-vous;
ne t'affaire pas	ne nous affairons pas	ne vous affairez pas

Verb in Action
Les employés s'affairaient aux derniers préparatifs. *(The staff was busy with the final preparations.)*
J'essaie de penser à autre chose en m'affairant. *(I'm trying to think about other things by keeping myself busy.)*

affirmer
(to claim, to affirm)

Present Participle: affirmant • Past Participle: affirmé
Regular **-er** verb

Present

affirme	affirmons
affirmes	affirmez
affirme	affirment

Imperfect

affirmais	affirmions
affirmais	affirmiez
affirmait	affirmaient

Passé Simple

affirmai	affirmâmes
affirmas	affirmâtes
affirma	affirmèrent

Future

affirmerai	affirmerons
affirmeras	affirmerez
affirmera	affirmeront

Conditional

affirmerais	affirmerions
affirmerais	affirmeriez
affirmerait	affirmeraient

Present Subjunctive

affirme	affirmions
affirmes	affirmiez
affirme	affirment

Imperfect Subjunctive

affirmasse	affirmassions
affirmasses	affirmassiez
affirmât	affirmassent

Passé Composé

ai affirmé	avons affirmé
as affirmé	avez affirmé
a affirmé	ont affirmé

Pluperfect

avais affirmé	avions affirmé
avais affirmé	aviez affirmé
avait affirmé	avaient affirmé

Past Anterior

eus affirmé	eûmes affirmé
eus affirmé	eûtes affirmé
eut affirmé	eurent affirmé

Future Perfect

aurai affirmé	aurons affirmé
auras affirmé	aurez affirmé
aura affirmé	auront affirmé

Conditional Perfect

aurais affirmé	aurions affirmé
aurais affirmé	auriez affirmé
aurait affirmé	auraient affirmé

Past Subjunctive

aie affirmé	ayons affirmé
aies affirmé	ayez affirmé
ait affirmé	aient affirmé

Pluperfect Subjunctive

eusse affirmé	eussions affirmé
eusses affirmé	eussiez affirmé
eût affirmé	eussent affirmé

Imperative/Command

affirme	affirmons	affirmez

Verb in Action

Il a affirmé que c'était la vérité. *(He claimed it was the truth.)*

J'affirme avoir lu et accepté les conditions générales. *(I confirm that I have read and accepted the terms and conditions.)*

Les femmes s'affirment dans le monde des affaires. *(Women are asserting themselves in the world of business.)*

agacer
(to irritate, to annoy)

Present Participle: agaçant • **Past Participle:** agacé
-cer verb; **c** becomes **ç** before an **a** or an **o**

Present		*Passé Composé*	
agace	agaçons	ai agacé	avons agacé
agaces	agacez	as agacé	avez agacé
agace	agacent	a agacé	ont agacé

Imperfect		*Pluperfect*	
agaçais	agacions	avais agacé	avions agacé
agaçais	agaciez	avais agacé	aviez agacé
agaçait	agaçaient	avait agacé	avaient agacé

Passé Simple		*Past Anterior*	
agaçai	agaçâmes	eus agacé	eûmes agacé
agaças	agaçâtes	eus agacé	eûtes agacé
agaça	agacèrent	eut agacé	eurent agacé

Future		*Future Perfect*	
agacerai	agacerons	aurai agacé	aurons agacé
agaceras	agacerez	auras agacé	aurez agacé
agacera	agaceront	aura agacé	auront agacé

Conditional		*Conditional Perfect*	
agacerais	agacerions	aurais agacé	aurions agacé
agacerais	agaceriez	aurais agacé	auriez agacé
agacerait	agaceraient	aurait agacé	auraient agacé

Present Subjunctive		*Past Subjunctive*	
agace	agacions	aie agacé	ayons agacé
agaces	agaciez	aies agacé	ayez agacé
agace	agacent	ait agacé	aient agacé

Imperfect Subjunctive		*Pluperfect Subjunctive*	
agaçasse	agaçassions	eusse agacé	eussions agacé
agaçasses	agaçassiez	eusses agacé	eussiez agacé
agaçât	agaçassent	eût agacé	eussent agacé

Imperative/Command		
agace	agaçons	agacez

Verb in Action

Tu m'agaces avec tes questions! *(You're getting on my nerves with all your questions!)*
Le bruit de la télévision des voisins l'agaçait. *(The noise of the neighbors' television was getting on his/her nerves.)*

agir/s'agir (de)*

(to act)/(to be about, to be a question of)

Present Participle: agissant • **Past Participle:** agi
Regular **-ir** verb

Present
agis	agissons
agis	agissez
agit	agissent

Passé Composé
ai agi	avons agi
as agi	avez agi
a agi	ont agi

Imperfect
agissais	agissions
agissais	agissiez
agissait	agissaient

Pluperfect
avais agi	avions agi
avais agi	aviez agi
avait agi	avaient agi

Passé Simple
agis	agîmes
agis	agîtes
agit	agirent

Past Anterior
eus agi	eûmes agi
eus agi	eûtes agi
eut agi	eurent agi

Future
agirai	agirons
agiras	agirez
agira	agiront

Future Perfect
aurai agi	aurons agi
auras agi	aurez agi
aura agi	auront agi

Conditional
agirais	agirions
agirais	agiriez
agirait	agiraient

Conditional Perfect
aurais agi	aurions agi
aurais agi	auriez agi
aurait agi	auraient agi

Present Subjunctive
agisse	agissions
agisses	agissiez
agisse	agissent

Past Subjunctive
aie agi	ayons agi
aies agi	ayez agi
ait agi	aient agi

Imperfect Subjunctive
agisse	agissions
agisses	agissiez
agît	agissent

Pluperfect Subjunctive
eusse agi	eussions agi
eusses agi	eussiez agi
eût agi	eussent agi

Imperative/Command
agis	agissons	agissez

Verb in Action

Nous avons bien agi durant toute cette affaire. *(We behaved well throughout this affair.)*
Les services de secours agiront rapidement. *(Emergency services will act quickly.)*

* *Note:* **S'agir de** is used only in the **il** form. For example: **De quoi s'agit-il?** *(What's it about?)* **Il s'agit de . . .** *(It's about . . .)*

agiter/s'agiter*
(to shake)/(to be restless, to move about, to be agitated)

Present Participle: agitant • **Past Participle:** agité
Regular **-er** verb

Present		*Passé Composé*	
agite	agitons	ai agité	avons agité
agites	agitez	as agité	avez agité
agite	agitent	a agité	ont agité

Imperfect		*Pluperfect*	
agitais	agitions	avais agité	avions agité
agitais	agitiez	avais agité	aviez agité
agitait	agitaient	avait agité	avaient agité

Passé Simple		*Past Anterior*	
agitai	agitâmes	eus agité	eûmes agité
agitas	agitâtes	eus agité	eûtes agité
agita	agitèrent	eut agité	eurent agité

Future		*Future Perfect*	
agiterai	agiterons	aurai agité	aurons agité
agiteras	agiterez	auras agité	aurez agité
agitera	agiteront	aura agité	auront agité

Conditional		*Conditional Perfect*	
agiterais	agiterions	aurais agité	aurions agité
agiterais	agiteriez	aurais agité	auriez agité
agiterait	agiteraient	aurait agité	auraient agité

Present Subjunctive		*Past Subjunctive*	
agite	agitions	aie agité	ayons agité
agites	agitiez	aies agité	ayez agité
agite	agitent	ait agité	aient agité

Imperfect Subjunctive		*Pluperfect Subjunctive*	
agitasse	agitassions	eusse agité	eussions agité
agitasses	agitassiez	eusses agité	eussiez agité
agitât	agitassent	eût agité	eussent agité

Imperative/Command

agite	agitons	agitez

Verb in Action

Agitez la bouteille. *(Shake the bottle.)*
Agiter avant l'emploi. *(Shake before use.)*
Le chien agita la queue. *(The dog wagged his tail.)*

* *Note:* **S'agiter** is conjugated similarly to **s'amuser**.

agrandir
(to extend, to enlarge)

Present Participle: agrandissant • **Past Participle:** agrandi
Regular **-ir** verb

Present
agrandis	agrandissons
agrandis	agrandissez
agrandit	agrandissent

Passé Composé
ai agrandi	avons agrandi
as agrandi	avez agrandi
a agrandi	ont agrandi

Imperfect
agrandissais	agrandissions
agrandissais	agrandissiez
agrandissait	agrandissaient

Pluperfect
avais agrandi	avions agrandi
avais agrandi	aviez agrandi
avait agrandi	avaient agrandi

Passé Simple
agrandis	agrandîmes
agrandis	agrandîtes
agrandit	agrandirent

Past Anterior
eus agrandi	eûmes agrandi
eus agrandi	eûtes agrandi
eut agrandi	eurent agrandi

Future
agrandirai	agrandirons
agrandiras	agrandirez
agrandira	agrandiront

Future Perfect
aurai agrandi	aurons agrandi
auras agrandi	aurez agrandi
aura agrandi	auront agrandi

Conditional
agrandirais	agrandirions
agrandirais	agrandiriez
agrandirait	agrandiraient

Conditional Perfect
aurais agrandi	aurions agrandi
aurais agrandi	auriez agrandi
aurait agrandi	auraient agrandi

Present Subjunctive
agrandisse	agrandissions
agrandisses	agrandissiez
agrandisse	agrandissent

Past Subjunctive
aie agrandi	ayons agrandi
aies agrandi	ayez agrandi
ait agrandi	aient agrandi

Imperfect Subjunctive
agrandisse	agrandissions
agrandisses	agrandissiez
agrandît	agrandissent

Pluperfect Subjunctive
eusse agrandi	eussions agrandi
eusses agrandi	eussiez agrandi
eût agrandi	eussent agrandi

Imperative/Command
agrandis	agrandissons	agrandissez

Verb in Action
J'ai fait agrandir mes photos. *(I had my photos enlarged.)*
Ils ont agrandi leur jardin. *(They enlarged their garden.)*
Leur magasin s'est agrandi. *(Their store has expanded.)*

aider
(to help)

Present Participle: aidant • Past Participle: aidé
Regular **-er** verb

Present		Passé Composé	
aide	aidons	ai aidé	avons aidé
aides	aidez	as aidé	avez aidé
aide	aident	a aidé	ont aidé

Imperfect		Pluperfect	
aidais	aidions	avais aidé	avions aidé
aidais	aidiez	avais aidé	aviez aidé
aidait	aidaient	avait aidé	avaient aidé

Passé Simple		Past Anterior	
aidai	aidâmes	eus aidé	eûmes aidé
aidas	aidâtes	eus aidé	eûtes aidé
aida	aidèrent	eut aidé	eurent aidé

Future		Future Perfect	
aiderai	aiderons	aurai aidé	aurons aidé
aideras	aiderez	auras aidé	aurez aidé
aidera	aideront	aura aidé	auront aidé

Conditional		Conditional Perfect	
aiderais	aiderions	aurais aidé	aurions aidé
aiderais	aideriez	aurais aidé	auriez aidé
aiderait	aideraient	aurait aidé	auraient aidé

Present Subjunctive		Past Subjunctive	
aide	aidions	aie aidé	ayons aidé
aides	aidiez	aies aidé	ayez aidé
aide	aident	ait aidé	aient aidé

Imperfect Subjunctive		Pluperfect Subjunctive	
aidasse	aidassions	eusse aidé	eussions aidé
aidasses	aidassiez	eusses aidé	eussiez aidé
aidât	aidassent	eût aidé	eussent aidé

Imperative/Command

aide	aidons	aidez

Verb in Action

Ce guide vous aidera durant votre séjour. *(This guide will help you during your stay.)*
Je l'ai un peu aidé à terminer sa dissertation. *(I helped him a little to finish his essay.)*
Bois ton café, ça va t'aider à te réveiller. *(Drink your coffee, it'll help you wake up.)*
Je t'aiderai à déménager. *(I'll help you move.)*

aimer

(to like, to love)

Present Participle: aimant • **Past Participle:** aimé
Regular **-er** verb

Present
aime	aimons
aimes	aimez
aime	aiment

Imperfect
aimais	aimions
aimais	aimiez
aimait	aimaient

Passé Simple
aimai	aimâmes
aimas	aimâtes
aima	aimèrent

Future
aimerai	aimerons
aimeras	aimerez
aimera	aimeront

Conditional
aimerais	aimerions
aimerais	aimeriez
aimerait	aimeraient

Present Subjunctive
aime	aimions
aimes	aimiez
aime	aiment

Imperfect Subjunctive
aimasse	aimassions
aimasses	aimassiez
aimât	aimassent

Passé Composé
ai aimé	avons aimé
as aimé	avez aimé
a aimé	ont aimé

Pluperfect
avais aimé	avions aimé
avais aimé	aviez aimé
avait aimé	avaient aimé

Past Anterior
eus aimé	eûmes aimé
eus aimé	eûtes aimé
eut aimé	eurent aimé

Future Perfect
aurai aimé	aurons aimé
auras aimé	aurez aimé
aura aimé	auront aimé

Conditional Perfect
aurais aimé	aurions aimé
aurais aimé	auriez aimé
aurait aimé	auraient aimé

Past Subjunctive
aie aimé	ayons aimé
aies aimé	ayez aimé
ait aimé	aient aimé

Pluperfect Subjunctive
eusse aimé	eussions aimé
eusses aimé	eussiez aimé
eût aimé	eussent aimé

Imperative/Command
aime	aimons	aimez

Verb in Action
Elle aime ses enfants. *(She loves her children.)*
Tu aimes le chocolat? *(Do you like chocolate?)*
Aimeriez-vous que je vous accompagne? *(Would you like me to come with you?)*

ajouter
(to add)

Present		*Passé Composé*	
ajoute	ajoutons	ai ajouté	avons ajouté
ajoutes	ajoutez	as ajouté	avez ajouté
ajoute	ajoutent	a ajouté	ont ajouté

Imperfect		*Pluperfect*	
ajoutais	ajoutions	avais ajouté	avions ajouté
ajoutais	ajoutiez	avais ajouté	aviez ajouté
ajoutait	ajoutaient	avait ajouté	avaient ajouté

Passé Simple		*Past Anterior*	
ajoutai	ajoutâmes	eus ajouté	eûmes ajouté
ajoutas	ajoutâtes	eus ajouté	eûtes ajouté
ajouta	ajoutèrent	eut ajouté	eurent ajouté

Future		*Future Perfect*	
ajouterai	ajouterons	aurai ajouté	aurons ajouté
ajouteras	ajouterez	auras ajouté	aurez ajouté
ajoutera	ajouteront	aura ajouté	auront ajouté

Conditional		*Conditional Perfect*	
ajouterais	ajouterions	aurais ajouté	aurions ajouté
ajouterais	ajouteriez	aurais ajouté	auriez ajouté
ajouterait	ajouteraient	aurait ajouté	auraient ajouté

Present Subjunctive		*Past Subjunctive*	
ajoute	ajoutions	aie ajouté	ayons ajouté
ajoutes	ajoutiez	aies ajouté	ayez ajouté
ajoute	ajoutent	ait ajouté	aient ajouté

Imperfect Subjunctive		*Pluperfect Subjunctive*	
ajoutasse	ajoutassions	eusse ajouté	eussions ajouté
ajoutasses	ajoutassiez	eusses ajouté	eussiez ajouté
ajoutât	ajoutassent	eût ajouté	eussent ajouté

Imperative/Command

ajoute	ajoutons	ajoutez

Verb in Action

Ajouter le lait, les œufs battus et l'extrait de vanille. *(Add the milk, beaten eggs, and vanilla extract.)*

Tu ajouteras un petit mot sur leur carte postale? *(Will you write a few words on their post card?)*

Ceci ne peut qu'ajouter à la confusion. *(This can only add to the confusion.)*

aller
(to go)

Present Participle: allant • **Past Participle:** allé
Irregular verb

Present

vais	allons
vas	allez
va	vont

Imperfect

allais	allions
allais	alliez
allait	allaient

Passé Simple

allai	allâmes
allas	allâtes
alla	allèrent

Future

irai	irons
iras	irez
ira	iront

Conditional

irais	irions
irais	iriez
irait	iraient

Present Subjunctive

aille	allions
ailles	alliez
aille	aillent

Imperfect Subjunctive

allasse	allassions
allasses	allassiez
allât	allassent

Passé Composé

suis allé(e)	sommes allé(e)s
es allé(e)	êtes allé(e)(s)
est allé/allée	sont allés/allées

Pluperfect

étais allé(e)	étions allé(e)s
étais allé(e)	étiez allé(e)(s)
était allé/allée	étaient allés/allées

Past Anterior

fus allé(e)	fûmes allé(e)s
fus allé(e)	fûtes allé(e)(s)
fut allé/allée	furent allés/allées

Future Perfect

serai allé(e)	serons allé(e)s
seras allé(e)	serez allé(e)(s)
sera allé/allée	seront allés/allées

Conditional Perfect

serais allé(e)	serions allé(e)s
serais allé(e)	seriez allé(e)(s)
serait allé/allée	seraient allés/allées

Past Subjunctive

sois allé(e)	soyons allé(e)s
sois allé(e)	soyez allé(e)(s)
soit allé/allée	soient allés/allées

Pluperfect Subjunctive

fusse allé(e)	fussions allé(e)s
fusses allé(e)	fussiez allé(e)(s)
fût allé/allée	fussent allés/allées

Imperative/Command

va	allons	allez

Verb in Action

Vous allez souvent au cinéma? *(Do you often go to the movies?)*
Je suis allé à Londres. *(I went to London.)*
Il faut que j'aille la chercher à la gare. *(I have to go get her at the station.)*
J'irai en ville demain. *(I'll go into town tomorrow.)*

allumer

(to light, to turn on)

Present Participle: allumant • **Past Participle:** allumé
Regular **-er** verb

Present
allume	allumons
allumes	allumez
allume	allument

Imperfect
allumais	allumions
allumais	allumiez
allumait	allumaient

Passé Simple
allumai	allumâmes
allumas	allumâtes
alluma	allumèrent

Future
allumerai	allumerons
allumeras	allumerez
allumera	allumeront

Conditional
allumerais	allumerions
allumerais	allumeriez
allumerait	allumeraient

Present Subjunctive
allume	allumions
allumes	allumiez
allume	allument

Imperfect Subjunctive
allumasse	allumassions
allumasses	allumassiez
allumât	allumassent

Passé Composé
ai allumé	avons allumé
as allumé	avez allumé
a allumé	ont allumé

Pluperfect
avais allumé	avions allumé
avais allumé	aviez allumé
avait allumé	avaient allumé

Past Anterior
eus allumé	eûmes allumé
eus allumé	eûtes allumé
eut allumé	eurent allumé

Future Perfect
aurai allumé	aurons allumé
auras allumé	aurez allumé
aura allumé	auront allumé

Conditional Perfect
aurais allumé	aurions allumé
aurais allumé	auriez allumé
aurait allumé	auraient allumé

Past Subjunctive
aie allumé	ayons allumé
aies allumé	ayez allumé
ait allumé	aient allumé

Pluperfect Subjunctive
eusse allumé	eussions allumé
eusses allumé	eussiez allumé
eût allumé	eussent allumé

Imperative/Command
allume	allumons	allumez

Verb in Action

Tu peux allumer la lumière? *(Can you turn the light on?)*
Allume la radio. *(Turn on the radio.)*
On allumera des bougies, ça fera joli. *(We'll light candles, that'll look nice.)*

améliorer
(to improve)

Present Participle: améliorant • **Past Participle:** amélioré
Regular -er verb

Present
améliore	améliorons
améliores	améliorez
améliore	améliorent

Imperfect
améliorais	améliorions
améliorais	amélioriez
améliorait	amélioraient

Passé Simple
améliorai	améliorâmes
amélioras	améliorâtes
améliora	améliorèrent

Future
améliorerai	améliorerons
amélioreras	améliorerez
améliorera	amélioreront

Conditional
améliorerais	améliorerions
améliorerais	amélioreriez
améliorerait	amélioreraient

Present Subjunctive
améliore	améliorions
améliores	amélioriez
améliore	améliorent

Imperfect Subjunctive
améliorasse	améliorassions
améliorasses	améliorassiez
améliorât	améliorassent

Passé Composé
ai amélioré	avons amélioré
as amélioré	avez amélioré
a amélioré	ont amélioré

Pluperfect
avais amélioré	avions amélioré
avais amélioré	aviez amélioré
avait amélioré	avaient amélioré

Past Anterior
eus amélioré	eûmes amélioré
eus amélioré	eûtes amélioré
eut amélioré	eurent amélioré

Future Perfect
aurai amélioré	aurons amélioré
auras amélioré	aurez amélioré
aura amélioré	auront amélioré

Conditional Perfect
aurais amélioré	aurions amélioré
aurais amélioré	auriez amélioré
aurait amélioré	auraient amélioré

Past Subjunctive
aie amélioré	ayons amélioré
aies amélioré	ayez amélioré
ait amélioré	aient amélioré

Pluperfect Subjunctive
eusse amélioré	eussions amélioré
eusses amélioré	eussiez amélioré
eût amélioré	eussent amélioré

Imperative/Command
améliore	améliorons	améliorez

Verb in Action
Je suis ici pour améliorer mon français. *(I am here to improve my French.)*
La circulation en ville s'est beaucoup améliorée. *(The traffic in town has gotten much better.)*
Le temps s'améliore, c'est une bonne nouvelle. *(The weather is getting better, that's good news.)*

amener
(to bring (someone))

Present Participle: amenant • **Past Participle:** amené
e[consonant]-**er** verb; **e** becomes **è** before consonant + **e, es, ent**

Present		Passé Composé	
amène	amenons	ai amené	avons amené
amènes	amenez	as amené	avez amené
amène	amènent	a amené	ont amené

Imperfect		Pluperfect	
amenais	amenions	avais amené	avions amené
amenais	ameniez	avais amené	aviez amené
amenait	amenaient	avait amené	avaient amené

Passé Simple		Past Anterior	
amenai	amenâmes	eus amené	eûmes amené
amenas	amenâtes	eus amené	eûtes amené
amena	amenèrent	eut amené	eurent amené

Future		Future Perfect	
amènerai	amènerons	aurai amené	aurons amené
amèneras	amènerez	auras amené	aurez amené
amènera	amèneront	aura amené	auront amené

Conditional		Conditional Perfect	
amènerais	amènerions	aurais amené	aurions amené
amènerais	amèneriez	aurais amené	auriez amené
amènerait	amèneraient	aurait amené	auraient amené

Present Subjunctive		Past Subjunctive	
amène	amenions	aie amené	ayons amené
amènes	ameniez	aies amené	ayez amené
amène	amènent	ait amené	aient amené

Imperfect Subjunctive		Pluperfect Subjunctive	
amenasse	amenassions	eusse amené	eussions amené
amenasses	amenassiez	eusses amené	eussiez amené
amenât	amenassent	eût amené	eussent amené

Imperative/Command

amène	amenons	amenez

Verb in Action

Est-ce que je peux amener un ami? *(Can I bring a friend?)*
Qu'est-ce qui t'amène? *(What brings you here?)*
Cette route vous amène au village. *(This road takes you to the village.)*

amuser

(to amuse, to entertain)

Present Participle: amusant • **Past Participle:** amusé
Regular **-er** verb

Present		Passé Composé	
amuse	amusons	ai amusé	avons amusé
amuses	amusez	as amusé	avez amusé
amuse	amusent	a amusé	ont amusé

Imperfect		Pluperfect	
amusais	amusions	avais amusé	avions amusé
amusais	amusiez	avais amusé	aviez amusé
amusait	amusaient	avait amusé	avaient amusé

Passé Simple		Past Anterior	
amusai	amusâmes	eus amusé	eûmes amusé
amusas	amusâtes	eus amusé	eûtes amusé
amusa	amusèrent	eut amusé	eurent amusé

Future		Future Perfect	
amuserai	amuserons	aurai amusé	aurons amusé
amuseras	amuserez	auras amusé	aurez amusé
amusera	amuseront	aura amusé	auront amusé

Conditional		Conditional Perfect	
amuserais	amuserions	aurais amusé	aurions amusé
amuserais	amuseriez	aurais amusé	auriez amusé
amuserait	amuseraient	aurait amusé	auraient amusé

Present Subjunctive		Past Subjunctive	
amuse	amusions	aie amusé	ayons amusé
amuses	amusiez	aies amusé	ayez amusé
amuse	amusent	ait amusé	aient amusé

Imperfect Subjunctive		Pluperfect Subjunctive	
amusasse	amusassions	eusse amusé	eussions amusé
amusasses	amusassiez	eusses amusé	eussiez amusé
amusât	amusassent	eût amusé	eussent amusé

Imperative/Command

amuse	amusons	amusez

Verb in Action

Tu travailles à l'école, ou tu amuses la galerie? (*Do you work in school, or do you clown around?*)

Je l'aime bien, elle m'amuse. (*I like her, she makes me laugh.*)

Ce jeu d'échecs amuse les enfants. (*This chess game entertains the children.*)

s'amuser

(to enjoy oneself, to play, to have fun)

Present Participle: s'amusant • **Past Participle:** amusé
Regular pronominal **-er** verb

Present

m'amuse	nous amusons
t'amuses	vous amusez
s'amuse	s'amusent

Imperfect

m'amusais	nous amusions
t'amusais	vous amusiez
s'amusait	s'amusaient

Passé Simple

m'amusai	nous amusâmes
t'amusas	vous amusâtes
s'amusa	s'amusèrent

Future

m'amuserai	nous amuserons
t'amuseras	vous amuserez
s'amusera	s'amuseront

Conditional

m'amuserais	nous amuserions
t'amuserais	vous amuseriez
s'amuserait	s'amuseraient

Present Subjunctive

m'amuse	nous amusions
t'amuses	vous amusiez
s'amuse	s'amusent

Imperfect Subjunctive

m'amusasse	nous amusassions
t'amusasses	vous amusassiez
s'amusât	s'amusassent

Passé Composé

me suis amusé(e)	nous sommes amusé(e)s
t'es amusé(e)	vous êtes amusé(e)(s)
s'est amusé/amusée	se sont amusés/amusées

Pluperfect

m'étais amusé(e)	nous étions amusé(e)s
t'étais amusé(e)	vous étiez amusé(e)(s)
s'était amusé/amusée	s'étaient amusés/amusées

Past Anterior

me fus amusé(e)	nous fûmes amusé(e)s
te fus amusé(e)	vous fûtes amusé(e)(s)
se fut amusé/amusée	se furent amusés/amusées

Future Perfect

me serai amusé(e)	nous serons amusé(e)s
te seras amusé(e)	vous serez amusé(e)(s)
se sera amusé/amusée	se seront amusés/amusées

Conditional Perfect

me serais amusé(e)	nous serions amusé(e)s
te serais amusé(e)	vous seriez amusé(e)(s)
se serait amusé/amusée	se seraient amusés/amusées

Past Subjunctive

me sois amusé(e)	nous soyons amusé(e)s
te sois amusé(e)	vous soyez amusé(e)(s)
se soit amusé/amusée	se soient amusés/amusées

Pluperfect Subjunctive

me fusse amusé(e)	nous fussions amusé(e)s
te fusses amusé(e)	vous fussiez amusé(e)(s)
se fût amusé/amusée	se fussent amusés/amusées

Imperative/Command

amuse-toi;	amusons-nous;	amusez-vous;
ne t'amuse pas	ne nous amusons pas	ne vous amusez pas

Verb in Action

On s'est bien amusés à cette soirée. *(We really enjoyed ourselves at that party.)*
Amuse-toi bien avec Florence. *(Have fun with Florence.)*
Ils s'amusaient à sauter dans les flaques d'eau. *(They had fun jumping in the puddles.)*

annoncer
(to announce)

Present Participle: annonçant • **Past Participle:** annoncé
-**cer** verb; **c** becomes **ç** before an **a** or an **o**

Present			
annonce	annonçons		
annonces	annoncez		
annonce	annoncent		

Passé Composé			
ai annoncé	avons annoncé
as annoncé	avez annoncé
a annoncé	ont annoncé

Imperfect	
annonçais	annoncions
annonçais	annonciez
annonçait	annonçaient

Pluperfect	
avais annoncé	avions annoncé
avais annoncé	aviez annoncé
avait annoncé	avaient annoncé

Passé Simple	
annonçai	annonçâmes
annonças	annonçâtes
annonça	annoncèrent

Past Anterior	
eus annoncé	eûmes annoncé
eus annoncé	eûtes annoncé
eut annoncé	eurent annoncé

Future	
annoncerai	annoncerons
annonceras	annoncerez
annoncera	annonceront

Future Perfect	
aurai annoncé	aurons annoncé
auras annoncé	aurez annoncé
aura annoncé	auront annoncé

Conditional	
annoncerais	annoncerions
annoncerais	annonceriez
annoncerait	annonceraient

Conditional Perfect	
aurais annoncé	aurions annoncé
aurais annoncé	auriez annoncé
aurait annoncé	auraient annoncé

Present Subjunctive	
annonce	annoncions
annonces	annonciez
annonce	annoncent

Past Subjunctive	
aie annoncé	ayons annoncé
aies annoncé	ayez annoncé
ait annoncé	aient annoncé

Imperfect Subjunctive	
annonçasse	annonçassions
annonçasses	annonçassiez
annonçât	annonçassent

Pluperfect Subjunctive	
eusse annoncé	eussions annoncé
eusses annoncé	eussiez annoncé
eût annoncé	eussent annoncé

Imperative/Command

annonce	annonçons	annoncez

Verb in Action

Ils ont annoncé leurs fiançailles. *(They announced their engagement.)*
Ils annonceront le résultat mardi matin. *(They'll announce the results on Tuesday morning.)*
Une grande manifestation est annoncée pour ce week-end. *(It's been announced that there will be a big demonstration this weekend.)*

annuler
(to cancel)

Present Participle: annulant • Past Participle: annulé
Regular **-er** verb

Present
annule	annulons
annules	annulez
annule	annulent

Passé Composé
ai annulé	avons annulé
as annulé	avez annulé
a annulé	ont annulé

Imperfect
annulais	annulions
annulais	annuliez
annulait	annulaient

Pluperfect
avais annulé	avions annulé
avais annulé	aviez annulé
avait annulé	avaient annulé

Passé Simple
annulai	annulâmes
annulas	annulâtes
annula	annulèrent

Past Anterior
eus annulé	eûmes annulé
eus annulé	eûtes annulé
eut annulé	eurent annulé

Future
annulerai	annulerons
annuleras	annulerez
annulera	annuleront

Future Perfect
aurai annulé	aurons annulé
auras annulé	aurez annulé
aura annulé	auront annulé

Conditional
annulerais	annulerions
annulerais	annuleriez
annulerait	annuleraient

Conditional Perfect
aurais annulé	aurions annulé
aurais annulé	auriez annulé
aurait annulé	auraient annulé

Present Subjunctive
annule	annulions
annules	annuliez
annule	annulent

Past Subjunctive
aie annulé	ayons annulé
aies annulé	ayez annulé
ait annulé	aient annulé

Imperfect Subjunctive
annulasse	annulassions
annulasses	annulassiez
annulât	annulassent

Pluperfect Subjunctive
eusse annulé	eussions annulé
eusses annulé	eussiez annulé
eût annulé	eussent annulé

Imperative/Command
annule	annulons	annulez

Verb in Action

Tu savais que l'exposition avait été annulée? *(Did you know that the exhibition had been canceled?)*

Si le temps est trop mauvais, on annulera le barbecue. *(If the weather is too bad, we'll call off the barbecue.)*

Il aurait annulé ses vacances s'il avait su. *(He would have canceled his vacation if he had known.)*

apercevoir/s'apercevoir*

(to perceive, to see)/(to notice, to realize)

Present Participle: apercevant • **Past Participle:** aperçu
Irregular verb

Present		**Passé Composé**	
aperçois	apercevons	ai aperçu	avons aperçu
aperçois	apercevez	as aperçu	avez aperçu
aperçoit	aperçoivent	a aperçu	ont aperçu

Imperfect		**Pluperfect**	
apercevais	apercevions	avais aperçu	avions aperçu
apercevais	aperceviez	avais aperçu	aviez aperçu
apercevait	apercevaient	avait aperçu	avaient aperçu

Passé Simple		**Past Anterior**	
aperçus	aperçûmes	eus aperçu	eûmes aperçu
aperçus	aperçûtes	eus aperçu	eûtes aperçu
aperçut	aperçurent	eut aperçu	eurent aperçu

Future		**Future Perfect**	
apercevrai	apercevrons	aurai aperçu	aurons aperçu
apercevras	apercevrez	auras aperçu	aurez aperçu
apercevra	apercevront	aura aperçu	auront aperçu

Conditional		**Conditional Perfect**	
apercevrais	apercevrions	aurais aperçu	aurions aperçu
apercevrais	apercevriez	aurais aperçu	auriez aperçu
apercevrait	apercevraient	aurait aperçu	auraient aperçu

Present Subjunctive		**Past Subjunctive**	
aperçoive	apercevions	aie aperçu	ayons aperçu
aperçoives	aperceviez	aies aperçu	ayez aperçu
aperçoive	aperçoivent	ait aperçu	aient aperçu

Imperfect Subjunctive		**Pluperfect Subjunctive**	
aperçusse	aperçussions	eusse aperçu	eussions aperçu
aperçusses	aperçussiez	eusses aperçu	eussiez aperçu
aperçût	aperçussent	eût aperçu	eussent aperçu

Imperative/Command

aperçois	apercevons	apercevez

Verb in Action

J'aperçois une lumière là-bas. *(I can see a light over there.)*
Je l'ai aperçue hier au marché. *(I saw her yesterday at the market.)*

* Note: This pronominal verb is conjugated like **apercevoir,** but with the addition of the pronominal pronouns and the auxiliary **être** *(to be)* for all the compound tenses.

apparaître
(to appear)

Present Participle: apparaissant • **Past Participle:** apparu
Irregular verb

Present		Passé Composé	
apparais	apparaissons	ai apparu	avons apparu
apparais	apparaissez	as apparu	avez apparu
apparaît	apparaissent	a apparu	ont apparu

Imperfect		Pluperfect	
apparaissais	apparaissions	avais apparu	avions apparu
apparaissais	apparaissiez	avais apparu	aviez apparu
apparaissait	apparaissaient	avait apparu	avaient apparu

Passé Simple		Past Anterior	
apparus	apparûmes	eus apparu	eûmes apparu
apparus	apparûtes	eus apparu	eûtes apparu
apparut	apparurent	eut apparu	eurent apparu

Future		Future Perfect	
apparaîtrai	apparaîtrons	aurai apparu	aurons apparu
apparaîtras	apparaîtrez	auras apparu	aurez apparu
apparaîtra	apparaîtront	aura apparu	auront apparu

Conditional		Conditional Perfect	
apparaîtrais	apparaîtrions	aurais apparu	aurions apparu
apparaîtrais	apparaîtriez	aurais apparu	auriez apparu
apparaîtrait	apparaîtraient	aurait apparu	auraient apparu

Present Subjunctive		Past Subjunctive	
apparaisse	apparaissions	aie apparu	ayons apparu
apparaisses	apparaissiez	aies apparu	ayez apparu
apparaisse	apparaissent	ait apparu	aient apparu

Imperfect Subjunctive		Pluperfect Subjunctive	
apparusse	apparussions	eusse apparu	eussions apparu
apparusses	apparussiez	eusses apparu	eussiez apparu
apparût	apparussent	eût apparu	eussent apparu

Imperative/Command

apparais	apparaissons	apparaissez

Verb in Action

Il apparaît très souvent à la télévision. *(He appears on television very often.)*
Cette suggestion apparut comme une idée absurde. *(This suggestion seemed like an absurd idea.)*
Après plusieurs heures en voiture, la mer a enfin apparu à l'horizon. *(After driving for several hours, the sea finally appeared on the horizon.)*

appartenir

(to belong, to be up to)

Present Participle: appartenant • **Past Participle:** appartenu
Irregular -**ir** verb

Present

appartiens	appartenons
appartiens	appartenez
appartient	appartiennent

Passé Composé

ai appartenu	avons appartenu
as appartenu	avez appartenu
a appartenu	ont appartenu

Imperfect

appartenais	appartenions
appartenais	apparteniez
appartenait	appartenaient

Pluperfect

avais appartenu	avions appartenu
avais appartenu	aviez appartenu
avait appartenu	avaient appartenu

Passé Simple

appartins	appartînmes
appartins	appartîntes
appartint	appartinrent

Past Anterior

eus appartenu	eûmes appartenu
eus appartenu	eûtes appartenu
eut appartenu	eurent appartenu

Future

appartiendrai	appartiendrons
appartiendras	appartiendrez
appartiendra	appartiendront

Future Perfect

aurai appartenu	aurons appartenu
auras appartenu	aurez appartenu
aura appartenu	auront appartenu

Conditional

appartiendrais	appartiendrions
appartiendrais	appartiendriez
appartiendrait	appartiendraient

Conditional Perfect

aurais appartenu	aurions appartenu
aurais appartenu	auriez appartenu
aurait appartenu	auraient appartenu

Present Subjunctive

appartienne	appartenions
appartiennes	apparteniez
appartienne	appartiennent

Past Subjunctive

aie appartenu	ayons appartenu
aies appartenu	ayez appartenu
ait appartenu	aient appartenu

Imperfect Subjunctive

appartinsse	appartinssions
appartinsses	appartinssiez
appartînt	appartinssent

Pluperfect Subjunctive

eusse appartenu	eussions appartenu
eusses appartenu	eussiez appartenu
eût appartenu	eussent appartenu

Imperative/Command

appartiens	appartenons	appartenez

Verb in Action

À qui appartient cette maison? *(To whom does this house belong?)*
Il appartiendra à la justice d'éclaircir ce mystère. *(It will be up to the courts to solve this mystery.)*
Ce magasin a appartenu à ma femme. *(This store belonged to my wife.)*

appeler
(to call)

Present Participle: appelant • **Past Participle:** appelé
-eler verb: the **l** doubles before **e, es, ent**

Present
appelle	appelons
appelles	appelez
appelle	appellent

Imperfect
appelais	appelions
appelais	appeliez
appelait	appelaient

Passé Simple
appelai	appelâmes
appelas	appelâtes
appela	appelèrent

Future
appellerai	appellerons
appelleras	appellerez
appellera	appelleront

Conditional
appellerais	appellerions
appellerais	appelleriez
appellerait	appelleraient

Present Subjunctive
appelle	appelions
appelles	appeliez
appelle	appellent

Imperfect Subjunctive
appelasse	appelassions
appelasses	appelassiez
appelât	appelassent

Passé Composé
ai appelé	avons appelé
as appelé	avez appelé
a appelé	ont appelé

Pluperfect
avais appelé	avions appelé
avais appelé	aviez appelé
avait appelé	avaient appelé

Past Anterior
eus appelé	eûmes appelé
eus appelé	eûtes appelé
eut appelé	eurent appelé

Future Perfect
aurai appelé	aurons appelé
auras appelé	aurez appelé
aura appelé	auront appelé

Conditional Perfect
aurais appelé	aurions appelé
aurais appelé	auriez appelé
aurait appelé	auraient appelé

Past Subjunctive
aie appelé	ayons appelé
aies appelé	ayez appelé
ait appelé	aient appelé

Pluperfect Subjunctive
eusse appelé	eussions appelé
eusses appelé	eussiez appelé
eût appelé	eussent appelé

Imperative/Command
appelle	appelons	appelez

Verb in Action
Elle a appelé le médecin. *(She called the doctor.)*
Appelle-moi sur mon portable. *(Call me on my cell.)*
Je t'appellerai demain. *(I'll call you tomorrow.)*

s'appeler

(to be called, to be named, to call each other)

Present Participle: s'appelant • **Past Participle:** appelé
Pronominal -eler verb: the l doubles before **e, es, ent**

Present
m'appelle	nous appelons
t'appelles	vous appelez
s'appelle	s'appellent

Imperfect
m'appelais	nous appelions
t'appelais	vous appeliez
s'appelait	s'appelaient

Passé Simple
m'appelai	nous appelâmes
t'appelas	vous appelâtes
s'appela	s'appelèrent

Future
m'appellerai	nous appellerons
t'appelleras	vous appellerez
s'appellera	s'appelleront

Conditional
m'appellerais	nous appellerions
t'appellerais	vous appelleriez
s'appellerait	s'appelleraient

Present Subjunctive
m'appelle	nous appelions
t'appelles	vous appeliez
s'appelle	s'appellent

Imperfect Subjunctive
m'appelasse	nous appelassions
t'appelasses	vous appelassiez
s'appelât	s'appelassent

Passé Composé
me suis appelé(e)	nous sommes appelé(e)s
t'es appelé(e)	vous êtes appelé(e)(s)
s'est appelé/appelée	se sont appelés/appelées

Pluperfect
m'étais appelé(e)	nous étions appelé(e)s
t'étais appelé(e)	vous étiez appelé(e)(s)
s'était appelé/appelée	s'étaient appelés/appelées

Past Anterior
me fus appelé(e)	nous fûmes appelé(e)s
te fus appelé(e)	vous fûtes appelé(e)(s)
se fut appelé/appelée	se furent appelés/appelées

Future Perfect
me serai appelé(e)	nous serons appelé(e)s
te seras appelé(e)	vous serez appelé(e)(s)
se sera appelé/appelée	se seront appelés/appelées

Conditional Perfect
me serais appelé(e)	nous serions appelé(e)s
te serais appelé(e)	vous seriez appelé(e)(s)
se serait appelé/appelée	se seraient appelés/appelées

Past Subjunctive
me sois appelé(e)	nous soyons appelé(e)s
te sois appelé(e)	vous soyez appelé(e)(s)
se soit appelé/appelée	se soient appelés/appelées

Pluperfect Subjunctive
me fusse appelé(e)	nous fussions appelé(e)s
te fusses appelé(e)	vous fussiez appelé(e)(s)
se fût appelé/appelée	se fussent appelés/appelées

Imperative/Command
appelle-toi;	appelons-nous;	appelez-vous;
ne t'appelle pas	ne nous appelons pas	ne vous appelez pas

Verb in Action

Comment t'appelles-tu? *(What's your name?)*
La petite amie de Marc s'appelle Florence. *(Marc's girlfriend's name is Florence.)*
Est-ce que vous vous appelez chaque jour? *(Do you call each other every day?)*

apporter
(to bring (something))

Present Participle: apportant • **Past Participle:** apporté
Regular **-er** verb

Present		*Passé Composé*	
apporte	apportons	ai apporté	avons apporté
apportes	apportez	as apporté	avez apporté
apporte	apportent	a apporté	ont apporté

Imperfect		*Pluperfect*	
apportais	apportions	avais apporté	avions apporté
apportais	apportiez	avais apporté	aviez apporté
apportait	apportaient	avait apporté	avaient apporté

Passé Simple		*Past Anterior*	
apportai	apportâmes	eus apporté	eûmes apporté
apportas	apportâtes	eus apporté	eûtes apporté
apporta	apportèrent	eut apporté	eurent apporté

Future		*Future Perfect*	
apporterai	apporterons	aurai apporté	aurons apporté
apporteras	apporterez	auras apporté	aurez apporté
apportera	apporteront	aura apporté	auront apporté

Conditional		*Conditional Perfect*	
apporterais	apporterions	aurais apporté	aurions apporté
apporterais	apporteriez	aurais apporté	auriez apporté
apporterait	apporteraient	aurait apporté	auraient apporté

Present Subjunctive		*Past Subjunctive*	
apporte	apportions	aie apporté	ayons apporté
apportes	apportiez	aies apporté	ayez apporté
apporte	apportent	ait apporté	aient apporté

Imperfect Subjunctive		*Pluperfect Subjunctive*	
apportasse	apportassions	eusse apporté	eussions apporté
apportasses	apportassiez	eusses apporté	eussiez apporté
apportât	apportassent	eût apporté	eussent apporté

Imperative/Command

apporte	apportons	apportez

Verb in Action

Apporte ton appareil photo ce week-end. *(Bring your camera this weekend.)*
On apportera le dessert, si vous voulez. *(We'll bring the dessert, if you would like.)*
Je viens t'apporter de bonnes nouvelles. *(I come to bring you good news.)*

apprécier
(to appreciate)

Present Participle: appréciant • **Past Participle:** apprécié
Regular **-er** verb

Present
apprécie	apprécions
apprécies	appréciez
apprécie	apprécient

Imperfect
appréciais	appréciions
appréciais	appréciiez
appréciait	appréciaient

Passé Simple
appréciai	appréciâmes
apprécias	appréciâtes
apprécia	apprécièrent

Future
apprécierai	apprécierons
apprécieras	apprécierez
appréciera	apprécieront

Conditional
apprécierais	apprécierions
apprécierais	apprécieriez
apprécierait	apprécieraient

Present Subjunctive
apprécie	appréciions
apprécies	appréciiez
apprécie	apprécient

Imperfect Subjunctive
appréciasse	appréciassions
appréciasses	appréciassiez
appréciât	appréciassent

Passé Composé
ai apprécié	avons apprécié
as apprécié	avez apprécié
a apprécié	ont apprécié

Pluperfect
avais apprécié	avions apprécié
avais apprécié	aviez apprécié
avait apprécié	avaient apprécié

Past Anterior
eus apprécié	eûmes apprécié
eus apprécié	eûtes apprécié
eut apprécié	eurent apprécié

Future Perfect
aurai apprécié	aurons apprécié
auras apprécié	aurez apprécié
aura apprécié	auront apprécié

Conditional Perfect
aurais apprécié	aurions apprécié
aurais apprécié	auriez apprécié
aurait apprécié	auraient apprécié

Past Subjunctive
aie apprécié	ayons apprécié
aies apprécié	ayez apprécié
ait apprécié	aient apprécié

Pluperfect Subjunctive
eusse apprécié	eussions apprécié
eusses apprécié	eussiez apprécié
eût apprécié	eussent apprécié

Imperative/Command
apprécie	apprécions	appréciez

Verb in Action

Le lecteur qui apprécie les romans policiers aimera beaucoup son dernier livre. *(The reader who likes detective stories will love his/her latest book.)*

Nous avons beaucoup apprécié notre dernier voyage en Tunisie. *(We really enjoyed our last trip to Tunisia.)*

apprendre
(to learn, to teach)

Present Participle: apprenant • Past Participle: appris
Irregular **-re** verb

Present
apprends   apprenons
apprends   apprenez
apprend   apprennent

Imperfect
apprenais   apprenions
apprenais   appreniez
apprenait   apprenaient

Passé Simple
appris   apprîmes
appris   apprîtes
apprit   apprirent

Future
apprendrai   apprendrons
apprendras   apprendrez
apprendra   apprendront

Conditional
apprendrais   apprendrions
apprendrais   apprendriez
apprendrait   apprendraient

Present Subjunctive
apprenne   apprenions
apprennes   appreniez
apprenne   apprennent

Imperfect Subjunctive
apprisse   apprissions
apprisses   apprissiez
apprît   apprissent

Passé Composé
ai appris   avons appris
as appris   avez appris
a appris   ont appris

Pluperfect
avais appris   avions appris
avais appris   aviez appris
avait appris   avaient appris

Past Anterior
eus appris   eûmes appris
eus appris   eûtes appris
eut appris   eurent appris

Future Perfect
aurai appris   aurons appris
auras appris   aurez appris
aura appris   auront appris

Conditional Perfect
aurais appris   aurions appris
aurais appris   auriez appris
aurait appris   auraient appris

Past Subjunctive
aie appris   ayons appris
aies appris   ayez appris
ait appris   aient appris

Pluperfect Subjunctive
eusse appris   eussions appris
eusses appris   eussiez appris
eût appris   eussent appris

Imperative/Command
apprends   apprenons   apprenez

Verb in Action

J'apprends à faire la cuisine. *(I'm learning to cook.)*
Elle lui a appris à conduire. *(She taught him/her to drive.)*
Il avait appris le poème par cœur. *(He had learned the poem by heart.)*

approcher/s'approcher*

(to approach)/(to come near)

Present Participle: approchant • **Past Participle:** approché
Regular -er verb

Present
approche	approchons
approches	approchez
approche	approchent

Imperfect
approchais	approchions
approchais	approchiez
approchait	approchaient

Passé Simple
approchai	approchâmes
approchas	approchâtes
approcha	approchèrent

Future
approcherai	approcherons
approcheras	approcherez
approchera	approcheront

Conditional
approcherais	approcherions
approcherais	approcheriez
approcherait	approcheraient

Present Subjunctive
approche	approchions
approches	approchiez
approche	approchent

Imperfect Subjunctive
approchasse	approchassions
approchasses	approchassiez
approchât	approchassent

Passé Composé
ai approché	avons approché
as approché	avez approché
a approché	ont approché

Pluperfect
avais approché	avions approché
avais approché	aviez approché
avait approché	avaient approché

Past Anterior
eus approché	eûmes approché
eus approché	eûtes approché
eut approché	eurent approché

Future Perfect
aurai approché	aurons approché
auras approché	aurez approché
aura approché	auront approché

Conditional Perfect
aurais approché	aurions approché
aurais approché	auriez approché
aurait approché	auraient approché

Past Subjunctive
aie approché	ayons approché
aies approché	ayez approché
ait approché	aient approché

Pluperfect Subjunctive
eusse approché	eussions approché
eusses approché	eussiez approché
eût approché	eussent approché

Imperative/Command
approche	approchons	approchez

Verb in Action
Ne t'approche pas, j'ai la grippe! *(Don't get too close to me, I have the flu!)*
Il approchait la cinquantaine. *(He was getting close to fifty.)*
Le taxi s'approcha de la maison. *(The taxi came near the house.)*

* Note: This pronominal verb is conjugated similarly to **s'amuser.**

appuyer
(to lean, to push, to press)

Present Participle: appuyant • **Past Participle:** appuyé
-yer verb; **y** becomes **i** before **e, es, ent**

Present
appuie	appuyons
appuies	appuyez
appuie	appuient

Imperfect
appuyais	appuyions
appuyais	appuyiez
appuyait	appuyaient

Passé Simple
appuyai	appuyâmes
appuyas	appuyâtes
appuya	appuyèrent

Future
appuierai	appuierons
appuieras	appuierez
appuiera	appuieront

Conditional
appuierais	appuierions
appuierais	appuieriez
appuierait	appuieraient

Present Subjunctive
appuie	appuyions
appuies	appuyiez
appuie	appuient

Imperfect Subjunctive
appuyasse	appuyassions
appuyasses	appuyassiez
appuyât	appuyassent

Passé Composé
ai appuyé	avons appuyé
as appuyé	avez appuyé
a appuyé	ont appuyé

Pluperfect
avais appuyé	avions appuyé
avais appuyé	aviez appuyé
avait appuyé	avaient appuyé

Past Anterior
eus appuyé	eûmes appuyé
eus appuyé	eûtes appuyé
eut appuyé	eurent appuyé

Future Perfect
aurai appuyé	aurons appuyé
auras appuyé	aurez appuyé
aura appuyé	auront appuyé

Conditional Perfect
aurais appuyé	aurions appuyé
aurais appuyé	auriez appuyé
aurait appuyé	auraient appuyé

Past Subjunctive
aie appuyé	ayons appuyé
aies appuyé	ayez appuyé
ait appuyé	aient appuyé

Pluperfect Subjunctive
eusse appuyé	eussions appuyé
eusses appuyé	eussiez appuyé
eût appuyé	eussent appuyé

Imperative/Command
appuie	appuyons	appuyez

Verb in Action
Elle a appuyé son vélo contre le mur. *(She leaned her bike against the wall.)*
Appuie sur le bouton rouge. *(Press the red button.)*
J'appuierai trois fois sur la sonnette. *(I'll push the doorbell three times.)*

arracher
(to pull up, take out, tear out)

Present Participle: arrachant • **Past Participle:** arraché
Regular **-er** verb

Present
arrache	arrachons
arraches	arrachez
arrache	arrachent

Passé Composé
ai arraché	avons arraché
as arraché	avez arraché
a arraché	ont arraché

Imperfect
arrachais	arrachions
arrachais	arrachiez
arrachait	arrachaient

Pluperfect
avais arraché	avions arraché
avais arraché	aviez arraché
avait arraché	avaient arraché

Passé Simple
arrachai	arrachâmes
arrachas	arrachâtes
arracha	arrachèrent

Past Anterior
eus arraché	eûmes arraché
eus arraché	eûtes arraché
eut arraché	eurent arraché

Future
arracherai	arracherons
arracheras	arracherez
arrachera	arracheront

Future Perfect
aurai arraché	aurons arraché
auras arraché	aurez arraché
aura arraché	auront arraché

Conditional
arracherais	arracherions
arracherais	arracheriez
arracherait	arracheraient

Conditional Perfect
aurais arraché	aurions arraché
aurais arraché	auriez arraché
aurait arraché	auraient arraché

Present Subjunctive
arrache	arrachions
arraches	arrachiez
arrache	arrachent

Past Subjunctive
aie arraché	ayons arraché
aies arraché	ayez arraché
ait arraché	aient arraché

Imperfect Subjunctive
arrachasse	arrachassions
arrachasses	arrachassiez
arrachât	arrachassent

Pluperfect Subjunctive
eusse arraché	eussions arraché
eusses arraché	eussiez arraché
eût arraché	eussent arraché

Imperative/Command
arrache	arrachons	arrachez

Verb in Action
Le dentiste m'a arraché une dent. *(The dentist took one of my teeth out.)*
Arrachez la page. *(Tear the page out.)*
Elle a arraché les mauvaises herbes. *(She pulled up/out the weeds.)*

arranger
(to arrange, to suit)

Present Participle: arrangeant • **Past Participle:** arrangé
-ger verb; **g** becomes **ge** before an **a** or an **o**

Present		*Passé Composé*	
arrange	arrangeons	ai arrangé	avons arrangé
arranges	arrangez	as arrangé	avez arrangé
arrange	arrangent	a arrangé	ont arrangé

Imperfect		*Pluperfect*	
arrangeais	arrangions	avais arrangé	avions arrangé
arrangeais	arrangiez	avais arrangé	aviez arrangé
arrangeait	arrangeaient	avait arrangé	avaient arrangé

Passé Simple		*Past Anterior*	
arrangeai	arrangeâmes	eus arrangé	eûmes arrangé
arrangeas	arrangeâtes	eus arrangé	eûtes arrangé
arrangea	arrangèrent	eut arrangé	eurent arrangé

Future		*Future Perfect*	
arrangerai	arrangerons	aurai arrangé	aurons arrangé
arrangeras	arrangerez	auras arrangé	aurez arrangé
arrangera	arrangeront	aura arrangé	auront arrangé

Conditional		*Conditional Perfect*	
arrangerais	arrangerions	aurais arrangé	aurions arrangé
arrangerais	arrangeriez	aurais arrangé	auriez arrangé
arrangerait	arrangeraient	aurait arrangé	auraient arrangé

Present Subjunctive		*Past Subjunctive*	
arrange	arrangions	aie arrangé	ayons arrangé
arranges	arrangiez	aies arrangé	ayez arrangé
arrange	arrangent	ait arrangé	aient arrangé

Imperfect Subjunctive		*Pluperfect Subjunctive*	
arrangeasse	arrangeassions	eusse arrangé	eussions arrangé
arrangeasses	arrangeassiez	eusses arrangé	eussiez arrangé
arrangeât	arrangeassent	eût arrangé	eussent arrangé

Imperative/Command		
arrange	arrangeons	arrangez

Verb in Action

Ça m'arrange de partir plus tôt. *(It works for me to leave earlier.)*
Arrangez-vous avec le patron. *(Work something out with the boss.)*
Ça va s'arranger. *(Things will work out.)*

arrêter/s'arrêter*

(to arrest, to stop)/(to stop oneself, to pause)

Present Participle: arrêtant • **Past Participle:** arrêté
Regular **-er** verb

Present		*Passé Composé*	
arrête	arrêtons	ai arrêté	avons arrêté
arrêtes	arrêtez	as arrêté	avez arrêté
arrête	arrêtent	a arrêté	ont arrêté

Imperfect		*Pluperfect*	
arrêtais	arrêtions	avais arrêté	avions arrêté
arrêtais	arrêtiez	avais arrêté	aviez arrêté
arrêtait	arrêtaient	avait arrêté	avaient arrêté

Passé Simple		*Past Anterior*	
arrêtai	arrêtâmes	eus arrêté	eûmes arrêté
arrêtas	arrêtâtes	eus arrêté	eûtes arrêté
arrêta	arrêtèrent	eut arrêté	eurent arrêté

Future		*Future Perfect*	
arrêterai	arrêterons	aurai arrêté	aurons arrêté
arrêteras	arrêterez	auras arrêté	aurez arrêté
arrêtera	arrêteront	aura arrêté	auront arrêté

Conditional		*Conditional Perfect*	
arrêterais	arrêterions	aurais arrêté	aurions arrêté
arrêterais	arrêteriez	aurais arrêté	auriez arrêté
arrêterait	arrêteraient	aurait arrêté	auraient arrêté

Present Subjunctive		*Past Subjunctive*	
arrête	arrêtions	aie arrêté	ayons arrêté
arrêtes	arrêtiez	aies arrêté	ayez arrêté
arrête	arrêtent	ait arrêté	aient arrêté

Imperfect Subjunctive		*Pluperfect Subjunctive*	
arrêtasse	arrêtassions	eusse arrêté	eussions arrêté
arrêtasses	arrêtassiez	eusses arrêté	eussiez arrêté
arrêtât	arrêtassent	eût arrêté	eussent arrêté

Imperative/Command		
arrête	arrêtons	arrêtez

Verb in Action

Arrête! *(Stop it!)*
Mon voisin a été arrêté. *(My neighbor was arrested.)*
Elle s'est arrêtée devant une vitrine. *(She stopped in front of a store window.)*

* *Note:* This pronominal verb is conjugated similarly to **s'amuser.**

arriver

(to arrive, to come, to happen)

Present Participle: arrivant • **Past Participle:** arrivé
Regular **-er** verb

Present		*Passé Composé*	
arrive	arrivons	suis arrivé(e)	sommes arrivé(e)s
arrives	arrivez	es arrivé(e)	êtes arrivé(e)(s)
arrive	arrivent	est arrivé/arrivée	sont arrivés/arrivées

Imperfect		*Pluperfect*	
arrivais	arrivions	étais arrivé(e)	étions arrivé(e)s
arrivais	arriviez	étais arrivé(e)	étiez arrivé(e)(s)
arrivait	arrivaient	était arrivé/arrivée	étaient arrivés/arrivées

Passé Simple		*Past Anterior*	
arrivai	arrivâmes	fus arrivé(e)	fûmes arrivé(e)s
arrivas	arrivâtes	fus arrivé(e)	fûtes arrivé(e)(s)
arriva	arrivèrent	fut arrivé/arrivée	furent arrivés/arrivées

Future		*Future Perfect*	
arriverai	arriverons	serai arrivé(e)	serons arrivé(e)s
arriveras	arriverez	seras arrivé(e)	serez arrivé(e)(s)
arrivera	arriveront	sera arrivé/arrivée	seront arrivés/arrivées

Conditional		*Conditional Perfect*	
arriverais	arriverions	serais arrivé(e)	serions arrivé(e)s
arriverais	arriveriez	serais arrivé(e)	seriez arrivé(e)(s)
arriverait	arriveraient	serait arrivé/arrivée	seraient arrivés/arrivées

Present Subjunctive		*Past Subjunctive*	
arrive	arrivions	sois arrivé(e)	soyons arrivé(e)s
arrives	arriviez	sois arrivé(e)	soyez arrivé(e)(s)
arrive	arrivent	soit arrivé/arrivée	soient arrivés/arrivées

Imperfect Subjunctive		*Pluperfect Subjunctive*	
arrivasse	arrivassions	fusse arrivé(e)	fussions arrivé(e)s
arrivasses	arrivassiez	fusses arrivé(e)	fussiez arrivé(e)(s)
arrivât	arrivassent	fût arrivé/arrivée	fussent arrivés/arrivées

Imperative/Command		
arrive	arrivons	arrivez

Verb in Action

J'arrive à l'école à huit heures. *(I arrive at school at 8 o'clock.)*
Qu'est ce qui est arrivé à Aurélie? *(What happened to Aurélie?)*
Le prof n'était pas encore arrivé. *(The teacher hadn't arrived yet.)*

arroser
(to water, to baste, to drink to)

Present Participle: arrosant • **Past Participle:** arosé
Regular **-er** verb

Present
arrose	arrosons
arroses	arrosez
arrose	arrosent

Imperfect
arrosais	arrosions
arrosais	arrosiez
arrosait	arrosaient

Passé Simple
arrosai	arrosâmes
arrosas	arrosâtes
arrosa	arrosèrent

Future
arroserai	arroserons
arroseras	arroserez
arrosera	arroseront

Conditional
arroserais	arroserions
arroserais	arroseriez
arroserait	arroseraient

Present Subjunctive
arrose	arrosions
arroses	arrosiez
arrose	arrosent

Imperfect Subjunctive
arrosasse	arrosassions
arrosasses	arrosassiez
arrosât	arrosassent

Passé Composé
ai arrosé	avons arrosé
as arrosé	avez arrosé
a arrosé	ont arrosé

Pluperfect
avais arrosé	avions arrosé
avais arrosé	aviez arrosé
avait arrosé	avaient arrosé

Past Anterior
eus arrosé	eûmes arrosé
eus arrosé	eûtes arrosé
eut arrosé	eurent arrosé

Future Perfect
aurai arrosé	aurons arrosé
auras arrosé	aurez arrosé
aura arrosé	auront arrosé

Conditional Perfect
aurais arrosé	aurions arrosé
aurais arrosé	auriez arrosé
aurait arrosé	auraient arrosé

Past Subjunctive
aie arrosé	ayons arrosé
aies arrosé	ayez arrosé
ait arrosé	aient arrosé

Pluperfect Subjunctive
eusse arrosé	eussions arrosé
eusses arrosé	eussiez arrosé
eût arrosé	eussent arrosé

Imperative/Command
arrose	arrosons	arrosez

Verb in Action

Daphne arrose ses tomates. *(Daphne is watering her tomatoes.)*
Ils ont arrosé leur victoire. *(They had a drink to celebrate their victory.)*
C'était un anniversaire copieusement arrosé. *(It was a birthday party where drink flowed freely.)*

s'asseoir
(to sit down)

Present Participle: s'asseyant • **Past Participle:** assis
Irregular pronominal verb ending in **-eoir**

Present
m'assieds/m'assois	nous asseyons/nous assoyons
t'assieds/t'assois	vous asseyez/vous assoyez
s'assied/s'assoit	s'asseyent/s'assoient

Imperfect
m'asseyais/	nous asseyions/
m'assoyais	nous assoyions
t'asseyais/t'assoyais	vous asseyiez/vous assoyiez
s'asseyait/s'assoyait	s'asseyaient/s'assoyaient

Passé Simple
m'assis	nous assîmes
t'assis	vous assîtes
s'assit	s'assirent

Future
m'assiérai/m'assoirai	nous assiérons/nous assoirons
t'assiéras/t'assoiras	vous assiérez/vous assoirez
s'assiéra/s'assoira	s'assiéront/s'assoiront

Conditional
m'assiérais/	nous assiérions/
m'assoirais	nous assoirions
t'assiérais/	vous assiériez/
t'assoirais	vous assoiriez
s'assiérait/s'assoirait	s'assiéraient/s'assoiraient

Present subjunctive
m'asseye/m'assoie	nous asseyions/
	nous assoyions
t'asseyes/t'assoies	vous asseyiez/vous assoyiez
s'asseye/s'assoie	s'asseyent/s'assoient

Imperfect subjunctive
m'assisse	nous assissions
t'assisses	vous assissiez
s'assît	s'assissent

Present perfect
me suis assis(e)	nous sommes assis(es)
t'es assis(e)	vous êtes assis(e)(es)
s'est assis/assise	se sont assis/assises

Past perfect indicative
m'étais assis(e)	nous étions assis(es)
t'étais assis(e)	vous étiez assis(e)(es)
s'était assis/assise	s'étaient assis/assises

Past anterior
me fus assis(e)	nous fûmes assis(es)
te fus assis(e)	vous fûtes assis(e)(es)
se fut assis/assise	se furent assis/assises

Future perfect
me serai assis(e)	nous serons assis(es)
te seras assis(e)	vous serez assis(e)(es)
se sera assis/assise	se seront assis/assises

Conditional perfect
me serais assis(e)	nous serions assis(es)
te serais assis(e)	vous seriez assis(e)(es)
se serait assis/	se seraient assis/assises
assise	

Past subjunctive
me sois assis(e)	nous soyons assis(es)
te sois assis(e)	vous soyez assis(e)(es)
se soit assis/assise	se soient assis/assises

Past perfect subjunctive
me fusse assis(e)	nous fussions assis(es)
te fusses assis(e)	vous fussiez assis(e)(es)
se fût assis/assise	se fussent assis/assises

Imperative/Command
assieds-toi/assois-toi;	asseyons-nous/assoyons-nous;	asseyez-vous/assoyez-vous;
ne t'assieds pas/	ne nous asseyons pas/	ne vous asseyez pas/
ne t'assois pas	ne nous assoyons pas	ne vous assoyez pas

Verb in Action
Je me suis assise sur un chewing-gum! *(I sat on chewing gum!)*
Asseyez-vous, les enfants. *(Sit down, children.)*
Je m'assiérai à côté de toi. *(I'll sit next to you.)*

assister

(to assist, to be present, to attend)

Present Participle: assistant • **Past Participle:** assisté
Regular **-er** verb

Present
assiste	assistons
assistes	assistez
assiste	assistent

Passé Composé
ai assisté	avons assisté
as assisté	avez assisté
a assisté	ont assisté

Imperfect
assistais	assistions
assistais	assistiez
assistait	assistaient

Pluperfect
avais assisté	avions assisté
avais assisté	aviez assisté
avait assisté	avaient assisté

Passé Simple
assistai	assistâmes
assistas	assistâtes
assista	assistèrent

Past Anterior
eus assisté	eûmes assisté
eus assisté	eûtes assisté
eut assisté	eurent assisté

Future
assisterai	assisterons
assisteras	assisterez
assistera	assisteront

Future Perfect
aurai assisté	aurons assisté
auras assisté	aurez assisté
aura assisté	auront assisté

Conditional
assisterais	assisterions
assisterais	assisteriez
assisterait	assisteraient

Conditional Perfect
aurais assisté	aurions assisté
aurais assisté	auriez assisté
aurait assisté	auraient assisté

Present Subjunctive
assiste	assistions
assistes	assistiez
assiste	assistent

Past Subjunctive
aie assisté	ayons assisté
aies assisté	ayez assisté
ait assisté	aient assisté

Imperfect Subjunctive
assistasse	assistassions
assistasses	assistassiez
assistât	assistassent

Pluperfect Subjunctive
eusse assisté	eussions assisté
eusses assisté	eussiez assisté
eût assisté	eussent assisté

Imperative/Command
assiste	assistons	assistez

Verb in Action

Il assiste son père à nettoyer le garage. *(He helps his dad clean the garage.)*
Est-ce que l'un d'entre vous a assisté à l'accident? *(Did anyone here witness the accident?)*
Il assista au premier concert de sa fille. *(He attended his daughter's first concert.)*

attaquer
(to attack)

Present Participle: attaquant • **Past Participle:** attaqué
Regular **-er** verb

Present		Passé Composé	
attaque	attaquons	ai attaqué	avons attaqué
attaques	attaquez	as attaqué	avez attaqué
attaque	attaquent	a attaqué	ont attaqué

Imperfect		Pluperfect	
attaquais	attaquions	avais attaqué	avions attaqué
attaquais	attaquiez	avais attaqué	aviez attaqué
attaquait	attaquaient	avait attaqué	avaient attaqué

Passé Simple		Past Anterior	
attaquai	attaquâmes	eus attaqué	eûmes attaqué
attaquas	attaquâtes	eus attaqué	eûtes attaqué
attaqua	attaquèrent	eut attaqué	eurent attaqué

Future		Future Perfect	
attaquerai	attaquerons	aurai attaqué	aurons attaqué
attaqueras	attaquerez	auras attaqué	aurez attaqué
attaquera	attaqueront	aura attaqué	auront attaqué

Conditional		Conditional Perfect	
attaquerais	attaquerions	aurais attaqué	aurions attaqué
attaquerais	attaqueriez	aurais attaqué	auriez attaqué
attaquerait	attaqueraient	aurait attaqué	auraient attaqué

Perfect Subjunctive		Past Subjunctive	
attaque	attaquions	aie attaqué	ayons attaqué
attaques	attaquiez	aies attaqué	ayez attaqué
attaque	attaquent	ait attaqué	aient attaqué

Imperfect Subjunctive		Pluperfect Subjunctive	
attaquasse	attaquassions	eusse attaqué	eussions attaqué
attaquasses	attaquassiez	eusses attaqué	eussiez attaqué
attaquât	attaquassent	eût attaqué	eussent attaqué

Imperative/Command

attaque	attaquons	attaquez

Verb in Action

Ce genre de chien attaque parfois sans prévenir. *(This kind of dog sometimes attacks without warning.)*

Il faut que les politiciens attaquent des problèmes concrets comme la pollution. *(Politicians must tackle real problems such as pollution.)*

atteindre

(to reach)

Present Participle: atteignant • **Past Participle:** atteint
Irregular verb ending in **-eindre**

Present		Passé Composé	
atteins	atteignons	ai atteint	avons atteint
atteins	atteignez	as atteint	avez atteint
atteint	atteignent	a atteint	ont atteint

Imperfect		Pluperfect	
atteignais	atteignions	avais atteint	avions atteint
atteignais	atteigniez	avais atteint	aviez atteint
atteignait	atteignaient	avait atteint	avaient atteint

Passé Simple		Past Anterior	
atteignis	atteignîmes	eus atteint	eûmes atteint
atteignis	atteignîtes	eus atteint	eûtes atteint
atteignit	atteignirent	eut atteint	eurent atteint

Future		Future Perfect	
atteindrai	atteindrons	aurai atteint	aurons atteint
atteindras	atteindrez	auras atteint	aurez atteint
atteindra	atteindront	aura atteint	auront atteint

Conditional		Conditional Perfect	
atteindrais	atteindrions	aurais atteint	aurions atteint
atteindrais	atteindriez	aurais atteint	auriez atteint
atteindrait	atteindraient	aurait atteint	auraient atteint

Present Subjunctive		Past Subjunctive	
atteigne	atteignions	aie atteint	ayons atteint
atteignes	atteigniez	aies atteint	ayez atteint
atteigne	atteignent	ait atteint	aient atteint

Imperfect Subjunctive		Pluperfect Subjunctive	
atteignisse	atteignissions	eusse atteint	eussions atteint
atteignisses	atteignissiez	eusses atteint	eussiez atteint
atteignît	atteignissent	eût atteint	eussent atteint

Imperative/Command

atteins	atteignons	atteignez

Verb in Action

Ils ont atteint le sommet en quatre heures et demie. *(They reached the summit in four and a half hours.)*

Le tableau avait atteint un prix exorbitant. *(The painting had reached an exorbitant price.)*

ESSENTIAL VERB

attendre
(to wait (for))

Present Participle: attendant • **Past Participle:** attendu
Regular **-re** verb

Present		*Passé Composé*	
attends	attendons	ai attendu	avons attendu
attends	attendez	as attendu	avez attendu
attend	attendent	a attendu	ont attendu

Imperfect		*Pluperfect*	
attendais	attendions	avais attendu	avions attendu
attendais	attendiez	avais attendu	aviez attendu
attendait	attendaient	avait attendu	avaient attendu

Passé Simple		*Past Anterior*	
attendis	attendîmes	eus attendu	eûmes attendu
attendis	attendîtes	eus attendu	eûtes attendu
attendit	attendirent	eut attendu	eurent attendu

Future		*Future Perfect*	
attendrai	attendrons	aurai attendu	aurons attendu
attendras	attendrez	auras attendu	aurez attendu
attendra	attendront	aura attendu	auront attendu

Conditional		*Conditional Perfect*	
attendrais	attendrions	aurais attendu	aurions attendu
attendrais	attendriez	aurais attendu	auriez attendu
attendrait	attendraient	aurait attendu	auraient attendu

Present Subjunctive		*Past Subjunctive*	
attende	attendions	aie attendu	ayons attendu
attendes	attendiez	aies attendu	ayez attendu
attende	attendent	ait attendu	aient attendu

Imperfect Subjunctive		*Pluperfect Subjunctive*	
attendisse	attendissions	eusse attendu	eussions attendu
attendisses	attendissiez	eusses attendu	eussiez attendu
attendît	attendissent	eût attendu	eussent attendu

Imperative/Command
attends	attendons	attendez

Verb in Action

Tu attends depuis longtemps? *(Have you been waiting long?)*
Attends-moi! *(Wait for me!)*
Elle m'avait attendu patiemment devant la poste. *(She had patiently waited for me in front of the post office.)*

atterrir
(to land)

Present

atterris	atterrissons
atterris	atterrissez
atterrit	atterrissent

Imperfect

atterrissais	atterrissions
atterrissais	atterrissiez
atterrissait	atterrissaient

Passé Simple

atterris	atterrîmes
atterris	atterrîtes
atterrit	atterrirent

Future

atterrirai	atterrirons
atterriras	atterrirez
atterrira	atterriront

Conditional

atterrirais	atterririons
atterrirais	atterririez
atterrirait	atterriraient

Present Subjunctive

atterrisse	atterrissions
atterrisses	atterrissiez
atterrisse	atterrissent

Imperfect Subjunctive

atterrisse	atterrissions
atterrisses	atterrissiez
atterrît	atterrissent

Passé Composé

ai atterri	avons atterri
as atterri	avez atterri
a atterri	ont atterri

Pluperfect

avais atterri	avions atterri
avais atterri	aviez atterri
avait atterri	avaient atterri

Past Anterior

eus atterri	eûmes atterri
eus atterri	eûtes atterri
eut atterri	eurent atterri

Future Perfect

aurai atterri	aurons atterri
auras atterri	aurez atterri
aura atterri	auront atterri

Conditional Perfect

aurais atterri	aurions atterri
aurais atterri	auriez atterri
aurait atterri	auraient atterri

Past Subjunctive

aie atterri	ayons atterri
aies atterri	ayez atterri
ait atterri	aient atterri

Pluperfect Subjunctive

eusse atterri	eussions atterri
eusses atterri	eussiez atterri
eût atterri	eussent atterri

Imperative/Command

atterris	atterrissons	atterrissez

Verb in Action

Leur avion avait atterri sans problème. *(Their plane had landed without any problems.)*
Chaque année, plus de 400 dossiers de ce type atterrissent sur son bureau. *(Each year, more than 400 reports of this kind land on his desk.)*
Nicolas atterrit à 18 heures. *(Nicolas is landing at 6 p.m.)*

attraper
(to catch)

Present Participle: attrapant • **Past Participle:** attrapé
Regular -er verb

Present
attrape	attrapons
attrapes	attrapez
attrape	attrapent

Imperfect
attrapais	attrapions
attrapais	attrapiez
attrapait	attrapaient

Passé Simple
attrapai	attrapâmes
attrapas	attrapâtes
attrapa	attrapèrent

Future
attraperai	attraperons
attraperas	attraperez
attrapera	attraperont

Conditional
attraperais	attraperions
attraperais	attraperiez
attraperait	attraperaient

Present Subjunctive
attrape	attrapions
attrapes	attrapiez
attrape	attrapent

Imperfect Subjunctive
attrapasse	attrapassions
attrapasses	attrapassiez
attrapât	attrapassent

Passé Composé
ai attrapé	avons attrapé
as attrapé	avez attrapé
a attrapé	ont attrapé

Pluperfect
avais attrapé	avions attrapé
avais attrapé	aviez attrapé
avait attrapé	avaient attrapé

Past Anterior
eus attrapé	eûmes attrapé
eus attrapé	eûtes attrapé
eut attrapé	eurent attrapé

Future Perfect
aurai attrapé	aurons attrapé
auras attrapé	aurez attrapé
aura attrapé	auront attrapé

Conditional Perfect
aurais attrapé	aurions attrapé
aurais attrapé	auriez attrapé
aurait attrapé	auraient attrapé

Past Subjunctive
aie attrapé	ayons attrapé
aies attrapé	ayez attrapé
ait attrapé	aient attrapé

Pluperfect Subjunctive
eusse attrapé	eussions attrapé
eusses attrapé	eussiez attrapé
eût attrapé	eussent attrapé

Imperative/Command
attrape	attrapons	attrapez

Verb in Action

Je crois que c'est là que j'ai attrapé la grippe. *(I think it was there that I caught the flu.)*
Elle m'attrapa par la main et on se mit à courir. *(She grabbed my hand and we started running.)*

autoriser

(to give permission for, to authorize)

Present Participle: autorisant • **Past Participle:** autorisé
Regular **-er** verb

Present

autorise	autorisons
autorises	autorisez
autorise	autorisent

Imperfect

autorisais	autorisions
autorisais	autorisiez
autorisait	autorisaient

Passé Simple

autorisai	autorisâmes
autorisas	autorisâtes
autorisa	autorisèrent

Future

autoriserai	autoriserons
autoriseras	autoriserez
autorisera	autoriseront

Conditional

autoriserais	autoriserions
autoriserais	autoriseriez
autoriserait	autoriseraient

Present Subjunctive

autorise	autorisions
autorises	autorisiez
autorise	autorisent

Imperfect Subjunctive

autorisasse	autorisassions
autorisasses	autorisassiez
autorisât	autorisassent

Passé Composé

ai autorisé	avons autorisé
as autorisé	avez autorisé
a autorisé	ont autorisé

Pluperfect

avais autorisé	avions autorisé
avais autorisé	aviez autorisé
avait autorisé	avaient autorisé

Past Anterior

eus autorisé	eûmes autorisé
eus autorisé	eûtes autorisé
eut autorisé	eurent autorisé

Future Perfect

aurai autorisé	aurons autorisé
auras autorisé	aurez autorisé
aura autorisé	auront autorisé

Conditional Perfect

aurais autorisé	aurions autorisé
aurais autorisé	auriez autorisé
aurait autorisé	auraient autorisé

Past Subjunctive

aie autorisé	ayons autorisé
aies autorisé	ayez autorisé
ait autorisé	aient autorisé

Pluperfect Subjunctive

eusse autorisé	eussions autorisé
eusses autorisé	eussiez autorisé
eût autorisé	eussent autorisé

Imperative/Command

autorise	autorisons	autorisez

Verb in Action

Elle n'est pas autorisée à sortir du territoire. *(She's not allowed/authorized to leave the country.)*

La directrice l'autorisa à quitter l'école un peu avant la fin de l'année. *(The principal gave him/her permission to leave school a little before the end of the year.)*

Il m'a autorisé à en parler. *(He gave me permission to talk about it.)*

avaler
(to swallow)

Present Participle: avalant • **Past Participle:** avalé
Regular **-er** verb

Present		*Passé Composé*	
avale	avalons	ai avalé	avons avalé
avales	avalez	as avalé	avez avalé
avale	avalent	a avalé	ont avalé

Imperfect		*Pluperfect*	
avalais	avalions	avais avalé	avions avalé
avalais	avaliez	avais avalé	aviez avalé
avalait	avalaient	avait avalé	avaient avalé

Passé Simple		*Past Anterior*	
avalai	avalâmes	eus avalé	eûmes avalé
avalas	avalâtes	eus avalé	eûtes avalé
avala	avalèrent	eut avalé	eurent avalé

Future		*Future Perfect*	
avalerai	avalerons	aurai avalé	aurons avalé
avaleras	avalerez	auras avalé	aurez avalé
avalera	avaleront	aura avalé	auront avalé

Conditional		*Conditional Perfect*	
avalerais	avalerions	aurais avalé	aurions avalé
avalerais	avaleriez	aurais avalé	auriez avalé
avalerait	avaleraient	aurait avalé	auraient avalé

Present Subjunctive		*Past Subjunctive*	
avale	avalions	aie avalé	ayons avalé
avales	avaliez	aies avalé	ayez avalé
avale	avalent	ait avalé	aient avalé

Imperfect Subjunctive		*Pluperfect Subjunctive*	
avalasse	avalassions	eusse avalé	eussions avalé
avalasses	avalassiez	eusses avalé	eussiez avalé
avalât	avalassent	eût avalé	eussent avalé

Imperative/Command

avale	avalons	avalez

Verb in Action

C'est dur à avaler. *(It's difficult to swallow.)*
J'ai avalé de travers! *(It went down the wrong way!)*
Il avala un calmant pour s'endormir. *(He took a sedative to go to sleep.)*

avancer

(to bring, go, move forward; to advance)

Present Participle: avançant • **Past Participle:** avancé
-cer verb; **c** becomes **ç** before an **a** or an **o**

Present		Passé Composé	
avance	avançons	ai avancé	avons avancé
avances	avancez	as avancé	avez avancé
avance	avancent	a avancé	ont avancé

Imperfect		Pluperfect	
avançais	avancions	avais avancé	avions avancé
avançais	avanciez	avais avancé	aviez avancé
avançait	avançaient	avait avancé	avaient avancé

Passé Simple		Past Anterior	
avançai	avançâmes	eus avancé	eûmes avancé
avanças	avançâtes	eus avancé	eûtes avancé
avança	avancèrent	eut avancé	eurent avancé

Future		Future Perfect	
avancerai	avancerons	aurai avancé	aurons avancé
avanceras	avancerez	auras avancé	aurez avancé
avancera	avanceront	aura avancé	auront avancé

Conditional		Conditional Perfect	
avancerais	avancerions	aurais avancé	aurions avancé
avancerais	avanceriez	aurais avancé	auriez avancé
avancerait	avanceraient	aurait avancé	auraient avancé

Present Subjunctive		Past Subjunctive	
avance	avancions	aie avancé	ayons avancé
avances	avanciez	aies avancé	ayez avancé
avance	avancent	ait avancé	aient avancé

Imperfect Subjunctive		Pluperfect Subjunctive	
avançasse	avançassions	eusse avancé	eussions avancé
avançasses	avançassiez	eusses avancé	eussiez avancé
avançât	avançassent	eût avancé	eussent avancé

Imperative/Command

avance	avançons	avancez

Verb in Action

La date de l'examen a été avancée. *(The date of the exam has been moved forward.)*
Il a avancé sa montre d'une heure. *(He moved his watch forward an hour.)*
Avance-toi un peu, si tu ne vois pas. *(Move forward a little if you can't see.)*

avertir
(to warn)

Present Participle: avertissant • **Past Participle:** averti
Regular **-ir** verb

Present
avertis	avertissons
avertis	avertissez
avertit	avertissent

Imperfect
avertissais	avertissions
avertissais	avertissiez
avertissait	avertissaient

Passé Simple
avertis	avertîmes
avertis	avertîtes
avertit	avertirent

Future
avertirai	avertirons
avertiras	avertirez
avertira	avertiront

Conditional
avertirais	avertirions
avertirais	avertiriez
avertirait	avertiraient

Present Subjunctive
avertisse	avertissions
avertisses	avertissiez
avertisse	avertissent

Imperfect Subjunctive
avertisse	avertissions
avertisses	avertissiez
avertît	avertissent

Passé Composé
ai averti	avons averti
as averti	avez averti
a averti	ont averti

Pluperfect
avais averti	avions averti
avais averti	aviez averti
avait averti	avaient averti

Past Anterior
eus averti	eûmes averti
eus averti	eûtes averti
eut averti	eurent averti

Future Perfect
aurai averti	aurons averti
auras averti	aurez averti
aura averti	auront averti

Conditional Perfect
aurais averti	aurions averti
aurais averti	auriez averti
aurait averti	auraient averti

Past Subjunctive
aie averti	ayons averti
aies averti	ayez averti
ait averti	aient averti

Pluperfect Subjunctive
eusse averti	eussions averti
eusses averti	eussiez averti
eût averti	eussent averti

Imperative/Command
avertis	avertissons	avertissez

Verb in Action
Les spectateurs ont été avertis qu'il n'y aurait pas d'entracte. *(The audience had been warned that there wouldn't be an intermission.)*
Je l'ai averti de votre visite. *(I told him about your visit.)*

avoir

(to have)

Present Participle: ayant • **Past Participle:** eu
Irregular verb

Present		Passé Composé	
ai	avons	ai eu	avons eu
as	avez	as eu	avez eu
a	ont	a eu	ont eu

Imperfect		Pluperfect	
avais	avions	avais eu	avions eu
avais	aviez	avais eu	aviez eu
avait	avaient	avait eu	avaient eu

Passé Simple		Past Anterior	
eus	eûmes	eus eu	eûmes eu
eus	eûtes	eus eu	eûtes eu
eut	eurent	eut eu	eurent eu

Future		Future Perfect	
aurai	aurons	aurai eu	aurons eu
auras	aurez	auras eu	aurez eu
aura	auront	aura eu	auront eu

Conditional		Conditional Perfect	
aurais	aurions	aurais eu	aurions eu
aurais	auriez	aurais eu	auriez eu
aurait	auraient	aurait eu	auraient eu

Present Subjunctive		Past Subjunctive	
aie	ayons	aie eu	ayons eu
aies	ayez	aies eu	ayez eu
ait	aient	ait eu	aient eu

Imperfect Subjunctive		Pluperfect Subjunctive	
eusse	eussions	eusse eu	eussions eu
eusses	eussiez	eusses eu	eussiez eu
eût	eussent	eût eu	eussent eu

Imperative/Command

aie	ayons	ayez

Verb in Action

Il a les yeux bleus. *(He has blue eyes.)*
Il a eu un accident. *(He had an accident.)*
Paul a eu mal au ventre toute la nuit. *(Paul had a stomach ache all night.)*

avouer
(to admit)

Present Participle: avouant • **Past Participle:** avoué
Regular -**er** verb

Present		Passé Composé	
avoue	avouons	ai avoué	avons avoué
avoues	avouez	as avoué	avez avoué
avoue	avouent	a avoué	ont avoué

Imperfect		Pluperfect	
avouais	avouions	avais avoué	avions avoué
avouais	avouiez	avais avoué	aviez avoué
avouait	avouaient	avait avoué	avaient avoué

Passé Simple		Past Anterior	
avouai	avouâmes	eus avoué	eûmes avoué
avouas	avouâtes	eus avoué	eûtes avoué
avoua	avouèrent	eut avoué	eurent avoué

Future		Future Perfect	
avouerai	avouerons	aurai avoué	aurons avoué
avoueras	avouerez	auras avoué	aurez avoué
avouera	avoueront	aura avoué	auront avoué

Conditional		Conditional Perfect	
avouerais	avouerions	aurais avoué	aurions avoué
avouerais	avoueriez	aurais avoué	auriez avoué
avouerait	avoueraient	aurait avoué	auraient avoué

Present Subjunctive		Past Subjunctive	
avoue	avouions	aie avoué	ayons avoué
avoues	avouiez	aies avoué	ayez avoué
avoue	avouent	ait avoué	aient avoué

Imperfect Subjunctive		Pluperfect Subjunctive	
avouasse	avouassions	eusse avoué	eussions avoué
avouasses	avouassiez	eusses avoué	eussiez avoué
avouât	avouassent	eût avoué	eussent avoué

Imperative/Command

avoue	avouons	avouez

Verb in Action

Il a tout avoué. *(He confessed everything.)*
J'avoue ne pas avoir bien compris. *(I admit I didn't really understand.)*
L'acteur américain a avoué un faible pour le vin français. *(The American actor confessed/admitted to a weakness for French wine.)*

se bagarrer

(to fight)

Present Participle: se bagarrant • **Past Participle:** bagarré
Regular pronominal **-er** verb

Present
me bagarre	nous bagarrons
te bagarres	vous bagarrez
se bagarre	se bagarrent

Passé Composé
me suis bagarré(e)	nous sommes bagarré(e)s
t'es bagarré(e)	vous êtes bagarré(e)(s)
s'est bagarré/bagarrée	se sont bagarrés/bagarrées

Imperfect
me bagarrais	nous bagarrions
te bagarrais	vous bagarriez
se bagarrait	se bagarraient

Pluperfect
m'étais bagarré(e)	nous étions bagarré(e)s
t'étais bagarré(e)	vous étiez bagarré(e)(s)
s'était bagarré/bagarrée	s'étaient bagarrés/bagarrées

Passé Simple
me bagarrai	nous bagarrâmes
te bagarras	vous bagarrâtes
se bagarra	se bagarrèrent

Past Anterior
me fus bagarré(e)	nous fûmes bagarré(e)s
te fus bagarré(e)	vous fûtes bagarré(e)(s)
se fut bagarré/bagarrée	se furent bagarrés/bagarrées

Future
me bagarrerai	nous bagarrerons
te bagarreras	vous bagarrerez
se bagarrera	se bagarreront

Future Perfect
me serai bagarré(e)	nous serons bagarré(e)s
te seras bagarré(e)	vous serez bagarré(e)(s)
se sera bagarré/bagarrée	se seront bagarrés/bagarrées

Conditional
me bagarrerais	nous bagarrerions
te bagarrerais	vous bagarreriez
se bagarrerait	se bagarreraient

Conditional Perfect
me serais bagarré(e)	nous serions bagarré(e)s
te serais bagarré (e)	vous seriez bagarré(e)(s)
se serait bagarré/bagarrée	se seraient bagarrés/bagarrées

Present Subjunctive
me bagarre	nous bagarrions
te bagarres	vous bagarriez
se bagarre	se bagarrent

Past Subjunctive
me sois bagarré(e)	nous soyons bagarré(e)s
te sois bagarré(e)	vous soyez bagarré(e)(s)
se soit bagarré/bagarrée	se soient bagarrés/bagarrées

Imperfect Subjunctive
me bagarrasse	nous bagarrassions
te bagarrasses	vous bagarrassiez
se bagarrât	se bagarrassent

Pluperfect Subjunctive
me fusse bagarré(e)	nous fussions bagarré(e)s
te fusses bagarré(e)	vous fussiez bagarré(e)(s)
se fût bagarré/bagarrée	se fussent bagarrés/bagarrées

Imperative/Command
bagarre-toi;	bagarrons-nous;	bagarrez-vous;
ne te bagarre pas	ne nous bagarrons pas	ne vous bagarrez pas

Verb in Action

Il a fallu que je me bagarre pour m'inscrire au cours de photographie. *(I had to fight to get into the photography class.)*

Les joueurs se sont bien bagarrés durant le match. *(During the game there was a lot of fighting between the players.)*

baigner/se baigner*
(to bathe)/(to take a bath, to swim)

Present Participle: baignant • **Past Participle:** baigné
Regular **-er** verb

Present
baigne	baignons
baignes	baignez
baigne	baignent

Passé Composé
ai baigné	avons baigné
as baigné	avez baigné
a baigné	ont baigné

Imperfect
baignais	baignions
baignais	baigniez
baignait	baignaient

Pluperfect
avais baigné	avions baigné
avais baigné	aviez baigné
avait baigné	avaient baigné

Passé Simple
baignai	baignâmes
baignas	baignâtes
baigna	baignèrent

Past Anterior
eus baigné	eûmes baigné
eus baigné	eûtes baigné
eut baigné	eurent baigné

Future
baignerai	baignerons
baigneras	baignerez
baignera	baigneront

Future Perfect
aurai baigné	aurons baigné
auras baigné	aurez baigné
aura baigné	auront baigné

Conditional
baignerais	baignerions
baignerais	baigneriez
baignerait	baigneraient

Conditional Perfect
aurais baigné	aurions baigné
aurais baigné	auriez baigné
aurait baigné	auraient baigné

Present Subjunctive
baigne	baignions
baignes	baigniez
baigne	baignent

Past Subjunctive
aie baigné	ayons baigné
aies baigné	ayez baigné
ait baigné	aient baigné

Imperfect Subjunctive
baignasse	baignassions
baignasses	baignassiez
baignât	baignassent

Pluperfect Subjunctive
eusse baigné	eussions baigné
eusses baigné	eussiez baigné
eût baigné	eussent baigné

Imperative/Command
baigne	baignons	baignez

Verb in Action
Je me baigne toujours le soir. *(I always take a bath at night.)*
La chambre était baignée de lumière. *(The room was bathed in light.)*
Elle a baigné ses enfants. *(She bathed her children.)*

* *Note:* This pronominal verb is conjugated similarly to **se bagarrer.**

baisser

(to lower)

Present Participle: baissant • Past Participle: baissé
Regular **-er** verb

Present
baisse	baissons
baisses	baissez
baisse	baissent

Imperfect
baissais	baissions
baissais	baissiez
baissait	baissaient

Passé Simple
baissai	baissâmes
baissas	baissâtes
baissa	baissèrent

Future
baisserai	baisserons
baisseras	baisserez
baissera	baisseront

Conditional
baisserais	baisserions
baisserais	baisseriez
baisserait	baisseraient

Present Subjunctive
baisse	baissions
baisses	baissiez
baisse	baissent

Imperfect Subjunctive
baissasse	baissassions
baissasses	baissassiez
baissât	baissassent

Passé Composé
ai baissé	avons baissé
as baissé	avez baissé
a baissé	ont baissé

Pluperfect
avais baissé	avions baissé
avais baissé	aviez baissé
avait baissé	avaient baissé

Past Anterior
eus baissé	eûmes baissé
eus baissé	eûtes baissé
eut baissé	eurent baissé

Future Perfect
aurai baissé	aurons baissé
auras baissé	aurez baissé
aura baissé	auront baissé

Conditional Perfect
aurais baissé	aurions baissé
aurais baissé	auriez baissé
aurait baissé	auraient baissé

Past Subjunctive
aie baissé	ayons baissé
aies baissé	ayez baissé
ait baissé	aient baissé

Pluperfect Subjunctive
eusse baissé	eussions baissé
eusses baissé	eussiez baissé
eût baissé	eussent baissé

Imperative/Command
baisse	baissons	baissez

Verb in Action
Le prix des CD a baissé. *(The price of CDs has fallen.)*
Baisse la voix, tu vas réveiller Olivia. *(Lower your voice, you'll wake Olivia.)*
Tu peux baisser le store? Le soleil m'éblouit. *(Can you lower the shade? The sun is getting in my eyes.)*

balader/se balader*

(to take (out) for a walk)/(to take a walk, to stroll)

Present Participle: baladant • **Past Participle:** baladé
Regular **-er** verb

Present		*Passé Composé*	
balade	baladons	ai baladé	avons baladé
balades	baladez	as baladé	avez baladé
balade	baladent	a baladé	ont baladé

Imperfect		*Pluperfect*	
baladais	baladions	avais baladé	avions baladé
baladais	baladiez	avais baladé	aviez baladé
baladait	baladaient	avait baladé	avaient baladé

Passé Simple		*Past Anterior*	
baladai	baladâmes	eus baladé	eûmes baladé
baladas	baladâtes	eus baladé	eûtes baladé
balada	baladèrent	eut baladé	eurent baladé

Future		*Future Perfect*	
baladerai	baladerons	aurai baladé	aurons baladé
baladeras	baladerez	auras baladé	aurez baladé
baladera	baladeront	aura baladé	auront baladé

Conditional		*Conditional Perfect*	
baladerais	baladerions	aurais baladé	aurions baladé
baladerais	baladeriez	aurais baladé	auriez baladé
baladerait	baladeraient	aurait baladé	auraient baladé

Present Subjunctive		*Past Subjunctive*	
balade	baladions	aie baladé	ayons baladé
balades	baladiez	aies baladé	ayez baladé
balade	baladent	ait baladé	aient baladé

Imperfect Subjunctive		*Pluperfect Subjunctive*	
baladasse	baladassions	eusse baladé	eussions baladé
baladasses	baladassiez	eusses baladé	eussiez baladé
baladât	baladassent	eût baladé	eussent baladé

Imperative/Command

	balade	baladons	baladez

Verb in Action

On baladera le chien cet après-midi. *(We'll take the dog for a walk this afternoon.)*
J'adore me balader dans Paris. *(I love strolling/wandering around Paris.)*
Elle s'est baladée toute la journée et est revenue épuisée. *(She was out walking all day and came back exhausted.)*

* *Note:* This pronominal verb is conjugated similarly to **se bagarrer.**

balayer
(to sweep)

Present Participle: balayant • **Past Participle:** balayé
-yer verb; **y** can become **i** before **e, es, ent**

Present
balaie/balaye	balayons
balaies/balayes	balayez
balaie/balaye	balaient/balayent

Passé Composé
ai balayé	avons balayé
as balayé	avez balayé
a balayé	ont balayé

Imperfect
balayais	balayions
balayais	balayiez
balayait	balayaient

Pluperfect
avais balayé	avions balayé
avais balayé	aviez balayé
avait balayé	avaient balayé

Passé Simple
balayai	balayâmes
balayas	balayâtes
balaya	balayèrent

Past Anterior
eus balayé	eûmes balayé
eus balayé	eûtes balayé
eut balayé	eurent balayé

Future
balaierai/balayerai	balaierons/balayerons
balaieras/balayeras	balaierez/balayerez
balaiera/balayera	balaieront/balayeront

Future Perfect
aurai balayé	aurons balayé
auras balayé	aurez balayé
aura balayé	auront balayé

Conditional
balaierais/balayerais	balaierions/balayerions
balaierais/balayerais	balaieriez/balayeriez
balaierait/balayerait	balaieraient/balayeraient

Conditional Perfect
aurais balayé	aurions balayé
aurais balayé	auriez balayé
aurait balayé	auraient balayé

Present Subjunctive
balaie/balaye	balayions
balaies/balayes	balayiez
balaie/balaye	balaient/balayent

Past Subjunctive
aie balayé	ayons balayé
aies balayé	ayez balayé
ait balayé	aient balayé

Imperfect Subjunctive
balayasse	balayassions
balayasses	balayassiez
balayât	balayassent

Pluperfect Subjunctive
eusse balayé	eussions balayé
eusses balayé	eussiez balayé
eût balayé	eussent balayé

Imperative/Command
balaie/balaye	balayons	balayez

Verb in Action
Jean-Pierre a balayé la cuisine. *(Jean-Pierre swept the kitchen.)*
Va balayer les feuilles sur la terrasse. *(Go and sweep the leaves on the porch.)*
Des tourbillons de neige balayaient les trottoirs. *(Swirls of snow were sweeping the sidewalk.)*

baser
(to base)

Present Participle: basant • **Past Participle:** basé
Regular **-er** verb

Present
base	basons
bases	basez
base	basent

Imperfect
basais	basions
basais	basiez
basait	basaient

Passé Simple
basai	basâmes
basas	basâtes
basa	basèrent

Future
baserai	baserons
baseras	baserez
basera	baseront

Conditional
baserais	baserions
baserais	baseriez
baserait	baseraient

Present Subjunctive
base	basions
bases	basiez
base	basent

Imperfect Subjunctive
basasse	basassions
basasses	basassiez
basât	basassent

Passé Composé
ai basé	avons basé
as basé	avez basé
a basé	ont basé

Pluperfect
avais basé	avions basé
avais basé	aviez basé
avait basé	avaient basé

Past Anterior
eus basé	eûmes basé
eus basé	eûtes basé
eut basé	eurent basé

Future Perfect
aurai basé	aurons basé
auras basé	aurez basé
aura basé	auront basé

Conditional Perfect
aurais basé	aurions basé
aurais basé	auriez basé
aurait basé	auraient basé

Past Subjunctive
aie basé	ayons basé
aies basé	ayez basé
ait basé	aient basé

Pluperfect Subjunctive
eusse basé	eussions basé
eusses basé	eussiez basé
eût basé	eussent basé

Imperative/Command
base	basons	basez

Verb in Action
Ils ont créé ce nouveau produit en se basant sur une étude de marché. *(They developed this new product on the basis of market research.)*
C'est une entreprise basée depuis 10 ans en Bretagne. *(It's a company that has been based in Brittany for 10 years.)*

battre
(to beat)

Present Participle: battant • **Past Participle:** battu
Regular **-re** verb (except for the first, second, and third persons singular in the present indicative)

Present		Passé Composé	
bats	battons	ai battu	avons battu
bats	battez	as battu	avez battu
bat	battent	a battu	ont battu

Imperfect		Pluperfect	
battais	battions	avais battu	avions battu
battais	battiez	avais battu	aviez battu
battait	battaient	avait battu	avaient battu

Passé Simple		Past Anterior	
battis	battîmes	eus battu	eûmes battu
battis	battîtes	eus battu	eûtes battu
battit	battirent	eut battu	eurent battu

Future		Future Perfect	
battrai	battrons	aurai battu	aurons battu
battras	battrez	auras battu	aurez battu
battra	battront	aura battu	auront battu

Conditional		Conditional Perfect	
battrais	battrions	aurais battu	aurions battu
battrais	battriez	aurais battu	auriez battu
battrait	battraient	aurait battu	auraient battu

Present Subjunctive		Past Subjunctive	
batte	battions	aie battu	ayons battu
battes	battiez	aies battu	ayez battu
batte	battent	ait battu	aient battu

Imperfect Subjunctive		Pluperfect Subjunctive	
battisse	battissions	eusse battu	eussions battu
battisses	battissiez	eusses battu	eussiez battu
battît	battissent	eût battu	eussent battu

Imperative/Command

bats	battons	battez

Verb in Action

J'ai le cœur qui bat vite! *(My heart's beating fast!)*
Arrêtez de vous battre! *(Stop fighting!)*
Elle le battait toujours au poker. *(She'd always beat him at poker.)*

bavarder
(to chat, to talk)

Present Participle: bavardant • **Past Participle:** bavardé

Regular -**er** verb

Present

bavarde	bavardons
bavardes	bavardez
bavarde	bavardent

Imperfect

bavardais	bavardions
bavardais	bavardiez
bavardait	bavardaient

Passé Simple

bavardai	bavardâmes
bavardas	bavardâtes
bavarda	bavardèrent

Future

bavarderai	bavarderons
bavarderas	bavarderez
bavardera	bavarderont

Conditional

bavarderais	bavarderions
bavarderais	bavarderiez
bavarderait	bavarderaient

Present Subjunctive

bavarde	bavardions
bavardes	bavardiez
bavarde	bavardent

Imperfect Subjunctive

bavardasse	bavardassions
bavardasses	bavardassiez
bavardât	bavardassent

Passé Composé

ai bavardé	avons bavardé
as bavardé	avez bavardé
a bavardé	ont bavardé

Pluperfect

avais bavardé	avions bavardé
avais bavardé	aviez bavardé
avait bavardé	avaient bavardé

Past Anterior

eus bavardé	eûmes bavardé
eus bavardé	eûtes bavardé
eut bavardé	eurent bavardé

Future Perfect

aurai bavardé	aurons bavardé
auras bavardé	aurez bavardé
aura bavardé	auront bavardé

Conditional Perfect

aurais bavardé	aurions bavardé
aurais bavardé	auriez bavardé
aurait bavardé	auraient bavardé

Past Subjunctive

aie bavardé	ayons bavardé
aies bavardé	ayez bavardé
ait bavardé	aient bavardé

Pluperfect Subjunctive

eusse bavardé	eussions bavardé
eusses bavardé	eussiez bavardé
eût bavardé	eussent bavardé

Imperative/Command

bavarde	bavardons	bavardez

Verb in Action

Lara bavarde un peu trop en classe. *(Lara talks a bit too much in class.)*
On a bavardé jusqu'à très tard dans la nuit. *(We talked until very late at night.)*
Delphine et Claire bavardaient avec un homme que je ne connaissais pas. *(Delphine and Claire were chatting with a man I didn't know.)*

blesser

(to injure, to wound, to hurt)

Present Participle: blessant • **Past Participle:** blessé
Regular **-er** verb

Present

blesse	blessons
blesses	blessez
blesse	blessent

Imperfect

blessais	blessions
blessais	blessiez
blessait	blessaient

Passé Simple

blessai	blessâmes
blessas	blessâtes
blessa	blessèrent

Future

blesserai	blesserons
blesseras	blesserez
blessera	blesseront

Conditional

blesserais	blesserions
blesserais	blesseriez
blesserait	blesseraient

Present Subjunctive

blesse	blessions
blesses	blessiez
blesse	blessent

Imperfect Subjunctive

blessasse	blessassions
blessasses	blessassiez
blessât	blessassent

Passé Composé

ai blessé	avons blessé
as blessé	avez blessé
a blessé	ont blessé

Pluperfect

avais blessé	avions blessé
avais blessé	aviez blessé
avait blessé	avaient blessé

Past Anterior

eus blessé	eûmes blessé
eus blessé	eûtes blessé
eut blessé	eurent blessé

Future Perfect

aurai blessé	aurons blessé
auras blessé	aurez blessé
aura blessé	auront blessé

Conditional Perfect

aurais blessé	aurions blessé
aurais blessé	auriez blessé
aurait blessé	auraient blessé

Past Subjunctive

aie blessé	ayons blessé
aies blessé	ayez blessé
ait blessé	aient blessé

Pluperfect Subjunctive

eusse blessé	eussions blessé
eusses blessé	eussiez blessé
eût blessé	eussent blessé

Imperative/Command

blesse	blessons	blessez

Verb in Action

Elle est blessée à la cheville, mais ce n'est pas très grave. *(She hurt her ankle, but it's not very serious.)*

Les mots très durs de son père le blessèrent profondément. *(His father's very harsh words hurt him deeply.)*

ESSENTIAL VERB

boire
(to drink)

Present Participle: buvant • **Past Participle:** bu
Irregular verb

Present		Passé Composé	
bois	buvons	ai bu	avons bu
bois	buvez	as bu	avez bu
boit	boivent	a bu	ont bu

Imperfect		Pluperfect	
buvais	buvions	avais bu	avions bu
buvais	buviez	avais bu	aviez bu
buvait	buvaient	avait bu	avaient bu

Passé Simple		Past Anterior	
bus	bûmes	eus bu	eûmes bu
bus	bûtes	eus bu	eûtes bu
but	burent	eut bu	eurent bu

Future		Future Perfect	
boirai	boirons	aurai bu	aurons bu
boiras	boirez	auras bu	aurez bu
boira	boiront	aura bu	auront bu

Conditional		Conditional Perfect	
boirais	boirions	aurais bu	aurions bu
boirais	boiriez	aurais bu	auriez bu
boirait	boiraient	aurait bu	auraient bu

Present Subjunctive		Past Subjunctive	
boive	buvions	aie bu	ayons bu
boives	buviez	aies bu	ayez bu
boive	boivent	ait bu	aient bu

Imperfect Subjunctive		Pluperfect Subjunctive	
busse	bussions	eusse bu	eussions bu
busses	bussiez	eusses bu	eussiez bu
bût	bussent	eût bu	eussent bu

Imperative/Command

bois	buvons	buvez

Verb in Action

Il ne boit jamais d'alcool. *(He never drinks alcohol.)*
J'ai bu un litre d'eau. *(I drank a liter of water.)*
Il but son jus d'orange d'un trait. *(He drank his orange juice in one gulp.)*

bosser
(to work)

Present Participle: bossant • **Past Participle:** bossé
Regular **-er** verb

Present
bosse	bossons
bosses	bossez
bosse	bossent

Passé Composé
ai bossé	avons bossé
as bossé	avez bossé
a bossé	ont bossé

Imperfect
bossais	bossions
bossais	bossiez
bossait	bossaient

Pluperfect
avais bossé	avions bossé
avais bossé	aviez bossé
avait bossé	avaient bossé

Passé Simple
bossai	bossâmes
bossas	bossâtes
bossa	bossèrent

Past Anterior
eus bossé	eûmes bossé
eus bossé	eûtes bossé
eut bossé	eurent bossé

Future
bosserai	bosserons
bosseras	bosserez
bossera	bosseront

Future Perfect
aurai bossé	aurons bossé
auras bossé	aurez bossé
aura bossé	auront bossé

Conditional
bosserais	bosserions
bosserais	bosseriez
bosserait	bosseraient

Conditional Perfect
aurais bossé	aurions bossé
aurais bossé	auriez bossé
aurait bossé	auraient bossé

Present Subjunctive
bosse	bossions
bosses	bossiez
bosse	bossent

Past Subjunctive
aie bossé	ayons bossé
aies bossé	ayez bossé
ait bossé	aient bossé

Imperfect Subjunctive
bossasse	bossassions
bossasses	bossassiez
bossât	bossassent

Pluperfect Subjunctive
eusse bossé	eussions bossé
eusses bossé	eussiez bossé
eût bossé	eussent bossé

Imperative/Command
bosse	bossons	bossez

Verb in Action
Elle n'a pas beaucoup bossé l'année dernière. *(She didn't work much last year.)*
Je ne peux pas sortir, je dois bosser mon examen de maths. *(I can't go out, I have to study for my math test.)*

bouger
(to move)

Present
bouge	bougeons
bouges	bougez
bouge	bougent

Passé Composé
ai bougé	avons bougé
as bougé	avez bougé
a bougé	ont bougé

Imperfect
bougeais	bougions
bougeais	bougiez
bougeait	bougeaient

Pluperfect
avais bougé	avions bougé
avais bougé	aviez bougé
avait bougé	avaient bougé

Passé Simple
bougeai	bougeâmes
bougeas	bougeâtes
bougea	bougèrent

Past Anterior
eus bougé	eûmes bougé
eus bougé	eûtes bougé
eut bougé	eurent bougé

Future
bougerai	bougerons
bougeras	bougerez
bougera	bougeront

Future Perfect
aurai bougé	aurons bougé
auras bougé	aurez bougé
aura bougé	auront bougé

Conditional
bougerais	bougerions
bougerais	bougeriez
bougerait	bougeraient

Conditional Perfect
aurais bougé	aurions bougé
aurais bougé	auriez bougé
aurait bougé	auraient bougé

Present Subjunctive
bouge	bougions
bouges	bougiez
bouge	bougent

Past Subjunctive
aie bougé	ayons bougé
aies bougé	ayez bougé
ait bougé	aient bougé

Imperfect Subjunctive
bougeasse	bougeassions
bougeasses	bougeassiez
bougeât	bougeassent

Pluperfect Subjunctive
eusse bougé	eussions bougé
eusses bougé	eussiez bougé
eût bougé	eussent bougé

Imperative/Command
bouge	bougeons	bougez

Verb in Action
Ne bouge pas, je viens te chercher. *(Stay there, I'll come and get you.)*
Maintenant qu'ils se sont installés, ils ne bougeront pas. *(Now that they've settled in, they'll stay put.)*
Que personne ne bouge! *(Nobody move!)*

bouillir
(to boil)

Present Participle: bouillant • **Past Participle:** bouilli
Irregular verb

Present
bous	bouillons
bous	bouillez
bout	bouillent

Passé Composé
ai bouilli	avons bouilli
as bouilli	avez bouilli
a bouilli	ont bouilli

Imperfect
bouillais	bouillions
bouillais	bouilliez
bouillait	bouillaient

Pluperfect
avais bouilli	avions bouilli
avais bouilli	aviez bouilli
avait bouilli	avaient bouilli

Passé Simple
bouillis	bouillîmes
bouillis	bouillîtes
bouillit	bouillirent

Past Anterior
eus bouilli	eûmes bouilli
eus bouilli	eûtes bouilli
eut bouilli	eurent bouilli

Future
bouillirai	bouillirons
bouilliras	bouillirez
bouillira	bouilliront

Future Perfect
aurai bouilli	aurons bouilli
auras bouilli	aurez bouilli
aura bouilli	auront bouilli

Conditional
bouillirais	bouillirions
bouillirais	bouilliriez
bouillirait	bouilliraient

Conditional Perfect
aurais bouilli	aurions bouilli
aurais bouilli	auriez bouilli
aurait bouilli	auraient bouilli

Present Subjunctive
bouille	bouillions
bouilles	bouilliez
bouille	bouillent

Past Subjunctive
aie bouilli	ayons bouilli
aies bouilli	ayez bouilli
ait bouilli	aient bouilli

Imperfect Subjunctive
bouillisse	bouillissions
bouillisses	bouillissiez
bouillît	bouillissent

Pluperfect Subjunctive
eusse bouilli	eussions bouilli
eusses bouilli	eussiez bouilli
eût bouilli	eussent bouilli

Imperative/Command
bous	bouillons	bouillez

Verb in Action
Tu peux mettre de l'eau à bouillir? *(Can you boil some water?)*
L'eau bout. *(The water is boiling.)*
Le lait bouillit et déborda. *(The milk boiled over.)*

Note: You can also use **faire bouillir** to say *to boil something*.

bouleverser

(to upset, to move deeply)

Present Participle: bouleversant • Past Participle: bouleversé
Regular -**er** verb

Present
bouleverse	bouleversons
bouleverses	bouleversez
bouleverse	bouleversent

Passé Composé
ai bouleversé	avons bouleversé
as bouleversé	avez bouleversé
a bouleversé	ont bouleversé

Imperfect
bouleversais	bouleversions
bouleversais	bouleversiez
bouleversait	bouleversaient

Pluperfect
avais bouleversé	avions bouleversé
avais bouleversé	aviez bouleversé
avait bouleversé	avaient bouleversé

Passé Simple
bouleversai	bouleversâmes
bouleversas	bouleversâtes
bouleversa	bouleversèrent

Past Anterior
eus bouleversé	eûmes bouleversé
eus bouleversé	eûtes bouleversé
eut bouleversé	eurent bouleversé

Future
bouleverserai	bouleverserons
bouleverseras	bouleverserez
bouleversera	bouleverseront

Future Perfect
aurai bouleversé	aurons bouleversé
auras bouleversé	aurez bouleversé
aura bouleversé	auront bouleversé

Conditional
bouleverserais	bouleverserions
bouleverserais	bouleverseriez
bouleverserait	bouleverseraient

Conditional Perfect
aurais bouleversé	aurions bouleversé
aurais bouleversé	auriez bouleversé
aurait bouleversé	auraient bouleversé

Present Subjunctive
bouleverse	bouleversions
bouleverses	bouleversiez
bouleverse	bouleversent

Past Subjunctive
aie bouleversé	ayons bouleversé
aies bouleversé	ayez bouleversé
ait bouleversé	aient bouleversé

Imperfect Subjunctive
bouleversasse	bouleversassions
bouleversasses	bouleversassiez
bouleversât	bouleversassent

Pluperfect Subjunctive
eusse bouleversé	eussions bouleversé
eusses bouleversé	eussiez bouleversé
eût bouleversé	eussent bouleversé

Imperative/Command
bouleverse	bouleversons	bouleversez

Verb in Action

Cette histoire déchirante m'a bouleversée. *(This heartbreaking story moved me deeply.)*
La mort de son ami l'a bouleversé. *(He was devastated by the death of his friend.)*

brancher

(to connect, to plug in)

Present Participle: branchant • Past Participle: branché
Regular -er verb

Present

branche	branchons
branches	branchez
branche	branchent

Passé Composé

ai branché	avons branché
as branché	avez branché
a branché	ont branché

Imperfect

branchais	branchions
branchais	branchiez
branchait	branchaient

Pluperfect

avais branché	avions branché
avais branché	aviez branché
avait branché	avaient branché

Passé Simple

branchai	branchâmes
branchas	branchâtes
brancha	branchèrent

Past Anterior

eus branché	eûmes branché
eus branché	eûtes branché
eut branché	eurent branché

Future

brancherai	brancherons
brancheras	brancherez
branchera	brancheront

Future Perfect

aurai branché	aurons branché
auras branché	aurez branché
aura branché	auront branché

Conditional

brancherais	brancherions
brancherais	brancheriez
brancherait	brancheraient

Conditional Perfect

aurais branché	aurions branché
aurais branché	auriez branché
aurait branché	auraient branché

Present Subjunctive

branche	branchions
branches	branchiez
branche	branchent

Past Subjunctive

aie branché	ayons branché
aies branché	ayez branché
ait branché	aient branché

Imperfect Subjunctive

branchasse	branchassions
branchasses	branchassiez
branchât	branchassent

Pluperfect Subjunctive

eusse branché	eussions branché
eusses branché	eussiez branché
eût branché	eussent branché

Imperative/Command

branche	branchons	branchez

Verb in Action

Est-ce que le téléphone est branché? *(Is the phone connected?)*
L'aspirateur n'est pas branché. *(The vacuum cleaner isn't plugged in.)*
Où est-ce qu'on branche le câble USB? *(Where do you plug in the USB cable?)*

bricoler
(to do odd jobs)

Present Participle: bricolant • **Past Participle:** bricolé
Regular **-er** verb

Present	
bricole	bricolons
bricoles	bricolez
bricole	bricolent

Passé Composé	
ai bricolé	avons bricolé
as bricolé	avez bricolé
a bricolé	ont bricolé

Imperfect	
bricolais	bricolions
bricolais	bricoliez
bricolait	bricolaient

Pluperfect	
avais bricolé	avions bricolé
avais bricolé	aviez bricolé
avait bricolé	avaient bricolé

Passé Simple	
bricolai	bricolâmes
bricolas	bricolâtes
bricola	bricolèrent

Past Anterior	
eus bricolé	eûmes bricolé
eus bricolé	eûtes bricolé
eut bricolé	eurent bricolé

Future	
bricolerai	bricolerons
bricoleras	bricolerez
bricolera	bricoleront

Future Perfect	
aurai bricolé	aurons bricolé
auras bricolé	aurez bricolé
aura bricolé	auront bricolé

Conditional	
bricolerais	bricolerions
bricolerais	bricoleriez
bricolerait	bricoleraient

Conditional Perfect	
aurais bricolé	aurions bricolé
aurais bricolé	auriez bricolé
aurait bricolé	auraient bricolé

Present Subjunctive	
bricole	bricolions
bricoles	bricoliez
bricole	bricolent

Past Subjunctive	
aie bricolé	ayons bricolé
aies bricolé	ayez bricolé
ait bricolé	aient bricolé

Imperfect Subjunctive	
bricolasse	bricolassions
bricolasses	bricolassiez
bricolât	bricolassent

Pluperfect Subjunctive	
eusse bricolé	eussions bricolé
eusses bricolé	eussiez bricolé
eût bricolé	eussent bricolé

Imperative/Command

bricole	bricolons	bricolez

Verb in Action

Pascal aime bricoler. *(Pascal loves doing DIY home repair.)*
Je crois qu'il est en train de bricoler dans la remise. *(I think he's tinkering in the shed.)*
Je bricole les motos des copains. *(I fix my friends' bikes.)*

briller
(to shine)

Present Participle: brillant • **Past Participle:** brillé
Regular **-er** verb

Present
brille	brillons
brilles	brillez
brille	brillent

Passé Composé
ai brillé	avons brillé
as brillé	avez brillé
a brillé	ont brillé

Imperfect
brillais	brillions
brillais	brilliez
brillait	brillaient

Pluperfect
avais brillé	avions brillé
avais brillé	aviez brillé
avait brillé	avaient brillé

Passé Simple
brillai	brillâmes
brillas	brillâtes
brilla	brillèrent

Past Anterior
eus brillé	eûmes brillé
eus brillé	eûtes brillé
eut brillé	eurent brillé

Future
brillerai	brillerons
brilleras	brillerez
brillera	brilleront

Future Perfect
aurai brillé	aurons brillé
auras brillé	aurez brillé
aura brillé	auront brillé

Conditional
brillerais	brillerions
brillerais	brilleriez
brillerait	brilleraient

Conditional Perfect
aurais brillé	aurions brillé
aurais brillé	auriez brillé
aurait brillé	auraient brillé

Present Subjunctive
brille	brillions
brilles	brilliez
brille	brillent

Past Subjunctive
aie brillé	ayons brillé
aies brillé	ayez brillé
ait brillé	aient brillé

Imperfect Subjunctive
brillasse	brillassions
brillasses	brillassiez
brillât	brillassent

Pluperfect Subjunctive
eusse brillé	eussions brillé
eusses brillé	eussiez brillé
eût brillé	eussent brillé

Imperative/Command
brille	brillons	brillez

Verb in Action
Le soleil brille. *(The sun is shining.)*
Le phare brillait au loin. *(The lighthouse was flashing/shining in the distance.)*
Je suis un peu maniaque. J'aime que tout brille dans la maison. *(I'm a bit obsessive. I like everything in the house to be spotless/to shine.)*

bronzer
(to get a tan)

Present Participle: bronzant • **Past Participle:** bronzé
Regular **-er** verb

Present
bronze	bronzons
bronzes	bronzez
bronze	bronzent

Passé Composé
ai bronzé	avons bronzé
as bronzé	avez bronzé
a bronzé	ont bronzé

Imperfect
bronzais	bronzions
bronzais	bronziez
bronzait	bronzaient

Pluperfect
avais bronzé	avions bronzé
avais bronzé	aviez bronzé
avait bronzé	avaient bronzé

Passé Simple
bronzai	bronzâmes
bronzas	bronzâtes
bronza	bronzèrent

Past Anterior
eus bronzé	eûmes bronzé
eus bronzé	eûtes bronzé
eut bronzé	eurent bronzé

Future
bronzerai	bronzerons
bronzeras	bronzerez
bronzera	bronzeront

Future Perfect
aurai bronzé	aurons bronzé
auras bronzé	aurez bronzé
aura bronzé	auront bronzé

Conditional
bronzerais	bronzerions
bronzerais	bronzeriez
bronzerait	bronzeraient

Conditional Perfect
aurais bronzé	aurions bronzé
aurais bronzé	auriez bronzé
aurait bronzé	auraient bronzé

Present Subjunctive
bronze	bronzions
bronzes	bronziez
bronze	bronzent

Past Subjunctive
aie bronzé	ayons bronzé
aies bronzé	ayez bronzé
ait bronzé	aient bronzé

Imperfect Subjunctive
bronzasse	bronzassions
bronzasses	bronzassiez
bronzât	bronzassent

Pluperfect Subjunctive
eusse bronzé	eussions bronzé
eusses bronzé	eussiez bronzé
eût bronzé	eussent bronzé

Imperative/Command
bronze	bronzons	bronzez

Verb in Action

On va bronzer en Espagne! *(We'll get a tan in Spain!)*
Aurélie bronze très facilement. *(Aurélie tans very easily.)*
Elle se bronzait au soleil en lisant un roman. *(She was tanning in the sun while reading a novel.)*

brosser
(to brush)

Present Participle: brossant • **Past Participle:** brossé
Regular **-er** verb

Present
brosse	brossons
brosses	brossez
brosse	brossent

Passé Composé
ai brossé	avons brossé
as brossé	avez brossé
a brossé	ont brossé

Imperfect
brossais	brossions
brossais	brossiez
brossait	brossaient

Pluperfect
avais brossé	avions brossé
avais brossé	aviez brossé
avait brossé	avaient brossé

Passé Simple
brossai	brossâmes
brossas	brossâtes
brossa	brossèrent

Past Anterior
eus brossé	eûmes brossé
eus brossé	eûtes brossé
eut brossé	eurent brossé

Future
brosserai	brosserons
brosseras	brosserez
brossera	brosseront

Future Perfect
aurai brossé	aurons brossé
auras brossé	aurez brossé
aura brossé	auront brossé

Conditional
brosserais	brosserions
brosserais	brosseriez
brosserait	brosseraient

Conditional Perfect
aurais brossé	aurions brossé
aurais brossé	auriez brossé
aurait brossé	auraient brossé

Present Subjunctive
brosse	brossions
brosses	brossiez
brosse	brossent

Past Subjunctive
aie brossé	ayons brossé
aies brossé	ayez brossé
ait brossé	aient brossé

Imperfect Subjunctive
brossasse	brossassions
brossasses	brossassiez
brossât	brossassent

Pluperfect Subjunctive
eusse brossé	eussions brossé
eusses brossé	eussiez brossé
eût brossé	eussent brossé

Imperative/Command
brosse	brossons	brossez

Verb in Action
Je brosse mon cheval tous les jours, avant de le monter. *(I brush my horse every day before riding him.)*

Tu devrais brosser ton pull, il est couvert de poils de chat. *(You should brush your sweater, it's covered with cat hair.)*

se brosser

(to brush oneself (one's hair, teeth))

Present Participle: se brossant • **Past Participle:** brossé
Regular pronominal **-er** verb

Present		*Passé Composé*	
me brosse	nous brossons	me suis brossé(e)	nous sommes brossé(e)s
te brosses	vous brossez	t'es brossé(e)	vous êtes brossé(e)(s)
se brosse	se brossent	s'est brossé/brossée	se sont brossés/brossées

Imperfect		*Pluperfect*	
me brossais	nous brossions	m'étais brossé(e)	nous étions brossé(e)s
te brossais	vous brossiez	t'étais brossé(e)	vous étiez brossé(e)(s)
se brossait	se brossaient	s'était brossé/brossée	s'étaient brossés/brossées

Passé Simple		*Past Anterior*	
me brossai	nous brossâmes	me fus brossé(e)	nous fûmes brossé(e)s
te brossas	vous brossâtes	te fus brossé(e)	vous fûtes brossé(e)(s)
se brossa	se brossèrent	se fut brossé/brossée	se furent brossés/brossées

Future		*Future Perfect*	
me brosserai	nous brosserons	me serai brossé(e)	nous serons brossé(e)s
te brosseras	vous brosserez	te seras brossé(e)	vous serez brossé(e)(s)
se brossera	se brosseront	se sera brossé/brossée	se seront brossés/brossées

Conditional		*Conditional Perfect*	
me brosserais	nous brosserions	me serais brossé(e)	nous serions brossé(e)s
te brosserais	vous brosseriez	te serais brossé(e)	vous seriez brossé(e)(s)
se brosserait	se brosseraient	se serait brossé/brossée	se seraient brossés/brossées

Present Subjunctive		*Past Subjunctive*	
me brosse	nous brossions	me sois brossé(e)	nous soyons brossé(e)s
te brosses	vous brossiez	te sois brossé(e)	vous soyez brossé(e)(s)
se brosse	se brossent	se soit brossé/brossée	se soient brossés/brossées

Imperfect Subjunctive		*Pluperfect Subjunctive*	
me brossasse	nous brossassions	me fusse brossé(e)	nous fussions brossé(e)s
te brossasses	vous brossassiez	te fusses brossé(e)	vous fussiez brossé(e)(s)
se brossât	se brossassent	se fût brossé/brossée	se fussent brossés/brossées

Imperative/Command

brosse-toi;	brossons-nous;	brossez-vous;
ne te brosse pas	ne nous brossons pas	ne vous brossez pas

Verb in Action

Je me brosse les dents tous les soirs. *(I brush my teeth every night.)*
Brosse-toi les cheveux et mets tes chaussures. *(Brush your hair and put on your shoes.)*
Est-ce qu'il s'est brossé les dents ? *(Did he brush his teeth?)*

*** Note :** Refer to Chapter 2 for examples on using pronominal verbs with body parts in the compound tenses.

brûler/se brûler*

(to burn)/(to burn oneself (or one's body part(s)))

Present Participle: brûlant • **Past Participle:** brûlé
Regular **-er** verb

Present
brûle	brûlons
brûles	brûlez
brûle	brûlent

Imperfect
brûlais	brûlions
brûlais	brûliez
brûlait	brûlaient

Passé Simple
brûlai	brûlâmes
brûlas	brûlâtes
brûla	brûlèrent

Future
brûlerai	brûlerons
brûleras	brûlerez
brûlera	brûleront

Conditional
brûlerais	brûlerions
brûlerais	brûleriez
brûlerait	brûleraient

Present Subjunctive
brûle	brûlions
brûles	brûliez
brûle	brûlent

Imperfect Subjunctive
brûlasse	brûlassions
brûlasses	brûlassiez
brûlât	brûlassent

Passé Composé
ai brûlé	avons brûlé
as brûlé	avez brûlé
a brûlé	ont brûlé

Pluperfect
avais brûlé	avions brûlé
avais brûlé	aviez brûlé
avait brûlé	avaient brûlé

Past Anterior
eus brûlé	eûmes brûlé
eus brûlé	eûtes brûlé
eut brûlé	eurent brûlé

Future Perfect
aurai brûlé	aurons brûlé
auras brûlé	aurez brûlé
aura brûlé	auront brûlé

Conditional Perfect
aurais brûlé	aurions brûlé
aurais brûlé	auriez brûlé
aurait brûlé	auraient brûlé

Past Subjunctive
aie brûlé	ayons brûlé
aies brûlé	ayez brûlé
ait brûlé	aient brûlé

Pluperfect Subjunctive
eusse brûlé	eussions brûlé
eusses brûlé	eussiez brûlé
eût brûlé	eussent brûlé

Imperative/Command
brûle	brûlons	brûlez

Verb in Action
Tu brûles! *(You're getting warm!)*
Je me suis brûlé les doigts. *(I burned my fingers.)*

* **Note :** This pronominal verb is conjugated similarly to **se bagarrer.** Refer to Chapter 2 for examples on using pronominal verbs with body parts in the compound tenses.

cacher
(to hide)

Present Participle: cachant • **Past Participle:** caché
Regular **-er** verb

Present		Passé Composé	
cache	cachons	ai caché	avons caché
caches	cachez	as caché	avez caché
cache	cachent	a caché	ont caché

Imperfect		Pluperfect	
cachais	cachions	avais caché	avions caché
cachais	cachiez	avais caché	aviez caché
cachait	cachaient	avait caché	avaient caché

Passé Simple		Past Anterior	
cachai	cachâmes	eus caché	eûmes caché
cachas	cachâtes	eus caché	eûtes caché
cacha	cachèrent	eut caché	eurent caché

Future		Future Perfect	
cacherai	cacherons	aurai caché	aurons caché
cacheras	cacherez	auras caché	aurez caché
cachera	cacheront	aura caché	auront caché

Conditional		Conditional Perfect	
cacherais	cacherions	aurais caché	aurions caché
cacherais	cacheriez	aurais caché	auriez caché
cacherait	cacheraient	aurait caché	auraient caché

Present Subjunctive		Past Subjunctive	
cache	cachions	aie caché	ayons caché
caches	cachiez	aies caché	ayez caché
cache	cachent	ait caché	aient caché

Imperfect Subjunctive		Pluperfect Subjunctive	
cachasse	cachassions	eusse caché	eussions caché
cachasses	cachassiez	eusses caché	eussiez caché
cachât	cachassent	eût caché	eussent caché

Imperative/Command

cache	cachons	cachez

Verb in Action

J'ai caché les cadeaux sous le lit. *(I hid the presents under the bed.)*
Des arbres nous cachaient le village. *(The village was hidden from view by trees.)*
Cachons-nous pour qu'il ne nous voie pas. *(Let's hide so he doesn't see us.)*

calmer
(to soothe)

Present Participle: calmant • Past Participle: calmé
Regular -er verb

Present
calme	calmons
calmes	calmez
calme	calment

Imperfect
calmais	calmions
calmais	calmiez
calmait	calmaient

Passé Simple
calmai	calmâmes
calmas	calmâtes
calma	calmèrent

Future
calmerai	calmerons
calmeras	calmerez
calmera	calmeront

Conditional
calmerais	calmerions
calmerais	calmeriez
calmerait	calmeraient

Present Subjunctive
calme	calmions
calmes	calmiez
calme	calment

Imperfect Subjunctive
calmasse	calmassions
calmasses	calmassiez
calmât	calmassent

Passé Composé
ai calmé	avons calmé
as calmé	avez calmé
a calmé	ont calmé

Pluperfect
avais calmé	avions calmé
avais calmé	aviez calmé
avait calmé	avaient calmé

Past Anterior
eus calmé	eûmes calmé
eus calmé	eûtes calmé
eut calmé	eurent calmé

Future Perfect
aurai calmé	aurons calmé
auras calmé	aurez calmé
aura calmé	auront calmé

Conditional Perfect
aurais calmé	aurions calmé
aurais calmé	auriez calmé
aurait calmé	auraient calmé

Past Subjunctive
aie calmé	ayons calmé
aies calmé	ayez calmé
ait calmé	aient calmé

Pluperfect Subjunctive
eusse calmé	eussions calmé
eusses calmé	eussiez calmé
eût calmé	eussent calmé

Imperative/Command
calme	calmons	calmez

Verb in Action
Cette pommade calme les démangeaisons. *(This ointment soothes itching.)*
Calme-toi! *(Calm down!)*
Bois du thé, il vous calmera. *(Drink some tea, it'll calm you.)*

casser/se casser*
(to break)/(to break (one's body part(s)))

Present Participle: cassant • **Past Participle:** cassé
Regular **-er** verb

Present
casse	cassons
casses	cassez
casse	cassent

Imperfect
cassais	cassions
cassais	cassiez
cassait	cassaient

Passé Simple
cassai	cassâmes
cassas	cassâtes
cassa	cassèrent

Future
casserai	casserons
casseras	casserez
cassera	casseront

Conditional
casserais	casserions
casserais	casseriez
casserait	casseraient

Present Subjunctive
casse	cassions
casses	cassiez
casse	cassent

Imperfect Subjunctive
cassasse	cassassions
cassasses	cassassiez
cassât	cassassent

Passé Composé
ai cassé	avons cassé
as cassé	avez cassé
a cassé	ont cassé

Pluperfect
avais cassé	avions cassé
avais cassé	aviez cassé
avait cassé	avaient cassé

Past Anterior
eus cassé	eûmes cassé
eus cassé	eûtes cassé
eut cassé	eurent cassé

Future Perfect
aurai cassé	aurons cassé
auras cassé	aurez cassé
aura cassé	auront cassé

Conditional Perfect
aurais cassé	aurions cassé
aurais cassé	auriez cassé
aurait cassé	auraient cassé

Past Subjunctive
aie cassé	ayons cassé
aies cassé	ayez cassé
ait cassé	aient cassé

Pluperfect Subjunctive
eusse cassé	eussions cassé
eusses cassé	eussiez cassé
eût cassé	eussent cassé

Imperative/Command
casse	cassons	cassez

Verb in Action
J'ai cassé un verre. *(I broke a glass.)*
Il s'est cassé la jambe au ski. *(He broke his leg when he was skiing.)*
Ne te casse pas la tête pour le dîner. *(Don't go to too much trouble over dinner.)*

* Note : This pronominal verb is conjugated similarly to **se bagarrer.** Refer to Chapter 2 for examples on using pronominal verbs with body parts in the compound tenses.

céder

(to give in, to yield)

Present Participle: cédant • **Past Participle:** cédé
é[consonant]-**er** verb; **é** becomes **è** before consonant + **e, es, ent**

Present

cède	cédons
cèdes	cédez
cède	cèdent

Imperfect

cédais	cédions
cédais	cédiez
cédait	cédaient

Passé Simple

cédai	cédâmes
cédas	cédâtes
céda	cédèrent

Future

céderai	céderons
céderas	céderez
cédera	céderont

Conditional

céderais	céderions
céderais	céderiez
céderait	céderaient

Present Subjunctive

cède	cédions
cèdes	cédiez
cède	cèdent

Imperfect Subjunctive

cédasse	cédassions
cédasses	cédassiez
cédât	cédassent

Passé Composé

ai cédé	avons cédé
as cédé	avez cédé
a cédé	ont cédé

Pluperfect

avais cédé	avions cédé
avais cédé	aviez cédé
avait cédé	avaient cédé

Past Anterior

eus cédé	eûmes cédé
eus cédé	eûtes cédé
eut cédé	eurent cédé

Future Perfect

aurai cédé	aurons cédé
auras cédé	aurez cédé
aura cédé	auront cédé

Conditional Perfect

aurais cédé	aurions cédé
aurais cédé	auriez cédé
aurait cédé	auraient cédé

Past Subjunctive

aie cédé	ayons cédé
aies cédé	ayez cédé
ait cédé	aient cédé

Pluperfect Subjunctive

eusse cédé	eussions cédé
eusses cédé	eussiez cédé
eût cédé	eussent cédé

Imperative/Command

cède	cédons	cédez

Verb in Action

Je ne pense pas qu'ils céderont. *(I don't think they will give in.)*
Je ne veux pas céder à ses caprices. *(I don't want to give in to her/his whims.)*
"Cédez le passage." *("Make way.")*

changer
(to change)

Present Participle: changeant • **Past Participle:** changé
-ger verb; **g** becomes **ge** before an **a** or an **o**

Present		Passé Composé	
change	changeons	ai changé	avons changé
changes	changez	as changé	avez changé
change	changent	a changé	ont changé

Imperfect		Pluperfect	
changeais	changions	avais changé	avions changé
changeais	changiez	avais changé	aviez changé
changeait	changeaient	avait changé	avaient changé

Passé Simple		Past Anterior	
changeai	changeâmes	eus changé	eûmes changé
changeas	changeâtes	eus changé	eûtes changé
changea	changèrent	eut changé	eurent changé

Future		Future Perfect	
changerai	changerons	aurai changé	aurons changé
changeras	changerez	auras changé	aurez changé
changera	changeront	aura changé	auront changé

Conditional		Conditional Perfect	
changerais	changerions	aurais changé	aurions changé
changerais	changeriez	aurais changé	auriez changé
changerait	changeraient	aurait changé	auraient changé

Present Subjunctive		Past Subjunctive	
change	changions	aie changé	ayons changé
changes	changiez	aies changé	ayez changé
change	changent	ait changé	aient changé

Imperfect Subjunctive		Pluperfect Subjunctive	
changeasse	changeassions	eusse changé	eussions changé
changeasses	changeassiez	eusses changé	eussiez changé
changeât	changeassent	eût changé	eussent changé

Imperative/Command

change	changeons	changez

Verb in Action

Je vais me changer avant de sortir. *(I'm going to get changed before I go out.)*
J'ai changé les draps ce matin. *(I changed the sheets this morning.)*
Appelle-moi si tu changes d'avis. *(Call me if you change your mind.)*

chanter

(to sing)

Present Participle: chantant • Past Participle: chanté
Regular -er verb

Present

chante	chantons
chantes	chantez
chante	chantent

Imperfect

chantais	chantions
chantais	chantiez
chantait	chantaient

Passé Simple

chantai	chantâmes
chantas	chantâtes
chanta	chantèrent

Future

chanterai	chanterons
chanteras	chanterez
chantera	chanteront

Conditional

chanterais	chanterions
chanterais	chanteriez
chanterait	chanteraient

Present Subjunctive

chante	chantions
chantes	chantiez
chante	chantent

Imperfect Subjunctive

chantasse	chantassions
chantasses	chantassiez
chantât	chantassent

Passé Composé

ai chanté	avons chanté
as chanté	avez chanté
a chanté	ont chanté

Pluperfect

avais chanté	avions chanté
avais chanté	aviez chanté
avait chanté	avaient chanté

Past Anterior

eus chanté	eûmes chanté
eus chanté	eûtes chanté
eut chanté	eurent chanté

Future Perfect

aurai chanté	aurons chanté
auras chanté	aurez chanté
aura chanté	auront chanté

Conditional Perfect

aurais chanté	aurions chanté
aurais chanté	auriez chanté
aurait chanté	auraient chanté

Past Subjunctive

aie chanté	ayons chanté
aies chanté	ayez chanté
ait chanté	aient chanté

Pluperfect Subjunctive

eusse chanté	eussions chanté
eusses chanté	eussiez chanté
eût chanté	eussent chanté

Imperative/Command

chante	chantons	chantez

Verb in Action

Malheureusement, elle chantait un peu faux. *(Unfortunately she was singing a bit flat/out of key.)*

Je chantais pendant qu'il jouait du piano. *(I was singing while he was playing the piano.)*

charger

(to load)

* * *

Present Participle: chargeant • **Past Participle:** chargé
-ger verb; **g** becomes **ge** before an **a** or an **o**

* * *

Present		Passé Composé	
charge	chargeons	ai chargé	avons chargé
charges	chargez	as chargé	avez chargé
charge	chargent	a chargé	ont chargé

Imperfect		Pluperfect	
chargeais	chargions	avais chargé	avions chargé
chargeais	chargiez	avais chargé	aviez chargé
chargeait	chargeaient	avait chargé	avaient chargé

Passé Simple		Past Anterior	
chargeai	chargeâmes	eus chargé	eûmes chargé
chargeas	chargeâtes	eus chargé	eûtes chargé
chargea	chargèrent	eut chargé	eurent chargé

Future		Future Perfect	
chargerai	chargerons	aurai chargé	aurons chargé
chargeras	chargerez	auras chargé	aurez chargé
chargera	chargeront	aura chargé	auront chargé

Conditional		Conditional Perfect	
chargerais	chargerions	aurais chargé	aurions chargé
chargerais	chargeriez	aurais chargé	auriez chargé
chargerait	chargeraient	aurait chargé	auraient chargé

Present Subjunctive		Past Subjunctive	
charge	chargions	aie chargé	ayons chargé
charges	chargiez	aies chargé	ayez chargé
charge	chargent	ait chargé	aient chargé

Imperfect Subjunctive		Pluperfect Subjunctive	
chargeasse	chargeassions	eusse chargé	eussions chargé
chargeasses	chargeassiez	eusses chargé	eussiez chargé
chargeât	chargeassent	eût chargé	eussent chargé

Imperative/Command

charge	chargeons	chargez

* * *

Verb in Action

Nous chargeons les meubles dans le camion. *(We load the furniture into the truck.)*
Tu peux charger les bagages dans la voiture? *(Could you load the bags into the car?)*

chasser

(to chase away, to hunt)

Present Participle: chassant • **Past Participle:** chassé
Regular **-er** verb

Present
chasse	chassons
chasses	chassez
chasse	chassent

Imperfect
chassais	chassions
chassais	chassiez
chassait	chassaient

Passé Simple
chassai	chassâmes
chassas	chassâtes
chassa	chassèrent

Future
chasserai	chasserons
chasseras	chasserez
chassera	chasseront

Conditional
chasserais	chasserions
chasserais	chasseriez
chasserait	chasseraient

Present Subjunctive
chasse	chassions
chasses	chassiez
chasse	chassent

Imperfect Subjunctive
chassasse	chassassions
chassasses	chassassiez
chassât	chassassent

Passé Composé
ai chassé	avons chassé
as chassé	avez chassé
a chassé	ont chassé

Pluperfect
avais chassé	avions chassé
avais chassé	aviez chassé
avait chassé	avaient chassé

Past Anterior
eus chassé	eûmes chassé
eus chassé	eûtes chassé
eut chassé	eurent chassé

Future Perfect
aurai chassé	aurons chassé
auras chassé	aurez chassé
aura chassé	auront chassé

Conditional Perfect
aurais chassé	aurions chassé
aurais chassé	auriez chassé
aurait chassé	auraient chassé

Past Subjunctive
aie chassé	ayons chassé
aies chassé	ayez chassé
ait chassé	aient chassé

Pluperfect Subjunctive
eusse chassé	eussions chassé
eusses chassé	eussiez chassé
eût chassé	eussent chassé

Imperative/Command
chasse	chassons	chassez

Verb in Action
Ils ont chassé les cambrioleurs. *(They chased away the robbers.)*
On a été chassés du village! *(We were driven out of the village!)*
Il n'est pas permis de chasser ici. *(Hunting is forbidden here.)*

chauffer
(to heat)

Present Participle: chauffant • **Past Participle:** chauffé
Regular **-er** verb

Present		Passé Composé	
chauffe	chauffons	ai chauffé	avons chauffé
chauffes	chauffez	as chauffé	avez chauffé
chauffe	chauffent	a chauffé	ont chauffé

Imperfect		Pluperfect	
chauffais	chauffions	avais chauffé	avions chauffé
chauffais	chauffiez	avais chauffé	aviez chauffé
chauffait	chauffaient	avait chauffé	avaient chauffé

Passé Simple		Past Anterior	
chauffai	chauffâmes	eus chauffé	eûmes chauffé
chauffas	chauffâtes	eus chauffé	eûtes chauffé
chauffa	chauffèrent	eut chauffé	eurent chauffé

Future		Future Perfect	
chaufferai	chaufferons	aurai chauffé	aurons chauffé
chaufferas	chaufferez	auras chauffé	aurez chauffé
chauffera	chaufferont	aura chauffé	auront chauffé

Conditional		Conditional Perfect	
chaufferais	chaufferions	aurais chauffé	aurions chauffé
chaufferais	chaufferiez	aurais chauffé	auriez chauffé
chaufferait	chaufferaient	aurait chauffé	auraient chauffé

Present Subjunctive		Past Subjunctive	
chauffe	chauffions	aie chauffé	ayons chauffé
chauffes	chauffiez	aies chauffé	ayez chauffé
chauffe	chauffent	ait chauffé	aient chauffé

Imperfect Subjunctive		Pluperfect Subjunctive	
chauffasse	chauffassions	eusse chauffé	eussions chauffé
chauffasses	chauffassiez	eusses chauffé	eussiez chauffé
chauffât	chauffassent	eût chauffé	eussent chauffé

Imperative/Command

chauffe	chauffons	chauffez

Verb in Action

Je vais mettre de l'eau à chauffer pour faire du thé. *(I'm going to boil some water to make tea.)*

On chauffe depuis la mi-octobre. *(We've had the heat on since mid-October.)*

Ça chauffe! *(Things are heating up!)*

chercher
(to look for, to look up)

Present Participle: cherchant • **Past Participle:** cherché
Regular **-er** verb

Present
cherche	cherchons
cherches	cherchez
cherche	cherchent

Imperfect
cherchais	cherchions
cherchais	cherchiez
cherchait	cherchaient

Passé Simple
cherchai	cherchâmes
cherchas	cherchâtes
chercha	cherchèrent

Future
chercherai	chercherons
chercheras	chercherez
cherchera	chercheront

Conditional
chercherais	chercherions
chercherais	chercheriez
chercherait	chercheraient

Present Subjunctive
cherche	cherchions
cherches	cherchiez
cherche	cherchent

Imperfect Subjunctive
cherchasse	cherchassions
cherchasses	cherchassiez
cherchât	cherchassent

Passé Composé
ai cherché	avons cherché
as cherché	avez cherché
a cherché	ont cherché

Pluperfect
avais cherché	avions cherché
avais cherché	aviez cherché
avait cherché	avaient cherché

Past Anterior
eus cherché	eûmes cherché
eus cherché	eûtes cherché
eut cherché	eurent cherché

Future Perfect
aurai cherché	aurons cherché
auras cherché	aurez cherché
aura cherché	auront cherché

Conditional Perfect
aurais cherché	aurions cherché
aurais cherché	auriez cherché
aurait cherché	auraient cherché

Past Subjunctive
aie cherché	ayons cherché
aies cherché	ayez cherché
ait cherché	aient cherché

Pluperfect Subjunctive
eusse cherché	eussions cherché
eusses cherché	eussiez cherché
eût cherché	eussent cherché

Imperative/Command
cherche	cherchons	cherchez

Verb in Action
Je cherche mes clés. *(I'm looking for my keys.)*
Elle est allée chercher du pain. *(She went to buy some bread.)*
Qu'est-ce que tu cherches? *(What are you looking for?)*

choisir
(to choose)

Present Participle: choisissant • **Past Participle:** choisi
Regular **-ir** verb

Present		*Passé Composé*	
choisis	choisissons	ai choisi	avons choisi
choisis	choisissez	as choisi	avez choisi
choisit	choisissent	a choisi	ont choisi

Imperfect		*Pluperfect*	
choisissais	choisissions	avais choisi	avions choisi
choisissais	choisissiez	avais choisi	aviez choisi
choisissait	choisissaient	avait choisi	avaient choisi

Passé Simple		*Past Anterior*	
choisis	choisîmes	eus choisi	eûmes choisi
choisis	choisîtes	eus choisi	eûtes choisi
choisit	choisirent	eut choisi	eurent choisi

Future		*Future Perfect*	
choisirai	choisirons	aurai choisi	aurons choisi
choisiras	choisirez	auras choisi	aurez choisi
choisira	choisiront	aura choisi	auront choisi

Conditional		*Conditional Perfect*	
choisirais	choisirions	aurais choisi	aurions choisi
choisirais	choisiriez	aurais choisi	auriez choisi
choisirait	choisiraient	aurait choisi	auraient choisi

Present Subjunctive		*Past Subjunctive*	
choisisse	choisissions	aie choisi	ayons choisi
choisisses	choisissiez	aies choisi	ayez choisi
choisisse	choisissent	ait choisi	aient choisi

Imperfect Subjunctive		*Pluperfect Subjunctive*	
choisisse	choisissions	eusse choisi	eussions choisi
choisisses	choisissiez	eusses choisi	eussiez choisi
choisît	choisissent	eût choisi	eussent choisi

Imperative/Command

choisis	choisissons	choisissez

Verb in Action

Vous avez choisi? *(Have you chosen?)*
Elle choisit d'aller à l'université. *(She chose to go to college.)*
Tu choisiras pour moi, d'accord? *(You'll choose for me, okay?)*

(to whisper)

Present Participle: chuchotant • **Past Participle:** chuchoté
Regular -**er** verb

Present
chuchote	chuchotons
chuchotes	chuchotez
chuchote	chuchotent

Imperfect
chuchotais	chuchotions
chuchotais	chuchotiez
chuchotait	chuchotaient

Passé Simple
chuchotai	chuchotâmes
chuchotas	chuchotâtes
chuchota	chuchotèrent

Future
chuchoterai	chuchoterons
chuchoteras	chuchoterez
chuchotera	chuchoteront

Conditional
chuchoterais	chuchoterions
chuchoterais	chuchoteriez
chuchoterait	chuchoteraient

Present Subjunctive
chuchote	chuchotions
chuchotes	chuchotiez
chuchote	chuchotent

Imperfect Subjunctive
chuchotasse	chuchotassions
chuchotasses	chuchotassiez
chuchotât	chuchotassent

Passé Composé
ai chuchoté	avons chuchoté
as chuchoté	avez chuchoté
a chuchoté	ont chuchoté

Pluperfect
avais chuchoté	avions chuchoté
avais chuchoté	aviez chuchoté
avait chuchoté	avaient chuchoté

Past Anterior
eus chuchoté	eûmes chuchoté
eus chuchoté	eûtes chuchoté
eut chuchoté	eurent chuchoté

Future Perfect
aurai chuchoté	aurons chuchoté
auras chuchoté	aurez chuchoté
aura chuchoté	auront chuchoté

Conditional Perfect
aurais chuchoté	aurions chuchoté
aurais chuchoté	auriez chuchoté
aurait chuchoté	auraient chuchoté

Past Subjunctive
aie chuchoté	ayons chuchoté
aies chuchoté	ayez chuchoté
ait chuchoté	aient chuchoté

Pluperfect Subjunctive
eusse chuchoté	eussions chuchoté
eusses chuchoté	eussiez chuchoté
eût chuchoté	eussent chuchoté

Imperative/Command
chuchote	chuchotons	chuchotez

Verb in Action
Il chuchota à son oreille. *(He whispered in his/her ear.)*
On peut chuchoter à la bibliothèque. *(You're allowed to whisper in the library.)*
Chuchote-lui la réponse pour l'aider. *(Whisper the answer to help him/her.)*

circuler
(to run, to circulate)

● ●

Present Participle: circulant • **Past Participle:** circulé
Regular **-er** verb

● ●

Present		*Passé Composé*	
circule	circulons	ai circulé	avons circulé
circules	circulez	as circulé	avez circulé
circule	circulent	a circulé	ont circulé

Imperfect		*Pluperfect*	
circulais	circulions	avais circulé	avions circulé
circulais	circuliez	avais circulé	aviez circulé
circulait	circulaient	avait circulé	avaient circulé

Passé Simple		*Past Anterior*	
circulai	circulâmes	eus circulé	eûmes circulé
circulas	circulâtes	eus circulé	eûtes circulé
circula	circulèrent	eut circulé	eurent circulé

Future		*Future Perfect*	
circulerai	circulerons	aurai circulé	aurons circulé
circuleras	circulerez	auras circulé	aurez circulé
circulera	circuleront	aura circulé	auront circulé

Conditional		*Conditional Perfect*	
circulerais	circulerions	aurais circulé	aurions circulé
circulerais	circuleriez	aurais circulé	auriez circulé
circulerait	circuleraient	aurait circulé	auraient circulé

Present Subjunctive		*Past Subjunctive*	
circule	circulions	aie circulé	ayons circulé
circules	circuliez	aies circulé	ayez circulé
circule	circulent	ait circulé	aient circulé

Imperfect Subjunctive		*Pluperfect Subjunctive*	
circulasse	circulassions	eusse circulé	eussions circulé
circulasses	circulassiez	eusses circulé	eussiez circulé
circulât	circulassent	eût circulé	eussent circulé

Imperative/Command
circule　　　circulons　　　circulez

● ●

Verb in Action
Il n'y a qu'un bus sur trois qui circule. *(Only one bus in three is running.)*
Circuler dans Paris, ce n'est pas facile. *(Driving in Paris isn't easy.)*
La nouvelle circule déjà. *(The news is already going around.)*

clarifier
(to clarify)

Present Participle: clarifiant • **Past Participle:** clarifié
Regular **-er** verb

Present
clarifie	clarifions
clarifies	clarifiez
clarifie	clarifient

Imperfect
clarifiais	clarifiions
clarifiais	clarifiiez
clarifiait	clarifiaient

Passé Simple
clarifiai	clarifiâmes
clarifias	clarifiâtes
clarifia	clarifièrent

Future
clarifierai	clarifierons
clarifieras	clarifierez
clarifiera	clarifieront

Conditional
clarifierais	clarifierions
clarifierais	clarifieriez
clarifierait	clarifieraient

Present Subjunctive
clarifie	clarifiions
clarifies	clarifiiez
clarifie	clarifient

Imperfect Subjunctive
clarifiasse	clarifiassions
clarifiasses	clarifiassiez
clarifiât	clarifiassent

Passé Composé
ai clarifié	avons clarifié
as clarifié	avez clarifié
a clarifié	ont clarifié

Pluperfect
avais clarifié	avions clarifié
avais clarifié	aviez clarifié
avait clarifié	avaient clarifié

Past Anterior
eus clarifié	eûmes clarifié
eus clarifié	eûtes clarifié
eut clarifié	eurent clarifié

Future Perfect
aurai clarifié	aurons clarifié
auras clarifié	aurez clarifié
aura clarifié	auront clarifié

Conditional Perfect
aurais clarifié	aurions clarifié
aurais clarifié	auriez clarifié
aurait clarifié	auraient clarifié

Past Subjunctive
aie clarifié	ayons clarifié
aies clarifié	ayez clarifié
ait clarifié	aient clarifié

Pluperfect Subjunctive
eusse clarifié	eussions clarifié
eusses clarifié	eussiez clarifié
eût clarifié	eussent clarifié

Imperative/Command
clarifie	clarifions	clarifiez

Verb in Action

Ils se sont rencontrés pour clarifier la situation. *(They met to clarify/figure out the situation.)*

Sa lettre ne clarifie rien du tout. *(Her/his letter doesn't make things clearer at all.)*

coincer
(to get stuck)

Present Participle: coinçant • **Past Participle:** coincé

-**cer** verb; **c** becomes **ç** before an **a** or an **o**

Present		*Passé Composé*	
coince	coinçons	ai coincé	avons coincé
coinces	coincez	as coincé	avez coincé
coince	coincent	a coincé	ont coincé

Imperfect		*Pluperfect*	
coinçais	coincions	avais coincé	avions coincé
coinçais	coinciez	avais coincé	aviez coincé
coinçait	coinçaient	avait coincé	avaient coincé

Passé Simple		*Past Anterior*	
coinçai	coinçâmes	eus coincé	eûmes coincé
coinças	coinçâtes	eus coincé	eûtes coincé
coinça	coincèrent	eut coincé	eurent coincé

Future		*Future Perfect*	
coincerai	coincerons	aurai coincé	aurons coincé
coinceras	coincerez	auras coincé	aurez coincé
coincera	coinceront	aura coincé	auront coincé

Conditional		*Conditional Perfect*	
coincerais	coincerions	aurais coincé	aurions coincé
coincerais	coinceriez	aurais coincé	auriez coincé
coincerait	coinceraient	aurait coincé	auraient coincé

Present Subjunctive		*Past Subjunctive*	
coince	coincions	aie coincé	ayons coincé
coinces	coinciez	aies coincé	ayez coincé
coince	coincent	ait coincé	aient coincé

Imperfect Subjunctive		*Pluperfect Subjunctive*	
coinçasse	coinçassions	eusse coincé	eussions coincé
coinçasses	coinçassiez	eusses coincé	eussiez coincé
coinçât	coinçassent	eût coincé	eussent coincé

Imperative/Command

coince	coinçons	coincez

Verb in Action

La porte est coincée. *(The door's stuck.)*
Là je t'ai bien coincé! *(I have you cornered!)*
On s'est retrouvés coincés dans l'ascenseur. *(We got stuck in the elevator.)*

coller

(to stick, to glue)

Present Participle: collant • **Past Participle:** collé
Regular **-er** verb

Present
colle	collons
colles	collez
colle	collent

Imperfect
collais	collions
collais	colliez
collait	collaient

Passé Simple
collai	collâmes
collas	collâtes
colla	collèrent

Future
collerai	collerons
colleras	collerez
collera	colleront

Conditional
collerais	collerions
collerais	colleriez
collerait	colleraient

Present Subjunctive
colle	collions
colles	colliez
colle	collent

Imperfect Subjunctive
collasse	collassions
collasses	collassiez
collât	collassent

Passé Composé
ai collé	avons collé
as collé	avez collé
a collé	ont collé

Pluperfect
avais collé	avions collé
avais collé	aviez collé
avait collé	avaient collé

Past Anterior
eus collé	eûmes collé
eus collé	eûtes collé
eut collé	eurent collé

Future Perfect
aurai collé	aurons collé
auras collé	aurez collé
aura collé	auront collé

Conditional Perfect
aurais collé	aurions collé
aurais collé	auriez collé
aurait collé	auraient collé

Past Subjunctive
aie collé	ayons collé
aies collé	ayez collé
ait collé	aient collé

Pluperfect Subjunctive
eusse collé	eussions collé
eusses collé	eussiez collé
eût collé	eussent collé

Imperative/Command
colle	collons	collez

Verb in Action
Il y a un chewing-gum collé sous la chaise. *(There's chewing gum stuck under the chair.)*
Ce timbre ne colle plus. *(This stamp won't stick anymore.)*
J'ai collé mon oreille au mur. *(I pressed my ear against the wall.)*

colorier
(to color (in))

Present Participle: coloriant • **Past Participle:** colorié
Regular **-er** verb

Present
colorie	colorions
colories	coloriez
colorie	colorient

Imperfect
coloriais	coloriions
coloriais	coloriiez
coloriait	coloriaient

Passé Simple
coloriai	coloriâmes
colorias	coloriâtes
coloria	colorièrent

Future
colorierai	colorierons
colorieras	colorierez
coloriera	colorieront

Conditional
colorierais	colorierions
colorierais	colorieriez
colorierait	colorieraient

Present Subjunctive
colorie	coloriions
colories	coloriiez
colorie	colorient

Imperfect Subjunctive
coloriasse	coloriassions
coloriasses	coloriassiez
coloriât	coloriassent

Passé Composé
ai colorié	avons colorié
as colorié	avez colorié
a colorié	ont colorié

Pluperfect
avais colorié	avions colorié
avais colorié	aviez colorié
avait colorié	avaient colorié

Past Anterior
eus colorié	eûmes colorié
eus colorié	eûtes colorié
eut colorié	eurent colorié

Future Perfect
aurai colorié	aurons colorié
auras colorié	aurez colorié
aura colorié	auront colorié

Conditional Perfect
aurais colorié	aurions colorié
aurais colorié	auriez colorié
aurait colorié	auraient colorié

Past Subjunctive
aie colorié	ayons colorié
aies colorié	ayez colorié
ait colorié	aient colorié

Pluperfect Subjunctive
eusse colorié	eussions colorié
eusses colorié	eussiez colorié
eût colorié	eussent colorié

Imperative/Command
colorie	colorions	coloriez

Verb in Action

Max a décidé de colorier ses chaussures. *(Max decided to dye his shoes.)*

Colorie les cercles en jaune et les carrés en vert. *(Color the circles yellow and the squares green.)*

C'est une photographie coloriée à la main. *(It's a hand-colored photograph.)*

combattre
(to fight)

Present Participle: combattant • **Past Participle:** combattu
Regular **-re** verb (except for the first, second, and third persons singular in the present indicative)

Present
combats	combattons
combats	combattez
combat	combattent

Passé Composé
ai combattu	avons combattu
as combattu	avez combattu
a combattu	ont combattu

Imperfect
combattais	combattions
combattais	combattiez
combattait	combattaient

Pluperfect
avais combattu	avions combattu
avais combattu	aviez combattu
avait combattu	avaient combattu

Passé Simple
combattis	combattîmes
combattis	combattîtes
combattit	combattirent

Past Anterior
eus combattu	eûmes combattu
eus combattu	eûtes combattu
eut combattu	eurent combattu

Future
combattrai	combattrons
combattras	combattrez
combattra	combattront

Future Perfect
aurai combattu	aurons combattu
auras combattu	aurez combattu
aura combattu	auront combattu

Conditional
combattrais	combattrions
combattrais	combattriez
combattrait	combattraient

Conditional Perfect
aurais combattu	aurions combattu
aurais combattu	auriez combattu
aurait combattu	auraient combattu

Present Subjunctive
combatte	combattions
combattes	combattiez
combatte	combattent

Past Subjunctive
aie combattu	ayons combattu
aies combattu	ayez combattu
ait combattu	aient combattu

Imperfect Subjunctive
combattisse	combattissions
combattisses	combattissiez
combattît	combattissent

Pluperfect Subjunctive
eusse combattu	eussions combattu
eusses combattu	eussiez combattu
eût combattu	eussent combattu

Imperative/Command
combats	combattons	combattez

Verb in Action

Ils ont combattu dans la Résistance. *(They fought in the Resistance.)*
Ce juge combat la corruption. *(This judge is fighting corruption.)*
Elle combat pour les causes justes. *(She fights for good causes.)*

ESSENTIAL VERB

commencer

(to start, to begin)

Present Participle: commençant • **Past Participle:** commencé
-cer verb; **c** becomes **ç** before an **a** or an **o**

Present
commence	commençons
commences	commencez
commence	commencent

Imperfect
commençais	commencions
commençais	commenciez
commençait	commençaient

Passé Simple
commençai	commençâmes
commenças	commençâtes
commença	commencèrent

Future
commencerai	commencerons
commenceras	commencerez
commencera	commenceront

Conditional
commencerais	commencerions
commencerais	commenceriez
commencerait	commenceraient

Present Subjunctive
commence	commencions
commences	commenciez
commence	commencent

Imperfect Subjunctive
commençasse	commençassions
commençasses	commençassiez
commençât	commençassent

Passé Composé
ai commencé	avons commencé
as commencé	avez commencé
a commencé	ont commencé

Pluperfect
avais commencé	avions commencé
avais commencé	aviez commencé
avait commencé	avaient commencé

Past Anterior
eus commencé	eûmes commencé
eus commencé	eûtes commencé
eut commencé	eurent commencé

Future Perfect
aurai commencé	aurons commencé
auras commencé	aurez commencé
aura commencé	auront commencé

Conditional Perfect
aurais commencé	aurions commencé
aurais commencé	auriez commencé
aurait commencé	auraient commencé

Past Subjunctive
aie commencé	ayons commencé
aies commencé	ayez commencé
ait commencé	aient commencé

Pluperfect Subjunctive
eusse commencé	eussions commencé
eusses commencé	eussiez commencé
eût commencé	eussent commencé

Imperative/Command
commence	commençons	commencez

Verb in Action
Les cours commencent à neuf heures. *(Classes start at nine o'clock.)*
Nous ne commencerons pas sans toi. *(We won't start without you.)*
Il avait commencé à pleuvoir. *(It had started to rain.)*

commettre
(to commit)

Present Participle: commettant • **Past Participle:** commis
Irregular **-re** verb

Present
commets	commettons
commets	commettez
commet	commettent

Passé Composé
ai commis	avons commis
as commis	avez commis
a commis	ont commis

Imperfect
commettais	commettions
commettais	commettiez
commettait	commettaient

Pluperfect
avais commis	avions commis
avais commis	aviez commis
avait commis	avaient commis

Passé Simple
commis	commîmes
commis	commîtes
commit	commirent

Past Anterior
eus commis	eûmes commis
eus commis	eûtes commis
eut commis	eurent commis

Future
commettrai	commettrons
commettras	commettrez
commettra	commettront

Future Perfect
aurai commis	aurons commis
auras commis	aurez commis
aura commis	auront commis

Conditional
commettrais	commettrions
commettrais	commettriez
commettrait	commettraient

Conditional Perfect
aurais commis	aurions commis
aurais commis	auriez commis
aurait commis	auraient commis

Present Subjunctive
commette	commettions
commettes	commettiez
commette	commettent

Past Subjunctive
aie commis	ayons commis
aies commis	ayez commis
ait commis	aient commis

Imperfect Subjunctive
commisse	commissions
commisses	commissiez
commît	commissent

Pluperfect Subjunctive
eusse commis	eussions commis
eusses commis	eussiez commis
eût commis	eussent commis

Imperative/Command
commets	commettons	commettez

Verb in Action
Il a commis un crime grave. *(He has committed a serious crime.)*
Un meurtre a été commis hier soir. *(A murder was committed yesterday evening.)*
J'ai dû commettre une erreur dans mes calculs. *(I must have made a mistake in my calculations.)*

compléter
(to complete)

Present Participle: complétant • **Past Participle:** complété
é[consonant]-**er** verb; **é** becomes **è** before consonant + **e, es, ent**

Present		Passé Composé	
complète	complétons	ai complété	avons complété
complètes	complétez	as complété	avez complété
complète	complètent	a complété	ont complété

Imperfect		Pluperfect	
complétais	complétions	avais complété	avions complété
complétais	complétiez	avais complété	aviez complété
complétait	complétaient	avait complété	avaient complété

Passé Simple		Past Anterior	
complétai	complétâmes	eus complété	eûmes complété
complétas	complétâtes	eus complété	eûtes complété
compléta	complétèrent	eut complété	eurent complété

Future		Future Perfect	
compléterai	compléterons	aurai complété	aurons complété
compléteras	compléterez	auras complété	aurez complété
complétera	compléteront	aura complété	auront complété

Conditional		Conditional Perfect	
compléterais	compléterions	aurais complété	aurions complété
compléterais	compléteriez	aurais complété	auriez complété
compléterait	compléteraient	aurait complété	auraient complété

Present Subjunctive		Past Subjunctive	
complète	complétions	aie complété	ayons complété
complètes	complétiez	aies complété	ayez complété
complète	complètent	ait complété	aient complété

Imperfect Subjunctive		Pluperfect Subjunctive	
complétasse	complétassions	eusse complété	eussions complété
complétasses	complétassiez	eusses complété	eussiez complété
complétât	complétassent	eût complété	eussent complété

Imperative/Command

complète	complétons	complétez

Verb in Action

Complétez les phrases suivantes. *(Complete the following sentences.)*
J'ai ajouté quelques petits cadeaux pour compléter le colis. *(I added a few little presents to fill up the package.)*
Elle complète ses revenus en faisant de petits jobs. *(She adds to her income by doing little jobs.)*

comprendre
(to understand, to include)

Present Participle: comprenant • **Past Participle:** compris
Irregular **-re** verb

Present
comprends	comprenons
comprends	comprenez
comprend	comprennent

Passé Composé
ai compris	avons compris
as compris	avez compris
a compris	ont compris

Imperfect
comprenais	comprenions
comprenais	compreniez
comprenait	comprenaient

Pluperfect
avais compris	avions compris
avais compris	aviez compris
avait compris	avaient compris

Passé Simple
compris	comprîmes
compris	comprîtes
comprit	comprirent

Past Anterior
eus compris	eûmes compris
eus compris	eûtes compris
eut compris	eurent compris

Future
comprendrai	comprendrons
comprendras	comprendrez
comprendra	comprendront

Future Perfect
aurai compris	aurons compris
auras compris	aurez compris
aura compris	auront compris

Conditional
comprendrais	comprendrions
comprendrais	comprendriez
comprendrait	comprendraient

Conditional Perfect
aurais compris	aurions compris
aurais compris	auriez compris
aurait compris	auraient compris

Present Subjunctive
comprenne	comprenions
comprennes	compreniez
comprenne	comprennent

Past Subjunctive
aie compris	ayons compris
aies compris	ayez compris
ait compris	aient compris

Imperfect Subjunctive
comprisse	comprissions
comprisses	comprissiez
comprît	comprissent

Pluperfect Subjunctive
eusse compris	eussions compris
eusses compris	eussiez compris
eût compris	eussent compris

Imperative/Command
comprends   comprenons   comprenez

Verb in Action
Je ne comprends pas ce que vous dites. *(I don't understand what you're saying.)*
J'ai dû mal à comprendre. *(I must have misunderstood.)*
Le forfait ne comprend pas la location des skis. *(The price doesn't include the rental of skis.)*

compter
(to count)

Present Participle: comptant • **Past Participle:** compté
Regular **-er** verb

Present
compte	comptons
comptes	comptez
compte	comptent

Imperfect
comptais	comptions
comptais	comptiez
comptait	comptaient

Passé Simple
comptai	comptâmes
comptas	comptâtes
compta	comptèrent

Future
compterai	compterons
compteras	compterez
comptera	compteront

Conditional
compterais	compterions
compterais	compteriez
compterait	compteraient

Present Subjunctive
compte	comptions
comptes	comptiez
compte	comptent

Imperfect Subjunctive
comptasse	comptassions
comptasses	comptassiez
comptât	comptassent

Passé Composé
ai compté	avons compté
as compté	avez compté
a compté	ont compté

Pluperfect
avais compté	avions compté
avais compté	aviez compté
avait compté	avaient compté

Past Anterior
eus compté	eûmes compté
eus compté	eûtes compté
eut compté	eurent compté

Future Perfect
aurai compté	aurons compté
auras compté	aurez compté
aura compté	auront compté

Conditional Perfect
aurais compté	aurions compté
aurais compté	auriez compté
aurait compté	auraient compté

Past Subjunctive
aie compté	ayons compté
aies compté	ayez compté
ait compté	aient compté

Pluperfect Subjunctive
eusse compté	eussions compté
eusses compté	eussiez compté
eût compté	eussent compté

Imperative/Command
compte	comptons	comptez

Verb in Action
Elle sait déjà compter jusqu'à dix. *(She already knows how to count up to ten.)*
On sera dix-huit, sans compter les enfants. *(There'll be eighteen of us, not counting the children.)*
Il faut compter environ deux heures. *(You have to allow about two hours.)*

conclure
(to conclude)

Present Participle: concluant • **Past Participle:** conclu
Irregular verb

Present
conclus	concluons
conclus	concluez
conclut	concluent

Passé Composé
ai conclu	avons conclu
as conclu	avez conclu
a conclu	ont conclu

Imperfect
concluais	concluions
concluais	concluiez
concluait	concluaient

Pluperfect
avais conclu	avions conclu
avais conclu	aviez conclu
avait conclu	avaient conclu

Passé Simple
conclus	conclûmes
conclus	conclûtes
conclut	conclurent

Past Anterior
eus conclu	eûmes conclu
eus conclu	eûtes conclu
eut conclu	eurent conclu

Future
conclurai	conclurons
concluras	conclurez
conclura	concluront

Future Perfect
aurai conclu	aurons conclu
auras conclu	aurez conclu
aura conclu	auront conclu

Conditional
conclurais	conclurions
conclurais	concluriez
conclurait	concluraient

Conditional Perfect
aurais conclu	aurions conclu
aurais conclu	auriez conclu
aurait conclu	auraient conclu

Present Subjunctive
conclue	concluions
conclues	concluiez
conclue	concluent

Past Subjunctive
aie conclu	ayons conclu
aies conclu	ayez conclu
ait conclu	aient conclu

Imperfect Subjunctive
conclusse	conclussions
conclusses	conclussiez
conclût	conclussent

Pluperfect Subjunctive
eusse conclu	eussions conclu
eusses conclu	eussiez conclu
eût conclu	eussent conclu

Imperative/Command
conclus	concluons	concluez

Verb in Action
Ils ont conclu un marché. *(They concluded a deal.)*
Elle en conclut qu'il était parti. *(She concluded that he had left.)*
Nous n'avions encore rien conclu quand il est arrivé. *(We hadn't finished anything yet when he arrived.)*

conduire
(to drive, to take (someone somewhere))

Present Participle: conduisant • **Past Participle:** conduit
Irregular verb ending in **-uire**

Present		*Passé Composé*	
conduis	conduisons	ai conduit	avons conduit
conduis	conduisez	as conduit	avez conduit
conduit	conduisent	a conduit	ont conduit

Imperfect		*Pluperfect*	
conduisais	conduisions	avais conduit	avions conduit
conduisais	conduisiez	avais conduit	aviez conduit
conduisait	conduisaient	avait conduit	avaient conduit

Passé Simple		*Past Anterior*	
conduisis	conduisîmes	eus conduit	eûmes conduit
conduisis	conduisîtes	eus conduit	eûtes conduit
conduisit	conduisirent	eut conduit	eurent conduit

Future		*Future Perfect*	
conduirai	conduirons	aurai conduit	aurons conduit
conduiras	conduirez	auras conduit	aurez conduit
conduira	conduiront	aura conduit	auront conduit

Conditional		*Conditional Perfect*	
conduirais	conduirions	aurais conduit	aurions conduit
conduirais	conduiriez	aurais conduit	auriez conduit
conduirait	conduiraient	aurait conduit	auraient conduit

Present Subjunctive		*Past Subjunctive*	
conduise	conduisions	aie conduit	ayons conduit
conduises	conduisiez	aies conduit	ayez conduit
conduise	conduisent	ait conduit	aient conduit

Imperfect Subjunctive		*Pluperfect Subjunctive*	
conduisisse	conduisissions	eusse conduit	eussions conduit
conduisisses	conduisissiez	eusses conduit	eussiez conduit
conduisît	conduisissent	eût conduit	eussent conduit

Imperative/Command

conduis	conduisons	conduisez

Verb in Action

Elle conduit sa fille à l'école tous les matins. *(She drives/takes her daughter to school every morning.)*
Cela fait longtemps que je n'ai pas conduit. *(I haven't driven for a long time.)*
Conduis prudemment. *(Drive carefully.)*

confier

(to confide, to entrust)

Present Participle: confiant • **Past Participle:** confié
Regular **-er** verb

Present
confie	confions
confies	confiez
confie	confient

Imperfect
confiais	confiions
confiais	confiiez
confiait	confiaient

Passé Simple
confiai	confiâmes
confias	confiâtes
confia	confièrent

Future
confierai	confierons
confieras	confierez
confiera	confieront

Conditional
confierais	confierions
confierais	confieriez
confierait	confieraient

Present Subjunctive
confie	confiions
confies	confiiez
confie	confient

Imperfect Subjunctive
confiasse	confiassions
confiasses	confiassiez
confiât	confiassent

Passé Composé
ai confié	avons confié
as confié	avez confié
a confié	ont confié

Pluperfect
avais confié	avions confié
avais confié	aviez confié
avait confié	avaient confié

Past Anterior
eus confié	eûmes confié
eus confié	eûtes confié
eut confié	eurent confié

Future Perfect
aurai confié	aurons confié
auras confié	aurez confié
aura confié	auront confié

Conditional Perfect
aurais confié	aurions confié
aurais confié	auriez confié
aurait confié	auraient confié

Past Subjunctive
aie confié	ayons confié
aies confié	ayez confié
ait confié	aient confié

Pluperfect Subjunctive
eusse confié	eussions confié
eusses confié	eussiez confié
eût confié	eussent confié

Imperative/Command
confie	confions	confiez

Verb in Action
Je peux te confier un secret? *(Can I tell you a secret?)*
Il nous confie les fichiers. *(He entrusts the files to us.)*
Tu sais que tu peux toujours te confier à moi. *(You know you can always confide in me.)*

confondre

(to mix up, to confuse)

Present Participle: confondant • **Past Participle:** confondu
Regular **-re** verb

Present		*Passé Composé*	
confonds	confondons	ai confondu	avons confondu
confonds	confondez	as confondu	avez confondu
confond	confondent	a confondu	ont confondu

Imperfect		*Pluperfect*	
confondais	confondions	avais confondu	avions confondu
confondais	confondiez	avais confondu	aviez confondu
confondait	confondaient	avait confondu	avaient confondu

Passé Simple		*Past Anterior*	
confondis	confondîmes	eus confondu	eûmes confondu
confondis	confondîtes	eus confondu	eûtes confondu
confondit	confondirent	eut confondu	eurent confondu

Future		*Future Perfect*	
confondrai	confondrons	aurai confondu	aurons confondu
confondras	confondrez	auras confondu	aurez confondu
confondra	confondront	aura confondu	auront confondu

Conditional		*Conditional Perfect*	
confondrais	confondrions	aurais confondu	aurions confondu
confondrais	confondriez	aurais confondu	auriez confondu
confondrait	confondraient	aurait confondu	auraient confondu

Present Subjunctive		*Past Subjunctive*	
confonde	confondions	aie confondu	ayons confondu
confondes	confondiez	aies confondu	ayez confondu
confonde	confondent	ait confondu	aient confondu

Imperfect Subjunctive		*Pluperfect Subjunctive*	
confondisse	confondissions	eusse confondu	eussions confondu
confondisses	confondissiez	eusses confondu	eussiez confondu
confondît	confondissent	eût confondu	eussent confondu

Imperative/Command

confonds	confondons	confondez

Verb in Action

Je confonds toujours ces deux acteurs. *(I always mix up these two actors.)*
On le confond souvent avec son frère. *(People often mistake him for his brother.)*
Il arrive souvent qu'on nous confonde. *(People often mix us up.)*

congeler
(to freeze)

Present Participle: congelant • **Past Participle:** congelé
e[consonant]**-er** verb; **e** becomes **è** before consonant + **e, es, ent**

Present
congèle	congelons
congèles	congelez
congèle	congèlent

Imperfect
congelais	congelions
congelais	congeliez
congelait	congelaient

Passé Simple
congelai	congelâmes
congelas	congelâtes
congela	congelèrent

Future
congèlerai	congèlerons
congèleras	congèlerez
congèlera	congèleront

Conditional
congèlerais	congèlerions
congèlerais	congèleriez
congèlerait	congèleraient

Present Subjunctive
congèle	congelions
congèles	congeliez
congèle	congèlent

Imperfect Subjunctive
congelasse	congelassions
congelasses	congelassiez
congelât	congelassent

Passé Composé
ai congelé	avons congelé
as congelé	avez congelé
a congelé	ont congelé

Pluperfect
avais congelé	avions congelé
avais congelé	aviez congelé
avait congelé	avaient congelé

Past Anterior
eus congelé	eûmes congelé
eus congelé	eûtes congelé
eut congelé	eurent congelé

Future Perfect
aurai congelé	aurons congelé
auras congelé	aurez congelé
aura congelé	auront congelé

Conditional Perfect
aurais congelé	aurions congelé
aurais congelé	auriez congelé
aurait congelé	auraient congelé

Past Subjunctive
aie congelé	ayons congelé
aies congelé	ayez congelé
ait congelé	aient congelé

Pluperfect Subjunctive
eusse congelé	eussions congelé
eusses congelé	eussiez congelé
eût congelé	eussent congelé

Imperative/Command
congèle	congelons	congelez

Verb in Action

Je congèle souvent des plats d'avance pour la semaine. *(I often freeze meals for the week ahead.)*

Le poisson est congelé à bord immédiatement. *(The fish is frozen on board immediately.)*

Ne jamais recongeler un produit déjà congelé. *(Never refreeze a product that has previously been frozen.)*

ESSENTIAL VERB

connaître

(to know, to meet)

Present Participle: connaissant • **Past Participle:** connu
Irregular verb

Present		**Passé Composé**	
connais	connaissons	ai connu	avons connu
connais	connaissez	as connu	avez connu
connaît	connaissent	a connu	ont connu

Imperfect		**Pluperfect**	
connaissais	connaissions	avais connu	avions connu
connaissais	connaissiez	avais connu	aviez connu
connaissait	connaissaient	avait connu	avaient connu

Passé Simple		**Past Anterior**	
connus	connûmes	eus connu	eûmes connu
connus	connûtes	eus connu	eûtes connu
connut	connurent	eut connu	eurent connu

Future		**Future Perfect**	
connaîtrai	connaîtrons	aurai connu	aurons connu
connaîtras	connaîtrez	auras connu	aurez connu
connaîtra	connaîtront	aura connu	auront connu

Conditional		**Conditional Perfect**	
connaîtrais	connaîtrions	aurais connu	aurions connu
connaîtrais	connaîtriez	aurais connu	auriez connu
connaîtrait	connaîtraient	aurait connu	auraient connu

Present Subjunctive		**Past Subjunctive**	
connaisse	connaissions	aie connu	ayons connu
connaisses	connaissiez	aies connu	ayez connu
connaisse	connaissent	ait connu	aient connu

Imperfect Subjunctive		**Pluperfect Subjunctive**	
connusse	connussions	eusse connu	eussions connu
connusses	connussiez	eusses connu	eussiez connu
connût	connussent	eût connu	eussent connu

Imperative/Command

connais	connaissons	connaissez

Verb in Action

Je ne connais pas du tout cette région. *(I don't know this area at all.)*
Il n'a pas connu son grand-père. *(He never knew/met his grandfather.)*
Je connaissais bien sa mère. *(I knew his mother well.)*

conquérir
(to conquer)

Present Participle: conquérant • **Past Participle:** conquis
Irregular verb

Present
conquiers	conquérons
conquiers	conquérez
conquiert	conquièrent

Imperfect
conquérais	conquérions
conquérais	conquériez
conquérait	conquéraient

Passé Simple
conquis	conquîmes
conquis	conquîtes
conquit	conquirent

Future
conquerrai	conquerrons
conquerras	conquerrez
conquerra	conquerront

Conditional
conquerrais	conquerrions
conquerrais	conquerriez
conquerrait	conquerraient

Present Subjunctive
conquière	conquérions
conquières	conquériez
conquière	conquièrent

Imperfect Subjunctive
conquisse	conquissions
conquisses	conquissiez
conquît	conquissent

Passé Composé
ai conquis	avons conquis
as conquis	avez conquis
a conquis	ont conquis

Pluperfect
avais conquis	avions conquis
avais conquis	aviez conquis
avait conquis	avaient conquis

Past Anterior
eus conquis	eûmes conquis
eus conquis	eûtes conquis
eut conquis	eurent conquis

Future Perfect
aurai conquis	aurons conquis
auras conquis	aurez conquis
aura conquis	auront conquis

Conditional Perfect
aurais conquis	aurions conquis
aurais conquis	auriez conquis
aurait conquis	auraient conquis

Past Subjunctive
aie conquis	ayons conquis
aies conquis	ayez conquis
ait conquis	aient conquis

Pluperfect Subjunctive
eusse conquis	eussions conquis
eusses conquis	eussiez conquis
eût conquis	eussent conquis

Imperative/Command
conquiers	conquérons	conquérez

Verb in Action
Les Romains conquirent la Gaule. *(The Romans conquered Gaul.)*
Ils ont conquis l'Amérique avec leur dernier album. *(They took America by storm with their last album.)*
Ils ont été conquis par l'Italie du sud. *(They were captivated by southern Italy.)*

conseiller
(to recommend, to advise)

Present Participle: conseillant • **Past Participle:** conseillé
Regular **-er** verb

Present		*Passé Composé*	
conseille	conseillons	ai conseillé	avons conseillé
conseilles	conseillez	as conseillé	avez conseillé
conseille	conseillent	a conseillé	ont conseillé

Imperfect		*Pluperfect*	
conseillais	conseillions	avais conseillé	avions conseillé
conseillais	conseilliez	avais conseillé	aviez conseillé
conseillait	conseillaient	avait conseillé	avaient conseillé

Passé Simple		*Past Anterior*	
conseillai	conseillâmes	eus conseillé	eûmes conseillé
conseillas	conseillâtes	eus conseillé	eûtes conseillé
conseilla	conseillèrent	eut conseillé	eurent conseillé

Future		*Future Perfect*	
conseillerai	conseillerons	aurai conseillé	aurons conseillé
conseilleras	conseillerez	auras conseillé	aurez conseillé
conseillera	conseilleront	aura conseillé	auront conseillé

Conditional		*Conditional Perfect*	
conseillerais	conseillerions	aurais conseillé	aurions conseillé
conseillerais	conseilleriez	aurais conseillé	auriez conseillé
conseillerait	conseilleraient	aurait conseillé	auraient conseillé

Present Subjunctive		*Past Subjunctive*	
conseille	conseillions	aie conseillé	ayons conseillé
conseilles	conseilliez	aies conseillé	ayez conseillé
conseille	conseillent	ait conseillé	aient conseillé

Imperfect Subjunctive		*Pluperfect Subjunctive*	
conseillasse	conseillassions	eusse conseillé	eussions conseillé
conseillasses	conseillassiez	eusses conseillé	eussiez conseillé
conseillât	conseillassent	eût conseillé	eussent conseillé

Imperative/Command

conseille	conseillons	conseillez

Verb in Action

Il a été mal conseillé. *(He has been badly advised.)*
Il m'a conseillé ce livre. *(He recommended this book to me.)*
Je ne te conseille pas d'y aller. *(I don't recommend that you go there.)*

considérer

(to consider)

Present
considère	considérons
considères	considérez
considère	considèrent

Imperfect
considérais	considérions
considérais	considériez
considérait	considéraient

Passé Simple
considérai	considérâmes
considéras	considérâtes
considéra	considérèrent

Future
considérerai	considérerons
considéreras	considérerez
considérera	considéreront

Conditional
considérerais	considérerions
considérerais	considéreriez
considérerait	considéreraient

Present Subjunctive
considère	considérions
considères	considériez
considère	considèrent

Imperfect Subjunctive
considérasse	considérassions
considérasses	considérassiez
considérât	considérassent

Passé Composé
ai considéré	avons considéré
as considéré	avez considéré
a considéré	ont considéré

Pluperfect
avais considéré	avions considéré
avais considéré	aviez considéré
avait considéré	avaient considéré

Past Anterior
eus considéré	eûmes considéré
eus considéré	eûtes considéré
eut considéré	eurent considéré

Future Perfect
aurai considéré	aurons considéré
auras considéré	aurez considéré
aura considéré	auront considéré

Conditional Perfect
aurais considéré	aurions considéré
aurais considéré	auriez considéré
aurait considéré	auraient considéré

Past Subjunctive
aie considéré	ayons considéré
aies considéré	ayez considéré
ait considéré	aient considéré

Pluperfect Subjunctive
eusse considéré	eussions considéré
eusses considéré	eussiez considéré
eût considéré	eussent considéré

Imperative/Command
considère	considérons	considérez

Verb in Action
Elle me considère comme une amie. *(She thinks of me as a friend.)*
Je considère que le gouvernement devrait investir davantage dans l'enseignement.
(I think that the government should invest more money in education.)
Il se considérait comme un intellectuel. *(He considered himself an intellectual.)*

construire

(to build)

Present Participle: construisant • **Past Participle:** construit
Irregular verb ending in **-uire**

Present

construis	construisons
construis	construisez
construit	construisent

Passé Composé

ai construit	avons construit
as construit	avez construit
a construit	ont construit

Imperfect

construisais	construisions
construisais	construisiez
construisait	construisaient

Pluperfect

avais construit	avions construit
avais construit	aviez construit
avait construit	avaient construit

Passé Simple

construisis	construisîmes
construisis	construisîtes
construisit	construisirent

Past Anterior

eus construit	eûmes construit
eus construit	eûtes construit
eut construit	eurent construit

Future

construirai	construirons
construiras	construirez
construira	construiront

Future Perfect

aurai construit	aurons construit
auras construit	aurez construit
aura construit	auront construit

Conditional

construirais	construirions
construirais	construiriez
construirait	construiraient

Conditional Perfect

aurais construit	aurions construit
aurais construit	auriez construit
aurait construit	auraient construit

Present Subjunctive

construise	construisions
construises	construisiez
construise	construisent

Past Subjunctive

aie construit	ayons construit
aies construit	ayez construit
ait construit	aient construit

Imperfect Subjunctive

construisisse	construisissions
construisisses	construisissiez
construisît	construisissent

Pluperfect Subjunctive

eusse construit	eussions construit
eusses construit	eussiez construit
eût construit	eussent construit

Imperative/Command

construis	construisons	construisez

Verb in Action

Ils font construire une maison neuve. *(They're having a new house built.)*
Le pont fut construit un siècle plus tard. *(The bridge was built a century later.)*
Elle a construit sa carrière sur ce modèle. *(She has built her career on this model.)*

contacter

(to get in touch with, to contact)

Present Participle: contactant • **Past Participle:** contacté
Regular **-er** verb

Present
contacte	contactons
contactes	contactez
contacte	contactent

Passé Composé
ai contacté	avons contacté
as contacté	avez contacté
a contacté	ont contacté

Imperfect
contactais	contactions
contactais	contactiez
contactait	contactaient

Pluperfect
avais contacté	avions contacté
avais contacté	aviez contacté
avait contacté	avaient contacté

Passé Simple
contactai	contactâmes
contactas	contactâtes
contacta	contactèrent

Past Anterior
eus contacté	eûmes contacté
eus contacté	eûtes contacté
eut contacté	eurent contacté

Future
contacterai	contacterons
contacteras	contacterez
contactera	contacteront

Future Perfect
aurai contacté	aurons contacté
auras contacté	aurez contacté
aura contacté	auront contacté

Conditional
contacterais	contacterions
contacterais	contacteriez
contacterait	contacteraient

Conditional Perfect
aurais contacté	aurions contacté
aurais contacté	auriez contacté
aurait contacté	auraient contacté

Present Subjunctive
contacte	contactions
contactes	contactiez
contacte	contactent

Past Subjunctive
aie contacté	ayons contacté
aies contacté	ayez contacté
ait contacté	aient contacté

Imperfect Subjunctive
contactasse	contactassions
contactasses	contactassiez
contactât	contactassent

Pluperfect Subjunctive
eusse contacté	eussions contacté
eusses contacté	eussiez contacté
eût contacté	eussent contacté

Imperative/Command
contacte	contactons	contactez

Verb in Action

Je te contacterai dès que j'aurai des nouvelles. *(I'll get in touch with you as soon as I have some news.)*

Vous pouvez me contacter par courrier électronique. *(You can contact me by e-mail.)*

Il faut que vous contactiez votre avocat. *(You must/need to get in touch with your lawyer.)*

continuer

(to continue, to keep/carry on)

Present Participle: continuant • **Past Participle:** continué
Regular **-er** verb

Present
continue	continuons
continues	continuez
continue	continuent

Imperfect
continuais	continuions
continuais	continuiez
continuait	continuaient

Passé Simple
continuai	continuâmes
continuas	continuâtes
continua	continuèrent

Future
continuerai	continuerons
continueras	continuerez
continuera	continueront

Conditional
continuerais	continuerions
continuerais	continueriez
continuerait	continueraient

Present Subjunctive
continue	continuions
continues	continuiez
continue	continuent

Imperfect Subjunctive
continuasse	continuassions
continuasses	continuassiez
continuât	continuassent

Passé Composé
ai continué	avons continué
as continué	avez continué
a continué	ont continué

Pluperfect
avais continué	avions continué
avais continué	aviez continué
avait continué	avaient continué

Past Anterior
eus continué	eûmes continué
eus continué	eûtes continué
eut continué	eurent continué

Future Perfect
aurai continué	aurons continué
auras continué	aurez continué
aura continué	auront continué

Conditional Perfect
aurais continué	aurions continué
aurais continué	auriez continué
aurait continué	auraient continué

Past Subjunctive
aie continué	ayons continué
aies continué	ayez continué
ait continué	aient continué

Pluperfect Subjunctive
eusse continué	eussions continué
eusses continué	eussiez continué
eût continué	eussent continué

Imperative/Command
continue	continuons	continuez

Verb in Action

Il continue de fumer malgré son asthme. *(He continues to smoke despite his asthma.)*
La phrase continuait sur la page suivante. *(The sentence continued onto the next page.)*
Nous continuerons l'histoire demain. *(We'll continue the story tomorrow.)*

contribuer

(to contribute)

Present Participle: contribuant • **Past Participle:** contribué
Regular **-er** verb

Present
contribue	contribuons
contribues	contribuez
contribue	contribuent

Imperfect
contribuais	contribuions
contribuais	contribuiez
contribuait	contribuaient

Passé Simple
contribuai	contribuâmes
contribuas	contribuâtes
contribua	contribuèrent

Future
contribuerai	contribuerons
contribueras	contribuerez
contribuera	contribueront

Conditional
contribuerais	contribuerions
contribuerais	contribueriez
contribuerait	contribueraient

Present Subjunctive
contribue	contribuions
contribues	contribuiez
contribue	contribuent

Imperfect Subjunctive
contribuasse	contribuassions
contribuasses	contribuassiez
contribuât	contribuassent

Passé Composé
ai contribué	avons contribué
as contribué	avez contribué
a contribué	ont contribué

Pluperfect
avais contribué	avions contribué
avais contribué	aviez contribué
avait contribué	avaient contribué

Past Anterior
eus contribué	eûmes contribué
eus contribué	eûtes contribué
eut contribué	eurent contribué

Future Perfect
aurai contribué	aurons contribué
auras contribué	aurez contribué
aura contribué	auront contribué

Conditional Perfect
aurais contribué	aurions contribué
aurais contribué	auriez contribué
aurait contribué	auraient contribué

Past Subjunctive
aie contribué	ayons contribué
aies contribué	ayez contribué
ait contribué	aient contribué

Pluperfect Subjunctive
eusse contribué	eussions contribué
eusses contribué	eussiez contribué
eût contribué	eussent contribué

Imperative/Command
contribue	contribuons	contribuez

Verb in Action

Est-ce que tu veux contribuer au cadeau pour Marie? *(Do you want to contribute to Marie's present?)*

Elle ne contribuait jamais aux discussions. *(She never contributed to discussions.)*

Ce sont des facteurs contribuant à la croissance. *(These are factors that contribute to growth.)*

convaincre

(to convince, to persuade)

Present Participle: convainquant • **Past Participle:** convaincu
Irregular verb

Present
convaincs	convainquons
convaincs	convainquez
convainc	convainquent

Imperfect
convainquais	convainquions
convainquais	convainquiez
convainquait	convainquaient

Passé Simple
convainquis	convainquîmes
convainquis	convainquîtes
convainquit	convainquirent

Future
convaincrai	convaincrons
convaincras	convaincrez
convaincra	convaincront

Conditional
convaincrais	convaincrions
convaincrais	convaincriez
convaincrait	convaincraient

Present Subjunctive
convainque	convainquions
convainques	convainquiez
convainque	convainquent

Imperfect Subjunctive
convainquisse	convainquissions
convainquisses	convainquissiez
convainquît	convainquissent

Passé Composé
ai convaincu	avons convaincu
as convaincu	avez convaincu
a convaincu	ont convaincu

Pluperfect
avais convaincu	avions convaincu
avais convaincu	aviez convaincu
avait convaincu	avaient convaincu

Past Anterior
eus convaincu	eûmes convaincu
eus convaincu	eûtes convaincu
eut convaincu	eurent convaincu

Future Perfect
aurai convaincu	aurons convaincu
auras convaincu	aurez convaincu
aura convaincu	auront convaincu

Conditional Perfect
aurais convaincu	aurions convaincu
aurais convaincu	auriez convaincu
aurait convaincu	auraient convaincu

Past Subjunctive
aie convaincu	ayons convaincu
aies convaincu	ayez convaincu
ait convaincu	aient convaincu

Pluperfect Subjunctive
eusse convaincu	eussions convaincu
eusses convaincu	eussiez convaincu
eût convaincu	eussent convaincu

Imperative/Command
convaincs	convainquons	convainquez

Verb in Action

Il a essayé de me convaincre de rester. *(He tried to convince me to stay.)*
Tu n'as pas l'air convaincu. *(You don't look convinced.)*
Tes objections ne me convainquent pas vraiment. *(I'm not really convinced by your objections.)*

convenir
(to agree, to suit)

Present Participle: convenant • Past Participle: convenu
Irregular -ir verb

Present

conviens	convenons
conviens	convenez
convient	conviennent

Imperfect

convenais	convenions
convenais	conveniez
convenait	convenaient

Passé Simple

convins	convînmes
convins	convîntes
convint	convinrent

Future

conviendrai	conviendrons
conviendras	conviendrez
conviendra	conviendront

Conditional

conviendrais	conviendrions
conviendrais	conviendriez
conviendrait	conviendraient

Present Subjunctive

convienne	convenions
conviennes	conveniez
convienne	conviennent

Imperfect Subjunctive

convinsse	convinssions
convinsses	convinssiez
convînt	convinssent

Passé Composé

ai convenu	avons convenu
as convenu	avez convenu
a convenu	ont convenu

Pluperfect

avais convenu	avions convenu
avais convenu	aviez convenu
avait convenu	avaient convenu

Past Anterior

eus convenu	eûmes convenu
eus convenu	eûtes convenu
eut convenu	eurent convenu

Future Perfect

aurai convenu	aurons convenu
auras convenu	aurez convenu
aura convenu	auront convenu

Conditional Perfect

aurais convenu	aurions convenu
aurais convenu	auriez convenu
aurait convenu	auraient convenu

Past Subjunctive

aie convenu	ayons convenu
aies convenu	ayez convenu
ait convenu	aient convenu

Pluperfect Subjunctive

eusse convenu	eussions convenu
eusses convenu	eussiez convenu
eût convenu	eussent convenu

Imperative/Command

conviens	convenons	convenez

Verb in Action

Est-ce que cette date te convient? *(Does this date suit you?)*
J'espère que cela vous conviendra. *(I hope this will suit you.)*
Quel type de logement vous conviendrait le mieux? *(What kind of accommodation would suit you best?)*

coopérer
(to cooperate)

Present Participle: coopérant • Past Participle: coopéré
é[consonant]-er verb; é becomes è before consonant + e, es, ent

Present
coopère	coopérons
coopères	coopérez
coopère	coopèrent

Imperfect
coopérais	coopérions
coopérais	coopériez
coopérait	coopéraient

Passé Simple
coopérai	coopérâmes
coopéras	coopérâtes
coopéra	coopérèrent

Future
coopérerai	coopérerons
coopéreras	coopérerez
coopérera	coopéreront

Conditional
coopérerais	coopérerions
coopérerais	coopéreriez
coopérerait	coopéreraient

Present Subjunctive
coopère	coopérions
coopères	coopériez
coopère	coopèrent

Imperfect Subjunctive
coopérasse	coopérassions
coopérasses	coopérassiez
coopérât	coopérassent

Passé Composé
ai coopéré	avons coopéré
as coopéré	avez coopéré
a coopéré	ont coopéré

Pluperfect
avais coopéré	avions coopéré
avais coopéré	aviez coopéré
avait coopéré	avaient coopéré

Past Anterior
eus coopéré	eûmes coopéré
eus coopéré	eûtes coopéré
eut coopéré	eurent coopéré

Future Perfect
aurai coopéré	aurons coopéré
auras coopéré	aurez coopéré
aura coopéré	auront coopéré

Conditional Perfect
aurais coopéré	aurions coopéré
aurais coopéré	auriez coopéré
aurait coopéré	auraient coopéré

Past Subjunctive
aie coopéré	ayons coopéré
aies coopéré	ayez coopéré
ait coopéré	aient coopéré

Pluperfect Subjunctive
eusse coopéré	eussions coopéré
eusses coopéré	eussiez coopéré
eût coopéré	eussent coopéré

Imperative/Command
coopère	coopérons	coopérez

Verb in Action

Les deux sociétés coopérèrent pendant dix ans. *(The two companies worked together for ten years.)*
Si vous coopérez, tout se passera bien. *(If you cooperate, everything will be okay.)*
Le gouvernement coopérera avec l'opposition sur ce sujet. *(The government will cooperate with the opposition on this matter.)*

copier
(to copy)

Present Participle: copiant • **Past Participle:** copié
Regular **-er** verb

Present
copie	copions
copies	copiez
copie	copient

Imperfect
copiais	copiions
copiais	copiiez
copiait	copiaient

Passé Simple
copiai	copiâmes
copias	copiâtes
copia	copièrent

Future
copierai	copierons
copieras	copierez
copiera	copieront

Conditional
copierais	copierions
copierais	copieriez
copierait	copieraient

Present Subjunctive
copie	copiions
copies	copiiez
copie	copient

Imperfect Subjunctive
copiasse	copiassions
copiasses	copiassiez
copiât	copiassent

Passé Composé
ai copié	avons copié
as copié	avez copié
a copié	ont copié

Pluperfect
avais copié	avions copié
avais copié	aviez copié
avait copié	avaient copié

Past Anterior
eus copié	eûmes copié
eus copié	eûtes copié
eut copié	eurent copié

Future Perfect
aurai copié	aurons copié
auras copié	aurez copié
aura copié	auront copié

Conditional Perfect
aurais copié	aurions copié
aurais copié	auriez copié
aurait copié	auraient copié

Past Subjunctive
aie copié	ayons copié
aies copié	ayez copié
ait copié	aient copié

Pluperfect Subjunctive
eusse copié	eussions copié
eusses copié	eussiez copié
eût copié	eussent copié

Imperative/Command
copie	copions	copiez

Verb in Action
Ne copiez pas sur votre voisin. *(Don't copy from your neighbor.)*
J'ai copié les photos sur ma clé USB. *(I copied the photos onto my USB key.)*
Il suffit juste de copier-coller. *(You can just copy and paste.)*

correspondre
(to correspond)

Present Participle: correspondant • **Past Participle:** correspondu
Regular **-re** verb

Present
corresponds	correspondons
corresponds	correspondez
correspond	correspondent

Imperfect
correspondais	correspondions
correspondais	correspondiez
correspondait	correspondaient

Passé Simple
correspondis	correspondîmes
correspondis	correspondîtes
correspondit	correspondirent

Future
correspondrai	correspondrons
correspondras	correspondrez
correspondra	correspondront

Conditional
correspondrais	correspondrions
correspondrais	correspondriez
correspondrait	correspondraient

Present Subjunctive
corresponde	correspondions
correspondes	correspondiez
corresponde	correspondent

Imperfect Subjunctive
correspondisse	correspondissions
correspondisses	correspondissiez
correspondît	correspondissent

Passé Composé
ai correspondu	avons correspondu
as correspondu	avez correspondu
a correspondu	ont correspondu

Pluperfect
avais correspondu	avions correspondu
avais correspondu	aviez correspondu
avait correspondu	avaient correspondu

Past Anterior
eus correspondu	eûmes correspondu
eus correspondu	eûtes correspondu
eut correspondu	eurent correspondu

Future Perfect
aurai correspondu	aurons correspondu
auras correspondu	aurez correspondu
aura correspondu	auront correspondu

Conditional Perfect
aurais correspondu	aurions correspondu
aurais correspondu	auriez correspondu
aurait correspondu	auraient correspondu

Past Subjunctive
aie correspondu	ayons correspondu
aies correspondu	ayez correspondu
ait correspondu	aient correspondu

Pluperfect Subjunctive
eusse correspondu	eussions correspondu
eusses correspondu	eussiez correspondu
eût correspondu	eussent correspondu

Imperative/Command
corresponds	correspondons	correspondez

Verb in Action
Faites correspondre les phrases. *(Match the sentences together.)*
Sa déposition ne correspond pas du tout à la vôtre. *(His/her statement does not in any way match yours.)*
Les trous doivent correspondre avec les vis. *(The holes must match up with the screws.)*

corriger
(to correct, to grade)

Present Participle: corrigeant • **Past Participle:** corrigé
-ger verb; **g** becomes **ge** before an **a** or an **o**

Present
corrige	corrigeons
corriges	corrigez
corrige	corrigent

Imperfect
corrigeais	corrigions
corrigeais	corrigiez
corrigeait	corrigeaient

Passé Simple
corrigeai	corrigeâmes
corrigeas	corrigeâtes
corrigea	corrigèrent

Future
corrigerai	corrigerons
corrigeras	corrigerez
corrigera	corrigeront

Conditional
corrigerais	corrigerions
corrigerais	corrigeriez
corrigerait	corrigeraient

Present Subjunctive
corrige	corrigions
corriges	corrigiez
corrige	corrigent

Imperfect Subjunctive
corrigeasse	corrigeassions
corrigeasses	corrigeassiez
corrigeât	corrigeassent

Passé Composé
ai corrigé	avons corrigé
as corrigé	avez corrigé
a corrigé	ont corrigé

Pluperfect
avais corrigé	avions corrigé
avais corrigé	aviez corrigé
avait corrigé	avaient corrigé

Past Anterior
eus corrigé	eûmes corrigé
eus corrigé	eûtes corrigé
eut corrigé	eurent corrigé

Future Perfect
aurai corrigé	aurons corrigé
auras corrigé	aurez corrigé
aura corrigé	auront corrigé

Conditional Perfect
aurais corrigé	aurions corrigé
aurais corrigé	auriez corrigé
aurait corrigé	auraient corrigé

Past Subjunctive
aie corrigé	ayons corrigé
aies corrigé	ayez corrigé
ait corrigé	aient corrigé

Pluperfect Subjunctive
eusse corrigé	eussions corrigé
eusses corrigé	eussiez corrigé
eût corrigé	eussent corrigé

Imperative/Command
corrige	corrigeons	corrigez

Verb in Action
Le prof n'a pas encore corrigé nos copies. *(The teacher hasn't corrected/graded our papers yet.)*
Il faut au moins que tu corriges les plus grosses erreurs. *(You must at least correct the most serious mistakes.)*
Corrige-moi si je fais des fautes en français. *(Correct me if I make mistakes in French.)*

coucher
(to put to bed, to sleep with someone)

Present Participle: couchant • **Past Participle:** couché
Regular **-er** verb

Present		*Passé Composé*	
couche	couchons	ai couché	avons couché
couches	couchez	as couché	avez couché
couche	couchent	a couché	ont couché

Imperfect		*Pluperfect*	
couchais	couchions	avais couché	avions couché
couchais	couchiez	avais couché	aviez couché
couchait	couchaient	avait couché	avaient couché

Passé Simple		*Past Anterior*	
couchai	couchâmes	eus couché	eûmes couché
couchas	couchâtes	eus couché	eûtes couché
coucha	couchèrent	eut couché	eurent couché

Future		*Future Perfect*	
coucherai	coucherons	aurai couché	aurons couché
coucheras	coucherez	auras couché	aurez couché
couchera	coucheront	aura couché	auront couché

Conditional		*Conditional Perfect*	
coucherais	coucherions	aurais couché	aurions couché
coucherais	coucheriez	aurais couché	auriez couché
coucherait	coucheraient	aurait couché	auraient couché

Present Subjunctive		*Past Subjunctive*	
couche	couchions	aie couché	ayons couché
couches	couchiez	aies couché	ayez couché
couche	couchent	ait couché	aient couché

Imperfect Subjunctive		*Pluperfect Subjunctive*	
couchasse	couchassions	eusse couché	eussions couché
couchasses	couchassiez	eusses couché	eussiez couché
couchât	couchassent	eût couché	eussent couché

Imperative/Command

couche	couchons	couchez

Verb in Action

On peut coucher jusqu'à dix personnes. *(We can sleep up to ten people.)*
Ensuite on a couché à Chamonix. *(Then we spent the night in Chamonix.)*
Roméo et Juliette n'ont jamais couché ensemble. *(Romeo and Juliet never slept together.)*

se coucher

(to go to bed, to lie down)

Present Participle: se couchant • **Past Participle:** couché
Regular pronominal -**er** verb

Present

me couche	nous couchons
te couches	vous couchez
se couche	se couchent

Imperfect

me couchais	nous couchions
te couchais	vous couchiez
se couchait	se couchaient

Passé Simple

me couchai	nous couchâmes
te couchas	vous couchâtes
se coucha	se couchèrent

Future

me coucherai	nous coucherons
te coucheras	vous coucherez
se couchera	se coucheront

Conditional

me coucherais	nous coucherions
te coucherais	vous coucheriez
se coucherait	se coucheraient

Present Subjunctive

me couche	nous couchions
te couches	vous couchiez
se couche	se couchent

Imperfect Subjunctive

me couchasse	nous couchassions
te couchasses	vous couchassiez
se couchât	se couchassent

Present perfect

me suis couché(e)	nous sommes couché(e)s
t'es couché(e)	vous êtes couché(e)(s)
s'est couché/couchée	se sont couchés/couchées

Pluperfect

m'étais couché(e)	nous étions couché(e)s
t'étais couché(e)	vous étiez couché(e)(s)
s'était couché/couchée	s'étaient couchés/couchées

Past Anterior

me fus couché(e)	nous fûmes couché(e)s
te fus couché(e)	vous fûtes couché(e)(s)
se fut couché/couchée	se furent couchés/couchées

Future Perfect

me serai couché(e)	nous serons couché(e)s
te seras couché(e)	vous serez couché(e)(s)
se sera couché/couchée	se seront couchés/couchées

Conditional Perfect

me serais couché(e)	nous serions couché(e)s
te serais couché(e)	vous seriez couché(e)(s)
se serait couché/couchée	se seraient couchés/couchées

Past Subjunctive

me sois couché(e)	nous soyons couché(e)s
te sois couché(e)	vous soyez couché(e)(s)
se soit couché/couchée	se soient couchés/couchées

Pluperfect Subjunctive

me fusse couché(e)	nous fussions couché(e)s
te fusses couché(e)	vous fussiez couché(e)(s)
se fût couché/couchée	se fussent couchés/couchées

Imperative/Command

couche-toi;	couchons-nous;	couchez-vous;
ne te couche pas	ne nous couchons pas	ne vous couchez pas

Verb in Action

Je ne me couche jamais avant 11 heures. *(I never go to bed before 11.)*
Couche-toi, si tu es fatiguée. *(Go to bed if you're tired.)*
On s'est couchés un peu tard hier soir. *(We went to bed a little late last night.)*

coudre
(to sew)

Present		Passé Composé	
couds	cousons	ai cousu	avons cousu
couds	cousez	as cousu	avez cousu
coud	cousent	a cousu	ont cousu

Imperfect		Pluperfect	
cousais	cousions	avais cousu	avions cousu
cousais	cousiez	avais cousu	aviez cousu
cousait	cousaient	avait cousu	avaient cousu

Passé Simple		Past Anterior	
cousis	cousîmes	eus cousu	eûmes cousu
cousis	cousîtes	eus cousu	eûtes cousu
cousit	cousirent	eut cousu	eurent cousu

Future		Future Perfect	
coudrai	coudrons	aurai cousu	aurons cousu
coudras	coudrez	auras cousu	aurez cousu
coudra	coudront	aura cousu	auront cousu

Conditional		Conditional Perfect	
coudrais	coudrions	aurais cousu	aurions cousu
coudrais	coudriez	aurais cousu	auriez cousu
coudrait	coudraient	aurait cousu	auraient cousu

Present Subjunctive		Past Subjunctive	
couse	cousions	aie cousu	ayons cousu
couses	cousiez	aies cousu	ayez cousu
couse	cousent	ait cousu	aient cousu

Imperfect Subjunctive		Pluperfect Subjunctive	
cousisse	cousissions	eusse cousu	eussions cousu
cousisses	cousissiez	eusses cousu	eussiez cousu
cousît	cousissent	eût cousu	eussent cousu

Imperative/Command

couds	cousons	cousez

Verb in Action

Est-ce que tu sais coudre? *(Do you know how to sew?)*

Elle cousait tous les soirs après dîner. *(She would sew every night after dinner.)*

Comme je n'avais pas bien cousu le bouton, je l'ai perdu. *(Since I hadn't sewn the button on well, I lost it.)*

couler

(to flow, to sink, to leak)

Present Participle: coulant • **Past Participle:** coulé
Regular -er verb

Present
coule	coulons
coules	coulez
coule	coulent

Passé Composé
ai coulé	avons coulé
as coulé	avez coulé
a coulé	ont coulé

Imperfect
coulais	coulions
coulais	couliez
coulait	coulaient

Pluperfect
avais coulé	avions coulé
avais coulé	aviez coulé
avait coulé	avaient coulé

Passé Simple
coulai	coulâmes
coulas	coulâtes
coula	coulèrent

Past Anterior
eus coulé	eûmes coulé
eus coulé	eûtes coulé
eut coulé	eurent coulé

Future
coulerai	coulerons
couleras	coulerez
coulera	couleront

Future Perfect
aurai coulé	aurons coulé
auras coulé	aurez coulé
aura coulé	auront coulé

Conditional
coulerais	coulerions
coulerais	couleriez
coulerait	couleraient

Conditional Perfect
aurais coulé	aurions coulé
aurais coulé	auriez coulé
aurait coulé	auraient coulé

Present Subjunctive
coule	coulions
coules	couliez
coule	coulent

Past Subjunctive
aie coulé	ayons coulé
aies coulé	ayez coulé
ait coulé	aient coulé

Imperfect Subjunctive
coulasse	coulassions
coulasses	coulassiez
coulât	coulassent

Pluperfect Subjunctive
eusse coulé	eussions coulé
eusses coulé	eussiez coulé
eût coulé	eussent coulé

Imperative/Command
coule	coulons	coulez

Verb in Action

Ne laissez pas couler le robinet. *(Don't leave the tap running.)*
J'ai le nez qui coule. *(My nose is running.)*
Mon stylo coule. *(My pen's leaking.)*

couper/se couper*
(to cut)/(to cut oneself (or one's body part(s)))

Present Participle: coupant • **Past Participle:** coupé
Regular **-er** verb

Present		Passé Composé	
coupe	coupons	ai coupé	avons coupé
coupes	coupez	as coupé	avez coupé
coupe	coupent	a coupé	ont coupé

Imperfect		Pluperfect	
coupais	coupions	avais coupé	avions coupé
coupais	coupiez	avais coupé	aviez coupé
coupait	coupaient	avait coupé	avaient coupé

Passé Simple		Past Anterior	
coupai	coupâmes	eus coupé	eûmes coupé
coupas	coupâtes	eus coupé	eûtes coupé
coupa	coupèrent	eut coupé	eurent coupé

Future		Future Perfect	
couperai	couperons	aurai coupé	aurons coupé
couperas	couperez	auras coupé	aurez coupé
coupera	couperont	aura coupé	auront coupé

Conditional		Conditional Perfect	
couperais	couperions	aurais coupé	aurions coupé
couperais	couperiez	aurais coupé	auriez coupé
couperait	couperaient	aurait coupé	auraient coupé

Present Subjunctive		Past Subjunctive	
coupe	coupions	aie coupé	ayons coupé
coupes	coupiez	aies coupé	ayez coupé
coupe	coupent	ait coupé	aient coupé

Imperfect Subjunctive		Pluperfect Subjunctive	
coupasse	coupassions	eusse coupé	eussions coupé
coupasses	coupassiez	eusses coupé	eussiez coupé
coupât	coupassent	eût coupé	eussent coupé

Imperative/Command

coupe	coupons	coupez

Verb in Action

Ce couteau ne coupe pas. *(This knife doesn't cut.)*
On peut couper par la forêt. *(We can cut through the woods.)*
Je me suis coupé le doigt avec une boîte de conserve. *(I cut my finger on a can.)*

* **Note:** This verb is conjugated similarly to **se bagarrer**. Refer to Chapter 2 for examples on using the pronominal verbs with body parts in the compound tenses.

courir

(to run)

Present Participle: courant • **Past Participle:** couru
Irregular **-ir** verb

Present
cours	courons
cours	courez
court	courent

Imperfect
courais	courions
courais	couriez
courait	couraient

Passé Simple
courus	courûmes
courus	courûtes
courut	coururent

Future
courrai	courrons
courras	courrez
courra	courront

Conditional
courrais	courrions
courrais	courriez
courrait	courraient

Present Subjunctive
coure	courions
coures	couriez
coure	courent

Imperfect Subjunctive
courusse	courussions
courusses	courussiez
courût	courussent

Passé Composé
ai couru	avons couru
as couru	avez couru
a couru	ont couru

Pluperfect
avais couru	avions couru
avais couru	aviez couru
avait couru	avaient couru

Past Anterior
eus couru	eûmes couru
eus couru	eûtes couru
eut couru	eurent couru

Future Perfect
aurai couru	aurons couru
auras couru	aurez couru
aura couru	auront couru

Conditional Perfect
aurais couru	aurions couru
aurais couru	auriez couru
aurait couru	auraient couru

Past Subjunctive
aie couru	ayons couru
aies couru	ayez couru
ait couru	aient couru

Pluperfect Subjunctive
eusse couru	eussions couru
eusses couru	eussiez couru
eût couru	eussent couru

Imperative/Command
cours	courons	courez

Verb in Action

J'ai couru jusqu'à l'école. *(I ran all the way to school.)*
Ne courez pas dans le couloir. *(Don't run in the hallway.)*
Elle est sortie en courant. *(She ran out.)*

coûter
(to cost)

Present Participle: coûtant • **Past Participle:** coûté
Regular **-er** verb

Present	
coûte	coûtons
coûtes	coûtez
coûte	coûtent

Imperfect	
coûtais	coûtions
coûtais	coûtiez
coûtait	coûtaient

Passé Simple	
coûtai	coûtâmes
coûtas	coûtâtes
coûta	coûtèrent

Future	
coûterai	coûterons
coûteras	coûterez
coûtera	coûteront

Conditional	
coûterais	coûterions
coûterais	coûteriez
coûterait	coûteraient

Present Subjunctive	
coûte	coûtions
coûtes	coûtiez
coûte	coûtent

Imperfect Subjunctive	
coûtasse	coûtassions
coûtasses	coûtassiez
coûtât	coûtassent

Passé Composé	
ai coûté	avons coûté
as coûté	avez coûté
a coûté	ont coûté

Pluperfect	
avais coûté	avions coûté
avais coûté	aviez coûté
avait coûté	avaient coûté

Past Anterior	
eus coûté	eûmes coûté
eus coûté	eûtes coûté
eut coûté	eurent coûté

Future Perfect	
aurai coûté	aurons coûté
auras coûté	aurez coûté
aura coûté	auront coûté

Conditional Perfect	
aurais coûté	aurions coûté
aurais coûté	auriez coûté
aurait coûté	auraient coûté

Past Subjunctive	
aie coûté	ayons coûté
aies coûté	ayez coûté
ait coûté	aient coûté

Pluperfect Subjunctive	
eusse coûté	eussions coûté
eusses coûté	eussiez coûté
eût coûté	eussent coûté

Imperative/Command		
coûte	coûtons	coûtez

Verb in Action

Combien est-ce que ça coûte? *(How much is it?)*
Ça coûte au moins 200 euros. *(It costs at least 200 euros.)*
Ça lui a coûté la vie. *(That cost him his life.)*

couvrir
(to cover)

Present Participle: couvrant • **Past Participle:** couvert
Irregular -**ir** verb

Present
couvre	couvrons
couvres	couvrez
couvre	couvrent

Imperfect
couvrais	couvrions
couvrais	couvriez
couvrait	couvraient

Passé Simple
couvris	couvrîmes
couvris	couvrîtes
couvrit	couvrirent

Future
couvrirai	couvrirons
couvriras	couvrirez
couvrira	couvriront

Conditional
couvrirais	couvririons
couvrirais	couvririez
couvrirait	couvriraient

Present Subjunctive
couvre	couvrions
couvres	couvriez
couvre	couvrent

Imperfect Subjunctive
couvrisse	couvrissions
couvrisses	couvrissiez
couvrît	couvrissent

Passé Composé
ai couvert	avons couvert
as couvert	avez couvert
a couvert	ont couvert

Pluperfect
avais couvert	avions couvert
avais couvert	aviez couvert
avait couvert	avaient couvert

Past Anterior
eus couvert	eûmes couvert
eus couvert	eûtes couvert
eut couvert	eurent couvert

Future Perfect
aurai couvert	aurons couvert
auras couvert	aurez couvert
aura couvert	auront couvert

Conditional Perfect
aurais couvert	aurions couvert
aurais couvert	auriez couvert
aurait couvert	auraient couvert

Past Subjunctive
aie couvert	ayons couvert
aies couvert	ayez couvert
ait couvert	aient couvert

Pluperfect Subjunctive
eusse couvert	eussions couvert
eusses couvert	eussiez couvert
eût couvert	eussent couvert

Imperative/Command
couvre	couvrons	couvrez

Verb in Action
Le chien est revenu couvert de boue. *(The dog came back covered with mud.)*
On couvrira les meubles avant de commencer. *(We'll cover the furniture before we start.)*
Couvre-toi bien: il fait très froid dehors. *(Cover yourself well: it's very cold outside.)*

craindre
(to fear)

Present		Passé Composé	
crains	craignons	ai craint	avons craint
crains	craignez	as craint	avez craint
craint	craignent	a craint	ont craint

Imperfect		Pluperfect	
craignais	craignions	avais craint	avions craint
craignais	craigniez	avais craint	aviez craint
craignait	craignaient	avait craint	avaient craint

Passé Simple		Past Anterior	
craignis	craignîmes	eus craint	eûmes craint
craignis	craignîtes	eus craint	eûtes craint
craignit	craignirent	eut craint	eurent craint

Future		Future Perfect	
craindrai	craindrons	aurai craint	aurons craint
craindras	craindrez	auras craint	aurez craint
craindra	craindront	aura craint	auront craint

Conditional		Conditional Perfect	
craindrais	craindrions	aurais craint	aurions craint
craindrais	craindriez	aurais craint	auriez craint
craindrait	craindraient	aurait craint	auraient craint

Present Subjunctive		Past Subjunctive	
craigne	craignions	aie craint	ayons craint
craignes	craigniez	aies craint	ayez craint
craigne	craignent	ait craint	aient craint

Imperfect Subjunctive		Pluperfect Subjunctive	
craignisse	craignissions	eusse craint	eussions craint
craignisses	craignissiez	eusses craint	eussiez craint
craignît	craignissent	eût craint	eussent craint

Imperative/Command
crains   craignons   craignez

Verb in Action
Tu n'as rien à craindre. *(You have nothing to fear.)*
Je crains le pire. *(I fear the worst.)*
Ne craignez rien, ce chien n'est pas méchant. *(Don't be scared, this dog is harmless.)*

créer
(to create)

Present Participle: créant • **Past Participle:** créé
Regular **-er** verb

Present		Passé Composé	
crée	créons	ai créé	avons créé
crées	créez	as créé	avez créé
crée	créent	a créé	ont créé

Imperfect		Pluperfect	
créais	créions	avais créé	avions créé
créais	créiez	avais créé	aviez créé
créait	créaient	avait créé	avaient créé

Passé Simple		Past Anterior	
créai	créâmes	eus créé	eûmes créé
créas	créâtes	eus créé	eûtes créé
créa	créèrent	eut créé	eurent créé

Future		Future Perfect	
créerai	créerons	aurai créé	aurons créé
créeras	créerez	auras créé	aurez créé
créera	créeront	aura créé	auront créé

Conditional		Conditional Perfect	
créerais	créerions	aurais créé	aurions créé
créerais	créeriez	aurais créé	auriez créé
créerait	créeraient	aurait créé	auraient créé

Present Subjunctive		Past Subjunctive	
crée	créions	aie créé	ayons créé
crées	créiez	aies créé	ayez créé
crée	créent	ait créé	aient créé

Imperfect Subjunctive		Pluperfect Subjunctive	
créasse	créassions	eusse créé	eussions créé
créasses	créassiez	eusses créé	eussiez créé
créât	créassent	eût créé	eussent créé

Imperative/Command

crée	créons	créez

Verb in Action

Ce virus crée des difficultés dans le monde entier. *(This virus is causing problems all over the world.)*

Il a créé une nouvelle recette. *(He created a new recipe.)*

Elle créait souvent des disputes entre nous. *(She would often cause arguments between us.)*

crier
(to shout)

Present Participle: criant • **Past Participle:** crié
Regular **-er** verb

Present		Passé Composé	
crie	crions	ai crié	avons crié
cries	criez	as crié	avez crié
crie	crient	a crié	ont crié

Imperfect		Pluperfect	
criais	criions	avais crié	avions crié
criais	criiez	avais crié	aviez crié
criait	criaient	avait crié	avaient crié

Passé Simple		Past Anterior	
criai	criâmes	eus crié	eûmes crié
crias	criâtes	eus crié	eûtes crié
cria	crièrent	eut crié	eurent crié

Future		Future Perfect	
crierai	crierons	aurai crié	aurons crié
crieras	crierez	auras crié	aurez crié
criera	crieront	aura crié	auront crié

Conditional		Conditional Perfect	
crierais	crierions	aurais crié	aurions crié
crierais	crieriez	aurais crié	auriez crié
crierait	crieraient	aurait crié	auraient crié

Present Subjunctive		Past Subjunctive	
crie	criions	aie crié	ayons crié
cries	criiez	aies crié	ayez crié
crie	crient	ait crié	aient crié

Imperfect Subjunctive		Pluperfect Subjunctive	
criasse	criassions	eusse crié	eussions crié
criasses	criassiez	eusses crié	eussiez crié
criât	criassent	eût crié	eussent crié

Imperative/Command

crie	crions	criez

Verb in Action

La maîtresse crie tout le temps après nous. *(The teacher's always shouting at us.)*
Je ne veux pas que tu cries devant mes copines. *(I don't want you to shout in front of my friends.)*
"Attention!", cria-t-il. *("Watch out!" he shouted.)*

croire
(to believe)

Present Participle: croyant • **Past Participle:** cru
Irregular verb

Present
crois	croyons
crois	croyez
croit	croient

Passé Composé
ai cru	avons cru
as cru	avez cru
a cru	ont cru

Imperfect
croyais	croyions
croyais	croyiez
croyait	croyaient

Pluperfect
avais cru	avions cru
avais cru	aviez cru
avait cru	avaient cru

Passé Simple
crus	crûmes
crus	crûtes
crut	crurent

Past Anterior
eus cru	eûmes cru
eus cru	eûtes cru
eut cru	eurent cru

Future
croirai	croirons
croiras	croirez
croira	croiront

Future Perfect
aurai cru	aurons cru
auras cru	aurez cru
aura cru	auront cru

Conditional
croirais	croirions
croirais	croiriez
croirait	croiraient

Conditional Perfect
aurais cru	aurions cru
aurais cru	auriez cru
aurait cru	auraient cru

Present Subjunctive
croie	croyions
croies	croyiez
croie	croient

Past Subjunctive
aie cru	ayons cru
aies cru	ayez cru
ait cru	aient cru

Imperfect Subjunctive
crusse	crussions
crusses	crussiez
crût	crussent

Pluperfect Subjunctive
eusse cru	eussions cru
eusses cru	eussiez cru
eût cru	eussent cru

Imperative/Command
crois	croyons	croyez

Verb in Action

Je ne te crois pas. *(I don't believe you.)*
Elle croyait encore au père Noël. *(She still believed in Santa Claus.)*
Elle ne me croira pas si je lui dis que j'ai gagné. *(She won't believe me if I tell her that I won.)*

croiser
(to bump into, to cross)

Present Participle: croisant • **Past Participle:** croisé
Regular **-er** verb

Present
croise	croisons
croises	croisez
croise	croisent

Imperfect
croisais	croisions
croisais	croisiez
croisait	croisaient

Passé Simple
croisai	croisâmes
croisas	croisâtes
croisa	croisèrent

Future
croiserai	croiserons
croiseras	croiserez
croisera	croiseront

Conditional
croiserais	croiserions
croiserais	croiseriez
croiserait	croiseraient

Present Subjunctive
croise	croisions
croises	croisiez
croise	croisent

Imperfect Subjunctive
croisasse	croisassions
croisasses	croisassiez
croisât	croisassent

Passé Composé
ai croisé	avons croisé
as croisé	avez croisé
a croisé	ont croisé

Pluperfect
avais croisé	avions croisé
avais croisé	aviez croisé
avait croisé	avaient croisé

Past Anterior
eus croisé	eûmes croisé
eus croisé	eûtes croisé
eut croisé	eurent croisé

Future Perfect
aurai croisé	aurons croisé
auras croisé	aurez croisé
aura croisé	auront croisé

Conditional Perfect
aurais croisé	aurions croisé
aurais croisé	auriez croisé
aurait croisé	auraient croisé

Past Subjunctive
aie croisé	ayons croisé
aies croisé	ayez croisé
ait croisé	aient croisé

Pluperfect Subjunctive
eusse croisé	eussions croisé
eusses croisé	eussiez croisé
eût croisé	eussent croisé

Imperative/Command
croise	croisons	croisez

Verb in Action
J'ai croisé Anne-Laure dans la rue. *(I bumped into Anne-Laure in the street.)*
Elle croisa les jambes et reprit son magazine. *(She crossed her legs and picked up her magazine again.)*
Les deux routes se croisent à 3 kilomètres d'ici. *(The two roads cross 3 kilometers from here.)*

croître

(to grow, to increase)

Present Participle: croissant • **Past Participle:** crû
Irregular verb

Present		Passé Composé	
crois	croissons	ai crû	avons crû
crois	croissez	as crû	avez crû
croît	croissent	a crû	ont crû

Imperfect		Pluperfect	
croissais	croissions	avais crû	avions crû
croissais	croissiez	avais crû	aviez crû
croissait	croissaient	avait crû	avaient crû

Passé Simple		Past Anterior	
crûs	crûmes	eus crû	eûmes crû
crûs	crûtes	eus crû	eûtes crû
crût	crûrent	eut crû	eurent crû

Future		Future Perfect	
croîtrai	croîtrons	aurai crû	aurons crû
croîtras	croîtrez	auras crû	aurez crû
croîtra	croîtront	aura crû	auront crû

Conditional		Conditional Perfect	
croîtrais	croîtrions	aurais crû	aurions crû
croîtrais	croîtriez	aurais crû	auriez crû
croîtrait	croîtraient	aurait crû	auraient crû

Present Subjunctive		Past Subjunctive	
croisse	croissions	aie crû	ayons crû
croisses	croissiez	aies crû	ayez crû
croisse	croissent	ait crû	aient crû

Imperfect Subjunctive		Pluperfect Subjunctive	
crûsse	crûssions	eusse crû	eussions crû
crûsses	crûssiez	eusses crû	eussiez crû
crût	crûssent	eût crû	eussent crû

Imperative/Command

crois	croissons	croissez

Verb in Action

Les ventes croissent de 6% par an. *(Sales are up by 6% per year.)*
C'est une plante qui croît dans les pays chauds. *(This plant grows in hot countries.)*
Les problèmes crûrent de jour en jour. *(The problems escalated day after day.)*

cueillir

(to pick, to gather)

Present Participle: cueillant • **Past Participle:** cueilli
Irregular -**ir** verb

Present		*Passé Composé*	
cueille	cueillons	ai cueilli	avons cueilli
cueilles	cueillez	as cueilli	avez cueilli
cueille	cueillent	a cueilli	ont cueilli

Imperfect		*Pluperfect*	
cueillais	cueillions	avais cueilli	avions cueilli
cueillais	cueilliez	avais cueilli	aviez cueilli
cueillait	cueillaient	avait cueilli	avaient cueilli

Passé Simple		*Past Anterior*	
cueillis	cueillîmes	eus cueilli	eûmes cueilli
cueillis	cueillîtes	eus cueilli	eûtes cueilli
cueillit	cueillirent	eut cueilli	eurent cueilli

Future		*Future Perfect*	
cueillerai	cueillerons	aurai cueilli	aurons cueilli
cueilleras	cueillerez	auras cueilli	aurez cueilli
cueillera	cueilleront	aura cueilli	auront cueilli

Conditional		*Conditional Perfect*	
cueillerais	cueillerions	aurais cueilli	aurions cueilli
cueillerais	cueilleriez	aurais cueilli	auriez cueilli
cueillerait	cueilleraient	aurait cueilli	auraient cueilli

Present Subjunctive		*Past Subjunctive*	
cueille	cueillions	aie cueilli	ayons cueilli
cueilles	cueilliez	aies cueilli	ayez cueilli
cueille	cueillent	ait cueilli	aient cueilli

Imperfect Subjunctive		*Pluperfect Subjunctive*	
cueillisse	cueillissions	eusse cueilli	eussions cueilli
cueillisses	cueillissiez	eusses cueilli	eussiez cueilli
cueillît	cueillissent	eût cueilli	eussent cueilli

Imperative/Command		
cueille	cueillons	cueillez

Verb in Action

J'ai cueilli quelques fraises dans le jardin. *(I picked a few strawberries in the garden.)*
Je cueillerai des framboises à la ferme. *(I'll pick some raspberries at the farm.)*
Elle cueillit des fraises des bois. *(She picked some wild strawberries.)*

cuire

(to cook, to bake)

Present Participle: cuisant • **Past Participle:** cuit
Irregular verb ending in **-uire**

Present
cuis	cuisons
cuis	cuisez
cuit	cuisent

Passé Composé
ai cuit	avons cuit
as cuit	avez cuit
a cuit	ont cuit

Imperfect
cuisais	cuisions
cuisais	cuisiez
cuisait	cuisaient

Pluperfect
avais cuit	avions cuit
avais cuit	aviez cuit
avait cuit	avaient cuit

Passé Simple
cuisis	cuisîmes
cuisis	cuisîtes
cuisit	cuisirent

Past Anterior
eus cuit	eûmes cuit
eus cuit	eûtes cuit
eut cuit	eurent cuit

Future
cuirai	cuirons
cuiras	cuirez
cuira	cuiront

Future Perfect
aurai cuit	aurons cuit
auras cuit	aurez cuit
aura cuit	auront cuit

Conditional
cuirais	cuirions
cuirais	cuiriez
cuirait	cuiraient

Conditional Perfect
aurais cuit	aurions cuit
aurais cuit	auriez cuit
aurait cuit	auraient cuit

Present Subjunctive
cuise	cuisions
cuises	cuisiez
cuise	cuisent

Past Subjunctive
aie cuit	ayons cuit
aies cuit	ayez cuit
ait cuit	aient cuit

Imperfect Subjunctive
cuisisse	cuisissions
cuisisses	cuisissiez
cuisît	cuisissent

Pluperfect Subjunctive
eusse cuit	eussions cuit
eusses cuit	eussiez cuit
eût cuit	eussent cuit

Imperative/Command
cuis	cuisons	cuisez

Verb in Action
En général, je cuis les légumes à la vapeur. *(I usually steam vegetables.)*
Nous cuirons les côtelettes sur le gril. *(We'll cook the cutlets on the grill.)*
Elle avait cuit le poisson au four. *(She'd baked the fish in the oven.)*

cuisiner
(to cook)

Present Participle: cuisinant • **Past Participle:** cuisiné
Regular **-er** verb

Present
cuisine	cuisinons
cuisines	cuisinez
cuisine	cuisinent

Passé Composé
ai cuisiné	avons cuisiné
as cuisiné	avez cuisiné
a cuisiné	ont cuisiné

Imperfect
cuisinais	cuisinions
cuisinais	cuisiniez
cuisinait	cuisinaient

Pluperfect
avais cuisiné	avions cuisiné
avais cuisiné	aviez cuisiné
avait cuisiné	avaient cuisiné

Passé Simple
cuisinai	cuisinâmes
cuisinas	cuisinâtes
cuisina	cuisinèrent

Past Anterior
eus cuisiné	eûmes cuisiné
eus cuisiné	eûtes cuisiné
eut cuisiné	eurent cuisiné

Future
cuisinerai	cuisinerons
cuisineras	cuisinerez
cuisinera	cuisineront

Future Perfect
aurai cuisiné	aurons cuisiné
auras cuisiné	aurez cuisiné
aura cuisiné	auront cuisiné

Conditional
cuisinerais	cuisinerions
cuisinerais	cuisineriez
cuisinerait	cuisineraient

Conditional Perfect
aurais cuisiné	aurions cuisiné
aurais cuisiné	auriez cuisiné
aurait cuisiné	auraient cuisiné

Present Subjunctive
cuisine	cuisinions
cuisines	cuisiniez
cuisine	cuisinent

Past Subjunctive
aie cuisiné	ayons cuisiné
aies cuisiné	ayez cuisiné
ait cuisiné	aient cuisiné

Imperfect Subjunctive
cuisinasse	cuisinassions
cuisinasses	cuisinassiez
cuisinât	cuisinassent

Pluperfect Subjunctive
eusse cuisiné	eussions cuisiné
eusses cuisiné	eussiez cuisiné
eût cuisiné	eussent cuisiné

Imperative/Command
cuisine	cuisinons	cuisinez

Verb in Action

J'aime beaucoup cuisiner. *(I love cooking.)*
Il s'est brûlé en cuisinant. *(He burned himself while he was cooking.)*
Dans le Midi, on cuisine à l'huile d'olive plutôt qu'au beurre. *(In the south of France, people cook with olive oil rather than butter.)*

danser
(to dance)

Present Participle: dansant • **Past Participle:** dansé
Regular **-er** verb

Present

danse	dansons
danses	dansez
danse	dansent

Imperfect

dansais	dansions
dansais	dansiez
dansait	dansaient

Passé Simple

dansai	dansâmes
dansas	dansâtes
dansa	dansèrent

Future

danserai	danserons
danseras	danserez
dansera	danseront

Conditional

danserais	danserions
danserais	danseriez
danserait	danseraient

Present Subjunctive

danse	dansions
danses	dansiez
danse	dansent

Imperfect Subjunctive

dansasse	dansassions
dansasses	dansassiez
dansât	dansassent

Passé Composé

ai dansé	avons dansé
as dansé	avez dansé
a dansé	ont dansé

Pluperfect

avais dansé	avions dansé
avais dansé	aviez dansé
avait dansé	avaient dansé

Past Anterior

eus dansé	eûmes dansé
eus dansé	eûtes dansé
eut dansé	eurent dansé

Future Perfect

aurai dansé	aurons dansé
auras dansé	aurez dansé
aura dansé	auront dansé

Conditional Perfect

aurais dansé	aurions dansé
aurais dansé	auriez dansé
aurait dansé	auraient dansé

Past Subjunctive

aie dansé	ayons dansé
aies dansé	ayez dansé
ait dansé	aient dansé

Pluperfect Subjunctive

eusse dansé	eussions dansé
eusses dansé	eussiez dansé
eût dansé	eussent dansé

Imperative/Command

danse	dansons	dansez

Verb in Action

Vous avez dansé au mariage? *(Did you dance at the wedding?)*

Toute la foule danse au rythme des percussions. *(The whole crowd is dancing to the beat of the percussions.)*

Lucie et Jacques dansaient ensemble toute la soirée. *(Lucie and Jacques were dancing together all evening.)*

débarrasser/se débarrasser*

(to clear (away))/(to get rid of)

Present Participle: débarrassant • **Past Participle:** débarrassé
Regular -**er** verb

Present

débarrasse	débarrassons
débarrasses	débarrassez
débarrasse	débarrassent

Imperfect

débarrassais	débarrassions
débarrassais	débarrassiez
débarrassait	débarrassaient

Passé Simple

débarrassai	débarrassâmes
débarrassas	débarrassâtes
débarrassa	débarrassèrent

Future

débarrasserai	débarrasserons
débarrasseras	débarrasserez
débarrassera	débarrasseront

Conditional

débarrasserais	débarrasserions
débarrasserais	débarrasseriez
débarrasserait	débarrasseraient

Present Subjunctive

débarrasse	débarrassions
débarrasses	débarrassiez
débarrasse	débarrassent

Imperfect Subjunctive

débarrassasse	débarrassassions
débarrassasses	débarrassassiez
débarrassât	débarrassassent

Passé Composé

ai débarrassé	avons débarrassé
as débarrassé	avez débarrassé
a débarrassé	ont débarrassé

Pluperfect

avais débarrassé	avions débarrassé
avais débarrassé	aviez débarrassé
avait débarrassé	avaient débarrassé

Past Anterior

eus débarrassé	eûmes débarrassé
eus débarrassé	eûtes débarrassé
eut débarrassé	eurent débarrassé

Future Perfect

aurai débarrassé	aurons débarrassé
auras débarrassé	aurez débarrassé
aura débarrassé	auront débarrassé

Conditional Perfect

aurais débarrassé	aurions débarrassé
aurais débarrassé	auriez débarrassé
aurait débarrassé	auraient débarrassé

Past Subjunctive

aie débarrassé	ayons débarrassé
aies débarrassé	ayez débarrassé
ait débarrassé	aient débarrassé

Pluperfect Subjunctive

eusse débarrassé	eussions débarrassé
eusses débarrassé	eussiez débarrassé
eût débarrassé	eussent débarrassé

Imperative/Command

débarrasse	débarrassons	débarrassez

Verb in Action

Tu peux débarrasser la table, s'il te plaît? *(Can you clear the table please?)*
Laissez-moi vous débarrasser de vos affaires. *(Let me take your things.)*
Je me suis débarrassé de mon vieux frigo. *(I got rid of my old fridge.)*

* *Note:* This pronominal verb is conjugated similarly to **se bagarrer**.

déborder
(to overflow)

Present Participle: débordant • Past Participle: débordé
Regular -er verb

Present

déborde	débordons
débordes	débordez
déborde	débordent

Passé Composé

ai débordé	avons débordé
as débordé	avez débordé
a débordé	ont débordé

Imperfect

débordais	débordions
débordais	débordiez
débordait	débordaient

Pluperfect

avais débordé	avions débordé
avais débordé	aviez débordé
avait débordé	avaient débordé

Passé Simple

débordai	débordâmes
débordas	débordâtes
déborda	débordèrent

Past Anterior

eus débordé	eûmes débordé
eus débordé	eûtes débordé
eut débordé	eurent débordé

Future

déborderai	déborderons
déborderas	déborderez
débordera	déborderont

Future Perfect

aurai débordé	aurons débordé
auras débordé	aurez débordé
aura débordé	auront débordé

Conditional

déborderais	déborderions
déborderais	déborderiez
déborderait	déborderaient

Conditional Perfect

aurais débordé	aurions débordé
aurais débordé	auriez débordé
aurait débordé	auraient débordé

Present Subjunctive

déborde	débordions
débordes	débordiez
déborde	débordent

Past Subjunctive

aie débordé	ayons débordé
aies débordé	ayez débordé
ait débordé	aient débordé

Imperfect Subjunctive

débordasse	débordassions
débordasses	débordassiez
débordât	débordassent

Pluperfect Subjunctive

eusse débordé	eussions débordé
eusses débordé	eussiez débordé
eût débordé	eussent débordé

Imperative/Command

déborde	débordons	débordez

Verb in Action

Leur petite fille déborde vraiment d'énergie. *(Their granddaughter is really full of energy.)*

J'ai laissé déborder la baignoire! *(I let the bathtub overflow!)*

Regarde! J'ai tout colorié et je n'ai même pas débordé! *(Look! I colored it all in, and I didn't even go outside the lines!)*

se débrouiller
(to manage)

Present Participle: se débrouillant • **Past Participle:** débrouillé
Regular pronominal -**er** verb

Present
me débrouille	nous débrouillons
te débrouilles	vous débrouillez
se débrouille	se débrouillent

Imperfect
me débrouillais	nous débrouillions
te débrouillais	vous débrouilliez
se débrouillait	se débrouillaient

Passé Simple
me débrouillai	nous débrouillâmes
te débrouillas	vous débrouillâtes
se débrouilla	se débrouillèrent

Future
me débrouillerai	nous débrouillerons
te débrouilleras	vous débrouillerez
se débrouillera	se débrouilleront

Conditional
me débrouillerais	nous débrouillerions
te débrouillerais	vous débrouilleriez
se débrouillerait	se débrouilleraient

Present Subjunctive
me débrouille	nous débrouillions
te débrouilles	vous débrouilliez
se débrouille	se débrouillent

Imperfect Subjunctive
me débrouillasse	me débrouillassions
te débrouillasses	te débrouillassiez
se débrouillât	se débrouillassent

Passé Composé
me suis débrouillé(e)	nous sommes débrouillé(e)s
t'es débrouillé(e)	vous êtes débrouillé(e)(s)
s'est débrouillé/ débrouillée	se sont débrouillés/ débrouillées

Pluperfect
m'étais débrouillé(e)	nous étions débrouillé(e)s
t'étais débrouillé(e)	vous étiez débrouillé(e)(s)
s'était débrouillé/ débrouillée	s'étaient débrouillés/ débrouillées

Past Anterior
me fus débrouillé(e)	nous fûmes débrouillé(e)s
te fus débrouillé(e)	vous fûtes débrouillé(e)(s)
se fut débrouillé/ débrouillée	se furent débrouillés/ débrouillées

Future Perfect
me serai débrouillé(e)	nous serons débrouillé(e)s
te seras débrouillé(e)	vous serez débrouillé(e)(s)
se sera débrouillé/ débrouillée	se seront débrouillés/ débrouillées

Conditional Perfect
me serais débrouillé(e)	nous serions débrouillé(e)s
te serais débrouillé(e)	vous seriez débrouillé(e)(s)
se serait débrouillé/ débrouillée	se seraient débrouillés/ débrouillées

Past Subjunctive
me sois débrouillé(e)	nous soyons débrouillé(e)s
te sois débrouillé(e)	vous soyez débrouillé(e)(s)
se soit débrouillé/ débrouillée	se soient débrouillés/ débrouillées

Pluperfect Subjunctive
me fusse débrouillé(e)	nous fussions débrouillé(e)s
te fusses débrouillé(e)	vous fussiez débrouillé(e)(s)
se fût débrouillé/ débrouillée	se fussent débrouillés/ débrouillées

Imperative/Command
débrouille-toi; ne te débrouille pas	débrouillons-nous; ne nous débrouillons pas	débrouillez-vous; ne vous débrouillez pas

Verb in Action
Débrouille-toi tout seul. *(Figure things out for yourself.)*
Je me suis mieux débrouillé en français qu'en maths. *(I did better in French than in math.)*
Il se débrouillerait bien tout seul s'il était obligé. *(He would manage fine by himself if he had to.)*

décevoir
(to disappoint)

Present Participle: décevant • **Past Participle:** déçu
Irregular verb

Present
déçois	décevons
déçois	décevez
déçoit	déçoivent

Imperfect
décevais	décevions
décevais	déceviez
décevait	décevaient

Passé Simple
déçus	déçûmes
déçus	déçûtes
déçut	déçurent

Future
décevrai	décevrons
décevras	décevrez
décevra	décevront

Conditional
décevrais	décevrions
décevrais	décevriez
décevrait	décevraient

Present Subjunctive
déçoive	décevions
déçoives	déceviez
déçoive	déçoivent

Imperfect Subjunctive
déçusse	déçussions
déçusses	déçussiez
déçût	déçussent

Passé Composé
ai déçu	avons déçu
as déçu	avez déçu
a déçu	ont déçu

Pluperfect
avais déçu	avions déçu
avais déçu	aviez déçu
avait déçu	avaient déçu

Past Anterior
eus déçu	eûmes déçu
eus déçu	eûtes déçu
eut déçu	eurent déçu

Future Perfect
aurai déçu	aurons déçu
auras déçu	aurez déçu
aura déçu	auront déçu

Conditional Perfect
aurais déçu	aurions déçu
aurais déçu	auriez déçu
aurait déçu	auraient déçu

Past Subjunctive
aie déçu	ayons déçu
aies déçu	ayez déçu
ait déçu	aient déçu

Pluperfect Subjunctive
eusse déçu	eussions déçu
eusses déçu	eussiez déçu
eût déçu	eussent déçu

Imperative/Command
déçois	décevons	décevez

Verb in Action
J'ai été un peu déçue par son dernier film. *(I was a little disappointed by his/her last film.)*
Vous allez voir, vous ne serez pas déçus! *(You'll see; you won't be disappointed!)*
Je ne décevrai pas cette confiance. *(I won't disappoint this trust.)*

déclarer
(to declare)

Present Participle: déclarant • **Past Participle:** déclaré
Regular **-er** verb

Present

déclare	déclarons
déclares	déclarez
déclare	déclarent

Passé Composé

ai déclaré	avons déclaré
as déclaré	avez déclaré
a déclaré	ont déclaré

Imperfect

déclarais	déclarions
déclarais	déclariez
déclarait	déclaraient

Pluperfect

avais déclaré	avions déclaré
avais déclaré	aviez déclaré
avait déclaré	avaient déclaré

Passé Simple

déclarai	déclarâmes
déclaras	déclarâtes
déclara	déclarèrent

Past Anterior

eus déclaré	eûmes déclaré
eus déclaré	eûtes déclaré
eut déclaré	eurent déclaré

Future

déclarerai	déclarerons
déclareras	déclarerez
déclarera	déclareront

Future Perfect

aurai déclaré	aurons déclaré
auras déclaré	aurez déclaré
aura déclaré	auront déclaré

Conditional

déclarerais	déclarerions
déclarerais	déclareriez
déclarerait	déclareraient

Conditional Perfect

aurais déclaré	aurions déclaré
aurais déclaré	auriez déclaré
aurait déclaré	auraient déclaré

Present Subjunctive

déclare	déclarions
déclares	déclariez
déclare	déclarent

Past Subjunctive

aie déclaré	ayons déclaré
aies déclaré	ayez déclaré
ait déclaré	aient déclaré

Imperfect Subjunctive

déclarasse	déclarassions
déclarasses	déclarassiez
déclarât	déclarassent

Pluperfect Subjunctive

eusse déclaré	eussions déclaré
eusses déclaré	eussiez déclaré
eût déclaré	eussent déclaré

Imperative/Command

déclare	déclarons	déclarez

Verb in Action

Avez-vous quelque chose à déclarer? *(Do you have anything to declare?)*
Il a été déclaré vainqueur. *(He was declared the winner.)*
Il lui a déclaré son amour, un soir, après le travail. *(He declared his love to her one night after work.)*

décongeler

(to thaw; to defrost)

Present Participle: décongelant • **Past Participle:** décongelé
e[consonant]-er verb; e becomes è before consonant + **e, es, ent**

Present

décongèle	décongelons
décongèles	décongelez
décongèle	décongèlent

Imperfect

décongelais	décongelions
décongelais	décongeliez
décongelait	décongelaient

Passé Simple

décongelai	décongelâmes
décongelas	décongelâtes
décongela	décongelèrent

Future

décongèlerai	décongèlerons
décongèleras	décongèlerez
décongèlera	décongèleront

Conditional

décongèlerais	décongèlerions
décongèlerais	décongèleriez
décongèlerait	décongèleraient

Present Subjunctive

décongèle	décongelions
décongèles	décongeliez
décongèle	décongèlent

Imperfect Subjunctive

décongelasse	décongelassions
décongelasses	décongelassiez
décongelât	décongelassent

Passé Composé

ai décongelé	avons décongelé
as décongelé	avez décongelé
a décongelé	ont décongelé

Pluperfect

avais décongelé	avions décongelé
avais décongelé	aviez décongelé
avait décongelé	avaient décongelé

Past Anterior

eus décongelé	eûmes décongelé
eus décongelé	eûtes décongelé
eut décongelé	eurent décongelé

Future Perfect

aurai décongelé	aurons décongelé
auras décongelé	aurez décongelé
aura décongelé	auront décongelé

Conditional Perfect

aurais décongelé	aurions décongelé
aurais décongelé	auriez décongelé
aurait décongelé	auraient décongelé

Past Subjunctive

aie décongelé	ayons décongelé
aies décongelé	ayez décongelé
ait décongelé	aient décongelé

Pluperfect Subjunctive

eusse décongelé	eussions décongelé
eusses décongelé	eussiez décongelé
eût décongelé	eussent décongelé

Imperative/Command

décongèle	décongelons	décongelez

Verb in Action

On n'a qu'à le décongeler au micro-ondes. *(You just have to defrost it in the microwave.)*
Le poulet n'est pas encore décongelé; qu'est-ce qu'on va faire? *(The chicken hasn't defrosted yet; what are we going to do?)*

décorer
(to decorate)

Present Participle: décorant • **Past Participle:** décoré
Regular **-er** verb

Present		Passé Composé	
décore	décorons	ai décoré	avons décoré
décores	décorez	as décoré	avez décoré
décore	décorent	a décoré	ont décoré

Imperfect		Pluperfect	
décorais	décorions	avais décoré	avions décoré
décorais	décoriez	avais décoré	aviez décoré
décorait	décoraient	avait décoré	avaient décoré

Passé Simple		Past Anterior	
décorai	décorâmes	eus décoré	eûmes décoré
décoras	décorâtes	eus décoré	eûtes décoré
décora	décorèrent	eut décoré	eurent décoré

Future		Future Perfect	
décorerai	décorerons	aurai décoré	aurons décoré
décoreras	décorerez	auras décoré	aurez décoré
décorera	décoreront	aura décoré	auront décoré

Conditional		Conditional Perfect	
décorerais	décorerions	aurais décoré	aurions décoré
décorerais	décoreriez	aurais décoré	auriez décoré
décorerait	décoreraient	aurait décoré	auraient décoré

Present Subjunctive		Past Subjunctive	
décore	décorions	aie décoré	ayons décoré
décores	décoriez	aies décoré	ayez décoré
décore	décorent	ait décoré	aient décoré

Imperfect Subjunctive		Pluperfect Subjunctive	
décorasse	décorassions	eusse décoré	eussions décoré
décorasses	décorassiez	eusses décoré	eussiez décoré
décorât	décorassent	eût décoré	eussent décoré

Imperative/Command

décore	décorons	décorez

Verb in Action

Les enfants décoraient le sapin de Noël. *(The children were decorating the Christmas tree.)*
Je peux t'aider à décorer le gâteau? *(Can I help you decorate the cake?)*
Ma chambre est joliment décorée. *(My bedroom is nicely decorated.)*

découper

(to carve, to cut out)

Present Participle: découpant • **Past Participle:** découpé
Regular **-er** verb

Present

découpe	découpons
découpes	découpez
découpe	découpent

Passé Composé

ai découpé	avons découpé
as découpé	avez découpé
a découpé	ont découpé

Imperfect

découpais	découpions
découpais	découpiez
découpait	découpaient

Pluperfect

avais découpé	avions découpé
avais découpé	aviez découpé
avait découpé	avaient découpé

Passé Simple

découpai	découpâmes
découpas	découpâtes
découpa	découpèrent

Past Anterior

eus découpé	eûmes découpé
eus découpé	eûtes découpé
eut découpé	eurent découpé

Future

découperai	découperons
découperas	découperez
découpera	découperont

Future Perfect

aurai découpé	aurons découpé
auras découpé	aurez découpé
aura découpé	auront découpé

Conditional

découperais	découperions
découperais	découperiez
découperait	découperaient

Conditional Perfect

aurais découpé	aurions découpé
aurais découpé	auriez découpé
aurait découpé	auraient découpé

Present Subjunctive

découpe	découpions
découpes	découpiez
découpe	découpent

Past Subjunctive

aie découpé	ayons découpé
aies découpé	ayez découpé
ait découpé	aient découpé

Imperfect Subjunctive

découpasse	découpassions
découpasses	découpassiez
découpât	découpassent

Pluperfect Subjunctive

eusse découpé	eussions découpé
eusses découpé	eussiez découpé
eût découpé	eussent découpé

Imperative/Command

découpe	découpons	découpez

Verb in Action

J'ai découpé cet article dans le journal. *(I cut this article out of the paper.)*
Tu découpes le poulet pendant que je sers les légumes? *(Will you carve the chicken while I serve the vegetables?)*

décourager
(to discourage)

Present Participle: décourageant • **Past Participle:** découragé
-ger verb; **g** becomes **ge** before an **a** or an **o**

Present		*Passé Composé*	
décourage	décourageons	ai découragé	avons découragé
décourages	découragez	as découragé	avez découragé
décourage	découragent	a découragé	ont découragé

Imperfect		*Pluperfect*	
décourageais	découragions	avais découragé	avions découragé
décourageais	découragiez	avais découragé	aviez découragé
décourageait	décourageaient	avait découragé	avaient découragé

Passé Simple		*Past Anterior*	
décourageai	décourageâmes	eus découragé	eûmes découragé
décourageas	décourageâtes	eus découragé	eûtes découragé
découragea	découragèrent	eut découragé	eurent découragé

Future		*Future Perfect*	
découragerai	découragerons	aurai découragé	aurons découragé
décourageras	découragerez	auras découragé	aurez découragé
découragera	décourageront	aura découragé	auront découragé

Conditional		*Conditional Perfect*	
découragerais	découragerions	aurais découragé	aurions découragé
découragerais	décourageriez	aurais découragé	auriez découragé
découragerait	décourageraient	aurait découragé	auraient découragé

Present Subjunctive		*Past Subjunctive*	
décourage	découragions	aie découragé	ayons découragé
décourages	découragiez	aies découragé	ayez découragé
décourage	découragent	ait découragé	aient découragé

Imperfect Subjunctive		*Pluperfect Subjunctive*	
décourageasse	décourageassions	eusse découragé	eussions découragé
décourageasses	décourageassiez	eusses découragé	eussiez découragé
décourageât	décourageassent	eût découragé	eussent découragé

Imperative/Command

décourage	décourageons	découragez

Verb in Action

Tu la décourages en lui racontant toutes ces histoires. *(You're discouraging her by telling her all these stories.)*
Ne te décourage pas! *(Don't give up!)*
Loin de se décourager, elle s'inscrit aussitôt au prochain marathon. *(Far from being discouraged, she immediately registered for the next marathon.)*

découvrir
(to discover)

Present Participle: découvrant • **Past Participle:** découvert
Irregular **-ir** verb

Present
découvre	découvrons
découvres	découvrez
découvre	découvrent

Imperfect
découvrais	découvrions
découvrais	découvriez
découvrait	découvraient

Passé Simple
découvris	découvrîmes
découvris	découvrîtes
découvrit	découvrirent

Future
découvrirai	découvrirons
découvriras	découvrirez
découvrira	découvriront

Conditional
découvrirais	découvririons
découvrirais	découvririez
découvrirait	découvriraient

Present Subjunctive
découvre	découvrions
découvres	découvriez
découvre	découvrent

Imperfect Subjunctive
découvrisse	découvrissions
découvrisses	découvrissiez
découvrît	découvrissent

Passé Composé
ai découvert	avons découvert
as découvert	avez découvert
a découvert	ont découvert

Pluperfect
avais découvert	avions découvert
avais découvert	aviez découvert
avait découvert	avaient découvert

Past Anterior
eus découvert	eûmes découvert
eus découvert	eûtes découvert
eut découvert	eurent découvert

Future Perfect
aurai découvert	aurons découvert
auras découvert	aurez découvert
aura découvert	auront découvert

Conditional Perfect
aurais découvert	aurions découvert
aurais découvert	auriez découvert
aurait découvert	auraient découvert

Past Subjunctive
aie découvert	ayons découvert
aies découvert	ayez découvert
ait découvert	aient découvert

Pluperfect Subjunctive
eusse découvert	eussions découvert
eusses découvert	eussiez découvert
eût découvert	eussent découvert

Imperative/Command
découvre	découvrons	découvrez

Verb in Action

On a découvert le Vietnam l'année dernière, c'était formidable. *(We discovered Vietnam last year, it was wonderful.)*
Je découvris l'arme par accident. *(I discovered the weapon by accident.)*
Vous découvrirez cette nouvelle série en automne. *(You'll be able to see this new series in the fall.)*

décrire
(to describe)

Present Participle: décrivant • **Past Participle:** décrit
Irregular verb

Present		Passé Composé	
décris	décrivons	ai décrit	avons décrit
décris	décrivez	as décrit	avez décrit
décrit	décrivent	a décrit	ont décrit

Imperfect		Pluperfect	
décrivais	décrivions	avais décrit	avions décrit
décrivais	décriviez	avais décrit	aviez décrit
décrivait	décrivaient	avait décrit	avaient décrit

Passé Simple		Past Anterior	
décrivis	décrivîmes	eus décrit	eûmes décrit
décrivis	décrivîtes	eus décrit	eûtes décrit
décrivit	décrivirent	eut décrit	eurent décrit

Future		Future Perfect	
décrirai	décrirons	aurai décrit	aurons décrit
décriras	décrirez	auras décrit	aurez décrit
décrira	décriront	aura décrit	auront décrit

Conditional		Conditional Perfect	
décrirais	décririons	aurais décrit	aurions décrit
décrirais	décririez	aurais décrit	auriez décrit
décrirait	décriraient	aurait décrit	auraient décrit

Present Subjunctive		Past Subjunctive	
décrive	décrivions	aie décrit	ayons décrit
décrives	décriviez	aies décrit	ayez décrit
décrive	décrivent	ait décrit	aient décrit

Imperfect Subjunctive		Pluperfect Subjunctive	
décrivisse	décrivissions	eusse décrit	eussions décrit
décrivisses	décrivissiez	eusses décrit	eussiez décrit
décrivît	décrivissent	eût décrit	eussent décrit

Imperative/Command

décris	décrivons	décrivez

Verb in Action

Décris-moi exactement ce qui s'est passé. *(Tell me exactly what happened.)*
Je décris simplement les choses telles qu'elles sont. *(I am simply describing things as they are.)*
Tous ses amis le décrivent comme un personnage complexe. *(All his friends describe him as a complex character.)*

défendre

(to defend, to forbid)

Present Participle: défendant • **Past Participle:** défendu
Regular **-re** verb

Present
défends	défendons
défends	défendez
défend	défendent

Passé Composé
ai défendu	avons défendu
as défendu	avez défendu
a défendu	ont défendu

Imperfect
défendais	défendions
défendais	défendiez
défendait	défendaient

Pluperfect
avais défendu	avions défendu
avais défendu	aviez défendu
avait défendu	avaient défendu

Passé Simple
défendis	défendîmes
défendis	défendîtes
défendit	défendirent

Past Anterior
eus défendu	eûmes défendu
eus défendu	eûtes défendu
eut défendu	eurent défendu

Future
défendrai	défendrons
défendras	défendrez
défendra	défendront

Future Perfect
aurai défendu	aurons défendu
auras défendu	aurez défendu
aura défendu	auront défendu

Conditional
défendrais	défendrions
défendrais	défendriez
défendrait	défendraient

Conditional Perfect
aurais défendu	aurions défendu
aurais défendu	auriez défendu
aurait défendu	auraient défendu

Present Subjunctive
défende	défendions
défendes	défendiez
défende	défendent

Past Subjunctive
aie défendu	ayons défendu
aies défendu	ayez défendu
ait défendu	aient défendu

Imperfect Subjunctive
défendisse	défendissions
défendisses	défendissiez
défendît	défendissent

Pluperfect Subjunctive
eusse défendu	eussions défendu
eusses défendu	eussiez défendu
eût défendu	eussent défendu

Imperative/Command
défends	défendons	défendez

Verb in Action

Sa mère lui a défendu de le revoir. *(Her mother forbade her to see him again.)*
Cela ne veut pas dire que je le défende. *(That doesn't mean I'm defending him.)*
Il est défendu de fumer ici. *(Smoking is forbidden here.)*

définir
(to define)

Present Participle: définissant • Past Participle: défini
Regular -ir verb

Present		Passé Composé	
définis	définissons	ai défini	avons défini
définis	définissez	as défini	avez défini
définit	définissent	a défini	ont défini

Imperfect		Pluperfect	
définissais	définissions	avais défini	avions défini
définissais	définissiez	avais défini	aviez défini
définissait	définissaient	avait défini	avaient défini

Passé Simple		Past Anterior	
définis	définîmes	eus défini	eûmes défini
définis	définîtes	eus défini	eûtes défini
définit	définirent	eut défini	eurent défini

Future		Future Perfect	
définirai	définirons	aurai défini	aurons défini
définiras	définirez	auras défini	aurez défini
définira	définiront	aura défini	auront défini

Conditional		Conditional Perfect	
définirais	définirions	aurais défini	aurions défini
définirais	définiriez	aurais défini	auriez défini
définirait	définiraient	aurait défini	auraient défini

Present Subjunctive		Past Subjunctive	
définisse	définissions	aie défini	ayons défini
définisses	définissiez	aies défini	ayez défini
définisse	définissent	ait défini	aient défini

Imperfect Subjunctive		Pluperfect Subjunctive	
définisse	définissions	eusse défini	eussions défini
définisses	définissiez	eusses défini	eussiez défini
définît	définissent	eût défini	eussent défini

Imperative/Command

définis	définissons	définissez

Verb in Action

C'est une sensation difficile à définir. *(It's a feeling that's hard to define.)*

Comment définiriez-vous votre rôle dans l'entreprise? *(How would you define your role in the company?)*

Définissons les règles avant de commencer. *(Let's get the rules straight before we start.)*

dégoûter
(to disgust)

Present Participle: dégoûtant • **Past Participle:** dégoûté
Regular -er verb

Present
dégoûte	dégoûtons
dégoûtes	dégoûtez
dégoûte	dégoûtent

Imperfect
dégoûtais	dégoûtions
dégoûtais	dégoûtiez
dégoûtait	dégoûtaient

Passé Simple
dégoûtai	dégoûtâmes
dégoûtas	dégoûtâtes
dégoûta	dégoûtèrent

Future
dégoûterai	dégoûterons
dégoûteras	dégoûterez
dégoûtera	dégoûteront

Conditional
dégoûterais	dégoûterions
dégoûterais	dégoûteriez
dégoûterait	dégoûteraient

Present Subjunctive
dégoûte	dégoûtions
dégoûtes	dégoûtiez
dégoûte	dégoûtent

Imperfect Subjunctive
dégoûtasse	dégoûtassions
dégoûtasses	dégoûtassiez
dégoûtât	dégoûtassent

Passé Composé
ai dégoûté	avons dégoûté
as dégoûté	avez dégoûté
a dégoûté	ont dégoûté

Pluperfect
avais dégoûté	avions dégoûté
avais dégoûté	aviez dégoûté
avait dégoûté	avaient dégoûté

Past Anterior
eus dégoûté	eûmes dégoûté
eus dégoûté	eûtes dégoûté
eut dégoûté	eurent dégoûté

Future Perfect
aurai dégoûté	aurons dégoûté
auras dégoûté	aurez dégoûté
aura dégoûté	auront dégoûté

Conditional Perfect
aurais dégoûté	aurions dégoûté
aurais dégoûté	auriez dégoûté
aurait dégoûté	auraient dégoûté

Past Subjunctive
aie dégoûté	ayons dégoûté
aies dégoûté	ayez dégoûté
ait dégoûté	aient dégoûté

Pluperfect Subjunctive
eusse dégoûté	eussions dégoûté
eusses dégoûté	eussiez dégoûté
eût dégoûté	eussent dégoûté

Imperative/Command
dégoûte	dégoûtons	dégoûtez

Verb in Action
Ce genre de comportement me dégoûte. *(That kind of behaviour disgusts me.)*
Ça m'a dégoûté de la viande. *(That put me off meat.)*
Ce type de propagande attire les jeunes vers la drogue au lieu de les en dégoûter.
(This kind of publicity attracts young people to drugs rather than turning them away from them.)

déjeuner

(to have breakfast, to lunch; to have lunch)

Present Participle: déjeunant • **Past Participle:** déjeuné
Regular **-er** verb

Present		*Passé Composé*	
déjeune	déjeunons	ai déjeuné	avons déjeuné
déjeunes	déjeunez	as déjeuné	avez déjeuné
déjeune	déjeunent	a déjeuné	ont déjeuné

Imperfect		*Pluperfect*	
déjeunais	déjeunions	avais déjeuné	avions déjeuné
déjeunais	déjeuniez	avais déjeuné	aviez déjeuné
déjeunait	déjeunaient	avait déjeuné	avaient déjeuné

Passé Simple		*Past Anterior*	
déjeunai	déjeunâmes	eus déjeuné	eûmes déjeuné
déjeunas	déjeunâtes	eus déjeuné	eûtes déjeuné
déjeuna	déjeunèrent	eut déjeuné	eurent déjeuné

Future		*Future Perfect*	
déjeunerai	déjeunerons	aurai déjeuné	aurons déjeuné
déjeuneras	déjeunerez	auras déjeuné	aurez déjeuné
déjeunera	déjeuneront	aura déjeuné	auront déjeuné

Conditional		*Conditional Perfect*	
déjeunerais	déjeunerions	aurais déjeuné	aurions déjeuné
déjeunerais	déjeuneriez	aurais déjeuné	auriez déjeuné
déjeunerait	déjeuneraient	aurait déjeuné	auraient déjeuné

Present Subjunctive		*Past Subjunctive*	
déjeune	déjeunions	aie déjeuné	ayons déjeuné
déjeunes	déjeuniez	aies déjeuné	ayez déjeuné
déjeune	déjeunent	ait déjeuné	aient déjeuné

Imperfect Subjunctive		*Pluperfect Subjunctive*	
déjeunasse	déjeunassions	eusse déjeuné	eussions déjeuné
déjeunasses	déjeunassiez	eusses déjeuné	eussiez déjeuné
déjeunât	déjeunassent	eût déjeuné	eussent déjeuné

Imperative/Command

déjeune	déjeunons	déjeunez

Verb in Action

Tu as déjà déjeuné? *(Did you have lunch/breakfast already?)*
Ils déjeunent très souvent ensemble. *(They often eat lunch together.)*
Je n'ai même pas le temps de déjeuner. *(I don't even have time to eat lunch.)*

demander

(to ask (for), to request, to require)

Present Participle: demandant • **Past Participle:** demandé
Regular **-er** verb

Present
demande	demandons
demandes	demandez
demande	demandent

Passé Composé
ai demandé	avons demandé
as demandé	avez demandé
a demandé	ont demandé

Imperfect
demandais	demandions
demandais	demandiez
demandait	demandaient

Pluperfect
avais demandé	avions demandé
avais demandé	aviez demandé
avait demandé	avaient demandé

Passé Simple
demandai	demandâmes
demandas	demandâtes
demanda	demandèrent

Past Anterior
eus demandé	eûmes demandé
eus demandé	eûtes demandé
eut demandé	eurent demandé

Future
demanderai	demanderons
demanderas	demanderez
demandera	demanderont

Future Perfect
aurai demandé	aurons demandé
auras demandé	aurez demandé
aura demandé	auront demandé

Conditional
demanderais	demanderions
demanderais	demanderiez
demanderait	demanderaient

Conditional Perfect
aurais demandé	aurions demandé
aurais demandé	auriez demandé
aurait demandé	auraient demandé

Present Subjunctive
demande	demandions
demandes	demandiez
demande	demandent

Past Subjunctive
aie demandé	ayons demandé
aies demandé	ayez demandé
ait demandé	aient demandé

Imperfect Subjunctive
demandasse	demandassions
demandasses	demandassiez
demandât	demandassent

Pluperfect Subjunctive
eusse demandé	eussions demandé
eusses demandé	eussiez demandé
eût demandé	eussent demandé

Imperative/Command
demande	demandons	demandez

Verb in Action

J'ai demandé la permission. *(I've asked for permission.)*
C'est un travail qui demande beaucoup de temps. *(It's a job that requires a lot of time.)*
Ils ont demandé qu'on leur rembourse le prix du voyage. *(They asked to be reimbursed for the cost of the trip.)*

déménager
(to move (residences))

Present			*Passé Composé*	
déménage	déménageons		ai déménagé	avons déménagé
déménages	déménagez		as déménagé	avez déménagé
déménage	déménagent		a déménagé	ont déménagé

Imperfect			*Pluperfect*	
déménageais	déménagions		avais déménagé	avions déménagé
déménageais	déménagiez		avais déménagé	aviez déménagé
déménageait	déménageaient		avait déménagé	avaient déménagé

Passé Simple			*Past Anterior*	
déménageai	déménageâmes		eus déménagé	eûmes déménagé
déménageas	déménageâtes		eus déménagé	eûtes déménagé
déménagea	déménagèrent		eut déménagé	eurent déménagé

Future			*Future Perfect*	
déménagerai	déménagerons		aurai déménagé	aurons déménagé
déménageras	déménagerez		auras déménagé	aurez déménagé
déménagera	déménageront		aura déménagé	auront déménagé

Conditional			*Conditional Perfect*	
déménagerais	déménagerions		aurais déménagé	aurions déménagé
déménagerais	déménageriez		aurais déménagé	auriez déménagé
déménagerait	déménageraient		aurait déménagé	auraient déménagé

Present Subjunctive			*Past Subjunctive*	
déménage	déménagions		aie déménagé	ayons déménagé
déménages	déménagiez		aies déménagé	ayez déménagé
déménage	déménagent		ait déménagé	aient déménagé

Imperfect Subjunctive			*Pluperfect Subjunctive*	
déménageasse	déménageassions		eusse déménagé	eussions déménagé
déménageasses	déménageassiez		eusses déménagé	eussiez déménagé
déménageât	déménageassent		eût déménagé	eussent déménagé

Imperative/Command

déménage	déménageons	déménagez

Verb in Action

Il me faudrait un camion pour déménager quelques meubles. *(I need a truck to move some furniture.)*

On déménage à la fin du mois pour s'installer à Aix. *(We're moving to Aix at the end of the month.)*

Je déménage. J'ai trouvé un grand appartement dans le centre. *(I'm moving. I've found a big apartment in the center of town.)*

demeurer
(to live, to remain)

Present Participle: demeurant • **Past Participle:** demeuré
Regular **-er** verb

Present
demeure	demeurons
demeures	demeurez
demeure	demeurent

Passé Composé
ai demeuré	avons demeuré
as demeuré	avez demeuré
a demeuré	ont demeuré

Imperfect
demeurais	demeurions
demeurais	demeuriez
demeurait	demeuraient

Pluperfect
avais demeuré	avions demeuré
avais demeuré	aviez demeuré
avait demeuré	avaient demeuré

Passé Simple
demeurai	demeurâmes
demeuras	demeurâtes
demeura	demeurèrent

Past Anterior
eus demeuré	eûmes demeuré
eus demeuré	eûtes demeuré
eut demeuré	eurent demeuré

Future
demeurerai	demeurerons
demeureras	demeurerez
demeurera	demeureront

Future Perfect
aurai demeuré	aurons demeuré
auras demeuré	aurez demeuré
aura demeuré	auront demeuré

Conditional
demeurerais	demeurerions
demeurerais	demeureriez
demeurerait	demeureraient

Conditional Perfect
aurais demeuré	aurions demeuré
aurais demeuré	auriez demeuré
aurait demeuré	auraient demeuré

Present Subjunctive
demeure	demeurions
demeures	demeuriez
demeure	demeurent

Past Subjunctive
aie demeuré	ayons demeuré
aies demeuré	ayez demeuré
ait demeuré	aient demeuré

Imperfect Subjunctive
demeurasse	demeurassions
demeurasses	demeurassiez
demeurât	demeurassent

Pluperfect Subjunctive
eusse demeuré	eussions demeuré
eusses demeuré	eussiez demeuré
eût demeuré	eussent demeuré

Imperative/Command
demeure	demeurons	demeurez

Verb in Action

Pour ceux qui demeurent encore dans la montagne, la vie est de plus en plus dure.
(For the people who still live in the mountains, life is getting harder and harder.)
Il est demeuré paralysé. *(He was left paralyzed.)*
Il demeura silencieux. *(He remained silent.)*

dénoncer

(to denounce, to tell on)

Present Participle: dénonçant • **Past Participle:** dénoncé
-cer verb; **c** becomes **ç** before an **a** or an **o**

Present
dénonce	dénonçons
dénonces	dénoncez
dénonce	dénoncent

Imperfect
dénonçais	dénoncions
dénonçais	dénonciez
dénonçait	dénonçaient

Passé Simple
dénonçai	dénonçâmes
dénonças	dénonçâtes
dénonça	dénoncèrent

Future
dénoncerai	dénoncerons
dénonceras	dénoncerez
dénoncera	dénonceront

Conditional
dénoncerais	dénoncerions
dénoncerais	dénonceriez
dénoncerait	dénonceraient

Present Subjunctive
dénonce	dénoncions
dénonces	dénonciez
dénonce	dénoncent

Imperfect Subjunctive
dénonçasse	dénonçassions
dénonçasses	dénonçassiez
dénonçât	dénonçassent

Passé Composé
ai dénoncé	avons dénoncé
as dénoncé	avez dénoncé
a dénoncé	ont dénoncé

Pluperfect
avais dénoncé	avions dénoncé
avais dénoncé	aviez dénoncé
avait dénoncé	avaient dénoncé

Past Anterior
eus dénoncé	eûmes dénoncé
eus dénoncé	eûtes dénoncé
eut dénoncé	eurent dénoncé

Future Perfect
aurai dénoncé	aurons dénoncé
auras dénoncé	aurez dénoncé
aura dénoncé	auront dénoncé

Conditional Perfect
aurais dénoncé	aurions dénoncé
aurais dénoncé	auriez dénoncé
aurait dénoncé	auraient dénoncé

Past Subjunctive
aie dénoncé	ayons dénoncé
aies dénoncé	ayez dénoncé
ait dénoncé	aient dénoncé

Pluperfect Subjunctive
eusse dénoncé	eussions dénoncé
eusses dénoncé	eussiez dénoncé
eût dénoncé	eussent dénoncé

Imperative/Command
dénonce	dénonçons	dénoncez

Verb in Action

Elle m'a dénoncé à la maîtresse. *(She told on me to the teacher.)*
Il s'est dénoncé à la police. *(He gave himself up to the police.)*
Tu crois qu'il nous dénoncera? *(Do you think he will tell on us?)*

dépasser

(to pass, to go past or beyond)

Present Participle: dépassant • **Past Participle:** dépassé
Regular **-er** verb

Present

dépasse	dépassons
dépasses	dépassez
dépasse	dépassent

Passé Composé

ai dépassé	avons dépassé
as dépassé	avez dépassé
a dépassé	ont dépassé

Imperfect

dépassais	dépassions
dépassais	dépassiez
dépassait	dépassaient

Pluperfect

avais dépassé	avions dépassé
avais dépassé	aviez dépassé
avait dépassé	avaient dépassé

Passé Simple

dépassai	dépassâmes
dépassas	dépassâtes
dépassa	dépassèrent

Past Anterior

eus dépassé	eûmes dépassé
eus dépassé	eûtes dépassé
eut dépassé	eurent dépassé

Future

dépasserai	dépasserons
dépasseras	dépasserez
dépassera	dépasseront

Future Perfect

aurai dépassé	aurons dépassé
auras dépassé	aurez dépassé
aura dépassé	auront dépassé

Conditional

dépasserais	dépasserions
dépasserais	dépasseriez
dépasserait	dépasseraient

Conditional Perfect

aurais dépassé	aurions dépassé
aurais dépassé	auriez dépassé
aurait dépassé	auraient dépassé

Present Subjunctive

dépasse	dépassions
dépasses	dépassiez
dépasse	dépassent

Past Subjunctive

aie dépassé	ayons dépassé
aies dépassé	ayez dépassé
ait dépassé	aient dépassé

Imperfect Subjunctive

dépassasse	dépassassions
dépassasses	dépassassiez
dépassât	dépassassent

Pluperfect Subjunctive

eusse dépassé	eussions dépassé
eusses dépassé	eussiez dépassé
eût dépassé	eussent dépassé

Imperative/Command

dépasse	dépassons	dépassez

Verb in Action

Il y a une voiture qui essaie de nous dépasser. *(There's a car trying to pass us.)*
Nous avons dépassé Dijon. *(We've passed Dijon.)*
Cela me dépasse. *(It's beyond me.)*
Il ne faut absolument pas dépasser le budget. *(It is imperative not to go over the budget.)*

dépendre
(to depend)

Present Participle: dépendant • **Past Participle:** dépendu
Regular **-re** verb

Present

dépends	dépendons
dépends	dépendez
dépend	dépendent

Passé Composé

ai dépendu	avons dépendu
as dépendu	avez dépendu
a dépendu	ont dépendu

Imperfect

dépendais	dépendions
dépendais	dépendiez
dépendait	dépendaient

Pluperfect

avais dépendu	avions dépendu
avais dépendu	aviez dépendu
avait dépendu	avaient dépendu

Passé Simple

dépendis	dépendîmes
dépendis	dépendîtes
dépendit	dépendirent

Past Anterior

eus dépendu	eûmes dépendu
eus dépendu	eûtes dépendu
eut dépendu	eurent dépendu

Future

dépendrai	dépendrons
dépendras	dépendrez
dépendra	dépendront

Future Perfect

aurai dépendu	aurons dépendu
auras dépendu	aurez dépendu
aura dépendu	auront dépendu

Conditional

dépendrais	dépendrions
dépendrais	dépendriez
dépendrait	dépendraient

Conditional Perfect

aurais dépendu	aurions dépendu
aurais dépendu	auriez dépendu
aurait dépendu	auraient dépendu

Present Subjunctive

dépende	dépendions
dépendes	dépendiez
dépende	dépendent

Past Subjunctive

aie dépendu	ayons dépendu
aies dépendu	ayez dépendu
ait dépendu	aient dépendu

Imperfect Subjunctive

dépendisse	dépendissions
dépendisses	dépendissiez
dépendît	dépendissent

Pluperfect Subjunctive

eusse dépendu	eussions dépendu
eusses dépendu	eussiez dépendu
eût dépendu	eussent dépendu

Imperative/Command

dépends	dépendons	dépendez

Verb in Action

Ça dépend du temps. *(It depends on the weather.)*
Tout va dépendre de ce qu'il va décider. *(Everything will depend on what he decides.)*
L'enfant dépend de ses parents pour subvenir à ses besoins. *(The child depends on his parents to meet his needs.)*

dépenser

(to spend (money))

Present Participle: dépensant • **Past Participle:** dépensé
Regular **-er** verb

Present

dépense	dépensons
dépenses	dépensez
dépense	dépensent

Imperfect

dépensais	dépensions
dépensais	dépensiez
dépensait	dépensaient

Passé Simple

dépensai	dépensâmes
dépensas	dépensâtes
dépensa	dépensèrent

Future

dépenserai	dépenserons
dépenseras	dépenserez
dépensera	dépenseront

Conditional

dépenserais	dépenserions
dépenserais	dépenseriez
dépenserait	dépenseraient

Present Subjunctive

dépense	dépensions
dépenses	dépensiez
dépense	dépensent

Imperfect Subjunctive

dépensasse	dépensassions
dépensasses	dépensassiez
dépensât	dépensassent

Passé Composé

ai dépensé	avons dépensé
as dépensé	avez dépensé
a dépensé	ont dépensé

Pluperfect

avais dépensé	avions dépensé
avais dépensé	aviez dépensé
avait dépensé	avaient dépensé

Past Anterior

eus dépensé	eûmes dépensé
eus dépensé	eûtes dépensé
eut dépensé	eurent dépensé

Future Perfect

aurai dépensé	aurons dépensé
auras dépensé	aurez dépensé
aura dépensé	auront dépensé

Conditional Perfect

aurais dépensé	aurions dépensé
aurais dépensé	auriez dépensé
aurait dépensé	auraient dépensé

Past Subjunctive

aie dépensé	ayons dépensé
aies dépensé	ayez dépensé
ait dépensé	aient dépensé

Pluperfect Subjunctive

eusse dépensé	eussions dépensé
eusses dépensé	eussiez dépensé
eût dépensé	eussent dépensé

Imperative/Command

dépense	dépensons	dépensez

Verb in Action

On a dépensé combien d'euros en vacances? *(How many euros did we spend on vacation?)*
Son père dépense la moitié de son salaire pour payer ses soins médicaux. *(His/her father spends half his salary on his health care.)*

déplacer
(to move, to shift, to displace)

Present Participle: déplaçant • **Past Participle:** déplacé
-cer verb; **c** becomes **ç** before an **a** or an **o**

Present
déplace	déplaçons
déplaces	déplacez
déplace	déplacent

Imperfect
déplaçais	déplacions
déplaçais	déplaciez
déplaçait	déplaçaient

Passé Simple
déplaçai	déplaçâmes
déplaças	déplaçâtes
déplaça	déplacèrent

Future
déplacerai	déplacerons
déplaceras	déplacerez
déplacera	déplaceront

Conditional
déplacerais	déplacerions
déplacerais	déplaceriez
déplacerait	déplaceraient

Present Subjunctive
déplace	déplacions
déplaces	déplaciez
déplace	déplacent

Imperfect Subjunctive
déplaçasse	déplaçassions
déplaçasses	déplaçassiez
déplaçât	déplaçassent

Passé Composé
ai déplacé	avons déplacé
as déplacé	avez déplacé
a déplacé	ont déplacé

Pluperfect
avais déplacé	avions déplacé
avais déplacé	aviez déplacé
avait déplacé	avaient déplacé

Past Anterior
eus déplacé	eûmes déplacé
eus déplacé	eûtes déplacé
eut déplacé	eurent déplacé

Future Perfect
aurai déplacé	aurons déplacé
auras déplacé	aurez déplacé
aura déplacé	auront déplacé

Conditional Perfect
aurais déplacé	aurions déplacé
aurais déplacé	auriez déplacé
aurait déplacé	auraient déplacé

Past Subjunctive
aie déplacé	ayons déplacé
aies déplacé	ayez déplacé
ait déplacé	aient déplacé

Pluperfect Subjunctive
eusse déplacé	eussions déplacé
eusses déplacé	eussiez déplacé
eût déplacé	eussent déplacé

Imperative/Command
déplace	déplaçons	déplacez

Verb in Action
Tu peux m'aider à déplacer la table? *(Can you help me move the table?)*
Il se déplace beaucoup pour son travail. *(He travels around a lot for his work.)*
Il a du mal à se déplacer. *(He has difficulty getting around.)*

déposer
(to leave, to put down)

Present Participle: déposant • **Past Participle:** déposé
Regular **-er** verb

Present
dépose	déposons
déposes	déposez
dépose	déposent

Passé Composé
ai déposé	avons déposé
as déposé	avez déposé
a déposé	ont déposé

Imperfect
déposais	déposions
déposais	déposiez
déposait	déposaient

Pluperfect
avais déposé	avions déposé
avais déposé	aviez déposé
avait déposé	avaient déposé

Passé Simple
déposai	déposâmes
déposas	déposâtes
déposa	déposèrent

Past Anterior
eus déposé	eûmes déposé
eus déposé	eûtes déposé
eut déposé	eurent déposé

Future
déposerai	déposerons
déposeras	déposerez
déposera	déposeront

Future Perfect
aurai déposé	aurons déposé
auras déposé	aurez déposé
aura déposé	auront déposé

Conditional
déposerais	déposerions
déposerais	déposeriez
déposerait	déposeraient

Conditional Perfect
aurais déposé	aurions déposé
aurais déposé	auriez déposé
aurait déposé	auraient déposé

Present Subjunctive
dépose	déposions
déposes	déposiez
dépose	déposent

Past Subjunctive
aie déposé	ayons déposé
aies déposé	ayez déposé
ait déposé	aient déposé

Imperfect Subjunctive
déposasse	déposassions
déposasses	déposassiez
déposât	déposassent

Pluperfect Subjunctive
eusse déposé	eussions déposé
eusses déposé	eussiez déposé
eût déposé	eussent déposé

Imperative/Command
dépose	déposons	déposez

Verb in Action

J'ai déposé mon sac à la consigne. *(I left my bag at the left-luggage office.)*
Déposez le paquet sur la table. *(Put the parcel down on the table.)*
Je déposerai les documents à votre bureau. *(I'll leave the documents in your office.)*

déranger
(to bother, to mess up)

Present Participle: dérangeant • **Past Participle:** dérangé
-ger verb; **g** becomes **ge** before an **a** or an **o**

Present		*Passé Composé*	
dérange	dérangeons	ai dérangé	avons dérangé
déranges	dérangez	as dérangé	avez dérangé
dérange	dérangent	a dérangé	ont dérangé

Imperfect		*Pluperfect*	
dérangeais	dérangions	avais dérangé	avions dérangé
dérangeais	dérangiez	avais dérangé	aviez dérangé
dérangeait	dérangeaient	avait dérangé	avaient dérangé

Passé Simple		*Past Anterior*	
dérangeai	dérangeâmes	eus dérangé	eûmes dérangé
dérangeas	dérangeâtes	eus dérangé	eûtes dérangé
dérangea	dérangèrent	eut dérangé	eurent dérangé

Future		*Future Perfect*	
dérangerai	dérangerons	aurai dérangé	aurons dérangé
dérangeras	dérangerez	auras dérangé	aurez dérangé
dérangera	dérangeront	aura dérangé	auront dérangé

Conditional		*Conditional Perfect*	
dérangerais	dérangerions	aurais dérangé	aurions dérangé
dérangerais	dérangeriez	aurais dérangé	auriez dérangé
dérangerait	dérangeraient	aurait dérangé	auraient dérangé

Present Subjunctive		*Past Subjunctive*	
dérange	dérangions	aie dérangé	ayons dérangé
déranges	dérangiez	aies dérangé	ayez dérangé
dérange	dérangent	ait dérangé	aient dérangé

Imperfect Subjunctive		*Pluperfect Subjunctive*	
dérangeasse	dérangeassions	eusse dérangé	eussions dérangé
dérangeasses	dérangeassiez	eusses dérangé	eussiez dérangé
dérangeât	dérangeassent	eût dérangé	eussent dérangé

Imperative/Command

dérange	dérangeons	dérangez

Verb in Action

Excusez-moi de vous déranger. *(I'm sorry to bother you.)*
Ne vous dérangez pas. Je vais répondre au téléphone. *(Don't bother. I'll answer the phone.)*
Ne dérange pas mes livres, s'il te plaît. *(Don't mess up my books, please.)*

descendre

(to go down, to come down, to get off)

Present Participle: descendant • **Past Participle:** descendu
Regular **-re** verb

Present
descends	descendons
descends	descendez
descend	descendent

Imperfect
descendais	descendions
descendais	descendiez
descendait	descendaient

Passé Simple
descendis	descendîmes
descendis	descendîtes
descendit	descendirent

Future
descendrai	descendrons
descendras	descendrez
descendra	descendront

Conditional
descendrais	descendrions
descendrais	descendriez
descendrait	descendraient

Present Subjunctive
descende	descendions
descendes	descendiez
descende	descendent

Imperfect Subjunctive
descendisse	descendissions
descendisses	descendissiez
descendît	descendissent

Passé Composé
suis descendu(e)	sommes descendu(e)s
es descendu(e)	êtes descendu(e)(s)
est descendu/descendue	sont descendus/descendues

Pluperfect
étais descendu(e)	étions descendu(e)s
étais descendu(e)	étiez descendu(e)(s)
était descendu/descendue	étaient descendus/descendues

Past Anterior
fus descendu(e)	fûmes descendu(e)s
fus descendu(e)	fûtes descendu(e)(s)
fut descendu/descendue	furent descendus/descendues

Future Perfect
serai descendu(e)	serons descendu(e)s
seras descendu(e)	serez descendu(e)(s)
sera descendu/descendue	seront descendus/descendues

Conditional Perfect
serais descendu(e)	serions descendu(e)s
serais descendu(e)	seriez descendu(e)(s)
serait descendu/descendue	seraient descendus/descendues

Past Subjunctive
sois descendu(e)	soyons descendu(e)s
sois descendu(e)	soyez descendu(e)(s)
soit descendu/descendue	soient descendus/descendues

Pluperfect Subjunctive
fusse descendu(e)	fussions descendu(e)s
fusses descendu(e)	fussiez descendu(e)(s)
fût descendu/descendue	fussent descendus/descendues

Imperative/Command
descends	descendons	descendez

Verb in Action

Est-ce que vous pourriez descendre ma valise, s'il vous plaît? *(Could you bring my suitcase down, please?)*

Nous sommes descendus à la station Trocadéro. *(We got off at Trocadéro.)*

Nous descendrons dans le Midi au mois de juillet. *(We'll go down to the south of France in July.)*

désobéir
(to disobey)

Present Participle: désobéissant • **Past Participle:** désobéi
Regular **-ir** verb

Present		*Passé Composé*	
désobéis	désobéissons	ai désobéi	avons désobéi
désobéis	désobéissez	as désobéi	avez désobéi
désobéit	désobéissent	a désobéi	ont désobéi

Imperfect		*Pluperfect*	
désobéissais	désobéissions	avais désobéi	avions désobéi
désobéissais	désobéissiez	avais désobéi	aviez désobéi
désobéissait	désobéissaient	avait désobéi	avaient désobéi

Passé Simple		*Past Anterior*	
désobéis	désobéîmes	eus désobéi	eûmes désobéi
désobéis	désobéîtes	eus désobéi	eûtes désobéi
désobéit	désobéirent	eut désobéi	eurent désobéi

Future		*Future Perfect*	
désobéirai	désobéirons	aurai désobéi	aurons désobéi
désobéiras	désobéirez	auras désobéi	aurez désobéi
désobéira	désobéiront	aura désobéi	auront désobéi

Conditional		*Conditional Perfect*	
désobéirais	désobéirions	aurais désobéi	aurions désobéi
désobéirais	désobéiriez	aurais désobéi	auriez désobéi
désobéirait	désobéiraient	aurait désobéi	auraient désobéi

Present Subjunctive		*Past Subjunctive*	
désobéisse	désobéissions	aie désobéi	ayons désobéi
désobéisses	désobéissiez	aies désobéi	ayez désobéi
désobéisse	désobéissent	ait désobéi	aient désobéi

Imperfect Subjunctive		*Pluperfect Subjunctive*	
désobéisse	désobéissions	eusse désobéi	eussions désobéi
désobéisses	désobéissiez	eusses désobéi	eussiez désobéi
désobéît	désobéissent	eût désobéi	eussent désobéi

Imperative/Command

désobéis	désobéissons	désobéissez

Verb in Action

Il nous désobéit souvent. *(He often disobeys us.)*
Mon père ne voulait pas que j'y aille mais je lui ai désobéi. *(My father didn't want me to go, but I disobeyed him.)*

dessiner
(to draw, to design)

Present Participle: dessinant • **Past Participle:** dessiné
Regular **-er** verb

Present
dessine	dessinons
dessines	dessinez
dessine	dessinent

Passé Composé
ai dessiné	avons dessiné
as dessiné	avez dessiné
a dessiné	ont dessiné

Imperfect
dessinais	dessinions
dessinais	dessiniez
dessinait	dessinaient

Pluperfect
avais dessiné	avions dessiné
avais dessiné	aviez dessiné
avait dessiné	avaient dessiné

Passé Simple
dessinai	dessinâmes
dessinas	dessinâtes
dessina	dessinèrent

Past Anterior
eus dessiné	eûmes dessiné
eus dessiné	eûtes dessiné
eut dessiné	eurent dessiné

Future
dessinerai	dessinerons
dessineras	dessinerez
dessinera	dessineront

Future Perfect
aurai dessiné	aurons dessiné
auras dessiné	aurez dessiné
aura dessiné	auront dessiné

Conditional
dessinerais	dessinerions
dessinerais	dessineriez
dessinerait	dessineraient

Conditional Perfect
aurais dessiné	aurions dessiné
aurais dessiné	auriez dessiné
aurait dessiné	auraient dessiné

Present Subjunctive
dessine	dessinions
dessines	dessiniez
dessine	dessinent

Past Subjunctive
aie dessiné	ayons dessiné
aies dessiné	ayez dessiné
ait dessiné	aient dessiné

Imperfect Subjunctive
dessinasse	dessinassions
dessinasses	dessinassiez
dessinât	dessinassent

Pluperfect Subjunctive
eusse dessiné	eussions dessiné
eusses dessiné	eussiez dessiné
eût dessiné	eussent dessiné

Imperative/Command
dessine	dessinons	dessinez

Verb in Action
Il dessine bien. *(He draws well.)*
Elle dessinait bien pour son âge. *(She drew well for her age.)*
Clara dessine elle-même ses robes. *(Clara designs her dresses herself.)*

détendre
(to relax, to ease, to slacken)

Present Participle: détendant • **Past Participle:** détendu
Regular **-re** verb

Present
détends	détendons
détends	détendez
détend	détendent

Imperfect
détendais	détendions
détendais	détendiez
détendait	détendaient

Passé Simple
détendis	détendîmes
détendis	détendîtes
détendit	détendirent

Future
détendrai	détendrons
détendras	détendrez
détendra	détendront

Conditional
détendrais	détendrions
détendrais	détendriez
détendrait	détendraient

Present Subjunctive
détende	détendions
détendes	détendiez
détende	détendent

Imperfect Subjunctive
détendisse	détendissions
détendisses	détendissiez
détendît	détendissent

Passé Composé
ai détendu	avons détendu
as détendu	avez détendu
a détendu	ont détendu

Pluperfect
avais détendu	avions détendu
avais détendu	aviez détendu
avait détendu	avaient détendu

Past Anterior
eus détendu	eûmes détendu
eus détendu	eûtes détendu
eut détendu	eurent détendu

Future Perfect
aurai détendu	aurons détendu
auras détendu	aurez détendu
aura détendu	auront détendu

Conditional Perfect
aurais détendu	aurions détendu
aurais détendu	auriez détendu
aurait détendu	auraient détendu

Past Subjunctive
aie détendu	ayons détendu
aies détendu	ayez détendu
ait détendu	aient détendu

Pluperfect Subjunctive
eusse détendu	eussions détendu
eusses détendu	eussiez détendu
eût détendu	eussent détendu

Imperative/Command
détends	détendons	détendez

Verb in Action

On commença par un jeu pour détendre un peu l'atmosphère. *(We began with a game to relax the atmosphere a bit.)*
La lecture me détend. *(Reading relaxes me.)*
Elle n'arrivait pas à détendre la situation. *(She couldn't manage to ease the situation.)*

se détendre

(to relax (oneself), to unwind)

Present Participle: se détendant • **Past Participle:** détendu
Regular pronominal **-re** verb

Present

me détends	nous détendons
te détends	vous détendez
se détend	se détendent

Imperfect

me détendais	nous détendions
te détendais	vous détendiez
se détendait	se détendaient

Passé Simple

me détendis	nous détendîmes
te détendis	vous détendîtes
se détendit	se détendirent

Future

me détendrai	nous détendrons
te détendras	vous détendrez
se détendra	se détendront

Conditional

me détendrais	nous détendrions
te détendrais	vous détendriez
se détendrait	se détendraient

Present Subjunctive

me détende	nous détendions
te détendes	vous détendiez
se détende	se détendent

Imperfect Subjunctive

me détendisse	nous détendissions
te détendisses	vous détendissiez
se détendît	se détendissent

Passé Composé

me suis détendu(e)	nous sommes détendu(e)s
t'es détendu(e)	vous êtes détendu(e)(s)
s'est détendu/détendue	se sont détendus/détendues

Pluperfect

m'étais détendu(e)	nous étions détendu(e)s
t'étais détendu(e)	vous étiez détendu(e)(s)
s'était détendu/détendue	s'étaient détendus/détendues

Past Anterior

me fus détendu(e)	nous fûmes détendu(e)s
te fus détendu(e)	vous fûtes détendu(e)(s)
se fut détendu/détendue	se furent détendus/détendues

Future Perfect

me serai détendu(e)	nous serons détendu(e)s
te seras détendu(e)	vous serez détendu(e)(s)
se sera détendu/détendue	se seront détendus/détendues

Conditional Perfect

me serais détendu(e)	nous serions détendu(e)s
te serais détendu(e)	vous seriez détendu(e)(s)
se serait détendu/détendue	se seraient détendus/détendues

Past Subjunctive

me sois détendu(e)	nous soyons détendu(e)s
te sois détendu(e)	vous soyez détendu(e)(s)
se soit détendu/détendue	se soient détendus/détendues

Pluperfect Subjunctive

me fusse détendu(e)	nous fussions détendu(e)s
te fusses détendu(e)	vous fussiez détendu(e)(s)
se fût détendu/détendue	se fussent détendus/détendues

Imperative/Command

détends-toi;	détendons-nous;	détendez-vous;
ne te détends pas	ne nous détendons pas	ne vous détendez pas

Verb in Action

Détendez-vous, le soir, en regardant un DVD. *(Relax in the evening and watch a DVD.)*
Il est allé prendre un bain pour se détendre. *(He went to take a bath to unwind.)*
Je ne me suis pas beaucoup détendu pendant mes vacances. *(I didn't relax a lot during my vacation.)*

détester
(to hate)

Present Participle: détestant • **Past Participle:** détesté
Regular **-er** verb

Present
déteste	détestons
détestes	détestez
déteste	détestent

Imperfect
détestais	détestions
détestais	détestiez
détestait	détestaient

Passé Simple
détestai	détestâmes
détestas	détestâtes
détesta	détestèrent

Future
détesterai	détesterons
détesteras	détesterez
détestera	détesteront

Conditional
détesterais	détesterions
détesterais	détesteriez
détesterait	détesteraient

Present Subjunctive
déteste	détestions
détestes	détestiez
déteste	détestent

Imperfect Subjunctive
détestasse	détestassions
détestasses	détestassiez
détestât	détestassent

Passé Composé
ai détesté	avons détesté
as détesté	avez détesté
a détesté	ont détesté

Pluperfect
avais détesté	avions détesté
avais détesté	aviez détesté
avait détesté	avaient détesté

Past Anterior
eus détesté	eûmes détesté
eus détesté	eûtes détesté
eut détesté	eurent détesté

Future Perfect
aurai détesté	aurons détesté
auras détesté	aurez détesté
aura détesté	auront détesté

Conditional Perfect
aurais détesté	aurions détesté
aurais détesté	auriez détesté
aurait détesté	auraient détesté

Past Subjunctive
aie détesté	ayons détesté
aies détesté	ayez détesté
ait détesté	aient détesté

Pluperfect Subjunctive
eusse détesté	eussions détesté
eusses détesté	eussiez détesté
eût détesté	eussent détesté

Imperative/Command
déteste	détestons	détestez

Verb in Action
Je déteste la foule. *(I hate crowds.)*
Elle détestait qu'on la prenne en photo. *(She hated people taking her photo.)*
Il n'avait jamais fait de judo et détestait tous les sports de combat. *(He had never done judo and hated all combat sports.)*

détruire
(to destroy)

Present Participle: détruisant • **Past Participle:** détruit
Irregular verb ending in **-uire**

Present		Passé Composé	
détruis	détruisons	ai détruit	avons détruit
détruis	détruisez	as détruit	avez détruit
détruit	détruisent	a détruit	ont détruit

Imperfect		Pluperfect	
détruisais	détruisions	avais détruit	avions détruit
détruisais	détruisiez	avais détruit	aviez détruit
détruisait	détruisaient	avait détruit	avaient détruit

Passé Simple		Past Anterior	
détruisis	détruisîmes	eus détruit	eûmes détruit
détruisis	détruisîtes	eus détruit	eûtes détruit
détruisit	détruisirent	eut détruit	eurent détruit

Future		Future Perfect	
détruirai	détruirons	aurai détruit	aurons détruit
détruiras	détruirez	auras détruit	aurez détruit
détruira	détruiront	aura détruit	auront détruit

Conditional		Conditional Perfect	
détruirais	détruirions	aurais détruit	aurions détruit
détruirais	détruiriez	aurais détruit	auriez détruit
détruirait	détruiraient	aurait détruit	auraient détruit

Present Subjunctive		Past Subjunctive	
détruise	détruisions	aie détruit	ayons détruit
détruises	détruisiez	aies détruit	ayez détruit
détruise	détruisent	ait détruit	aient détruit

Imperfect Subjunctive		Pluperfect Subjunctive	
détruisisse	détruisissions	eusse détruit	eussions détruit
détruisisses	détruisissiez	eusses détruit	eussiez détruit
détruisît	détruisissent	eût détruit	eussent détruit

Imperative/Command

détruis	détruisons	détruisez

Verb in Action

Pourquoi as-tu détruit ton beau château de sable? *(Why have you knocked down your lovely sandcastle?)*

Le feu a détruit la ville au moins quatre fois. *(Fire destroyed the city at least four times.)*

L'île fut ravagée par un cyclone qui détruisit toutes les récoltes. *(The island was devastated by a tornado that destroyed all the crops.)*

devancer
(to be ahead of, to precede)

Present Participle: devançant • **Past Participle:** devancé
-cer verb; **c** becomes **ç** before an **a** or an **o**

Present
devance	devançons
devances	devancez
devance	devancent

Imperfect
devançais	devancions
devançais	devanciez
devançait	devançaient

Passé Simple
devançai	devançâmes
devanças	devançâtes
devança	devancèrent

Future
devancerai	devancerons
devanceras	devancerez
devancera	devanceront

Conditional
devancerais	devancerions
devancerais	devanceriez
devancerait	devanceraient

Present Subjunctive
devance	devancions
devances	devanciez
devance	devancent

Imperfect Subjunctive
devançasse	devançassions
devançasses	devançassiez
devançât	devançassent

Passé Composé
ai devancé	avons devancé
as devancé	avez devancé
a devancé	ont devancé

Pluperfect
avais devancé	avions devancé
avais devancé	aviez devancé
avait devancé	avaient devancé

Past Anterior
eus devancé	eûmes devancé
eus devancé	eûtes devancé
eut devancé	eurent devancé

Future Perfect
aurai devancé	aurons devancé
auras devancé	aurez devancé
aura devancé	auront devancé

Conditional Perfect
aurais devancé	aurions devancé
aurais devancé	auriez devancé
aurait devancé	auraient devancé

Past Subjunctive
aie devancé	ayons devancé
aies devancé	ayez devancé
ait devancé	aient devancé

Pluperfect Subjunctive
eusse devancé	eussions devancé
eusses devancé	eussiez devancé
eût devancé	eussent devancé

Imperative/Command
devance	devançons	devancez

Verb in Action
Ils devançaient déjà l'équipe adverse par 2 buts. *(They were already ahead of the opposing team by two goals.)*
Ici on vous devance de deux heures, il est déjà 11h30. *(We're two hours ahead of you here, it's already 11:30.)*

devenir
(to become)

Present Participle: devenant • **Past Participle:** devenu
Irregular -**ir** verb

Present		**Passé Composé**	
deviens	devenons	suis devenu(e)	sommes devenu(e)s
deviens	devenez	es devenu(e)	êtes devenu(e)(s)
devient	deviennent	est devenu/devenue	sont devenus/devenues

Imperfect		**Pluperfect**	
devenais	devenions	étais devenu(e)	étions devenu(e)s
devenais	deveniez	étais devenu(e)	étiez devenu(e)(s)
devenait	devenaient	était devenu/devenue	étaient devenus/devenues

Passé Simple		**Past Anterior**	
devins	devînmes	fus devenu(e)	fûmes devenu(e)s
devins	devîntes	fus devenu(e)	fûtes devenu(e)(s)
devint	devinrent	fut devenu/devenue	furent devenus/devenues

Future		**Future Perfect**	
deviendrai	deviendrons	serai devenu(e)	serons devenu(e)s
deviendras	deviendrez	seras devenu(e)	serez devenu(e)(s)
deviendra	deviendront	sera devenu/devenue	seront devenus/devenues

Conditional		**Conditional Perfect**	
deviendrais	deviendrions	serais devenu(e)	serions devenu(e)s
deviendrais	deviendriez	serais devenu(e)	seriez devenu(e)(s)
deviendrait	deviendraient	serait devenu/devenue	seraient devenus/devenues

Present Subjunctive		**Past Subjunctive**	
devienne	devenions	sois devenu(e)	soyons devenu(e)s
deviennes	deveniez	sois devenu(e)	soyez devenu(e)(s)
devienne	deviennent	soit devenu/devenue	soient devenus/devenues

Imperfect Subjunctive		**Pluperfect Subjunctive**	
devinsse	devinssions	fusse devenu(e)	fussions devenu(e)s
devinsses	devinssiez	fusses devenu(e)	fussiez devenu(e)(s)
devînt	devinssent	fût devenu/devenue	fussent devenus/devenues

Imperative/Command		
deviens	devenons	devenez

Verb in Action

Ça devient de plus en plus difficile. *(It's becoming more and more difficult.)*
Il est devenu médecin. *(He became a doctor.)*
Elle devenait de plus en plus exigeante. *(She was becoming more and more demanding.)*

deviner
(to guess)

Present Participle: devinant • **Past Participle:** deviné
Regular **-er** verb

Present		Passé Composé	
devine	devinons	ai deviné	avons deviné
devines	devinez	as deviné	avez deviné
devine	devinent	a deviné	ont deviné

Imperfect		Pluperfect	
devinais	devinions	avais deviné	avions deviné
devinais	deviniez	avais deviné	aviez deviné
devinait	devinaient	avait deviné	avaient deviné

Passé Simple		Past Anterior	
devinai	devinâmes	eus deviné	eûmes deviné
devinas	devinâtes	eus deviné	eûtes deviné
devina	devinèrent	eut deviné	eurent deviné

Future		Future Perfect	
devinerai	devinerons	aurai deviné	aurons deviné
devineras	devinerez	auras deviné	aurez deviné
devinera	devineront	aura deviné	auront deviné

Conditional		Conditional Perfect	
devinerais	devinerions	aurais deviné	aurions deviné
devinerais	devineriez	aurais deviné	auriez deviné
devinerait	devineraient	aurait deviné	auraient deviné

Present Subjunctive		Past Subjunctive	
devine	devinions	aie deviné	ayons deviné
devines	deviniez	aies deviné	ayez deviné
devine	devinent	ait deviné	aient deviné

Imperfect Subjunctive		Pluperfect Subjunctive	
devinasse	devinassions	eusse deviné	eussions deviné
devinasses	devinassiez	eusses deviné	eussiez deviné
devinât	devinassent	eût deviné	eussent deviné

Imperative/Command

devine	devinons	devinez

Verb in Action

Devine qui vient de me téléphoner! *(Guess who just called me!)*
Tu ne devineras jamais ce qui m'est arrivé. *(You'll never guess what happened to me.)*
En fait, il a tout de suite deviné. *(In fact, he guessed immediately.)*

devoir

(must, to have to, to owe)

Present Participle: devant • **Past Participle:** dû
Irregular verb

Present		Passé Composé	
dois	devons	ai dû	avons dû
dois	devez	as dû	avez dû
doit	doivent	a dû	ont dû

Imperfect		Pluperfect	
devais	devions	avais dû	avions dû
devais	deviez	avais dû	aviez dû
devait	devaient	avait dû	avaient dû

Passé Simple		Past Anterior	
dus	dûmes	eus dû	eûmes dû
dus	dûtes	eus dû	eûtes dû
dut	durent	eut dû	eurent dû

Future		Future Perfect	
devrai	devrons	aurai dû	aurons dû
devras	devrez	auras dû	aurez dû
devra	devront	aura dû	auront dû

Conditional		Conditional Perfect	
devrais	devrions	aurais dû	aurions dû
devrais	devriez	aurais dû	auriez dû
devrait	devraient	aurait dû	auraient dû

Present Subjunctive		Past Subjunctive	
doive	devions	aie dû	ayons dû
doives	deviez	aies dû	ayez dû
doive	doivent	ait dû	aient dû

Imperfect Subjunctive		Pluperfect Subjunctive	
dusse	dussions	eusse dû	eussions dû
dusses	dussiez	eusses dû	eussiez dû
dût	dussent	eût dû	eussent dû

Imperative/Command

dois	devons	devez

Verb in Action

Je dois faire les courses ce matin. *(I have to do the shopping this morning.)*
Il a dû changer d'avis. *(He must have changed his mind.)*
Il devait prendre le train pour aller travailler. *(He had to take the train to go to work.)*
Tu me dois 50 euros. *(You owe me 50 euros.)*

dîner

(to have dinner (to have lunch (in Québec)))

Present Participle: dînant • **Past Participle:** dîné
Regular **-er** verb

Present		*Passé Composé*	
dîne	dînons	ai dîné	avons dîné
dînes	dînez	as dîné	avez dîné
dîne	dînent	a dîné	ont dîné

Imperfect		*Pluperfect*	
dînais	dînions	avais dîné	avions dîné
dînais	dîniez	avais dîné	aviez dîné
dînait	dînaient	avait dîné	avaient dîné

Passé Simple		*Past Anterior*	
dînai	dînâmes	eus dîné	eûmes dîné
dînas	dînâtes	eus dîné	eûtes dîné
dîna	dînèrent	eut dîné	eurent dîné

Future		*Future Perfect*	
dînerai	dînerons	aurai dîné	aurons dîné
dîneras	dînerez	auras dîné	aurez dîné
dînera	dîneront	aura dîné	auront dîné

Conditional		*Conditional Perfect*	
dînerais	dînerions	aurais dîné	aurions dîné
dînerais	dîneriez	aurais dîné	auriez dîné
dînerait	dîneraient	aurait dîné	auraient dîné

Present Subjunctive		*Past Subjunctive*	
dîne	dînions	aie dîné	ayons dîné
dînes	dîniez	aies dîné	ayez dîné
dîne	dînent	ait dîné	aient dîné

Imperfect Subjunctive		*Pluperfect Subjunctive*	
dînasse	dînassions	eusse dîné	eussions dîné
dînasses	dînassiez	eusses dîné	eussiez dîné
dînât	dînassent	eût dîné	eussent dîné

Imperative/Command

dîne	dînons	dînez

Verb in Action

Tu dînes avec nous ou est-ce que tu sors? *(Are you eating dinner with us, or are you going out?)*

Il faudrait tout de même qu'on les invite à dîner. *(We really should invite them to dinner.)*

Nous avons dîné plusieurs fois au restaurant pendant les vacances. *(We ate out several times during the vacation.)*

dire
(to say, to tell)

Present Participle: disant • **Past Participle:** dit
Irregular verb

Present		Passé Composé	
dis	disons	ai dit	avons dit
dis	dites	as dit	avez dit
dit	disent	a dit	ont dit

Imperfect		Pluperfect	
disais	disions	avais dit	avions dit
disais	disiez	avais dit	aviez dit
disait	disaient	avait dit	avaient dit

Passé Simple		Past Anterior	
dis	dîmes	eus dit	eûmes dit
dis	dîtes	eus dit	eûtes dit
dit	dirent	eut dit	eurent dit

Future		Future Perfect	
dirai	dirons	aurai dit	aurons dit
diras	direz	auras dit	aurez dit
dira	diront	aura dit	auront dit

Conditional		Conditional Perfect	
dirais	dirions	aurais dit	aurions dit
dirais	diriez	aurais dit	auriez dit
dirait	diraient	aurait dit	auraient dit

Present Subjunctive		Past Subjunctive	
dise	disions	aie dit	ayons dit
dises	disiez	aies dit	ayez dit
dise	disent	ait dit	aient dit

Imperfect Subjunctive		Pluperfect Subjunctive	
disse	dissions	eusse dit	eussions dit
disses	dissiez	eusses dit	eussiez dit
dît	dissent	eût dit	eussent dit

Imperative/Command

dis	disons	dites

Verb in Action

Qu'est-ce qu'elle dit? *(What is she saying?)*
Comment est-ce que ça se dit en anglais? *(How do you say that in English?)*
Je lui dirai de venir à midi. *(I'll tell him/her to come at noon.)*

diriger

(to manage, to direct, to conduct)

Present Participle: dirigeant • **Past Participle:** dirigé
-ger verb; **g** becomes **ge** before an **a** or an **o**

Present		Passé Composé	
dirige	dirigeons	ai dirigé	avons dirigé
diriges	dirigez	as dirigé	avez dirigé
dirige	dirigent	a dirigé	ont dirigé

Imperfect		Pluperfect	
dirigeais	dirigions	avais dirigé	avions dirigé
dirigeais	dirigiez	avais dirigé	aviez dirigé
dirigeait	dirigeaient	avait dirigé	avaient dirigé

Passé Simple		Past Anterior	
dirigeai	dirigeâmes	eus dirigé	eûmes dirigé
dirigeas	dirigeâtes	eus dirigé	eûtes dirigé
dirigea	dirigèrent	eut dirigé	eurent dirigé

Future		Future Perfect	
dirigerai	dirigerons	aurai dirigé	aurons dirigé
dirigeras	dirigerez	auras dirigé	aurez dirigé
dirigera	dirigeront	aura dirigé	auront dirigé

Conditional		Conditional Perfect	
dirigerais	dirigerions	aurais dirigé	aurions dirigé
dirigerais	dirigeriez	aurais dirigé	auriez dirigé
dirigerait	dirigeraient	aurait dirigé	auraient dirigé

Present Subjunctive		Past Subjunctive	
dirige	dirigions	aie dirigé	ayons dirigé
diriges	dirigiez	aies dirigé	ayez dirigé
dirige	dirigent	ait dirigé	aient dirigé

Imperfect Subjunctive		Pluperfect Subjunctive	
dirigeasse	dirigeassions	eusse dirigé	eussions dirigé
dirigeasses	dirigeassiez	eusses dirigé	eussiez dirigé
dirigeât	dirigeassent	eût dirigé	eussent dirigé

Imperative/Command

dirige	dirigeons	dirigez

Verb in Action

Il dirige une petite entreprise. *(He manages a small company.)*
Elle dirige actuellement l'AFP. *(She's the current head of the AFP.)*
C'est elle qui a dirigé l'enquête. *(She's the person who conducted the inquiry.)*

discuter

(to discuss, to argue, to talk)

Present Participle: discutant • **Past Participle:** discuté
Regular **-er** verb

Present
discute   discutons
discutes   discutez
discute   discutent

Passé Composé
ai discuté   avons discuté
as discuté   avez discuté
a discuté   ont discuté

Imperfect
discutais   discutions
discutais   discutiez
discutait   discutaient

Pluperfect
avais discuté   avions discuté
avais discuté   aviez discuté
avait discuté   avaient discuté

Passé Simple
discutai   discutâmes
discutas   discutâtes
discuta   discutèrent

Past Anterior
eus discuté   eûmes discuté
eus discuté   eûtes discuté
eut discuté   eurent discuté

Future
discuterai   discuterons
discuteras   discuterez
discutera   discuteront

Future Perfect
aurai discuté   aurons discuté
auras discuté   aurez discuté
aura discuté   auront discuté

Conditional
discuterais discuterions
discuterais discuteriez
discuterait discuteraient

Conditional Perfect
aurais discuté   aurions discuté
aurais discuté   auriez discuté
aurait discuté   auraient discuté

Present Subjunctive
discute   discutions
discutes   discutiez
discute   discutent

Past Subjunctive
aie discuté   ayons discuté
aies discuté   ayez discuté
ait discuté   aient discuté

Imperfect Subjunctive
discutasse   discutassions
discutasses   discutassiez
discutât   discutassent

Pluperfect Subjunctive
eusse discuté   eussions discuté
eusses discuté   eussiez discuté
eût discuté   eussent discuté

Imperative/Command
discute   discutons   discutez

Verb in Action

Nous avons discuté pendant des heures. *(We talked for hours.)*
Elles ont discuté de tout et de n'importe quoi. *(They talked about everything and anything.)*
Un groupe de jeunes discutait de la politique. *(A group of young people was discussing politics.)*

disparaître
(to disappear)

Present Participle: disparaissant • **Past Participle:** disparu
Irregular verb

Present		*Passé Composé*	
disparais	disparaissons	ai disparu	avons disparu
disparais	disparaissez	as disparu	avez disparu
disparaît	disparaissent	a disparu	ont disparu

Imperfect		*Pluperfect*	
disparaissais	disparaissions	avais disparu	avions disparu
disparaissais	disparaissiez	avais disparu	aviez disparu
disparaissait	disparaissaient	avait disparu	avaient disparu

Passé Simple		*Past Anterior*	
disparus	disparûmes	eus disparu	eûmes disparu
disparus	disparûtes	eus disparu	eûtes disparu
disparut	disparurent	eut disparu	eurent disparu

Future		*Future Perfect*	
disparaîtrai	disparaîtrons	aurai disparu	aurons disparu
disparaîtras	disparaîtrez	auras disparu	aurez disparu
disparaîtra	disparaîtront	aura disparu	auront disparu

Conditional		*Conditional Perfect*	
disparaîtrais	disparaîtrions	aurais disparu	aurions disparu
disparaîtrais	disparaîtriez	aurais disparu	auriez disparu
disparaîtrait	disparaîtraient	aurait disparu	auraient disparu

Present Subjunctive		*Past Subjunctive*	
disparaisse	disparaissions	aie disparu	ayons disparu
disparaisses	disparaissiez	aies disparu	ayez disparu
disparaisse	disparaissent	ait disparu	aient disparu

Imperfect Subjunctive		*Pluperfect Subjunctive*	
disparusse	disparussions	eusse disparu	eussions disparu
disparusses	disparussiez	eusses disparu	eussiez disparu
disparût	disparussent	eût disparu	eussent disparu

Imperative/Command

disparais	disparaissons	disparaissez

Verb in Action

Trois fourchettes en argent ont disparu. *(Three silver forks have disappeared.)*
Il a fait disparaître le lapin dans son chapeau. *(He made the rabbit disappear in his hat.)*
Ne disparaissez pas sans me dire au revoir! *(Don't take off without saying goodbye!)*

disputer/se disputer*

(to fight, to play)/(to quarrel, to argue, to fight)

Present Participle: disputant • **Past Participle:** disputé
Regular **-er** verb

Present
dispute	disputons
disputes	disputez
dispute	disputent

Imperfect
disputais	disputions
disputais	disputiez
disputait	disputaient

Passé Simple
disputai	disputâmes
disputas	disputâtes
disputa	disputèrent

Future
disputerai	disputerons
disputeras	disputerez
disputera	disputeront

Conditional
disputerais	disputerions
disputerais	disputeriez
disputerait	disputeraient

Present Subjunctive
dispute	disputions
disputes	disputiez
dispute	disputent

Imperfect Subjunctive
disputasse	disputassions
disputasses	disputassiez
disputât	disputassent

Passé Composé
ai disputé	avons disputé
as disputé	avez disputé
a disputé	ont disputé

Pluperfect
avais disputé	avions disputé
avais disputé	aviez disputé
avait disputé	avaient disputé

Past Anterior
eus disputé	eûmes disputé
eus disputé	eûtes disputé
eut disputé	eurent disputé

Future Perfect
aurai disputé	aurons disputé
auras disputé	aurez disputé
aura disputé	auront disputé

Conditional Perfect
aurais disputé	aurions disputé
aurais disputé	auriez disputé
aurait disputé	auraient disputé

Past Subjunctive
aie disputé	ayons disputé
aies disputé	ayez disputé
ait disputé	aient disputé

Pluperfect Subjunctive
eusse disputé	eussions disputé
eusses disputé	eussiez disputé
eût disputé	eussent disputé

Imperative/Command
dispute	disputons	disputez

Verb in Action

L'Américain disputera aux jeux Olympiques pour la quatrième fois consécutive. *(The American will be a contestant in the event at the Olympic Games for the fourth consecutive time.)*

Qu'est-ce que vous avez encore à vous disputer, vous deux? *(What do you two have left to argue about, both of you?)*

* *Note:* This pronominal verb is conjugated similarly to **se bagarrer.**

distraire
(to distract, to entertain)

Present Participle: distrayant • **Past Participle:** distrait
Irregular verb

Present		*Passé Composé*	
distrais	distrayons	ai distrait	avons distrait
distrais	distrayez	as distrait	avez distrait
distrait	distraient	a distrait	ont distrait

Imperfect		*Pluperfect*	
distrayais	distrayions	avais distrait	avions distrait
distrayais	distrayiez	avais distrait	aviez distrait
distrayait	distrayaient	avait distrait	avaient distrait

Passé Simple		*Past Anterior*	
not used		eus distrait	eûmes distrait
		eus distrait	eûtes distrait
Future		eut distrait	eurent distrait
distrairai	distrairons		
distrairas	distrairez	*Future Perfect*	
distraira	distrairont	aurai distrait	aurons distrait
		auras distrait	aurez distrait
Conditional		aura distrait	auront distrait
distrairais	distrairions		
distrairais	distrairiez	*Conditional Perfect*	
distrairait	distrairaient	aurais distrait	aurions distrait
		aurais distrait	auriez distrait
Present Subjunctive		aurait distrait	auraient distrait
distraie	distrayions		
distraies	distrayiez	*Past Subjunctive*	
distraie	distraient	aie distrait	ayons distrait
		aies distrait	ayez distrait
Imperfect Subjunctive		ait distrait	aient distrait
not used			
		Pluperfect Subjunctive	
		eusse distrait	eussions distrait
		eusses distrait	eussiez distrait
		eût distrait	eussent distrait

Imperative/Command

distrais	distrayons	distrayez

Verb in Action

Va voir un film; ça te distraira. *(Go see a film; it'll take your mind off things.)*
J'avais pour mission de les recevoir et de les distraire. *(My job was to put them up and entertain them.)*
Elle se laisse facilement distraire. *(She easily gets distracted.)*

divorcer

(to get divorced)

Present Participle: divorçant • **Past Participle:** divorcé
-cer verb; **c** becomes **ç** before an **a** or an **o**

Present		*Passé Composé*	
divorce	divorçons	ai divorcé	avons divorcé
divorces	divorcez	as divorcé	avez divorcé
divorce	divorcent	a divorcé	ont divorcé

Imperfect		*Pluperfect*	
divorçais	divorcions	avais divorcé	avions divorcé
divorçais	divorciez	avais divorcé	aviez divorcé
divorçait	divorçaient	avait divorcé	avaient divorcé

Passé Simple		*Past Anterior*	
divorçai	divorçâmes	eus divorcé	eûmes divorcé
divorças	divorçâtes	eus divorcé	eûtes divorcé
divorça	divorcèrent	eut divorcé	eurent divorcé

Future		*Future Perfect*	
divorcerai	divorcerons	aurai divorcé	aurons divorcé
divorceras	divorcerez	auras divorcé	aurez divorcé
divorcera	divorceront	aura divorcé	auront divorcé

Conditional		*Conditional Perfect*	
divorcerais	divorcerions	aurais divorcé	aurions divorcé
divorcerais	divorceriez	aurais divorcé	auriez divorcé
divorcerait	divorceraient	aurait divorcé	auraient divorcé

Present Subjunctive		*Past Subjunctive*	
divorce	divorcions	aie divorcé	ayons divorcé
divorces	divorciez	aies divorcé	ayez divorcé
divorce	divorcent	ait divorcé	aient divorcé

Imperfect Subjunctive		*Pluperfect Subjunctive*	
divorçasse	divorçassions	eusse divorcé	eussions divorcé
divorçasses	divorçassiez	eusses divorcé	eussiez divorcé
divorçât	divorçassent	eût divorcé	eussent divorcé

Imperative/Command

divorce	divorçons	divorcez

Verb in Action

Mes parents divorcèrent trois ans après ma naissance. *(My parents divorced three years after my birth.)*

On n'est pas divorcés; on est juste séparés pour l'instant. *(We're not divorced; we've just separated temporarily.)*

Pourquoi avez-vous divorcé? *(Why did you get divorced?)*

donner

(to give, to give away)

Present Participle: donnant • **Past Participle:** donné
Regular **-er** verb

Present		*Passé Composé*	
donne	donnons	ai donné	avons donné
donnes	donnez	as donné	avez donné
donne	donnent	a donné	ont donné

Imperfect		*Pluperfect*	
donnais	donnions	avais donné	avions donné
donnais	donniez	avais donné	aviez donné
donnait	donnaient	avait donné	avaient donné

Passé Simple		*Past Anterior*	
donnai	donnâmes	eus donné	eûmes donné
donnas	donnâtes	eus donné	eûtes donné
donna	donnèrent	eut donné	eurent donné

Future		*Future Perfect*	
donnerai	donnerons	aurai donné	aurons donné
donneras	donnerez	auras donné	aurez donné
donnera	donneront	aura donné	auront donné

Conditional		*Conditional Perfect*	
donnerais	donnerions	aurais donné	aurions donné
donnerais	donneriez	aurais donné	auriez donné
donnerait	donneraient	aurait donné	auraient donné

Present Subjunctive		*Past Subjunctive*	
donne	donnions	aie donné	ayons donné
donnes	donniez	aies donné	ayez donné
donne	donnent	ait donné	aient donné

Imperfect Subjunctive		*Pluperfect Subjunctive*	
donnasse	donnassions	eusse donné	eussions donné
donnasses	donnassiez	eusses donné	eussiez donné
donnât	donnassent	eût donné	eussent donné

Imperative/Command

donne	donnons	donnez

Verb in Action

Est-ce que je t'ai donné mon adresse? *(Did I give you my address?)*
Donne-moi la main. *(Give me your hand.)*
Il faut que tu me donnes plus de détails. *(You must give me more details.)*

dormir

(to sleep, to be asleep)

Present Participle: dormant • **Past Participle:** dormi
Irregular -**ir** verb

Present
dors	dormons
dors	dormez
dort	dorment

Imperfect
dormais	dormions
dormais	dormiez
dormait	dormaient

Passé Simple
dormis	dormîmes
dormis	dormîtes
dormit	dormirent

Future
dormirai	dormirons
dormiras	dormirez
dormira	dormiront

Conditional
dormirais	dormirions
dormirais	dormiriez
dormirait	dormiraient

Present Subjunctive
dorme	dormions
dormes	dormiez
dorme	dorment

Imperfect Subjunctive
dormisse	dormissions
dormisses	dormissiez
dormît	dormissent

Passé Composé
ai dormi	avons dormi
as dormi	avez dormi
a dormi	ont dormi

Pluperfect
avais dormi	avions dormi
avais dormi	aviez dormi
avait dormi	avaient dormi

Past Anterior
eus dormi	eûmes dormi
eus dormi	eûtes dormi
eut dormi	eurent dormi

Future Perfect
aurai dormi	aurons dormi
auras dormi	aurez dormi
aura dormi	auront dormi

Conditional Perfect
aurais dormi	aurions dormi
aurais dormi	auriez dormi
aurait dormi	auraient dormi

Past Subjunctive
aie dormi	ayons dormi
aies dormi	ayez dormi
ait dormi	aient dormi

Pluperfect Subjunctive
eusse dormi	eussions dormi
eusses dormi	eussiez dormi
eût dormi	eussent dormi

Imperative/Command
dors	dormons	dormez

Verb in Action

Nous dormons dans la même chambre. *(We sleep in the same bedroom.)*
Tu as bien dormi? *(Did you sleep well?)*
Ce soir, nous dormirons sous la tente. *(Tonight we'll sleep in the tent.)*

durer
(to last)

Present Participle: durant • **Past Participle:** duré
Regular **-er** verb

Present		Passé Composé	
dure	durons	ai duré	avons duré
dures	durez	as duré	avez duré
dure	durent	a duré	ont duré

Imperfect		Pluperfect	
durais	durions	avais duré	avions duré
durais	duriez	avais duré	aviez duré
durait	duraient	avait duré	avaient duré

Passé Simple		Past Anterior	
durai	durâmes	eus duré	eûmes duré
duras	durâtes	eus duré	eûtes duré
dura	durèrent	eut duré	eurent duré

Future		Future Perfect	
durerai	durerons	aurai duré	aurons duré
dureras	durerez	auras duré	aurez duré
durera	dureront	aura duré	auront duré

Conditional		Conditional Perfect	
durerais	durerions	aurais duré	aurions duré
durerais	dureriez	aurais duré	auriez duré
durerait	dureraient	aurait duré	auraient duré

Present Subjunctive		Past Subjunctive	
dure	durions	aie duré	ayons duré
dures	duriez	aies duré	ayez duré
dure	durent	ait duré	aient duré

Imperfect Subjunctive		Pluperfect Subjunctive	
durasse	durassions	eusse duré	eussions duré
durasses	durassiez	eusses duré	eussiez duré
durât	durassent	eût duré	eussent duré

Imperative/Command

dure	durons	durez

Verb in Action

Combien de temps dure le film? *(How long is the movie?)*
Le tournage dura un an et demi. *(Filming will last for a year and a half.)*
Il pleut mais je ne pense pas que ça dure. *(It's raining but I don't think it will last long.)*

s'ébattre
(to frolic)

Present Participle: s'ébattant • **Past Participle:** ébattu

Regular pronominal **-re** verb (except for the first, second, and third persons singular in the present indicative)

Present
m'ébats	nous ébattons
t'ébats	vous ébattez
s'ébat	s'ébattent

Passé Composé
me suis ébattu(e)	nous sommes ébattu(e)s
t'es ébattu(e)	vous êtes ébattu(e)(s)
s'est ébattu/ébattue	se sont ébattus/ébattues

Imperfect
m'ébattais	nous ébattions
t'ébattais	vous ébattiez
s'ébattait	s'ébattaient

Pluperfect
m'étais ébattu(e)	nous étions ébattu(e)s
t'étais ébattu(e)	vous étiez ébattu(e)(s)
s'était ébattu/ébattue	s'étaient ébattus/ébattues

Passé Simple
m'ébattis	nous ébattîmes
t'ébattis	vous ébattîtes
s'ébattit	s'ébattirent

Past Anterior
me fus ébattu(e)	nous fûmes ébattu (e) s
te fus ébattu(e)	vous fûtes ébattu (e) (s)
se fut ébattu/ébattue	se furent ébattus/ébattues

Future
m'ébattrai	nous ébattrons
t'ébattras	vous ébattrez
s'ébattra	s'ébattront

Future Perfect
me serai ébattu(e)	nous serons ébattu(e)s
te seras ébattu(e)	vous serez ébattu(e)(s)
se sera ébattu/ébattue	se seront ébattus/ébattues

Conditional
m'ébattrais	nous ébattrions
t'ébattrais	vous ébattriez
s'ébattrait	s'ébattraient

Conditional Perfect
me serais ébattu (e)	nous serions ébattu(e)s
te serais ébattu (e)	vous seriez ébattu(e)(s)
se serait ébattu/ébattue	se seraient ébattus/ébattues

Present Subjunctive
m'ébatte	nous ébattions
t'ébattes	vous ébattiez
s'ébatte	s'ébattent

Past Subjunctive
me sois ébattu(e)	nous soyons ébattu(e)s
te sois ébattu(e)	vous soyez ébattu(e)(s)
se soit ébattu/ébattue	se soient ébattus/ébattues

Imperfect Subjunctive
m'ébattisse	nous ébattissions
t'ébattisses	vous ébattissiez
s'ébattît	s'ébattissent

Pluperfect Subjunctive
me fusse ébattu(e)	nous fussions ébattu(e)s
te fusses ébattu(e)	vous fussiez ébattu(e)(s)
se fût ébattu/ébattue	se fussent ébattus/ébattues

Imperative/Command
ébats-toi;	ébattons-nous;	ébattez-vous;
ne t'ébats pas	ne nous ébattons pas	ne vous ébattez pas

Verb in Action

Qui sait, des baleines s'ébattront peut-être à nouveau dans la baie. *(Who knows, perhaps whales will once more frolic in the bay.)*

Il s'ébattait dans la piscine de son hôtel. *(He was playing around in the hotel swimming pool.)*

Le tableau représentait des poissons s'ébattant dans les airs. *(The picture showed fish leaping in the air.)*

échanger

(to swap, to exchange)

Present Participle: échangeant • **Past Participle:** échangé
-ger verb; **g** becomes **ge** before an **a** or an **o**

Present
échange	échangeons
échanges	échangez
échange	échangent

Passé Composé
ai échangé	avons échangé
as échangé	avez échangé
a échangé	ont échangé

Imperfect
échangeais	échangions
échangeais	échangiez
échangeait	échangeaient

Pluperfect
avais échangé	avions échangé
avais échangé	aviez échangé
avait échangé	avaient échangé

Passé Simple
échangeai	échangeâmes
échangeas	échangeâtes
échangea	échangèrent

Past Anterior
eus échangé	eûmes échangé
eus échangé	eûtes échangé
eut échangé	eurent échangé

Future
échangerai	échangerons
échangeras	échangerez
échangera	échangeront

Future Perfect
aurai échangé	aurons échangé
auras échangé	aurez échangé
aura échangé	auront échangé

Conditional
échangerais	échangerions
échangerais	échangeriez
échangerait	échangeraient

Conditional Perfect
aurais échangé	aurions échangé
aurais échangé	auriez échangé
aurait échangé	auraient échangé

Present Subjunctive
échange	échangions
échanges	échangiez
échange	échangent

Past Subjunctive
aie échangé	ayons échangé
aies échangé	ayez échangé
ait échangé	aient échangé

Imperfect Subjunctive
échangeasse	échangeassions
échangeasses	échangeassiez
échangeât	échangeassent

Pluperfect Subjunctive
eusse échangé	eussions échangé
eusses échangé	eussiez échangé
eût échangé	eussent échangé

Imperative/Command
échange	échangeons	échangez

Verb in Action

Je voudrais échanger ce pull, s'il vous plaît. *(I'd like to exchange this sweater, please.)*
Je t'échange ce timbre contre celui-là. *(I'll swap you this stamp for that one.)*
Nous avons juste eu le temps d'échanger quelques mots. *(We just had time to exchange a few words.)*

éclaircir
(to clear up, to lighten)

Present Participle: éclaircissant • **Past Participle:** éclairci
Regular **-ir** verb

Present
éclaircis	éclaircissons
éclaircis	éclaircissez
éclaircit	éclaircissent

Imperfect
éclaircissais	éclaircissions
éclaircissais	éclaircissiez
éclaircissait	éclaircissaient

Passé Simple
éclaircis	éclaircîmes
éclaircis	éclaircîtes
éclaircit	éclaircirent

Future
éclaircirai	éclaircirons
éclairciras	éclaircirez
éclaircira	éclairciront

Conditional
éclaircirais	éclaircirions
éclaircirais	éclairciriez
éclaircirait	éclairciraient

Present Subjunctive
éclaircisse	éclaircissions
éclaircisses	éclaircissiez
éclaircisse	éclaircissent

Imperfect Subjunctive
éclaircisse	éclaircissions
éclaircisses	éclaircissiez
éclaircît	éclaircissent

Passé Composé
ai éclairci	avons éclairci
as éclairci	avez éclairci
a éclairci	ont éclairci

Pluperfect
avais éclairci	avions éclairci
avais éclairci	aviez éclairci
avait éclairci	avaient éclairci

Past Anterior
eus éclairci	eûmes éclairci
eus éclairci	eûtes éclairci
eut éclairci	eurent éclairci

Future Perfect
aurai éclairci	aurons éclairci
auras éclairci	aurez éclairci
aura éclairci	auront éclairci

Conditional Perfect
aurais éclairci	aurions éclairci
aurais éclairci	auriez éclairci
aurait éclairci	auraient éclairci

Past Subjunctive
aie éclairci	ayons éclairci
aies éclairci	ayez éclairci
ait éclairci	aient éclairci

Pluperfect Subjunctive
eusse éclairci	eussions éclairci
eusses éclairci	eussiez éclairci
eût éclairci	eussent éclairci

Imperative/Command
éclaircis	éclaircissons	éclaircissez

Verb in Action

Comment faire pour éclaircir ses cheveux naturellement? *(How can you lighten your hair color naturally?)*

Le temps s'éclaircira dans l'après-midi. *(The weather will clear up in the afternoon.)*

Il appartiendra à la justice d'éclaircir ce mystère. *(It will be up to the law to clear up/ solve this mystery.)*

écouter

(to listen (to))

Present Participle: écoutant • **Past Participle:** écouté
Regular **-er** verb

Present		*Passé Composé*	
écoute	écoutons	ai écouté	avons écouté
écoutes	écoutez	as écouté	avez écouté
écoute	écoutent	a écouté	ont écouté

Imperfect		*Pluperfect*	
écoutais	écoutions	avais écouté	avions écouté
écoutais	écoutiez	avais écouté	aviez écouté
écoutait	écoutaient	avait écouté	avaient écouté

Passé Simple		*Past Anterior*	
écoutai	écoutâmes	eus écouté	eûmes écouté
écoutas	écoutâtes	eus écouté	eûtes écouté
écouta	écoutèrent	eut écouté	eurent écouté

Future		*Future Perfect*	
écouterai	écouterons	aurai écouté	aurons écouté
écouteras	écouterez	auras écouté	aurez écouté
écoutera	écouteront	aura écouté	auront écouté

Conditional		*Conditional Perfect*	
écouterais	écouterions	aurais écouté	aurions écouté
écouterais	écouteriez	aurais écouté	auriez écouté
écouterait	écouteraient	aurait écouté	auraient écouté

Present Subjunctive		*Past Subjunctive*	
écoute	écoutions	aie écouté	ayons écouté
écoutes	écoutiez	aies écouté	ayez écouté
écoute	écoutent	ait écouté	aient écouté

Imperfect Subjunctive		*Pluperfect Subjunctive*	
écoutasse	écoutassions	eusse écouté	eussions écouté
écoutasses	écoutassiez	eusses écouté	eussiez écouté
écoutât	écoutassent	eût écouté	eussent écouté

Imperative/Command

écoute	écoutons	écoutez

Verb in Action

Sylvie, est-ce que tu m'écoutes? *(Sylvie, are you listening to me?)*
Je peux passer des heures à l'écouter. *(I can spend hours listening to him/her/it.)*
Nous avons écouté *Les quatre saisons* de Vivaldi dans notre classe de musique. *(We listened to* The Four Seasons *by Vivaldi in our music class.)*

écrire
(to write)

● ●

Present Participle: écrivant • **Past Participle:** écrit
Irregular verb

● ●

Present		*Passé Composé*	
écris	écrivons	ai écrit	avons écrit
écris	écrivez	as écrit	avez écrit
écrit	écrivent	a écrit	ont écrit

Imperfect		*Pluperfect*	
écrivais	écrivions	avais écrit	avions écrit
écrivais	écriviez	avais écrit	aviez écrit
écrivait	écrivaient	avait écrit	avaient écrit

Passé Simple		*Past Anterior*	
écrivis	écrivîmes	eus écrit	eûmes écrit
écrivis	écrivîtes	eus écrit	eûtes écrit
écrivit	écrivirent	eut écrit	eurent écrit

Future		*Future Perfect*	
écrirai	écrirons	aurai écrit	aurons écrit
écriras	écrirez	auras écrit	aurez écrit
écrira	écriront	aura écrit	auront écrit

Conditional		*Conditional Perfect*	
écrirais	écririons	aurais écrit	aurions écrit
écrirais	écririez	aurais écrit	auriez écrit
écrirait	écriraient	aurait écrit	auraient écrit

Present Subjunctive		*Past Subjunctive*	
écrive	écrivions	aie écrit	ayons écrit
écrives	écriviez	aies écrit	ayez écrit
écrive	écrivent	ait écrit	aient écrit

Imperfect Subjunctive		*Pluperfect Subjunctive*	
écrivisse	écrivissions	eusse écrit	eussions écrit
écrivisses	écrivissiez	eusses écrit	eussiez écrit
écrivît	écrivissent	eût écrit	eussent écrit

Imperative/Command

écris	écrivons	écrivez

● ●

Verb in Action

Elle écrit des romans. *(She writes novels.)*
Écrivez votre nom en haut de la feuille. *(Write your name at the top of the page.)*
Elle aimerait que tu écrives plus souvent. *(She'd like you to write more often.)*

effacer

(to erase, to remove)

Present Participle: effaçant • **Past Participle:** effacé
-cer verb; **c** becomes **ç** before an **a** or an **o**

Present		*Passé Composé*	
efface	effaçons	ai effacé	avons effacé
effaces	effacez	as effacé	avez effacé
efface	effacent	a effacé	ont effacé

Imperfect		*Pluperfect*	
effaçais	effacions	avais effacé	avions effacé
effaçais	effaciez	avais effacé	aviez effacé
effaçait	effaçaient	avait effacé	avaient effacé

Passé Simple		*Past Anterior*	
effaçai	effaçâmes	eus effacé	eûmes effacé
effaças	effaçâtes	eus effacé	eûtes effacé
effaça	effacèrent	eut effacé	eurent effacé

Future		*Future Perfect*	
effacerai	effacerons	aurai effacé	aurons effacé
effaceras	effacerez	auras effacé	aurez effacé
effacera	effaceront	aura effacé	auront effacé

Conditional		*Conditional Perfect*	
effacerais	effacerions	aurais effacé	aurions effacé
effacerais	effaceriez	aurais effacé	auriez effacé
effacerait	effaceraient	aurait effacé	auraient effacé

Present Subjunctive		*Past Subjunctive*	
efface	effacions	aie effacé	ayons effacé
effaces	effaciez	aies effacé	ayez effacé
efface	effacent	ait effacé	aient effacé

Imperfect Subjunctive		*Pluperfect Subjunctive*	
effaçasse	effaçassions	eusse effacé	eussions effacé
effaçasses	effaçassiez	eusses effacé	eussiez effacé
effaçât	effaçassent	eût effacé	eussent effacé

Imperative/Command

efface	effaçons	effacez

Verb in Action

Nicolas, tu peux effacer le tableau? *(Nicolas, can you erase the board?)*
C'est une encre qui s'efface très facilement. *(It's a kind of ink that washes off very easily.)*
J'ai effacé son message sur la messagerie vocale. *(I deleted his/her message from the voicemail.)*

s'efforcer
(to try hard)

Present Participle: s'efforçant • **Past Participle:** efforcé
Pronominal **-cer** verb; **c** becomes **ç** before an **a** or an **o**

Present	
m'efforce	nous efforçons
t'efforces	vous efforcez
s'efforce	s'efforcent

Imperfect	
m'efforçais	nous efforcions
t'efforçais	vous efforciez
s'efforçait	s'efforçaient

Passé Simple	
m'efforçai	nous efforçâmes
t'efforças	vous efforçâtes
s'efforça	s'efforcèrent

Future	
m'efforcerai	nous efforcerons
t'efforceras	vous efforcerez
s'efforcera	s'efforceront

Conditional	
m'efforcerais	nous efforcerions
t'efforcerais	vous efforceriez
s'efforcerait	s'efforceraient

Present Subjunctive	
m'efforce	nous efforcions
t'efforces	vous efforciez
s'efforce	s'efforcent

Imperfect Subjunctive	
m'efforçasse	nous efforçassions
t'efforçasses	vous efforçassiez
s'efforçât	s'efforçassent

Passé Composé	
me suis efforcé(e)	nous sommes efforcé(e)s
t'es efforcé(e)	vous êtes efforcé(e)(s)
s'est efforcé/efforcée	se sont efforcés/efforcées

Pluperfect	
m'étais efforcé(e)	nous étions efforcé(e)s
t'étais efforcé(e)	vous étiez efforcé(e)(s)
s'était efforcé/efforcée	s'étaient efforcés/efforcées

Past Anterior	
me fus efforcé(e)	nous fûmes efforcé(e)s
te fus efforcé(e)	vous fûtes efforcé(e)(s)
se fut efforcé/efforcée	se furent efforcés/efforcées

Future Perfect	
me serai efforcé(e)	nous serons efforcé(e)s
te seras efforcé(e)	vous serez efforcé(e)(s)
se sera efforcé/efforcée	se seront efforcés/efforcées

Conditional Perfect	
me serais efforcé(e)	nous serions efforcé(e)s
te serais efforcé(e)	vous seriez efforcé(e)(s)
se serait efforcé/efforcée	se seraient efforcés/ efforcées

Past Subjunctive	
me sois efforcé(e)	nous soyons efforcé(e)s
te sois efforcé(e)	vous soyez efforcé(e)(s)
se soit efforcé/efforcée	se soient efforcés/efforcées

Pluperfect Subjunctive	
me fusse efforcé(e)	nous fussions efforcé(e)s
te fusses efforcé(e)	vous fussiez efforcé(e)(s)
se fût efforcé/efforcée	se fussent efforcés/efforcées

Imperative/Command

efforce-toi;	efforçons-nous;	efforcez-vous;
ne t'efforce pas	ne nous efforçons pas	ne vous efforcez pas

Verb in Action

Je m'efforçais de suivre la conversation en italien. *(I was trying hard to follow the conversation in Italian.)*

Elle s'efforce d'être polie avec tous ses clients. *(She tries hard to be polite with all her customers.)*

Les entreprises s'efforcent de réduire leurs dettes. *(Companies are endeavoring to reduce their debts.)*

effrayer

(to frighten)

Present Participle: effrayant • **Past Participle:** effrayé
-**yer** verb; **y** can become **i** before **e, es, ent**

Present

effraie/effraye	effrayons
effraies/effrayes	effrayez
effraie/effraye	effraient/effrayent

Imperfect

effrayais	effrayions
effrayais	effrayiez
effrayait	effrayaient

Passé Simple

effrayai	effrayâmes
effrayas	effrayâtes
effraya	effrayèrent

Future

effraierai/effrayerai	effraierons/effrayerons
effraieras/effrayeras	effraierez/effrayerez
effraiera/effrayera	effraieront/effrayeront

Conditional

effraierais/effrayerais	effraierions/effrayerions
effraierais/effrayerais	effraieriez/effrayeriez
effraierait/effrayerait	effraieraient/effrayeraient

Present Subjunctive

effraie/effraye	effrayions
effraies/effrayes	effrayiez
effraie/effraye	effraient/effrayent

Imperfect Subjunctive

effrayasse	effrayassions
effrayasses	effrayassiez
effrayât	effrayassent

Passé Composé

ai effrayé	avons effrayé
as effrayé	avez effrayé
a effrayé	ont effrayé

Pluperfect

avais effrayé	avions effrayé
avais effrayé	aviez effrayé
avait effrayé	avaient effrayé

Past Anterior

eus effrayé	eûmes effrayé
eus effrayé	eûtes effrayé
eut effrayé	eurent effrayé

Future Perfect

aurai effrayé	aurons effrayé
auras effrayé	aurez effrayé
aura effrayé	auront effrayé

Conditional Perfect

aurais effrayé	aurions effrayé
aurais effrayé	auriez effrayé
aurait effrayé	auraient effrayé

Past Subjunctive

aie effrayé	ayons effrayé
aies effrayé	ayez effrayé
ait effrayé	aient effrayé

Pluperfect Subjunctive

eusse effrayé	eussions effrayé
eusses effrayé	eussiez effrayé
eût effrayé	eussent effrayé

Imperative/Command

effraie/effraye	effrayons	effrayez

Verb in Action

Les araignées l'effraient. *(Spiders frighten her/him.)*
Le travail ne m'effraye pas. *(Work does not frighten me.)*
Je suis effrayé par le coût des études supérieures dans ce pays. *(I'm frightened by the cost of higher education in this country.)*

élargir
(to widen, to stretch)

Present Participle: élargissant • **Past Participle:** élargi
Regular -**ir** verb

Present
élargis	élargissons
élargis	élargissez
élargit	élargissent

Passé Composé
ai élargi	avons élargi
as élargi	avez élargi
a élargi	ont élargi

Imperfect
élargissais	élargissions
élargissais	élargissiez
élargissait	élargissaient

Pluperfect
avais élargi	avions élargi
avais élargi	aviez élargi
avait élargi	avaient élargi

Passé Simple
élargis	élargîmes
élargis	élargîtes
élargit	élargirent

Past Anterior
eus élargi	eûmes élargi
eus élargi	eûtes élargi
eut élargi	eurent élargi

Future
élargirai	élargirons
élargiras	élargirez
élargira	élargiront

Future Perfect
aurai élargi	aurons élargi
auras élargi	aurez élargi
aura élargi	auront élargi

Conditional
élargirais	élargirions
élargirais	élargiriez
élargirait	élargiraient

Conditional Perfect
aurais élargi	aurions élargi
aurais élargi	auriez élargi
aurait élargi	auraient élargi

Present Subjunctive
élargisse	élargissions
élargisses	élargissiez
élargisse	élargissent

Past Subjunctive
aie élargi	ayons élargi
aies élargi	ayez élargi
ait élargi	aient élargi

Imperfect Subjunctive
élargisse	élargissions
élargisses	élargissiez
élargît	élargissent

Pluperfect Subjunctive
eusse élargi	eussions élargi
eusses élargi	eussiez élargi
eût élargi	eussent élargi

Imperative/Command
élargis	élargissons	élargissez

Verb in Action

On a élargi la route qui longe la mer. *(The road that goes along the sea has been widened.)*
Ses yeux s'élargissaient en écoutant son récit. *(His/her eyes widened as he/she listened to his/her story.)*
Arrête de tirer sur ton pull, tu vas l'élargir. *(Stop pulling on your sweater, you'll stretch it.)*

embêter
(to bother, to annoy)

Present Participle: embêtant • **Past Participle:** embêté
Regular **-er** verb

Present
embête	embêtons
embêtes	embêtez
embête	embêtent

Imperfect
embêtais	embêtions
embêtais	embêtiez
embêtait	embêtaient

Passé Simple
embêtai	embêtâmes
embêtas	embêtâtes
embêta	embêtèrent

Future
embêterai	embêterons
embêteras	embêterez
embêtera	embêteront

Conditional
embêterais	embêterions
embêterais	embêteriez
embêterait	embêteraient

Present Subjunctive
embête	embêtions
embêtes	embêtiez
embête	embêtent

Imperfect Subjunctive
embêtasse	embêtassions
embêtasses	embêtassiez
embêtât	embêtassent

Passé Composé
ai embêté	avons embêté
as embêté	avez embêté
a embêté	ont embêté

Pluperfect
avais embêté	avions embêté
avais embêté	aviez embêté
avait embêté	avaient embêté

Past Anterior
eus embêté	eûmes embêté
eus embêté	eûtes embêté
eut embêté	eurent embêté

Future Perfect
aurai embêté	aurons embêté
auras embêté	aurez embêté
aura embêté	auront embêté

Conditional Perfect
aurais embêté	aurions embêté
aurais embêté	auriez embêté
aurait embêté	auraient embêté

Past Subjunctive
aie embêté	ayons embêté
aies embêté	ayez embêté
ait embêté	aient embêté

Pluperfect Subjunctive
eusse embêté	eussions embêté
eusses embêté	eussiez embêté
eût embêté	eussent embêté

Imperative/Command
embête	embêtons	embêtez

Verb in Action

N'embête pas ton frère pendant qu'il fait ses devoirs. *(Don't bother your brother while he's doing his homework.)*

Elle m'embête à toujours raconter les mêmes histoires. *(She annoys me, always telling the same stories.)*

embrasser

(to kiss, to hug, to embrace)

Present Participle: embrassant • Past Participle: embrassé
Regular **-er** verb

Present

embrasse	embrassons
embrasses	embrassez
embrasse	embrassent

Passé Composé

ai embrassé	avons embrassé
as embrassé	avez embrassé
a embrassé	ont embrassé

Imperfect

embrassais	embrassions
embrassais	embrassiez
embrassait	embrassaient

Pluperfect

avais embrassé	avions embrassé
avais embrassé	aviez embrassé
avait embrassé	avaient embrassé

Passé Simple

embrassai	embrassâmes
embrassas	embrassâtes
embrassa	embrassèrent

Past Anterior

eus embrassé	eûmes embrassé
eus embrassé	eûtes embrassé
eut embrassé	eurent embrassé

Future

embrasserai	embrasserons
embrasseras	embrasserez
embrassera	embrasseront

Future Perfect

aurai embrassé	aurons embrassé
auras embrassé	aurez embrassé
aura embrassé	auront embrassé

Conditional

embrasserais	embrasserions
embrasserais	embrasseriez
embrasserait	embrasseraient

Conditional Perfect

aurais embrassé	aurions embrassé
aurais embrassé	auriez embrassé
aurait embrassé	auraient embrassé

Present Subjunctive

embrasse	embrassions
embrasses	embrassiez
embrasse	embrassent

Past Subjunctive

aie embrassé	ayons embrassé
aies embrassé	ayez embrassé
ait embrassé	aient embrassé

Imperfect Subjunctive

embrassasse	embrassassions
embrassasses	embrassassiez
embrassât	embrassassent

Pluperfect Subjunctive

eusse embrassé	eussions embrassé
eusses embrassé	eussiez embrassé
eût embrassé	eussent embrassé

Imperative/Command

embrasse	embrassons	embrassez

Verb in Action

Embrasse tes parents pour moi. *(Kiss your parents for me.)*
Ils se sont embrassés. *(They kissed each other.)*
On s'embrasse beaucoup plus souvent en France. *(People in France kiss/embrace much more often.)*

émettre
(to emit, to give out, to broadcast, to transmit)

Present Participle: émettant • **Past Participle:** émis
Irregular -**re** verb

Present		Passé Composé	
émets	émettons	ai émis	avons émis
émets	émettez	as émis	avez émis
émet	émettent	a émis	ont émis

Imperfect		Pluperfect	
émettais	émettions	avais émis	avions émis
émettais	émettiez	avais émis	aviez émis
émettait	émettaient	avait émis	avaient émis

Passé Simple		Past Anterior	
émis	émîmes	eus émis	eûmes émis
émis	émîtes	eus émis	eûtes émis
émit	émirent	eut émis	eurent émis

Future		Future Perfect	
émettrai	émettrons	aurai émis	aurons émis
émettras	émettrez	auras émis	aurez émis
émettra	émettront	aura émis	auront émis

Conditional		Conditional Perfect	
émettrais	émettrions	aurais émis	aurions émis
émettrais	émettriez	aurais émis	auriez émis
émettrait	émettraient	aurait émis	auraient émis

Present Subjunctive		Past Subjunctive	
émette	émettions	aie émis	ayons émis
émettes	émettiez	aies émis	ayez émis
émette	émettent	ait émis	aient émis

Imperfect Subjunctive		Pluperfect Subjunctive	
émisse	émissions	eusse émis	eussions émis
émisses	émissiez	eusses émis	eussiez émis
émît	émissent	eût émis	eussent émis

Imperative/Command

émets	émettons	émettez

Verb in Action

Il avait émis l'hypothèse du meurtre dans cette affaire. *(He had suggested the possibility of murder in this case.)*

Nous émettrons en direct le résultat des élections. *(We will broadcast the result of the elections live.)*

Les animaux du zoo émettaient des sons étranges. *(The animals in the zoo were making strange noises.)*

emmener

(to take along (someone))

Present Participle: emmenant • **Past Participle:** emmené
e[consonant]-**er** verb; **e** becomes **è** before consonant + **e, es, ent**

Present

emmène	emmenons
emmènes	emmenez
emmène	emmènent

Imperfect

emmenais	emmenions
emmenais	emmeniez
emmenait	emmenaient

Passé Simple

emmenai	emmenâmes
emmenas	emmenâtes
emmena	emmenèrent

Future

emmènerai	emmènerons
emmèneras	emmènerez
emmènera	emmèneront

Conditional

emmènerais	emmènerions
emmènerais	emmèneriez
emmènerait	emmèneraient

Present Subjunctive

emmène	emmenions
emmènes	emmeniez
emmène	emmènent

Imperfect Subjunctive

emmenasse	emmenassions
emmenasses	emmenassiez
emmenât	emmenassent

Passé Composé

ai emmené	avons emmené
as emmené	avez emmené
a emmené	ont emmené

Pluperfect

avais emmené	avions emmené
avais emmené	aviez emmené
avait emmené	avaient emmené

Past Anterior

eus emmené	eûmes emmené
eus emmené	eûtes emmené
eut emmené	eurent emmené

Future Perfect

aurai emmené	aurons emmené
auras emmené	aurez emmené
aura emmené	auront emmené

Conditional Perfect

aurais emmené	aurions emmené
aurais emmené	auriez emmené
aurait emmené	auraient emmené

Past Subjunctive

aie emmené	ayons emmené
aies emmené	ayez emmené
ait emmené	aient emmené

Pluperfect Subjunctive

eusse emmené	eussions emmené
eusses emmené	eussiez emmené
eût emmené	eussent emmené

Imperative/Command

emmène	emmenons	emmenez

Verb in Action

Ils m'ont emmené au cinéma pour mon anniversaire. *(They took me to the cinema for my birthday.)*

Ils emmènent leur petite fille en vacances tous les ans. *(They take their granddaughter on vacation every year.)*

émouvoir
(to move)

● ●

Present Participle: émouvant • **Past Participle:** ému
Irregular verb

● ●

Present		**Passé Composé**	
émeus	émouvons	ai ému	avons ému
émeus	émouvez	as ému	avez ému
émeut	émeuvent	a ému	ont ému

Imperfect		**Pluperfect**	
émouvais	émouvions	avais ému	avions ému
émouvais	émouviez	avais ému	aviez ému
émouvait	émouvaient	avait ému	avaient ému

Passé Simple		**Past Anterior**	
émus	émûmes	eus ému	eûmes ému
émus	émûtes	eus ému	eûtes ému
émut	émurent	eut ému	eurent ému

Future		**Future Perfect**	
émouvrai	émouvrons	aurai ému	aurons ému
émouvras	émouvrez	auras ému	aurez ému
émouvra	émouvront	aura ému	auront ému

Conditional		**Conditional Perfect**	
émouvrais	émouvrions	aurais ému	aurions ému
émouvrais	émouvriez	aurais ému	auriez ému
émouvrait	émouvraient	aurait ému	auraient ému

Present Subjunctive		**Past Subjunctive**	
émeuve	émouvions	aie ému	ayons ému
émeuves	émouviez	aies ému	ayez ému
émeuve	émeuvent	ait ému	aient ému

Imperfect Subjunctive		**Pluperfect Subjunctive**	
émusse	émussions	eusse ému	eussions ému
émusses	émussiez	eusses ému	eussiez ému
émût	émussent	eût ému	eussent ému

Imperative/Command

émeus	émouvons	émouvez

● ●

Verb in Action

Cette histoire m'émeut toujours beaucoup. *(This story always moves me to tears.)*
Ce film nous a émus. *(This movie moved us.)*
Sa lettre l'avait beaucoup émue. *(She had been very moved by his/her letter.)*

s'emparer
(to seize, to grab (hold of))

Present
m'empare	nous emparons
t'empares	vous emparez
s'empare	s'emparent

Passé Composé
me suis emparé(e)	nous sommes emparé(e)s
t'es emparé(e)	vous êtes emparé(e)(s)
s'est emparé/emparée	se sont emparés/emparées

Imperfect
m'emparais	nous emparions
t'emparais	vous empariez
s'emparait	s'emparaient

Pluperfect
m'étais emparé(e)	nous étions emparé(e)s
t'étais emparé(e)	vous étiez emparé(e)(s)
s'était emparé/emparée	s'étaient emparés/emparées

Passé Simple
m'emparai	nous emparâmes
t'emparas	vous emparâtes
s'empara	s'emparèrent

Past Anterior
me fus emparé(e)	nous fûmes emparé(e)s
te fus emparé(e)	vous fûtes emparé(e)(s)
se fut emparé/emparée	se furent emparés/emparées

Future
m'emparerai	nous emparerons
t'empareras	vous emparerez
s'emparera	s'empareront

Future Perfect
me serai emparé(e)	nous serons emparé(e)s
te seras emparé(e)	vous serez emparé(e)(s)
se sera emparé/emparée	se seront emparés/emparées

Conditional
m'emparerais	nous emparerions
t'emparerais	vous empareriez
s'emparerait	s'empareraient

Conditional Perfect
me serais emparé(e)	nous serions emparé(e)s
te serais emparé(e)	vous seriez emparé(e)(s)
se serait emparé/emparée	se seraient emparés/emparées

Present Subjunctive
m'empare	nous emparions
t'empares	vous empariez
s'empare	s'emparent

Past Subjunctive
me sois emparé(e)	nous soyons emparé(e)s
te sois emparé(e)	vous soyez emparé(e)(s)
se soit emparé/emparée	se soient emparés/emparées

Imperfect Subjunctive
m'emparasse	nous emparassions
t'emparasses	vous emparassiez
s'emparât	s'emparassent

Pluperfect Subjunctive
me fusse emparé(e)	nous fussions emparé(e)s
te fusses emparé(e)	vous fussiez emparé(e)(s)
se fût emparé/emparée	se fussent emparés/emparées

Imperative/Command
empare-toi; ne t'empare pas	emparons-nous; ne nous emparons pas	emparez-vous; ne vous emparez pas

Verb in Action
Elle s'est emparée du micro et l'a caché dans son sac. *(She grabbed the microphone and hid it in her purse.)*

Dans la même semaine, la presse s'empara de l'affaire. *(In the same week, the press got ahold of the affair.)*

Ils se sont emparés des terres en 1799. *(They seized the land in 1799.)*

employer
(to employ, to use)

Present Participle: employant • **Past Participle:** employé
-**yer** verb; **y** becomes **i** before **e, es, ent**

Present		*Passé Composé*	
emploie	employons	ai employé	avons employé
emploies	employez	as employé	avez employé
emploie	emploient	a employé	ont employé

Imperfect		*Pluperfect*	
employais	employions	avais employé	avions employé
employais	employiez	avais employé	aviez employé
employait	employaient	avait employé	avaient employé

Passé Simple		*Past Anterior*	
employai	employâmes	eus employé	eûmes employé
employas	employâtes	eus employé	eûtes employé
employa	employèrent	eut employé	eurent employé

Future		*Future Perfect*	
emploierai	emploierons	aurai employé	aurons employé
emploieras	emploierez	auras employé	aurez employé
emploiera	emploieront	aura employé	auront employé

Conditional		*Conditional Perfect*	
emploierais	emploierions	aurais employé	aurions employé
emploierais	emploieriez	aurais employé	auriez employé
emploierait	emploieraient	aurait employé	auraient employé

Present Subjunctive		*Past Subjunctive*	
emploie	employions	aie employé	ayons employé
emploies	employiez	aies employé	ayez employé
emploie	emploient	ait employé	aient employé

Imperfect Subjunctive		*Pluperfect Subjunctive*	
employasse	employassions	eusse employé	eussions employé
employasses	employassiez	eusses employé	eussiez employé
employât	employassent	eût employé	eussent employé

Imperative/Command
emploie	employons	employez

Verb in Action

Quelle méthode employez-vous? *(What method do you use?)*
L'entreprise emploie dix ingénieurs. *(The firm employs ten engineers.)*
Ce n'est pas une expression qui s'emploie beaucoup. *(It's not an expression that's used very often.)*

s'empresser

(to hurry)

Present Participle: s'empressant • **Past Participle:** empressé
Regular pronominal -**er** verb

Present
m'empresse	nous empressons
t'empresses	vous empressez
s'empresse	s'empressent

Passé Composé
me suis empressé(e)	nous sommes empressé(e)s
t'es empressé(e)	vous êtes empressé(e)(s)
s'est empressé/empressée	se sont empressés/empressées

Imperfect
m'empressais	nous empressions
t'empressais	vous empressiez
s'empressait	s'empressaient

Pluperfect
m'étais empressé(e)	nous étions empressé(e)s
t'étais empressé(e)	vous étiez empressé(e)(s)
s'était empressé/empressée	s'étaient empressés/empressées

Passé Simple
m'empressai	nous empressâmes
t'empressas	vous empressâtes
s'empressa	s'empressèrent

Past Anterior
me fus empressé(e)	nous fûmes empressé(e)s
te fus empressé(e)	vous fûtes empressé(e)(s)
se fut empressé/empressée	se furent empressés/empressées

Future
m'empresserai	nous empresserons
t'empresseras	vous empresserez
s'empressera	s'empresseront

Future Perfect
me serai empressé(e)	nous serons empressé(e)s
te seras empressé(e)	vous serez empressé(e)(s)
se sera empressé/empressée	se seront empressés/empressées

Conditional
m'empresserais	nous empresserions
t'empresserais	vous empresseriez
s'empresserait	s'empresseraient

Conditional Perfect
me serais empressé(e)	nous serions empressé(e)s
te serais empressé(e)	vous seriez empressé(e)(s)
se serait empressé/empressée	se seraient empressés/empressées

Present Subjunctive
m'empresse	nous empressions
t'empresses	vous empressiez
s'empresse	s'empressent

Past Subjunctive
me sois empressé(e)	nous soyons empressé(e)s
te sois empressé(e)	vous soyez empressé(e)(s)
se soit empressé/empressée	se soient empressés/empressées

Imperfect Subjunctive
m'empressasse	nous empressassions
t'empressasses	vous empressassiez
s'empressât	s'empressassent

Pluperfect Subjunctive
me fusse empressé(e)	nous fussions empressé(e)s
te fusses empressé(e)	vous fussiez empressé(e)(s)
se fût empressé/empressée	se fussent empressés/empressées

Imperative/Command
empresse-toi;	empressons-nous;	empressez-vous;
ne t'empresse pas	ne nous empressons pas	ne vous empressez pas

Verb in Action
La jeune fille s'empresse de répondre. *(The girl is quick to respond.)*
La police s'est empressée de le précéder chez lui pour questionner sa femme. *(The police hurried to his house before him to question his wife.)*
Il s'est empressé d'ajouter qu'il ne fallait pas y aller. *(He was quick to add that we should not go.)*

encourager

(to encourage)

Present Participle: encourageant • **Past Participle:** encouragé
-ger verb; **g** becomes **ge** before an **a** or an **o**

Present
encourage	encourageons
encourages	encouragez
encourage	encouragent

Imperfect
encourageais	encouragions
encourageais	encouragiez
encourageait	encourageaient

Passé Simple
encourageai	encourageâmes
encourageas	encourageâtes
encouragea	encouragèrent

Future
encouragerai	encouragerons
encourageras	encouragerez
encouragera	encourageront

Conditional
encouragerais	encouragerions
encouragerais	encourageriez
encouragerait	encourageraient

Present Subjunctive
encourage	encouragions
encourages	encouragiez
encourage	encouragent

Imperfect Subjunctive
encourageasse	encourageassions
encourageasses	encourageassiez
encourageât	encourageassent

Passé Composé
ai encouragé	avons encouragé
as encouragé	avez encouragé
a encouragé	ont encouragé

Pluperfect
avais encouragé	avions encouragé
avais encouragé	aviez encouragé
avait encouragé	avaient encouragé

Past Anterior
eus encouragé	eûmes encouragé
eus encouragé	eûtes encouragé
eut encouragé	eurent encouragé

Future Perfect
aurai encouragé	aurons encouragé
auras encouragé	aurez encouragé
aura encouragé	auront encouragé

Conditional Perfect
aurais encouragé	aurions encouragé
aurais encouragé	auriez encouragé
aurait encouragé	auraient encouragé

Past Subjunctive
aie encouragé	ayons encouragé
aies encouragé	ayez encouragé
ait encouragé	aient encouragé

Pluperfect Subjunctive
eusse encouragé	eussions encouragé
eusses encouragé	eussiez encouragé
eût encouragé	eussent encouragé

Imperative/Command
encourage	encourageons	encouragez

Verb in Action

Mes parents m'ont beaucoup encouragé tout au long de mes études. *(My parents encouraged me a lot throughout my studies.)*
J'ai été encouragée par la réponse positive que j'ai reçue. *(I was encouraged by the positive response I received.)*

s'endormir

(to fall asleep)

Present Participle: s'endormant • **Past Participle:** endormi
Irregular pronominal -**ir** verb

Present

m'endors	nous endormons
t'endors	vous endormez
s'endort	s'endorment

Imperfect

m'endormais	nous endormions
t'endormais	vous endormiez
s'endormait	s'endormaient

Passé Simple

m'endormis	nous endormîmes
t'endormis	vous endormîtes
s'endormit	s'endormirent

Future

m'endormirai	nous endormirons
t'endormiras	vous endormirez
s'endormira	s'endormiront

Conditional

m'endormirais	nous endormirions
t'endormirais	vous endormiriez
s'endormirait	s'endormiraient

Present Subjunctive

m'endorme	nous endormions
t'endormes	vous endormiez
s'endorme	s'endorment

Imperfect Subjunctive

m'endormisse	nous endormissions
t'endormisses	vous endormissiez
s'endormît	s'endormissent

Passé Composé

me suis endormi(e)	nous sommes endormi(e)s
t'es endormi(e)	vous êtes endormi(e)(s)
s'est endormi/endormie	se sont endormis/endormies

Pluperfect

m'étais endormi	nous étions endormi(e)s
t'étais endormi	vous étiez endormi(e)(s)
s'était endormi/endormie	s'étaient endormis/endormies

Past Anterior

me fus endormi(e)	nous fûmes endormi(e)s
te fus endormi(e)	vous fûtes endormi(e)(s)
se fut endormi/endormie	se furent endormis/endormies

Future Perfect

me serai endormi(e)	nous serons endormi(e)s
te seras endormi(e)	vous serez endormi(e)(s)
se sera endormi/endormie	se seront endormis/endormies

Conditional Perfect

me serais endormi(e)	nous serions endormi(e)s
te serais endormi(e)	vous seriez endormi(e)(s)
se serait endormi/endormie	se seraient endormis/endormies

Past Subjunctive

me sois endormi(e)	nous soyons endormi(e)s
te sois endormi(e)	vous soyez endormi(e)(s)
se soit endormi/endormie	se soient endormis/endormies

Pluperfect Subjunctive

me fusse endormi(e)	nous fussions endormi(e)s
te fusses endormi(e)	vous fussiez endormi(e)(s)
se fût endormi/endormie	se fussent endormis/endormies

Imperative/Command

endors-toi;	endormons-nous;	endormez-vous;
ne t'endors pas	ne nous endormons pas	ne vous endormez pas

Verb in Action

Elle s'est endormie sans problème. *(She fell asleep with no problem.)*

J'ai dû rester auprès d'elle pour qu'elle s'endorme. *(I had to stay with her for her to fall asleep.)*

Je n'ai jamais de difficultés à m'endormir. *(I never have any trouble falling asleep.)*

enfoncer
(to push down, to push in)

Present Participle: enfonçant • Past Participle: enfoncé
-**cer** verb; **c** becomes **ç** before an **a** or an **o**

Present		*Passé Composé*	
enfonce	enfonçons	ai enfoncé	avons enfoncé
enfonces	enfoncez	as enfoncé	avez enfoncé
enfonce	enfoncent	a enfoncé	ont enfoncé

Imperfect		*Pluperfect*	
enfonçais	enfoncions	avais enfoncé	avions enfoncé
enfonçais	enfonciez	avais enfoncé	aviez enfoncé
enfonçait	enfonçaient	avait enfoncé	avaient enfoncé

Passé Simple		*Past Anterior*	
enfonçai	enfonçâmes	eus enfoncé	eûmes enfoncé
enfonças	enfonçâtes	eus enfoncé	eûtes enfoncé
enfonça	enfoncèrent	eut enfoncé	eurent enfoncé

Future		*Future Perfect*	
enfoncerai	enfoncerons	aurai enfoncé	aurons enfoncé
enfonceras	enfoncerez	auras enfoncé	aurez enfoncé
enfoncera	enfonceront	aura enfoncé	auront enfoncé

Conditional		*Conditional Perfect*	
enfoncerais	enfoncerions	aurais enfoncé	aurions enfoncé
enfoncerais	enfonceriez	aurais enfoncé	auriez enfoncé
enfoncerait	enfonceraient	aurait enfoncé	auraient enfoncé

Present Subjunctive		*Past Subjunctive*	
enfonce	enfoncions	aie enfoncé	ayons enfoncé
enfonces	enfonciez	aies enfoncé	ayez enfoncé
enfonce	enfoncent	ait enfoncé	aient enfoncé

Imperfect Subjunctive		*Pluperfect Subjunctive*	
enfonçasse	enfonçassions	eusse enfoncé	eussions enfoncé
enfonçasses	enfonçassiez	eusses enfoncé	eussiez enfoncé
enfonçât	enfonçassent	eût enfoncé	eussent enfoncé

Imperative/Command

enfonce	enfonçons	enfoncez

Verb in Action

Les roues de la voiture s'enfonçaient dans la boue. *(The wheels of the car were sinking into the mud.)*

Elle enfonça son chapeau sur la tête et se précipita dehors. *(She pulled her hat on tightly and rushed out.)*

Je me suis enfoncé une écharde dans le pied. *(I got a splinter stuck in my foot.)*

s'enfuir

(to flee, to run away)

Present Participle: s'enfuyant • **Past Participle:** enfui
Irregular pronominal **-ir** verb

Present
m'enfuis	nous enfuyons
t'enfuis	vous enfuyez
s'enfuit	s'enfuient

Passé Composé
me suis enfui(e)	nous sommes enfui(e)s
t'es enfui(e)	vous êtes enfui(e)(s)
s'est enfui/enfuie	se sont enfuis/enfuies

Imperfect
m'enfuyais	nous enfuyions
t'enfuyais	vous enfuyiez
s'enfuyait	s'enfuyaient

Pluperfect
m'étais enfui(e)	nous étions enfui(e)s
t'étais enfui(e)	vous étiez enfui(e)(s)
s'était enfui/enfuie	s'étaient enfuis/enfuies

Passé Simple
m'enfuis	nous enfuîmes
t'enfuis	vous enfuîtes
s'enfuit	s'enfuirent

Past Anterior
me fus enfui(e)	nous fûmes enfui(e)s
te fus enfui(e)	vous fûtes enfui(e)(s)
se fut enfui/enfuie	se furent enfuis/enfuies

Future
m'enfuirai	nous enfuirons
t'enfuiras	vous enfuirez
s'enfuira	s'enfuiront

Future Perfect
me serai enfui(e)	nous serons enfui(e)s
te seras enfui(e)	vous serez enfui(e)(s)
se sera enfui/enfuie	se seront enfuis/enfuies

Conditional
m'enfuirais	nous enfuirions
t'enfuirais	vous enfuiriez
s'enfuirait	s'enfuiraient

Conditional Perfect
me serais enfui(e)	nous serions enfui(e)s
te serais enfui(e)	vous seriez enfui(e)(s)
se serait enfui/enfuie	se seraient enfuis/enfuies

Present Subjunctive
m'enfuie	nous enfuyions
t'enfuies	vous enfuyiez
s'enfuie	s'enfuient

Past Subjunctive
me sois enfui(e)	nous soyons enfui(e)s
te sois enfui(e)	vous soyez enfui(e)(s)
se soit enfui/enfuie	se soient enfuis/enfuies

Imperfect Subjunctive
m'enfuisse	nous enfuissions
t'enfuisses	vous enfuissiez
s'enfuît	s'enfuissent

Pluperfect Subjunctive
me fusse enfui(e)	nous fussions enfui(e)s
te fusses enfui(e)	vous fussiez enfui(e)(s)
se fût enfui/enfuie	se fussent enfuis/enfuies

Imperative/Command
enfuis-toi;	enfuyons-nous;	enfuyez-vous;
ne t'enfuis pas	ne nous enfuyons pas	ne vous enfuyez pas

Verb in Action

Adolescente, elle s'était enfuie plusieurs fois de chez elle. *(As a teenager, she ran away from home several times.)*

Ils se sont enfuis ensemble dès le début de la guerre. *(They ran away together at the beginning of the war.)*

On ne s'enfuit pas facilement de ce camp. *(Running away from this camp isn't easy.)*

enlever
(to take off)

Present Participle: enlevant • **Past Participle:** enlevé
e[consonant]-**er** verb; **e** becomes **è** before consonant + **e, es, ent**

Present

enlève	enlevons
enlèves	enlevez
enlève	enlèvent

Imperfect

enlevais	enlevions
enlevais	enleviez
enlevait	enlevaient

Passé Simple

enlevai	enlevâmes
enlevas	enlevâtes
enleva	enlevèrent

Future

enlèverai	enlèverons
enlèveras	enlèverez
enlèvera	enlèveront

Conditional

enlèverais	enlèverions
enlèverais	enlèveriez
enlèverait	enlèveraient

Present Subjunctive

enlève	enlevions
enlèves	enleviez
enlève	enlèvent

Imperfect Subjunctive

enlevasse	enlevassions
enlevasses	enlevassiez
enlevât	enlevassent

Passé Composé

ai enlevé	avons enlevé
as enlevé	avez enlevé
a enlevé	ont enlevé

Pluperfect

avais enlevé	avions enlevé
avais enlevé	aviez enlevé
avait enlevé	avaient enlevé

Past Anterior

eus enlevé	eûmes enlevé
eus enlevé	eûtes enlevé
eut enlevé	eurent enlevé

Future Perfect

aurai enlevé	aurons enlevé
auras enlevé	aurez enlevé
aura enlevé	auront enlevé

Conditional Perfect

aurais enlevé	aurions enlevé
aurais enlevé	auriez enlevé
aurait enlevé	auraient enlevé

Past Subjunctive

aie enlevé	ayons enlevé
aies enlevé	ayez enlevé
ait enlevé	aient enlevé

Pluperfect Subjunctive

eusse enlevé	eussions enlevé
eusses enlevé	eussiez enlevé
eût enlevé	eussent enlevé

Imperative/Command

enlève	enlevons	enlevez

Verb in Action

Enlève ton manteau! *(Take off your coat!)*
Cette nouvelle nous a enlevé tout espoir. *(This news robbed us of all hope.)*
Ça s'enlève facilement, ce genre de tache? *(Does this kind of stain come out easily?)*

ennuyer
(to bother)

Present Participle: ennuyant • **Past Participle:** ennuyé
-yer verb; **y** becomes **i** before **e, es, ent**

Present
ennuie	ennuyons
ennuies	ennuyez
ennuie	ennuient

Imperfect
ennuyais	ennuyions
ennuyais	ennuyiez
ennuyait	ennuyaient

Passé Simple
ennuyai	ennuyâmes
ennuyas	ennuyâtes
ennuya	ennuyèrent

Future
ennuierai	ennuierons
ennuieras	ennuierez
ennuiera	ennuieront

Conditional
ennuierais	ennuierions
ennuierais	ennuieriez
ennuierait	ennuieraient

Present Subjunctive
ennuie	ennuyions
ennuies	ennuyiez
ennuie	ennuient

Imperfect Subjunctive
ennuyasse	ennuyassions
ennuyasses	ennuyassiez
ennuyât	ennuyassent

Passé Composé
ai ennuyé	avons ennuyé
as ennuyé	avez ennuyé
a ennuyé	ont ennuyé

Pluperfect
avais ennuyé	avions ennuyé
avais ennuyé	aviez ennuyé
avait ennuyé	avaient ennuyé

Past Anterior
eus ennuyé	eûmes ennuyé
eus ennuyé	eûtes ennuyé
eut ennuyé	eurent ennuyé

Future Perfect
aurai ennuyé	aurons ennuyé
auras ennuyé	aurez ennuyé
aura ennuyé	auront ennuyé

Conditional Perfect
aurais ennuyé	aurions ennuyé
aurais ennuyé	auriez ennuyé
aurait ennuyé	auraient ennuyé

Past Subjunctive
aie ennuyé	ayons ennuyé
aies ennuyé	ayez ennuyé
ait ennuyé	aient ennuyé

Pluperfect Subjunctive
eusse ennuyé	eussions ennuyé
eusses ennuyé	eussiez ennuyé
eût ennuyé	eussent ennuyé

Imperative/Command
ennuie	ennuyons	ennuyez

Verb in Action
J'espère que cela ne vous ennuie pas trop. *(I hope it doesn't bother you too much.)*
Si cela ne vous ennuie pas, je reprendrais bien du gâteau. *(If you don't mind, I'd love some more cake.)*
Ça vous ennuie si je passe un petit coup de fil rapide? *(Do you mind if I make a quick call?)*

s'ennuyer
(to be bored)

Present Participle: s'ennuyant • **Past Participle:** ennuyé
Pronominal **-yer** verb; **y** becomes **i** before **e, es, ent**

Present

m'ennuie	nous ennuyons
t'ennuies	vous ennuyez
s'ennuie	s'ennuient

Imperfect

m'ennuyais	nous ennuyions
t'ennuyais	vous ennuyiez
s'ennuyait	s'ennuyaient

Passé Simple

m'ennuyai	nous ennuyâmes
t'ennuyas	vous ennuyâtes
s'ennuya	s'ennuyèrent

Future

m'ennuierai	nous ennuierons
t'ennuieras	vous ennuierez
s'ennuiera	s'ennuieront

Conditional

m'ennuierais	nous ennuierions
t'ennuierais	vous ennuieriez
s'ennuierait	s'ennuieraient

Present Subjunctive

m'ennuie	nous ennuyions
t'ennuies	vous ennuyiez
s'ennuie	s'ennuient

Imperfect Subjunctive

m'ennuyasse	nous ennuyassions
t'ennuyasses	vous ennuyassiez
s'ennuyât	s'ennuyassent

Passé Composé

me suis ennuyé(e)	nous sommes ennuyé(e)s
t'es ennuyé(e)	vous êtes ennuyé(e)(s)
s'est ennuyé/ennuyée	se sont ennuyés/ennuyées

Pluperfect

m'étais ennuyé(e)	nous étions ennuyé(e)s
t'étais ennuyé(e)	vous étiez ennuyé(e)(s)
s'était ennuyé/ennuyée	s'étaient ennuyés/ennuyées

Past Anterior

me fus ennuyé(e)	nous fûmes ennuyé(e)s
te fus ennuyé(e)	vous fûtes ennuyé(e)(s)
se fut ennuyé/ennuyée	se furent ennuyés/ennuyées

Future Perfect

me serai ennuyé(e)	nous serons ennuyé(e)s
te seras ennuyé(e)	vous serez ennuyé(e)(s)
se sera ennuyé/ennuyée	se seront ennuyés/ennuyées

Conditional Perfect

me serais ennuyé(e)	nous serions ennuyé(e)s
te serais ennuyé(e)	vous seriez ennuyé(e)(s)
se serait ennuyé/ennuyée	se seraient ennuyés/ennuyées

Past Subjunctive

me sois ennuyé(e)	nous soyons ennuyé(e)s
te sois ennuyé(e)	vous soyez ennuyé(e)(s)
se soit ennuyé/ennuyée	se soient ennuyés/ennuyées

Pluperfect Subjunctive

me fusse ennuyé(e)	nous fussions ennuyé(e)s
te fusses ennuyé(e)	vous fussiez ennuyé(e)(s)
se fût ennuyé/ennuyée	se fussent ennuyés/ennuyées

Imperative/Command

ennuie-toi;	ennuyons-nous;	ennuyez-vous;
ne t'ennuie pas	ne nous ennuyons pas	ne vous ennuyez pas

Verb in Action

Elle s'ennuie un peu à l'école. *(She's a little bored in school.)*
Je me suis ennuyé quand tu étais partie. *(I got bored when you had left.)*
Tu ne t'ennuierais pas tant si tu allais jouer avec les autres. *(You wouldn't be so bored if you went to play with the others.)*

s'enrhumer

(to catch a cold)

Present Participle: s'enrhumant • **Past Participle:** enrhumé
Regular pronominal **-er** verb

Present

m'enrhume	nous enrhumons
t'enrhumes	vous enrhumez
s'enrhume	s'enrhument

Imperfect

m'enrhumais	nous enrhumions
t'enrhumais	vous enrhumiez
s'enrhumait	s'enrhumaient

Passé Simple

m'enrhumai	nous enrhumâmes
t'enrhumas	vous enrhumâtes
s'enrhuma	s'enrhumèrent

Future

m'enrhumerai	nous enrhumerons
t'enrhumeras	vous enrhumerez
s'enrhumera	s'enrhumeront

Conditional

m'enrhumerais	nous enrhumerions
t'enrhumerais	vous enrhumeriez
s'enrhumerait	s'enrhumeraient

Present Subjunctive

m'enrhume	nous enrhumions
t'enrhumes	vous enrhumiez
s'enrhume	s'enrhument

Imperfect Subjunctive

m'enrhumasse	nous enrhumassions
t'enrhumasses	vous enrhumassiez
s'enrhumât	s'enrhumassent

Passé Composé

me suis enrhumé(e)	nous sommes enrhumé(e)s
t'es enrhumé(e)	vous êtes enrhumé(e)(s)
s'est enrhumé/enrhumée	se sont enrhumés/enrhumées

Pluperfect

m'étais enrhumé(e)	nous étions enrhumé(e)s
t'étais enrhumé(e)	vous étiez enrhumé(e)(s)
s'était enrhumé/enrhumée	s'étaient enrhumés/enrhumées

Past Anterior

me fus enrhumé(e)	nous fûmes enrhumé(e)s
te fus enrhumé(e)	vous fûtes enrhumé(e)(s)
se fut enrhumé/enrhumée	se furent enrhumés/enrhumées

Future Perfect

me serai enrhumé(e)	nous serons enrhumé(e)s
te seras enrhumé(e)	vous serez enrhumé(e)(s)
se sera enrhumé/enrhumée	se seront enrhumés/enrhumées

Conditional Perfect

me serais enrhumé(e)	nous serions enrhumé(e)s
te serais enrhumé(e)	vous seriez enrhumé(e)(s)
se serait enrhumé/enrhumée	se seraient enrhumés/enrhumées

Past Subjunctive

me sois enrhumé(e)	nous soyons enrhumé(e)s
te sois enrhumé(e)	vous soyez enrhumé(e)(s)
se soit enrhumé/enrhumée	se soient enrhumés/enrhumées

Pluperfect Subjunctive

me fusse enrhumé(e)	nous fussions enrhumé(e)s
te fusses enrhumé(e)	vous fussiez enrhumé(e)(s)
se fût enrhumé/enrhumée	se fussent enrhumés/enrhumées

Imperative/Command

enrhume-toi;	enrhumons-nous;	enrhumez-vous;
ne t'enrhume pas	ne nous enrhumons pas	ne vous enrhumez pas

Verb in Action

J'ai dû m'enrhumer en sortant de la piscine. *(I must have caught a cold coming out of the pool.)*

La pauvre, elle s'enrhume facilement. *(Poor thing, she catches a cold easily.)*

Couvrez vous bien, vous risquez de vous enrhumer. *(Bundle up well, you may catch a cold.)*

enrichir/s'enrichir*

(to enrich)/(to get/become rich)

Present Participle: erichissant • **Past Participle:** enrichi
Regular **-ir** verb

Present		**Passé Composé**	
enrichis	enrichissons	ai enrichi	avons enrichi
enrichis	enrichissez	as enrichi	avez enrichi
enrichit	enrichissent	a enrichi	ont enrichi

Imperfect		**Pluperfect**	
enrichissais	enrichissions	avais enrichi	avions enrichi
enrichissais	enrichissiez	avais enrichi	aviez enrichi
enrichissait	enrichissaient	avait enrichi	avaient enrichi

Passé Simple		**Past Anterior**	
enrichis	enrichîmes	eus enrichi	eûmes enrichi
enrichis	enrichîtes	eus enrichi	eûtes enrichi
enrichit	enrichirent	eut enrichi	eurent enrichi

Future		**Future Perfect**	
enrichirai	enrichirons	aurai enrichi	aurons enrichi
enrichiras	enrichirez	auras enrichi	aurez enrichi
enrichira	enrichiront	aura enrichi	auront enrichi

Conditional		**Conditional Perfect**	
enrichirais	enrichirions	aurais enrichi	aurions enrichi
enrichirais	enrichiriez	aurais enrichi	auriez enrichi
enrichirait	enrichiraient	aurait enrichi	auraient enrichi

Present Subjunctive		**Past Subjunctive**	
enrichisse	enrichissions	aie enrichi	ayons enrichi
enrichisses	enrichissiez	aies enrichi	ayez enrichi
enrichisse	enrichissent	ait enrichi	aient enrichi

Imperfect Subjunctive		**Pluperfect Subjunctive**	
enrichisse	enrichissions	eusse enrichi	eussions enrichi
enrichisses	enrichissiez	eusses enrichi	eussiez enrichi
enrichît	enrichissent	eût enrichi	eussent enrichi

Imperative/Command

enrichis	enrichissons	enrichissez

Verb in Action

Il s'est enrichi pendant la guerre. *(He got rich during the war.)*
Je me demande comment ils se sont enrichis. *(I wonder how they got rich.)*
Elle ne cherche qu'à s'enrichir. *(She just wants to get rich.)*

*** Note:*** This pronominal verb is conjugated similarly to **s'évanouir**.

enseigner
(to teach)

Present Participle: enseignant • **Past Participle:** enseigné
Regular **-er** verb

Present
enseigne	enseignons
enseignes	enseignez
enseigne	enseignent

Imperfect
enseignais	enseignions
enseignais	enseigniez
enseignait	enseignaient

Passé Simple
enseignai	enseignâmes
enseignas	enseignâtes
enseigna	enseignèrent

Future
enseignerai	enseignerons
enseigneras	enseignerez
enseignera	enseigneront

Conditional
enseignerais	enseignerions
enseignerais	enseigneriez
enseignerait	enseigneraient

Present Subjunctive
enseigne	enseignions
enseignes	enseigniez
enseigne	enseignent

Imperfect Subjunctive
enseignasse	enseignassions
enseignasses	enseignassiez
enseignât	enseignassent

Passé Composé
ai enseigné	avons enseigné
as enseigné	avez enseigné
a enseigné	ont enseigné

Pluperfect
avais enseigné	avions enseigné
avais enseigné	aviez enseigné
avait enseigné	avaient enseigné

Past Anterior
eus enseigné	eûmes enseigné
eus enseigné	eûtes enseigné
eut enseigné	eurent enseigné

Future Perfect
aurai enseigné	aurons enseigné
auras enseigné	aurez enseigné
aura enseigné	auront enseigné

Conditional Perfect
aurais enseigné	aurions enseigné
aurais enseigné	auriez enseigné
aurait enseigné	auraient enseigné

Past Subjunctive
aie enseigné	ayons enseigné
aies enseigné	ayez enseigné
ait enseigné	aient enseigné

Pluperfect Subjunctive
eusse enseigné	eussions enseigné
eusses enseigné	eussiez enseigné
eût enseigné	eussent enseigné

Imperative/Command
enseigne	enseignons	enseignez

Verb in Action
Mon père enseigne les maths dans un lycée. *(My father teaches math in high school.)*
J'enseigne depuis deux ans dans un collège. *(I've been teaching for two years in a junior high school.)*
Mais qu'est-ce qu'on vous enseigne à l'école? *(But what do they teach you in school?)*

entendre
(to hear)

Present Participle: entendant • **Past Participle:** entendu
Regular **-re** verb

Present
entends	entendons
entends	entendez
entend	entendent

Passé Composé
ai entendu	avons entendu
as entendu	avez entendu
a entendu	ont entendu

Imperfect
entendais	entendions
entendais	entendiez
entendait	entendaient

Pluperfect
avais entendu	avions entendu
avais entendu	aviez entendu
avait entendu	avaient entendu

Passé Simple
entendis	entendîmes
entendis	entendîtes
entendit	entendirent

Past Anterior
eus entendu	eûmes entendu
eus entendu	eûtes entendu
eut entendu	eurent entendu

Future
entendrai	entendrons
entendras	entendrez
entendra	entendront

Future Perfect
aurai entendu	aurons entendu
auras entendu	aurez entendu
aura entendu	auront entendu

Conditional
entendrais	entendrions
entendrais	entendriez
entendrait	entendraient

Conditional Perfect
aurais entendu	aurions entendu
aurais entendu	auriez entendu
aurait entendu	auraient entendu

Present Subjunctive
entende	entendions
entendes	entendiez
entende	entendent

Past Subjunctive
aie entendu	ayons entendu
aies entendu	ayez entendu
ait entendu	aient entendu

Imperfect Subjunctive
entendisse	entendissions
entendisses	entendissiez
entendît	entendissent

Pluperfect Subjunctive
eusse entendu	eussions entendu
eusses entendu	eussiez entendu
eût entendu	eussent entendu

Imperative/Command
entends	entendons	entendez

Verb in Action
Il n'entend pas bien. *(He can't hear very well.)*
Tu as entendu ce que je t'ai dit? *(Did you hear what I said to you?)*
Elle n'a jamais entendu le réveil sonner. *(She never heard the alarm clock ring.)*

entourer

(to surround)

Present Participle: entourant • **Past Participle:** entouré
Regular **-er** verb

Present

entoure	entourons
entoures	entourez
entoure	entourent

Imperfect

entourais	entourions
entourais	entouriez
entourait	entouraient

Passé Simple

entourai	entourâmes
entouras	entourâtes
entoura	entourèrent

Future

entourerai	entourerons
entoureras	entourerez
entourera	entoureront

Conditional

entourerais	entourerions
entourerais	entoureriez
entourerait	entoureraient

Present Subjunctive

entoure	entourions
entoures	entouriez
entoure	entourent

Imperfect Subjunctive

entourasse	entourassions
entourasses	entourassiez
entourât	entourassent

Passé Composé

ai entouré	avons entouré
as entouré	avez entouré
a entouré	ont entouré

Pluperfect

avais entouré	avions entouré
avais entouré	aviez entouré
avait entouré	avaient entouré

Past Anterior

eus entouré	eûmes entouré
eus entouré	eûtes entouré
eut entouré	eurent entouré

Future Perfect

aurai entouré	aurons entouré
auras entouré	aurez entouré
aura entouré	auront entouré

Conditional Perfect

aurais entouré	aurions entouré
aurais entouré	auriez entouré
aurait entouré	auraient entouré

Past Subjunctive

aie entouré	ayons entouré
aies entouré	ayez entouré
ait entouré	aient entouré

Pluperfect Subjunctive

eusse entouré	eussions entouré
eusses entouré	eussiez entouré
eût entouré	eussent entouré

Imperative/Command

entoure	entourons	entourez

Verb in Action

Entourez en rouge tous les mots féminins. *(Circle all the feminine words in red.)*
Elle est entourée d'une équipe dynamique. *(She is surrounded by a dynamic team.)*
Il était assis à son bureau, entouré par ses dossiers. *(He was sitting at his desk, surrounded by his records.)*

ESSENTIAL VERB

entrer
(to come in, to enter)

Present Participle: entrant • **Past Participle:** entré
Regular **-er** verb

Present		*Passé Composé*	
entre	entrons	suis entré(e)	sommes entré(e)s
entres	entrez	es entré(e)	êtes entré(e)(s)
entre	entrent	est entré/entrée	sont entrés/entrées

Imperfect		*Pluperfect*	
entrais	entrions	étais entré(e)	étions entré(e)s
entrais	entriez	étais entré(e)	étiez entré(e)(s)
entrait	entraient	était entré/entrée	étaient entrés/entrées

Passé Simple		*Past Anterior*	
entrai	entrâmes	fus entré(e)	fûmes entré(e)s
entras	entrâtes	fus entré(e)	fûtes entré(e)(s)
entra	entrèrent	fut entré/entrée	furent entrés/entrées

Future		*Future Perfect*	
entrerai	entrerons	serai entré(e)	serons entré(e)s
entreras	entrerez	seras entré(e)	serez entré(e)(s)
entrera	entreront	sera entré/entrée	seront entrés/entrées

Conditional		*Conditional Perfect*	
entrerais	entrerions	serais entré(e)	serions entré(e)s
entrerais	entreriez	serais entré(e)	seriez entré(e)(s)
entrerait	entreraient	serait entré/entrée	seraient entrés/entrées

Present Subjunctive		*Past Subjunctive*	
entre	entrions	sois entré(e)	soyons entré(e)s
entres	entriez	sois entré(e)	soyez entré(e)(s)
entre	entrent	soit entré/entrée	soient entrés/entrées

Imperfect Subjunctive		*Pluperfect Subjunctive*	
entrasse	entrassions	fusse entré(e)	fussions entré(e)s
entrasses	entrassiez	fusses entré(e)	fussiez entré(e)(s)
entrât	entrassent	fût entré/entrée	fussent entrés/entrées

Imperative/Command

entre	entrons	entrez

Verb in Action

Je peux entrer? *(Can I come in?)*
Ils sont tous entrés dans la maison. *(They all went inside the house.)*
Entrez par la porte de derrière. *(Come in through the back door.)*

entretenir
(to maintain)

Present Participle: entretenant • **Past Participle:** entretenu
Irregular **-ir** verb

Present
entretiens	entretenons
entretiens	entretenez
entretient	entretiennent

Imperfect
entretenais	entretenions
entretenais	entreteniez
entretenait	entretenaient

Passé Simple
entretins	entretînmes
entretins	entretîntes
entretint	entretinrent

Future
entretiendrai	entretiendrons
entretiendras	entretiendrez
entretiendra	entretiendront

Conditional
entretiendrais	entretiendrions
entretiendrais	entretiendriez
entretiendrait	entretiendraient

Present Subjunctive
entretienne	entretenions
entretiennes	entreteniez
entretienne	entretiennent

Imperfect Subjunctive
entretinsse	entretinssions
entretinsses	entretinssiez
entretînt	entretinssent

Passé Composé
ai entretenu	avons entretenu
as entretenu	avez entretenu
a entretenu	ont entretenu

Pluperfect
avais entretenu	avions entretenu
avais entretenu	aviez entretenu
avait entretenu	avaient entretenu

Past Anterior
eus entretenu	eûmes entretenu
eus entretenu	eûtes entretenu
eut entretenu	eurent entretenu

Future Perfect
aurai entretenu	aurons entretenu
auras entretenu	aurez entretenu
aura entretenu	auront entretenu

Conditional Perfect
aurais entretenu	aurions entretenu
aurais entretenu	auriez entretenu
aurait entretenu	auraient entretenu

Past Subjunctive
aie entretenu	ayons entretenu
aies entretenu	ayez entretenu
ait entretenu	aient entretenu

Pluperfect Subjunctive
eusse entretenu	eussions entretenu
eusses entretenu	eussiez entretenu
eût entretenu	eussent entretenu

Imperative/Command
entretiens	entretenons	entretenez

Verb in Action
C'est un gros travail que d'entretenir ce jardin. *(Maintaining this garden is a big job.)*
Le gouvernement entretient de bons rapports avec les pays voisins. *(The government maintains good relations with its neighboring countries.)*
Son père et lui entretenaient une relation privilégiée. *(He and his father maintained a special relationship.)*

envahir
(to invade)

· ·

Present Participle: envahissant • **Past Participle:** envahi
Regular **-ir** verb

· ·

Present

envahis	envahissons
envahis	envahissez
envahit	envahissent

Imperfect

envahissais	envahissions
envahissais	envahissiez
envahissait	envahissaient

Passé Simple

envahis	envahîmes
envahis	envahîtes
envahit	envahirent

Future

envahirai	envahirons
envahiras	envahirez
envahira	envahiront

Conditional

envahirais	envahirions
envahirais	envahiriez
envahirait	envahiraient

Present Subjunctive

envahisse	envahissions
envahisses	envahissiez
envahisse	envahissent

Imperfect Subjunctive

envahisse	envahissions
envahisses	envahissiez
envahît	envahissent

Passé Composé

ai envahi	avons envahi
as envahi	avez envahi
a envahi	ont envahi

Pluperfect

avais envahi	avions envahi
avais envahi	aviez envahi
avait envahi	avaient envahi

Past Anterior

eus envahi	eûmes envahi
eus envahi	eûtes envahi
eut envahi	eurent envahi

Future Perfect

aurai envahi	aurons envahi
auras envahi	aurez envahi
aura envahi	auront envahi

Conditional Perfect

aurais envahi	aurions envahi
aurais envahi	auriez envahi
aurait envahi	auraient envahi

Past Subjunctive

aie envahi	ayons envahi
aies envahi	ayez envahi
ait envahi	aient envahi

Pluperfect Subjunctive

eusse envahi	eussions envahi
eusses envahi	eussiez envahi
eût envahi	eussent envahi

Imperative/Command

envahis	envahissons	envahissez

· ·

Verb in Action

Les zombies envahissent la ville! *(Zombies are invading the city!)*
Qui a envahi l'Angleterre en 1066? *(Who invaded England in 1066?)*
Si on n'agit pas, les algues envahiront le lac. *(If we don't do something, algae will invade the lake.)*

s'envoler
(to fly away)

Present Participle: s' envolant • **Past Participle:** envolé
Regular pronominal **-er** verb

Present
m'envole	nous envolons
t'envoles	vous envolez
s'envole	s'envolent

Passé Composé
me suis envolé(e)	nous sommes envolé(e)s
t'es envolé(e)	vous êtes envolé(e)(s)
s'est envolé/envolée	se sont envolés/envolées

Imperfect
m'envolais	nous envolions
t'envolais	vous envoliez
s'envolait	s'envolaient

Pluperfect
m'étais envolé(e)	nous étions envolé(e)s
t'étais envolé(e)	vous étiez envolé(e)(s)
s'était envolé/envolée	s'étaient envolés/envolées

Passé Simple
m'envolai	nous envolâmes
t'envolas	vous envolâtes
s'envola	s'envolèrent

Past Anterior
me fus envolé(e)	nous fûmes envolé(e)s
te fus envolé(e)	vous fûtes envolé(e)(s)
se fut envolé/envolée	se furent envolés/envolées

Future
m'envolerai	nous envolerons
t'envoleras	vous envolerez
s'envolera	s'envoleront

Future Perfect
me serai envolé(e)	nous serons envolé(e)s
te seras envolé(e)	vous serez envolé(e)(s)
se sera envolé/envolée	se seront envolés/envolées

Conditional
m'envolerais	nous envolerions
t'envolerais	vous envoleriez
s'envolerait	s'envoleraient

Conditional Perfect
me serais envolé(e)	nous serions envolé(e)s
te serais envolé(e)	vous seriez envolé(e)(s)
se serait envolé/envolée	se seraient envolés/envolées

Present Subjunctive
m'envole	nous envolions
t'envoles	vous envoliez
s'envole	s'envolent

Past Subjunctive
me sois envolé (e)	nous soyons envolé(e)s
te sois envolé (e)	vous soyez envolé(e)(s)
se soit envolé/envolée	se soient envolés/envolées

Imperfect Subjunctive
m'envolasse	nous envolassions
t'envolasses	vous envolassiez
s'envolât	s'envolassent

Pluperfect Subjunctive
me fusse envolé(e)	nous fussions envolé(e)s
te fusses envolé(e)	vous fussiez envolé(e)(s)
se fût envolé/envolée	se fussent envolés/envolées

Imperative/Command
envole-toi;	envolons-nous;	envolez-vous;
ne t'envole pas	ne nous envolons pas	ne vous envolez pas

Verb in Action
L'oiseau s'est envolé. *(The bird has flown away.)*

Je boucle mes valises et je m'envole pour l'Australie. *(I am packing my bags and flying to Australia.)*

Avec le vent, quelques feuilles d'un journal s'envolèrent. *(A few sheets of newspaper flew away in the wind.)*

envoyer
(to send)

- -

Present Participle: envoyant • **Past Participle:** envoyé

-**yer** verb; **y** becomes **i** before **e, es, ent**; irregular stem in future and conditional

- -

Present		*Passé Composé*	
envoie	envoyons	ai envoyé	avons envoyé
envoies	envoyez	as envoyé	avez envoyé
envoie	envoient	a envoyé	ont envoyé

Imperfect		*Pluperfect*	
envoyais	envoyions	avais envoyé	avions envoyé
envoyais	envoyiez	avais envoyé	aviez envoyé
envoyait	envoyaient	avait envoyé	avaient envoyé

Passé Simple		*Past Anterior*	
envoyai	envoyâmes	eus envoyé	eûmes envoyé
envoyas	envoyâtes	eus envoyé	eûtes envoyé
envoya	envoyèrent	eut envoyé	eurent envoyé

Future		*Future Perfect*	
enverrai	enverrons	aurai envoyé	aurons envoyé
enverras	enverrez	auras envoyé	aurez envoyé
enverra	enverront	aura envoyé	auront envoyé

Conditional		*Conditional Perfect*	
enverrais	enverrions	aurais envoyé	aurions envoyé
enverrais	enverriez	aurais envoyé	auriez envoyé
enverrait	enverraient	aurait envoyé	auraient envoyé

Present Subjunctive		*Past Subjunctive*	
envoie	envoyions	aie envoyé	ayons envoyé
envoies	envoyiez	aies envoyé	ayez envoyé
envoie	envoient	ait envoyé	aient envoyé

Imperfect Subjunctive		*Pluperfect Subjunctive*	
envoyasse	envoyassions	eusse envoyé	eussions envoyé
envoyasses	envoyassiez	eusses envoyé	eussiez envoyé
envoyât	envoyassent	eût envoyé	eussent envoyé

Imperative/Command

envoie	envoyons	envoyez

- -

Verb in Action

Ma cousine nous envoie toujours des cadeaux pour Noël. *(My cousin always sends us presents for Christmas.)*

Il faut que j'envoie ce paquet demain. *(I must send this package tomorrow.)*

Sa mère l'envoya chercher du pain. *(His/her mother sent him/her to get some bread.)*

épeler
(to spell)

Present Participle: épelant • **Past Participle:** épelé
-eler verb: the **l** doubles before **e, es, ent**

Present
épelle	épelons
épelles	épelez
épelle	épellent

Imperfect
épelais	épelions
épelais	épeliez
épelait	épelaient

Passé Simple
épelai	épelâmes
épelas	épelâtes
épela	épelèrent

Future
épellerai	épellerons
épelleras	épellerez
épellera	épelleront

Conditional
épellerais	épellerions
épellerais	épelleriez
épellerait	épelleraient

Present Subjunctive
épelle	épelions
épelles	épeliez
épelle	épellent

Imperfect Subjunctive
épelasse	épelassions
épelasses	épelassiez
épelât	épelassent

Passé Composé
ai épelé	avons épelé
as épelé	avez épelé
a épelé	ont épelé

Pluperfect
avais épelé	avions épelé
avais épelé	aviez épelé
avait épelé	avaient épelé

Past Anterior
eus épelé	eûmes épelé
eus épelé	eûtes épelé
eut épelé	eurent épelé

Future Perfect
aurai épelé	aurons épelé
auras épelé	aurez épelé
aura épelé	auront épelé

Conditional Perfect
aurais épelé	aurions épelé
aurais épelé	auriez épelé
aurait épelé	auraient épelé

Past Subjunctive
aie épelé	ayons épelé
aies épelé	ayez épelé
ait épelé	aient épelé

Pluperfect Subjunctive
eusse épelé	eussions épelé
eusses épelé	eussiez épelé
eût épelé	eussent épelé

Imperative/Command
épelle	épelons	épelez

Verb in Action

Est-ce que vous pouvez épeler votre nom, s'il vous plaît? *(Can you spell your name, please?)*

Comment est-ce que ça s'épelle? *(How do you spell that?)*

Les élèves épelaient les mots qu'ils venaient d'apprendre. *(The students were spelling the words they had just learned.)*

espérer
(to hope)

Present Participle: espérant • **Past Participle:** espéré
é[consonant]-**er** verb; **é** becomes **è** before consonant + **e, es, ent**

Present		*Passé Composé*	
espère	espérons	ai espéré	avons espéré
espères	espérez	as espéré	avez espéré
espère	espèrent	a espéré	ont espéré

Imperfect		*Pluperfect*	
espérais	espérions	avais espéré	avions espéré
espérais	espériez	avais espéré	aviez espéré
espérait	espéraient	avait espéré	avaient espéré

Passé Simple		*Past Anterior*	
espérai	espérâmes	eus espéré	eûmes espéré
espéras	espérâtes	eus espéré	eûtes espéré
espéra	espérèrent	eut espéré	eurent espéré

Future		*Future Perfect*	
espérerai	espérerons	aurai espéré	aurons espéré
espéreras	espérerez	auras espéré	aurez espéré
espérera	espéreront	aura espéré	auront espéré

Conditional		*Conditional Perfect*	
espérerais	espérerions	aurais espéré	aurions espéré
espérerais	espéreriez	aurais espéré	auriez espéré
espérerait	espéreraient	aurait espéré	auraient espéré

Present Subjunctive		*Past Subjunctive*	
espère	espérions	aie espéré	ayons espéré
espères	espériez	aies espéré	ayez espéré
espère	espèrent	ait espéré	aient espéré

Imperfect Subjunctive		*Pluperfect Subjunctive*	
espérasse	espérassions	eusse espéré	eussions espéré
espérasses	espérassiez	eusses espéré	eussiez espéré
espérât	espérassent	eût espéré	eussent espéré

Imperative/Command

espère	espérons	espérez

Verb in Action

J'espère que tu vas bien. *(I hope you're doing well.)*
Tu penses réussir à tes examens? – J'espère bien! *(Do you think you'll pass your exams? – I hope so!)*
Il espérait pouvoir venir. *(He was hoping he'd be able to come.)*

essayer
(to try)

Present Participle: essayant • **Past Participle:** essayé
-yer verb; **y** can become **i** before **e, es, ent**

Present
essaie/essaye	essayons
essaies/essayes	essayez
essaie/essaye	essaient/essayent

Passé Composé
ai essayé	avons essayé
as essayé	avez essayé
a essayé	ont essayé

Imperfect
essayais	essayions
essayais	essayiez
essayait	essayaient

Pluperfect
avais essayé	avions essayé
avais essayé	aviez essayé
avait essayé	avaient essayé

Passé Simple
essayai	essayâmes
essayas	essayâtes
essaya	essayèrent

Past Anterior
eus essayé	eûmes essayé
eus essayé	eûtes essayé
eut essayé	eurent essayé

Future
essaierai/essayerai	essaierons/essayerons
essaieras/essayeras	essaierez/essayerez
essaiera/essayera	essaieront/essayeront

Future Perfect
aurai essayé	aurons essayé
auras essayé	aurez essayé
aura essayé	auront essayé

Conditional
essaierais/essayerais	essaierions/essayerions
essaierais/essayerais	essaieriez/essayeriez
essaierait/essayerait	essaieraient/essayeraient

Conditional Perfect
aurais essayé	aurions essayé
aurais essayé	auriez essayé
aurait essayé	auraient essayé

Present Subjunctive
essaie/essaye	essayions
essaies/essayes	essayiez
essaie/essaye	essaient/essayent

Past Subjunctive
aie essayé	ayons essayé
aies essayé	ayez essayé
ait essayé	aient essayé

Imperfect Subjunctive
essayasse	essayassions
essayasses	essayassiez
essayât	essayassent

Pluperfect Subjunctive
eusse essayé	eussions essayé
eusses essayé	eussiez essayé
eût essayé	eussent essayé

Imperative/Command
essaie/essaye	essayons	essayez

Verb in Action
Elle adorait essayer mes vêtements. *(She loved trying on my clothes.)*
Essaie de ne pas t'énerver. *(Try not to get all worked up.)*
Il faut que j'essaie cette nouvelle recette. *(I must try this new recipe.)*

essuyer
(to wipe)

Present Participle: essuyant • **Past Participle:** essuyé
-yer verb; **y** becomes **i** before **e, es, ent**

Present		*Passé Composé*	
essuie	essuyons	ai essuyé	avons essuyé
essuies	essuyez	as essuyé	avez essuyé
essuie	essuient	a essuyé	ont essuyé

Imperfect		*Pluperfect*	
essuyais	essuyions	avais essuyé	avions essuyé
essuyais	essuyiez	avais essuyé	aviez essuyé
essuyait	essuyaient	avait essuyé	avaient essuyé

Passé Simple		*Past Anterior*	
essuyai	essuyâmes	eus essuyé	eûmes essuyé
essuyas	essuyâtes	eus essuyé	eûtes essuyé
essuya	essuyèrent	eut essuyé	eurent essuyé

Future		*Future Perfect*	
essuierai	essuierons	aurai essuyé	aurons essuyé
essuieras	essuierez	auras essuyé	aurez essuyé
essuiera	essuieront	aura essuyé	auront essuyé

Conditional		*Conditional Perfect*	
essuierais	essuierions	aurais essuyé	aurions essuyé
essuierais	essuieriez	aurais essuyé	auriez essuyé
essuierait	essuieraient	aurait essuyé	auraient essuyé

Present Subjunctive		*Past Subjunctive*	
essuie	essuyions	aie essuyé	ayons essuyé
essuies	essuyiez	aies essuyé	ayez essuyé
essuie	essuient	ait essuyé	aient essuyé

Imperfect Subjunctive		*Pluperfect Subjunctive*	
essuyasse	essuyassions	eusse essuyé	eussions essuyé
essuyasses	essuyassiez	eusses essuyé	eussiez essuyé
essuyât	essuyassent	eût essuyé	eussent essuyé

Imperative/Command

essuie	essuyons	essuyez

Verb in Action

Essuie la table avant de poser les assiettes. *(Wipe the table before putting the plates down.)*
Elle essuya le tableau et recommença ses explications à la classe. *(She wiped the board and resumed her explanations to the class.)*
Essuyez vos pieds avant d'entrer. *(Wipe your feet before you come in.)*

éteindre

(to switch off, to extinguish)

Present Participle: éteignant • **Past Participle:** éteint
Irregular verb

Present
éteins	éteignons
éteins	éteignez
éteint	éteignent

Imperfect
éteignais	éteignions
éteignais	éteigniez
éteignait	éteignaient

Passé Simple
éteignis	éteignîmes
éteignis	éteignîtes
éteignit	éteignirent

Future
éteindrai	éteindrons
éteindras	éteindrez
éteindra	éteindront

Conditional
éteindrais	éteindrions
éteindrais	éteindriez
éteindrait	éteindraient

Present Subjunctive
éteigne	éteignions
éteignes	éteigniez
éteigne	éteignent

Imperfect Subjunctive
éteignisse	éteignissions
éteignisses	éteignissiez
éteignît	éteignissent

Passé Composé
ai éteint	avons éteint
as éteint	avez éteint
a éteint	ont éteint

Pluperfect
avais éteint	avions éteint
avais éteint	aviez éteint
avait éteint	avaient éteint

Past Anterior
eus éteint	eûmes éteint
eus éteint	eûtes éteint
eut éteint	eurent éteint

Future Perfect
aurai éteint	aurons éteint
auras éteint	aurez éteint
aura éteint	auront éteint

Conditional Perfect
aurais éteint	aurions éteint
aurais éteint	auriez éteint
aurait éteint	auraient éteint

Past Subjunctive
aie éteint	ayons éteint
aies éteint	ayez éteint
ait éteint	aient éteint

Pluperfect Subjunctive
eusse éteint	eussions éteint
eusses éteint	eussiez éteint
eût éteint	eussent éteint

Imperative/Command
éteins	éteignons	éteignez

Verb in Action

N'oubliez pas d'éteindre la lumière en sortant. *(Don't forget to turn off the light when you leave.)*

Karine, éteins la télé s'il te plaît. *(Karine, turn off the TV please.)*

Les pompiers ont éteint les flammes en une heure. *(The firemen extinguished the flames in about an hour.)*

étendre

(to spread, to hang)

Present Participle: étendant • **Past Participle:** étendu
Regular **-re** verb

Present		Passé Composé	
étends	étendons	ai étendu	avons étendu
étends	étendez	as étendu	avez étendu
étend	étendent	a étendu	ont étendu

Imperfect		Pluperfect	
étendais	étendions	avais étendu	avions étendu
étendais	étendiez	avais étendu	aviez étendu
étendait	étendaient	avait étendu	avaient étendu

Passé Simple		Past Anterior	
étendis	étendîmes	eus étendu	eûmes étendu
étendis	étendîtes	eus étendu	eûtes étendu
étendit	étendirent	eut étendu	eurent étendu

Future		Future Perfect	
étendrai	étendrons	aurai étendu	aurons étendu
étendras	étendrez	auras étendu	aurez étendu
étendra	étendront	aura étendu	auront étendu

Conditional		Conditional Perfect	
étendrais	étendrions	aurais étendu	aurions étendu
étendrais	étendriez	aurais étendu	auriez étendu
étendrait	étendraient	aurait étendu	auraient étendu

Present Subjunctive		Past Subjunctive	
étende	étendions	aie étendu	ayons étendu
étendes	étendiez	aies étendu	ayez étendu
étende	étendent	ait étendu	aient étendu

Imperfect Subjunctive		Pluperfect Subjunctive	
étendisse	étendissions	eusse étendu	eussions étendu
étendisses	étendissiez	eusses étendu	eussiez étendu
étendît	étendissent	eût étendu	eussent étendu

Imperative/Command

étends	étendons	étendez

Verb in Action

Elle a étendu une nappe propre sur la table. *(She spread a clean tablecloth on the table.)*
Maman est dehors, elle étend le linge. *(Mom is outside hanging the laundry.)*
La ville s'étend à perte de vue. *(The city spreads as far as the eye can see.)*

être
(to be)

Present Participle: étant • **Past Participle:** été
Irregular verb

Present

suis	sommes
es	êtes
est	sont

Imperfect

étais	étions
étais	étiez
était	étaient

Passé Simple

fus	fûmes
fus	fûtes
fut	furent

Future

serai	serons
seras	serez
sera	seront

Conditional

serais	serions
serais	seriez
serait	seraient

Present Subjunctive

sois	soyons
sois	soyez
soit	soient

Imperfect Subjunctive

fusse	fussions
fusses	fussiez
fût	fussent

Passé Composé

ai été	avons été
as été	avez été
a été	ont été

Pluperfect

avais été	avions été
avais été	aviez été
avait été	avaient été

Past Anterior

eus été	eûmes été
eus été	eûtes été
eut été	eurent été

Future Perfect

aurai été	aurons été
auras été	aurez été
aura été	auront été

Conditional Perfect

aurais été	aurions été
aurais été	auriez été
aurait été	auraient été

Past Subjunctive

aie été	ayons été
aies été	ayez été
ait été	aient été

Pluperfect Subjunctive

eusse été	eussions été
eusses été	eussiez été
eût été	eussent été

Imperative/Command

sois	soyons	soyez

Verb in Action

Quelle heure est-il? – Il est dix heures. *(What time is it? – It's ten o'clock.)*
Sois courageux. *(Be brave.)*
Il était professeur de maths dans mon lycée. *(He was a math teacher in my school.)*

étudier
(to study)

Present Participle: étudiant • **Past Participle:** étudié
Regular **-er** verb

Present		*Passé Composé*	
étudie	étudions	ai étudié	avons étudié
étudies	étudiez	as étudié	avez étudié
étudie	étudient	a étudié	ont étudié

Imperfect		*Pluperfect*	
étudiais	étudiions	avais étudié	avions étudié
étudiais	étudiiez	avais étudié	aviez étudié
étudiait	étudiaient	avait étudié	avaient étudié

Passé Simple		*Past Anterior*	
étudiai	étudiâmes	eus étudié	eûmes étudié
étudias	étudiâtes	eus étudié	eûtes étudié
étudia	étudièrent	eut étudié	eurent étudié

Future		*Future Perfect*	
étudierai	étudierons	aurai étudié	aurons étudié
étudieras	étudierez	auras étudié	aurez étudié
étudiera	étudieront	aura étudié	auront étudié

Conditional		*Conditional Perfect*	
étudierais	étudierions	aurais étudié	aurions étudié
étudierais	étudieriez	aurais étudié	auriez étudié
étudierait	étudieraient	aurait étudié	auraient étudié

Present Subjunctive		*Past Subjunctive*	
étudie	étudiions	aie étudié	ayons étudié
étudies	étudiiez	aies étudié	ayez étudié
étudie	étudient	ait étudié	aient étudié

Imperfect Subjunctive		*Pluperfect Subjunctive*	
étudiasse	étudiassions	eusse étudié	eussions étudié
étudiasses	étudiassiez	eusses étudié	eussiez étudié
étudiât	étudiassent	eût étudié	eussent étudié

Imperative/Command

étudie	étudions	étudiez

Verb in Action

J'étudie à l'université. *(I'm studying in college.)*

J'ai étudié votre proposition et j'ai décidé d'accepter. *(I studied your proposal and decided to accept.)*

s'évader

(to escape)

Present Participle: s'évadant • **Past Participle:** évadé
Regular pronominal -er verb

Present

m'évade	nous évadons
t'évades	vous évadez
s'évade	s'évadent

Passé Composé

me suis évadé(e)	nous sommes évadé(e)s
t'es évadé(e)	vous êtes évadé(e)(s)
s'est évadé/évadée	se sont évadés/évadées

Imperfect

m'évadais	nous évadions
t'évadais	vous évadiez
s'évadait	s'évadaient

Pluperfect

m'étais évadé(e)	nous étions évadé(e)s
t'étais évadé(e)	vous étiez évadé(e)(s)
s'était évadé/évadée	s'étaient évadés/évadées

Passé Simple

m'évadai	nous évadâmes
t'évadas	vous évadâtes
s'évada	s'évadèrent

Past Anterior

me fus évadé(e)	nous fûmes évadé(e)s
te fus évadé(e)	vous fûtes évadé(e)(s)
se fut évadé/évadée	se furent évadés/évadées

Future

m'évaderai	nous évaderons
t'évaderas	vous évaderez
s'évadera	s'évaderont

Future Perfect

me serai évadé(e)	nous serons évadé(e)s
te seras évadé(e)	vous serez évadé(e)(s)
se sera évadé/évadée	se seront évadés/évadées

Conditional

m'évaderais	nous évaderions
t'évaderais	vous évaderiez
s'évaderait	s'évaderaient

Conditional Perfect

me serais évadé(e)	nous serions évadé(e)s
te serais évadé(e)	vous seriez évadé(e)(s)
se serait évadé/évadée	se seraient évadés/évadées

Present Subjunctive

m'évade	nous évadions
t'évades	vous évadiez
s'évade	s'évadent

Past Subjunctive

me sois évadé(e)	nous soyons évadé(e)s
te sois évadé(e)	vous soyez évadé(e)(s)
se soit évadé/évadée	se soient évadés/évadées

Imperfect Subjunctive

m'évadasse	nous évadassions
t'évadasses	vous évadassiez
s'évadât	s'évadassent

Pluperfect Subjunctive

me fusse évadé(e)	nous fussions évadé(e)s
te fusses évadé(e)	vous fussiez évadé(e)(s)
se fût évadé/évadée	se fussent évadés/évadées

Imperative/Command

évade-toi;	évadons-nous;	évadez-vous;
ne t'évade pas	ne nous évadons pas	ne vous évadez pas

Verb in Action

Les poules se sont évadées de la basse-cour. *(The chickens have escaped from the backyard.)*
Nous avons tenté de nous évader du pays en passant la frontière de nuit. *(We tried to escape from the country by crossing the border at night.)*
Il tenta onze fois de s'évader du pays. *(He tried to escape the country eleven times.)*

s'évanouir
(to faint, to vanish)

Present Participle: s'évanouissant • **Past Participle:** évanoui
Regular pronominal **-ir** verb

Present
m'évanouis	nous évanouissons
t'évanouis	vous évanouissez
s'évanouit	s'évanouissent

Passé Composé
me suis évanoui(e)	nous sommes évanoui(e)s
t'es évanoui(e)	vous êtes évanoui(e)(s)
s'est évanoui/évanouie	se sont évanouis/évanouies

Imperfect
m'évanouissais	nous évanouissions
t'évanouissais	vous évanouissiez
s'évanouissait	s'évanouissaient

Pluperfect
m'étais évanoui(e)	nous étions évanoui(e)s
t'étais évanoui(e)	vous étiez évanoui(e)(s)
s'était évanoui/évanouie	s'étaient évanouis/évanouies

Passé Simple
m'évanouis	nous évanouîmes
t'évanouis	vous évanouîtes
s'évanouit	s'évanouirent

Past Anterior
me fus évanoui(e)	nous fûmes évanoui(e)s
te fus évanoui(e)	vous fûtes évanoui(e)(s)
se fut évanoui/évanouie	se furent évanouis/évanouies

Future
m'évanouirai	nous évanouirons
t'évanouiras	vous évanouirez
s'évanouira	s'évanouiront

Future Perfect
me serai évanoui(e)	nous serons évanoui(e)s
te seras évanoui(e)	vous serez évanoui(e)(s)
se sera évanoui/évanouie	se seront évanouis/évanouies

Conditional
m'évanouirais	nous évanouirions
t'évanouirais	vous évanouiriez
s'évanouirait	s'évanouiraient

Conditional Perfect
me serais évanoui(e)	nous serions évanoui(e)s
te serais évanoui(e)	vous seriez évanoui(e)(s)
se serait évanoui/ évanouie	se seraient évanouis/ évanouies

Present Subjunctive
m'évanouisse	nous évanouissions
t'évanouisses	vous évanouissiez
s'évanouisse	s'évanouissent

Past Subjunctive
me sois évanoui(e)	nous soyons évanoui(e)s
te sois évanoui(e)	vous soyez évanoui(e)(s)
se soit évanoui/évanouie	se soient évanouis/évanouies

Imperfect Subjunctive
m'évanouisse	nous évanouissions
t'évanouisses	vous évanouissiez
s'évanouît	s'évanouissent

Pluperfect Subjunctive
me fusse évanoui(e)	nous fussions évanoui(e)s
te fusses évanoui(e)	vous fussiez évanoui(e)(s)
se fût évanoui/évanouie	se fussent évanouis/ évanouies

Imperative/Command
évanouis-toi; ne t'évanouis pas	évanouissons-nous; ne nous évanouissons pas	évanouissez-vous; ne vous évanouissez pas

Verb in Action
Pourquoi s'est-elle brusquement évanouie? *(Why did she suddenly faint?)*
Toutes mes craintes se sont évanouies en voyant que tout était déjà prêt. *(All my fears vanished when I saw that everything was already set.)*
Je m'évanouis facilement à la vue du sang. *(I faint easily at the sight of blood.)*

éviter
(to avoid)

Present Participle: évitant • **Past Participle:** évité
Regular **-er** verb

Present
évite	évitons
évites	évitez
évite	évitent

Passé Composé
ai évité	avons évité
as évité	avez évité
a évité	ont évité

Imperfect
évitais	évitions
évitais	évitiez
évitait	évitaient

Pluperfect
avais évité	avions évité
avais évité	aviez évité
avait évité	avaient évité

Passé Simple
évitai	évitâmes
évitas	évitâtes
évita	évitèrent

Past Anterior
eus évité	eûmes évité
eus évité	eûtes évité
eut évité	eurent évité

Future
éviterai	éviterons
éviteras	éviterez
évitera	éviteront

Future Perfect
aurai évité	aurons évité
auras évité	aurez évité
aura évité	auront évité

Conditional
éviterais	éviterions
éviterais	éviteriez
éviterait	éviteraient

Conditional Perfect
aurais évité	aurions évité
aurais évité	auriez évité
aurait évité	auraient évité

Present Subjunctive
évite	évitions
évites	évitiez
évite	évitent

Past Subjunctive
aie évité	ayons évité
aies évité	ayez évité
ait évité	aient évité

Imperfect Subjunctive
évitasse	évitassions
évitasses	évitassiez
évitât	évitassent

Pluperfect Subjunctive
eusse évité	eussions évité
eusses évité	eussiez évité
eût évité	eussent évité

Imperative/Command
évite	évitons	évitez

Verb in Action

Passe par l'autoroute pour éviter les embouteillages en ville. *(Take the highway to avoid traffic jams in town.)*

J'évite de manger trop de sucreries. *(I avoid eating too many sweets.)*

Elle lui a évité de gros ennuis en lui prêtant de l'argent. *(She saved him/her from serious trouble by lending him/her money.)*

exagérer
(to exaggerate)

Present Participle: exagérant • **Past Participle:** exagéré
é[consonant]-**er** verb; **é** becomes **è** before consonant + **e, es, ent**

Present
exagère	exagérons
exagères	exagérez
exagère	exagèrent

Imperfect
exagérais	exagérions
exagérais	exagériez
exagérait	exagéraient

Passé Simple
exagérai	exagérâmes
exagéras	exagérâtes
exagéra	exagérèrent

Future
exagérerai	exagérerons
exagéreras	exagérerez
exagérera	exagéreront

Conditional
exagérerais	exagérerions
exagérerais	exagéreriez
exagérerait	exagéreraient

Present Subjunctive
exagère	exagérions
exagères	exagériez
exagère	exagèrent

Imperfect Subjunctive
exagérasse	exagérassions
exagérasses	exagérassiez
exagérât	exagérassent

Passé Composé
ai exagéré	avons exagéré
as exagéré	avez exagéré
a exagéré	ont exagéré

Pluperfect
avais exagéré	avions exagéré
avais exagéré	aviez exagéré
avait exagéré	avaient exagéré

Past Anterior
eus exagéré	eûmes exagéré
eus exagéré	eûtes exagéré
eut exagéré	eurent exagéré

Future Perfect
aurai exagéré	aurons exagéré
auras exagéré	aurez exagéré
aura exagéré	auront exagéré

Conditional Perfect
aurais exagéré	aurions exagéré
aurais exagéré	auriez exagéré
aurait exagéré	auraient exagéré

Past Subjunctive
aie exagéré	ayons exagéré
aies exagéré	ayez exagéré
ait exagéré	aient exagéré

Pluperfect Subjunctive
eusse exagéré	eussions exagéré
eusses exagéré	eussiez exagéré
eût exagéré	eussent exagéré

Imperative/Command
exagère	exagérons	exagérez

Verb in Action

Elle exagère toujours un peu lorsqu'elle raconte une anecdote. *(She always exaggerates a little when she is recounting an anecdote.)*

Il ne faut pas exagérer; il peut bien sortir voir ses copains de temps en temps. *(Let's not exaggerate; it's okay for him to go out and see his friends from time to time.)*

s'exclamer

(to exclaim)

Present Participle: s'exclamant • **Past Participle:** exclamé
Regular pronominal **-er** verb

Present

m'exclame	nous exclamons
t'exclames	vous exclamez
s'exclame	s'exclament

Imperfect

m'exclamais	nous exclamions
t'exclamais	vous exclamiez
s'exclamait	s'exclamaient

Passé Simple

m'exclamai	nous exclamâmes
t'exclamas	vous exclamâtes
s'exclama	s'exclamèrent

Future

m'exclamerai	nous exclamerons
t'exclameras	vous exclamerez
s'exclamera	s'exclameront

Conditional

m'exclamerais	nous exclamerions
t'exclamerais	vous exclameriez
s'exclamerait	s'exclameraient

Present Subjunctive

m'exclame	nous exclamions
t'exclames	vous exclamiez
s'exclame	s'exclament

Imperfect Subjunctive

m'exclamasse	nous exclamassions
t'exclamasses	vous exclamassiez
s'exclamât	s'exclamassent

Passé Composé

me suis exclamé(e)	nous sommes exclamé(e)s
t'es exclamé(e)	vous êtes exclamé(e)(s)
s'est exclamé/exclamée	se sont exclamés/exclamées

Pluperfect

m'étais exclamé(e)	nous étions exclamé(e)s
t'étais exclamé(e)	vous étiez exclamé(e)(s)
s'était exclamé/exclamée	s'étaient exclamés/exclamées

Past Anterior

me fus exclamé(e)	nous fûmes exclamé(e)s
te fus exclamé(e)	vous fûtes exclamé(e)(s)
se fut exclamé/exclamée	se furent exclamés/exclamées

Future Perfect

me serai exclamé(e)	nous serons exclamé(e)s
te seras exclamé(e)	vous serez exclamé(e)(s)
se sera exclamé/exclamée	se seront exclamés/exclamées

Conditional Perfect

me serais exclamé(e)	nous serions exclamé(e)s
te serais exclamé(e)	vous seriez exclamé(e)(s)
se serait exclamé/exclamée	se seraient exclamés/exclamées

Past Subjunctive

me sois exclamé(e)	nous soyons exclamé(e)s
te sois exclamé(e)	vous soyez exclamé(e)(s)
se soit exclamé/exclamée	se soient exclamés/exclamées

Pluperfect Subjunctive

me fusse exclamé(e)	nous fussions exclamé(e)s
te fusses exclamé(e)	vous fussiez exclamé(e)(s)
se fût exclamé/exclamée	se fussent exclamés/exclamées

Imperative/Command

exclame-toi;	exclamons-nous;	exclamez-vous;
ne t'exclame pas	ne nous exclamons pas	ne vous exclamez pas

Verb in Action

"Quelle drôle d'idée!" s'exclame-t-il. *("What a strange idea!" he exclaimed.)*

On s'exclamait tous sur Otto, leur nouveau bébé. *(Everyone was admiring Otto, their new baby.)*

"On en a assez!" se sont exclamés les habitants du quartier. *("We've had enough!" exclaimed the locals.)*

exiger

(to demand, to require)

Present Participle: exigeant • **Past Participle:** exigé
-ger verb; **g** becomes **ge** before an **a** or an **o**

Present		*Passé Composé*	
exige	exigeons	ai exigé	avons exigé
exiges	exigez	as exigé	avez exigé
exige	exigent	a exigé	ont exigé

Imperfect		*Pluperfect*	
exigeais	exigions	avais exigé	avions exigé
exigeais	exigiez	avais exigé	aviez exigé
exigeait	exigeaient	avait exigé	avaient exigé

Passé Simple		*Past Anterior*	
exigeai	exigeâmes	eus exigé	eûmes exigé
exigeas	exigeâtes	eus exigé	eûtes exigé
exigea	exigèrent	eut exigé	eurent exigé

Future		*Future Perfect*	
exigerai	exigerons	aurai exigé	aurons exigé
exigeras	exigerez	auras exigé	aurez exigé
exigera	exigeront	aura exigé	auront exigé

Conditional		*Conditional Perfect*	
exigerais	exigerions	aurais exigé	aurions exigé
exigerais	exigeriez	aurais exigé	auriez exigé
exigerait	exigeraient	aurait exigé	auraient exigé

Present Subjunctive		*Past Subjunctive*	
exige	exigions	aie exigé	ayons exigé
exiges	exigiez	aies exigé	ayez exigé
exige	exigent	ait exigé	aient exigé

Imperfect Subjunctive		*Pluperfect Subjunctive*	
exigeasse	exigeassions	eusse exigé	eussions exigé
exigeasses	exigeassiez	eusses exigé	eussiez exigé
exigeât	exigeassent	eût exigé	eussent exigé

Imperative/Command		
exige	exigeons	exigez

Verb in Action

Le propriétaire exige d'être payé immédiatement. *(The landlord is demanding to be paid immediately.)*
Ce travail exige beaucoup de patience. *(This job requires a lot of patience.)*
Il exigeait parfois trop de ses élèves. *(He demanded too much of his students sometimes.)*

expliquer
(to explain)

Present Participle: expliquant • **Past Participle:** expliqué
Regular **-er** verb

Present
explique	expliquons
expliques	expliquez
explique	expliquent

Imperfect
expliquais	expliquions
expliquais	expliquiez
expliquait	expliquaient

Passé Simple
expliquai	expliquâmes
expliquas	expliquâtes
expliqua	expliquèrent

Future
expliquerai	expliquerons
expliqueras	expliquerez
expliquera	expliqueront

Conditional
expliquerais	expliquerions
expliquerais	expliqueriez
expliquerait	expliqueraient

Present Subjunctive
explique	expliquions
expliques	expliquiez
explique	expliquent

Imperfect Subjunctive
expliquasse	expliquassions
expliquasses	expliquassiez
expliquât	expliquassent

Passé Composé
ai expliqué	avons expliqué
as expliqué	avez expliqué
a expliqué	ont expliqué

Pluperfect
avais expliqué	avions expliqué
avais expliqué	aviez expliqué
avait expliqué	avaient expliqué

Past Anterior
eus expliqué	eûmes expliqué
eus expliqué	eûtes expliqué
eut expliqué	eurent expliqué

Future Perfect
aurai expliqué	aurons expliqué
auras expliqué	aurez expliqué
aura expliqué	auront expliqué

Conditional Perfect
aurais expliqué	aurions expliqué
aurais expliqué	auriez expliqué
aurait expliqué	auraient expliqué

Past Subjunctive
aie expliqué	ayons expliqué
aies expliqué	ayez expliqué
ait expliqué	aient expliqué

Pluperfect Subjunctive
eusse expliqué	eussions expliqué
eusses expliqué	eussiez expliqué
eût expliqué	eussent expliqué

Imperative/Command
explique	expliquons	expliquez

Verb in Action
Il m'a expliqué comment faire. *(He explained to me how to do it.)*
On va lui expliquer le problème. *(We're going to explain the problem to him.)*
Explique-moi comment aller chez toi. *(Explain to me how to get to your house.)*

exprimer/s'exprimer*
(to express)/(to express oneself)

Present Participle: exprimant • **Past Participle:** exprimé
Regular **-er** verb

Present
exprime	exprimons
exprimes	exprimez
exprime	expriment

Imperfect
exprimais	exprimions
exprimais	exprimiez
exprimait	exprimaient

Passé Simple
exprimai	exprimâmes
exprimas	exprimâtes
exprima	exprimèrent

Future
exprimerai	exprimerons
exprimeras	exprimerez
exprimera	exprimeront

Conditional
exprimerais	exprimerions
exprimerais	exprimeriez
exprimerait	exprimeraient

Present Subjunctive
exprime	exprimions
exprimes	exprimiez
exprime	expriment

Imperfect Subjunctive
exprimasse	exprimassions
exprimasses	exprimassiez
exprimât	exprimassent

Passé Composé
ai exprimé	avons exprimé
as exprimé	avez exprimé
a exprimé	ont exprimé

Pluperfect
avais exprimé	avions exprimé
avais exprimé	aviez exprimé
avait exprimé	avaient exprimé

Past Anterior
eus exprimé	eûmes exprimé
eus exprimé	eûtes exprimé
eut exprimé	eurent exprimé

Future Perfect
aurai exprimé	aurons exprimé
auras exprimé	aurez exprimé
aura exprimé	auront exprimé

Conditional Perfect
aurais exprimé	aurions exprimé
aurais exprimé	auriez exprimé
aurait exprimé	auraient exprimé

Past Subjunctive
aie exprimé	ayons exprimé
aies exprimé	ayez exprimé
ait exprimé	aient exprimé

Pluperfect Subjunctive
eusse exprimé	eussions exprimé
eusses exprimé	eussiez exprimé
eût exprimé	eussent exprimé

Imperative/Command
exprime	exprimons	exprimez

Verb in Action
Ils ont exprimé le désir de nous rencontrer. *(They expressed a desire to meet us.)*
Je voulais exprimer ma reconnaissance. *(I wanted to express my gratitude.)*
Il s'exprime très bien pour un enfant de huit ans. *(For an eight-year-old child, he expresses himself very well.)*

* *Note:* This pronominal verb is conjugated similarly to **s'amuser.**

fabriquer

(to make, to manufacture)

Present Participle: fabriquant • **Past Participle:** fabriqué
Regular **-er** verb

Present
fabrique	fabriquons
fabriques	fabriquez
fabrique	fabriquent

Imperfect
fabriquais	fabriquions
fabriquais	fabriquiez
fabriquait	fabriquaient

Passé Simple
fabriquai	fabriquâmes
fabriquas	fabriquâtes
fabriqua	fabriquèrent

Future
fabriquerai	fabriquerons
fabriqueras	fabriquerez
fabriquera	fabriqueront

Conditional
fabriquerais	fabriquerions
fabriquerais	fabriqueriez
fabriquerait	fabriqueraient

Present Subjunctive
fabrique	fabriquions
fabriques	fabriquiez
fabrique	fabriquent

Imperfect Subjunctive
fabriquasse	fabriquassions
fabriquasses	fabriquassiez
fabriquât	fabriquassent

Passé Composé
ai fabriqué	avons fabriqué
as fabriqué	avez fabriqué
a fabriqué	ont fabriqué

Pluperfect
avais fabriqué	avions fabriqué
avais fabriqué	aviez fabriqué
avait fabriqué	avaient fabriqué

Past Anterior
eus fabriqué	eûmes fabriqué
eus fabriqué	eûtes fabriqué
eut fabriqué	eurent fabriqué

Future Perfect
aurai fabriqué	aurons fabriqué
auras fabriqué	aurez fabriqué
aura fabriqué	auront fabriqué

Conditional Perfect
aurais fabriqué	aurions fabriqué
aurais fabriqué	auriez fabriqué
aurait fabriqué	auraient fabriqué

Past Subjunctive
aie fabriqué	ayons fabriqué
aies fabriqué	ayez fabriqué
ait fabriqué	aient fabriqué

Pluperfect Subjunctive
eusse fabriqué	eussions fabriqué
eusses fabriqué	eussiez fabriqué
eût fabriqué	eussent fabriqué

Imperative/Command
fabrique	fabriquons	fabriquez

Verb in Action

"fabriqué en France" *("made in France")*

Ici on fabrique surtout des appareils ménagers. *(Here we manufacture household appliances in particular.)*

Il nous a fabriqué une histoire pour expliquer son retard. *(He made up some story to explain his tardiness.)*

faillir

(to fall short of, to "almost")

• •

Present Participle: faillant • **Past Participle:** failli
Irregular verb

• •

Present		*Passé Composé*	
faux/faillis	faillons/faillissons	ai failli	avons failli
faux/faillis	faillez/faillissez	as failli	avez failli
faut/faillis	faillent/faillissent	a failli	ont failli

Imperfect		*Pluperfect*	
faillais/faillissais	faillions/faillissions	avais failli	avions failli
faillais/faillissais	failliez/faillissiez	avais failli	aviez failli
faillait/faillissait	faillaient/faillissaient	avait failli	avaient failli

Passé Simple		*Past Anterior*	
faillis	faillîmes	eus failli	eûmes failli
faillis	faillîtes	eus failli	eûtes failli
faillit	faillirent	eut failli	eurent failli

Future		*Future Perfect*	
faillirai/faudrai	faillirons/faudrons	aurai failli	aurons failli
failliras/faudras	faillirez/faudrez	auras failli	aurez failli
faillira/faudra	failliront /faudront	aura failli	auront failli

Conditional		*Conditional Perfect*	
faillirais/faudrais	faillirions/faudrions	aurais failli	aurions failli
faillirais/faudrais	failliriez/faudriez	aurais failli	auriez failli
faillirait/faudrait	failliraient/faudraient	aurait failli	auraient failli

Present Subjunctive		*Past Subjunctive*	
faillisse/faille	faillissions/faillions	aie failli	ayons failli
faillisses/failles	faillissiez/failliez	aies failli	ayez failli
faillisse/faille	faillissent/faillent	ait failli	aient failli

Imperfect Subjunctive		*Pluperfect Subjunctive*	
faillisse	faillissions	eusse failli	eussions failli
faillisses	faillissiez	eusses failli	eussiez failli
faillît	faillissent	eût failli	eussent failli

Imperative/Command
not used

• •

Verb in Action

J'ai failli tomber. *(I almost fell.)*
Nous avons failli rater notre train. *(We almost missed our train.)*
Elle faillit pleurer quand ils lui annoncèrent la nouvelle. *(She almost cried when they told her the news.)*

faire

(to do, to make, to have something done)

Present Participle: faisant • **Past Participle:** fait
Irregular verb

Present
fais	faisons
fais	faites
fait	font

Imperfect
faisais	faisions
faisais	faisiez
faisait	faisaient

Passé Simple
fis	fîmes
fis	fîtes
fit	firent

Future
ferai	ferons
feras	ferez
fera	feront

Conditional
ferais	ferions
ferais	feriez
ferait	feraient

Present Subjunctive
fasse	fassions
fasses	fassiez
fasse	fassent

Imperfect Subjunctive
fisse	fissions
fisses	fissiez
fît	fissent

Passé Composé
ai fait	avons fait
as fait	avez fait
a fait	ont fait

Pluperfect
avais fait	avions fait
avais fait	aviez fait
avait fait	avaient fait

Past Anterior
eus fait	eûmes fait
eus fait	eûtes fait
eut fait	eurent fait

Future Perfect
aurai fait	aurons fait
auras fait	aurez fait
aura fait	auront fait

Conditional Perfect
aurais fait	aurions fait
aurais fait	auriez fait
aurait fait	auraient fait

Past Subjunctive
aie fait	ayons fait
aies fait	ayez fait
ait fait	aient fait

Pluperfect Subjunctive
eusse fait	eussions fait
eusses fait	eussiez fait
eût fait	eussent fait

Imperative/Command
fais	faisons	faites

Verb in Action
Qu'est-ce que tu fais? *(What are you doing?)*
Demain, nous ferons une promenade sur la plage. *(Tomorrow, we'll go for a walk on the beach.)*
Elle avait fait un gâteau. *(She'd made a cake.)*

ESSENTIAL VERB

falloir

(to need to, to be necessary)

Present Participle: not used • **Past Participle:** fallu
Irregular verb

Present			*Passé Composé*	
not used	not used		not used	not used
not used	not used		not used	not used
il faut	not used		il a fallu	not used

Imperfect			*Pluperfect*	
not used	not used		not used	not used
not used	not used		not used	not used
il fallait	not used		il avait fallu	not used

Passé Simple			*Past Anterior*	
not used	not used		not used	not used
not used	not used		not used	not used
il fallut	not used		il eut fallu	not used

Future			*Future Perfect*	
not used	not used		not used	not used
not used	not used		not used	not used
il faudra	not used		il aura fallu	not used

Conditional			*Conditional Perfect*	
not used	not used		not used	not used
not used	not used		not used	not used
il faudrait	not used		il aurait fallu	not used

Present Subjunctive			*Past Subjunctive*	
not used	not used		not used	not used
not used	not used		not used	not used
il faille	not used		il ait fallu	not used

Imperfect Subjunctive			*Pluperfect Subjunctive*	
not used	not used		not used	not used
not used	not used		not used	not used
il fallût	not used		il eût fallu	not used

Imperative/Command
not used

Verb in Action

Il faut se dépêcher! *(We have to hurry up!)*
Il me fallait de l'argent. *(I needed money.)*
Il faudra que tu sois là à 8 heures. *(You'll have to be there at 8.)*

fatiguer
(to tire)

Present Participle: fatiguant • **Past Participle:** fatigué
Regular **-er** verb

Present		Passé Composé	
fatigue	fatiguons	ai fatigué	avons fatigué
fatigues	fatiguez	as fatigué	avez fatigué
fatigue	fatiguent	a fatigué	ont fatigué

Imperfect		Pluperfect	
fatiguais	fatiguions	avais fatigué	avions fatigué
fatiguais	fatiguiez	avais fatigué	aviez fatigué
fatiguait	fatiguaient	avait fatigué	avaient fatigué

Passé Simple		Past Anterior	
fatiguai	fatiguâmes	eus fatigué	eûmes fatigué
fatiguas	fatiguâtes	eus fatigué	eûtes fatigué
fatigua	fatiguèrent	eut fatigué	eurent fatigué

Future		Future Perfect	
fatiguerai	fatiguerons	aurai fatigué	aurons fatigué
fatigueras	fatiguerez	auras fatigué	aurez fatigué
fatiguera	fatigueront	aura fatigué	auront fatigué

Conditional		Conditional Perfect	
fatiguerais	fatiguerions	aurais fatigué	aurions fatigué
fatiguerais	fatigueriez	aurais fatigué	auriez fatigué
fatiguerait	fatigueraient	aurait fatigué	auraient fatigué

Present Subjunctive		Past Subjunctive	
fatigue	fatiguions	aie fatigué	ayons fatigué
fatigues	fatiguiez	aies fatigué	ayez fatigué
fatigue	fatiguent	ait fatigué	aient fatigué

Imperfect Subjunctive		Pluperfect Subjunctive	
fatiguasse	fatiguassions	eusse fatigué	eussions fatigué
fatiguasses	fatiguassiez	eusses fatigué	eussiez fatigué
fatiguât	fatiguassent	eût fatigué	eussent fatigué

Imperative/Command

fatigue	fatiguons	fatiguez

Verb in Action

Ne te fatigue pas, il ne t'écoute même pas. *(Don't waste your time, he's not even listening to you.)*

Elle me fatigue à se plaindre tout le temps. *(She tires me out complaining all the time.)*

Ça ne t'a pas trop fatigué, cette promenade? *(I hope the walk didn't tire you too much?)*

fermer
(to close)

Present		Passé Composé	
ferme	fermons	ai fermé	avons fermé
fermes	fermez	as fermé	avez fermé
ferme	ferment	a fermé	ont fermé

Imperfect		Pluperfect	
fermais	fermions	avais fermé	avions fermé
fermais	fermiez	avais fermé	aviez fermé
fermait	fermaient	avait fermé	avaient fermé

Passé Simple		Past Anterior	
fermai	fermâmes	eus fermé	eûmes fermé
fermas	fermâtes	eus fermé	eûtes fermé
ferma	fermèrent	eut fermé	eurent fermé

Future		Future Perfect	
fermerai	fermerons	aurai fermé	aurons fermé
fermeras	fermerez	auras fermé	aurez fermé
fermera	fermeront	aura fermé	auront fermé

Conditional		Conditional Perfect	
fermerais	fermerions	aurais fermé	aurions fermé
fermerais	fermeriez	aurais fermé	auriez fermé
fermerait	fermeraient	aurait fermé	auraient fermé

Present Subjunctive		Past Subjunctive	
ferme	fermions	aie fermé	ayons fermé
fermes	fermiez	aies fermé	ayez fermé
ferme	ferment	ait fermé	aient fermé

Imperfect Subjunctive		Pluperfect Subjunctive	
fermasse	fermassions	eusse fermé	eussions fermé
fermasses	fermassiez	eusses fermé	eussiez fermé
fermât	fermassent	eût fermé	eussent fermé

Imperative/Command

ferme	fermons	fermez

Verb in Action

Ferme la fenêtre. *(Close the window.)*
Vous fermez à quelle heure? *(What time do you close?)*
Les musées ferment à 18h. *(The museums close at 6 p.m.)*

financer

(to fund, to finance)

Present Participle: finançant • **Past Participle:** financé
-cer verb; **c** becomes **ç** before an **a** or an **o**

Present

finance	finançons
finances	financez
finance	financent

Passé Composé

ai financé	avons financé
as financé	avez financé
a financé	ont financé

Imperfect

finançais	financions
finançais	financiez
finançait	finançaient

Pluperfect

avais financé	avions financé
avais financé	aviez financé
avait financé	avaient financé

Passé Simple

finançai	finançâmes
finanças	finançâtes
finança	financèrent

Past Anterior

eus financé	eûmes financé
eus financé	eûtes financé
eut financé	eurent financé

Future

financerai	financerons
financeras	financerez
financera	financeront

Future Perfect

aurai financé	aurons financé
auras financé	aurez financé
aura financé	auront financé

Conditional

financerais	financerions
financerais	financeriez
financerait	financeraient

Conditional Perfect

aurais financé	aurions financé
aurais financé	auriez financé
aurait financé	auraient financé

Present Subjunctive

finance	financions
finances	financiez
finance	financent

Past Subjunctive

aie financé	ayons financé
aies financé	ayez financé
ait financé	aient financé

Imperfect Subjunctive

finançasse	finançassions
finançasses	finançassiez
finançât	finançassent

Pluperfect Subjunctive

eusse financé	eussions financé
eusses financé	eussiez financé
eût financé	eussent financé

Imperative/Command

finance	finançons	financez

Verb in Action

Le projet est financé par l'Union Européenne. *(The project is funded by the European Union.)*

Le journal paraît tous les jours et est entièrement financé par la publicité. *(The newspaper is published every day and is funded entirely by advertising.)*

finir
(to finish)

• •

Present Participle: finissant • **Past Participle:** fini
Regular **-ir** verb

• •

Present		*Passé Composé*	
finis	finissons	ai fini	avons fini
finis	finissez	as fini	avez fini
finit	finissent	a fini	ont fini

Imperfect		*Pluperfect*	
finissais	finissions	avais fini	avions fini
finissais	finissiez	avais fini	aviez fini
finissait	finissaient	avait fini	avaient fini

Passé Simple		*Past Anterior*	
finis	finîmes	eus fini	eûmes fini
finis	finîtes	eus fini	eûtes fini
finit	finirent	eut fini	eurent fini

Future		*Future Perfect*	
finirai	finirons	aurai fini	aurons fini
finiras	finirez	auras fini	aurez fini
finira	finiront	aura fini	auront fini

Conditional		*Conditional Perfect*	
finirais	finirions	aurais fini	aurions fini
finirais	finiriez	aurais fini	auriez fini
finirait	finiraient	aurait fini	auraient fini

Present Subjunctive		*Past Subjunctive*	
finisse	finissions	aie fini	ayons fini
finisses	finissiez	aies fini	ayez fini
finisse	finissent	ait fini	aient fini

Imperfect Subjunctive		*Pluperfect Subjunctive*	
finisse	finissions	eusse fini	eussions fini
finisses	finissiez	eusses fini	eussiez fini
finît	finissent	eût fini	eussent fini

Imperative/Command

finis	finissons	finissez

• •

Verb in Action

Je finis mes cours à 17h. *(I finish my classes at 5 p.m.)*
Elle finissait toujours en retard. *(She'd always finish late.)*
Je finirai mes devoirs demain. *(I'll finish my homework tomorrow.)*

fleurir

(to blossom, to flower)

Present Participle: fleurissant • Past Participle: fleuri
Regular -ir verb

Present
fleuris	fleurissons
fleuris	fleurissez
fleurit	fleurissent

Passé Composé
ai fleuri	avons fleuri
as fleuri	avez fleuri
a fleuri	ont fleuri

Imperfect
fleurissais	fleurissions
fleurissais	fleurissiez
fleurissait	fleurissaient

Pluperfect
avais fleuri	avions fleuri
avais fleuri	aviez fleuri
avait fleuri	avaient fleuri

Passé Simple
fleuris	fleurîmes
fleuris	fleurîtes
fleurit	fleurirent

Past Anterior
eus fleuri	eûmes fleuri
eus fleuri	eûtes fleuri
eut fleuri	eurent fleuri

Future
fleurirai	fleurirons
fleuriras	fleurirez
fleurira	fleuriront

Future Perfect
aurai fleuri	aurons fleuri
auras fleuri	aurez fleuri
aura fleuri	auront fleuri

Conditional
fleurirais	fleuririons
fleurirais	fleuririez
fleurirait	fleuriraient

Conditional Perfect
aurais fleuri	aurions fleuri
aurais fleuri	auriez fleuri
aurait fleuri	auraient fleuri

Present Subjunctive
fleurisse	fleurissions
fleurisses	fleurissiez
fleurisse	fleurissent

Past Subjunctive
aie fleuri	ayons fleuri
aies fleuri	ayez fleuri
ait fleuri	aient fleuri

Imperfect Subjunctive
fleurisse	fleurissions
fleurisses	fleurissiez
fleurît	fleurissent

Pluperfect Subjunctive
eusse fleuri	eussions fleuri
eusses fleuri	eussiez fleuri
eût fleuri	eussent fleuri

Imperative/Command
fleuris   fleurissons   fleurissez

Verb in Action
Cette plante fleurit en automne. *(This plant flowers in the fall.)*
C'est l'époque où fleurit le lilas. *(This is the time when lilacs blossom.)*
Mes pivoines n'ont pas fleuri cette année. *(My peonies have not blossomed this year.)*

foncer

(to rush; to charge ahead)

Present Participle: fonçant • **Past Participle:** foncé
-cer verb; **c** becomes **ç** before an **a** or an **o**

Present
fonce	fonçons
fonces	foncez
fonce	foncent

Imperfect
fonçais	foncions
fonçais	fonciez
fonçait	fonçaient

Passé Simple
fonçai	fonçâmes
fonças	fonçâtes
fonça	foncèrent

Future
foncerai	foncerons
fonceras	foncerez
foncera	fonceront

Conditional
foncerais	foncerions
foncerais	fonceriez
foncerait	fonceraient

Present Subjunctive
fonce	foncions
fonces	fonciez
fonce	foncent

Imperfect Subjunctive
fonçasse	fonçassions
fonçasses	fonçassiez
fonçât	fonçassent

Passé Composé
ai foncé	avons foncé
as foncé	avez foncé
a foncé	ont foncé

Pluperfect
avais foncé	avions foncé
avais foncé	aviez foncé
avait foncé	avaient foncé

Past Anterior
eus foncé	eûmes foncé
eus foncé	eûtes foncé
eut foncé	eurent foncé

Future Perfect
aurai foncé	aurons foncé
auras foncé	aurez foncé
aura foncé	auront foncé

Conditional Perfect
aurais foncé	aurions foncé
aurais foncé	auriez foncé
aurait foncé	auraient foncé

Past Subjunctive
aie foncé	ayons foncé
aies foncé	ayez foncé
ait foncé	aient foncé

Pluperfect Subjunctive
eusse foncé	eussions foncé
eusses foncé	eussiez foncé
eût foncé	eussent foncé

Imperative/Command
fonce	fonçons	foncez

Verb in Action

On avait tellement faim qu'on a foncé droit sur le buffet. *(We were so hungry that we rushed straight for the buffet.)*
Ne fonce pas. On n'est pas en retard. *(Don't rush. We're not late.)*
Je remonte dans ma voiture et je fonce à l'aéroport. *(I get back in my car and rush to the airport.)*

fondre

(to dissolve, to melt)

Present Participle: fondant • **Past Participle:** fondu
Regular **-re** verb

Present		*Passé Composé*	
fonds	fondons	ai fondu	avons fondu
fonds	fondez	as fondu	avez fondu
fond	fondent	a fondu	ont fondu

Imperfect		*Pluperfect*	
fondais	fondions	avais fondu	avions fondu
fondais	fondiez	avais fondu	aviez fondu
fondait	fondaient	avait fondu	avaient fondu

Passé Simple		*Past Anterior*	
fondis	fondîmes	eus fondu	eûmes fondu
fondis	fondîtes	eus fondu	eûtes fondu
fondit	fondirent	eut fondu	eurent fondu

Future		*Future Perfect*	
fondrai	fondrons	aurai fondu	aurons fondu
fondras	fondrez	auras fondu	aurez fondu
fondra	fondront	aura fondu	auront fondu

Conditional		*Conditional Perfect*	
fondrais	fondrions	aurais fondu	aurions fondu
fondrais	fondriez	aurais fondu	auriez fondu
fondrait	fondraient	aurait fondu	auraient fondu

Present Subjunctive		*Past Subjunctive*	
fonde	fondions	aie fondu	ayons fondu
fondes	fondiez	aies fondu	ayez fondu
fonde	fondent	ait fondu	aient fondu

Imperfect Subjunctive		*Pluperfect Subjunctive*	
fondisse	fondissions	eusse fondu	eussions fondu
fondisses	fondissiez	eusses fondu	eussiez fondu
fondît	fondissent	eût fondu	eussent fondu

Imperative/Command

fonds	fondons	fondez

Verb in Action

La tablette de chocolat a fondu dans ma poche. *(The chocolate bar melted in my pocket.)*
Le cachet d'aspirine fond dans le verre d'eau. *(The aspirin dissolves in a glass of water.)*
La neige fondait déjà. *(The snow was melting already.)*

forcer
(to force)

Present Participle: forçant • Past Participle: forcé
-cer verb; **c** becomes **ç** before an **a** or an **o**

Present		Passé Composé	
force	forçons	ai forcé	avons forcé
forces	forcez	as forcé	avez forcé
force	forcent	a forcé	ont forcé

Imperfect		Pluperfect	
forçais	forcions	avais forcé	avions forcé
forçais	forciez	avais forcé	aviez forcé
forçait	forçaient	avait forcé	avaient forcé

Passé Simple		Past Anterior	
forçai	forçâmes	eus forcé	eûmes forcé
forças	forçâtes	eus forcé	eûtes forcé
força	forcèrent	eut forcé	eurent forcé

Future		Future Perfect	
forcerai	forcerons	aurai forcé	aurons forcé
forceras	forcerez	auras forcé	aurez forcé
forcera	forceront	aura forcé	auront forcé

Conditional		Conditional Perfect	
forcerais	forcerions	aurais forcé	aurions forcé
forcerais	forceriez	aurais forcé	auriez forcé
forcerait	forceraient	aurait forcé	auraient forcé

Present Subjunctive		Past Subjunctive	
force	forcions	aie forcé	ayons forcé
forces	forciez	aies forcé	ayez forcé
force	forcent	ait forcé	aient forcé

Imperfect Subjunctive		Pluperfect Subjunctive	
forçasse	forçassions	eusse forcé	eussions forcé
forçasses	forçassiez	eusses forcé	eussiez forcé
forçât	forçassent	eût forcé	eussent forcé

Imperative/Command

force	forçons	forcez

Verb in Action

Je ne te force pas à venir avec nous. *(I won't force you to come with us.)*
Je suis forcé de vous donner une contravention. *(I am obliged to give you a ticket.)*
Il s'est forcé à goûter les huîtres. *(He forced himself to try the oysters.)*

fournir

(to provide, to supply)

Present Participle: fournissant • **Past Participle:** fourni
Regular **-ir** verb

Present		**Passé Composé**	
fournis	fournissons	ai fourni	avons fourni
fournis	fournissez	as fourni	avez fourni
fournit	fournissent	a fourni	ont fourni

Imperfect		**Pluperfect**	
fournissais	fournissions	avais fourni	avions fourni
fournissais	fournissiez	avais fourni	aviez fourni
fournissait	fournissaient	avait fourni	avaient fourni

Passé Simple		**Past Anterior**	
fournis	fournîmes	eus fourni	eûmes fourni
fournis	fournîtes	eus fourni	eûtes fourni
fournit	fournirent	eut fourni	eurent fourni

Future		**Future Perfect**	
fournirai	fournirons	aurai fourni	aurons fourni
fourniras	fournirez	auras fourni	aurez fourni
fournira	fourniront	aura fourni	auront fourni

Conditional		**Conditional Perfect**	
fournirais	fournirions	aurais fourni	aurions fourni
fournirais	fourniriez	aurais fourni	auriez fourni
fournirait	fourniraient	aurait fourni	auraient fourni

Present Subjunctive		**Past Subjunctive**	
fournisse	fournissions	aie fourni	ayons fourni
fournisses	fournissiez	aies fourni	ayez fourni
fournisse	fournissent	ait fourni	aient fourni

Imperfect Subjunctive		**Pluperfect Subjunctive**	
fournisse	fournissions	eusse fourni	eussions fourni
fournisses	fournissiez	eusses fourni	eussiez fourni
fournît	fournissent	eût fourni	eussent fourni

	Imperative/Command	
fournis	fournissons	fournissez

Verb in Action

J'aimerais que tu me fournisses des explications. *(I would like you to provide an explanation.)*

"Je vous fournirai les preuves de son innocence!" déclara-t-elle. *("I will provide evidence of his/her innocence!" she said.)*

Ils fournissaient de la nourriture aux réfugiés. *(They provided food to refugees.)*

frapper
(to knock, to strike)

Present Participle: frappant • **Past Participle:** frappé
Regular **-er** verb

Present		*Passé Composé*	
frappe	frappons	ai frappé	avons frappé
frappes	frappez	as frappé	avez frappé
frappe	frappent	a frappé	ont frappé

Imperfect		*Pluperfect*	
frappais	frappions	avais frappé	avions frappé
frappais	frappiez	avais frappé	aviez frappé
frappait	frappaient	avait frappé	avaient frappé

Passé Simple		*Past Anterior*	
frappai	frappâmes	eus frappé	eûmes frappé
frappas	frappâtes	eus frappé	eûtes frappé
frappa	frappèrent	eut frappé	eurent frappé

Future		*Future Perfect*	
frapperai	frapperons	aurai frappé	aurons frappé
frapperas	frapperez	auras frappé	aurez frappé
frappera	frapperont	aura frappé	auront frappé

Conditional		*Conditional Perfect*	
frapperais	frapperions	aurais frappé	aurions frappé
frapperais	frapperiez	aurais frappé	auriez frappé
frapperait	frapperaient	aurait frappé	auraient frappé

Present Subjunctive		*Past Subjunctive*	
frappe	frappions	aie frappé	ayons frappé
frappes	frappiez	aies frappé	ayez frappé
frappe	frappent	ait frappé	aient frappé

Imperfect Subjunctive		*Pluperfect Subjunctive*	
frappasse	frappassions	eusse frappé	eussions frappé
frappasses	frappassiez	eusses frappé	eussiez frappé
frappât	frappassent	eût frappé	eussent frappé

Imperative/Command

frappe	frappons	frappez

Verb in Action

Il l'a frappée au visage. *(He hit her in the face.)*
Son air fatigué m'a frappé. *(I was struck by how tired she/he looked.)*
L'assassin a encore frappé. *(The killer has struck again.)*

frire*

(to fry)

Present Participle: not used • Past Participle: frit
Irregular verb

Present

fris	not used
fris	not used
frit	not used

Imperfect

not used

Passé Simple

not used

Future

frirai	frirons
friras	frirez
frira	friront

Conditional

frirais	fririons
frirais	fririez
frirait	friraient

Present Subjunctive

not used

Imperfect Subjunctive

not used

Passé Composé

ai frit	avons frit
as frit	avez frit
a frit	ont frit

Pluperfect

avais frit	avions frit
avais frit	aviez frit
avait frit	avaient frit

Past Anterior

eus frit	eûmes frit
eus frit	eûtes frit
eut frit	eurent frit

Future Perfect

aurai frit	aurons frit
auras frit	aurez frit
aura frit	auront frit

Conditional Perfect

aurais frit	aurions frit
aurais frit	auriez frit
aurait frit	auraient frit

Past Subjunctive

aie frit	ayons frit
aies frit	ayez frit
ait frit	aient frit

Pluperfect Subjunctive

eusse frit	eussions frit
eusses frit	eussiez frit
eût frit	eussent frit

Imperative/Command

fris	not used	not used

Verb in Action

Je vais frire les boulettes dans de l'huile très chaude. *(I am going to fry the meatballs in very hot oil.)*

Est-ce que c'est frit, ou cuit au four? *(Is it fried or baked?)*

*****Note:** This verb is usually used as an infinitive, which is placed after the appropriate forms of the verb **faire** *(to do)*. For example, **ils font frire les beignets.** *(They are frying the donuts.)*

fuir
(to flee, to leak)

- -

Present Participle: fuyant • **Past Participle:** fui
Irregular **-ir** verb

- -

Present		*Passé Composé*	
fuis	fuyons	ai fui	avons fui
fuis	fuyez	as fui	avez fui
fuit	fuient	a fui	ont fui

Imperfect		*Pluperfect*	
fuyais	fuyions	avais fui	avions fui
fuyais	fuyiez	avais fui	aviez fui
fuyait	fuyaient	avait fui	avaient fui

Passé Simple		*Past Anterior*	
fuis	fuîmes	eus fui	eûmes fui
fuis	fuîtes	eus fui	eûtes fui
fuit	fuirent	eut fui	eurent fui

Future		*Future Perfect*	
fuirai	fuirons	aurai fui	aurons fui
fuiras	fuirez	auras fui	aurez fui
fuira	fuiront	aura fui	auront fui

Conditional		*Conditional Perfect*	
fuirais	fuirions	aurais fui	aurions fui
fuirais	fuiriez	aurais fui	auriez fui
fuirait	fuiraient	aurait fui	auraient fui

Present Subjunctive		*Past Subjunctive*	
fuie	fuyions	aie fui	ayons fui
fuies	fuyiez	aies fui	ayez fui
fuie	fuient	ait fui	aient fui

Imperfect Subjunctive		*Pluperfect Subjunctive*	
fuisse	fuissions	eusse fui	eussions fui
fuisses	fuissiez	eusses fui	eussiez fui
fuît	fuissent	eût fui	eussent fui

Imperative/Command

fuis	fuyons	fuyez

- -

Verb in Action

J'ai un stylo qui fuit. *(My pen leaks.)*
Ils ont fui leur pays. *(They fled their country.)*
Le robinet fuyait. *(The faucet was dripping.)*

fumer
(to smoke)

Present Participle: fumant • **Past Participle:** fumé
Regular -er verb

Present
fume	fumons
fumes	fumez
fume	fument

Passé Composé
ai fumé	avons fumé
as fumé	avez fumé
a fumé	ont fumé

Imperfect
fumais	fumions
fumais	fumiez
fumait	fumaient

Pluperfect
avais fumé	avions fumé
avais fumé	aviez fumé
avait fumé	avaient fumé

Passé Simple
fumai	fumâmes
fumas	fumâtes
fuma	fumèrent

Past Anterior
eus fumé	eûmes fumé
eus fumé	eûtes fumé
eut fumé	eurent fumé

Future
fumerai	fumerons
fumeras	fumerez
fumera	fumeront

Future Perfect
aurai fumé	aurons fumé
auras fumé	aurez fumé
aura fumé	auront fumé

Conditional
fumerais	fumerions
fumerais	fumeriez
fumerait	fumeraient

Conditional Perfect
aurais fumé	aurions fumé
aurais fumé	auriez fumé
aurait fumé	auraient fumé

Present Subjunctive
fume	fumions
fumes	fumiez
fume	fument

Past Subjunctive
aie fumé	ayons fumé
aies fumé	ayez fumé
ait fumé	aient fumé

Imperfect Subjunctive
fumasse	fumassions
fumasses	fumassiez
fumât	fumassent

Pluperfect Subjunctive
eusse fumé	eussions fumé
eusses fumé	eussiez fumé
eût fumé	eussent fumé

Imperative/Command
fume	fumons	fumez

Verb in Action
Je fumais quand j'étais jeune. *(I used to smoke when I was young.)*
Le poète fumait sa pipe. *(The poet was smoking his pipe.)*
La cheminée de la chaumière fumait. *(The cottage chimney was smoking.)*

gagner
(to win, to earn)

· ·

Present Participle: gagnant • **Past Participle:** gagné
Regular **-er** verb

· ·

Present		*Passé Composé*	
gagne	gagnons	ai gagné	avons gagné
gagnes	gagnez	as gagné	avez gagné
gagne	gagnent	a gagné	ont gagné

Imperfect		*Pluperfect*	
gagnais	gagnions	avais gagné	avions gagné
gagnais	gagniez	avais gagné	aviez gagné
gagnait	gagnaient	avait gagné	avaient gagné

Passé Simple		*Past Anterior*	
gagnai	gagnâmes	eus gagné	eûmes gagné
gagnas	gagnâtes	eus gagné	eûtes gagné
gagna	gagnèrent	eut gagné	eurent gagné

Future		*Future Perfect*	
gagnerai	gagnerons	aurai gagné	aurons gagné
gagneras	gagnerez	auras gagné	aurez gagné
gagnera	gagneront	aura gagné	auront gagné

Conditional		*Conditional Perfect*	
gagnerais	gagnerions	aurais gagné	aurions gagné
gagnerais	gagneriez	aurais gagné	auriez gagné
gagnerait	gagneraient	aurait gagné	auraient gagné

Present Subjunctive		*Past Subjunctive*	
gagne	gagnions	aie gagné	ayons gagné
gagnes	gagniez	aies gagné	ayez gagné
gagne	gagnent	ait gagné	aient gagné

Imperfect Subjunctive		*Pluperfect Subjunctive*	
gagnasse	gagnassions	eusse gagné	eussions gagné
gagnasses	gagnassiez	eusses gagné	eussiez gagné
gagnât	gagnassent	eût gagné	eussent gagné

Imperative/Command

gagne	gagnons	gagnez

· ·

Verb in Action

Qui a gagné? *(Who won?)*
Il gagne un bon salaire. *(He earns a good salary.)*
Il a gagné un million à la loterie. *(He won a million in the lottery.)*

garantir
(to guarantee)

Present Participle: garantissant • **Past Participle:** garanti
Regular **-ir** verb

Present
garantis	garantissons
garantis	garantissez
garantit	garantissent

Passé Composé
ai garanti	avons garanti
as garanti	avez garanti
a garanti	ont garanti

Imperfect
garantissais	garantissions
garantissais	garantissiez
garantissait	garantissaient

Pluperfect
avais garanti	avions garanti
avais garanti	aviez garanti
avait garanti	avaient garanti

Passé Simple
garantis	garantîmes
garantis	garantîtes
garantit	garantirent

Past Anterior
eus garanti	eûmes garanti
eus garanti	eûtes garanti
eut garanti	eurent garanti

Future
garantirai	garantirons
garantiras	garantirez
garantira	garantiront

Future Perfect
aurai garanti	aurons garanti
auras garanti	aurez garanti
aura garanti	auront garanti

Conditional
garantirais	garantirions
garantirais	garantiriez
garantirait	garantiraient

Conditional Perfect
aurais garanti	aurions garanti
aurais garanti	auriez garanti
aurait garanti	auraient garanti

Present Subjunctive
garantisse	garantissions
garantisses	garantissiez
garantisse	garantissent

Past Subjunctive
aie garanti	ayons garanti
aies garanti	ayez garanti
ait garanti	aient garanti

Imperfect Subjunctive
garantisse	garantissions
garantisses	garantissiez
garantît	garantissent

Pluperfect Subjunctive
eusse garanti	eussions garanti
eusses garanti	eussiez garanti
eût garanti	eussent garanti

Imperative/Command
garantis	garantissons	garantissez

Verb in Action

Je vous garantis que dans quelques mois ils changeront d'avis. *(I can guarantee you that they'll change their minds in a few months.)*

Allez chez un bon poissonnier qui vous garantit des produits frais. *(Go to a good fish merchant who guarantees fresh products.)*

garder
(to keep, to look after, to guard)

Present Participle: gardant • **Past Participle:** gardé
Regular **-er** verb

Present
garde	gardons
gardes	gardez
garde	gardent

Passé Composé
ai gardé	avons gardé
as gardé	avez gardé
a gardé	ont gardé

Imperfect
gardais	gardions
gardais	gardiez
gardait	gardaient

Pluperfect
avais gardé	avions gardé
avais gardé	aviez gardé
avait gardé	avaient gardé

Passé Simple
gardai	gardâmes
gardas	gardâtes
garda	gardèrent

Past Anterior
eus gardé	eûmes gardé
eus gardé	eûtes gardé
eut gardé	eurent gardé

Future
garderai	garderons
garderas	garderez
gardera	garderont

Future Perfect
aurai gardé	aurons gardé
auras gardé	aurez gardé
aura gardé	auront gardé

Conditional
garderais	garderions
garderais	garderiez
garderait	garderaient

Conditional Perfect
aurais gardé	aurions gardé
aurais gardé	auriez gardé
aurait gardé	auraient gardé

Present Subjunctive
garde	gardions
gardes	gardiez
garde	gardent

Past Subjunctive
aie gardé	ayons gardé
aies gardé	ayez gardé
ait gardé	aient gardé

Imperfect Subjunctive
gardasse	gardassions
gardasses	gardassiez
gardât	gardassent

Pluperfect Subjunctive
eusse gardé	eussions gardé
eusses gardé	eussiez gardé
eût gardé	eussent gardé

Imperative/Command
garde	gardons	gardez

Verb in Action
Tu as gardé toutes ses lettres? *(Have you kept all his/her letters?)*
Je garde ma nièce samedi après-midi. *(I'm looking after my niece on Saturday afternoon.)*
Ils ont pris un gros chien pour garder la maison. *(They got a big dog to guard the house.)*

geler
(to freeze)

Present Participle: gelant • **Past Participle:** gelé
e[consonant]-**er** verb; **e** becomes **è** before consonant + **e, es, ent**

Present
gèle	gelons
gèles	gelez
gèle	gèlent

Imperfect
gelais	gelions
gelais	geliez
gelait	gelaient

Passé Simple
gelai	gelâmes
gelas	gelâtes
gela	gelèrent

Future
gèlerai	gèlerons
gèleras	gèlerez
gèlera	gèleront

Conditional
gèlerais	gèlerions
gèlerais	gèleriez
gèlerait	gèleraient

Present Subjunctive
gèle	gelions
gèles	geliez
gèle	gèlent

Imperfect Subjunctive
gelasse	gelassions
gelasses	gelassiez
gelât	gelassent

Passé Composé
ai gelé	avons gelé
as gelé	avez gelé
a gelé	ont gelé

Pluperfect
avais gelé	avions gelé
avais gelé	aviez gelé
avait gelé	avaient gelé

Past Anterior
eus gelé	eûmes gelé
eus gelé	eûtes gelé
eut gelé	eurent gelé

Future Perfect
aurai gelé	aurons gelé
auras gelé	aurez gelé
aura gelé	auront gelé

Conditional Perfect
aurais gelé	aurions gelé
aurais gelé	auriez gelé
aurait gelé	auraient gelé

Past Subjunctive
aie gelé	ayons gelé
aies gelé	ayez gelé
ait gelé	aient gelé

Pluperfect Subjunctive
eusse gelé	eussions gelé
eusses gelé	eussiez gelé
eût gelé	eussent gelé

Imperative/Command
gèle	gelons	gelez

Verb in Action
Il gèle. *(It's freezing.)*
L'eau du lac a gelé. *(The water in the lake has frozen.)*
On s'est gelé au cinéma avec la climatisation. *(We froze at the movies because of the air conditioning.)*

glisser
(to slip)

Present		Passé Composé	
glisse	glissons	ai glissé	avons glissé
glisses	glissez	as glissé	avez glissé
glisse	glissent	a glissé	ont glissé

Imperfect		Pluperfect	
glissais	glissions	avais glissé	avions glissé
glissais	glissiez	avais glissé	aviez glissé
glissait	glissaient	avait glissé	avaient glissé

Passé Simple		Past Anterior	
glissai	glissâmes	eus glissé	eûmes glissé
glissas	glissâtes	eus glissé	eûtes glissé
glissa	glissèrent	eut glissé	eurent glissé

Future		Future Perfect	
glisserai	glisserons	aurai glissé	aurons glissé
glisseras	glisserez	auras glissé	aurez glissé
glissera	glisseront	aura glissé	auront glissé

Conditional		Conditional Perfect	
glisserais	glisserions	aurais glissé	aurions glissé
glisserais	glisseriez	aurais glissé	auriez glissé
glisserait	glisseraient	aurait glissé	auraient glissé

Present Subjunctive		Past Subjunctive	
glisse	glissions	aie glissé	ayons glissé
glisses	glissiez	aies glissé	ayez glissé
glisse	glissent	ait glissé	aient glissé

Imperfect Subjunctive		Pluperfect Subjunctive	
glissasse	glissassions	eusse glissé	eussions glissé
glissasses	glissassiez	eusses glissé	eussiez glissé
glissât	glissassent	eût glissé	eussent glissé

Imperative/Command

glisse	glissons	glissez

Verb in Action

Il a glissé sur une peau de banane. *(He slipped on a banana peel.)*
Attention, ça glisse! *(Watch out, it's slippery!)*
Quelqu'un a glissé un petit mot sous ma porte. *(Someone slipped a note under my door.)*

goûter
(to taste, to have a snack)

Present Participle: goûtant • **Past Participle:** goûté
Regular **-er** verb

Present
goûte	goûtons
goûtes	goûtez
goûte	goûtent

Passé Composé
ai goûté	avons goûté
as goûté	avez goûté
a goûté	ont goûté

Imperfect
goûtais	goûtions
goûtais	goûtiez
goûtait	goûtaient

Pluperfect
avais goûté	avions goûté
avais goûté	aviez goûté
avait goûté	avaient goûté

Passé Simple
goûtai	goûtâmes
goûtas	goûtâtes
goûta	goûtèrent

Past Anterior
eus goûté	eûmes goûté
eus goûté	eûtes goûté
eut goûté	eurent goûté

Future
goûterai	goûterons
goûteras	goûterez
goûtera	goûteront

Future Perfect
aurai goûté	aurons goûté
auras goûté	aurez goûté
aura goûté	auront goûté

Conditional
goûterais	goûterions
goûterais	goûteriez
goûterait	goûteraient

Conditional Perfect
aurais goûté	aurions goûté
aurais goûté	auriez goûté
aurait goûté	auraient goûté

Present Subjunctive
goûte	goûtions
goûtes	goûtiez
goûte	goûtent

Past Subjunctive
aie goûté	ayons goûté
aies goûté	ayez goûté
ait goûté	aient goûté

Imperfect Subjunctive
goûtasse	goûtassions
goûtasses	goûtassiez
goûtât	goûtassent

Pluperfect Subjunctive
eusse goûté	eussions goûté
eusses goûté	eussiez goûté
eût goûté	eussent goûté

Imperative/Command
goûte	goûtons	goûtez

Verb in Action

Goûte ce fromage: tu verras comme il est bon! *(Taste this cheese: you'll see how good it is!)*

Les enfants goûtent généralement vers quatre heures. *(The children usually have a snack around 4 o'clock.)*

C'est un auteur dont je ne goûte guère les œuvres. *(This is a writer whose works are not to my taste at all.)*

grandir
(to grow, to grow up)

Present Participle: grandissant • Past Participle: grandi
Regular **-ir** verb

Present		Passé Composé	
grandis	grandissons	ai grandi	avons grandi
grandis	grandissez	as grandi	avez grandi
grandit	grandissent	a grandi	ont grandi

Imperfect		Pluperfect	
grandissais	grandissions	avais grandi	avions grandi
grandissais	grandissiez	avais grandi	aviez grandi
grandissait	grandissaient	avait grandi	avaient grandi

Passé Simple		Past Anterior	
grandis	grandîmes	eus grandi	eûmes grandi
grandis	grandîtes	eus grandi	eûtes grandi
grandit	grandirent	eut grandi	eurent grandi

Future		Future Perfect	
grandirai	grandirons	aurai grandi	aurons grandi
grandiras	grandirez	auras grandi	aurez grandi
grandira	grandiront	aura grandi	auront grandi

Conditional		Conditional Perfect	
grandirais	grandirions	aurais grandi	aurions grandi
grandirais	grandiriez	aurais grandi	auriez grandi
grandirait	grandiraient	aurait grandi	auraient grandi

Present Subjunctive		Past Subjunctive	
grandisse	grandissions	aie grandi	ayons grandi
grandisses	grandissiez	aies grandi	ayez grandi
grandisse	grandissent	ait grandi	aient grandi

Imperfect Subjunctive		Pluperfect Subjunctive	
grandisse	grandissions	eusse grandi	eussions grandi
grandisses	grandissiez	eusses grandi	eussiez grandi
grandît	grandissent	eût grandi	eussent grandi

Imperative/Command

grandis	grandissons	grandissez

Verb in Action

Il a beaucoup grandi. *(He's grown a lot.)*
J'ai grandi de trois centimètres cet été. *(I grew three centimeters this summer.)*
Mes frères et moi avons grandi à la campagne. *(My brothers and I grew up in the countryside.)*

grincer

(to creak, to squeak)

Present Participle: grinçant • **Past Participle:** grincé

-cer verb; **c** becomes **ç** before an **a** or an **o**

Present		Passé Composé	
grince	grinçons	ai grincé	avons grincé
grinces	grincez	as grincé	avez grincé
grince	grincent	a grincé	ont grincé

Imperfect		Pluperfect	
grinçais	grincions	avais grincé	avions grincé
grinçais	grinciez	avais grincé	aviez grincé
grinçait	grinçaient	avait grincé	avaient grincé

Passé Simple		Past Anterior	
grinçai	grinçâmes	eus grincé	eûmes grincé
grinças	grinçâtes	eus grincé	eûtes grincé
grinça	grincèrent	eut grincé	eurent grincé

Future		Future Perfect	
grincerai	grincerons	aurai grincé	aurons grincé
grinceras	grincerez	auras grincé	aurez grincé
grincera	grinceront	aura grincé	auront grincé

Conditional		Conditional Perfect	
grincerais	grincerions	aurais grincé	aurions grincé
grincerais	grinceriez	aurais grincé	auriez grincé
grincerait	grinceraient	aurait grincé	auraient grincé

Present Subjunctive		Past Subjunctive	
grince	grincions	aie grincé	ayons grincé
grinces	grinciez	aies grincé	ayez grincé
grince	grincent	ait grincé	aient grincé

Imperfect Subjunctive		Pluperfect Subjunctive	
grinçasse	grinçassions	eusse grincé	eussions grincé
grinçasses	grinçassiez	eusses grincé	eussiez grincé
grinçât	grinçassent	eût grincé	eussent grincé

Imperative/Command

grince	grinçons	grincez

Verb in Action

La porte grince; il faudrait l'huiler. *(The door is creaking; it needs oiling.)*

Tout grinçait dans cette maison, surtout la nuit. *(Everything in this house creaked, especially at night.)*

Je vais téléphoner au garagiste: les freins de la voiture grincent toujours. *(I am going to call the garage: the car's brakes are still squeaking.)*

grossir
(to gain weight, to enlarge)

Present Participle: grossissant • **Past Participle:** grossi
Regular **-ir** verb

Present		*Passé Composé*	
grossis	grossissons	ai grossi	avons grossi
grossis	grossissez	as grossi	avez grossi
grossit	grossissent	a grossi	ont grossi

Imperfect		*Pluperfect*	
grossissais	grossissions	avais grossi	avions grossi
grossissais	grossissiez	avais grossi	aviez grossi
grossissait	grossissaient	avait grossi	avaient grossi

Passé Simple		*Past Anterior*	
grossis	grossîmes	eus grossi	eûmes grossi
grossis	grossîtes	eus grossi	eûtes grossi
grossit	grossirent	eut grossi	eurent grossi

Future		*Future Perfect*	
grossirai	grossirons	aurai grossi	aurons grossi
grossiras	grossirez	auras grossi	aurez grossi
grossira	grossiront	aura grossi	auront grossi

Conditional		*Conditional Perfect*	
grossirais	grossirions	aurais grossi	aurions grossi
grossirais	grossiriez	aurais grossi	auriez grossi
grossirait	grossiraient	aurait grossi	auraient grossi

Present Subjunctive		*Past Subjunctive*	
grossisse	grossissions	aie grossi	ayons grossi
grossisses	grossissiez	aies grossi	ayez grossi
grossisse	grossissent	ait grossi	aient grossi

Imperfect Subjunctive		*Pluperfect Subjunctive*	
grossisse	grossissions	eusse grossi	eussions grossi
grossisses	grossissiez	eusses grossi	eussiez grossi
grossît	grossissent	eût grossi	eussent grossi

Imperative/Command

grossis	grossissons	grossissez

Verb in Action

Il a beaucoup grossi. *(He's gained a lot of weight.)*
Tu trouves que ce pantalon me grossit? *(Do you think these pants make me look fat?)*
En grossissant la photo, j'ai trouvé ma grand-mère en arrière-plan. *(By enlarging the picture, I found my grandmother in the background.)*

guérir
(to get better, to recover)

Present Participle: guérissant • **Past Participle:** guéri
Regular **-ir** verb

Present
guéris	guérissons
guéris	guérissez
guérit	guérissent

Passé Composé
ai guéri	avons guéri
as guéri	avez guéri
a guéri	ont guéri

Imperfect
guérissais	guérissions
guérissais	guérissiez
guérissait	guérissaient

Pluperfect
avais guéri	avions guéri
avais guéri	aviez guéri
avait guéri	avaient guéri

Passé Simple
guéris	guérîmes
guéris	guérîtes
guérit	guérirent

Past Anterior
eus guéri	eûmes guéri
eus guéri	eûtes guéri
eut guéri	eurent guéri

Future
guérirai	guérirons
guériras	guérirez
guérira	guériront

Future Perfect
aurai guéri	aurons guéri
auras guéri	aurez guéri
aura guéri	auront guéri

Conditional
guérirais	guéririons
guérirais	guéririez
guérirait	guériraient

Conditional Perfect
aurais guéri	aurions guéri
aurais guéri	auriez guéri
aurait guéri	auraient guéri

Present Subjunctive
guérisse	guérissions
guérisses	guérissiez
guérisse	guérissent

Past Subjunctive
aie guéri	ayons guéri
aies guéri	ayez guéri
ait guéri	aient guéri

Imperfect Subjunctive
guérisse	guérissions
guérisses	guérissiez
guérît	guérissent

Pluperfect Subjunctive
eusse guéri	eussions guéri
eusses guéri	eussiez guéri
eût guéri	eussent guéri

Imperative/Command
guéris	guérissons	guérissez

Verb in Action
Il est maintenant complètement guéri. *(He's now completely recovered.)*
Tu ne guériras jamais si tu ne restes pas au lit. *(You will never get better if you do not stay in bed.)*
J'ai mis très longtemps à me guérir de cette déception. *(I took a long time to get over this disappointment.)*

habiller
(to dress)

Present Participle: habillant • Past Participle: habillé
Regular -er verb

Present
habille	habillons
habilles	habillez
habille	habillent

Imperfect
habillais	habillions
habillais	habilliez
habillait	habillaient

Passé Simple
habillai	habillâmes
habillas	habillâtes
habilla	habillèrent

Future
habillerai	habillerons
habilleras	habillerez
habillera	habilleront

Conditional
habillerais	habillerions
habillerais	habilleriez
habillerait	habilleraient

Present Subjunctive
habille	habillions
habilles	habilliez
habille	habillent

Imperfect Subjunctive
habillasse	habillassions
habillasses	habillassiez
habillât	habillassent

Passé Composé
ai habillé	avons habillé
as habillé	avez habillé
a habillé	ont habillé

Pluperfect
avais habillé	avions habillé
avais habillé	aviez habillé
avait habillé	avaient habillé

Past Anterior
eus habillé	eûmes habillé
eus habillé	eûtes habillé
eut habillé	eurent habillé

Future Perfect
aurai habillé	aurons habillé
auras habillé	aurez habillé
aura habillé	auront habillé

Conditional Perfect
aurais habillé	aurions habillé
aurais habillé	auriez habillé
aurait habillé	auraient habillé

Past Subjunctive
aie habillé	ayons habillé
aies habillé	ayez habillé
ait habillé	aient habillé

Pluperfect Subjunctive
eusse habillé	eussions habillé
eusses habillé	eussiez habillé
eût habillé	eussent habillé

Imperative/Command
habille	habillons	habillez

Verb in Action
On habilla les enfants en vitesse. *(We dressed the children quickly.)*
Mes filles aiment habiller leurs poupées. *(My daughters like dressing their dolls.)*
On a habillé le sapin — regardez comme il est beau! *(We decorated the tree — look how beautiful it is!)*

s'habiller

(to get dressed)

Present Participle: s'habillant • **Past Participle:** habillé
Regular pronominal -**er** verb

Present
m'habille	nous habillons
t'habilles	vous habillez
s'habille	s'habillent

Passé Composé
me suis habillé(e)	nous sommes habillé(e)s
t'es habillé(e)	vous êtes habillé(e)(s)
s'est habillé/habillée	se sont habillés/habillées

Imperfect
m'habillais	nous habillions
t'habillais	vous habilliez
s'habillait	s'habillaient

Pluperfect
m'étais habillé(e)	nous étions habillé(e)s
t'étais habillé(e)	vous étiez habillé(e)(s)
s'était habillé/habillée	s'étaient habillés/habillées

Passé Simple
m'habillai	nous habillâmes
t'habillas	vous habillâtes
s'habilla	s'habillèrent

Past Anterior
me fus habillé(e)	nous fûmes habillé(e)s
te fus habillé(e)	vous fûtes habillé(e)(s)
se fut habillé/habillée	se furent habillés/habillées

Future
m'habillerai	nous habillerons
t'habilleras	vous habillerez
s'habillera	s'habilleront

Future Perfect
me serai habillé(e)	nous serons habillé(e)s
te seras habillé(e)	vous serez habillé(e)(s)
se sera habillé/habillée	se seront habillés/habillées

Conditional
m'habillerais	nous habillerions
t'habillerais	vous habilleriez
s'habillerait	s'habilleraient

Conditional Perfect
me serais habillé(e)	nous serions habillé(e)s
te serais habillé(e)	vous seriez habillé(e)(s)
se serait habillé/habillée	se seraient habillés/habillées

Present Subjunctive
m'habille	nous habillions
t'habilles	vous habilliez
s'habille	s'habillent

Past Subjunctive
me sois habillé(e)	nous soyons habillé(e)s
te sois habillé(e)	vous soyez habillé(e)(s)
se soit habillé/habillée	se soient habillés/habillées

Imperfect Subjunctive
m'habillasse	nous habillassions
t'habillasses	vous habillassiez
s'habillât	s'habillassent

Pluperfect Subjunctive
me fusse habillé(e)	nous fussions habillé(e)s
te fusses habillé(e)	vous fussiez habillé(e)(s)
se fût habillé/habillée	se fussent habillés/habillées

Imperative/Command
habille-toi;	habillons-nous;	habillez-vous;
ne t'habille pas	ne nous habillons pas	ne vous habillez pas

Verb in Action
Il s'habille souvent en noir. *(He often dresses in black.)*
Vous n'êtes pas encore habillés? *(You're not dressed yet?)*
Je m'habillerai à l'hôtel. J'emporte mes vêtements avec moi. *(I will get dressed at the hotel. I'm taking my clothes with me.)*

ESSENTIAL VERB

habiter
(to live)

Present Participle: habitant • **Past Participle:** habité
Regular **-er** verb

Present
habite	habitons
habites	habitez
habite	habitent

Passé Composé
ai habité	avons habité
as habité	avez habité
a habité	ont habité

Imperfect
habitais	habitions
habitais	habitiez
habitait	habitaient

Pluperfect
avais habité	avions habité
avais habité	aviez habité
avait habité	avaient habité

Passé Simple
habitai	habitâmes
habitas	habitâtes
habita	habitèrent

Past Anterior
eus habité	eûmes habité
eus habité	eûtes habité
eut habité	eurent habité

Future
habiterai	habiterons
habiteras	habiterez
habitera	habiteront

Future Perfect
aurai habité	aurons habité
auras habité	aurez habité
aura habité	auront habité

Conditional
habiterais	habiterions
habiterais	habiteriez
habiterait	habiteraient

Conditional Perfect
aurais habité	aurions habité
aurais habité	auriez habité
aurait habité	auraient habité

Present Subjunctive
habite	habitions
habites	habitiez
habite	habitent

Past Subjunctive
aie habité	ayons habité
aies habité	ayez habité
ait habité	aient habité

Imperfect Subjunctive
habitasse	habitassions
habitasses	habitassiez
habitât	habitassent

Pluperfect Subjunctive
eusse habité	eussions habité
eusses habité	eussiez habité
eût habité	eussent habité

Imperative/Command
habite	habitons	habitez

Verb in Action

J'habite 16 rue Montmartre. *(I live at 16 Montmartre Street.)*
Elle habitait avec ses parents. *(She lived with her parents.)*
J'habiterais bien à Aix-en-Provence; c'est tellement beau. *(I'd like to live in Aix-en-Provence; it is so beautiful.)*

haïr
(to hate)

Present Participle: haïssant • **Past Participle:** haï
Irregular verb

Present		Passé Composé	
hais	haïssons	ai haï	avons haï
hais	haïssez	as haï	avez haï
hait	haïssent	a haï	ont haï

Imperfect		Pluperfect	
haïssais	haïssions	avais haï	avions haï
haïssais	haïssiez	avais haï	aviez haï
haïssait	haïssaient	avait haï	avaient haï

Passé Simple		Past Anterior	
haïs	haïmes	eus haï	eûmes haï
haïs	haïtes	eus haï	eûtes haï
haït	haïrent	eut haï	eurent haï

Future		Future Perfect	
haïrai	haïrons	aurai haï	aurons haï
haïras	haïrez	auras haï	aurez haï
haïra	haïront	aura haï	auront haï

Conditional		Conditional Perfect	
haïrais	haïrions	aurais haï	aurions haï
haïrais	haïriez	aurais haï	auriez haï
haïrait	haïraient	aurait haï	auraient haï

Present Subjunctive		Past Subjunctive	
haïsse	haïssions	aie haï	ayons haï
haïsses	haïssiez	aies haï	ayez haï
haïsse	haïssent	ait haï	aient haï

Imperfect Subjunctive		Pluperfect Subjunctive	
haïsse	haïssions	eusse haï	eussions haï
haïsses	haïssiez	eusses haï	eussiez haï
haït	haïssent	eût haï	eussent haï

Imperative/Command

hais	haïssons	haïssez

Verb in Action

Je te hais! *(I hate you!)*
Ils se haïssent. *(They hate each other.)*
Elle le haït pour ce qu'il venait de dire. *(She hated him for what he'd just said.)*

hésiter
(to hesitate)

Present Participle: hésitant • **Past Participle:** hésité
Regular **-er** verb

Present
hésite	hésitons
hésites	hésitez
hésite	hésitent

Imperfect
hésitais	hésitions
hésitais	hésitiez
hésitait	hésitaient

Passé Simple
hésitai	hésitâmes
hésitas	hésitâtes
hésita	hésitèrent

Future
hésiterai	hésiterons
hésiteras	hésiterez
hésitera	hésiteront

Conditional
hésiterais	hésiterions
hésiterais	hésiteriez
hésiterait	hésiteraient

Present Subjunctive
hésite	hésitions
hésites	hésitiez
hésite	hésitent

Imperfect Subjunctive
hésitasse	hésitassions
hésitasses	hésitassiez
hésitât	hésitassent

Passé Composé
ai hésité	avons hésité
as hésité	avez hésité
a hésité	ont hésité

Pluperfect
avais hésité	avions hésité
avais hésité	aviez hésité
avait hésité	avaient hésité

Past Anterior
eus hésité	eûmes hésité
eus hésité	eûtes hésité
eut hésité	eurent hésité

Future Perfect
aurai hésité	aurons hésité
auras hésité	aurez hésité
aura hésité	auront hésité

Conditional Perfect
aurais hésité	aurions hésité
aurais hésité	auriez hésité
aurait hésité	auraient hésité

Past Subjunctive
aie hésité	ayons hésité
aies hésité	ayez hésité
ait hésité	aient hésité

Pluperfect Subjunctive
eusse hésité	eussions hésité
eusses hésité	eussiez hésité
eût hésité	eussent hésité

Imperative/Command
hésite   hésitons   hésitez

Verb in Action
Il n'a pas hésité à nous aider. *(He didn't hesitate to help us.)*
Quand on a une occasion de ce genre, il ne faut pas hésiter. *(When you get a chance like this, you shouldn't hesitate.)*
N'hésite pas à passer nous voir si tu es dans la région. *(Do not hesitate to visit us if you are in the area.)*

ignorer

(not to know, to ignore)

Present Participle: ignorant • **Past Participle:** ignoré
Regular **-er** verb

Present
ignore	ignorons
ignores	ignorez
ignore	ignorent

Imperfect
ignorais	ignorions
ignorais	ignoriez
ignorait	ignoraient

Passé Simple
ignorai	ignorâmes
ignoras	ignorâtes
ignora	ignorèrent

Future
ignorerai	ignorerons
ignoreras	ignorerez
ignorera	ignoreront

Conditional
ignorerais	ignorerions
ignorerais	ignoreriez
ignorerait	ignoreraient

Present Subjunctive
ignore	ignorions
ignores	ignoriez
ignore	ignorent

Imperfect Subjunctive
ignorasse	ignorassions
ignorasses	ignorassiez
ignorât	ignorassent

Passé Composé
ai ignoré	avons ignoré
as ignoré	avez ignoré
a ignoré	ont ignoré

Pluperfect
avais ignoré	avions ignoré
avais ignoré	aviez ignoré
avait ignoré	avaient ignoré

Past Anterior
eus ignoré	eûmes ignoré
eus ignoré	eûtes ignoré
eut ignoré	eurent ignoré

Future Perfect
aurai ignoré	aurons ignoré
auras ignoré	aurez ignoré
aura ignoré	auront ignoré

Conditional Perfect
aurais ignoré	aurions ignoré
aurais ignoré	auriez ignoré
aurait ignoré	auraient ignoré

Past Subjunctive
aie ignoré	ayons ignoré
aies ignoré	ayez ignoré
ait ignoré	aient ignoré

Pluperfect Subjunctive
eusse ignoré	eussions ignoré
eusses ignoré	eussiez ignoré
eût ignoré	eussent ignoré

Imperative/Command
ignore	ignorons	ignorez

Verb in Action
Il m'a complètement ignoré. *(He completely ignored me.)*
J'ignorais que c'était sa fille! *(I did not know that she was his/her daughter!)*
On ignore encore la cause de l'accident. *(The cause of the accident is still unknown.)*

inclure
(to enclose, to include)

Present Participle: incluant • **Past Participle:** inclus
Irregular verb

Present		*Passé Composé*	
inclus	incluons	ai inclus	avons inclus
inclus	incluez	as inclus	avez inclus
inclut	incluent	a inclus	ont inclus

Imperfect		*Pluperfect*	
incluais	incluions	avais inclus	avions inclus
incluais	incluiez	avais inclus	aviez inclus
incluait	incluaient	avait inclus	avaient inclus

Passé Simple		*Past Anterior*	
inclus	inclûmes	eus inclus	eûmes inclus
inclus	inclûtes	eus inclus	eûtes inclus
inclut	inclurent	eut inclus	eurent inclus

Future		*Future Perfect*	
inclurai	inclurons	aurai inclus	aurons inclus
incluras	inclurez	auras inclus	aurez inclus
inclura	incluront	aura inclus	auront inclus

Conditional		*Conditional Perfect*	
inclurais	inclurions	aurais inclus	aurions inclus
inclurais	incluriez	aurais inclus	auriez inclus
inclurait	incluraient	aurait inclus	auraient inclus

Present Subjunctive		*Past Subjunctive*	
inclue	incluions	aie inclus	ayons inclus
inclues	incluiez	aies inclus	ayez inclus
inclue	incluent	ait inclus	aient inclus

Imperfect Subjunctive		*Pluperfect Subjunctive*	
inclusse	inclussions	eusse inclus	eussions inclus
inclusses	inclussiez	eusses inclus	eussiez inclus
inclût	inclussent	eût inclus	eussent inclus

Imperative/Command

inclus	incluons	incluez

Verb in Action

Veuillez inclure une enveloppe timbrée libellée à votre adresse. *(Please enclose a stamped, self-addressed envelope.)*
Qu'est-ce qui est inclus dans le voyage? *(What is included in the trip?)*
Il n'y a pas beaucoup de jeux inclus dans mon téléphone portable. *(My cellphone doesn't come with many games included.)*

indiquer
(to point out, to tell)

Present Participle: indiquant • **Past Participle:** indiqué
Regular **-er** verb

Present
indique	indiquons
indiques	indiquez
indique	indiquent

Imperfect
indiquais	indiquions
indiquais	indiquiez
indiquait	indiquaient

Passé Simple
indiquai	indiquâmes
indiquas	indiquâtes
indiqua	indiquèrent

Future
indiquerai	indiquerons
indiqueras	indiquerez
indiquera	indiqueront

Conditional
indiquerais	indiquerions
indiquerais	indiqueriez
indiquerait	indiqueraient

Present Subjunctive
indique	indiquions
indiques	indiquiez
indique	indiquent

Imperfect Subjunctive
indiquasse	indiquassions
indiquasses	indiquassiez
indiquât	indiquassent

Passé Composé
ai indiqué	avons indiqué
as indiqué	avez indiqué
a indiqué	ont indiqué

Pluperfect
avais indiqué	avions indiqué
avais indiqué	aviez indiqué
avait indiqué	avaient indiqué

Past Anterior
eus indiqué	eûmes indiqué
eus indiqué	eûtes indiqué
eut indiqué	eurent indiqué

Future Perfect
aurai indiqué	aurons indiqué
auras indiqué	aurez indiqué
aura indiqué	auront indiqué

Conditional Perfect
aurais indiqué	aurions indiqué
aurais indiqué	auriez indiqué
aurait indiqué	auraient indiqué

Past Subjunctive
aie indiqué	ayons indiqué
aies indiqué	ayez indiqué
ait indiqué	aient indiqué

Pluperfect Subjunctive
eusse indiqué	eussions indiqué
eusses indiqué	eussiez indiqué
eût indiqué	eussent indiqué

Imperative/Command
indique	indiquons	indiquez

Verb in Action
Pourriez-vous m'indiquer l'heure? *(Could you tell me the time?)*
Est-ce que la notice indique comment assembler l'appareil? *(Do the instructions tell you how to assemble the appliance?)*
Il m'a indiqué la mairie. *(He pointed out the town hall to me.)*

influencer

(to influence)

Present Participle: influençant • Past Participle: influencé
-cer verb; c becomes ç before an **a** or an **o**

Present		*Passé Composé*	
influence	influençons	ai influencé	avons influencé
influences	influencez	as influencé	avez influencé
influence	influencent	a influencé	ont influencé

Imperfect		*Pluperfect*	
influençais	influencions	avais influencé	avions influencé
influençais	influenciez	avais influencé	aviez influencé
influençait	influençaient	avait influencé	avaient influencé

Passé Simple		*Past Anterior*	
influençai	influençâmes	eus influencé	eûmes influencé
influenças	influençâtes	eus influencé	eûtes influencé
influença	influencèrent	eut influencé	eurent influencé

Future		*Future Perfect*	
influencerai	influencerons	aurai influencé	aurons influencé
influenceras	influencerez	auras influencé	aurez influencé
influencera	influenceront	aura influencé	auront influencé

Conditional		*Conditional Perfect*	
influencerais	influencerions	aurais influencé	aurions influencé
influencerais	influenceriez	aurais influencé	auriez influencé
influencerait	influenceraient	aurait influencé	auraient influencé

Present Subjunctive		*Past Subjunctive*	
influence	influencions	aie influencé	ayons influencé
influences	influenciez	aies influencé	ayez influencé
influence	influencent	ait influencé	aient influencé

Imperfect Subjunctive		*Pluperfect Subjunctive*	
influençasse	influençassions	eusse influencé	eussions influencé
influençasses	influençassiez	eusses influencé	eussiez influencé
influençât	influençassent	eût influencé	eussent influencé

Imperative/Command

influence	influençons	influencez

Verb in Action

Je ne te dis rien, pour ne pas t'influencer. *(I am not telling you anything, so I don't influence you.)*

Il a influencé beaucoup d'artistes du pop art. *(He influenced many artists of pop art.)*

Les deux cultures s'influencent l'une l'autre. *(The two cultures influence each other.)*

inquiéter
(to worry)

Present Participle: inquiétant • **Past Participle:** inquiété
é[consonant]-**er** verb; **é** becomes **è** before consonant + **e, es, ent**

Present		Passé Composé	
inquiète	inquiétons	ai inquiété	avons inquiété
inquiètes	inquiétez	as inquiété	avez inquiété
inquiète	inquiètent	a inquiété	ont inquiété

Imperfect		Pluperfect	
inquiétais	inquiétions	avais inquiété	avions inquiété
inquiétais	inquiétiez	avais inquiété	aviez inquiété
inquiétait	inquiétaient	avait inquiété	avaient inquiété

Passé Simple		Past Anterior	
inquiétai	inquiétâmes	eus inquiété	eûmes inquiété
inquiétas	inquiétâtes	eus inquiété	eûtes inquiété
inquiéta	inquiétèrent	eut inquiété	eurent inquiété

Future		Future Perfect	
inquiéterai	inquiéterons	aurai inquiété	aurons inquiété
inquiéteras	inquiéterez	auras inquiété	aurez inquiété
inquiétera	inquiéteront	aura inquiété	auront inquiété

Conditional		Conditional Perfect	
inquiéterais	inquiéterions	aurais inquiété	aurions inquiété
inquiéterais	inquiéteriez	aurais inquiété	auriez inquiété
inquiéterait	inquiéteraient	aurait inquiété	auraient inquiété

Present Subjunctive		Past Subjunctive	
inquiète	inquiétions	aie inquiété	ayons inquiété
inquiètes	inquiétiez	aies inquiété	ayez inquiété
inquiète	inquiètent	ait inquiété	aient inquiété

Imperfect Subjunctive		Pluperfect Subjunctive	
inquiétasse	inquiétassions	eusse inquiété	eussions inquiété
inquiétasses	inquiétassiez	eusses inquiété	eussiez inquiété
inquiétât	inquiétassent	eût inquiété	eussent inquiété

Imperative/Command

inquiète	inquiétons	inquiétez

Verb in Action

Ça m'inquiète, cette infection. *(This infection's worrying me.)*
Son retard m'inquiète beaucoup. *(I'm very worried that he's/she's late.)*
Ça ne t'inquiète pas, ce bruit? *(Doesn't this sound bother you?)*

s'inquiéter

(to worry)

Present Participle: s'inquiétant • **Past Participle:** inquiété
Pronominal **é**[consonant]**-er** verb; **é** becomes **è** before consonant + **e, es, ent**

Present
m'inquiète	nous inquiétons
t'inquiètes	vous inquiétez
s'inquiète	s'inquiètent

Imperfect
m'inquiétais	nous inquiétions
t'inquiétais	vous inquiétiez
s'inquiétait	s'inquiétaient

Passé Simple
m'inquiétai	nous inquiétâmes
t'inquiétas	vous inquiétâtes
s'inquiéta	s'inquiétèrent

Future
m'inquiéterai	nous inquiéterons
t'inquiéteras	vous inquiéterez
s'inquiétera	s'inquiéteront

Conditional
m'inquiéterais	nous inquiéterions
t'inquiéterais	vous inquiéteriez
s'inquiéterait	s'inquiéteraient

Present Subjunctive
m'inquiète	nous inquiétions
t'inquiètes	vous inquiétiez
s'inquiète	s'inquiètent

Imperfect Subjunctive
m'inquiétasse	nous inquiétassions
t'inquiétasses	vous inquiétassiez
s'inquiétât	s'inquiétassent

Passé Composé
me suis inquiété(e)	nous sommes inquiété(e)s
t'es inquiété(e)	vous êtes inquiété(e)(s)
s'est inquiété/inquiétée	se sont inquiétés/inquiétées

Pluperfect
m'étais inquiété(e)	nous étions inquiété(e)s
t'étais inquiété(e)	vous étiez inquiété(e)(s)
s'était inquiété/inquiétée	s'étaient inquiétés/inquiétées

Past Anterior
me fus inquiété(e)	nous fûmes inquiété (e) s
te fus inquiété(e)	vous fûtes inquiété (e) (s)
se fut inquiété/inquiétée	se furent inquiétés/inquiétées

Future Perfect
me serai inquiété(e)	nous serons inquiété(e)s
te seras inquiété(e)	vous serez inquiété(e)(s)
se sera inquiété/inquiétée	se seront inquiétés/inquiétées

Conditional Perfect
me serais inquiété (e)	nous serions inquiété(e)s
te serais inquiété (e)	vous seriez inquiété(e)(s)
se serait inquiété/inquiétée	se seraient inquiétés/inquiétées

Past Subjunctive
me sois inquiété(e)	nous soyons inquiété(e)s
te sois inquiété(e)	vous soyez inquiété(e)(s)
se soit inquiété/inquiétée	se soient inquiétés/inquiétées

Pluperfect Subjunctive
me fusse inquiété(e)	nous fussions inquiété(e)s
te fusses inquiété(e)	vous fussiez inquiété(e)(s)
se fût inquiété/inquiétée	se fussent inquiétés/inquiétées

Imperative/Command
inquiète-toi; ne t'inquiète pas	inquiétons-nous; ne nous inquiétons pas	inquiétez-vous; ne vous inquiétez pas

Verb in Action
Elle s'inquiète toujours si je suis en retard. *(She always worries if I'm late.)*
Ne t'inquiète pas, je ne rentrerai pas tard. *(Don't worry, I won't come home late.)*
Je ne veux pas qu'ils s'inquiètent. *(I don't want them to worry.)*

inscrire
(to enroll, to write)

Present Participle: inscrivant • **Past Participle:** inscrit
Irregular verb

Present
inscris	inscrivons
inscris	inscrivez
inscrit	inscrivent

Passé Composé
ai inscrit	avons inscrit
as inscrit	avez inscrit
a inscrit	ont inscrit

Imperfect
inscrivais	inscrivions
inscrivais	inscriviez
inscrivait	inscrivaient

Pluperfect
avais inscrit	avions inscrit
avais inscrit	aviez inscrit
avait inscrit	avaient inscrit

Passé Simple
inscrivis	inscrivîmes
inscrivis	inscrivîtes
inscrivit	inscrivirent

Past Anterior
eus inscrit	eûmes inscrit
eus inscrit	eûtes inscrit
eut inscrit	eurent inscrit

Future
inscrirai	inscrirons
inscriras	inscrirez
inscrira	inscriront

Future Perfect
aurai inscrit	aurons inscrit
auras inscrit	aurez inscrit
aura inscrit	auront inscrit

Conditional
inscrirais	inscririons
inscrirais	inscririez
inscrirait	inscriraient

Conditional Perfect
aurais inscrit	aurions inscrit
aurais inscrit	auriez inscrit
aurait inscrit	auraient inscrit

Present Subjunctive
inscrive	inscrivions
inscrives	inscriviez
inscrive	inscrivent

Past Subjunctive
aie inscrit	ayons inscrit
aies inscrit	ayez inscrit
ait inscrit	aient inscrit

Imperfect Subjunctive
inscrivisse	inscrivissions
inscrivisses	inscrivissiez
inscrivît	inscrivissent

Pluperfect Subjunctive
eusse inscrit	eussions inscrit
eusses inscrit	eussiez inscrit
eût inscrit	eussent inscrit

Imperative/Command
inscris	inscrivons	inscrivez

Verb in Action

Inscrivez votre nom sur vos affaires pour ne pas les perdre. *(Write your name on your belongings so you do not lose them.)*

Il y a moins d'étudiants inscrits à l'école de commerce cette année. *(There are fewer students enrolled in the business school this year.)*

installer/s'installer*

(to install, to put in)/(to settle)

Present Participle: installant • **Past Participle:** installé
Regular **-er** verb

Present
installe	installons
installes	installez
installe	installent

Imperfect
installais	installions
installais	installiez
installait	installaient

Passé Simple
installai	installâmes
installas	installâtes
installa	installèrent

Future
installerai	installerons
installeras	installerez
installera	installeront

Conditional
installerais	installerions
installerais	installeriez
installerait	installeraient

Present Subjunctive
installe	installions
installes	installiez
installe	installent

Imperfect Subjunctive
installasse	installassions
installasses	installassiez
installât	installassent

Passé Composé
ai installé	avons installé
as installé	avez installé
a installé	ont installé

Pluperfect
avais installé	avions installé
avais installé	aviez installé
avait installé	avaient installé

Past Anterior
eus installé	eûmes installé
eus installé	eûtes installé
eut installé	eurent installé

Future Perfect
aurai installé	aurons installé
auras installé	aurez installé
aura installé	auront installé

Conditional Perfect
aurais installé	aurions installé
aurais installé	auriez installé
aurait installé	auraient installé

Past Subjunctive
aie installé	ayons installé
aies installé	ayez installé
ait installé	aient installé

Pluperfect Subjunctive
eusse installé	eussions installé
eusses installé	eussiez installé
eût installé	eussent installé

Imperative/Command
installe	installons	installez

Verb in Action

Nous nous sommes installés dans notre nouvel appartement. *(We've settled into our new apartment.)*

Installez-vous, je vous en prie. *(Have a seat, please.)*

Ils ont installé les blessés sur des lits de fortune. *(They put the wounded in makeshift beds.)*

* *Note:* This pronominal verb is conjugated similarly to **s'amuser.**

interdire
(to forbid)

Present Participle: interdisant • **Past Participle:** interdit
Irregular verb

Present		Passé Composé	
interdis	interdisons	ai interdit	avons interdit
interdis	interdisez	as interdit	avez interdit
interdit	interdisent	a interdit	ont interdit

Imperfect		Pluperfect	
interdisais	interdisions	avais interdit	avions interdit
interdisais	interdisiez	avais interdit	aviez interdit
interdisait	interdisaient	avait interdit	avaient interdit

Passé Simple		Past Anterior	
interdis	interdîmes	eus interdit	eûmes interdit
interdis	interdîtes	eus interdit	eûtes interdit
interdit	interdirent	eut interdit	eurent interdit

Future		Future Perfect	
interdirai	interdirons	aurai interdit	aurons interdit
interdiras	interdirez	auras interdit	aurez interdit
interdira	interdiront	aura interdit	auront interdit

Conditional		Conditional Perfect	
interdirais	interdirions	aurais interdit	aurions interdit
interdirais	interdiriez	aurais interdit	auriez interdit
interdirait	interdiraient	aurait interdit	auraient interdit

Present Subjunctive		Past Subjunctive	
interdise	interdisions	aie interdit	ayons interdit
interdises	interdisiez	aies interdit	ayez interdit
interdise	interdisent	ait interdit	aient interdit

Imperfect Subjunctive		Pluperfect Subjunctive	
interdisse	interdissions	eusse interdit	eussions interdit
interdisses	interdissiez	eusses interdit	eussiez interdit
interdît	interdissent	eût interdit	eussent interdit

Imperative/Command

interdis	interdisons	interdisez

Verb in Action

Je t'interdis de toucher à ça. *(I forbid you to touch that.)*
Ses parents lui ont interdit de sortir. *(His/her parents have forbidden him/her to go out.)*
Elle nous interdisait de jouer avec lui. *(She forbade us to play with him.)*

intéresser/s'intéresser à*

(to interest)/(to be interested in)

Present Participle: intéressant • **Past Participle:** intéressé
Regular **-er** verb

Present

intéresse	intéressons
intéresses	intéressez
intéresse	intéressent

Imperfect

intéressais	intéressions
intéressais	intéressiez
intéressait	intéressaient

Passé Simple

intéressai	intéressâmes
intéressas	intéressâtes
intéressa	intéressèrent

Future

intéresserai	intéresserons
intéresseras	intéresserez
intéressera	intéresseront

Conditional

intéresserais	intéresserions
intéresserais	intéresseriez
intéresserait	intéresseraient

Present Subjunctive

intéresse	intéressions
intéresses	intéressiez
intéresse	intéressent

Imperfect Subjunctive

intéressasse	intéressassions
intéressasses	intéressassiez
intéressât	intéressassent

Passé Composé

ai intéressé	avons intéressé
as intéressé	avez intéressé
a intéressé	ont intéressé

Pluperfect

avais intéressé	avions intéressé
avais intéressé	aviez intéressé
avait intéressé	avaient intéressé

Past Anterior

eus intéressé	eûmes intéressé
eus intéressé	eûtes intéressé
eut intéressé	eurent intéressé

Future Perfect

aurai intéressé	aurons intéressé
auras intéressé	aurez intéressé
aura intéressé	auront intéressé

Conditional Perfect

aurais intéressé	aurions intéressé
aurais intéressé	auriez intéressé
aurait intéressé	auraient intéressé

Past Subjunctive

aie intéressé	ayons intéressé
aies intéressé	ayez intéressé
ait intéressé	aient intéressé

Pluperfect Subjunctive

eusse intéressé	eussions intéressé
eusses intéressé	eussiez intéressé
eût intéressé	eussent intéressé

Imperative/Command

intéresse	intéressons	intéressez

Verb in Action

C'est une exposition qui intéressera les enfants. *(This is an exhibit that will be of interest to children.)*
Ça t'intéresserait de visiter la grotte de Lascaux? *(Would you be interested in visiting the cave at Lascaux?)*

* *Note:* This pronominal verb is conjugated similarly to **s'amuser.**

interrompre
(to interrupt)

Present Participle: interrompant • **Past Participle:** interrompu
Regular **-re** verb, except for the third person singular "il/elle" in the present indicative

Present
interromps	interrompons
interromps	interrompez
interrompt	interrompent

Passé Composé
ai interrompu	avons interrompu
as interrompu	avez interrompu
a interrompu	ont interrompu

Imperfect
interrompais	interrompions
interrompais	interrompiez
interrompait	interrompaient

Pluperfect
avais interrompu	avions interrompu
avais interrompu	aviez interrompu
avait interrompu	avaient interrompu

Passé Simple
interrompis	interrompîmes
interrompis	interrompîtes
interrompit	interrompirent

Past Anterior
eus interrompu	eûmes interrompu
eus interrompu	eûtes interrompu
eut interrompu	eurent interrompu

Future
interromprai	interromprons
interrompras	interromprez
interrompra	interrompront

Future Perfect
aurai interrompu	aurons interrompu
auras interrompu	aurez interrompu
aura interrompu	auront interrompu

Conditional
interromprais	interromprions
interromprais	interrompriez
interromprait	interrompraient

Conditional Perfect
aurais interrompu	aurions interrompu
aurais interrompu	auriez interrompu
aurait interrompu	auraient interrompu

Present Subjunctive
interrompe	interrompions
interrompes	interrompiez
interrompe	interrompent

Past Subjunctive
aie interrompu	ayons interrompu
aies interrompu	ayez interrompu
ait interrompu	aient interrompu

Imperfect Subjunctive
interrompisse	interrompissions
interrompisses	interrompissiez
interrompît	interrompissent

Pluperfect Subjunctive
eusse interrompu	eussions interrompu
eusses interrompu	eussiez interrompu
eût interrompu	eussent interrompu

Imperative/Command
interromps	interrompons	interrompez

Verb in Action

Nous interrompons notre émission pour un flash d'information. *(We interrupt our program for a news flash.)*
Désolée de t'interrompre dans ta lecture! *(Sorry to interrupt your reading!)*
Ne m'interromps pas quand je parle. *(Do not interrupt me when I speak.)*

intervenir
(to intervene, to talk)

Present Participle: intervenant • **Past Participle:** intervenu
Irregular **-ir** verb

Present
interviens	intervenons
interviens	intervenez
intervient	interviennent

Imperfect
intervenais	intervenions
intervenais	interveniez
intervenait	intervenaient

Passé Simple
intervins	intervînmes
intervins	intervîntes
intervint	intervinrent

Future
interviendrai	interviendrons
interviendras	interviendrez
interviendra	interviendront

Conditional
interviendrais	interviendrions
interviendrais	interviendriez
interviendrait	interviendraient

Present Subjunctive
intervienne	intervenions
interviennes	interveniez
intervienne	interviennent

Imperfect Subjunctive
intervinsse	intervinssions
intervinsses	intervinssiez
intervînt	intervinssent

Passé Composé
suis intervenu(e)	sommes intervenu(e)s
es intervenu(e)	êtes intervenu(e)(s)
est intervenu/intervenue	sont intervenus/intervenues

Pluperfect
étais intervenu(e)	étions intervenu(e)s
étais intervenu(e)	étiez intervenu(e)(s)
était intervenu/ intervenue	étaient intervenus/ intervenues

Past Anterior
fus intervenu(e)	fûmes intervenu(e)s
fus intervenu(e)	fûtes intervenu(e)(s)
fut intervenu/intervenue	furent intervenus/intervenues

Future Perfect
serai intervenu(e)	serons intervenu(e)s
seras intervenu(e)	serez intervenu(e)(s)
sera intervenu/intervenue	seront intervenus/intervenues

Conditional Perfect
serais intervenu(e)	serions intervenu(e)s
serais intervenu(e)	seriez intervenu(e)(s)
serait intervenu/ intervenue	seraient intervenus/ intervenues

Past Subjunctive
sois intervenu(e)	soyons intervenu(e)s
sois intervenu(e)	soyez intervenu(e)(s)
soit intervenu/intervenue	soient intervenus/intervenues

Pluperfect Subjunctive
fusse intervenu(e)	fussions intervenu(e)s
fusses intervenu(e)	fussiez intervenu(e)(s)
fût intervenu/intervenue	fussent intervenus/ intervenues

Imperative/Command
interviens	intervenons	intervenez

Verb in Action
La police est intervenue. *(The police intervened.)*
Je suis intervenue plusieurs fois au cours de la réunion. *(I spoke several times during the meeting.)*
Ils se disputent encore; il va falloir intervenir. *(They are still arguing; someone will need to intervene.)*

inventer
(to invent)

Present Participle: inventant • **Past Participle:** inventé
Regular **-er** verb

Present
invente	inventons
inventes	inventez
invente	inventent

Passé Composé
ai inventé	avons inventé
as inventé	avez inventé
a inventé	ont inventé

Imperfect
inventais	inventions
inventais	inventiez
inventait	inventaient

Pluperfect
avais inventé	avions inventé
avais inventé	aviez inventé
avait inventé	avaient inventé

Passé Simple
inventai	inventâmes
inventas	inventâtes
inventa	inventèrent

Past Anterior
eus inventé	eûmes inventé
eus inventé	eûtes inventé
eut inventé	eurent inventé

Future
inventerai	inventerons
inventeras	inventerez
inventera	inventeront

Future Perfect
aurai inventé	aurons inventé
auras inventé	aurez inventé
aura inventé	auront inventé

Conditional
inventerais	inventerions
inventerais	inventeriez
inventerait	inventeraient

Conditional Perfect
aurais inventé	aurions inventé
aurais inventé	auriez inventé
aurait inventé	auraient inventé

Present Subjunctive
invente	inventions
inventes	inventiez
invente	inventent

Past Subjunctive
aie inventé	ayons inventé
aies inventé	ayez inventé
ait inventé	aient inventé

Imperfect Subjunctive
inventasse	inventassions
inventasses	inventassiez
inventât	inventassent

Pluperfect Subjunctive
eusse inventé	eussions inventé
eusses inventé	eussiez inventé
eût inventé	eussent inventé

Imperative/Command
invente	inventons	inventez

Verb in Action
J'ai inventé un nouveau jeu. *(I invented a new game.)*
Je vais devoir inventer une excuse pour ne pas y aller. *(I'm going to have to make up an excuse so I don't go.)*
Il a inventé le personnage de Sherlock Holmes. *(He invented the character of Sherlock Holmes.)*

inviter

(to invite, to encourage)

* * *

Present Participle: invitant • **Past Participle:** invité
Regular **-er** verb

* * *

Present		*Passé Composé*	
invite	invitons	ai invité	avons invité
invites	invitez	as invité	avez invité
invite	invitent	a invité	ont invité

Imperfect		*Pluperfect*	
invitais	invitions	avais invité	avions invité
invitais	invitiez	avais invité	aviez invité
invitait	invitaient	avait invité	avaient invité

Passé Simple		*Past Anterior*	
invitai	invitâmes	eus invité	eûmes invité
invitas	invitâtes	eus invité	eûtes invité
invita	invitèrent	eut invité	eurent invité

Future		*Future Perfect*	
inviterai	inviterons	aurai invité	aurons invité
inviteras	inviterez	auras invité	aurez invité
invitera	inviteront	aura invité	auront invité

Conditional		*Conditional Perfect*	
inviterais	inviterions	aurais invité	aurions invité
inviterais	inviteriez	aurais invité	auriez invité
inviterait	inviteraient	aurait invité	auraient invité

Present Subjunctive		*Past Subjunctive*	
invite	invitions	aie invité	ayons invité
invites	invitiez	aies invité	ayez invité
invite	invitent	ait invité	aient invité

Imperfect Subjunctive		*Pluperfect Subjunctive*	
invitasse	invitassions	eusse invité	eussions invité
invitasses	invitassiez	eusses invité	eussiez invité
invitât	invitassent	eût invité	eussent invité

Imperative/Command

invite	invitons	invitez

* * *

Verb in Action

Ils nous ont invités dans leur maison en Dordogne. *(They invited us to their house in the Dordogne.)*
Je peux inviter une copine cet après-midi? *(Can I have a friend over this afternoon?)*
La douceur du climat invite à la paresse. *(The mild climate encourages laziness.)*

jeter
(to throw, to throw away)

Present Participle: jetant • **Past Participle:** jeté
-eter verb: the **t** doubles before **e, es, ent**

Present
jette	jetons
jettes	jetez
jette	jettent

Passé Composé
ai jeté	avons jeté
as jeté	avez jeté
a jeté	ont jeté

Imperfect
jetais	jetions
jetais	jetiez
jetait	jetaient

Pluperfect
avais jeté	avions jeté
avais jeté	aviez jeté
avait jeté	avaient jeté

Passé Simple
jetai	jetâmes
jetas	jetâtes
jeta	jetèrent

Past Anterior
eus jeté	eûmes jeté
eus jeté	eûtes jeté
eut jeté	eurent jeté

Future
jetterai	jetterons
jetteras	jetterez
jettera	jetteront

Future Perfect
aurai jeté	aurons jeté
auras jeté	aurez jeté
aura jeté	auront jeté

Conditional
jetterais	jetterions
jetterais	jetteriez
jetterait	jetteraient

Conditional Perfect
aurais jeté	aurions jeté
aurais jeté	auriez jeté
aurait jeté	auraient jeté

Present Subjunctive
jette	jetions
jettes	jetiez
jette	jettent

Past Subjunctive
aie jeté	ayons jeté
aies jeté	ayez jeté
ait jeté	aient jeté

Imperfect Subjunctive
jetasse	jetassions
jetasses	jetassiez
jetât	jetassent

Pluperfect Subjunctive
eusse jeté	eussions jeté
eusses jeté	eussiez jeté
eût jeté	eussent jeté

Imperative/Command
jette	jetons	jetez

Verb in Action
Ils ne jettent jamais rien. *(They never throw anything away.)*
Ne jette pas de papiers par terre. *(Don't throw paper/litter on the ground.)*
Il faut qu'on jette tous ces vieux jouets cassés. *(We have to throw away all these old broken toys.)*

joindre
(to join (together), to contact, to connect)

Present Participle: joignant • **Past Participle:** joint
Irregular verb

Present

joins	joignons
joins	joignez
joint	joignent

Passé Composé

ai joint	avons joint
as joint	avez joint
a joint	ont joint

Imperfect

joignais	joignions
joignais	joigniez
joignait	joignaient

Pluperfect

avais joint	avions joint
avais joint	aviez joint
avait joint	avaient joint

Passé Simple

joignis	joignîmes
joignis	joignîtes
joignit	joignirent

Past Anterior

eus joint	eûmes joint
eus joint	eûtes joint
eut joint	eurent joint

Future

joindrai	joindrons
joindras	joindrez
joindra	joindront

Future Perfect

aurai joint	aurons joint
auras joint	aurez joint
aura joint	auront joint

Conditional

joindrais	joindrions
joindrais	joindriez
joindrait	joindraient

Conditional Perfect

aurais joint	aurions joint
aurais joint	auriez joint
aurait joint	auraient joint

Present Subjunctive

joigne	joignions
joignes	joigniez
joigne	joignent

Past Subjunctive

aie joint	ayons joint
aies joint	ayez joint
ait joint	aient joint

Imperfect Subjunctive

joignisse	joignissions
joignisses	joignissiez
joignît	joignissent

Pluperfect Subjunctive

eusse joint	eussions joint
eusses joint	eussiez joint
eût joint	eussent joint

Imperative/Command

joins	joignons	joignez

Verb in Action

Où est-ce qu'on peut te joindre ce week-end? *(Where can we contact you/reach you this weekend?)*
Il n'est pas facile à joindre. *(He's not easy to contact.)*
On avait joint les deux tables. *(We'd put/joined the two tables together.)*

jouer
(to play)

Present Participle: jouant • **Past Participle:** joué
Regular **-er** verb

Present
joue	jouons
joues	jouez
joue	jouent

Passé Composé
ai joué	avons joué
as joué	avez joué
a joué	ont joué

Imperfect
jouais	jouions
jouais	jouiez
jouait	jouaient

Pluperfect
avais joué	avions joué
avais joué	aviez joué
avait joué	avaient joué

Passé Simple
jouai	jouâmes
jouas	jouâtes
joua	jouèrent

Past Anterior
eus joué	eûmes joué
eus joué	eûtes joué
eut joué	eurent joué

Future
jouerai	jouerons
joueras	jouerez
jouera	joueront

Future Perfect
aurai joué	aurons joué
auras joué	aurez joué
aura joué	auront joué

Conditional
jouerais	jouerions
jouerais	joueriez
jouerait	joueraient

Conditional Perfect
aurais joué	aurions joué
aurais joué	auriez joué
aurait joué	auraient joué

Present Subjunctive
joue	jouions
joues	jouiez
joue	jouent

Past Subjunctive
aie joué	ayons joué
aies joué	ayez joué
ait joué	aient joué

Imperfect Subjunctive
jouasse	jouassions
jouasses	jouassiez
jouât	jouassent

Pluperfect Subjunctive
eusse joué	eussions joué
eusses joué	eussiez joué
eût joué	eussent joué

Imperative/Command
joue	jouons	jouez

Verb in Action
Viens jouer avec nous. *(Come play with us.)*
Il joue de la guitare et du piano. *(He plays the guitar and the piano.)*
Elle joue au tennis. *(She plays tennis.)*

juger
(to judge)

Present Participle: jugeant • **Past Participle:** jugé
-ger verb; **g** becomes **ge** before an **a** or an **o**

Present		Passé Composé	
juge	jugeons	ai jugé	avons jugé
juges	jugez	as jugé	avez jugé
juge	jugent	a jugé	ont jugé

Imperfect		Pluperfect	
jugeais	jugions	avais jugé	avions jugé
jugeais	jugiez	avais jugé	aviez jugé
jugeait	jugeaient	avait jugé	avaient jugé

Passé Simple		Past Anterior	
jugeai	jugeâmes	eus jugé	eûmes jugé
jugeas	jugeâtes	eus jugé	eûtes jugé
jugea	jugèrent	eut jugé	eurent jugé

Future		Future Perfect	
jugerai	jugerons	aurai jugé	aurons jugé
jugeras	jugerez	auras jugé	aurez jugé
jugera	jugeront	aura jugé	auront jugé

Conditional		Conditional Perfect	
jugerais	jugerions	aurais jugé	aurions jugé
jugerais	jugeriez	aurais jugé	auriez jugé
jugerait	jugeraient	aurait jugé	auraient jugé

Present Subjunctive		Past Subjunctive	
juge	jugions	aie jugé	ayons jugé
juges	jugiez	aies jugé	ayez jugé
juge	jugent	ait jugé	aient jugé

Imperfect Subjunctive		Pluperfect Subjunctive	
jugeasse	jugeassions	eusse jugé	eussions jugé
jugeasses	jugeassiez	eusses jugé	eussiez jugé
jugeât	jugeassent	eût jugé	eussent jugé

Imperative/Command

juge	jugeons	jugez

Verb in Action

À en juger par sa tête, ils ont perdu le match. *(Judging by the look on his face, they lost the match.)*

Le musée a du succès, si l'on en juge par les commentaires des 15 000 visiteurs. *(The museum's a success, if we judge by the comments of its 15,000 visitors.)*

laisser

(to leave, to let)

Present Participle: laissant • **Past Participle:** laissé
Regular **-er** verb

Present
laisse	laissons
laisses	laissez
laisse	laissent

Passé Composé
ai laissé	avons laissé
as laissé	avez laissé
a laissé	ont laissé

Imperfect
laissais	laissions
laissais	laissiez
laissait	laissaient

Pluperfect
avais laissé	avions laissé
avais laissé	aviez laissé
avait laissé	avaient laissé

Passé Simple
laissai	laissâmes
laissas	laissâtes
laissa	laissèrent

Past Anterior
eus laissé	eûmes laissé
eus laissé	eûtes laissé
eut laissé	eurent laissé

Future
laisserai	laisserons
laisseras	laisserez
laissera	laisseront

Future Perfect
aurai laissé	aurons laissé
auras laissé	aurez laissé
aura laissé	auront laissé

Conditional
laisserais	laisserions
laisserais	laisseriez
laisserait	laisseraient

Conditional Perfect
aurais laissé	aurions laissé
aurais laissé	auriez laissé
aurait laissé	auraient laissé

Present Subjunctive
laisse	laissions
laisses	laissiez
laisse	laissent

Past Subjunctive
aie laissé	ayons laissé
aies laissé	ayez laissé
ait laissé	aient laissé

Imperfect Subjunctive
laissasse	laissassions
laissasses	laissassiez
laissât	laissassent

Pluperfect Subjunctive
eusse laissé	eussions laissé
eusses laissé	eussiez laissé
eût laissé	eussent laissé

Imperative/Command
laisse	laissons	laissez

Verb in Action
J'ai laissé mon parapluie à la maison. *(I left my umbrella at home.)*
Laisse le parler. *(Let him speak.)*
J'ai laissé les enfants à la garderie. *(I left the children at the day care center.)*

lancer
(to launch, to throw)

Present Participle: lançant • **Past Participle:** lancé
-cer verb; **c** becomes **ç** before an **a** or an **o**

Present
lance	lançons
lances	lancez
lance	lancent

Passé Composé
ai lancé	avons lancé
as lancé	avez lancé
a lancé	ont lancé

Imperfect
lançais	lancions
lançais	lanciez
lançait	lançaient

Pluperfect
avais lancé	avions lancé
avais lancé	aviez lancé
avait lancé	avaient lancé

Passé Simple
lançai	lançâmes
lanças	lançâtes
lança	lancèrent

Past Anterior
eus lancé	eûmes lancé
eus lancé	eûtes lancé
eut lancé	eurent lancé

Future
lancerai	lancerons
lanceras	lancerez
lancera	lanceront

Future Perfect
aurai lancé	aurons lancé
auras lancé	aurez lancé
aura lancé	auront lancé

Conditional
lancerais	lancerions
lancerais	lanceriez
lancerait	lanceraient

Conditional Perfect
aurais lancé	aurions lancé
aurais lancé	auriez lancé
aurait lancé	auraient lancé

Present Subjunctive
lance	lancions
lances	lanciez
lance	lancent

Past Subjunctive
aie lancé	ayons lancé
aies lancé	ayez lancé
ait lancé	aient lancé

Imperfect Subjunctive
lançasse	lançassions
lançasses	lançassiez
lançât	lançassent

Pluperfect Subjunctive
eusse lancé	eussions lancé
eusses lancé	eussiez lancé
eût lancé	eussent lancé

Imperative/Command
lance	lançons	lancez

Verb in Action
Lance-moi le ballon! *(Throw me the ball!)*
Ils viennent de lancer un nouveau modèle. *(They just launched a new model.)*
Il m'a lancé un regard furieux. *(He gave me an angry look.)*

laver
(to wash)

Present Participle: lavant • **Past Participle:** lavé
Regular **-er** verb

Present
lave	lavons
laves	lavez
lave	lavent

Passé Composé
ai lavé	avons lavé
as lavé	avez lavé
a lavé	ont lavé

Imperfect
lavais	lavions
lavais	laviez
lavait	lavaient

Pluperfect
avais lavé	avions lavé
avais lavé	aviez lavé
avait lavé	avaient lavé

Passé Simple
lavai	lavâmes
lavas	lavâtes
lava	lavèrent

Past Anterior
eus lavé	eûmes lavé
eus lavé	eûtes lavé
eut lavé	eurent lavé

Future
laverai	laverons
laveras	laverez
lavera	laveront

Future Perfect
aurai lavé	aurons lavé
auras lavé	aurez lavé
aura lavé	auront lavé

Conditional
laverais	laverions
laverais	laveriez
laverait	laveraient

Conditional Perfect
aurais lavé	aurions lavé
aurais lavé	auriez lavé
aurait lavé	auraient lavé

Present Subjunctive
lave	lavions
laves	laviez
lave	lavent

Past Subjunctive
aie lavé	ayons lavé
aies lavé	ayez lavé
ait lavé	aient lavé

Imperfect Subjunctive
lavasse	lavassions
lavasses	lavassiez
lavât	lavassent

Pluperfect Subjunctive
eusse lavé	eussions lavé
eusses lavé	eussiez lavé
eût lavé	eussent lavé

Imperative/Command
lave	lavons	lavez

Verb in Action

J'ai lavé les carottes; et maintenant, que veux-tu que je fasse? *(I washed the carrots, and now what do you want me to do?)*
Il faut que nous lavions la voiture demain. *(We have to wash the car tomorrow.)*
Lave la vaisselle de temps en temps. *(Wash the dishes from time to time.)*

se laver
(to wash (oneself))

Present Participle: se lavant • **Past Participle:** lavé
Regular pronominal **-er** verb

Present
me lave	nous lavons
te laves	vous lavez
se lave	se lavent

Imperfect
me lavais	nous lavions
te lavais	vous laviez
se lavait	se lavaient

Passé Simple
me lavai	nous lavâmes
te lavas	vous lavâtes
se lava	se lavèrent

Future
me laverai	nous laverons
te laveras	vous laverez
se lavera	se laveront

Conditional
me laverais	nous laverions
te laverais	vous laveriez
se laverait	se laveraient

Present Subjunctive
me lave	nous lavions
te laves	vous laviez
se lave	se lavent

Imperfect Subjunctive
me lavasse	nous lavassions
te lavasses	vous lavassiez
se lavât	se lavassent

Passé Composé
me suis lavé(e)	nous sommes lavé(e)s
t'es lavé(e)	vous êtes lavé(e)(s)
s'est lavé/lavée	se sont lavés/lavées

Pluperfect
m'étais lavé(e)	nous étions lavé(e)s
t'étais lavé(e)	vous étiez lavé(e)(s)
s'était lavé/lavée	s'étaient lavés/lavées

Past Anterior
me fus lavé(e)	nous fûmes lavé(e)s
te fus lavé(e)	vous fûtes lavé(e)(s)
se fut lavé/lavée	se furent lavés/lavées

Future Perfect
me serai lavé(e)	nous serons lavé(e)s
te seras lavé(e)	vous serez lavé(e)(s)
se sera lavé/lavée	se seront lavés/lavées

Conditional Perfect
me serais lavé(e)	nous serions lavé(e)s
te serais lavé(e)	vous seriez lavé(e)(s)
se serait lavé/lavée	se seraient lavés/lavées

Past Subjunctive
me sois lavé(e)	nous soyons lavé(e)s
te sois lavé(e)	vous soyez lavé(e)(s)
se soit lavé/lavée	se soient lavés/lavées

Pluperfect Subjunctive
me fusse lavé(e)	nous fussions lavé(e)s
te fusses lavé(e)	vous fussiez lavé(e)(s)
se fût lavé/lavée	se fussent lavés/lavées

Imperative/Command
lave-toi;	lavons-nous;	lavez-vous;
ne te lave pas	ne nous lavons pas	ne vous lavez pas

Verb in Action

Lave-toi les mains avant de te mettre à table. *(Wash your hands before you sit down at the table.)*
Je vais me laver les cheveux. *(I'm going to wash my hair.)*
Nous nous sommes lavés hier soir. *(We washed yesterday.)*

Note: Refer to Chapter 2 for examples on using pronominal verbs with body parts in the compound tenses.

lever

(to lift, to raise)

Present Participle: levant • **Past Participle:** levé

e[consonant]-er verb; e becomes è before consonant + **e, es, ent**

Present

lève	levons
lèves	levez
lève	lèvent

Imperfect

levais	levions
levais	leviez
levait	levaient

Passé Simple

levai	levâmes
levas	levâtes
leva	levèrent

Future

lèverai	lèverons
lèveras	lèverez
lèvera	lèveront

Conditional

lèverais	lèverions
lèverais	lèveriez
lèverait	lèveraient

Present Subjunctive

lève	levions
lèves	leviez
lève	lèvent

Imperfect Subjunctive

levasse	levassions
levasses	levassiez
levât	levassent

Passé Composé

ai levé	avons levé
as levé	avez levé
a levé	ont levé

Pluperfect

avais levé	avions levé
avais levé	aviez levé
avait levé	avaient levé

Past Anterior

eus levé	eûmes levé
eus levé	eûtes levé
eut levé	eurent levé

Future Perfect

aurai levé	aurons levé
auras levé	aurez levé
aura levé	auront levé

Conditional Perfect

aurais levé	aurions levé
aurais levé	auriez levé
aurait levé	auraient levé

Past Subjunctive

aie levé	ayons levé
aies levé	ayez levé
ait levé	aient levé

Pluperfect Subjunctive

eusse levé	eussions levé
eusses levé	eussiez levé
eût levé	eussent levé

Imperative/Command

lève	levons	levez

Verb in Action

Elle a levé la main pour répondre à la question. *(She raised her hand to answer the question.)*

Levons nos verres à ta réussite. *(Let's raise our glasses to your success.)*

Elle leva les yeux et vit qu'il était en train de tricher. *(She looked up and saw that he was cheating.)*

se lever
(to get up)

Present Participle: se levant • **Past Participle:** levé
Pronominal e[consonant]-**er** verb; **e** becomes **è** before consonant + **e, es, ent**

Present
me lève	nous levons
te lèves	vous levez
se lève	se lèvent

Passé Composé
me suis levé(e)	nous sommes levé(e)s
t'es levé(e)	vous êtes levé(e)(s)
s'est levé/levée	se sont levés/levées

Imperfect
me levais	nous levions
te levais	vous leviez
se levait	se levaient

Pluperfect
m'étais levé(e)	nous étions levé(e)s
t'étais levé(e)	vous étiez levé(e)(s)
s'était levé/levée	s'étaient levés/levées

Passé Simple
me levai	nous levâmes
te levas	vous levâtes
se leva	se levèrent

Past Anterior
me fus levé(e)	nous fûmes levé (e) s
te fus levé(e)	vous fûtes levé (e) (s)
se fut levé/levée	se furent levés/levées

Future
me lèverai	nous lèverons
te lèveras	vous lèverez
se lèvera	se lèveront

Future Perfect
me serai levé(e)	nous serons levé(e)s
te seras levé(e)	vous serez levé(e)(s)
se sera levé/levée	se seront levés/levées

Conditional
me lèverais	nous lèverions
te lèverais	vous lèveriez
se lèverait	se lèveraient

Conditional Perfect
me serais levé(e)	nous serions levé(e)s
te serais levé(e)	vous seriez levé(e)(s)
se serait levé/levée	se seraient levés/levées

Present Subjunctive
me lève	nous levions
te lèves	vous leviez
se lève	se lèvent

Past Subjunctive
me sois levé(e)	nous soyons levé(e)s
te sois levé(e)	vous soyez levé(e)(s)
se soit levé/levée	se soient levés/levées

Imperfect Subjunctive
me levasse	nous levassions
te levasses	vous levassiez
se levât	se levassent

Pluperfect Subjunctive
me fusse levé(e)	nous fussions levé(e)s
te fusses levé(e)	vous fussiez levé(e)(s)
se fût levé/levée	se fussent levés/levées

Imperative/Command
lève-toi;	levons-nous;	levez-vous;
ne te lève pas	ne nous levons pas	ne vous levez pas

Verb in Action
Je me lève tous les matins à sept heures. *(I get up at seven every day.)*
Ne te lève pas si tôt! *(Don't get up so early!)*
Nous nous sommes levés quand le juge est entré. *(We got up when the judge entered.)*

libérer

(to free, to free up)

Present Participle: libérant • **Past Participle:** libéré
é[consonant]-er verb; **é** becomes **è** before consonant + **e, es, ent**

Present		*Passé Composé*	
libère	libérons	ai libéré	avons libéré
libères	libérez	as libéré	avez libéré
libère	libèrent	a libéré	ont libéré

Imperfect		*Pluperfect*	
libérais	libérions	avais libéré	avions libéré
libérais	libériez	avais libéré	aviez libéré
libérait	libéraient	avait libéré	avaient libéré

Passé Simple		*Past Anterior*	
libérai	libérâmes	eus libéré	eûmes libéré
libéras	libérâtes	eus libéré	eûtes libéré
libéra	libérèrent	eut libéré	eurent libéré

Future		*Future Perfect*	
libérerai	libérerons	aurai libéré	aurons libéré
libéreras	libérerez	auras libéré	aurez libéré
libérera	libéreront	aura libéré	auront libéré

Conditional		*Conditional Perfect*	
libérerais	libérerions	aurais libéré	aurions libéré
libérerais	libéreriez	aurais libéré	auriez libéré
libérerait	libéreraient	aurait libéré	auraient libéré

Present Subjunctive		*Past Subjunctive*	
libère	libérions	aie libéré	ayons libéré
libères	libériez	aies libéré	ayez libéré
libère	libèrent	ait libéré	aient libéré

Imperfect Subjunctive		*Pluperfect Subjunctive*	
libérasse	libérassions	eusse libéré	eussions libéré
libérasses	libérassiez	eusses libéré	eussiez libéré
libérât	libérassent	eût libéré	eussent libéré

Imperative/Command

libère	libérons	libérez

Verb in Action

Quand je vois ces animaux en cage, j'ai envie de les libérer. *(When I see these animals in cages, I want to free them.)*

Je t'ai libéré un peu de place dans le placard. *(I freed up some space for you in the closet.)*

J'essaierai de me libérer cet après-midi. *(I'll try to find time this afternoon.)*

lire
(to read)

Present Participle: lisant • **Past Participle:** lu
Irregular verb

Present		*Passé Composé*	
lis	lisons	ai lu	avons lu
lis	lisez	as lu	avez lu
lit	lisent	a lu	ont lu

Imperfect		*Pluperfect*	
lisais	lisions	avais lu	avions lu
lisais	lisiez	avais lu	aviez lu
lisait	lisaient	avait lu	avaient lu

Passé Simple		*Past Anterior*	
lus	lûmes	eus lu	eûmes lu
lus	lûtes	eus lu	eûtes lu
lut	lurent	eut lu	eurent lu

Future		*Future Perfect*	
lirai	lirons	aurai lu	aurons lu
liras	lirez	auras lu	aurez lu
lira	liront	aura lu	auront lu

Conditional		*Conditional Perfect*	
lirais	lirions	aurais lu	aurions lu
lirais	liriez	aurais lu	auriez lu
lirait	liraient	aurait lu	auraient lu

Present Subjunctive		*Past Subjunctive*	
lise	lisions	aie lu	ayons lu
lises	lisiez	aies lu	ayez lu
lise	lisent	ait lu	aient lu

Imperfect Subjunctive		*Pluperfect Subjunctive*	
lusse	lussions	eusse lu	eussions lu
lusses	lussiez	eusses lu	eussiez lu
lût	lussent	eût lu	eussent lu

Imperative/Command

lis	lisons	lisez

Verb in Action

Il lit beaucoup. *(He reads a lot.)*
J'aimerais que tu lises ce livre. *(I'd like you to read this book.)*
Je lirais plus si j'avais le temps. *(I'd read more if I had time.)*

loger
(to live, to stay)

Present Participle: logeant • **Past Participle:** logé
-**ger** verb; **g** becomes **ge** before an **a** or an **o**

Present
loge	logeons
loges	logez
loge	logent

Passé Composé
ai logé	avons logé
as logé	avez logé
a logé	ont logé

Imperfect
logeais	logions
logeais	logiez
logeait	logeaient

Pluperfect
avais logé	avions logé
avais logé	aviez logé
avait logé	avaient logé

Passé Simple
logeai	logeâmes
logeas	logeâtes
logea	logèrent

Past Anterior
eus logé	eûmes logé
eus logé	eûtes logé
eut logé	eurent logé

Future
logerai	logerons
logeras	logerez
logera	logeront

Future Perfect
aurai logé	aurons logé
auras logé	aurez logé
aura logé	auront logé

Conditional
logerais	logerions
logerais	logeriez
logerait	logeraient

Conditional Perfect
aurais logé	aurions logé
aurais logé	auriez logé
aurait logé	auraient logé

Present Subjunctive
loge	logions
loges	logiez
loge	logent

Past Subjunctive
aie logé	ayons logé
aies logé	ayez logé
ait logé	aient logé

Imperfect Subjunctive
logeasse	logeassions
logeasses	logeassiez
logeât	logeassent

Pluperfect Subjunctive
eusse logé	eussions logé
eusses logé	eussiez logé
eût logé	eussent logé

Imperative/Command
loge	logeons	logez

Verb in Action

Nous logeons dans un petit appartement dans le centre-ville. *(We live in a small apartment in the city's downtown.)*

J'ai eu du mal à trouver à me loger. *(I had difficulty finding somewhere to live.)*

Tous les élèves logeront chez leur correspondant. *(All students will stay with their pen pal.)*

louer
(to rent, to praise)

Present Participle: louant • **Past Participle:** loué
Regular **-er** verb

Present
loue	louons
loues	louez
loue	louent

Imperfect
louais	louions
louais	louiez
louait	louaient

Passé Simple
louai	louâmes
louas	louâtes
loua	louèrent

Future
louerai	louerons
loueras	louerez
louera	loueront

Conditional
louerais	louerions
louerais	loueriez
louerait	loueraient

Present Subjunctive
loue	louions
loues	louiez
loue	louent

Imperfect Subjunctive
louasse	louassions
louasses	louassiez
louât	louassent

Passé Composé
ai loué	avons loué
as loué	avez loué
a loué	ont loué

Pluperfect
avais loué	avions loué
avais loué	aviez loué
avait loué	avaient loué

Past Anterior
eus loué	eûmes loué
eus loué	eûtes loué
eut loué	eurent loué

Future Perfect
aurai loué	aurons loué
auras loué	aurez loué
aura loué	auront loué

Conditional Perfect
aurais loué	aurions loué
aurais loué	auriez loué
aurait loué	auraient loué

Past Subjunctive
aie loué	ayons loué
aies loué	ayez loué
ait loué	aient loué

Pluperfect Subjunctive
eusse loué	eussions loué
eusses loué	eussiez loué
eût loué	eussent loué

Imperative/Command
loue	louons	louez

Verb in Action

"À louer" *("For rent")*
Est-ce que vous louez des vélos? *(Do you rent out bikes?)*
Nous allons louer une voiture pour le week-end. *(We're going to rent a car for the weekend.)*
Ils ont loué les efforts du gouvernement. *(They praised the efforts of the government.)*

maigrir

(to lose weight)

Present Participle: maigrissant • **Past Participle:** maigri
Regular **-ir** verb

Present		Passé Composé	
maigris	maigrissons	ai maigri	avons maigri
maigris	maigrissez	as maigri	avez maigri
maigrit	maigrissent	a maigri	ont maigri

Imperfect		Pluperfect	
maigrissais	maigrissions	avais maigri	avions maigri
maigrissais	maigrissiez	avais maigri	aviez maigri
maigrissait	maigrissaient	avait maigri	avaient maigri

Passé Simple		Past Anterior	
maigris	maigrîmes	eus maigri	eûmes maigri
maigris	maigrîtes	eus maigri	eûtes maigri
maigrit	maigrirent	eut maigri	eurent maigri

Future		Future Perfect	
maigrirai	maigrirons	aurai maigri	aurons maigri
maigriras	maigrirez	auras maigri	aurez maigri
maigrira	maigriront	aura maigri	auront maigri

Conditional		Conditional Perfect	
maigrirais	maigririons	aurais maigri	aurions maigri
maigrirais	maigririez	aurais maigri	auriez maigri
maigrirait	maigriraient	aurait maigri	auraient maigri

Present Subjunctive		Past Subjunctive	
maigrisse	maigrissions	aie maigri	ayons maigri
maigrisses	maigrissiez	aies maigri	ayez maigri
maigrisse	maigrissent	ait maigri	aient maigri

Imperfect Subjunctive		Pluperfect Subjunctive	
maigrisse	maigrissions	eusse maigri	eussions maigri
maigrisses	maigrissiez	eusses maigri	eussiez maigri
maigrît	maigrissent	eût maigri	eussent maigri

Imperative/Command

maigris	maigrissons	maigrissez

Verb in Action

Il fait un régime pour essayer de maigrir. *(He's on a diet in order to try to lose weight.)*
Elle a maigri de deux kilos en un mois. *(She lost two kilos in a month.)*
C'est le stress qui me fait maigrir. *(It is stress that's making me lose weight.)*

maintenir
(to maintain, to stay)

Present Participle: maintenant • **Past Participle:** maintenu
Irregular **-ir** verb

Present		Passé Composé	
maintiens	maintenons	ai maintenu	avons maintenu
maintiens	maintenez	as maintenu	avez maintenu
maintient	maintiennent	a maintenu	ont maintenu

Imperfect		Pluperfect	
maintenais	maintenions	avais maintenu	avions maintenu
maintenais	mainteniez	avais maintenu	aviez maintenu
maintenait	maintenaient	avait maintenu	avaient maintenu

Passé Simple		Past Anterior	
maintins	maintînmes	eus maintenu	eûmes maintenu
maintins	maintîntes	eus maintenu	eûtes maintenu
maintint	maintinrent	eut maintenu	eurent maintenu

Future		Future Perfect	
maintiendrai	maintiendrons	aurai maintenu	aurons maintenu
maintiendras	maintiendrez	auras maintenu	aurez maintenu
maintiendra	maintiendront	aura maintenu	auront maintenu

Conditional		Conditional Perfect	
maintiendrais	maintiendrions	aurais maintenu	aurions maintenu
maintiendrais	maintiendriez	aurais maintenu	auriez maintenu
maintiendrait	maintiendraient	aurait maintenu	auraient maintenu

Present Subjunctive		Past Subjunctive	
maintienne	maintenions	aie maintenu	ayons maintenu
maintiennes	mainteniez	aies maintenu	ayez maintenu
maintienne	maintiennent	ait maintenu	aient maintenu

Imperfect Subjunctive		Pluperfect Subjunctive	
maintinsse	maintinssions	eusse maintenu	eussions maintenu
maintinsses	maintinssiez	eusses maintenu	eussiez maintenu
maintînt	maintinssent	eût maintenu	eussent maintenu

Imperative/Command

maintiens	maintenons	maintenez

Verb in Action

Il maintient qu'il est innocent. *(He maintains that he is innocent.)*

Espérons que le beau temps va se maintenir pour le week-end! *(Let's hope the good weather will stay for the weekend!)*

On peut dire qu'il maintenait l'ordre dans sa classe! *(You could say he maintained order in his class!)*

manger
(to eat)

Present Participle: mangeant • **Past Participle:** mangé
-ger verb; **g** becomes **ge** before an **a** or an **o**

Present		Passé Composé	
mange	mangeons	ai mangé	avons mangé
manges	mangez	as mangé	avez mangé
mange	mangent	a mangé	ont mangé

Imperfect		Pluperfect	
mangeais	mangions	avais mangé	avions mangé
mangeais	mangiez	avais mangé	aviez mangé
mangeait	mangeaient	avait mangé	avaient mangé

Passé Simple		Past Anterior	
mangeai	mangeâmes	eus mangé	eûmes mangé
mangeas	mangeâtes	eus mangé	eûtes mangé
mangea	mangèrent	eut mangé	eurent mangé

Future		Future Perfect	
mangerai	mangerons	aurai mangé	aurons mangé
mangeras	mangerez	auras mangé	aurez mangé
mangera	mangeront	aura mangé	auront mangé

Conditional		Conditional Perfect	
mangerais	mangerions	aurais mangé	aurions mangé
mangerais	mangeriez	aurais mangé	auriez mangé
mangerait	mangeraient	aurait mangé	auraient mangé

Present Subjunctive		Past Subjunctive	
mange	mangions	aie mangé	ayons mangé
manges	mangiez	aies mangé	ayez mangé
mange	mangent	ait mangé	aient mangé

Imperfect Subjunctive		Pluperfect Subjunctive	
mangeasse	mangeassions	eusse mangé	eussions mangé
mangeasses	mangeassiez	eusses mangé	eussiez mangé
mangeât	mangeassent	eût mangé	eussent mangé

Imperative/Command

mange	mangeons	mangez

Verb in Action

Nous ne mangeons pas souvent ensemble. *(We don't often eat together.)*
Ils mangeaient en regardant la télé. *(They were eating while watching TV.)*
Je mangerai plus tard. *(I'll eat later on.)*

manquer
(to miss, to lack)

Present Participle: manquant • **Past Participle:** manqué
Regular **-er** verb

Present		Passé Composé	
manque	manquons	ai manqué	avons manqué
manques	manquez	as manqué	avez manqué
manque	manquent	a manqué	ont manqué

Imperfect		Pluperfect	
manquais	manquions	avais manqué	avions manqué
manquais	manquiez	avais manqué	aviez manqué
manquait	manquaient	avait manqué	avaient manqué

Passé Simple		Past Anterior	
manquai	manquâmes	eus manqué	eûmes manqué
manquas	manquâtes	eus manqué	eûtes manqué
manqua	manquèrent	eut manqué	eurent manqué

Future		Future Perfect	
manquerai	manquerons	aurai manqué	aurons manqué
manqueras	manquerez	auras manqué	aurez manqué
manquera	manqueront	aura manqué	auront manqué

Conditional		Conditional Perfect	
manquerais	manquerions	aurais manqué	aurions manqué
manquerais	manqueriez	aurais manqué	auriez manqué
manquerait	manqueraient	aurait manqué	auraient manqué

Present Subjunctive		Past Subjunctive	
manque	manquions	aie manqué	ayons manqué
manques	manquiez	aies manqué	ayez manqué
manque	manquent	ait manqué	aient manqué

Imperfect Subjunctive		Pluperfect Subjunctive	
manquasse	manquassions	eusse manqué	eussions manqué
manquasses	manquassiez	eusses manqué	eussiez manqué
manquât	manquassent	eût manqué	eussent manqué

Imperative/Command

manque	manquons	manquez

Verb in Action

Tu n'as rien manqué: c'était nul. *(You didn't miss anything: it wasn't any good.)*
Il manque des pages à ce livre. *(There are some pages missing from this book.)*
Il manque encore dix euros. *(We are still 10 euros short.)*

maquiller/se maquiller*

(to make up)/(to put make up on)

Present Participle: maquillant • **Past Participle:** maquillé
Regular **-er** verb

Present
maquille	maquillons
maquilles	maquillez
maquille	maquillent

Imperfect
maquillais	maquillions
maquillais	maquilliez
maquillait	maquillaient

Passé Simple
maquillai	maquillâmes
maquillas	maquillâtes
maquilla	maquillèrent

Future
maquillerai	maquillerons
maquilleras	maquillerez
maquillera	maquilleront

Conditional
maquillerais	maquillerions
maquillerais	maquilleriez
maquillerait	maquilleraient

Present Subjunctive
maquille	maquillions
maquilles	maquilliez
maquille	maquillent

Imperfect Subjunctive
maquillasse	maquillassions
maquillasses	maquillassiez
maquillât	maquillassent

Passé Composé
ai maquillé	avons maquillé
as maquillé	avez maquillé
a maquillé	ont maquillé

Pluperfect
avais maquillé	avions maquillé
avais maquillé	aviez maquillé
avait maquillé	avaient maquillé

Past Anterior
eus maquillé	eûmes maquillé
eus maquillé	eûtes maquillé
eut maquillé	eurent maquillé

Future Perfect
aurai maquillé	aurons maquillé
auras maquillé	aurez maquillé
aura maquillé	auront maquillé

Conditional Perfect
aurais maquillé	aurions maquillé
aurais maquillé	auriez maquillé
aurait maquillé	auraient maquillé

Past Subjunctive
aie maquillé	ayons maquillé
aies maquillé	ayez maquillé
ait maquillé	aient maquillé

Pluperfect Subjunctive
eusse maquillé	eussions maquillé
eusses maquillé	eussiez maquillé
eût maquillé	eussent maquillé

Imperative/Command
maquille	maquillons	maquillez

Verb in Action

J'ai maquillé beaucoup de stars. *(I did the makeup for a lot of stars.)*
Je me maquillais souvent en cachette. *(I often used to put on makeup secretly.)*

* *Note:* This pronominal verb is conjugated similarly to **se bagarrer.**

marcher
(to walk, to work)

Present Participle: marchant • **Past Participle:** marché
Regular **-er** verb

Present
marche	marchons
marches	marchez
marche	marchent

Imperfect
marchais	marchions
marchais	marchiez
marchait	marchaient

Passé Simple
marchai	marchâmes
marchas	marchâtes
marcha	marchèrent

Future
marcherai	marcherons
marcheras	marcherez
marchera	marcheront

Conditional
marcherais	marcherions
marcherais	marcheriez
marcherait	marcheraient

Present Subjunctive
marche	marchions
marches	marchiez
marche	marchent

Imperfect Subjunctive
marchasse	marchassions
marchasses	marchassiez
marchât	marchassent

Passé Composé
ai marché	avons marché
as marché	avez marché
a marché	ont marché

Pluperfect
avais marché	avions marché
avais marché	aviez marché
avait marché	avaient marché

Past Anterior
eus marché	eûmes marché
eus marché	eûtes marché
eut marché	eurent marché

Future Perfect
aurai marché	aurons marché
auras marché	aurez marché
aura marché	auront marché

Conditional Perfect
aurais marché	aurions marché
aurais marché	auriez marché
aurait marché	auraient marché

Past Subjunctive
aie marché	ayons marché
aies marché	ayez marché
ait marché	aient marché

Pluperfect Subjunctive
eusse marché	eussions marché
eusses marché	eussiez marché
eût marché	eussent marché

Imperative/Command
marche	marchons	marchez

Verb in Action
Elle marche cinq kilomètres par jour. *(She walks 5 kilometers every day.)*
Le métro marche normalement aujourd'hui. *(The subway is running normally today.)*
L'imprimante ne marche pas. *(The printer is not working.)*

marier/se marier*

(to marry)/(to get married, to marry)

Present Participle: mariant • **Past Participle:** marié
Regular -**er** verb

Present
marie	marions
maries	mariez
marie	marient

Imperfect
mariais	mariions
mariais	mariiez
mariait	mariaient

Passé Simple
mariai	mariâmes
marias	mariâtes
maria	marièrent

Future
marierai	marierons
marieras	marierez
mariera	marieront

Conditional
marierais	marierions
marierais	marieriez
marierait	marieraient

Present Subjunctive
marie	mariions
maries	mariiez
marie	marient

Imperfect Subjunctive
mariasse	mariassions
mariasses	mariassiez
mariât	mariassent

Passé Composé
ai marié	avons marié
as marié	avez marié
a marié	ont marié

Pluperfect
avais marié	avions marié
avais marié	aviez marié
avait marié	avaient marié

Past Anterior
eus marié	eûmes marié
eus marié	eûtes marié
eut marié	eurent marié

Future Perfect
aurai marié	aurons marié
auras marié	aurez marié
aura marié	auront marié

Conditional Perfect
aurais marié	aurions marié
aurais marié	auriez marié
aurait marié	auraient marié

Past Subjunctive
aie marié	ayons marié
aies marié	ayez marié
ait marié	aient marié

Pluperfect Subjunctive
eusse marié	eussions marié
eusses marié	eussiez marié
eût marié	eussent marié

Imperative/Command
marie	marions	mariez

Verb in Action
Le maire nous a mariés. *(The mayor married us.)*
Elle s'est mariée avec un ami d'enfance. *(She married a childhood friend.)*
L'estragon se marie bien avec le poulet. *(Tarragon marries/goes well with chicken.)*

* *Note:* This pronominal verb is conjugated similarly to **se bagarrer.**

marquer

(to mark, to score)

Present Participle: marquant • **Past Participle:** marqué
Regular **-er** verb

Present
marque	marquons
marques	marquez
marque	marquent

Imperfect
marquais	marquions
marquais	marquiez
marquait	marquaient

Passé Simple
marquai	marquâmes
marquas	marquâtes
marqua	marquèrent

Future
marquerai	marquerons
marqueras	marquerez
marquera	marqueront

Conditional
marquerais	marquerions
marquerais	marqueriez
marquerait	marqueraient

Present Subjunctive
marque	marquions
marques	marquiez
marque	marquent

Imperfect Subjunctive
marquasse	marquassions
marquasses	marquassiez
marquât	marquassent

Passé Composé
ai marqué	avons marqué
as marqué	avez marqué
a marqué	ont marqué

Pluperfect
avais marqué	avions marqué
avais marqué	aviez marqué
avait marqué	avaient marqué

Past Anterior
eus marqué	eûmes marqué
eus marqué	eûtes marqué
eut marqué	eurent marqué

Future Perfect
aurai marqué	aurons marqué
auras marqué	aurez marqué
aura marqué	auront marqué

Conditional Perfect
aurais marqué	aurions marqué
aurais marqué	auriez marqué
aurait marqué	auraient marqué

Past Subjunctive
aie marqué	ayons marqué
aies marqué	ayez marqué
ait marqué	aient marqué

Pluperfect Subjunctive
eusse marqué	eussions marqué
eusses marqué	eussiez marqué
eût marqué	eussent marqué

Imperative/Command
marque	marquons	marquez

Verb in Action

Peux-tu marquer sur la carte où se trouve le village? *(Can you mark where the town is on the map?)*

L'équipe irlandaise a marqué dix points. *(The Irish team scored ten points.)*

On va sortir au restaurant pour marquer ton anniversaire. *(We'll eat out to mark/celebrate your birthday.)*

maudire
(to curse)

Present Participle: maudissant • **Past Participle:** maudit
Irregular verb

Present		Passé Composé	
maudis	maudissons	ai maudit	avons maudit
maudis	maudissez	as maudit	avez maudit
maudit	maudissent	a maudit	ont maudit

Imperfect		Pluperfect	
maudissais	maudissions	avais maudit	avions maudit
maudissais	maudissiez	avais maudit	aviez maudit
maudissait	maudissaient	avait maudit	avaient maudit

Passé Simple		Past Anterior	
maudis	maudîmes	eus maudit	eûmes maudit
maudis	maudîtes	eus maudit	eûtes maudit
maudit	maudirent	eut maudit	eurent maudit

Future		Future Perfect	
maudirai	maudirons	aurai maudit	aurons maudit
maudiras	maudirez	auras maudit	aurez maudit
maudira	maudiront	aura maudit	auront maudit

Conditional		Conditional Perfect	
maudirais	maudirions	aurais maudit	aurions maudit
maudirais	maudiriez	aurais maudit	auriez maudit
maudirait	maudiraient	aurait maudit	auraient maudit

Present Subjunctive		Past Subjunctive	
maudisse	maudissions	aie maudit	ayons maudit
maudisses	maudissiez	aies maudit	ayez maudit
maudisse	maudissent	ait maudit	aient maudit

Imperfect Subjunctive		Pluperfect Subjunctive	
maudisse	maudissions	eusse maudit	eussions maudit
maudisses	maudissiez	eusses maudit	eussiez maudit
maudît	maudissent	eût maudit	eussent maudit

Imperative/Command

maudis	maudissons	maudissez

Verb in Action

Ils maudissent leurs ennemis. *(They curse their enemies.)*
Je maudis le jour où je l'ai rencontrée. *(I curse the day I met her.)*
Nous les avions maudits de nous avoir laissés les attendre sous la pluie. *(We had cursed them for making us wait for them in the rain.)*

se méfier

(to be wary, to mistrust)

Present Participle: se méfiant • **Past Participle:** méfié

Regular pronominal **-er** verb

Present
me méfie	nous méfions
te méfies	vous méfiez
se méfie	se méfient

Imperfect
me méfiais	nous méfiions
te méfiais	vous méfiiez
se méfiait	se méfiaient

Passé Simple
me méfiai	nous méfiâmes
te méfias	vous méfiâtes
se méfia	se méfièrent

Future
me méfierai	nous méfierons
te méfieras	vous méfierez
se méfiera	se méfieront

Conditional
me méfierais	nous méfierions
te méfierais	vous méfieriez
se méfierait	se méfieraient

Present Subjunctive
me méfie	nous méfiions
te méfies	vous méfiiez
se méfie	se méfient

Imperfect Subjunctive
me méfiasse	nous méfiassions
te méfiasses	vous méfiassiez
se méfiât	se méfiassent

Passé Composé
me suis méfié(e)	nous sommes méfié(e)s
t'es méfié(e)	vous êtes méfié(e)(s)
s'est méfié/méfiée	se sont méfiés/méfiées

Pluperfect
m'étais méfié(e)	nous étions méfié(e)s
t'étais méfié(e)	vous étiez méfié(e)(s)
s'était méfié/méfiée	s'étaient méfiés/méfiées

Past Anterior
me fus méfié(e)	nous fûmes méfié(e)s
te fus méfié(e)	vous fûtes méfié(e)(s)
se fut méfié/méfiée	se furent méfiés/méfiées

Future Perfect
me serai méfié(e)	nous serons méfié(e)s
te seras méfié(e)	vous serez méfié(e)(s)
se sera méfié/méfiée	se seront méfiés/méfiées

Conditional Perfect
me serais méfié(e)	nous serions méfié(e)s
te serais méfié(e)	vous seriez méfié(e)(s)
se serait méfié/méfiée	se seraient méfiés/méfiées

Past Subjunctive
me sois méfié(e)	nous soyons méfié(e)s
te sois méfié(e)	vous soyez méfié(e)(s)
se soit méfié/méfiée	se soient méfiés/méfiées

Pluperfect Subjunctive
me fusse méfié(e)	nous fussions méfié(e)s
te fusses méfié(e)	vous fussiez méfié(e)(s)
se fût méfié/méfiée	se fussent méfiés/méfiées

Imperative/Command
méfie-toi;	méfions-nous;	méfiez-vous;
ne te méfie pas	ne nous méfions pas	ne vous méfiez pas

Verb in Action
Si j'étais toi, je me méfierais de lui. *(If I were you, I wouldn't trust him.)*

Méfie-toi, ce sont des olives au piment. *(Beware, these are olives with hot pepper.)*

J'aurais dû me méfier, c'était trop beau pour être vrai. *(I should have known better, it was too good to be true.)*

menacer
(to threaten)

Present Participle: menaçant • **Past Participle:** menacé
-cer verb; **c** becomes **ç** before an **a** or an **o**

Present
menace	menaçons
menaces	menacez
menace	menacent

Imperfect
menaçais	menacions
menaçais	menaciez
menaçait	menaçaient

Passé Simple
menaçai	menaçâmes
menaças	menaçâtes
menaça	menacèrent

Future
menacerai	menacerons
menaceras	menacerez
menacera	menaceront

Conditional
menacerais	menacerions
menacerais	menaceriez
menacerait	menaceraient

Present Subjunctive
menace	menacions
menaces	menaciez
menace	menacent

Imperfect Subjunctive
menaçasse	menaçassions
menaçasses	menaçassiez
menaçât	menaçassent

Passé Composé
ai menacé	avons menacé
as menacé	avez menacé
a menacé	ont menacé

Pluperfect
avais menacé	avions menacé
avais menacé	aviez menacé
avait menacé	avaient menacé

Past Anterior
eus menacé	eûmes menacé
eus menacé	eûtes menacé
eut menacé	eurent menacé

Future Perfect
aurai menacé	aurons menacé
auras menacé	aurez menacé
aura menacé	auront menacé

Conditional Perfect
aurais menacé	aurions menacé
aurais menacé	auriez menacé
aurait menacé	auraient menacé

Past Subjunctive
aie menacé	ayons menacé
aies menacé	ayez menacé
ait menacé	aient menacé

Pluperfect Subjunctive
eusse menacé	eussions menacé
eusses menacé	eussiez menacé
eût menacé	eussent menacé

Imperative/Command
menace	menaçons	menacez

Verb in Action

Il m'a menacé au téléphone. *(He threatened me on the phone.)*
Julie a menacé de démissionner. *(Julie threatened to resign.)*
Les terroristes menacent de faire exploser la bombe. *(The terrorists are threatening to detonate the bomb.)*

mener
(to lead)

Present Participle: menant • **Past Participle:** mené
e[consonant]-**er** verb; **e** becomes **è** before consonant + **e, es, ent**

Present		Passé Composé	
mène	menons	ai mené	avons mené
mènes	menez	as mené	avez mené
mène	mènent	a mené	ont mené

Imperfect		Pluperfect	
menais	menions	avais mené	avions mené
menais	meniez	avais mené	aviez mené
menait	menaient	avait mené	avaient mené

Passé Simple		Past Anterior	
menai	menâmes	eus mené	eûmes mené
menas	menâtes	eus mené	eûtes mené
mena	menèrent	eut mené	eurent mené

Future		Future Perfect	
mènerai	mènerons	aurai mené	aurons mené
mèneras	mènerez	auras mené	aurez mené
mènera	mèneront	aura mené	auront mené

Conditional		Conditional Perfect	
mènerais	mènerions	aurais mené	aurions mené
mènerais	mèneriez	aurais mené	auriez mené
mènerait	mèneraient	aurait mené	auraient mené

Present Subjunctive		Past Subjunctive	
mène	menions	aie mené	ayons mené
mènes	meniez	aies mené	ayez mené
mène	mènent	ait mené	aient mené

Imperfect Subjunctive		Pluperfect Subjunctive	
menasse	menassions	eusse mené	eussions mené
menasses	menassiez	eusses mené	eussiez mené
menât	menassent	eût mené	eussent mené

Imperative/Command

mène	menons	menez

Verb in Action

Cette rue mène directement à la gare. *(This street leads straight to the train station.)*
Ils mènent deux buts à zéro. *(They are leading two goals to nothing.)*
Il n'a jamais mené une vie tranquille. *(He never led a quiet life.)*

mentir
(to lie)

Present		Passé Composé	
mens	mentons	ai menti	avons menti
mens	mentez	as menti	avez menti
ment	mentent	a menti	ont menti

Imperfect		Pluperfect	
mentais	mentions	avais menti	avions menti
mentais	mentiez	avais menti	aviez menti
mentait	mentaient	avait menti	avaient menti

Passé Simple		Past Anterior	
mentis	mentîmes	eus menti	eûmes menti
mentis	mentîtes	eus menti	eûtes menti
mentit	mentirent	eut menti	eurent menti

Future		Future Perfect	
mentirai	mentirons	aurai menti	aurons menti
mentiras	mentirez	auras menti	aurez menti
mentira	mentiront	aura menti	auront menti

Conditional		Conditional Perfect	
mentirais	mentirions	aurais menti	aurions menti
mentirais	mentiriez	aurais menti	auriez menti
mentirait	mentiraient	aurait menti	auraient menti

Present Subjunctive		Past Subjunctive	
mente	mentions	aie menti	ayons menti
mentes	mentiez	aies menti	ayez menti
mente	mentent	ait menti	aient menti

Imperfect Subjunctive		Pluperfect Subjunctive	
mentisse	mentissions	eusse menti	eussions menti
mentisses	mentissiez	eusses menti	eussiez menti
mentît	mentissent	eût menti	eussent menti

Imperative/Command

mens	mentons	mentez

Verb in Action

Je ne mens jamais. *(I never lie.)*
Il lui a menti. *(He lied to him/her.)*
Je ne veux pas que tu me mentes. *(I don't want you to lie to me.)*

mériter
(to deserve)

Present Participle: méritant • **Past Participle:** mérité
Regular **-er** verb

Present
mérite	méritons
mérites	méritez
mérite	méritent

Passé Composé
ai mérité	avons mérité
as mérité	avez mérité
a mérité	ont mérité

Imperfect
méritais	méritions
méritais	méritiez
méritait	méritaient

Pluperfect
avais mérité	avions mérité
avais mérité	aviez mérité
avait mérité	avaient mérité

Passé Simple
méritai	méritâmes
méritas	méritâtes
mérita	méritèrent

Past Anterior
eus mérité	eûmes mérité
eus mérité	eûtes mérité
eut mérité	eurent mérité

Future
mériterai	mériterons
mériteras	mériterez
méritera	mériteront

Future Perfect
aurai mérité	aurons mérité
auras mérité	aurez mérité
aura mérité	auront mérité

Conditional
mériterais	mériterions
mériterais	mériteriez
mériterait	mériteraient

Conditional Perfect
aurais mérité	aurions mérité
aurais mérité	auriez mérité
aurait mérité	auraient mérité

Present Subjunctive
mérite	méritions
mérites	méritiez
mérite	méritent

Past Subjunctive
aie mérité	ayons mérité
aies mérité	ayez mérité
ait mérité	aient mérité

Imperfect Subjunctive
méritasse	méritassions
méritasses	méritassiez
méritât	méritassent

Pluperfect Subjunctive
eusse mérité	eussions mérité
eusses mérité	eussiez mérité
eût mérité	eussent mérité

Imperative/Command
mérite	méritons	méritez

Verb in Action
Il mérite de réussir. *(He deserves to succeed.)*
Tu mérites une bonne fessée! *(You deserve a good spanking!)*
C'est une petite ville médiévale qui mérite le détour. *(It is a small medieval town that is worth the detour.)*

mettre

(to put, to place)

Present Participle: mettant • **Past Participle:** mis
Irregular **-re** verb

Present		Passé Composé	
mets	mettons	ai mis	avons mis
mets	mettez	as mis	avez mis
met	mettent	a mis	ont mis

Imperfect		Pluperfect	
mettais	mettions	avais mis	avions mis
mettais	mettiez	avais mis	aviez mis
mettait	mettaient	avait mis	avaient mis

Passé Simple		Past Anterior	
mis	mîmes	eus mis	eûmes mis
mis	mîtes	eus mis	eûtes mis
mit	mirent	eut mis	eurent mis

Future		Future Perfect	
mettrai	mettrons	aurai mis	aurons mis
mettras	mettrez	auras mis	aurez mis
mettra	mettront	aura mis	auront mis

Conditional		Conditional Perfect	
mettrais	mettrions	aurais mis	aurions mis
mettrais	mettriez	aurais mis	auriez mis
mettrait	mettraient	aurait mis	auraient mis

Present Subjunctive		Past Subjunctive	
mette	mettions	aie mis	ayons mis
mettes	mettiez	aies mis	ayez mis
mette	mettent	ait mis	aient mis

Imperfect Subjunctive		Pluperfect Subjunctive	
misse	missions	eusse mis	eussions mis
misses	missiez	eusses mis	eussiez mis
mît	missent	eût mis	eussent mis

Imperative/Command

mets	mettons	mettez

Verb in Action

Il met du gel dans ses cheveux. *(He puts gel in his hair.)*
Elle mettait des fleurs partout. *(She would place flowers everywhere.)*
J'avais mis le livre sur la table. *(I had put the book on the table.)*

modifier
(to change, to modify)

Present Participle: modifiant • **Past Participle:** modifié
Regular **-er** verb

Present		*Passé Composé*	
modifie	modifions	ai modifié	avons modifié
modifies	modifiez	as modifié	avez modifié
modifie	modifient	a modifié	ont modifié

Imperfect		*Pluperfect*	
modifiais	modifiions	avais modifié	avions modifié
modifiais	modifiiez	avais modifié	aviez modifié
modifiait	modifiaient	avait modifié	avaient modifié

Passé Simple		*Past Anterior*	
modifiai	modifiâmes	eus modifié	eûmes modifié
modifias	modifiâtes	eus modifié	eûtes modifié
modifia	modifièrent	eut modifié	eurent modifié

Future		*Future Perfect*	
modifierai	modifierons	aurai modifié	aurons modifié
modifieras	modifierez	auras modifié	aurez modifié
modifiera	modifieront	aura modifié	auront modifié

Conditional		*Conditional Perfect*	
modifierais	modifierions	aurais modifié	aurions modifié
modifierais	modifieriez	aurais modifié	auriez modifié
modifierait	modifieraient	aurait modifié	auraient modifié

Present Subjunctive		*Past Subjunctive*	
modifie	modifiions	aie modifié	ayons modifié
modifies	modifiiez	aies modifié	ayez modifié
modifie	modifient	ait modifié	aient modifié

Imperfect Subjunctive		*Pluperfect Subjunctive*	
modifiasse	modifiassions	eusse modifié	eussions modifié
modifiasses	modifiassiez	eusses modifié	eussiez modifié
modifiât	modifiassent	eût modifié	eussent modifié

Imperative/Command

modifie	modifions	modifiez

Verb in Action

J'ai un peu modifié la recette. *(I changed the recipe a little.)*
C'est un logiciel pour modifier les photos. *(It is software for editing photos.)*
Vous pouvez modifier votre billet jusqu'à 24 heures avant le départ. *(You can change your ticket up to 24 hours before departure.)*

monter

(to go up, to take something up, to get in)

Present Participle: montant • **Past Participle:** monté
Regular **-er** verb

Present
monte	montons
montes	montez
monte	montent

Passé Composé
suis monté(e)	sommes monté(e)s
es monté(e)	êtes monté(e)(s)
est monté/montée	sont montés/montées

Imperfect
montais	montions
montais	montiez
montait	montaient

Pluperfect
étais monté(e)	étions monté(e)s
étais monté(e)	étiez monté(e)(s)
était monté/montée	étaient montés/montées

Passé Simple
montai	montâmes
montas	montâtes
monta	montèrent

Past Anterior
fus monté(e)	fûmes monté(e)s
fus monté(e)	fûtes monté(e)(s)
fut monté/montée	furent montés/montées

Future
monterai	monterons
monteras	monterez
montera	monteront

Future Perfect
serai monté(e)	serons monté(e)s
seras monté(e)	serez monté(e)(s)
sera monté/montée	seront montés/montées

Conditional
monterais	monterions
monterais	monteriez
monterait	monteraient

Conditional Perfect
serais monté(e)	serions monté(e)s
serais monté(e)	seriez monté(e)(s)
serait monté/montée	seraient montés/montées

Present Subjunctive
monte	montions
montes	montiez
monte	montent

Past Subjunctive
sois monté(e)	soyons monté(e)s
sois monté(e)	soyez monté(e)(s)
soit monté/montée	soient montés/montées

Imperfect Subjunctive
montasse	montassions
montasses	montassiez
montât	montassent

Pluperfect Subjunctive
fusse monté(e)	fussions monté(e)s
fusses monté(e)	fussiez monté(e)(s)
fût monté/montée	fussent montés/montées

Imperative/Command
monte	montons	montez

Verb in Action

Je monte ces escaliers cent fois par jour. *(I go up these stairs a hundred times a day.)*
Hier, je suis montée à cheval pour la première fois. *(Yesterday, I went horseback riding for the first time.)*

Note: When this verb has a direct object, it takes the auxiliary **avoir** *(to have)*. For example, **J'ai monté les valises.** *(I took the suitcases up.)*

montrer
(to show)

● ●

Present Participle: montrant • **Past Participle:** montré
Regular **-er** verb

● ●

Present		*Passé Composé*	
montre	montrons	ai montré	avons montré
montres	montrez	as montré	avez montré
montre	montrent	a montré	ont montré

Imperfect		*Pluperfect*	
montrais	montrions	avais montré	avions montré
montrais	montriez	avais montré	aviez montré
montrait	montraient	avait montré	avaient montré

Passé Simple		*Past Anterior*	
montrai	montrâmes	eus montré	eûmes montré
montras	montrâtes	eus montré	eûtes montré
montra	montrèrent	eut montré	eurent montré

Future		*Future Perfect*	
montrerai	montrerons	aurai montré	aurons montré
montreras	montrerez	auras montré	aurez montré
montrera	montreront	aura montré	auront montré

Conditional		*Conditional Perfect*	
montrerais	montrerions	aurais montré	aurions montré
montrerais	montreriez	aurais montré	auriez montré
montrerait	montreraient	aurait montré	auraient montré

Present Subjunctive		*Past Subjunctive*	
montre	montrions	aie montré	ayons montré
montres	montriez	aies montré	ayez montré
montre	montrent	ait montré	aient montré

Imperfect Subjunctive		*Pluperfect Subjunctive*	
montrasse	montrassions	eusse montré	eussions montré
montrasses	montrassiez	eusses montré	eussiez montré
montrât	montrassent	eût montré	eussent montré

Imperative/Command

montre	montrons	montrez

● ●

Verb in Action

Montre-moi ton nouveau manteau. *(Show me your new coat.)*
Est-ce que vous pouvez me montrer la gare sur le plan? *(Can you show me the train station on the map?)*
Est-ce qu'il va oser se montrer à la soirée? *(Is he going to dare to show up at the party?)*

se moquer (de)

(to make fun)

Present Participle: se moquant • **Past Participle:** moqué
Regular pronominal **-er** verb

Present

me moque	nous moquons
te moques	vous moquez
se moque	se moquent

Imperfect

me moquais	nous moquions
te moquais	vous moquiez
se moquait	se moquaient

Passé Simple

me moquai	nous moquâmes
te moquas	vous moquâtes
semoqua	se moquèrent

Future

me moquerai	nous moquerons
te moqueras	vous moquerez
se moquera	se moqueront

Conditional

me moquerais	nous moquerions
te moquerais	vous moqueriez
se moquerait	se moqueraient

Present Subjunctive

me moque	nous moquions
te moques	vous moquiez
se moque	se moquent

Imperfect Subjunctive

me moquasse	nous moquassions
te moquasses	vous moquassiez
se moquât	se moquassent

Passé Composé

me suis moqué(e)	nous sommes moqué(e)s
t'es moqué(e)	vous êtes moqué(e)(s)
s'est moqué/moquée	se sont moqués/moquées

Pluperfect

m'étais moqué(e)	nous étions moqué(e)s
t'étais moqué(e)	vous étiez moqué(e)(s)
s'était moqué/ moquée	s'étaient moqués/moquées

Past Anterior

me fus moqué(e)	nous fûmes moqué(e)s
te fus moqué(e)	vous fûtes moqué(e)(s)
se fut moqué/moqée	se furent moqués/moquées

Future Perfect

me serai moqué(e)	nous serons moqué(e)s
te seras moqué(e)	vous serez moqué(e)(s)
se sera moqué/ moquée	se seront moqués/ moquées

Conditional Perfect

me serais moqué(e)	nous serions moqué(e)s
te serais moqué(e)	vous seriez moqué(e)(s)
se serait moqué/ moquée	se seraient moqués/ moquées

Past Subjunctive

me sois moqué(e)	nous soyons moqué(e)s
te sois moqué(e)	vous soyez moqué(e)(s)
se soit moqué/ moquée	se soient moqués/moquées

Pluperfect Subjunctive

me fusse moqué(e)	nous fussions moqué(e)s
te fusses moqué(e)	vous fussiez moqué(e)(s)
se fût moqué/moquée	se fussent moqués/moquées

Imperative/Command

moque-toi; ne te moque pas	moquons-nous; ne nous moquons pas	moquez-vous; ne vous moquez pas

Verb in Action

Ne te moque pas de moi! *(Don't make fun of me!)*
Ils se sont moqués de mes chaussures jaunes. *(They made fun of my yellow shoes.)*
Il se moque complètement de la mode. *(He couldn't care less about fashion.)*

mordre
(to bite)

Present Participle: mordant • **Past Participle:** mordu
Regular **-re** verb

Present		Passé Composé	
mords	mordons	ai mordu	avons mordu
mords	mordez	as mordu	avez mordu
mord	mordent	a mordu	ont mordu

Imperfect		Pluperfect	
mordais	mordions	avais mordu	avions mordu
mordais	mordiez	avais mordu	aviez mordu
mordait	mordaient	avait mordu	avaient mordu

Passé Simple		Past Anterior	
mordis	mordîmes	eus mordu	eûmes mordu
mordis	mordîtes	eus mordu	eûtes mordu
mordit	mordirent	eut mordu	eurent mordu

Future		Future Perfect	
mordrai	mordrons	aurai mordu	aurons mordu
mordras	mordrez	auras mordu	aurez mordu
mordra	mordront	aura mordu	auront mordu

Conditional		Conditional Perfect	
mordrais	mordrions	aurais mordu	aurions mordu
mordrais	mordriez	aurais mordu	auriez mordu
mordrait	mordraient	aurait mordu	auraient mordu

Present Subjunctive		Past Subjunctive	
morde	mordions	aie mordu	ayons mordu
mordes	mordiez	aies mordu	ayez mordu
morde	mordent	ait mordu	aient mordu

Imperfect Subjunctive		Pluperfect Subjunctive	
mordisse	mordissions	eusse mordu	eussions mordu
mordisses	mordissiez	eusses mordu	eussiez mordu
mordît	mordissent	eût mordu	eussent mordu

Imperative/Command

mords	mordons	mordez

Verb in Action

Il ne va pas te mordre! *(He's not going to bite you!)*
Attention, il mord! *(Watch out, he bites!)*
Il ne mordrait jamais personne. *(He would never bite anybody!)*

moudre
(to grind)

Present Participle: moulant • **Past Participle:** moulu
Irregular verb ending in **-oudre**

Present

mouds	moulons
mouds	moulez
moud	moulent

Passé Composé

ai moulu	avons moulu
as moulu	avez moulu
a moulu	ont moulu

Imperfect

moulais	moulions
moulais	mouliez
moulait	moulaient

Pluperfect

avais moulu	avions moulu
avais moulu	aviez moulu
avait moulu	avaient moulu

Passé Simple

moulus	moulûmes
moulus	moulûtes
moulut	moulurent

Past Anterior

eus moulu	eûmes moulu
eus moulu	eûtes moulu
eut moulu	eurent moulu

Future

moudrai	moudrons
moudras	moudrez
moudra	moudront

Future Perfect

aurai moulu	aurons moulu
auras moulu	aurez moulu
aura moulu	auront moulu

Conditional

moudrais	moudrions
moudrais	moudriez
moudrait	moudraient

Conditional Perfect

aurais moulu	aurions moulu
aurais moulu	auriez moulu
aurait moulu	auraient moulu

Present Subjunctive

moule	moulions
moules	mouliez
moule	moulent

Past Subjunctive

aie moulu	ayons moulu
aies moulu	ayez moulu
ait moulu	aient moulu

Imperfect Subjunctive

moulusse	moulussions
moulusses	moulussiez
moulût	moulussent

Pluperfect Subjunctive

eusse moulu	eussions moulu
eusses moulu	eussiez moulu
eût moulu	eussent moulu

Imperative/Command

mouds	moulons	moulez

Verb in Action

Il moud toujours son café lui-même. *(He always grinds his coffee himself.)*
Le meunier moulait le blé à la meule. *(The miller ground the wheat with the millstone.)*
Elle moulut un peu de poivre sur le rôti. *(She ground some pepper over the roast.)*

mourir
(to die)

Present Participle: mourant • **Past Participle:** mort
Irregular **-ir** verb

Present		*Passé Composé*	
meurs	mourons	suis mort(e)	sommes mort(e)s
meurs	mourez	es mort(e)	êtes mort(e)(s)
meurt	meurent	est mort/morte	sont morts/mortes

Imperfect		*Pluperfect*	
mourais	mourions	étais mort(e)	étions mort(e)s
mourais	mouriez	étais mort(e)	étiez mort(e)(s)
mourait	mouraient	était mort/morte	étaient morts/mortes

Passé Simple		*Past Anterior*	
mourus	mourûmes	fus mort(e)	fûmes mort(e)s
mourus	mourûtes	fus mort(e)	fûtes mort(e)(s)
mourut	moururent	fut mort/morte	furent morts/mortes

Future		*Future Perfect*	
mourrai	mourrons	serai mort(e)	seront mort(e)s
mourras	mourrez	seras mort(e)	serez mort(e)(s)
mourra	mourront	sera mort/morte	seront morts/mortes

Conditional		*Conditional Perfect*	
mourrais	mourrions	serais mort(e)	serions mort(e)s
mourrais	mourriez	serais mort(e)	seriez mort(e)(s)
mourrait	mourraient	serait mort/morte	seraient morts/mortes

Present Subjunctive		*Past Subjunctive*	
meure	mourions	sois mort(e)	soyons mort(e)s
meures	mouriez	sois mort(e)	soyez mort(e)(s)
meure	meurent	soit mort/morte	soient morts/mortes

Imperfect Subjunctive		*Pluperfect Subjunctive*	
mourusse	mourussions	fusse mort(e)	fussions mort(e)s
mourusses	mourussiez	fusses mort(e)	fussiez mort(e)(s)
mourût	mourussent	fût mort/morte	fussent morts/mortes

Imperative/Command

meurs	mourons	mourez

Verb in Action

Elle est morte en 1998. *(She died in 1998.)*
Je ne veux pas qu'il meure. *(I don't want him to die.)*
Je mourrais de honte si tu le lui disais. *(I'd die of shame if you told him/her about it.)*

nager
(to swim)

Present Participle: nageant • **Past Participle:** nagé
-ger verb; **g** becomes **ge** before an **a** or an **o**

Present
nage	nageons
nages	nagez
nage	nagent

Imperfect
nageais	nagions
nageais	nagiez
nageait	nageaient

Passé Simple
nageai	nageâmes
nageas	nageâtes
nagea	nagèrent

Future
nagerai	nagerons
nageras	nagerez
nagera	nageront

Conditional
nagerais	nagerions
nagerais	nageriez
nagerait	nageraient

Present Subjunctive
nage	nagions
nages	nagiez
nage	nagent

Imperfect Subjunctive
nageasse	nageassions
nageasses	nageassiez
nageât	nageassent

Passé Composé
ai nagé	avons nagé
as nagé	avez nagé
a nagé	ont nagé

Pluperfect
avais nagé	avions nagé
avais nagé	aviez nagé
avait nagé	avaient nagé

Past Anterior
eus nagé	eûmes nagé
eus nagé	eûtes nagé
eut nagé	eurent nagé

Future Perfect
aurai nagé	aurons nagé
auras nagé	aurez nagé
aura nagé	auront nagé

Conditional Perfect
aurais nagé	aurions nagé
aurais nagé	auriez nagé
aurait nagé	auraient nagé

Past Subjunctive
aie nagé	ayons nagé
aies nagé	ayez nagé
ait nagé	aient nagé

Pluperfect Subjunctive
eusse nagé	eussions nagé
eusses nagé	eussiez nagé
eût nagé	eussent nagé

Imperative/Command
nage	nageons	nagez

Verb in Action
Je ne sais pas nager. *(I don't know how to swim.)*
À quel âge as-tu appris à nager? *(At what age did you learn to swim?)*
J'ai nagé pendant au moins une heure. *(I swam for at least an hour.)*

naître

(to be born)

Present Participle: naissant • **Past Participle:** né
Irregular verb

Present		*Passé Composé*	
nais	naissons	suis né(e)	sommes né(e)s
nais	naissez	es né(e)	êtes né(e)(s)
naît	naissent	est né/née	sont nés/nées

Imperfect		*Pluperfect*	
naissais	naissions	étais né(e)	étions né(e)s
naissais	naissiez	étais né(e)	étiez né(e)(s)
naissait	naissaient	était né/née	étaient nés/nées

Passé Simple		*Past Anterior*	
naquis	naquîmes	fus né(e)	fûmes né(e)s
naquis	naquîtes	fus né(e)	fûtes né(e)(s)
naquit	naquirent	fut né/née	furent nés/nées

Future		*Future Perfect*	
naîtrai	naîtrons	serai né(e)	serons né(e)s
naîtras	naîtrez	seras né(e)	serez né(e)(s)
naîtra	naîtront	sera né/née	seront nés/nées

Conditional		*Conditional Perfect*	
naîtrais	naîtrions	serais né(e)	serions né(e)s
naîtrais	naîtriez	serais né(e)	seriez né(e)(s)
naîtrait	naîtraient	serait né/née	seraient nés/nées

Present Subjunctive		*Past Subjunctive*	
naisse	naissions	sois né(e)	soyons né(e)s
naisses	naissiez	sois né(e)	soyez né(e)(s)
naisse	naissent	soit né/née	soient nés/nées

Imperfect Subjunctive		*Pluperfect Subjunctive*	
naquisse	naquissions	fusse né(e)	fussions né(e)s
naquisses	naquissiez	fusses né(e)	fussiez né(e)(s)
naquît	naquissent	fût né/née	fussent nés/nées

Imperative/Command

nais	naissons	naissez

Verb in Action

Quand est-ce que tu es né? *(When were you born?)*
Je suis née le 12 février. *(I was born on February 12.)*
Je ne suis pas né de la dernière pluie. *(I wasn't born yesterday.)*

neiger
(to snow)

Present Participle: neigeant • **Past Participle:** neigé
-ger verb; **g** becomes **ge** before an **a** or an **o**

Present			Passé Composé		
not used	not used		not used	not used	
not used	not used		not used	not used	
il neige	not used		il a neigé	not used	

Imperfect			Pluperfect		
not used	not used		not used	not used	
not used	not used		not used	not used	
il neigeait	not used		il avait neigé	not used	

Passé Simple			Past Anterior		
not used	not used		not used	not used	
not used	not used		not used	not used	
il neigea	not used		il eut neigé	not used	

Future			Future Perfect		
not used	not used		not used	not used	
not used	not used		not used	not used	
il neigera	not used		il aura neigé	not used	

Conditional			Conditional Perfect		
not used	not used		not used	not used	
not used	not used		not used	not used	
il neigerait	not used		il aurait neigé	not used	

Present Subjunctive			Past Subjunctive		
not used	not used		not used	not used	
not used	not used		not used	not used	
il neige	not used		il ait neigé	not used	

Imperfect Subjunctive			Pluperfect Subjunctive		
not used	not used		not used	not used	
not used	not used		not used	not used	
il neigeât	not used		il eût neigé	not used	

Imperative/Command
not used

Verb in Action

Regarde! Il neige. *(Look! It's snowing.)*
J'aimerais bien qu'il neige à Noël. *(I would like it to snow at Christmas.)*
Il neigea tellement qu'on a décidé de fermer l'école. *(It snowed so much that we/they decided to close the school.)*

nettoyer
(to clean)

Present Participle: nettoyant • **Past Participle:** nettoyé
-yer verb; **y** becomes **i** before **e, es, ent**

Present		Passé Composé	
nettoie	nettoyons	ai nettoyé	avons nettoyé
nettoies	nettoyez	as nettoyé	avez nettoyé
nettoie	nettoient	a nettoyé	ont nettoyé

Imperfect		Pluperfect	
nettoyais	nettoyions	avais nettoyé	avions nettoyé
nettoyais	nettoyiez	avais nettoyé	aviez nettoyé
nettoyait	nettoyaient	avait nettoyé	avaient nettoyé

Passé Simple		Past Anterior	
nettoyai	nettoyâmes	eus nettoyé	eûmes nettoyé
nettoyas	nettoyâtes	eus nettoyé	eûtes nettoyé
nettoya	nettoyèrent	eut nettoyé	eurent nettoyé

Future		Future Perfect	
nettoierai	nettoierons	aurai nettoyé	aurons nettoyé
nettoieras	nettoierez	auras nettoyé	aurez nettoyé
nettoiera	nettoieront	aura nettoyé	auront nettoyé

Conditional		Conditional Perfect	
nettoierais	nettoierions	aurais nettoyé	aurions nettoyé
nettoierais	nettoieriez	aurais nettoyé	auriez nettoyé
nettoierait	nettoieraient	aurait nettoyé	auraient nettoyé

Present Subjunctive		Past Subjunctive	
nettoie	nettoyions	aie nettoyé	ayons nettoyé
nettoies	nettoyiez	aies nettoyé	ayez nettoyé
nettoie	nettoient	ait nettoyé	aient nettoyé

Imperfect Subjunctive		Pluperfect Subjunctive	
nettoyasse	nettoyassions	eusse nettoyé	eussions nettoyé
nettoyasses	nettoyassiez	eusses nettoyé	eussiez nettoyé
nettoyât	nettoyassent	eût nettoyé	eussent nettoyé

Imperative/Command

nettoie	nettoyons	nettoyez

Verb in Action

Richard a nettoyé tout l'appartement. *(Richard cleaned the whole apartment.)*
Nettoie tes chaussures avant de les ranger. *(Clean your shoes before putting them away.)*
J'aimerais que vous nettoyiez votre chambre. *(I'd like you to clean your room.)*

nourrir
(to feed, to nourish)

Present Participle: nourrissant • Past Participle: nourri
Regular **-ir** verb

Present
nourris	nourrissons
nourris	nourrissez
nourrit	nourrissent

Imperfect
nourrissais	nourrissions
nourrissais	nourrissiez
nourrissait	nourrissaient

Passé Simple
nourris	nourrîmes
nourris	nourrîtes
nourrit	nourrirent

Future
nourrirai	nourrirons
nourriras	nourrirez
nourrira	nourriront

Conditional
nourrirais	nourririons
nourrirais	nourririez
nourrirait	nourriraient

Present Subjunctive
nourrisse	nourrissions
nourrisses	nourrissiez
nourrisse	nourrissent

Imperfect Subjunctive
nourrisse	nourrissions
nourrisses	nourrissiez
nourrît	nourrissent

Passé Composé
ai nourri	avons nourri
as nourri	avez nourri
a nourri	ont nourri

Pluperfect
avais nourri	avions nourri
avais nourri	aviez nourri
avait nourri	avaient nourri

Past Anterior
eus nourri	eûmes nourri
eus nourri	eûtes nourri
eut nourri	eurent nourri

Future Perfect
aurai nourri	aurons nourri
auras nourri	aurez nourri
aura nourri	auront nourri

Conditional Perfect
aurais nourri	aurions nourri
aurais nourri	auriez nourri
aurait nourri	auraient nourri

Past Subjunctive
aie nourri	ayons nourri
aies nourri	ayez nourri
ait nourri	aient nourri

Pluperfect Subjunctive
eusse nourri	eussions nourri
eusses nourri	eussiez nourri
eût nourri	eussent nourri

Imperative/Command
nourris	nourrissons	nourrissez

Verb in Action

Quand je rentre à la maison, je nourris le chat et je lis le journal. *(When I get home, I feed the cat and read the paper.)*

On a commencé à nourrir Émilie à la cuillère. *(We've started to spoon-feed Émilie.)*

Ils se nourrissent de feuilles de bambou. *(They feed on bamboo leaves.)*

obéir (à)
(to obey)

Present Participle: obéissant • **Past Participle:** obéi
Regular **-ir** verb

Present		Passé Composé	
obéis	obéissons	ai obéi	avons obéi
obéis	obéissez	as obéi	avez obéi
obéit	obéissent	a obéi	ont obéi

Imperfect		Pluperfect	
obéissais	obéissions	avais obéi	avions obéi
obéissais	obéissiez	avais obéi	aviez obéi
obéissait	obéissaient	avait obéi	avaient obéi

Passé Simple		Past Anterior	
obéis	obéîmes	eus obéi	eûmes obéi
obéis	obéîtes	eus obéi	eûtes obéi
obéit	obéirent	eut obéi	eurent obéi

Future		Future Perfect	
obéirai	obéirons	aurai obéi	aurons obéi
obéiras	obéirez	auras obéi	aurez obéi
obéira	obéiront	aura obéi	auront obéi

Conditional		Conditional Perfect	
obéirais	obéirions	aurais obéi	aurions obéi
obéirais	obéiriez	aurais obéi	auriez obéi
obéirait	obéiraient	aurait obéi	auraient obéi

Present Subjunctive		Past Subjunctive	
obéisse	obéissions	aie obéi	ayons obéi
obéisses	obéissiez	aies obéi	ayez obéi
obéisse	obéissent	ait obéi	aient obéi

Imperfect Subjunctive		Pluperfect Subjunctive	
obéisse	obéissions	eusse obéi	eussions obéi
obéisses	obéissiez	eusses obéi	eussiez obéi
obéît	obéissent	eût obéi	eussent obéi

Imperative/Command

obéis	obéissons	obéissez

Verb in Action

Je n'obéis pas toujours à mes parents. *(I don't always obey my parents.)*
Mon chien n'obéissait jamais. *(My dog never obeyed.)*
Ils obéirent sans se plaindre. *(They obeyed without complaining.)*

obliger
(to force, to oblige)

Present Participle: obligeant • Past Participle: obligé
-ger verb; g becomes ge before an a or an o

Present

oblige	obligeons
obliges	obligez
oblige	obligent

Passé Composé

ai obligé	avons obligé
as obligé	avez obligé
a obligé	ont obligé

Imperfect

obligeais	obligions
obligeais	obligiez
obligeait	obligeaient

Pluperfect

avais obligé	avions obligé
avais obligé	aviez obligé
avait obligé	avaient obligé

Passé Simple

obligeai	obligeâmes
obligeas	obligeâtes
obligea	obligèrent

Past Anterior

eus obligé	eûmes obligé
eus obligé	eûtes obligé
eut obligé	eurent obligé

Future

obligerai	obligerons
obligeras	obligerez
obligera	obligeront

Future Perfect

aurai obligé	aurons obligé
auras obligé	aurez obligé
aura obligé	auront obligé

Conditional

obligerais	obligerions
obligerais	obligeriez
obligerait	obligeraient

Conditional Perfect

aurais obligé	aurions obligé
aurais obligé	auriez obligé
aurait obligé	auraient obligé

Present Subjunctive

oblige	obligions
obliges	obligiez
oblige	obligent

Past Subjunctive

aie obligé	ayons obligé
aies obligé	ayez obligé
ait obligé	aient obligé

Imperfect Subjunctive

obligeasse	obligeassions
obligeasses	obligeassiez
obligeât	obligeassent

Pluperfect Subjunctive

eusse obligé	eussions obligé
eusses obligé	eussiez obligé
eût obligé	eussent obligé

Imperative/Command

oblige	obligeons	obligez

Verb in Action

Personne ne t'oblige à regarder le film avec nous. *(Nobody is forcing you to watch the movie with us.)*

C'est la fin des vacances, on est bien obligé de rentrer. *(It is the end of the vacation, we are forced to go back.)*

Je suis bien obligé d'accepter. *(I can't really refuse.)*

s'obstiner

(to persevere, to persist)

Present Participle: s'obstinant • **Past Participle:** obstiné
Regular pronominal **-er** verb

Present

m'obstine	nous obstinons
t'obstines	vous obstinez
s'obstine	s'obstinent

Passé Composé

suis obstiné(e)	nous sommes obstiné(e)s
t'es obstiné(e)	vous êtes obstiné(e)(s)
s'est obstiné/obstinée	se sont obstinés/obstinées

Imperfect

m'obstinais	nous obstinions
t'obstinais	vous obstiniez
s'obstinait	s'obstinaient

Pluperfect

m'étais obstiné(e)	nous étions obstiné(e)s
t'étais obstiné(e)	vous étiez obstiné(e)(s)
s'était obstiné/obstinée	s'étaient obstinés/obstinées

Passé Simple

m'obstinai	nous obstinâmes
t'obstinas	vous obstinâtes
s'obstina	s'obstinèrent

Past Anterior

me fus obstiné(e)	nous fûmes obstiné(e)s
te fus obstiné(e)	vous fûtes obstiné(e)(s)
se fut obstiné/obstinée	se furent obstinés/obstinées

Future

m'obstinerai	nous obstinerons
t'obstineras	vous obstinerez
s'obstinera	s'obstineront

Future Perfect

me serai obstiné(e)	nous serons obstiné(e)s
te seras obstiné(e)	vous serez obstiné(e)(s)
se sera obstiné/obstinée	se seront obstinés/obstinées

Conditional

m'obstinerais	nous obstinerions
t'obstinerais	vous obstineriez
s'obstinerait	s'obstineraient

Conditional Perfect

me serais obstiné(e)	nous serions obstiné(e)s
te serais obstiné(e)	vous seriez obstiné(e)(s)
se serait obstiné/obstinée	se seraient obstinés/obstinées

Present Subjunctive

m'obstine	nous obstinions
t'obstines	vous obstiniez
s'obstine	s'obstinent

Past Subjunctive

me sois obstiné(e)	nous soyons obstiné(e)s
te sois obstiné(e)	vous soyez obstiné(e)(s)
se soit obstiné/obstinée	se soient obstinés/obstinées

Imperfect Subjunctive

m'obstinasse	nous obstinassions
t'obstinasses	vous obstinassiez
s'obstinât	s'obstinassent

Pluperfect Subjunctive

me fusse obstiné(e)	nous fussions obstiné(e)s
te fusses obstiné(e)	vous fussiez obstiné(e)(s)
se fût obstiné/obstinée	se fussent obstinés/obstinées

Imperative/Command

obstine-toi;	obstinons-nous;	obstinez-vous;
ne t'obstine pas	ne nous obstinons pas	ne vous obstinez pas

Verb in Action

"Je veux une glace!" s'obstina Lara. *("I want an ice cream!" Lara insisted.)*
L'hiver s'obstine cette année. *(Winter is persisting this year.)*
Je m'obstinais à garder les yeux ouverts pour ne pas dormir. *(I persisted in keeping my eyes open so as not to fall asleep.)*

obtenir

(to get, to obtain)

Present Participle: obtenant • **Past Participle:** obtenu
Irregular -**ir** verb

Present		Passé Composé	
obtiens	obtenons	ai obtenu	avons obtenu
obtiens	obtenez	as obtenu	avez obtenu
obtient	obtiennent	a obtenu	ont obtenu

Imperfect		Pluperfect	
obtenais	obtenions	avais obtenu	avions obtenu
obtenais	obteniez	avais obtenu	aviez obtenu
obtenait	obtenaient	avait obtenu	avaient obtenu

Passé Simple		Past Anterior	
obtins	obtînmes	eus obtenu	eûmes obtenu
obtins	obtîntes	eus obtenu	eûtes obtenu
obtint	obtinrent	eut obtenu	eurent obtenu

Future		Future Perfect	
obtiendrai	obtiendrons	aurai obtenu	aurons obtenu
obtiendras	obtiendrez	auras obtenu	aurez obtenu
obtiendra	obtiendront	aura obtenu	auront obtenu

Conditional		Conditional Perfect	
obtiendrais	obtiendrions	aurais obtenu	aurions obtenu
obtiendrais	obtiendriez	aurais obtenu	auriez obtenu
obtiendrait	obtiendraient	aurait obtenu	auraient obtenu

Present Subjunctive		Past Subjunctive	
obtienne	obtenions	aie obtenu	ayons obtenu
obtiennes	obteniez	aies obtenu	ayez obtenu
obtienne	obtiennent	ait obtenu	aient obtenu

Imperfect Subjunctive		Pluperfect Subjunctive	
obtinsse	obtinssions	eusse obtenu	eussions obtenu
obtinsses	obtinssiez	eusses obtenu	eussiez obtenu
obtînt	obtinssent	eût obtenu	eussent obtenu

Imperative/Command

obtiens	obtenons	obtenez

Verb in Action

Nous avons obtenu de bons résultats. *(We received good results.)*
Ils ont obtenu cinquante pour cent des votes. *(They got 50% of the votes.)*
J'ai obtenu un rendez-vous avec le spécialiste. *(I got an appointment with the specialist.)*

occuper
(to occupy, to keep busy)

Present Participle: occupant • **Past Participle:** occupé
Regular **-er** verb

Present		Passé Composé	
occupe	occupons	ai occupé	avons occupé
occupes	occupez	as occupé	avez occupé
occupe	occupent	a occupé	ont occupé

Imperfect		Pluperfect	
occupais	occupions	avais occupé	avions occupé
occupais	occupiez	avais occupé	aviez occupé
occupait	occupaient	avait occupé	avaient occupé

Passé Simple		Past Anterior	
occupai	occupâmes	eus occupé	eûmes occupé
occupas	occupâtes	eus occupé	eûtes occupé
occupa	occupèrent	eut occupé	eurent occupé

Future		Future Perfect	
occuperai	occuperons	aurai occupé	aurons occupé
occuperas	occuperez	auras occupé	aurez occupé
occupera	occuperont	aura occupé	auront occupé

Conditional		Conditional Perfect	
occuperais	occuperions	aurais occupé	aurions occupé
occuperais	occuperiez	aurais occupé	auriez occupé
occuperait	occuperaient	aurait occupé	auraient occupé

Present Subjunctive		Past Subjunctive	
occupe	occupions	aie occupé	ayons occupé
occupes	occupiez	aies occupé	ayez occupé
occupe	occupent	ait occupé	aient occupé

Imperfect Subjunctive		Pluperfect Subjunctive	
occupasse	occupassions	eusse occupé	eussions occupé
occupasses	occupassiez	eusses occupé	eussiez occupé
occupât	occupassent	eût occupé	eussent occupé

Imperative/Command

occupe	occupons	occupez

Verb in Action

Les enfants ne sont pas faciles à occuper quand il pleut. *(Children aren't easy to keep busy when it rains.)*

Qui occupe l'appartement du troisième? *(Who occupies the apartment on the third floor?)*

Ils occupaient les meilleures places. *(They occupied the best seats.)*

offrir

(to give, to offer)

Present Participle: offrant • **Past Participle:** offert
Irregular **-ir** verb

Present		Passé Composé	
offre	offrons	ai offert	avons offert
offres	offrez	as offert	avez offert
offre	offrent	a offert	ont offert

Imperfect		Pluperfect	
offrais	offrions	avais offert	avions offert
offrais	offriez	avais offert	aviez offert
offrait	offraient	avait offert	avaient offert

Passé Simple		Past Anterior	
offris	offrîmes	eus offert	eûmes offert
offris	offrîtes	eus offert	eûtes offert
offrit	offrirent	eut offert	eurent offert

Future		Future Perfect	
offrirai	offrirons	aurai offert	aurons offert
offriras	offrirez	auras offert	aurez offert
offrira	offriront	aura offert	auront offert

Conditional		Conditional Perfect	
offrirais	offririons	aurais offert	aurions offert
offrirais	offririez	aurais offert	auriez offert
offrirait	offriraient	aurait offert	auraient offert

Present Subjunctive		Past Subjunctive	
offre	offrions	aie offert	ayons offert
offres	offriez	aies offert	ayez offert
offre	offrent	ait offert	aient offert

Imperfect Subjunctive		Pluperfect Subjunctive	
offrisse	offrissions	eusse offert	eussions offert
offrisses	offrissiez	eusses offert	eussiez offert
offrît	offrissent	eût offert	eussent offert

Imperative/Command		
offre	offrons	offrez

Verb in Action

Paul m'a offert du parfum pour mon anniversaire. *(Paul gave me some perfume for my birthday.)*

Je lui offrirai une voiture pour ses 21 ans. *(I'll buy her/him a car for her/his 21st birthday.)*

On lui avait offert un poste de secrétaire. *(They had offered her/him a job as a secretary.)*

oublier
(to forget)

Present Participle: oubliant • **Past Participle:** oublié
Regular **-er** verb

Present		Passé Composé	
oublie	oublions	ai oublié	avons oublié
oublies	oubliez	as oublié	avez oublié
oublie	oublient	a oublié	ont oublié

Imperfect		Pluperfect	
oubliais	oubliions	avais oublié	avions oublié
oubliais	oubliiez	avais oublié	aviez oublié
oubliait	oubliaient	avait oublié	avaient oublié

Passé Simple		Past Anterior	
oubliai	oubliâmes	eus oublié	eûmes oublié
oublias	oubliâtes	eus oublié	eûtes oublié
oublia	oublièrent	eut oublié	eurent oublié

Future		Future Perfect	
oublierai	oublierons	aurai oublié	aurons oublié
oublieras	oublierez	auras oublié	aurez oublié
oubliera	oublieront	aura oublié	auront oublié

Conditional		Conditional Perfect	
oublierais	oublierions	aurais oublié	aurions oublié
oublierais	oublieriez	aurais oublié	auriez oublié
oublierait	oublieraient	aurait oublié	auraient oublié

Present Subjunctive		Past Subjunctive	
oublie	oubliions	aie oublié	ayons oublié
oublies	oubliiez	aies oublié	ayez oublié
oublie	oublient	ait oublié	aient oublié

Imperfect Subjunctive		Pluperfect Subjunctive	
oubliasse	oubliassions	eusse oublié	eussions oublié
oubliasses	oubliassiez	eusses oublié	eussiez oublié
oubliât	oubliassent	eût oublié	eussent oublié

Imperative/Command

oublie	oublions	oubliez

Verb in Action

N'oublie pas de fermer la porte. *(Don't forget to shut the door.)*
Oublions ce qui s'est passé hier. *(Let's forget what happened yesterday.)*
Je n'oublierai jamais cet instant. *(I will never forget that moment.)*

ouvrir
(to open)

Present Participle: ouvrant • **Past Participle:** ouvert
Irregular verb

Present
ouvre	ouvrons
ouvres	ouvrez
ouvre	ouvrent

Imperfect
ouvrais	ouvrions
ouvrais	ouvriez
ouvrait	ouvraient

Passé Simple
ouvris	ouvrîmes
ouvris	ouvrîtes
ouvrit	ouvrirent

Future
ouvrirai	ouvrirons
ouvriras	ouvrirez
ouvrira	ouvriront

Conditional
ouvrirais	ouvririons
ouvrirais	ouvririez
ouvrirait	ouvriraient

Present Subjunctive
ouvre	ouvrions
ouvres	ouvriez
ouvre	ouvrent

Imperfect Subjunctive
ouvrisse	ouvrissions
ouvrisses	ouvrissiez
ouvrît	ouvrissent

Passé Composé
ai ouvert	avons ouvert
as ouvert	avez ouvert
a ouvert	ont ouvert

Pluperfect
avais ouvert	avions ouvert
avais ouvert	aviez ouvert
avait ouvert	avaient ouvert

Past Anterior
eus ouvert	eûmes ouvert
eus ouvert	eûtes ouvert
eut ouvert	eurent ouvert

Future Perfect
aurai ouvert	aurons ouvert
auras ouvert	aurez ouvert
aura ouvert	auront ouvert

Conditional Perfect
aurais ouvert	aurions ouvert
aurais ouvert	auriez ouvert
aurait ouvert	auraient ouvert

Past Subjunctive
aie ouvert	ayons ouvert
aies ouvert	ayez ouvert
ait ouvert	aient ouvert

Pluperfect Subjunctive
eusse ouvert	eussions ouvert
eusses ouvert	eussiez ouvert
eût ouvert	eussent ouvert

Imperative/Command
ouvre	ouvrons	ouvrez

Verb in Action
Est-ce que tu pourrais ouvrir la fenêtre? *(Could you open the window?)*
Elle a ouvert la porte. *(She opened the door.)*
Ouvrez vos livres à la page 10. *(Open your books to page 10.)*

paraître
(to seem)

Present Participle: paraissant • **Past Participle:** paru
Irregular verb

Present
parais	paraissons
parais	paraissez
paraît	paraissent

Passé Composé
ai paru	avons paru
as paru	avez paru
a paru	ont paru

Imperfect
paraissais	paraissions
paraissais	paraissiez
paraissait	paraissaient

Pluperfect
avais paru	avions paru
avais paru	aviez paru
avait paru	avaient paru

Passé Simple
parus	parûmes
parus	parûtes
parut	parurent

Past Anterior
eus paru	eûmes paru
eus paru	eûtes paru
eut paru	eurent paru

Future
paraîtrai	paraîtrons
paraîtras	paraîtrez
paraîtra	paraîtront

Future Perfect
aurai paru	aurons paru
auras paru	aurez paru
aura paru	auront paru

Conditional
paraîtrais	paraîtrions
paraîtrais	paraîtriez
paraîtrait	paraîtraient

Conditional Perfect
aurais paru	aurions paru
aurais paru	auriez paru
aurait paru	auraient paru

Present Subjunctive
paraisse	paraissions
paraisses	paraissiez
paraisse	paraissent

Past Subjunctive
aie paru	ayons paru
aies paru	ayez paru
ait paru	aient paru

Imperfect Subjunctive
parusse	parussions
parusses	parussiez
parût	parussent

Pluperfect Subjunctive
eusse paru	eussions paru
eusses paru	eussiez paru
eût paru	eussent paru

Imperative/Command
parais	paraissons	paraissez

Verb in Action

Il paraît qu'il fait chaud toute l'année là-bas. *(It seems that it's hot all year round over there.)*

Il m'a paru angoissé. *(He seemed stressed to me.)*

Elle paraissait fatiguée. *(She seemed tired.)*

parcourir

(to skim through, to travel)

Present Participle: parcourant • **Past Participle:** parcouru
Irregular **-ir** verb

Present
parcours	parcourons
parcours	parcourez
parcourt	parcourent

Passé Composé
ai parcouru	avons parcouru
as parcouru	avez parcouru
a parcouru	ont parcouru

Imperfect
parcourais	parcourions
parcourais	parcouriez
parcourait	parcouraient

Pluperfect
avais parcouru	avions parcouru
avais parcouru	aviez parcouru
avait parcouru	avaient parcouru

Passé Simple
parcourus	parcourûmes
parcourus	parcourûtes
parcourut	parcoururent

Past Anterior
eus parcouru	eûmes parcouru
eus parcouru	eûtes parcouru
eut parcouru	eurent parcouru

Future
parcourrai	parcourrons
parcourras	parcourrez
parcourra	parcourront

Future Perfect
aurai parcouru	aurons parcouru
auras parcouru	aurez parcouru
aura parcouru	auront parcouru

Conditional
parcourrais	parcourrions
parcourrais	parcourriez
parcourrait	parcourraient

Conditional Perfect
aurais parcouru	aurions parcouru
aurais parcouru	auriez parcouru
aurait parcouru	auraient parcouru

Present Subjunctive
parcoure	parcourions
parcoures	parcouriez
parcoure	parcourent

Past Subjunctive
aie parcouru	ayons parcouru
aies parcouru	ayez parcouru
ait parcouru	aient parcouru

Imperfect Subjunctive
parcourusse	parcourussions
parcourusses	parcourussiez
parcourût	parcourussent

Pluperfect Subjunctive
eusse parcouru	eussions parcouru
eusses parcouru	eussiez parcouru
eût parcouru	eussent parcouru

Imperative/Command
parcours	parcourons	parcourez

Verb in Action

Gavin a parcouru cinquante kilomètres à vélo. *(Gavin traveled 50 kilometers on his bike.)*

Ils vivent là, parcourant à dos de chameau ce désert brûlant. *(They live there, traveling through this burning desert on the back of a camel.)*

J'ai parcouru le journal d'aujourd'hui. *(I skimmed through today's newspaper.)*

parier
(to bet)

Present Participle: pariant • **Past Participle:** parié
Regular **-er** verb

Present		Passé Composé	
parie	parions	ai parié	avons parié
paries	pariez	as parié	avez parié
parie	parient	a parié	ont parié

Imperfect		Pluperfect	
pariais	pariions	avais parié	avions parié
pariais	pariiez	avais parié	aviez parié
pariait	pariaient	avait parié	avaient parié

Passé Simple		Past Anterior	
pariai	pariâmes	eus parié	eûmes parié
parias	pariâtes	eus parié	eûtes parié
paria	parièrent	eut parié	eurent parié

Future		Future Perfect	
parierai	parierons	aurai parié	aurons parié
parieras	parierez	auras parié	aurez parié
pariera	parieront	aura parié	auront parié

Conditional		Conditional Perfect	
parierais	parierions	aurais parié	aurions parié
parierais	parieriez	aurais parié	auriez parié
parierait	parieraient	aurait parié	auraient parié

Present Subjunctive		Past Subjunctive	
parie	pariions	aie parié	ayons parié
paries	pariiez	aies parié	ayez parié
parie	parient	ait parié	aient parié

Imperfect Subjunctive		Pluperfect Subjunctive	
pariasse	pariassions	eusse parié	eussions parié
pariasses	pariassiez	eusses parié	eussiez parié
pariât	pariassent	eût parié	eussent parié

Imperative/Command

parie	parions	pariez

Verb in Action

Combien tu paries? *(How much are you betting?)*

Tu dis que Marie viendra; moi je parie que non. *(You say Marie is going to come; I bet she won't.)*

Tu as parié sur quel cheval? *(Which horse did you bet on?)*

parler

(to speak, to talk)

Present Participle: parlant • **Past Participle:** parlé
Regular **-er** verb

Present
parle	parlons
parles	parlez
parle	parlent

Imperfect
parlais	parlions
parlais	parliez
parlait	parlaient

Passé Simple
parlai	parlâmes
parlas	parlâtes
parla	parlèrent

Future
parlerai	parlerons
parleras	parlerez
parlera	parleront

Conditional
parlerais	parlerions
parlerais	parleriez
parlerait	parleraient

Present Subjunctive
parle	parlions
parles	parliez
parle	parlent

Imperfect Subjunctive
parlasse	parlassions
parlasses	parlassiez
parlât	parlassent

Passé Composé
ai parlé	avons parlé
as parlé	avez parlé
a parlé	ont parlé

Pluperfect
avais parlé	avions parlé
avais parlé	aviez parlé
avait parlé	avaient parlé

Past Anterior
eus parlé	eûmes parlé
eus parlé	eûtes parlé
eut parlé	eurent parlé

Future Perfect
aurai parlé	aurons parlé
auras parlé	aurez parlé
aura parlé	auront parlé

Conditional Perfect
aurais parlé	aurions parlé
aurais parlé	auriez parlé
aurait parlé	auraient parlé

Past Subjunctive
aie parlé	ayons parlé
aies parlé	ayez parlé
ait parlé	aient parlé

Pluperfect Subjunctive
eusse parlé	eussions parlé
eusses parlé	eussiez parlé
eût parlé	eussent parlé

Imperative/Command
parle	parlons	parlez

Verb in Action
Vous parlez français? *(Do you speak French?)*
Il ne pouvait plus parler. *(He could no longer speak.)*
Il parle dix langues. *(He speaks ten languages.)*

partager
(to divide, to share)

Present Participle: partageant • **Past Participle:** partagé
-ger verb; **g** becomes **ge** before an **a** or an **o**

Present		Passé Composé	
partage	partageons	ai partagé	avons partagé
partages	partagez	as partagé	avez partagé
partage	partagent	a partagé	ont partagé

Imperfect		Pluperfect	
partageais	partagions	avais partagé	avions partagé
partageais	partagiez	avais partagé	aviez partagé
partageait	partageaient	avait partagé	avaient partagé

Passé Simple		Past Anterior	
partageai	partageâmes	eus partagé	eûmes partagé
partageas	partageâtes	eus partagé	eûtes partagé
partagea	partagèrent	eut partagé	eurent partagé

Future		Future Perfect	
partagerai	partagerons	aurai partagé	aurons partagé
partageras	partagerez	auras partagé	aurez partagé
partagera	partageront	aura partagé	auront partagé

Conditional		Conditional Perfect	
partagerais	partagerions	aurais partagé	aurions partagé
partagerais	partageriez	aurais partagé	auriez partagé
partagerait	partageraient	aurait partagé	auraient partagé

Present Subjunctive		Past Subjunctive	
partage	partagions	aie partagé	ayons partagé
partages	partagiez	aies partagé	ayez partagé
partage	partagent	ait partagé	aient partagé

Imperfect Subjunctive		Pluperfect Subjunctive	
partageasse	partageassions	eusse partagé	eussions partagé
partageasses	partageassiez	eusses partagé	eussiez partagé
partageât	partageassent	eût partagé	eussent partagé

Imperative/Command

partage	partageons	partagez

Verb in Action

Ils partagent un appartement. *(They share an apartment.)*
Janet a partagé le gâteau en quatre. *(Janet divided the cake into four.)*
Nous partageâmes de bons moments avec eux. *(We shared good times with them.)*

partir
(to leave, to go)

• •

Present Participle: partant • **Past Participle:** parti
Irregular **-ir** verb

• •

Present			*Passé Composé*	
pars	partons		suis parti(e)	sommes parti(e)s
pars	partez		es parti(e)	êtes parti(e)(s)
part	partent		est parti/partie	sont partis/parties

Imperfect			*Pluperfect*	
partais	partions		étais parti(e)	étions parti(e)s
partais	partiez		étais parti(e)	étiez parti(e)(s)
partait	partaient		était parti/partie	étaient partis/parties

Passé Simple			*Past Anterior*	
partis	partîmes		fus parti(e)	fûmes parti(e)s
partis	partîtes		fus parti(e)	fûtes parti(e)(s)
partit	partirent		fut parti/partie	furent partis/parties

Future			*Future Perfect*	
partirai	partirons		serai parti(e)	serons parti(e)s
partiras	partirez		seras parti(e)	serez parti(e)(s)
partira	partiront		sera parti/partie	seront partis/parties

Conditional			*Conditional Perfect*	
partirais	partirions		serais parti(e)	serions parti(e)s
partirais	partiriez		serais parti(e)	seriez parti(e)(s)
partirait	partiraient		serait parti/partie	seraient partis/parties

Present Subjunctive			*Past Subjunctive*	
parte	partions		sois parti(e)	soyons parti(e)s
partes	partiez		sois parti(e)	soyez parti(e)(s)
parte	partent		soit parti/partie	soient partis/parties

Imperfect Subjunctive			*Pluperfect Subjunctive*	
partisse	partissions		fusse parti(e)	fussions parti(e)s
partisses	partissiez		fusses parti(e)	fussiez parti(e)(s)
partît	partissent		fût parti/partie	fussent partis/parties

Imperative/Command

pars	partons	partez

• •

Verb in Action

On part en vacances le 15 août. *(We're going on vacation on August 15.)*
Elle est partie tôt ce matin. *(She left early this morning.)*
Il faut qu'on parte de bonne heure. *(We have to leave early.)*

parvenir
(to manage, to get to, to reach)

Present Participle: parvenant • **Past Participle:** parvenu
Irregular **-ir** verb

Present		*Passé Composé*	
parviens	parvenons	suis parvenu(e)	sommes parvenu(e)s
parviens	parvenez	es parvenu(e)	êtes parvenu(e)(s)
parvient	parviennent	est parvenu/parvenue	sont parvenus/parvenues

Imperfect		*Pluperfect*	
parvenais	parvenions	étais parvenu(e)	étions parvenu(e)s
parvenais	parveniez	étais parvenu(e)	étiez parvenu(e)(s)
parvenait	parvenaient	était parvenu/parvenue	étaient parvenus/parvenues

Passé Simple		*Past Anterior*	
parvins	parvînmes	fus parvenu(e)	fûmes parvenu(e)s
parvins	parvîntes	fus parvenu(e)	fûtes parvenu(e)(s)
parvint	parvinrent	fut parvenu/parvenue	furent parvenus/parvenues

Future		*Future Perfect*	
parviendrai	parviendrons	serai parvenu(e)	serons parvenu(e)s
parviendras	parviendrez	seras parvenu(e)	serez parvenu(e)(s)
parviendra	parviendront	sera parvenu/ parvenue	seront parvenus/parvenues

Conditional		*Conditional Perfect*	
parviendrais	parviendrions	serais parvenu(e)	serions parvenu(e)s
parviendrais	parviendriez	serais parvenu(e)	seriez parvenu(e)(s)
parviendrait	parviendraient	serait parvenu/ parvenue	seraient parvenus/parvenues

Present Subjunctive		*Past Subjunctive*	
parvienne	parvenions	sois parvenu(e)	soyons parvenu(e)s
parviennes	parveniez	sois parvenu(e)	soyez parvenu(e)(s)
parvienne	parviennent	soit parvenu/parvenue	soient parvenus/parvenues

Imperfect Subjunctive		*Pluperfect Subjunctive*	
parvinsse	parvinssions	fusse parvenu(e)	fussions parvenu(e)s
parvinsses	parvinssiez	fusses parvenu(e)	fussiez parvenu(e)(s)
parvînt	parvinssent	fût parvenu/parvenue	fussent parvenus/parvenues

Imperative/Command		
parviens	parvenons	parvenez

Verb in Action

Elle est finalement parvenue à ouvrir la porte. *(She finally managed to open the door.)*
Il parviendra bien à passer son permis un jour. *(He'll manage to pass his driving test one day I'm sure.)*
Ils sont parvenus à trouver une solution. *(They managed to find a solution.)*

passer

(to pass, to spend (time), to take a test)

Present Participle: passant • **Past Participle:** passé
Regular **-er** verb

Present
passe	passons
passes	passez
passe	passent

Imperfect
passais	passions
passais	passiez
passait	passaient

Passé Simple
passai	passâmes
passas	passâtes
passa	passèrent

Future
passerai	passerons
passeras	passerez
passera	passeront

Conditional
passerais	passerions
passerais	passeriez
passerait	passeraient

Present Subjunctive
passe	passions
passes	passiez
passe	passent

Imperfect Subjunctive
passasse	passassions
passasses	passassiez
passât	passassent

Passé Composé
suis passé(e)	sommes passé(e)s
es passé(e)	êtes passé(e)(s)
est passé/passée	sont passés/passées

Pluperfect
étais passé(e)	étions passé(e)s
étais passé(e)	étiez passé(e)(s)
était passé/passée	étaient passés/passées

Past Anterior
fus passé(e)	fûmes passé(e)s
fus passé(e)	fûtes passé(e)(s)
fut passé/passée	furent passés/passées

Future Perfect
serai passé(e)	serons passé(e)s
seras passé(e)	serez passé(e)(s)
sera passé/passée	seront passés/passées

Conditional Perfect
serais passé(e)	serions passé(e)s
serais passé(e)	seriez passé(e)(s)
serait passé/passée	seraient passés/passées

Past Subjunctive
sois passé(e)	soyons passé(e)s
sois passé(e)	soyez passé(e)(s)
soit passé/passée	soient passés/passées

Pluperfect Subjunctive
fusse passé(e)	fussions passé(e)s
fusses passé(e)	fussiez passé(e)(s)
fût passé/passée	fussent passés/passées

Imperative/Command
passe	passons	passez

Verb in Action

Je vais passer les vacances chez mes amis. *(I'm going to spend the vacation at my friends' house.)*

Il a passé son examen en juin. *(He took his exam in June.)*

Elle est passée me dire bonjour. *(She came by to say hello.)*

Note: When this verb has a direct object, it takes the auxiliary **avoir** *(to have).*

payer
(to pay (for))

Present Participle: payant • **Past Participle:** payé
-yer verb; **y** can become **i** before **e, es, ent**

Present		Passé Composé	
paie/paye	payons	ai payé	avons payé
paies/payes	payez	as payé	avez payé
paie/paye	paient/payent	a payé	ont payé

Imperfect		Pluperfect	
payais	payions	avais payé	avions payé
payais	payiez	avais payé	aviez payé
payait	payaient	avait payé	avaient payé

Passé Simple		Past Anterior	
payai	payâmes	eus payé	eûmes payé
payas	payâtes	eus payé	eûtes payé
paya	payèrent	eut payé	eurent payé

Future		Future Perfect	
paierai/payerai	paierons/payerons	aurai payé	aurons payé
paieras/payeras	paierez/payerez	auras payé	aurez payé
paiera/payera	paieront/payeront	aura payé	auront payé

Conditional		Conditional Perfect	
paierais/payerais	paierions/payerions	aurais payé	aurions payé
paierais/payerais	paieriez/payeriez	aurais payé	auriez payé
paierait/payerait	paieraient/payeraient	aurait payé	auraient payé

Present Subjunctive		Past Subjunctive	
paie/paye	payions	aie payé	ayons payé
paies/payes	payiez	aies payé	ayez payé
paie/paye	paient/payent	ait payé	aient payé

Imperfect Subjunctive		Pluperfect Subjunctive	
payasse	payassions	eusse payé	eussions payé
payasses	payassiez	eusses payé	eussiez payé
payât	payassent	eût payé	eussent payé

Imperative/Command

paie/paye	payons	payez

Verb in Action

Les étudiants paient/payent moitié prix. *(Students pay half price.)*
Il ne payait jamais son loyer. *(He never paid his rent.)*
Je vous paierai/payerai demain. *(I'll pay you tomorrow.)*

peindre
(to paint)

Present Participle: peignant • **Past Participle:** peint
Irregular verb

Present

peins	peignons
peins	peignez
peint	peignent

Passé Composé

ai peint	avons peint
as peint	avez peint
a peint	ont peint

Imperfect

peignais	peignions
peignais	peigniez
peignait	peignaient

Pluperfect

avais peint	avions peint
avais peint	aviez peint
avait peint	avaient peint

Passé Simple

peignis	peignîmes
peignis	peignîtes
peignit	peignirent

Past Anterior

eus peint	eûmes peint
eus peint	eûtes peint
eut peint	eurent peint

Future

peindrai	peindrons
peindras	peindrez
peindra	peindront

Future Perfect

aurai peint	aurons peint
auras peint	aurez peint
aura peint	auront peint

Conditional

peindrais	peindrions
peindrais	peindriez
peindrait	peindraient

Conditional Perfect

aurais peint	aurions peint
aurais peint	auriez peint
aurait peint	auraient peint

Present Subjunctive

peigne	peignions
peignes	peigniez
peigne	peignent

Past Subjunctive

aie peint	ayons peint
aies peint	ayez peint
ait peint	aient peint

Imperfect Subjunctive

peignisse	peignissions
peignisses	peignissiez
peignît	peignissent

Pluperfect Subjunctive

eusse peint	eussions peint
eusses peint	eussiez peint
eût peint	eussent peint

Imperative/Command

peins	peignons	peignez

Verb in Action

On a peint le couloir en bleu clair. *(We painted the hall light blue.)*
Il peignait toujours des paysages. *(He always painted landscapes.)*
Je peindrai le plafond demain. *(I'll paint the ceiling tomorrow.)*

percer
(to pierce)

Present Participle: perçant • Past Participle: percé
-cer verb; c becomes ç before an a or an o

Present		Passé Composé	
perce	perçons	ai percé	avons percé
perces	percez	as percé	avez percé
perce	percent	a percé	ont percé

Imperfect		Pluperfect	
perçais	percions	avais percé	avions percé
perçais	perciez	avais percé	aviez percé
perçait	perçaient	avait percé	avaient percé

Passé Simple		Past Anterior	
perçai	perçâmes	eus percé	eûmes percé
perças	perçâtes	eus percé	eûtes percé
perça	percèrent	eut percé	eurent percé

Future		Future Perfect	
percerai	percerons	aurai percé	aurons percé
perceras	percerez	auras percé	aurez percé
percera	perceront	aura percé	auront percé

Conditional		Conditional Perfect	
percerais	percerions	aurais percé	aurions percé
percerais	perceriez	aurais percé	auriez percé
percerait	perceraient	aurait percé	auraient percé

Present Subjunctive		Past Subjunctive	
perce	percions	aie percé	ayons percé
perces	perciez	aies percé	ayez percé
perce	percent	ait percé	aient percé

Imperfect Subjunctive		Pluperfect Subjunctive	
perçasse	perçassions	eusse percé	eussions percé
perçasses	perçassiez	eusses percé	eussiez percé
perçât	perçassent	eût percé	eussent percé

Imperative/Command

perce	perçons	percez

Verb in Action

Le soleil perçait à travers les arbres. *(The sun broke through the trees.)*
Christèle s'est fait percer les oreilles. *(Christèle has had her ears pierced.)*
Ils sont loin d'avoir réussi à percer le mystère. *(They are far from having succeeded in solving the mystery.)*

perdre
(to lose)

Present Participle: perdant • **Past Participle:** perdu
Regular **-re** verb

Present		Passé Composé	
perds	perdons	ai perdu	avons perdu
perds	perdez	as perdu	avez perdu
perd	perdent	a perdu	ont perdu

Imperfect		Pluperfect	
perdais	perdions	avais perdu	avions perdu
perdais	perdiez	avais perdu	aviez perdu
perdait	perdaient	avait perdu	avaient perdu

Passé Simple		Past Anterior	
perdis	perdîmes	eus perdu	eûmes perdu
perdis	perdîtes	eus perdu	eûtes perdu
perdit	perdirent	eut perdu	eurent perdu

Future		Future Perfect	
perdrai	perdrons	aurai perdu	aurons perdu
perdras	perdrez	auras perdu	aurez perdu
perdra	perdront	aura perdu	auront perdu

Conditional		Conditional Perfect	
perdrais	perdrions	aurais perdu	aurions perdu
perdrais	perdriez	aurais perdu	auriez perdu
perdrait	perdraient	aurait perdu	auraient perdu

Present Subjunctive		Past Subjunctive	
perde	perdions	aie perdu	ayons perdu
perdes	perdiez	aies perdu	ayez perdu
perde	perdent	ait perdu	aient perdu

Imperfect Subjunctive		Pluperfect Subjunctive	
perdisse	perdissions	eusse perdu	eussions perdu
perdisses	perdissiez	eusses perdu	eussiez perdu
perdît	perdissent	eût perdu	eussent perdu

Imperative/Command

perds	perdons	perdez

Verb in Action

L'Italie a perdu un à zéro. *(Italy lost one to nothing.)*
Il perdait toujours ses affaires. *(He was always losing his things.)*
Elle avait perdu la mémoire depuis son accident. *(She had lost her memory since her accident.)*

permettre
(to allow)

Present Participle: permettant • **Past Participle:** permis
Irregular **-re** verb

Present		Passé Composé	
permets	permettons	ai permis	avons permis
permets	permettez	as permis	avez permis
permet	permettent	a permis	ont permis

Imperfect		Pluperfect	
permettais	permettions	avais permis	avions permis
permettais	permettiez	avais permis	aviez permis
permettait	permettaient	avait permis	avaient permis

Passé Simple		Past Anterior	
permis	permîmes	eus permis	eûmes permis
permis	permîtes	eus permis	eûtes permis
permit	permirent	eut permis	eurent permis

Future		Future Perfect	
permettrai	permettrons	aurai permis	aurons permis
permettras	permettrez	auras permis	aurez permis
permettra	permettront	aura permis	auront permis

Conditional		Conditional Perfect	
permettrais	permettrions	aurais permis	aurions permis
permettrais	permettriez	aurais permis	auriez permis
permettrait	permettraient	aurait permis	auraient permis

Present Subjunctive		Past Subjunctive	
permette	permettions	aie permis	ayons permis
permettes	permettiez	aies permis	ayez permis
permette	permettent	ait permis	aient permis

Imperfect Subjunctive		Pluperfect Subjunctive	
permisse	permissions	eusse permis	eussions permis
permisses	permissiez	eusses permis	eussiez permis
permît	permissent	eût permis	eussent permis

Imperative/Command

permets	permettons	permettez

Verb in Action

Sa mère lui permet de sortir le soir. *(His/her mother allows him/her to go out at night.)*

Permettez-moi de vous contredire sur ce point. *(Allow me to contradict you on this point.)*

Permettez-moi de vous présenter: Karim, voici Léon. *(Allow me to introduce you: Karim, this is Léon.)*

peser
(to weigh)

Present Participle: pesant • **Past Participle:** pesé
e[consonant]-er verb; **e** becomes **è** before consonant + **e, es, ent**

Present		*Passé Composé*	
pèse	pesons	ai pesé	avons pesé
pèses	pesez	as pesé	avez pesé
pèse	pèsent	a pesé	ont pesé

Imperfect		*Pluperfect*	
pesais	pesions	avais pesé	avions pesé
pesais	pesiez	avais pesé	aviez pesé
pesait	pesaient	avait pesé	avaient pesé

Passé Simple		*Past Anterior*	
pesai	pesâmes	eus pesé	eûmes pesé
pesas	pesâtes	eus pesé	eûtes pesé
pesa	pesèrent	eut pesé	eurent pesé

Future		*Future Perfect*	
pèserai	pèserons	aurai pesé	aurons pesé
pèseras	pèserez	auras pesé	aurez pesé
pèsera	pèseront	aura pesé	auront pesé

Conditional		*Conditional Perfect*	
pèserais	pèserions	aurais pesé	aurions pesé
pèserais	pèseriez	aurais pesé	auriez pesé
pèserait	pèseraient	aurait pesé	auraient pesé

Present Subjunctive		*Past Subjunctive*	
pèse	pesions	aie pesé	ayons pesé
pèses	pesiez	aies pesé	ayez pesé
pèse	pèsent	ait pesé	aient pesé

Imperfect Subjunctive		*Pluperfect Subjunctive*	
pesasse	pesassions	eusse pesé	eussions pesé
pesasses	pesassiez	eusses pesé	eussiez pesé
pesât	pesassent	eût pesé	eussent pesé

Imperative/Command

pèse	pesons	pesez

Verb in Action

Elle pèse 70 kilos. *(She weighs 70 kilos.)*
Il pèse plus de cent milliards d'euros. *(He's worth more than a hundred billion euros.)*
Combien est-ce que tu pèses? *(How much do you weigh?)*

photographier
(to photograph)

Present Participle: photographiant • **Past Participle:** photographié
Regular **-er** verb

Present
photographie
photographies
photographie

photographions
photographiez
photographient

Passé Composé
ai photographié
as photographié
a photographié

avons photographié
avez photographié
ont photographié

Imperfect
photographiais
photographiais
photographiait

photographiions
photographiiez
photographiaient

Pluperfect
avais photographié
avais photographié
avait photographié

avions photographié
aviez photographié
avaient photographié

Passé Simple
photographiai
photographias
photographia

photographiâmes
photographiâtes
photographièrent

Past Anterior
eus photographié
eus photographié
eut photographié

eûmes photographié
eûtes photographié
eurent photographié

Future
photographierai
photographieras
photographiera

photographierons
photographierez
photographieront

Future Perfect
aurai photographié
auras photographié
aura photographié

aurons photographié
aurez photographié
auront photographié

Conditional
photographierais
photographierais
photographierait

photographierions
photographieriez
photographieraient

Conditional Perfect
aurais photographié
aurais photographié
aurait photographié

aurions photographié
auriez photographié
auraient photographié

Present Subjunctive
photographie
photographies
photographie

photographiions
photographiiez
photographient

Past Subjunctive
aie photographié
aies photographié
ait photographié

ayons photographié
ayez photographié
aient photographié

Imperfect Subjunctive
photographiasse
photographiasses
photographiât

photographiassions
photographiassiez
photographiassent

Pluperfect Subjunctive
eusse photographié
eusses photographié
eût photographié

eussions photographié
eussiez photographié
eussent photographié

Imperative/Command
photographie   photographions   photographiez

Verb in Action

Je n'aime pas qu'on me photographie. *(I do not like having my photograph taken.)*
Est-ce qu'on a le droit de photographier ce tableau? *(Are we allowed to take photos of this painting?)*
Il s'est rendu célèbre en photographiant des top modèles. *(He got famous photographing top models.)*

piquer

(to bite, to steal, to sting)

Present Participle: piquant • **Past Participle:** piqué
Regular **-er** verb

Present
pique	piquons
piques	piquez
pique	piquent

Imperfect
piquais	piquions
piquais	piquiez
piquait	piquaient

Passé Simple
piquai	piquâmes
piquas	piquâtes
piqua	piquèrent

Future
piquerai	piquerons
piqueras	piquerez
piquera	piqueront

Conditional
piquerais	piquerions
piquerais	piqueriez
piquerait	piqueraient

Present Subjunctive
pique	piquions
piques	piquiez
pique	piquent

Imperfect Subjunctive
piquasse	piquassions
piquasses	piquassiez
piquât	piquassent

Passé Composé
ai piqué	avons piqué
as piqué	avez piqué
a piqué	ont piqué

Pluperfect
avais piqué	avions piqué
avais piqué	aviez piqué
avait piqué	avaient piqué

Past Anterior
eus piqué	eûmes piqué
eus piqué	eûtes piqué
eut piqué	eurent piqué

Future Perfect
aurai piqué	aurons piqué
auras piqué	aurez piqué
aura piqué	auront piqué

Conditional Perfect
aurais piqué	aurions piqué
aurais piqué	auriez piqué
aurait piqué	auraient piqué

Past Subjunctive
aie piqué	ayons piqué
aies piqué	ayez piqué
ait piqué	aient piqué

Pluperfect Subjunctive
eusse piqué	eussions piqué
eusses piqué	eussiez piqué
eût piqué	eussent piqué

Imperative/Command
pique	piquons	piquez

Verb in Action

Nous avons été piqués par les moustiques. *(We were bitten by mosquitoes.)*
Cette sauce me pique la langue. *(This sauce is burning my tongue.)*
Il s'est piqué avec une aiguille. *(He pricked himself with a needle.)*

placer
(to place, to seat)

Present Participle: plaçant • **Past Participle:** placé
-cer verb; **c** becomes **ç** before an **a** or an **o**

Present
place	plaçons
places	placez
place	placent

Imperfect
plaçais	placions
plaçais	placiez
plaçait	plaçaient

Passé Simple
plaçai	plaçâmes
plaças	plaçâtes
plaça	placèrent

Future
placerai	placerons
placeras	placerez
placera	placeront

Conditional
placerais	placerions
placerais	placeriez
placerait	placeraient

Present Subjunctive
place	placions
places	placiez
place	placent

Imperfect Subjunctive
plaçasse	plaçassions
plaçasses	plaçassiez
plaçât	plaçassent

Passé Composé
ai placé	avons placé
as placé	avez placé
a placé	ont placé

Pluperfect
avais placé	avions placé
avais placé	aviez placé
avait placé	avaient placé

Past Anterior
eus placé	eûmes placé
eus placé	eûtes placé
eut placé	eurent placé

Future Perfect
aurai placé	aurons placé
auras placé	aurez placé
aura placé	auront placé

Conditional Perfect
aurais placé	aurions placé
aurais placé	auriez placé
aurait placé	auraient placé

Past Subjunctive
aie placé	ayons placé
aies placé	ayez placé
ait placé	aient placé

Pluperfect Subjunctive
eusse placé	eussions placé
eusses placé	eussiez placé
eût placé	eussent placé

Imperative/Command
place	plaçons	placez

Verb in Action
Je t'ai placé à côté de ta grand-mère à table. *(I have placed you next to your grandmother at the table.)*
Nous avons placé 20 jeunes en apprentissage ce mois-ci. *(We have placed 20 young people in apprenticeships this month.)*

plaindre/se plaindre*

(to feel sorry for, to pity)/(to complain)

Present Participle: plaignant • **Past Participle:** plaint
Irregular **-re** verb

Present
plains	plaignons
plains	plaignez
plaint	plaignent

Passé Composé
ai plaint	avons plaint
as plaint	avez plaint
a plaint	ont plaint

Imperfect
plaignais	plaignions
plaignais	plaigniez
plaignait	plaignaient

Pluperfect
avais plaint	avions plaint
avais plaint	aviez plaint
avait plaint	avaient plaint

Passé Simple
plaignis	plaignîmes
plaignis	plaignîtes
plaignit	plaignirent

Past Anterior
eus plaint	eûmes plaint
eus plaint	eûtes plaint
eut plaint	eurent plaint

Future
plaindrai	plaindrons
plaindras	plaindrez
plaindra	plaindront

Future Perfect
aurai plaint	aurons plaint
auras plaint	aurez plaint
aura plaint	auront plaint

Conditional
plaindrais	plaindrions
plaindrais	plaindriez
plaindrait	plaindraient

Conditional Perfect
aurais plaint	aurions plaint
aurais plaint	auriez plaint
aurait plaint	auraient plaint

Present Subjunctive
plaigne	plaignions
plaignes	plaigniez
plaigne	plaignent

Past Subjunctive
aie plaint	ayons plaint
aies plaint	ayez plaint
ait plaint	aient plaint

Imperfect Subjunctive
plaignisse	plaignissions
plaignisses	plaignissiez
plaignît	plaignissent

Pluperfect Subjunctive
eusse plaint	eussions plaint
eusses plaint	eussiez plaint
eût plaint	eussent plaint

Imperative/Command
plains	plaignons	plaignez

Verb in Action
Je te plains. *(I feel sorry for you.)*
Elle s'est plainte du bruit. *(She complained about the noise.)*
C'est inadmissible! On se plaindra! *(This is unacceptable! We need to complain!)*

* **Note:** This pronominal verb is conjugated like **plaindre**, but with the addition of the pronominal pronouns and the auxiliary **être** *(to be)* for all the compound tenses.

plaire
(to be pleasing, to like)

Present Participle: plaisant • **Past Participle:** plu
Irregular **-re** verb

Present		*Passé Composé*	
plais	plaisons	ai plu	avons plu
plais	plaisez	as plu	avez plu
plaît	plaisent	a plu	ont plu

Imperfect		*Pluperfect*	
plaisais	plaisions	avais plu	avions plu
plaisais	plaisiez	avais plu	aviez plu
plaisait	plaisaient	avait plu	avaient plu

Passé Simple		*Past Anterior*	
plus	plûmes	eus plu	eûmes plu
plus	plûtes	eus plu	eûtes plu
plut	plurent	eut plu	eurent plu

Future		*Future Perfect*	
plairai	plairons	aurai plu	aurons plu
plairas	plairez	auras plu	aurez plu
plaira	plairont	aura plu	auront plu

Conditional		*Conditional Perfect*	
plairais	plairions	aurais plu	aurions plu
plairais	plairiez	aurais plu	auriez plu
plairait	plairaient	aurait plu	auraient plu

Present Subjunctive		*Past Subjunctive*	
plaise	plaisions	aie plu	ayons plu
plaises	plaisiez	aies plu	ayez plu
plaise	plaisent	ait plu	aient plu

Imperfect Subjunctive		*Pluperfect Subjunctive*	
plusse	plussions	eusse plu	eussions plu
plusses	plussiez	eusses plu	eussiez plu
plût	plussent	eût plu	eussent plu

Imperative/Command		
plais	plaisons	plaisez

Verb in Action

Le menu ne me plaît pas. *(I don't like the menu.)*
S'il te/vous plaît. *(please)*
Ça t'a plu, le film? *(Did you like the movie?)*

plaisanter
(to joke)

Present Participle: plaisantant • **Past Participle:** plaisanté
Regular -**er** verb

Present

plaisante	plaisantons
plaisantes	plaisantez
plaisante	plaisantent

Passé Composé

ai plaisanté	avons plaisanté
as plaisanté	avez plaisanté
a plaisanté	ont plaisanté

Imperfect

plaisantais	plaisantions
plaisantais	plaisantiez
plaisantait	plaisantaient

Pluperfect

avais plaisanté	avions plaisanté
avais plaisanté	aviez plaisanté
avait plaisanté	avaient plaisanté

Passé Simple

plaisantai	plaisantâmes
plaisantas	plaisantâtes
plaisanta	plaisantèrent

Past Anterior

eus plaisanté	eûmes plaisanté
eus plaisanté	eûtes plaisanté
eut plaisanté	eurent plaisanté

Future

plaisanterai	plaisanterons
plaisanteras	plaisanterez
plaisantera	plaisanteront

Future Perfect

aurai plaisanté	aurons plaisanté
auras plaisanté	aurez plaisanté
aura plaisanté	auront plaisanté

Conditional

plaisanterais	plaisanterions
plaisanterais	plaisanteriez
plaisanterait	plaisanteraient

Conditional Perfect

aurais plaisanté	aurions plaisanté
aurais plaisanté	auriez plaisanté
aurait plaisanté	auraient plaisanté

Present Subjunctive

plaisante	plaisantions
plaisantes	plaisantiez
plaisante	plaisantent

Past Subjunctive

aie plaisanté	ayons plaisanté
aies plaisanté	ayez plaisanté
ait plaisanté	aient plaisanté

Imperfect Subjunctive

plaisantasse	plaisantassions
plaisantasses	plaisantassiez
plaisantât	plaisantassent

Pluperfect Subjunctive

eusse plaisanté	eussions plaisanté
eusses plaisanté	eussiez plaisanté
eût plaisanté	eussent plaisanté

Imperative/Command

plaisante	plaisantons	plaisantez

Verb in Action

Tu plaisantes! *(You're joking!)*
Je ne suis vraiment pas d'humeur à plaisanter! *(I'm really not in the mood to joke!)*
Tu crois que le prof plaisantait? *(Do you think the teacher was joking?)*

pleurer
(to cry)

Present Participle: pleurant • Past Participle: pleuré
Regular -er verb

Present
pleure	pleurons
pleures	pleurez
pleure	pleurent

Passé Composé
ai pleuré	avons pleuré
as pleuré	avez pleuré
a pleuré	ont pleuré

Imperfect
pleurais	pleurions
pleurais	pleuriez
pleurait	pleuraient

Pluperfect
avais pleuré	avions pleuré
avais pleuré	aviez pleuré
avait pleuré	avaient pleuré

Passé Simple
pleurai	pleurâmes
pleuras	pleurâtes
pleura	pleurèrent

Past Anterior
eus pleuré	eûmes pleuré
eus pleuré	eûtes pleuré
eut pleuré	eurent pleuré

Future
pleurerai	pleurerons
pleureras	pleurerez
pleurera	pleureront

Future Perfect
aurai pleuré	aurons pleuré
auras pleuré	aurez pleuré
aura pleuré	auront pleuré

Conditional
pleurerais	pleurerions
pleurerais	pleureriez
pleurerait	pleureraient

Conditional Perfect
aurais pleuré	aurions pleuré
aurais pleuré	auriez pleuré
aurait pleuré	auraient pleuré

Present Subjunctive
pleure	pleurions
pleures	pleuriez
pleure	pleurent

Past Subjunctive
aie pleuré	ayons pleuré
aies pleuré	ayez pleuré
ait pleuré	aient pleuré

Imperfect Subjunctive
pleurasse	pleurassions
pleurasses	pleurassiez
pleurât	pleurassent

Pluperfect Subjunctive
eusse pleuré	eussions pleuré
eusses pleuré	eussiez pleuré
eût pleuré	eussent pleuré

Imperative/Command
pleure	pleurons	pleurez

Verb in Action
Ne pleure pas, on va le retrouver, ton chien. *(Don't cry, we'll find your dog.)*
Pourquoi est-ce que tu pleures? *(Why are you crying?)*
On en pleurait de rire tellement c'était drôle! *(We were crying with laughter, it was so funny!)*

pleuvoir
(to rain)

Present Participle: pleuvant • **Past Participle:** plu
Irregular verb

Present
not used	not used
not used	not used
il pleut	not used

Passé Composé
not used	not used
not used	not used
il a plu	not used

Imperfect
not used	not used
not used	not used
il pleuvait	not used

Pluperfect
not used	not used
not used	not used
il avait plu	not used

Passé Simple
not used	not used
not used	not used
il plut	not used

Past Anterior
not used	not used
not used	not used
il eut plu	not used

Future
not used	not used
not used	not used
il pleuvra	not used

Future Perfect
not used	not used
not used	not used
il aura plu	not used

Conditional
not used	not used
not used	not used
il pleuvrait	not used

Conditional Perfect
not used	not used
not used	not used
il aurait plu	not used

Present Subjunctive
not used	not used
not used	not used
il pleuve	not used

Past Subjunctive
not used	not used
not used	not used
il ait plu	not used

Imperfect Subjunctive
not used	not used
not used	not used
il plût	not used

Pluperfect Subjunctive
not used	not used
not used	not used
il eût plu	not used

Imperative/Command
not used

Verb in Action

Il a plu toute la journée. *(It rained all day long.)*
J'ai peur qu'il pleuve cet après-midi. *(I'm afraid it might rain this afternoon.)*
J'espère qu'il ne pleuvra pas demain. *(I hope it won't rain tomorrow.)*

plier
(to fold, to bend)

Regular -er verb Present

plie	plions
plies	pliez
plie	plient

Passé Composé

ai plié	avons plié
as plié	avez plié
a plié	ont plié

Imperfect

pliais	pliions
pliais	pliiez
pliait	pliaient

Pluperfect

avais plié	avions plié
avais plié	aviez plié
avait plié	avaient plié

Passé Simple

pliai	pliâmes
plias	pliâtes
plia	plièrent

Past Anterior

eus plié	eûmes plié
eus plié	eûtes plié
eut plié	eurent plié

Future

plierai	plierons
plieras	plierez
pliera	plieront

Future Perfect

aurai plié	aurons plié
auras plié	aurez plié
aura plié	auront plié

Conditional

plierais	plierions
plierais	plieriez
plierait	plieraient

Conditional Perfect

aurais plié	aurions plié
aurais plié	auriez plié
aurait plié	auraient plié

Present Subjunctive

plie	pliions
plies	pliiez
plie	plient

Past Subjunctive

aie plié	ayons plié
aies plié	ayez plié
ait plié	aient plié

Imperfect Subjunctive

pliasse	pliassions
pliasses	pliassiez
pliât	pliassent

Pluperfect Subjunctive

eusse plié	eussions plié
eusses plié	eussiez plié
eût plié	eussent plié

Imperative/Command

plie	plions	pliez

Verb in Action

Elle a plié sa serviette. *(She folded her towel.)*
Tu arrives à plier le bras? *(Can you bend your arm?)*
On a plié la table de camping et on est parti rapidement. *(We folded the camping table and left quickly.)*

porter
(to carry, to wear)

Present Participle: portant • **Past Participle:** porté
Regular **-er** verb

Present
porte	portons
portes	portez
porte	portent

Imperfect
portais	portions
portais	portiez
portait	portaient

Passé Simple
portai	portâmes
portas	portâtes
porta	portèrent

Future
porterai	porterons
porteras	porterez
portera	porteront

Conditional
porterais	porterions
porterais	porteriez
porterait	porteraient

Present Subjunctive
porte	portions
portes	portiez
porte	portent

Imperfect Subjunctive
portasse	portassions
portasses	portassiez
portât	portassent

Passé Composé
ai porté	avons porté
as porté	avez porté
a porté	ont porté

Pluperfect
avais porté	avions porté
avais porté	aviez porté
avait porté	avaient porté

Past Anterior
eus porté	eûmes porté
eus porté	eûtes porté
eut porté	eurent porté

Future Perfect
aurai porté	aurons porté
auras porté	aurez porté
aura porté	auront porté

Conditional Perfect
aurais porté	aurions porté
aurais porté	auriez porté
aurait porté	auraient porté

Past Subjunctive
aie porté	ayons porté
aies porté	ayez porté
ait porté	aient porté

Pluperfect Subjunctive
eusse porté	eussions porté
eusses porté	eussiez porté
eût porté	eussent porté

Imperative/Command
porte	portons	portez

Verb in Action
Il portait une valise. *(He was carrying a suitcase.)*
Elle porte une robe bleue. *(She's wearing a blue dress.)*
Elle portait le nom de Rosalie. *(She went by the name of Rosalie.)*

poser
(to put down, to lay, to place, to pose)

Present Participle: posant • **Past Participle:** posé
Regular **-er** verb

Present		*Passé Composé*	
pose	posons	ai posé	avons posé
poses	posez	as posé	avez posé
pose	posent	a posé	ont posé

Imperfect		*Pluperfect*	
posais	posions	avais posé	avions posé
posais	posiez	avais posé	aviez posé
posait	posaient	avait posé	avaient posé

Passé Simple		*Past Anterior*	
posai	posâmes	eus posé	eûmes posé
posas	posâtes	eus posé	eûtes posé
posa	posèrent	eut posé	eurent posé

Future		*Future Perfect*	
poserai	poserons	aurai posé	aurons posé
poseras	poserez	auras posé	aurez posé
posera	poseront	aura posé	auront posé

Conditional		*Conditional Perfect*	
poserais	poserions	aurais posé	aurions posé
poserais	poseriez	aurais posé	auriez posé
poserait	poseraient	aurait posé	auraient posé

Present Subjunctive		*Past Subjunctive*	
pose	posions	aie posé	ayons posé
poses	posiez	aies posé	ayez posé
pose	posent	ait posé	aient posé

Imperfect Subjunctive		*Pluperfect Subjunctive*	
posasse	posassions	eusse posé	eussions posé
posasses	posassiez	eusses posé	eussiez posé
posât	posassent	eût posé	eussent posé

Imperative/Command		
pose	posons	posez

Verb in Action
J'ai posé la cafetière sur la table. *(I put the coffeepot down on the table.)*
Cela pose un problème. *(That poses a problem.)*
Pose ta valise; elle doit être lourde. *(Put down your suitcase; it must be heavy.)*

posséder
(to own)

Present Participle: possédant • Past Participle: possédé
é[consonant]-er verb; é becomes è before consonant + e, es, ent

Present		Passé Composé	
possède	possédons	ai possédé	avons possédé
possèdes	possédez	as possédé	avez possédé
possède	possèdent	a possédé	ont possédé

Imperfect		Pluperfect	
possédais	possédions	avais possédé	avions possédé
possédais	possédiez	avais possédé	aviez possédé
possédait	possédaient	avait possédé	avaient possédé

Passé Simple		Past Anterior	
possédai	possédâmes	eus possédé	eûmes possédé
possédas	possédâtes	eus possédé	eûtes possédé
posséda	possédèrent	eut possédé	eurent possédé

Future		Future Perfect	
posséderai	posséderons	aurai possédé	aurons possédé
posséderas	posséderez	auras possédé	aurez possédé
possédera	posséderont	aura possédé	auront possédé

Conditional		Conditional Perfect	
posséderais	posséderions	aurais possédé	aurions possédé
posséderais	posséderiez	aurais possédé	auriez possédé
posséderait	posséderaient	aurait possédé	auraient possédé

Present Subjunctive		Past Subjunctive	
possède	possédions	aie possédé	ayons possédé
possèdes	possédiez	aies possédé	ayez possédé
possède	possèdent	ait possédé	aient possédé

Imperfect Subjunctive		Pluperfect Subjunctive	
possédasse	possédassions	eusse possédé	eussions possédé
possédasses	possédassiez	eusses possédé	eussiez possédé
possédât	possédassent	eût possédé	eussent possédé

Imperative/Command

possède	possédons	possédez

Verb in Action

Ils possèdent une jolie maison. *(They own a lovely house.)*

En arrivant en Amérique, ils ne possédaient presque rien. *(When they came to America, they owned almost nothing.)*

Elle possédait une collection importante de tableaux. *(She owned a large collection of paintings.)*

pourrir
(to go bad, to rot)

Present Participle: pourrissant • **Past Participle:** pourri
Regular **-ir** verb

Present		*Passé Composé*	
pourris	pourrissons	ai pourri	avons pourri
pourris	pourrissez	as pourri	avez pourri
pourrit	pourrissent	a pourri	ont pourri

Imperfect		*Pluperfect*	
pourrissais	pourrissions	avais pourri	avions pourri
pourrissais	pourrissiez	avais pourri	aviez pourri
pourrissait	pourrissaient	avait pourri	avaient pourri

Passé Simple		*Past Anterior*	
pourris	pourrîmes	eus pourri	eûmes pourri
pourris	pourrîtes	eus pourri	eûtes pourri
pourrit	pourrirent	eut pourri	eurent pourri

Future		*Future Perfect*	
pourrirai	pourrirons	aurai pourri	aurons pourri
pourriras	pourrirez	auras pourri	aurez pourri
pourrira	pourriront	aura pourri	auront pourri

Conditional		*Conditional Perfect*	
pourrirais	pourririons	aurais pourri	aurions pourri
pourrirais	pourririez	aurais pourri	auriez pourri
pourrirait	pourriraient	aurait pourri	auraient pourri

Present Subjunctive		*Past Subjunctive*	
pourrisse	pourrissions	aie pourri	ayons pourri
pourrisses	pourrissiez	aies pourri	ayez pourri
pourrisse	pourrissent	ait pourri	aient pourri

Imperfect Subjunctive		*Pluperfect Subjunctive*	
pourrisse	pourrissions	eusse pourri	eussions pourri
pourrisses	pourrissiez	eusses pourri	eussiez pourri
pourrît	pourrissent	eût pourri	eussent pourri

Imperative/Command

pourris	pourrissons	pourrissez

Verb in Action

Ces poires ont pourri. *(These pears have gone bad.)*
Les fruits pourrissaient à cause de la pluie. *(The fruit was rotting because of the rain.)*
Ils m'ont évité de pourrir en prison. *(They saved me from rotting in prison.)*

poursuivre

(to pursue, to carry on with)

Present Participle: poursuivant • **Past Participle:** poursuivi
Irregular **-re** verb

Present
poursuis	poursuivons
poursuis	poursuivez
poursuit	poursuivent

Imperfect
poursuivais	poursuivions
poursuivais	poursuiviez
poursuivait	poursuivaient

Passé Simple
poursuivis	poursuivîmes
poursuivis	poursuivîtes
poursuivit	poursuivirent

Future
poursuivrai	poursuivrons
poursuivras	poursuivrez
poursuivra	poursuivront

Conditional
poursuivrais	poursuivrions
poursuivrais	poursuivriez
poursuivrait	poursuivraient

Present Subjunctive
poursuive	poursuivions
poursuives	poursuiviez
poursuive	poursuivent

Imperfect Subjunctive
poursuivisse	poursuivissions
poursuivisses	poursuivissiez
poursuivît	poursuivissent

Passé Composé
ai poursuivi	avons poursuivi
as poursuivi	avez poursuivi
a poursuivi	ont poursuivi

Pluperfect
avais poursuivi	avions poursuivi
avais poursuivi	aviez poursuivi
avait poursuivi	avaient poursuivi

Past Anterior
eus poursuivi	eûmes poursuivi
eus poursuivi	eûtes poursuivi
eut poursuivi	eurent poursuivi

Future Perfect
aurai poursuivi	aurons poursuivi
auras poursuivi	aurez poursuivi
aura poursuivi	auront poursuivi

Conditional Perfect
aurais poursuivi	aurions poursuivi
aurais poursuivi	auriez poursuivi
aurait poursuivi	auraient poursuivi

Past Subjunctive
aie poursuivi	ayons poursuivi
aies poursuivi	ayez poursuivi
ait poursuivi	aient poursuivi

Pluperfect Subjunctive
eusse poursuivi	eussions poursuivi
eusses poursuivi	eussiez poursuivi
eût poursuivi	eussent poursuivi

Imperative/Command
poursuis	poursuivons	poursuivez

Verb in Action
Ils ont poursuivi leur travail. *(They carried on with their work.)*
La voiture de police les poursuivait sans perdre de terrain. *(The police car pursued them without losing ground.)*
Poursuivez, je vous écoute. *(Carry on, I'm listening.)*

pousser
(to grow, to push)

Present Participle: poussant • Past Participle: poussé
Regular -er verb

Present		Passé Composé	
pousse	poussons	ai poussé	avons poussé
pousses	poussez	as poussé	avez poussé
pousse	poussent	a poussé	ont poussé

Imperfect		Pluperfect	
poussais	poussions	avais poussé	avions poussé
poussais	poussiez	avais poussé	aviez poussé
poussait	poussaient	avait poussé	avaient poussé

Passé Simple		Past Anterior	
poussai	poussâmes	eus poussé	eûmes poussé
poussas	poussâtes	eus poussé	eûtes poussé
poussa	poussèrent	eut poussé	eurent poussé

Future		Future Perfect	
pousserai	pousserons	aurai poussé	aurons poussé
pousseras	pousserez	auras poussé	aurez poussé
poussera	pousseront	aura poussé	auront poussé

Conditional		Conditional Perfect	
pousserais	pousserions	aurais poussé	aurions poussé
pousserais	pousseriez	aurais poussé	auriez poussé
pousserait	pousseraient	aurait poussé	auraient poussé

Present Subjunctive		Past Subjunctive	
pousse	poussions	aie poussé	ayons poussé
pousses	poussiez	aies poussé	ayez poussé
pousse	poussent	ait poussé	aient poussé

Imperfect Subjunctive		Pluperfect Subjunctive	
poussasse	poussassions	eusse poussé	eussions poussé
poussasses	poussassiez	eusses poussé	eussiez poussé
poussât	poussassent	eût poussé	eussent poussé

Imperative/Command

pousse	poussons	poussez

Verb in Action

Ils ont dû pousser la voiture. *(They had to push the car.)*
Mes cheveux poussent vite. *(My hair grows quickly.)*
Ses parents l'ont beaucoup poussé dans ses études. *(His parents have pushed him hard in his studies.)*

pouvoir
(to be able, can)

Present Participle: pouvant • **Past Participle:** pu
Irregular verb

Present		Passé Composé	
peux	pouvons	ai pu	avons pu
peux	pouvez	as pu	avez pu
peut	peuvent	a pu	ont pu

Imperfect		Pluperfect	
pouvais	pouvions	avais pu	avions pu
pouvais	pouviez	avais pu	aviez pu
pouvait	pouvaient	avait pu	avaient pu

Passé Simple		Past Anterior	
pus	pûmes	eus pu	eûmes pu
pus	pûtes	eus pu	eûtes pu
put	purent	eut pu	eurent pu

Future		Future Perfect	
pourrai	pourrons	aurai pu	aurons pu
pourras	pourrez	auras pu	aurez pu
pourra	pourront	aura pu	auront pu

Conditional		Conditional Perfect	
pourrais	pourrions	aurais pu	aurions pu
pourrais	pourriez	aurais pu	auriez pu
pourrait	pourraient	aurait pu	auraient pu

Present Subjunctive		Past Subjunctive	
puisse	puissions	aie pu	ayons pu
puisses	puissiez	aies pu	ayez pu
puisse	puissent	ait pu	aient pu

Imperfect Subjunctive		Pluperfect Subjunctive	
pusse	pussions	eusse pu	eussions pu
pusses	pussiez	eusses pu	eussiez pu
pût	pussent	eût pu	eussent pu

Imperative/Command
not used

Verb in Action

Je peux vous aider? *(Can I help you?)*
J'ai fait tout ce que j'ai pu. *(I did everything I could.)*
Elle ne pouvait pas s'empêcher de rire. *(She couldn't help laughing.)*

ESSENTIAL VERB

préférer
(to prefer)

Present Participle: préférant • **Past Participle:** préféré
é[consonant]-er verb; **é** becomes **è** before consonant + **e, es, ent**

Present
préfère	préférons
préfères	préférez
préfère	préfèrent

Passé Composé
ai préféré	avons préféré
as préféré	avez préféré
a préféré	ont préféré

Imperfect
préférais	préférions
préférais	préfériez
préférait	préféraient

Pluperfect
avais préféré	avions préféré
avais préféré	aviez préféré
avait préféré	avaient préféré

Passé Simple
préférai	préférâmes
préféras	préférâtes
préféra	préférèrent

Past Anterior
eus préféré	eûmes préféré
eus préféré	eûtes préféré
eut préféré	eurent préféré

Future
préférerai	préférerons
préféreras	préférerez
préférera	préféreront

Future Perfect
aurai préféré	aurons préféré
auras préféré	aurez préféré
aura préféré	auront préféré

Conditional
préférerais	préférerions
préférerais	préféreriez
préférerait	préféreraient

Conditional Perfect
aurais préféré	aurions préféré
aurais préféré	auriez préféré
aurait préféré	auraient préféré

Present Subjunctive
préfère	préférions
préfères	préfériez
préfère	préfèrent

Past Subjunctive
aie préféré	ayons préféré
aies préféré	ayez préféré
ait préféré	aient préféré

Imperfect Subjunctive
préférasse	préférassions
préférasses	préférassiez
préférât	préférassent

Pluperfect Subjunctive
eusse préféré	eussions préféré
eusses préféré	eussiez préféré
eût préféré	eussent préféré

Imperative/Command
préfère	préférons	préférez

Verb in Action
Je préfère manger à la cantine. *(I prefer to eat in the cafeteria.)*
Je l'ai toujours préféré à son frère. *(I always preferred him to his brother.)*
Il aurait préféré rester avec nous pendant les vacances. *(He would have preferred to stay with us during the vacation.)*

prendre

(to take)

Present Participle: prenant • **Past Participle:** pris
Irregular **-re** verb

Present

prends	prenons
prends	prenez
prend	prennent

Imperfect

prenais	prenions
prenais	preniez
prenait	prenaient

Passé Simple

pris	prîmes
pris	prîtes
prit	prirent

Future

prendrai	prendrons
prendras	prendrez
prendra	prendront

Conditional

prendrais	prendrions
prendrais	prendriez
prendrait	prendraient

Present Subjunctive

prenne	prenions
prennes	preniez
prenne	prennent

Imperfect Subjunctive

prisse	prissions
prisses	prissiez
prît	prissent

Passé Composé

ai pris	avons pris
as pris	avez pris
a pris	ont pris

Pluperfect

avais pris	avions pris
avais pris	aviez pris
avait pris	avaient pris

Past Anterior

eus pris	eûmes pris
eus pris	eûtes pris
eut pris	eurent pris

Future Perfect

aurai pris	aurons pris
auras pris	aurez pris
aura pris	auront pris

Conditional Perfect

aurais pris	aurions pris
aurais pris	auriez pris
aurait pris	auraient pris

Past Subjunctive

aie pris	ayons pris
aies pris	ayez pris
ait pris	aient pris

Pluperfect Subjunctive

eusse pris	eussions pris
eusses pris	eussiez pris
eût pris	eussent pris

Imperative/Command

prends	prenons	prenez

Verb in Action

N'oublie pas de prendre ton passeport. *(Don't forget to take your passport.)*
J'ai pris plein de photos. *(I took lots of pictures.)*
Il prendra le train de 8h20. *(He'll take the 8:20 train.)*

préparer
(to prepare)

Present Participle: préparant • **Past Participle:** préparé
Regular **-er** verb

Present
prépare	préparons
prépares	préparez
prépare	préparent

Passé Composé
ai préparé	avons préparé
as préparé	avez préparé
a préparé	ont préparé

Imperfect
préparais	préparions
préparais	prépariez
préparait	préparaient

Pluperfect
avais préparé	avions préparé
avais préparé	aviez préparé
avait préparé	avaient préparé

Passé Simple
préparai	préparâmes
préparas	préparâtes
prépara	préparèrent

Past Anterior
eus préparé	eûmes préparé
eus préparé	eûtes préparé
eut préparé	eurent préparé

Future
préparerai	préparerons
prépareras	préparerez
préparera	prépareront

Future Perfect
aurai préparé	aurons préparé
auras préparé	aurez préparé
aura préparé	auront préparé

Conditional
préparerais	préparerions
préparerais	prépareriez
préparerait	prépareraient

Conditional Perfect
aurais préparé	aurions préparé
aurais préparé	auriez préparé
aurait préparé	auraient préparé

Present Subjunctive
prépare	préparions
prépares	prépariez
prépare	préparent

Past Subjunctive
aie préparé	ayons préparé
aies préparé	ayez préparé
ait préparé	aient préparé

Imperfect Subjunctive
préparasse	préparassions
préparasses	préparassiez
préparât	préparassent

Pluperfect Subjunctive
eusse préparé	eussions préparé
eusses préparé	eussiez préparé
eût préparé	eussent préparé

Imperative/Command
prépare	préparons	préparez

Verb in Action
Laure prépare son examen d'économie. *(Laure's preparing for her economics exam.)*
Elle prépare le dîner. *(She's preparing/making dinner.)*
Je vais préparer le café. *(I'm going to prepare/make the coffee.)*

presser
(to be urgent, to squeeze)

Present Participle: pressant • **Past Participle:** pressé
Regular **-er** verb

Present
presse	pressons
presses	pressez
presse	present

Imperfect
pressais	pressions
pressais	pressiez
pressait	pressaient

Passé Simple
pressai	pressâmes
pressas	pressâtes
pressa	pressèrent

Future
presserai	presserons
presseras	presserez
pressera	presseront

Conditional
presserais	presserions
presserais	presseriez
presserait	presseraient

Present Subjunctive
presse	pressions
presses	pressiez
presse	present

Imperfect Subjunctive
pressasse	pressassions
pressasses	pressassiez
pressât	pressassent

Passé Composé
ai pressé	avons pressé
as pressé	avez pressé
a pressé	ont pressé

Pluperfect
avais pressé	avions pressé
avais pressé	aviez pressé
avait pressé	avaient pressé

Past Anterior
eus pressé	eûmes pressé
eus pressé	eûtes pressé
eut pressé	eurent pressé

Future Perfect
aurai pressé	aurons pressé
auras pressé	aurez pressé
aura pressé	auront pressé

Conditional Perfect
aurais pressé	aurions pressé
aurais pressé	auriez pressé
aurait pressé	auraient pressé

Past Subjunctive
aie pressé	ayons pressé
aies pressé	ayez pressé
ait pressé	aient pressé

Pluperfect Subjunctive
eusse pressé	eussions pressé
eusses pressé	eussiez pressé
eût pressé	eussent pressé

Imperative/Command
presse	pressons	pressez

Verb in Action
Tu peux me presser un citron? *(Can you squeeze a lemon for me?)*
Est-ce que ça presse? *(Is it urgent?)*
Rien ne presse. *(There's no hurry.)*

prétendre
(to claim, to maintain)

Present Participle: prétendant • **Past Participle:** prétendu
Regular **-re** verb

Present		Passé Composé	
prétends	prétendons	ai prétendu	avons prétendu
prétends	prétendez	as prétendu	avez prétendu
prétend	prétendent	a prétendu	ont prétendu

Imperfect		Pluperfect	
prétendais	prétendions	avais prétendu	avions prétendu
prétendais	prétendiez	avais prétendu	aviez prétendu
prétendait	prétendaient	avait prétendu	avaient prétendu

Passé Simple		Past Anterior	
prétendis	prétendîmes	eus prétendu	eûmes prétendu
prétendis	prétendîtes	eus prétendu	eûtes prétendu
prétendit	prétendirent	eut prétendu	eurent prétendu

Future		Future Perfect	
prétendrai	prétendrons	aurai prétendu	aurons prétendu
prétendras	prétendrez	auras prétendu	aurez prétendu
prétendra	prétendront	aura prétendu	auront prétendu

Conditional		Conditional Perfect	
prétendrais	prétendrions	aurais prétendu	aurions prétendu
prétendrais	prétendriez	aurais prétendu	auriez prétendu
prétendrait	prétendraient	aurait prétendu	auraient prétendu

Present Subjunctive		Past Subjunctive	
prétende	prétendions	aie prétendu	ayons prétendu
prétendes	prétendiez	aies prétendu	ayez prétendu
prétende	prétendent	ait prétendu	aient prétendu

Imperfect Subjunctive		Pluperfect Subjunctive	
prétendisse	prétendissions	eusse prétendu	eussions prétendu
prétendisses	prétendissiez	eusses prétendu	eussiez prétendu
prétendît	prétendissent	eût prétendu	eussent prétendu

Imperative/Command

prétends	prétendons	prétendez

Verb in Action

Il prétend ne pas la connaître. *(He claims he doesn't know her.)*
Elle prétend tout savoir sur ce sujet. *(She claims to know everything about this subject.)*
Je prétendais que j'allais bien pour ne pas les inquiéter. *(I claimed that I was okay so as not to worry them.)*

prêter
(to lend)

Present Participle: prêtant • **Past Participle:** prêté
Regular **-er** verb

Present

prête	prêtons
prêtes	prêtez
prête	prêtent

Imperfect

prêtais	prêtions
prêtais	prêtiez
prêtait	prêtaient

Passé Simple

prêtai	prêtâmes
prêtas	prêtâtes
prêta	prêtèrent

Future

prêterai	prêterons
prêteras	prêterez
prêtera	prêteront

Conditional

prêterais	prêterions
prêterais	prêteriez
prêterait	prêteraient

Present Subjunctive

prête	prêtions
prêtes	prêtiez
prête	prêtent

Imperfect Subjunctive

prêtasse	prêtassions
prêtasses	prêtassiez
prêtât	prêtassent

Passé Composé

ai prêté	avons prêté
as prêté	avez prêté
a prêté	ont prêté

Pluperfect

avais prêté	avions prêté
avais prêté	aviez prêté
avait prêté	avaient prêté

Past Anterior

eus prêté	eûmes prêté
eus prêté	eûtes prêté
eut prêté	eurent prêté

Future Perfect

aurai prêté	aurons prêté
auras prêté	aurez prêté
aura prêté	auront prêté

Conditional Perfect

aurais prêté	aurions prêté
aurais prêté	auriez prêté
aurait prêté	auraient prêté

Past Subjunctive

aie prêté	ayons prêté
aies prêté	ayez prêté
ait prêté	aient prêté

Pluperfect Subjunctive

eusse prêté	eussions prêté
eusses prêté	eussiez prêté
eût prêté	eussent prêté

Imperative/Command

prête	prêtons	prêtez

Verb in Action

Il m'a prêté sa voiture. *(He lent me his car.)*
Tu peux me prêter un peu d'argent? *(Can you lend me some money?)*
Prête-moi un stylo. *(Lend me a pen.)*

prévenir
(to warn)

Present Participle: prévenant • **Past Participle:** prévenu
Irregular **-ir** verb

Present		Passé Composé	
préviens	prévenons	ai prévenu	avons prévenu
préviens	prévenez	as prévenu	avez prévenu
prévient	préviennent	a prévenu	ont prévenu

Imperfect		Pluperfect	
prévenais	prévenions	avais prévenu	avions prévenu
prévenais	préveniez	avais prévenu	aviez prévenu
prévenait	prévenaient	avait prévenu	avaient prévenu

Passé Simple		Past Anterior	
prévins	prévînmes	eus prévenu	eûmes prévenu
prévins	prévîntes	eus prévenu	eûtes prévenu
prévint	prévinrent	eut prévenu	eurent prévenu

Future		Future Perfect	
préviendrai	préviendrons	aurai prévenu	aurons prévenu
préviendras	préviendrez	auras prévenu	aurez prévenu
préviendra	préviendront	aura prévenu	auront prévenu

Conditional		Conditional Perfect	
préviendrais	préviendrions	aurais prévenu	aurions prévenu
préviendrais	préviendriez	aurais prévenu	auriez prévenu
préviendrait	préviendraient	aurait prévenu	auraient prévenu

Present Subjunctive		Past Subjunctive	
prévienne	prévenions	aie prévenu	ayons prévenu
préviennes	préveniez	aies prévenu	ayez prévenu
prévienne	préviennent	ait prévenu	aient prévenu

Imperfect Subjunctive		Pluperfect Subjunctive	
prévinsse	prévinssions	eusse prévenu	eussions prévenu
prévinsses	prévinssiez	eusses prévenu	eussiez prévenu
prévînt	prévinssent	eût prévenu	eussent prévenu

Imperative/Command

préviens	prévenons	prévenez

Verb in Action

Je te préviens, il est de mauvaise humeur. *(I'm warning you, he's in a bad mood.)*
En cas de problème, prévenez nos voisins. *(If there's a problem, warn our neighbors.)*
Il est arrivé hier soir sans prévenir. *(He arrived last night without warning.)*

prévoir
(to plan, to foresee)

Present Participle: prévoyant • **Past Participle:** prévu
Irregular verb

Present		**Passé Composé**	
prévois	prévoyons	ai prévu	avons prévu
prévois	prévoyez	as prévu	avez prévu
prévoit	prévoient	a prévu	ont prévu

Imperfect		**Pluperfect**	
prévoyais	prévoyions	avais prévu	avions prévu
prévoyais	prévoyiez	avais prévu	aviez prévu
prévoyait	prévoyaient	avait prévu	avaient prévu

Passé Simple		**Past Anterior**	
prévis	prévîmes	eus prévu	eûmes prévu
prévis	prévîtes	eus prévu	eûtes prévu
prévit	prévirent	eut prévu	eurent prévu

Future		**Future Perfect**	
prévoirai	prévoirons	aurai prévu	aurons prévu
prévoiras	prévoirez	auras prévu	aurez prévu
prévoira	prévoiront	aura prévu	auront prévu

Conditional		**Conditional Perfect**	
prévoirais	prévoirions	aurais prévu	aurions prévu
prévoirais	prévoiriez	aurais prévu	auriez prévu
prévoirait	prévoiraient	aurait prévu	auraient prévu

Present Subjunctive		**Past Subjunctive**	
prévoie	prévoyions	aie prévu	ayons prévu
prévoies	prévoyiez	aies prévu	ayez prévu
prévoie	prévoient	ait prévu	aient prévu

Imperfect Subjunctive		**Pluperfect Subjunctive**	
prévisse	prévissions	eusse prévu	eussions prévu
prévisses	prévissiez	eusses prévu	eussiez prévu
prévît	prévissent	eût prévu	eussent prévu

Imperative/Command

prévois	prévoyons	prévoyez

Verb in Action

Nous prévoyons un pique-nique pour dimanche. *(We're planning to have a picnic on Sunday.)*

Le départ est prévu pour dix heures. *(The departure is planned for 10 o'clock.)*

J'avais prévu qu'il serait en retard. *(I foresaw that he'd be late.)*

profiter (de)
(to take advantage (of))

Present Participle: profitant • **Past Participle:** profité
Regular -er verb

Present		Passé Composé	
profite	profitons	ai profité	avons profité
profites	profitez	as profité	avez profité
profite	profitent	a profité	ont profité

Imperfect		Pluperfect	
profitais	profitions	avais profité	avions profité
profitais	profitiez	avais profité	aviez profité
profitait	profitaient	avait profité	avaient profité

Passé Simple		Past Anterior	
profitai	profitâmes	eus profité	eûmes profité
profitas	profitâtes	eus profité	eûtes profité
profita	profitèrent	eut profité	eurent profité

Future		Future Perfect	
profiterai	profiterons	aurai profité	aurons profité
profiteras	profiterez	auras profité	aurez profité
profitera	profiteront	aura profité	auront profité

Conditional		Conditional Perfect	
profiterais	profiterions	aurais profité	aurions profité
profiterais	profiteriez	aurais profité	auriez profité
profiterait	profiteraient	aurait profité	auraient profité

Present Subjunctive		Past Subjunctive	
profite	profitions	aie profité	ayons profité
profites	profitiez	aies profité	ayez profité
profite	profitent	ait profité	aient profité

Imperfect Subjunctive		Pluperfect Subjunctive	
profitasse	profitassions	eusse profité	eussions profité
profitasses	profitassiez	eusses profité	eussiez profité
profitât	profitassent	eût profité	eussent profité

Imperative/Command

profite	profitons	profitez

Verb in Action

Profitez du beau temps pour aller faire du vélo. *(Take advantage of the good weather and go cycling.)*

Je vais profiter du fait que je suis à Paris pour aller les voir. *(I will take advantage of the fact that I am in Paris and go see them.)*

Il a un peu profité de la situation. *(He took advantage of the situation a bit.)*

promener

(to take for a walk/stroll, to take around)

Present Participle: promenant • **Past Participle:** promené
e[consonant]-er verb; e becomes è before consonant + e, es, ent

Present
promène	promenons
promènes	promenez
promène	promènent

Imperfect
promenais	promenions
promenais	promeniez
promenait	promenaient

Passé Simple
promenai	promenâmes
promenas	promenâtes
promena	promenèrent

Future
promènerai	promènerons
promèneras	promènerez
promènera	promèneront

Conditional
promènerais	promènerions
promènerais	promèneriez
promènerait	promèneraient

Present Subjunctive
promène	promenions
promènes	promeniez
promène	promènent

Imperfect Subjunctive
promenasse	promenassions
promenasses	promenassiez
promenât	promenassent

Passé Composé
ai promené	avons promené
as promené	avez promené
a promené	ont promené

Pluperfect
avais promené	avions promené
avais promené	aviez promené
avait promené	avaient promené

Past Anterior
eus promené	eûmes promené
eus promené	eûtes promené
eut promené	eurent promené

Future Perfect
aurai promené	aurons promené
auras promené	aurez promené
aura promené	auront promené

Conditional Perfect
aurais promené	aurions promené
aurais promené	auriez promené
aurait promené	auraient promené

Past Subjunctive
aie promené	ayons promené
aies promené	ayez promené
ait promené	aient promené

Pluperfect Subjunctive
eusse promené	eussions promené
eusses promené	eussiez promené
eût promené	eussent promené

Imperative/Command
promène	promenons	promenez

Verb in Action

Cordelia promène son chien tous les jours. *(Cordelia takes her dog for a walk every day.)*
Elle promène son appareil photo partout où elle va. *(She takes her camera around with her everywhere.)*
Elle m'a promené dans Paris pendant une heure. *(She took me around Paris for an hour.)*

se promener
(to take a walk)

Present Participle: se promenant • **Past Participle:** promené
Pronominal **e**[consonant]**-er** verb; **e** becomes **è** before consonant + **e, es, ent**

Present
me promène	nous promenons
te promènes	vous promenez
se promène	se promènent

Imperfect
me promenais	nous promenions
te promenais	vous promeniez
se promenait	se promenaient

Passé Simple
me promenai	nous promenâmes
te promenas	vous promenâtes
se promena	se promenèrent

Future
me promènerai	nous promènerons
te promèneras	vous promènerez
se promènera	se promèneront

Conditional
me promènerais	nous promènerions
te promènerais	vous promèneriez
se promènerait	se promèneraient

Present Subjunctive
me promène	nous promenions
te promènes	vous promeniez
se promène	se promènent

Imperfect Subjunctive
me promenasse	nous promenassions
te promenasses	vous promenassiez
se promenât	se promenassent

Passé Composé
me suis promené(e)	nous sommes promené(e)s
t'es promené(e)	vous êtes promené(e)(s)
s'est promené/promenée	se sont promenés/promenées

Pluperfect
m'étais promené(e)	nous étions promené(e)s
t'étais promené(e)	vous étiez promené(e)(s)
s'était promené/promenée	s'étaient promenés/promenées

Past Anterior
me fus promené(e)	nous fûmes promené(e)s
te fus promené(e)	vous fûtes promené(e)(s)
se fut promené/promenée	se furent promenés/promenées

Future Perfect
me serai promené(e)	nous serons promené(e)s
te seras promené(e)	vous serez promené(e)(s)
se sera promené/promenée	se seront promenés/promenées

Conditional Perfect
me serais promené(e)	nous serions promené(e)s
te serais promené(e)	vous seriez promené(e)(s)
se serait promené/promenée	se seraient promenés/promenées

Past Subjunctive
me sois promené (e)	nous soyons promené(e)s
te sois promené (e)	vous soyez promené(e)(s)
se soit promené/promenée	se soient promenés/promenées

Pluperfect Subjunctive
me fusse promené(e)	nous fussions promené(e)s
te fusses promené(e)	vous fussiez promené(e)(s)
se fût promené/promenée	se fussent promenés/promenées

Imperative/Command
promène-toi	promenons-nous	promenez-vous
ne te promène pas	ne nous promenons pas	ne vous promenez pas

Verb in Action
Chantal est partie se promener. *(Chantal has gone for a walk.)*
Où est-ce que vous vous êtes promenés? *(Where did you go for a walk?)*
Venez vous promener avec nous, il fait beau dehors. *(Come for a walk with us, it's nice outside.)*

promettre
(to promise)

Present Participle: promettant • **Past Participle:** promis
Irregular **-re** verb

Present
promets	promettons
promets	promettez
promet	promettent

Passé Composé
ai promis	avons promis
as promis	avez promis
a promis	ont promis

Imperfect
promettais	promettions
promettais	promettiez
promettait	promettaient

Pluperfect
avais promis	avions promis
avais promis	aviez promis
avait promis	avaient promis

Passé Simple
promis	promîmes
promis	promîtes
promit	promirent

Past Anterior
eus promis	eûmes promis
eus promis	eûtes promis
eut promis	eurent promis

Future
promettrai	promettrons
promettras	promettrez
promettra	promettront

Future Perfect
aurai promis	aurons promis
auras promis	aurez promis
aura promis	auront promis

Conditional
promettrais	promettrions
promettrais	promettriez
promettrait	promettraient

Conditional Perfect
aurais promis	aurions promis
aurais promis	auriez promis
aurait promis	auraient promis

Present Subjunctive
promette	promettions
promettes	promettiez
promette	promettent

Past Subjunctive
aie promis	ayons promis
aies promis	ayez promis
ait promis	aient promis

Imperfect Subjunctive
promisse	promissions
promisses	promissiez
promît	promissent

Pluperfect Subjunctive
eusse promis	eussions promis
eusses promis	eussiez promis
eût promis	eussent promis

Imperative/Command
promets	promettons	promettez

Verb in Action
On m'a promis une augmentation. *(They promised me a pay raise.)*
Je lui ai promis de lui rapporter quelque chose d'Espagne. *(I promised to bring him/her something from Spain.)*
Elle promet de faire plus d'efforts à l'école. *(She promises to try harder in school.)*

prononcer
(to pronounce, to deliver)

Present Participle: prononçant • **Past Participle:** prononcé
-cer verb; **c** becomes **ç** before an **a** or an **o**

Present		*Passé Composé*	
prononce	prononçons	ai prononcé	avons prononcé
prononces	prononcez	as prononcé	avez prononcé
prononce	prononcent	a prononcé	ont prononcé

Imperfect		*Pluperfect*	
prononçais	prononcions	avais prononcé	avions prononcé
prononçais	prononciez	avais prononcé	aviez prononcé
prononçait	prononçaient	avait prononcé	avaient prononcé

Passé Simple		*Past Anterior*	
prononçai	prononçâmes	eus prononcé	eûmes prononcé
prononças	prononçâtes	eus prononcé	eûtes prononcé
prononça	prononcèrent	eut prononcé	eurent prononcé

Future		*Future Perfect*	
prononcerai	prononcerons	aurai prononcé	aurons prononcé
prononceras	prononcerez	auras prononcé	aurez prononcé
prononcera	prononceront	aura prononcé	auront prononcé

Conditional		*Conditional Perfect*	
prononcerais	prononcerions	aurais prononcé	aurions prononcé
prononcerais	prononceriez	aurais prononcé	auriez prononcé
prononcerait	prononceraient	aurait prononcé	auraient prononcé

Present Subjunctive		*Past Subjunctive*	
prononce	prononcions	aie prononcé	ayons prononcé
prononces	prononciez	aies prononcé	ayez prononcé
prononce	prononcent	ait prononcé	aient prononcé

Imperfect Subjunctive		*Pluperfect Subjunctive*	
prononçasse	prononçassions	eusse prononcé	eussions prononcé
prononçasses	prononçassiez	eusses prononcé	eussiez prononcé
prononçât	prononçassent	eût prononcé	eussent prononcé

Imperative/Command

prononce	prononçons	prononcez

Verb in Action

Ça se prononce comment? *(How do you pronounce this?)*
Le russe est difficile à prononcer. *(Russian is difficult to pronounce.)*
Elle prononça un discours devant une centaine de personnes. *(She delivered a speech in front of about a hundred people.)*

proposer
(to offer, to suggest)

Present Participle: proposant • **Past Participle:** proposé
Regular **-er** verb

Present
propose	proposons
proposes	proposez
propose	proposent

Imperfect
proposais	proposions
proposais	proposiez
proposait	proposaient

Passé Simple
proposai	proposâmes
proposas	proposâtes
proposa	proposèrent

Future
proposerai	proposerons
proposeras	proposerez
proposera	proposeront

Conditional
proposerais	proposerions
proposerais	proposeriez
proposerait	proposeraient

Present Subjunctive
propose	proposions
proposes	proposiez
propose	proposent

Imperfect Subjunctive
proposasse	proposassions
proposasses	proposassiez
proposât	proposassent

Passé Composé
ai proposé	avons proposé
as proposé	avez proposé
a proposé	ont proposé

Pluperfect
avais proposé	avions proposé
avais proposé	aviez proposé
avait proposé	avaient proposé

Past Anterior
eus proposé	eûmes proposé
eus proposé	eûtes proposé
eut proposé	eurent proposé

Future Perfect
aurai proposé	aurons proposé
auras proposé	aurez proposé
aura proposé	auront proposé

Conditional Perfect
aurais proposé	aurions proposé
aurais proposé	auriez proposé
aurait proposé	auraient proposé

Past Subjunctive
aie proposé	ayons proposé
aies proposé	ayez proposé
ait proposé	aient proposé

Pluperfect Subjunctive
eusse proposé	eussions proposé
eusses proposé	eussiez proposé
eût proposé	eussent proposé

Imperative/Command
propose	proposons	proposez

Verb in Action

Nous lui avons proposé une promenade en bateau. *(We suggested going on a boat ride to him/her.)*

Ils m'ont proposé des chocolats. *(They offered me some chocolates.)*

Je vous propose de faire une pause, et on reprendra la réunion dans 10 minutes. *(I suggest we take a break, and we will resume the meeting in 10 minutes.)*

protéger
(to protect)

Present Participle: protégeant • **Past Participle:** protégé
é[consonant]-ger verb; **é** becomes **è** before consonant + **e, es, ent** and **g** becomes **ge** before an **a** or an **o**

Present		*Passé Composé*	
protège	protégeons	ai protégé	avons protégé
protèges	protégez	as protégé	avez protégé
protège	protègent	a protégé	ont protégé

Imperfect		*Pluperfect*	
protégeais	protégions	avais protégé	avions protégé
protégeais	protégiez	avais protégé	aviez protégé
protégeait	protégeaient	avait protégé	avaient protégé

Passé Simple		*Past Anterior*	
protégeai	protégeâmes	eus protégé	eûmes protégé
protégeas	protégeâtes	eus protégé	eûtes protégé
protégea	protégèrent	eut protégé	eurent protégé

Future		*Future Perfect*	
protégerai	protégerons	aurai protégé	aurons protégé
protégeras	protégerez	auras protégé	aurez protégé
protégera	protégeront	aura protégé	auront protégé

Conditional		*Conditional Perfect*	
protégerais	protégerions	aurais protégé	aurions protégé
protégerais	protégeriez	aurais protégé	auriez protégé
protégerait	protégeraient	aurait protégé	auraient protégé

Present Subjunctive		*Past Subjunctive*	
protège	protégions	aie protégé	ayons protégé
protèges	protégiez	aies protégé	ayez protégé
protège	protègent	ait protégé	aient protégé

Imperfect Subjunctive		*Pluperfect Subjunctive*	
protégeasse	protégeassions	eusse protégé	eussions protégé
protégeasses	protégeassiez	eusses protégé	eussiez protégé
protégeât	protégeassent	eût protégé	eussent protégé

Imperative/Command

protège	protégeons	protégez

Verb in Action

Je voudrais une tente qui protège contre le froid. *(I'd like a tent that protects against the cold.)*
Il se protégea le visage avec ses mains. *(He protected his face with his hands.)*
Il avait toujours protégé sa petite sœur à l'école. *(He'd always protected his little sister at school.)*

provenir (de)
(to come (from))

Present Participle: provenant • **Past Participle:** provenu
Irregular **-ir** verb

Present
proviens	provenons
proviens	provenez
provient	proviennent

Passé Composé
suis provenu(e)	sommes provenu(e)s
es provenu(e)	êtes provenu(e)(s)
est provenu/provenue	sont provenus/provenues

Imperfect
provenais	provenions
provenais	proveniez
provenait	provenaient

Pluperfect
étais provenu(e)	étions provenu(e)s
étais provenu(e)	étiez provenu(e)(s)
était provenu/provenue	étaient provenus/provenues

Passé Simple
provins	provînmes
provins	provîntes
provint	provinrent

Past Anterior
fus provenu(e)	fûmes provenu(e)s
fus provenu(e)	fûtes provenu(e)(s)
fut provenu/provenue	furent provenus/provenues

Future
proviendrai	proviendrons
proviendras	proviendrez
proviendra	proviendront

Future Perfect
serai provenu(e)	serons provenu(e)s
seras provenu(e)	serez provenu(e)(s)
sera provenu/provenue	seront provenus/provenues

Conditional
proviendrais	proviendrions
proviendrais	proviendriez
proviendrait	proviendraient

Conditional Perfect
serais provenu(e)	serions provenu(e)s
serais provenu(e)	seriez provenu(e)(s)
serait provenu/provenue	seraient provenus/provenues

Present Subjunctive
provienne	provenions
proviennes	proveniez
provienne	proviennent

Past Subjunctive
sois provenu(e)	soyons provenu(e)s
sois provenu(e)	soyez provenu(e)(s)
soit provenu/provenue	soient provenus/provenues

Imperfect Subjunctive
provinsse	provinssions
provinsses	provinssiez
provînt	provinssent

Pluperfect Subjunctive
fusse provenu(e)	fussions provenu(e)s
fusses provenu(e)	fussiez provenu(e)(s)
fût provenu/provenue	fussent provenus/provenues

Imperative/Command
proviens	provenons	provenez

Verb in Action
Ces tomates sont provenues d'Espagne. *(These tomatoes came from Spain.)*
L'enveloppe sur la table provenait du Canada. *(The envelope on the table came from Canada.)*
La météorite proviendrait de Mars. *(The meteorite may have come from Mars.)*

puer
(to stink, to reek)

Present Participle: puant • Past Participle: pué
Regular **-er** verb

Present		Passé Composé	
pue	puons	ai pué	avons pué
pues	puez	as pué	avez pué
pue	puent	a pué	ont pué

Imperfect		Pluperfect	
puais	puions	avais pué	avions pué
puais	puiez	avais pué	aviez pué
puait	puaient	avait pué	avaient pué

Passé Simple		Past Anterior	
puai	puâmes	eus pué	eûmes pué
puas	puâtes	eus pué	eûtes pué
pua	puèrent	eut pué	eurent pué

Future		Future Perfect	
puerai	puerons	aurai pué	aurons pué
pueras	puerez	auras pué	aurez pué
puera	pueront	aura pué	auront pué

Conditional		Conditional Perfect	
puerais	puerions	aurais pué	aurions pué
puerais	pueriez	aurais pué	auriez pué
puerait	pueraient	aurait pué	auraient pué

Present Subjunctive		Past Subjunctive	
pue	puions	aie pué	ayons pué
pues	puiez	aies pué	ayez pué
pue	puent	ait pué	aient pué

Imperfect Subjunctive		Pluperfect Subjunctive	
puasse	puassions	eusse pué	eussions pué
puasses	puassiez	eusses pué	eussiez pué
puât	puassent	eût pué	eussent pué

Imperative/Command

pue	puons	puez

Verb in Action

La voiture puait l'essence. *(The car smelled/stunk of gasoline.)*
Ça pue le tabac ici! *(It reeks of tobacco in here!)*
Ouvrons les fenêtres, ça pue le renfermé. *(Let's open the windows, it smells musty.)*

punir
(to punish)

Present Participle: punissant • **Past Participle:** puni
Regular **-ir** verb

Present		*Passé Composé*	
punis	punissons	ai puni	avons puni
punis	punissez	as puni	avez puni
punit	punissent	a puni	ont puni

Imperfect		*Pluperfect*	
punissais	punissions	avais puni	avions puni
punissais	punissiez	avais puni	aviez puni
punissait	punissaient	avait puni	avaient puni

Passé Simple		*Past Anterior*	
punis	punîmes	eus puni	eûmes puni
punis	punîtes	eus puni	eûtes puni
punit	punirent	eut puni	eurent puni

Future		*Future Perfect*	
punirai	punirons	aurai puni	aurons puni
puniras	punirez	auras puni	aurez puni
punira	puniront	aura puni	auront puni

Conditional		*Conditional Perfect*	
punirais	punirions	aurais puni	aurions puni
punirais	puniriez	aurais puni	auriez puni
punirait	puniraient	aurait puni	auraient puni

Present Subjunctive		*Past Subjunctive*	
punisse	punissions	aie puni	ayons puni
punisses	punissiez	aies puni	ayez puni
punisse	punissent	ait puni	aient puni

Imperfect Subjunctive		*Pluperfect Subjunctive*	
punisse	punissions	eusse puni	eussions puni
punisses	punissiez	eusses puni	eussiez puni
punît	punissent	eût puni	eussent puni

Imperative/Command		
punis	punissons	punissez

Verb in Action

Elle ne devrait pas punir la classe entière. *(She should not punish the whole class.)*
Il faut que tu le punisses, sinon il recommencera. *(You have the punish him, otherwise he will do it again.)*
Ses parents le puniront sûrement. *(His parents are bound to punish him.)*

quitter
(to leave)

Present Participle: quittant • **Past Participle:** quitté
Regular **-er** verb

Present		Passé Composé	
quitte	quittons	ai quitté	avons quitté
quittes	quittez	as quitté	avez quitté
quitte	quittent	a quitté	ont quitté

Imperfect		Pluperfect	
quittais	quittions	avais quitté	avions quitté
quittais	quittiez	avais quitté	aviez quitté
quittait	quittaient	avait quitté	avaient quitté

Passé Simple		Past Anterior	
quittai	quittâmes	eus quitté	eûmes quitté
quittas	quittâtes	eus quitté	eûtes quitté
quitta	quittèrent	eut quitté	eurent quitté

Future		Future Perfect	
quitterai	quitterons	aurai quitté	aurons quitté
quitteras	quitterez	auras quitté	aurez quitté
quittera	quitteront	aura quitté	auront quitté

Conditional		Conditional Perfect	
quitterais	quitterions	aurais quitté	aurions quitté
quitterais	quitteriez	aurais quitté	auriez quitté
quitterait	quitteraient	aurait quitté	auraient quitté

Present Subjunctive		Past Subjunctive	
quitte	quittions	aie quitté	ayons quitté
quittes	quittiez	aies quitté	ayez quitté
quitte	quittent	ait quitté	aient quitté

Imperfect Subjunctive		Pluperfect Subjunctive	
quittasse	quittassions	eusse quitté	eussions quitté
quittasses	quittassiez	eusses quitté	eussiez quitté
quittât	quittassent	eût quitté	eussent quitté

Imperative/Command

quitte	quittons	quittez

Verb in Action

J'ai quitté la maison à huit heures. *(I left the house at 8 o'clock.)*
Les deux amis se sont quittés devant le café. *(The two friends went their separate ways in front of the café.)*
Mes parents se sont quittés quand j'avais deux ans. *(My parents split up when I was two.)*

racheter

(to buy another, to buy back)

Present Participle: rachetant • **Past Participle:** racheté
e[consonant]-**er** verb; **e** becomes **è** before consonant + **e, es, ent**

Present		Passé Composé	
rachète	rachetons	ai racheté	avons racheté
rachètes	rachetez	as racheté	avez racheté
rachète	rachètent	a racheté	ont racheté

Imperfect		Pluperfect	
rachetais	rachetions	avais racheté	avions racheté
rachetais	rachetiez	avais racheté	aviez racheté
rachetait	rachetaient	avait racheté	avaient racheté

Passé Simple		Past Anterior	
rachetai	rachetâmes	eus racheté	eûmes racheté
rachetas	rachetâtes	eus racheté	eûtes racheté
racheta	rachetèrent	eut racheté	eurent racheté

Future		Future Perfect	
rachèterai	rachèterons	aurai racheté	aurons racheté
rachèteras	rachèterez	auras racheté	aurez racheté
rachètera	rachèteront	aura racheté	auront racheté

Conditional		Conditional Perfect	
rachèterais	rachèterions	aurais racheté	aurions racheté
rachèterais	rachèteriez	aurais racheté	auriez racheté
rachèterait	rachèteraient	aurait racheté	auraient racheté

Present Subjunctive		Past Subjunctive	
rachète	rachetions	aie racheté	ayons racheté
rachètes	rachetiez	aies racheté	ayez racheté
rachète	rachètent	ait racheté	aient racheté

Imperfect Subjunctive		Pluperfect Subjunctive	
rachetasse	rachetassions	eusse racheté	eussions racheté
rachetasses	rachetassiez	eusses racheté	eussiez racheté
rachetât	rachetassent	eût racheté	eussent racheté

Imperative/Command

rachète	rachetons	rachetez

Verb in Action

J'ai racheté un portefeuille. *(I bought another wallet.)*
Il faut racheter du lait. *(We have to buy some more milk.)*
Trois mois après, on lui a racheté la maison. *(Three months later, we bought the house back from him/her.)*

raconter
(to tell)

Present Participle: racontant • **Past Participle:** raconté
Regular **-er** verb

Present		*Passé Composé*	
raconte	racontons	ai raconté	avons raconté
racontes	racontez	as raconté	avez raconté
raconte	racontent	a raconté	ont raconté

Imperfect		*Pluperfect*	
racontais	racontions	avais raconté	avions raconté
racontais	racontiez	avais raconté	aviez raconté
racontait	racontaient	avait raconté	avaient raconté

Passé Simple		*Past Anterior*	
racontai	racontâmes	eus raconté	eûmes raconté
racontas	racontâtes	eus raconté	eûtes raconté
raconta	racontèrent	eut raconté	eurent raconté

Future		*Future Perfect*	
raconterai	raconterons	aurai raconté	aurons raconté
raconteras	raconterez	auras raconté	aurez raconté
racontera	raconteront	aura raconté	auront raconté

Conditional		*Conditional Perfect*	
raconterais	raconterions	aurais raconté	aurions raconté
raconterais	raconteriez	aurais raconté	auriez raconté
raconterait	raconteraient	aurait raconté	auraient raconté

Present Subjunctive		*Past Subjunctive*	
raconte	racontions	aie raconté	ayons raconté
racontes	racontiez	aies raconté	ayez raconté
raconte	racontent	ait raconté	aient raconté

Imperfect Subjunctive		*Pluperfect Subjunctive*	
racontasse	racontassions	eusse raconté	eussions raconté
racontasses	racontassiez	eusses raconté	eussiez raconté
racontât	racontassent	eût raconté	eussent raconté

Imperative/Command

raconte	racontons	racontez

Verb in Action

Raconte-moi ce qui s'est passé. *(Tell me what happened.)*
Qu'est-ce que tu racontes? *(What are you talking about?)*
Je lui ai tout raconté. *(I told him everything.)*

ralentir

(to slow down)

Present Participle: ralentissant • **Past Participle:** ralenti
Regular -**ir** verb

Present
ralentis	ralentissons
ralentis	ralentissez
ralentit	ralentissent

Imperfect
ralentissais	ralentissions
ralentissais	ralentissiez
ralentissait	ralentissaient

Passé Simple
ralentis	ralentîmes
ralentis	ralentîtes
ralentit	ralentirent

Future
ralentirai	ralentirons
ralentiras	ralentirez
ralentira	ralentiront

Conditional
ralentirais	ralentirions
ralentirais	ralentiriez
ralentirait	ralentiraient

Present Subjunctive
ralentisse	ralentissions
ralentisses	ralentissiez
ralentisse	ralentissent

Imperfect Subjunctive
ralentisse	ralentissions
ralentisses	ralentissiez
ralentît	ralentissent

Passé Composé
ai ralenti	avons ralenti
as ralenti	avez ralenti
a ralenti	ont ralenti

Pluperfect
avais ralenti	avions ralenti
avais ralenti	aviez ralenti
avait ralenti	avaient ralenti

Past Anterior
eus ralenti	eûmes ralenti
eus ralenti	eûtes ralenti
eut ralenti	eurent ralenti

Future Perfect
aurai ralenti	aurons ralenti
auras ralenti	aurez ralenti
aura ralenti	auront ralenti

Conditional Perfect
aurais ralenti	aurions ralenti
aurais ralenti	auriez ralenti
aurait ralenti	auraient ralenti

Past Subjunctive
aie ralenti	ayons ralenti
aies ralenti	ayez ralenti
ait ralenti	aient ralenti

Pluperfect Subjunctive
eusse ralenti	eussions ralenti
eusses ralenti	eussiez ralenti
eût ralenti	eussent ralenti

Imperative/Command
ralentis	ralentissons	ralentissez

Verb in Action

Ralentis un peu, tu parles trop vite! *(Slow down a little, you are speaking too fast!)*
Je cherche un produit qui ralentisse la chute de cheveux. *(I am looking for a product that slows down hair loss.)*
"Ralentir, travaux" *("Slow down, roadwork")*

ramener
(to bring back)

Present Participle: ramenant • **Past Participle:** ramené
e[consonant]-**er** verb; **e** becomes **è** before consonant + **e, es, ent**

Present		*Passé Composé*	
ramène	ramenons	ai ramené	avons ramené
ramènes	ramenez	as ramené	avez ramené
ramène	ramènent	a ramené	ont ramené

Imperfect		*Pluperfect*	
ramenais	ramenions	avais ramené	avions ramené
ramenais	rameniez	avais ramené	aviez ramené
ramenait	ramenaient	avait ramené	avaient ramené

Passé Simple		*Past Anterior*	
ramenai	ramenâmes	eus ramené	eûmes ramené
ramenas	ramenâtes	eus ramené	eûtes ramené
ramena	ramenèrent	eut ramené	eurent ramené

Future		*Future Perfect*	
ramènerai	ramènerons	aurai ramené	aurons ramené
ramèneras	ramènerez	auras ramené	aurez ramené
ramènera	ramèneront	aura ramené	auront ramené

Conditional		*Conditional Perfect*	
ramènerais	ramènerions	aurais ramené	aurions ramené
ramènerais	ramèneriez	aurais ramené	auriez ramené
ramènerait	ramèneraient	aurait ramené	auraient ramené

Present Subjunctive		*Past Subjunctive*	
ramène	ramenions	aie ramené	ayons ramené
ramènes	rameniez	aies ramené	ayez ramené
ramène	ramènent	ait ramené	aient ramené

Imperfect Subjunctive		*Pluperfect Subjunctive*	
ramenasse	ramenassions	eusse ramené	eussions ramené
ramenasses	ramenassiez	eusses ramené	eussiez ramené
ramenât	ramenassent	eût ramené	eussent ramené

Imperative/Command

ramène	ramenons	ramenez

Verb in Action

Je t'ai ramené un cadeau de Grèce. *(I brought you back a present from Greece.)*
Nous n'avons pas réussi à le ramener à la raison. *(We couldn't bring him to his senses.)*
Le bus nous ramènera sur le parking. *(The bus will bring us back to the parking lot.)*

ranger

(to clean up, to put away)

Present Participle: rangeant • **Past Participle:** rangé

-ger verb; **g** becomes **ge** before an **a** or an **o**

Present
range	rangeons
ranges	rangez
range	rangent

Imperfect
rangeais	rangions
rangeais	rangiez
rangeait	rangeaient

Passé Simple
rangeai	rangeâmes
rangeas	rangeâtes
rangea	rangèrent

Future
rangerai	rangerons
rangeras	rangerez
rangera	rangeront

Conditional
rangerais	rangerions
rangerais	rangeriez
rangerait	rangeraient

Present Subjunctive
range	rangions
ranges	rangiez
range	rangent

Imperfect Subjunctive
rangeasse	rangeassions
rangeasses	rangeassiez
rangeât	rangeassent

Passé Composé
ai rangé	avons rangé
as rangé	avez rangé
a rangé	ont rangé

Pluperfect
avais rangé	avions rangé
avais rangé	aviez rangé
avait rangé	avaient rangé

Past Anterior
eus rangé	eûmes rangé
eus rangé	eûtes rangé
eut rangé	eurent rangé

Future Perfect
aurai rangé	aurons rangé
auras rangé	aurez rangé
aura rangé	auront rangé

Conditional Perfect
aurais rangé	aurions rangé
aurais rangé	auriez rangé
aurait rangé	auraient rangé

Past Subjunctive
aie rangé	ayons rangé
aies rangé	ayez rangé
ait rangé	aient rangé

Pluperfect Subjunctive
eusse rangé	eussions rangé
eusses rangé	eussiez rangé
eût rangé	eussent rangé

Imperative/Command
range	rangeons	rangez

Verb in Action

J'ai rangé tes affaires. *(I put your things away.)*

Va ranger ta chambre. *(Go clean up your room.)*

Ne range pas les ciseaux, j'en ai encore besoin. *(Don't put the scissors away, I still need them.)*

rappeler
(to call back, to remind)

Present Participle: rappelant • **Past Participle:** rappelé
-eler verb: the **l** doubles before **e, es, ent**

Present		Passé Composé	
rappelle	rappelons	ai rappelé	avons rappelé
rappelles	rappelez	as rappelé	avez rappelé
rappelle	rappellent	a rappelé	ont rappelé

Imperfect		Pluperfect	
rappelais	rappelions	avais rappelé	avions rappelé
rappelais	rappeliez	avais rappelé	aviez rappelé
rappelait	rappelaient	avait rappelé	avaient rappelé

Passé Simple		Past Anterior	
rappelai	rappelâmes	eus rappelé	eûmes rappelé
rappelas	rappelâtes	eus rappelé	eûtes rappelé
rappela	rappelèrent	eut rappelé	eurent rappelé

Future		Future Perfect	
rappellerai	rappellerons	aurai rappelé	aurons rappelé
rappelleras	rappellerez	auras rappelé	aurez rappelé
rappellera	rappelleront	aura rappelé	auront rappelé

Conditional		Conditional Perfect	
rappellerais	rappellerions	aurais rappelé	aurions rappelé
rappellerais	rappelleriez	aurais rappelé	auriez rappelé
rappellerait	rappelleraient	aurait rappelé	auraient rappelé

Present Subjunctive		Past Subjunctive	
rappelle	rappelions	aie rappelé	ayons rappelé
rappelles	rappeliez	aies rappelé	ayez rappelé
rappelle	rappellent	ait rappelé	aient rappelé

Imperfect Subjunctive		Pluperfect Subjunctive	
rappelasse	rappelassions	eusse rappelé	eussions rappelé
rappelasses	rappelassiez	eusses rappelé	eussiez rappelé
rappelât	rappelassent	eût rappelé	eussent rappelé

Imperative/Command

rappelle	rappelons	rappelez

Verb in Action

Cette odeur me rappelle mon enfance. *(This smell reminds me of my childhood.)*
Rappelle-moi d'acheter des billets. *(Remind me to get tickets.)*
Ça rappelle la Provence. *(It's reminiscent of Provence.)*

se rappeler
(to remember)

Present Participle: se rappelant • **Past Participle:** rappelé
Pronominal **-eler** verb: the **l** doubles before **e, es, ent**

Present
me rappelle	nous rappelons
te rappelles	vous rappelez
se rappelle	se rappellent

Imperfect
me rappelais	nous rappelions
te rappelais	vous rappeliez
se rappelait	se rappelaient

Passé Simple
me rappelai	nous rappelâmes
te rappelas	vous rappelâtes
se rappela	se rappelèrent

Future
me rappellerai	nous rappellerons
te rappelleras	vous rappellerez
se rappellera	se rappelleront

Conditional
me rappellerais	nous rappellerions
te rappellerais	vous rappelleriez
se rappellerait	se rappelleraient

Present Subjunctive
me rappelle	nous rappelions
te rappelles	vous rappeliez
se rappelle	se rappellent

Imperfect Subjunctive
me rappelasse	nous rappelassions
te rappelasses	vous rappelassiez
se rappelât	se rappelassent

Passé Composé
me suis rappelé(e)	nous sommes rappelé(e)s
t'es rappelé(e)	vous êtes rappelé(e)(s)
s'est rappelé/rappelée	se sont rappelés/rappelées

Pluperfect
m'étais rappelé(e)	nous étions rappelé(e)s
t'étais rappelé(e)	vous étiez rappelé(e)(s)
s'était rappelé/rappelée	s'étaient rappelés/rappelées

Past Anterior
me fus rappelé(e)	nous fûmes rappelé(e)s
te fus rappelé(e)	vous fûtes rappelé(e)(s)
se fut rappelé/rappelée	se furent rappelés/rappelées

Future Perfect
me serai rappelé(e)	nous serons rappelé(e)s
te seras rappelé(e)	vous serez rappelé(e)(s)
se sera rappelé/rappelée	se seront rappelés/rappelées

Conditional Perfect
me serais rappelé(e)	nous serions rappelé(e)s
te serais rappelé(e)	vous seriez rappelé(e)(s)
se serait rappelé/rappelée	se seraient rappelés/rappelées

Past Subjunctive
me sois rappelé(e)	nous soyons rappelé(e)s
te sois rappelé(e)	vous soyez rappelé(e)(s)
se soit rappelé/rappelée	se soient rappelés/rappelées

Pluperfect Subjunctive
me fusse rappelé(e)	nous fussions rappelé(e)s
te fusses rappelé(e)	vous fussiez rappelé(e)(s)
se fût rappelé/rappelée	se fussent rappelés/rappelées

Imperative/Command
rappelle-toi;	rappelons-nous;	rappelez-vous;
ne te rappelle pas	ne nous rappelons pas	ne vous rappelez pas

Verb in Action
Il s'est rappelé qu'il avait une course à faire. *(He remembered he had an errand to run.)*
Rappelle-toi l'anniversaire de ta femme. *(Remember your wife's birthday.)*
Elle ne se rappelle plus rien. *(She doesn't remember anything any more.)*

rater
(to miss, to fail)

· ·

Present Participle: ratant • **Past Participle:** raté
Regular **-er** verb

· ·

Present		*Passé Composé*	
rate	ratons	ai raté	avons raté
rates	ratez	as raté	avez raté
rate	ratent	a raté	ont raté

Imperfect		*Pluperfect*	
ratais	rations	avais raté	avions raté
ratais	ratiez	avais raté	aviez raté
ratait	rataient	avait raté	avaient raté

Passé Simple		*Past Anterior*	
ratai	ratâmes	eus raté	eûmes raté
ratas	ratâtes	eus raté	eûtes raté
rata	ratèrent	eut raté	eurent raté

Future		*Future Perfect*	
raterai	raterons	aurai raté	aurons raté
rateras	raterez	auras raté	aurez raté
ratera	rateront	aura raté	auront raté

Conditional		*Conditional Perfect*	
raterais	raterions	aurais raté	aurions raté
raterais	rateriez	aurais raté	auriez raté
raterait	rateraient	aurait raté	auraient raté

Present Subjunctive		*Past Subjunctive*	
rate	rations	aie raté	ayons raté
rates	ratiez	aies raté	ayez raté
rate	ratent	ait raté	aient raté

Imperfect Subjunctive		*Pluperfect Subjunctive*	
ratasse	ratassions	eusse raté	eussions raté
ratasses	ratassiez	eusses raté	eussiez raté
ratât	ratassent	eût raté	eussent raté

Imperative/Command

rate	ratons	ratez

· ·

Verb in Action

Chantal a raté son train. *(Chantal missed her train.)*
J'ai raté mon examen de maths. *(I failed my math test.)*
Il ne faut pas rater ce spectacle; il est exceptionnel. *(You must not miss this show; it's exceptional.)*

réagir
(to react, to respond)

Present Participle: réagissant • **Past Participle:** réagi
Regular -**ir** verb

Present
réagis	réagissons
réagis	réagissez
réagit	réagissent

Passé Composé
ai réagi	avons réagi
as réagi	avez réagi
a réagi	ont réagi

Imperfect
réagissais	réagissions
réagissais	réagissiez
réagissait	réagissaient

Pluperfect
avais réagi	avions réagi
avais réagi	aviez réagi
avait réagi	avaient réagi

Passé Simple
réagis	réagîmes
réagis	réagîtes
réagit	réagirent

Past Anterior
eus réagi	eûmes réagi
eus réagi	eûtes réagi
eut réagi	eurent réagi

Future
réagirai	réagirons
réagiras	réagirez
réagira	réagiront

Future Perfect
aurai réagi	aurons réagi
auras réagi	aurez réagi
aura réagi	auront réagi

Conditional
réagirais	réagirions
réagirais	réagiriez
réagirait	réagiraient

Conditional Perfect
aurais réagi	aurions réagi
aurais réagi	auriez réagi
aurait réagi	auraient réagi

Present Subjunctive
réagisse	réagissions
réagisses	réagissiez
réagisse	réagissent

Past Subjunctive
aie réagi	ayons réagi
aies réagi	ayez réagi
ait réagi	aient réagi

Imperfect Subjunctive
réagisse	réagissions
réagisses	réagissiez
réagît	réagissent

Pluperfect Subjunctive
eusse réagi	eussions réagi
eusses réagi	eussiez réagi
eût réagi	eussent réagi

Imperative/Command
réagis	réagissons	réagissez

Verb in Action
Mon bébé de quatre mois réagit déjà à son nom quand on l'appelle. *(My four-month-old baby is already responding to his name when he's called.)*
Elle a plutôt bien réagi en apprenant qu'on avait cassé un vase. *(She reacted reasonably well upon learning that we/they had broken a vase.)*

recevoir
(to get, to receive)

Present Participle: recevant • **Past Participle:** reçu
Irregular verb

Present		**Passé Composé**	
reçois	recevons	ai reçu	avons reçu
reçois	recevez	as reçu	avez reçu
reçoit	reçoivent	a reçu	ont reçu

Imperfect		**Pluperfect**	
recevais	recevions	avais reçu	avions reçu
recevais	receviez	avais reçu	aviez reçu
recevait	recevaient	avait reçu	avaient reçu

Passé Simple		**Past Anterior**	
reçus	reçûmes	eus reçu	eûmes reçu
reçus	reçûtes	eus reçu	eûtes reçu
reçut	reçurent	eut reçu	eurent reçu

Future		**Future Perfect**	
recevrai	recevrons	aurai reçu	aurons reçu
recevras	recevrez	auras reçu	aurez reçu
recevra	recevront	aura reçu	auront reçu

Conditional		**Conditional Perfect**	
recevrais	recevrions	aurais reçu	aurions reçu
recevrais	recevriez	aurais reçu	auriez reçu
recevrait	recevraient	aurait reçu	auraient reçu

Present Subjunctive		**Past Subjunctive**	
reçoive	recevions	aie reçu	ayons reçu
reçoives	receviez	aies reçu	ayez reçu
reçoive	reçoivent	ait reçu	aient reçu

Imperfect Subjunctive		**Pluperfect Subjunctive**	
reçusse	reçussions	eusse reçu	eussions reçu
reçusses	reçussiez	eusses reçu	eussiez reçu
reçût	reçussent	eût reçu	eussent reçu

Imperative/Command

reçois	recevons	recevez

Verb in Action

Je ne reçois jamais de courrier. *(I never get/receive any mail.)*
Elle a reçu une lettre de Charlotte. *(She received a letter from Charlotte.)*
Elle recevra une réponse la semaine prochaine. *(She'll get an answer next week.)*

rechercher
(to look for, to search)

Present Participle: recherchant • **Past Participle:** recherché
Regular **-er** verb

Present
recherche	recherchons
recherches	recherchez
recherche	recherchent

Imperfect
recherchais	recherchions
recherchais	recherchiez
recherchait	recherchaient

Passé Simple
recherchai	recherchâmes
recherchas	recherchâtes
rechercha	recherchèrent

Future
rechercherai	rechercherons
rechercheras	rechercherez
recherchera	rechercheront

Conditional
rechercherais	rechercherions
rechercherais	rechercheriez
rechercherait	rechercheraient

Present Subjunctive
recherche	recherchions
recherches	recherchiez
recherche	recherchent

Imperfect Subjunctive
recherchasse	recherchassions
recherchasses	recherchassiez
recherchât	recherchassent

Passé Composé
ai recherché	avons recherché
as recherché	avez recherché
a recherché	ont recherché

Pluperfect
avais recherché	avions recherché
avais recherché	aviez recherché
avait recherché	avaient recherché

Past Anterior
eus recherché	eûmes recherché
eus recherché	eûtes recherché
eut recherché	eurent recherché

Future Perfect
aurai recherché	aurons recherché
auras recherché	aurez recherché
aura recherché	auront recherché

Conditional Perfect
aurais recherché	aurions recherché
aurais recherché	auriez recherché
aurait recherché	auraient recherché

Past Subjunctive
aie recherché	ayons recherché
aies recherché	ayez recherché
ait recherché	aient recherché

Pluperfect Subjunctive
eusse recherché	eussions recherché
eusses recherché	eussiez recherché
eût recherché	eussent recherché

Imperative/Command
recherche   recherchons   recherchez

Verb in Action

Il a longtemps recherché ses parents après la guerre. *(He looked/searched for his parents for a long time after the war.)*
Je recherche un studio ou un deux pièces dans le centre. *(I'm looking for a studio or one-bedroom apartment in the town center.)*

reconnaître
(to recognize)

Present Participle: reconnaissant • **Past Participle:** reconnu
Irregular verb

Present

reconnais	reconnaissons
reconnais	reconnaissez
reconnaît	reconnaissent

Imperfect

reconnaissais	reconnaissions
reconnaissais	reconnaissiez
reconnaissait	reconnaissaient

Passé Simple

reconnus	reconnûmes
reconnus	reconnûtes
reconnut	reconnurent

Future

reconnaîtrai	reconnaîtrons
reconnaîtras	reconnaîtrez
reconnaîtra	reconnaîtront

Conditional

reconnaîtrais	reconnaîtrions
reconnaîtrais	reconnaîtriez
reconnaîtrait	reconnaîtraient

Present Subjunctive

reconnaisse	reconnaissions
reconnaisses	reconnaissiez
reconnaisse	reconnaissent

Imperfect Subjunctive

reconnusse	reconnussions
reconnusses	reconnussiez
reconnût	reconnussent

Passé Composé

ai reconnu	avons reconnu
as reconnu	avez reconnu
a reconnu	ont reconnu

Pluperfect

avais reconnu	avions reconnu
avais reconnu	aviez reconnu
avait reconnu	avaient reconnu

Past Anterior

eus reconnu	eûmes reconnu
eus reconnu	eûtes reconnu
eut reconnu	eurent reconnu

Future Perfect

aurai reconnu	aurons reconnu
auras reconnu	aurez reconnu
aura reconnu	auront reconnu

Conditional Perfect

aurais reconnu	aurions reconnu
aurais reconnu	auriez reconnu
aurait reconnu	auraient reconnu

Past Subjunctive

aie reconnu	ayons reconnu
aies reconnu	ayez reconnu
ait reconnu	aient reconnu

Pluperfect Subjunctive

eusse reconnu	eussions reconnu
eusses reconnu	eussiez reconnu
eût reconnu	eussent reconnu

Imperative/Command

reconnais	reconnaissons	reconnaissez

Verb in Action

Je ne l'ai pas reconnu. *(I didn't recognize him.)*

Je reconnais que j'ai eu tort. *(I admit I was wrong.)*

Elle portait des lunettes de soleil et un chapeau pour éviter qu'on la reconnaisse. *(She wore sunglasses and a hat to avoid being recognized.)*

réfléchir
(to think)

Present Participle: réfléchissant • **Past Participle:** réfléchi
Regular **-ir** verb

Present
réfléchis	réfléchissons
réfléchis	réfléchissez
réfléchit	réfléchissent

Imperfect
réfléchissais	réfléchissions
réfléchissais	réfléchissiez
réfléchissait	réfléchissaient

Passé Simple
réfléchis	réfléchîmes
réfléchis	réfléchîtes
réfléchit	réfléchirent

Future
réfléchirai	réfléchirons
réfléchiras	réfléchirez
réfléchira	réfléchiront

Conditional
réfléchirais	réfléchirions
réfléchirais	réfléchiriez
réfléchirait	réfléchiraient

Present Subjunctive
réfléchisse	réfléchissions
réfléchisses	réfléchissiez
réfléchisse	réfléchissent

Imperfect Subjunctive
réfléchisse	réfléchissions
réfléchisses	réfléchissiez
réfléchît	réfléchissent

Passé Composé
ai réfléchi	avons réfléchi
as réfléchi	avez réfléchi
a réfléchi	ont réfléchi

Pluperfect
avais réfléchi	avions réfléchi
avais réfléchi	aviez réfléchi
avait réfléchi	avaient réfléchi

Past Anterior
eus réfléchi	eûmes réfléchi
eus réfléchi	eûtes réfléchi
eut réfléchi	eurent réfléchi

Future Perfect
aurai réfléchi	aurons réfléchi
auras réfléchi	aurez réfléchi
aura réfléchi	auront réfléchi

Conditional Perfect
aurais réfléchi	aurions réfléchi
aurais réfléchi	auriez réfléchi
aurait réfléchi	auraient réfléchi

Past Subjunctive
aie réfléchi	ayons réfléchi
aies réfléchi	ayez réfléchi
ait réfléchi	aient réfléchi

Pluperfect Subjunctive
eusse réfléchi	eussions réfléchi
eusses réfléchi	eussiez réfléchi
eût réfléchi	eussent réfléchi

Imperative/Command
réfléchis	réfléchissons	réfléchissez

Verb in Action
Je vais réfléchir à ta proposition. *(I'll think about your proposal.)*
Réfléchissez avant de répondre. *(Think before answering.)*
Il réfléchit longuement avant de parler. *(He thought for a long time before he spoke.)*

refroidir/se refroidir*

(to cool)/(to get cold)

Present Participle: refroidissant • **Past Participle:** refroidi
Regular **-ir** verb

Present		Passé Composé	
refroidis	refroidissons	ai refroidi	avons refroidi
refroidis	refroidissez	as refroidi	avez refroidi
refroidit	refroidissent	a refroidi	ont refroidi

Imperfect		Pluperfect	
refroidissais	refroidissions	avais refroidi	avions refroidi
refroidissais	refroidissiez	avais refroidi	aviez refroidi
refroidissait	refroidissaient	avait refroidi	avaient refroidi

Passé Simple		Past Anterior	
refroidis	refroidîmes	eus refroidi	eûmes refroidi
refroidis	refroidîtes	eus refroidi	eûtes refroidi
refroidit	refroidirent	eut refroidi	eurent refroidi

Future		Future Perfect	
refroidirai	refroidirons	aurai refroidi	aurons refroidi
refroidiras	refroidirez	auras refroidi	aurez refroidi
refroidira	refroidiront	aura refroidi	auront refroidi

Conditional		Conditional Perfect	
refroidirais	refroidirions	aurais refroidi	aurions refroidi
refroidirais	refroidiriez	aurais refroidi	auriez refroidi
refroidirait	refroidiraient	aurait refroidi	auraient refroidi

Present Subjunctive		Past Subjunctive	
refroidisse	refroidissions	aie refroidi	ayons refroidi
refroidisses	refroidissiez	aies refroidi	ayez refroidi
refroidisse	refroidissent	ait refroidi	aient refroidi

Imperfect Subjunctive		Pluperfect Subjunctive	
refroidisse	refroidissions	eusse refroidi	eussions refroidi
refroidisses	refroidissiez	eusses refroidi	eussiez refroidi
refroidît	refroidissent	eût refroidi	eussent refroidi

Imperative/Command

refroidis	refroidissons	refroidissez

Verb in Action

Laissez le gâteau refroidir. *(Let the cake cool.)*
Le temps se refroidit. *(It's getting colder.)*
On va laisser le moteur refroidir un peu. *(We will let the engine cool down a little.)*

* **Note:** This pronominal verb is conjugated like **refroidir,** but with the addition of the pronominal pronouns and the auxiliary **être** *(to be)* for all the compound tenses.

regarder
(to watch)

Present Participle: regardant • **Past Participle:** regardé
Regular **-er** verb

Present		*Passé Composé*	
regarde	regardons	ai regardé	avons regardé
regardes	regardez	as regardé	avez regardé
regarde	regardent	a regardé	ont regardé

Imperfect		*Pluperfect*	
regardais	regardions	avais regardé	avions regardé
regardais	regardiez	avais regardé	aviez regardé
regardait	regardaient	avait regardé	avaient regardé

Passé Simple		*Past Anterior*	
regardai	regardâmes	eus regardé	eûmes regardé
regardas	regardâtes	eus regardé	eûtes regardé
regarda	regardèrent	eut regardé	eurent regardé

Future		*Future Perfect*	
regarderai	regarderons	aurai regardé	aurons regardé
regarderas	regarderez	auras regardé	aurez regardé
regardera	regarderont	aura regardé	auront regardé

Conditional		*Conditional Perfect*	
regarderais	regarderions	aurais regardé	aurions regardé
regarderais	regarderiez	aurais regardé	auriez regardé
regarderait	regarderaient	aurait regardé	auraient regardé

Present Subjunctive		*Past Subjunctive*	
regarde	regardions	aie regardé	ayons regardé
regardes	regardiez	aies regardé	ayez regardé
regarde	regardent	ait regardé	aient regardé

Imperfect Subjunctive		*Pluperfect Subjunctive*	
regardasse	regardassions	eusse regardé	eussions regardé
regardasses	regardassiez	eusses regardé	eussiez regardé
regardât	regardassent	eût regardé	eussent regardé

Imperative/Command

regarde	regardons	regardez

Verb in Action

Il regardait ses photos de vacances. *(He was looking at his vacation photos.)*
Je regarde la télévision. *(I'm watching television.)*
Regarde où tu mets les pieds! *(Watch your step!)*

régler
(to adjust, to settle)

Present Participle: réglant • Past Participle: réglé
é[consonant]-er verb; é becomes è before consonant + **e, es, ent**

Present		*Passé Composé*	
règle	réglons	ai réglé	avons réglé
règles	réglez	as réglé	avez réglé
règle	règlent	a réglé	ont réglé

Imperfect		*Pluperfect*	
réglais	réglions	avais réglé	avions réglé
réglais	régliez	avais réglé	aviez réglé
réglait	réglaient	avait réglé	avaient réglé

Passé Simple		*Past Anterior*	
réglai	réglâmes	eus réglé	eûmes réglé
réglas	réglâtes	eus réglé	eûtes réglé
régla	réglèrent	eut réglé	eurent réglé

Future		*Future Perfect*	
réglerai	réglerons	aurai réglé	aurons réglé
régleras	réglerez	auras réglé	aurez réglé
réglera	régleront	aura réglé	auront réglé

Conditional		*Conditional Perfect*	
réglerais	réglerions	aurais réglé	aurions réglé
réglerais	régleriez	aurais réglé	auriez réglé
réglerait	régleraient	aurait réglé	auraient réglé

Present Subjunctive		*Past Subjunctive*	
règle	réglions	aie réglé	ayons réglé
règles	régliez	aies réglé	ayez réglé
règle	règlent	ait réglé	aient réglé

Imperfect Subjunctive		*Pluperfect Subjunctive*	
réglasse	réglassions	eusse réglé	eussions réglé
réglasses	réglassiez	eusses réglé	eussiez réglé
réglât	réglassent	eût réglé	eussent réglé

Imperative/Command
règle	réglons	réglez

Verb in Action
Il faut que je règle mon rétroviseur. *(I'll have to adjust my rearview mirror.)*
J'ai réglé le thermostat à vingt degrés. *(I set the thermostat to 20 degrees.)*
Elle a réglé sa facture. *(She's settled her bill.)*

rejeter

(to refuse, to reject, to throw back)

Present Participle: rejetant • **Past Participle:** rejeté
-eter verb: the **t** doubles before **e, es, ent**

Present		Passé Composé	
rejette	rejetons	ai rejeté	avons rejeté
rejettes	rejetez	as rejeté	avez rejeté
rejette	rejettent	a rejeté	ont rejeté

Imperfect		Pluperfect	
rejetais	rejetions	avais rejeté	avions rejeté
rejetais	rejetiez	avais rejeté	aviez rejeté
rejetait	rejetaient	avait rejeté	avaient rejeté

Passé Simple		Past Anterior	
rejetai	rejetâmes	eus rejeté	eûmes rejeté
rejetas	rejetâtes	eus rejeté	eûtes rejeté
rejeta	rejetèrent	eut rejeté	eurent rejeté

Future		Future Perfect	
rejetterai	rejetterons	aurai rejeté	aurons rejeté
rejetteras	rejetterez	auras rejeté	aurez rejeté
rejettera	rejetteront	aura rejeté	auront rejeté

Conditional		Conditional Perfect	
rejetterais	rejetterions	aurais rejeté	aurions rejeté
rejetterais	rejetteriez	aurais rejeté	auriez rejeté
rejetterait	rejetteraient	aurait rejeté	auraient rejeté

Present Subjunctive		Past Subjunctive	
rejette	rejetions	aie rejeté	ayons rejeté
rejettes	rejetiez	aies rejeté	ayez rejeté
rejette	rejettent	ait rejeté	aient rejeté

Imperfect Subjunctive		Pluperfect Subjunctive	
rejetasse	rejetassions	eusse rejeté	eussions rejeté
rejetasses	rejetassiez	eusses rejeté	eussiez rejeté
rejetât	rejetassent	eût rejeté	eussent rejeté

Imperative/Command

rejette	rejetons	rejetez

Verb in Action

Paul a rejeté le poisson dans l'eau. *(Paul threw the fish back in the water.)*
Elle rejeta la tête en arrière et se mit à rire. *(She threw her head back and started laughing.)*
Le bébé pleurait et rejetait le biberon. *(The baby was crying and refusing his bottle.)*

remarquer
(to notice)

Present Participle: remarquant • **Past Participle:** remarqué
Regular **-er** verb

Present		*Passé Composé*	
remarque	remarquons	ai remarqué	avons remarqué
remarques	remarquez	as remarqué	avez remarqué
remarque	remarquent	a remarqué	ont remarqué

Imperfect		*Pluperfect*	
remarquais	remarquions	avais remarqué	avions remarqué
remarquais	remarquiez	avais remarqué	aviez remarqué
remarquait	remarquaient	avait remarqué	avaient remarqué

Passé Simple		*Past Anterior*	
remarquai	remarquâmes	eus remarqué	eûmes remarqué
remarquas	remarquâtes	eus remarqué	eûtes remarqué
remarqua	remarquèrent	eut remarqué	eurent remarqué

Future		*Future Perfect*	
remarquerai	remarquerons	aurai remarqué	aurons remarqué
remarqueras	remarquerez	auras remarqué	aurez remarqué
remarquera	remarqueront	aura remarqué	auront remarqué

Conditional		*Conditional Perfect*	
remarquerais	remarquerions	aurais remarqué	aurions remarqué
remarquerais	remarqueriez	aurais remarqué	auriez remarqué
remarquerait	remarqueraient	aurait remarqué	auraient remarqué

Present Subjunctive		*Past Subjunctive*	
remarque	remarquions	aie remarqué	ayons remarqué
remarques	remarquiez	aies remarqué	ayez remarqué
remarque	remarquent	ait remarqué	aient remarqué

Imperfect Subjunctive		*Pluperfect Subjunctive*	
remarquasse	remarquassions	eusse remarqué	eussions remarqué
remarquasses	remarquassiez	eusses remarqué	eussiez remarqué
remarquât	remarquassent	eût remarqué	eussent remarqué

Imperative/Command

remarque	remarquons	remarquez

Verb in Action

J'ai remarqué qu'elle avait l'air triste. *(I noticed she was looking sad.)*
Vous n'avez rien remarqué d'anormal en entrant chez vous? *(Didn't you notice anything unusual when you went into your house?)*

rembourser
(to pay back, to reimburse)

Present Participle: remboursant • **Past Participle:** remboursé
Regular **-er** verb

Present
rembourse	remboursons
rembourses	remboursez
rembourse	remboursent

Imperfect
remboursais	remboursions
remboursais	remboursiez
remboursait	remboursaient

Passé Simple
remboursai	remboursâmes
remboursas	remboursâtes
remboursa	remboursèrent

Future
rembourserai	rembourserons
rembourseras	rembourserez
remboursera	rembourseront

Conditional
rembourserais	rembourserions
rembourserais	rembourseriez
rembourserait	rembourseraient

Present Subjunctive
rembourse	remboursions
rembourses	remboursiez
rembourse	remboursent

Imperfect Subjunctive
remboursasse	remboursassions
remboursasses	remboursassiez
remboursât	remboursassent

Passé Composé
ai remboursé	avons remboursé
as remboursé	avez remboursé
a remboursé	ont remboursé

Pluperfect
avais remboursé	avions remboursé
avais remboursé	aviez remboursé
avait remboursé	avaient remboursé

Past Anterior
eus remboursé	eûmes remboursé
eus remboursé	eûtes remboursé
eut remboursé	eurent remboursé

Future Perfect
aurai remboursé	aurons remboursé
auras remboursé	aurez remboursé
aura remboursé	auront remboursé

Conditional Perfect
aurais remboursé	aurions remboursé
aurais remboursé	auriez remboursé
aurait remboursé	auraient remboursé

Past Subjunctive
aie remboursé	ayons remboursé
aies remboursé	ayez remboursé
ait remboursé	aient remboursé

Pluperfect Subjunctive
eusse remboursé	eussions remboursé
eusses remboursé	eussiez remboursé
eût remboursé	eussent remboursé

Imperative/Command
rembourse	remboursons	remboursez

Verb in Action
Il m'a remboursé l'argent qu'il me devait. *(He paid me back the money he owed me.)*
"Satisfait ou remboursé" *("Satisfaction or your money back")*
La radio ne marche déjà plus. Je vais me faire rembourser. *(The radio has stopped working already. I am going to ask for my money back.)*

remercier
(to thank)

Present Participle: remerciant • **Past Participle:** remercié
Regular **-er** verb

Present
remercie	remercions
remercies	remerciez
remercie	remercient

Imperfect
remerciais	remerciions
remerciais	remerciiez
remerciait	remerciaient

Passé Simple
remerciai	remerciâmes
remercias	remerciâtes
remercia	remercièrent

Future
remercierai	remercierons
remercieras	remercierez
remerciera	remercieront

Conditional
remercierais	remercierions
remercierais	remercieriez
remercierait	remercieraient

Present Subjunctive
remercie	remerciions
remercies	remerciiez
remercie	remercient

Imperfect Subjunctive
remerciasse	remerciassions
remerciasses	remerciassiez
remerciât	remerciassent

Passé Composé
ai remercié	avons remercié
as remercié	avez remercié
a remercié	ont remercié

Pluperfect
avais remercié	avions remercié
avais remercié	aviez remercié
avait remercié	avaient remercié

Past Anterior
eus remercié	eûmes remercié
eus remercié	eûtes remercié
eut remercié	eurent remercié

Future Perfect
aurai remercié	aurons remercié
auras remercié	aurez remercié
aura remercié	auront remercié

Conditional Perfect
aurais remercié	aurions remercié
aurais remercié	auriez remercié
aurait remercié	auraient remercié

Past Subjunctive
aie remercié	ayons remercié
aies remercié	ayez remercié
ait remercié	aient remercié

Pluperfect Subjunctive
eusse remercié	eussions remercié
eusses remercié	eussiez remercié
eût remercié	eussent remercié

Imperative/Command
remercie	remercions	remerciez

Verb in Action
Je te remercie pour ton cadeau. *(Thank you for your present.)*
Je vous remercie de m'avoir invité. *(Thank you for inviting me.)*
Tu remercieras bien ta famille d'accueil avant de partir. *(You need to thank your host family before you leave.)*

remettre

(to put back on, to postpone)

Present Participle: remettant • **Past Participle:** remis
Irregular **-re** verb

Present
remets	remettons
remets	remettez
remet	remettent

Passé Composé
ai remis	avons remis
as remis	avez remis
a remis	ont remis

Imperfect
remettais	remettions
remettais	remettiez
remettait	remettaient

Pluperfect
avais remis	avions remis
avais remis	aviez remis
avait remis	avaient remis

Passé Simple
remis	remîmes
remis	remîtes
remit	remirent

Past Anterior
eus remis	eûmes remis
eus remis	eûtes remis
eut remis	eurent remis

Future
remettrai	remettrons
remettras	remettrez
remettra	remettront

Future Perfect
aurai remis	aurons remis
auras remis	aurez remis
aura remis	auront remis

Conditional
remettrais	remettrions
remettrais	remettriez
remettrait	remettraient

Conditional Perfect
aurais remis	aurions remis
aurais remis	auriez remis
aurait remis	auraient remis

Present Subjunctive
remette	remettions
remettes	remettiez
remette	remettent

Past Subjunctive
aie remis	ayons remis
aies remis	ayez remis
ait remis	aient remis

Imperfect Subjunctive
remisse	remissions
remisses	remissiez
remît	remissent

Pluperfect Subjunctive
eusse remis	eussions remis
eusses remis	eussiez remis
eût remis	eussent remis

Imperative/Command
remets	remettons	remettez

Verb in Action
Il a remis son pull. *(He put his sweater back on.)*
J'ai dû remettre mon rendez-vous. *(I had to postpone my appointment.)*

remonter
(to go back up)

Present Participle: remontant • **Past Participle:** remonté
Regular **-er** verb

Present
remonte	remontons
remontes	remontez
remonte	remontent

Imperfect
remontais	remontions
remontais	remontiez
remontait	remontaient

Passé Simple
remontai	remontâmes
remontas	remontâtes
remonta	remontèrent

Future
remonterai	remonterons
remonteras	remonterez
remontera	remonteront

Conditional
remonterais	remonterions
remonterais	remonteriez
remonterait	remonteraient

Present Subjunctive
remonte	remontions
remontes	remontiez
remonte	remontent

Imperfect Subjunctive
remontasse	remontassions
remontasses	remontassiez
remontât	remontassent

Passé Composé
ai remonté	avons remonté
as remonté	avez remonté
a remonté	ont remonté

Pluperfect
avais remonté	avions remonté
avais remonté	aviez remonté
avait remonté	avaient remonté

Past Anterior
eus remonté	eûmes remonté
eus remonté	eûtes remonté
eut remonté	eurent remonté

Future Perfect
aurai remonté	aurons remonté
auras remonté	aurez remonté
aura remonté	auront remonté

Conditional Perfect
aurais remonté	aurions remonté
aurais remonté	auriez remonté
aurait remonté	auraient remonté

Past Subjunctive
aie remonté	ayons remonté
aies remonté	ayez remonté
ait remonté	aient remonté

Pluperfect Subjunctive
eusse remonté	eussions remonté
eusses remonté	eussiez remonté
eût remonté	eussent remonté

Imperative/Command
remonte	remontons	remontez

Verb in Action
Ils ont remonté la pente. *(They went back up the hill.)*
Elle remontait sans arrêt ses lunettes sur son nez. *(She constantly pushed her glasses back up her nose.*
Tu peux remonter les courses qui sont en bas? *(Can you bring up the shopping bags that are downstairs?)*

Note: This verb takes the auxiliary **être** *(to be)* when used intransitively.

remplacer
(to replace)

Present Participle: remplaçant • **Past Participle:** remplacé
-cer verb; **c** becomes **ç** before an **a** or an **o**

Present		*Passé Composé*	
remplace	remplaçons	ai remplacé	avons remplacé
remplaces	remplacez	as remplacé	avez remplacé
remplace	remplacent	a remplacé	ont remplacé

Imperfect		*Pluperfect*	
remplaçais	remplacions	avais remplacé	avions remplacé
remplaçais	remplaciez	avais remplacé	aviez remplacé
remplaçait	remplaçaient	avait remplacé	avaient remplacé

Passé Simple		*Past Anterior*	
remplaçai	remplaçâmes	eus remplacé	eûmes remplacé
remplaças	remplaçâtes	eus remplacé	eûtes remplacé
remplaça	remplacèrent	eut remplacé	eurent remplacé

Future		*Future Perfect*	
remplacerai	remplacerons	aurai remplacé	aurons remplacé
remplaceras	remplacerez	auras remplacé	aurez remplacé
remplacera	remplaceront	aura remplacé	auront remplacé

Conditional		*Conditional Perfect*	
remplacerais	remplacerions	aurais remplacé	aurions remplacé
remplacerais	remplaceriez	aurais remplacé	auriez remplacé
remplacerait	remplaceraient	aurait remplacé	auraient remplacé

Present Subjunctive		*Past Subjunctive*	
remplace	remplacions	aie remplacé	ayons remplacé
remplaces	remplaciez	aies remplacé	ayez remplacé
remplace	remplacent	ait remplacé	aient remplacé

Imperfect Subjunctive		*Pluperfect Subjunctive*	
remplaçasse	remplaçassions	eusse remplacé	eussions remplacé
remplaçasses	remplaçassiez	eusses remplacé	eussiez remplacé
remplaçât	remplaçassent	eût remplacé	eussent remplacé

Imperative/Command

remplace	remplaçons	remplacez

Verb in Action

Il faut remplacer cette ampoule. *(We need to replace this light bulb.)*
Il remplace le prof de maths. *(He's replacing the math teacher.)*
Rien ne remplace un séjour dans le pays pour apprendre une langue. *(Nothing replaces a visit to the country to learn a language.)*

remplir/se remplir*

(to fill, to fill in/out)/(to fill up)

Present Participle: remplissant • **Past Participle:** rempli
Regular **-ir** verb

Present
remplis	remplissons
remplis	remplissez
remplit	remplissent

Passé Composé
ai rempli	avons rempli
as rempli	avez rempli
a rempli	ont rempli

Imperfect
remplissais	remplissions
remplissais	remplissiez
remplissait	remplissaient

Pluperfect
avais rempli	avions rempli
avais rempli	aviez rempli
avait rempli	avaient rempli

Passé Simple
remplis	remplîmes
remplis	remplîtes
remplit	remplirent

Past Anterior
eus rempli	eûmes rempli
eus rempli	eûtes rempli
eut rempli	eurent rempli

Future
remplirai	remplirons
rempliras	remplirez
remplira	rempliront

Future Perfect
aurai rempli	aurons rempli
auras rempli	aurez rempli
aura rempli	auront rempli

Conditional
remplirais	remplirions
remplirais	rempliriez
remplirait	rempliraient

Conditional Perfect
aurais rempli	aurions rempli
aurais rempli	auriez rempli
aurait rempli	auraient rempli

Present Subjunctive
remplisse	remplissions
remplisses	remplissiez
remplisse	remplissent

Past Subjunctive
aie rempli	ayons rempli
aies rempli	ayez rempli
ait rempli	aient rempli

Imperfect Subjunctive
remplisse	remplissions
remplisses	remplissiez
remplît	remplissent

Pluperfect Subjunctive
eusse rempli	eussions rempli
eusses rempli	eussiez rempli
eût rempli	eussent rempli

Imperative/Command
remplis	remplissons	remplissez

Verb in Action

Tu as rempli ton formulaire? *(Have you filled out your form?)*
La salle s'est remplie de monde. *(The room filled up with people.)*
Mes yeux se sont remplis de larmes en lisant sa lettre. *(My eyes filled with tears when I read his/her letter.)*

* Note: This pronominal verb is conjugated like **remplir,** but with the addition of the pronominal pronouns and the auxiliary **être** *(to be)* for all the compound tenses.

rencontrer
(to meet, to encounter, to run into)

Present Participle: rencontrant • **Past Participle:** rencontré
Regular **-er** verb

Present
rencontre	rencontrons
rencontres	rencontrez
rencontre	rencontrent

Imperfect
rencontrais	rencontrions
rencontrais	rencontriez
rencontrait	rencontraient

Passé Simple
rencontrai	rencontrâmes
rencontras	rencontrâtes
rencontra	rencontrèrent

Future
rencontrerai	rencontrerons
rencontreras	rencontrerez
rencontrera	rencontreront

Conditional
rencontrerais	rencontrerions
rencontrerais	rencontreriez
rencontrerait	rencontreraient

Present Subjunctive
rencontre	rencontrions
rencontres	rencontriez
rencontre	rencontrent

Imperfect Subjunctive
rencontrasse	rencontrassions
rencontrasses	rencontrassiez
rencontrât	rencontrassent

Passé Composé
ai rencontré	avons rencontré
as rencontré	avez rencontré
a rencontré	ont rencontré

Pluperfect
avais rencontré	avions rencontré
avais rencontré	aviez rencontré
avait rencontré	avaient rencontré

Past Anterior
eus rencontré	eûmes rencontré
eus rencontré	eûtes rencontré
eut rencontré	eurent rencontré

Future Perfect
aurai rencontré	aurons rencontré
auras rencontré	aurez rencontré
aura rencontré	auront rencontré

Conditional Perfect
aurais rencontré	aurions rencontré
aurais rencontré	auriez rencontré
aurait rencontré	auraient rencontré

Past Subjunctive
aie rencontré	ayons rencontré
aies rencontré	ayez rencontré
ait rencontré	aient rencontré

Pluperfect Subjunctive
eusse rencontré	eussions rencontré
eusses rencontré	eussiez rencontré
eût rencontré	eussent rencontré

Imperative/Command
rencontre	rencontrons	rencontrez

Verb in Action
J'ai rencontré mon ancien prof de maths dans la rue. *(I ran into my former math teacher in the street.)*
On a rencontré quelques difficultés en début de projet. *(We ran into some difficulties early on in the project.)*
Ils se sont rencontrés il y a deux ans. *(They met each other two years ago.)*

#410

rendre
(to give back)

Present Participle: rendant • **Past Participle:** rendu
Regular **-re** verb

Present			Passé Composé	
rends	rendons		ai rendu	avons rendu
rends	rendez		as rendu	avez rendu
rend	rendent		a rendu	ont rendu

Imperfect			Pluperfect	
rendais	rendions		avais rendu	avions rendu
rendais	rendiez		avais rendu	aviez rendu
rendait	rendaient		avait rendu	avaient rendu

Passé Simple			Past Anterior	
rendis	rendîmes		eus rendu	eûmes rendu
rendis	rendîtes		eus rendu	eûtes rendu
rendit	rendirent		eut rendu	eurent rendu

Future			Future Perfect	
rendrai	rendrons		aurai rendu	aurons rendu
rendras	rendrez		auras rendu	aurez rendu
rendra	rendront		aura rendu	auront rendu

Conditional			Conditional Perfect	
rendrais	rendrions		aurais rendu	aurions rendu
rendrais	rendriez		aurais rendu	auriez rendu
rendrait	rendraient		aurait rendu	auraient rendu

Present Subjunctive			Past Subjunctive	
rende	rendions		aie rendu	ayons rendu
rendes	rendiez		aies rendu	ayez rendu
rende	rendent		ait rendu	aient rendu

Imperfect Subjunctive			Pluperfect Subjunctive	
rendisse	rendissions		eusse rendu	eussions rendu
rendisses	rendissiez		eusses rendu	eussiez rendu
rendît	rendissent		eût rendu	eussent rendu

Imperative/Command
rends   rendons   rendez

Verb in Action
J'ai rendu ses CD à Christine. *(I gave Christine her CDs back.)*
J'ai rendu mes livres à la bibliothèque. *(I took my books back to the library.)*
Rends-moi les clés de la voiture; je vais sortir. *(Give me back the car keys; I'm going out.)*

renoncer
(to give up)

Present Participle: renonçant • **Past Participle:** renoncé
-cer verb; **c** becomes **ç** before an **a** or an **o**

Present

renonce	renonçons		
renonces	renoncez		
renonce	renoncent		

Passé Composé

ai renoncé	avons renoncé
as renoncé	avez renoncé
a renoncé	ont renoncé

Imperfect

renonçais	renoncions
renonçais	renonciez
renonçait	renonçaient

Pluperfect

avais renoncé	avions renoncé
avais renoncé	aviez renoncé
avait renoncé	avaient renoncé

Passé Simple

renonçai	renonçâmes
renonças	renonçâtes
renonça	renoncèrent

Past Anterior

eus renoncé	eûmes renoncé
eus renoncé	eûtes renoncé
eut renoncé	eurent renoncé

Future

renoncerai	renoncerons
renonceras	renoncerez
renoncera	renonceront

Future Perfect

aurai renoncé	aurons renoncé
auras renoncé	aurez renoncé
aura renoncé	auront renoncé

Conditional

renoncerais	renoncerions
renoncerais	renonceriez
renoncerait	renonceraient

Conditional Perfect

aurais renoncé	aurions renoncé
aurais renoncé	auriez renoncé
aurait renoncé	auraient renoncé

Present Subjunctive

renonce	renoncions
renonces	renonciez
renonce	renoncent

Past Subjunctive

aie renoncé	ayons renoncé
aies renoncé	ayez renoncé
ait renoncé	aient renoncé

Imperfect Subjunctive

renonçasse	renonçassions
renonçasses	renonçassiez
renonçât	renonçassent

Pluperfect Subjunctive

eusse renoncé	eussions renoncé
eusses renoncé	eussiez renoncé
eût renoncé	eussent renoncé

Imperative/Command

renonce	renonçons	renoncez

Verb in Action

On a dû renoncer à partir en vacances cette année. *(We had to give up going on vacation this year.)*
Ils ont renoncé à leur projet. *(They've given up their plan.)*
J'y renonce! *(I give up!)*

renouveler
(to renew)

Present Participle: renouvelant • **Past Participle:** renouvelé
-eler verb: the **l** doubles before **e, es, ent**

Present
renouvelle	renouvelons
renouvelles	renouvelez
renouvelle	renouvellent

Imperfect
renouvelais	renouvelions
renouvelais	renouveliez
renouvelait	renouvelaient

Passé Simple
renouvelai	renouvelâmes
renouvelas	renouvelâtes
renouvela	renouvelèrent

Future
renouvellerai	renouvellerons
renouvelleras	renouvellerez
renouvellera	renouvelleront

Conditional
renouvellerais	renouvellerions
renouvellerais	renouvelleriez
renouvellerait	renouvelleraient

Present Subjunctive
renouvelle	renouvelions
renouvelles	renouveliez
renouvelle	renouvellent

Imperfect Subjunctive
renouvelasse	renouvelassions
renouvelasses	renouvelassiez
renouvelât	renouvelassent

Passé Composé
ai renouvelé	avons renouvelé
as renouvelé	avez renouvelé
a renouvelé	ont renouvelé

Pluperfect
avais renouvelé	avions renouvelé
avais renouvelé	aviez renouvelé
avait renouvelé	avaient renouvelé

Past Anterior
eus renouvelé	eûmes renouvelé
eus renouvelé	eûtes renouvelé
eut renouvelé	eurent renouvelé

Future Perfect
aurai renouvelé	aurons renouvelé
auras renouvelé	aurez renouvelé
aura renouvelé	auront renouvelé

Conditional Perfect
aurais renouvelé	aurions renouvelé
aurais renouvelé	auriez renouvelé
aurait renouvelé	auraient renouvelé

Past Subjunctive
aie renouvelé	ayons renouvelé
aies renouvelé	ayez renouvelé
ait renouvelé	aient renouvelé

Pluperfect Subjunctive
eusse renouvelé	eussions renouvelé
eusses renouvelé	eussiez renouvelé
eût renouvelé	eussent renouvelé

Imperative/Command
renouvelle	renouvelons	renouvelez

Verb in Action

Il faut que je renouvelle mon passeport avant de partir. *(I must renew my passport before leaving.)*

Je lui ai demandé de renouveler mon ordonnance. *(I asked him/her to renew my prescription.)*

renseigner/se renseigner*

(to inform, to give information)/(to find out)

Present Participle: renseignant • **Past Participle:** renseigné
Regular **-er** verb

Present
renseigne / renseignons
renseignes / renseignez
renseigne / renseignent

Passé Composé
ai renseigné / avons renseigné
as renseigné / avez renseigné
a renseigné / ont renseigné

Imperfect
renseignais / renseignions
renseignais / renseigniez
renseignait / renseignaient

Pluperfect
avais renseigné / avions renseigné
avais renseigné / aviez renseigné
avait renseigné / avaient renseigné

Passé Simple
renseignai / renseignâmes
renseignas / renseignâtes
renseigna / renseignèrent

Past Anterior
eus renseigné / eûmes renseigné
eus renseigné / eûtes renseigné
eut renseigné / eurent renseigné

Future
renseignerai / renseignerons
renseigneras / renseignerez
renseignera / renseigneront

Future Perfect
aurai renseigné / aurons renseigné
auras renseigné / aurez renseigné
aura renseigné / auront renseigné

Conditional
renseignerais / renseignerions
renseignerais / renseigneriez
renseignerait / renseigneraient

Conditional Perfect
aurais renseigné / aurions renseigné
aurais renseigné / auriez renseigné
aurait renseigné / auraient renseigné

Present Subjunctive
renseigne / renseignions
renseignes / renseigniez
renseigne / renseignent

Past Subjunctive
aie renseigné / ayons renseigné
aies renseigné / ayez renseigné
ait renseigné / aient renseigné

Imperfect Subjunctive
renseignasse / renseignassions
renseignasses / renseignassiez
renseignât / renseignassent

Pluperfect Subjunctive
eusse renseigné / eussions renseigné
eusses renseigné / eussiez renseigné
eût renseigné / eussent renseigné

Imperative/Command
renseigne / renseignons / renseignez

Verb in Action

Le service clients renseigne par téléphone les clients inquiets ou en difficulté.
(Customer service gives information over the phone to customers who are worried or in financial difficulty.)
Est-ce que je peux vous renseigner? *(Can I help you?)*
Je vais me renseigner pour voir s'il n'y a pas un vol direct. *(I'm going to find out if there's a direct flight.)*

* *Note:* This pronominal verb is conjugated similarly to **se bagarrer.**

rentrer
(to get home, to return)

Present Participle: rentrant • **Past Participle**: rentré
Regular **-er** verb

Present
rentre	rentrons
rentres	rentrez
rentre	rentrent

Passé Composé
suis rentré(e)	sommes rentré(e)s
es rentré(e)	êtes rentré(e)(s)
est rentré/rentrée	sont rentrés/rentrées

Imperfect
rentrais	rentrions
rentrais	rentriez
rentrait	rentraient

Pluperfect
étais rentré(e)	étions rentré(e)s
étais rentré(e)	étiez rentré(e)(s)
était rentré/rentrée	étaient rentrés/rentrées

Passé Simple
rentrai	rentrâmes
rentras	rentrâtes
rentra	rentrèrent

Past Anterior
fus rentré(e)	fûmes rentré(e)s
fus rentré(e)	fûtes rentré(e)(s)
fut rentré/rentrée	furent rentrés/rentrées

Future
rentrerai	rentrerons
rentreras	rentrerez
rentrera	rentreront

Future Perfect
serai rentré(e)	serons rentré(e)s
seras rentré(e)	serez rentré(e)(s)
sera rentré/rentrée	seront rentrés/rentrées

Conditional
rentrerais	rentrerions
rentrerais	rentreriez
rentrerait	rentreraient

Conditional Perfect
serais rentré(e)	serions rentré(e)s
serais rentré(e)	seriez rentré(e)(s)
serait rentré/rentrée	seraient rentrés/rentrées

Present Subjunctive
rentre	rentrions
rentres	rentriez
rentre	rentrent

Past Subjunctive
sois rentré(e)	soyons rentré(e)s
sois rentré(e)	soyez rentré(e)(s)
soit rentré/rentrée	soient rentrés/rentrées

Imperfect Subjunctive
rentrasse	rentrassions
rentrasses	rentrassiez
rentrât	rentrassent

Pluperfect Subjunctive
fusse rentré(e)	fussions rentré(e)s
fusses rentré(e)	fussiez rentré(e)(s)
fût rentré/rentrée	fussent rentrés/rentrées

Imperative/Command
rentre	rentrons	rentrez

Verb in Action
Je rentre déjeuner à midi. *(I go home for lunch.)*
À quelle heure est-ce qu'elle est rentrée? *(What time did she get home?)*
Ne rentre pas trop tard. *(Don't come home too late.)*

réparer
(to repair, to fix)

Present Participle: réparant • **Past Participle:** réparé
Regular **-er** verb

Present
répare	réparons
répares	réparez
répare	réparent

Imperfect
réparais	réparions
réparais	répariez
réparait	réparaient

Passé Simple
réparai	réparâmes
réparas	réparâtes
répara	réparèrent

Future
réparerai	réparerons
répareras	réparerez
réparera	répareront

Conditional
réparerais	réparerions
réparerais	répareriez
réparerait	répareraient

Present Subjunctive
répare	réparions
répares	répariez
répare	réparent

Imperfect Subjunctive
réparasse	réparassions
réparasses	réparassiez
réparât	réparassent

Passé Composé
ai réparé	avons réparé
as réparé	avez réparé
a réparé	ont réparé

Pluperfect
avais réparé	avions réparé
avais réparé	aviez réparé
avait réparé	avaient réparé

Past Anterior
eus réparé	eûmes réparé
eus réparé	eûtes réparé
eut réparé	eurent réparé

Future Perfect
aurai réparé	aurons réparé
auras réparé	aurez réparé
aura réparé	auront réparé

Conditional Perfect
aurais réparé	aurions réparé
aurais réparé	auriez réparé
aurait réparé	auraient réparé

Past Subjunctive
aie réparé	ayons réparé
aies réparé	ayez réparé
ait réparé	aient réparé

Pluperfect Subjunctive
eusse réparé	eussions réparé
eusses réparé	eussiez réparé
eût réparé	eussent réparé

Imperative/Command
répare	réparons	réparez

Verb in Action
Tu as réussi à réparer la radio? *(Did you manage to fix the radio?)*
La route est barrée parce qu'ils réparent le pont. *(The road is closed because they are fixing the bridge.)*
J'ai fait réparer ma montre. *(I had my watch repaired.)*

répéter
(to repeat)

Present Participle: répétant • **Past Participle:** répété
é[consonant]-**er** verb; **é** becomes **è** before consonant + **e, es, ent**

Present		Passé Composé	
répète	répétons	ai répété	avons répété
répètes	répétez	as répété	avez répété
répète	répètent	a répété	ont répété

Imperfect		Pluperfect	
répétais	répétions	avais répété	avions répété
répétais	répétiez	avais répété	aviez répété
répétait	répétaient	avait répété	avaient répété

Passé Simple		Past Anterior	
répétai	répétâmes	eus répété	eûmes répété
répétas	répétâtes	eus répété	eûtes répété
répéta	répétèrent	eut répété	eurent répété

Future		Future Perfect	
répéterai	répéterons	aurai répété	aurons répété
répéteras	répéterez	auras répété	aurez répété
répétera	répéteront	aura répété	auront répété

Conditional		Conditional Perfect	
répéterais	répéterions	aurais répété	aurions répété
répéterais	répéteriez	aurais répété	auriez répété
répéterait	répéteraient	aurait répété	auraient répété

Present Subjunctive		Past Subjunctive	
répète	répétions	aie répété	ayons répété
répètes	répétiez	aies répété	ayez répété
répète	répètent	ait répété	aient répété

Imperfect Subjunctive		Pluperfect Subjunctive	
répétasse	répétassions	eusse répété	eussions répété
répétasses	répétassiez	eusses répété	eussiez répété
répétât	répétassent	eût répété	eussent répété

Imperative/Command

répète	répétons	répétez

Verb in Action

Elle répète toujours la même chose. *(She keeps repeating the same thing.)*
J'espère que cela ne se répétera pas! *(I hope this won't happen again!)*
Répète-lui ce que tu viens de me dire. *(Tell him/her what you just told me.)*

répondre (à)

(to answer, to reply)

Present Participle: répondant • **Past Participle:** répondu
Regular **-re** verb

Present
réponds	répondons
réponds	répondez
répond	répondent

Passé Composé
ai répondu	avons répondu
as répondu	avez répondu
a répondu	ont répondu

Imperfect
répondais	répondions
répondais	répondiez
répondait	répondaient

Pluperfect
avais répondu	avions répondu
avais répondu	aviez répondu
avait répondu	avaient répondu

Passé Simple
répondis	répondîmes
répondis	répondîtes
répondit	répondirent

Past Anterior
eus répondu	eûmes répondu
eus répondu	eûtes répondu
eut répondu	eurent répondu

Future
répondrai	répondrons
répondras	répondrez
répondra	répondront

Future Perfect
aurai répondu	aurons répondu
auras répondu	aurez répondu
aura répondu	auront répondu

Conditional
répondrais	répondrions
répondrais	répondriez
répondrait	répondraient

Conditional Perfect
aurais répondu	aurions répondu
aurais répondu	auriez répondu
aurait répondu	auraient répondu

Present Subjunctive
réponde	répondions
répondes	répondiez
réponde	répondent

Past Subjunctive
aie répondu	ayons répondu
aies répondu	ayez répondu
ait répondu	aient répondu

Imperfect Subjunctive
répondisse	répondissions
répondisses	répondissiez
répondît	répondissent

Pluperfect Subjunctive
eusse répondu	eussions répondu
eusses répondu	eussiez répondu
eût répondu	eussent répondu

Imperative/Command
réponds	répondons	répondez

Verb in Action
Elle a répondu au téléphone. *(She answered the phone.)*
Lisez le texte et répondez aux questions. *(Read the text and answer the questions.)*
J'attendais que tu répondes à ma lettre. *(I was waiting for you to reply to my letter.)*

reprendre
(to take again, to start again, to take back)

Present Participle: reprenant • **Past Participle:** repris
Irregular **-re** verb

Present		Passé Composé	
reprends	reprenons	ai repris	avons repris
reprends	reprenez	as repris	avez repris
reprend	reprennent	a repris	ont repris

Imperfect		Pluperfect	
reprenais	reprenions	avais repris	avions repris
reprenais	repreniez	avais repris	aviez repris
reprenait	reprenaient	avait repris	avaient repris

Passé Simple		Past Anterior	
repris	reprîmes	eus repris	eûmes repris
repris	reprîtes	eus repris	eûtes repris
reprit	reprirent	eut repris	eurent repris

Future		Future Perfect	
reprendrai	reprendrons	aurai repris	aurons repris
reprendras	reprendrez	auras repris	aurez repris
reprendra	reprendront	aura repris	auront repris

Conditional		Conditional Perfect	
reprendrais	reprendrions	aurais repris	aurions repris
reprendrais	reprendriez	aurais repris	auriez repris
reprendrait	reprendraient	aurait repris	auraient repris

Present Subjunctive		Past Subjunctive	
reprenne	reprenions	aie repris	ayons repris
reprennes	repreniez	aies repris	ayez repris
reprenne	reprennent	ait repris	aient repris

Imperfect Subjunctive		Pluperfect Subjunctive	
reprisse	reprissions	eusse repris	eussions repris
reprisses	reprissiez	eusses repris	eussiez repris
reprît	reprissent	eût repris	eussent repris

Imperative/Command

reprends	reprenons	reprenez

Verb in Action

La réunion reprendra à deux heures. *(The meeting will start again at 2 o'clock.)*
Je viendrai te reprendre à quatre heures. *(I'll come and take you back at 4 o'clock.)*

réserver

(to reserve, to book, to save)

Present Participle: réservant • **Past Participle:** réservé
Regular **-er** verb

Present
réserve	réservons
réserves	réservez
réserve	réservent

Passé Composé
ai réservé	avons réservé
as réservé	avez réservé
a réservé	ont réservé

Imperfect
réservais	réservions
réservais	réserviez
réservait	réservaient

Pluperfect
avais réservé	avions réservé
avais réservé	aviez réservé
avait réservé	avaient réservé

Passé Simple
réservai	réservâmes
réservas	réservâtes
réserva	réservèrent

Past Anterior
eus réservé	eûmes réservé
eus réservé	eûtes réservé
eut réservé	eurent réservé

Future
réserverai	réserverons
réserveras	réserverez
réservera	réserveront

Future Perfect
aurai réservé	aurons réservé
auras réservé	aurez réservé
aura réservé	auront réservé

Conditional
réserverais	réserverions
réserverais	réserveriez
réserverait	réserveraient

Conditional Perfect
aurais réservé	aurions réservé
aurais réservé	auriez réservé
aurait réservé	auraient réservé

Present Subjunctive
réserve	réservions
réserves	réserviez
réserve	réservent

Past Subjunctive
aie réservé	ayons réservé
aies réservé	ayez réservé
ait réservé	aient réservé

Imperfect Subjunctive
réservasse	réservassions
réservasses	réservassiez
réservât	réservassent

Pluperfect Subjunctive
eusse réservé	eussions réservé
eusses réservé	eussiez réservé
eût réservé	eussent réservé

Imperative/Command
réserve	réservons	réservez

Verb in Action
Je voudrais réserver une table. *(I'd like to reserve a table.)*
Elle a réservé son billet d'avion à l'avance. *(She booked her plane ticket in advance.)*
Je t'ai réservé une part de gâteau. *(I've saved you a piece of cake.)*

résoudre
(to solve, to resolve)

Present Participle: résolvant • **Past Participle:** résolu
Irregular verb

Present
résous	résolvons
résous	résolvez
résout	résolvent

Passé Composé
ai résolu	avons résolu
as résolu	avez résolu
a résolu	ont résolu

Imperfect
résolvais	résolvions
résolvais	résolviez
résolvait	résolvaient

Pluperfect
avais résolu	avions résolu
avais résolu	aviez résolu
avait résolu	avaient résolu

Passé Simple
résolus	résolûmes
résolus	résolûtes
résolut	résolurent

Past Anterior
eus résolu	eûmes résolu
eus résolu	eûtes résolu
eut résolu	eurent résolu

Future
résoudrai	résoudrons
résoudras	résoudrez
résoudra	résoudront

Future Perfect
aurai résolu	aurons résolu
auras résolu	aurez résolu
aura résolu	auront résolu

Conditional
résoudrais	résoudrions
résoudrais	résoudriez
résoudrait	résoudraient

Conditional Perfect
aurais résolu	aurions résolu
aurais résolu	auriez résolu
aurait résolu	auraient résolu

Present Subjunctive
résolve	résolvions
résolves	résolviez
résolve	résolvent

Past Subjunctive
aie résolu	ayons résolu
aies résolu	ayez résolu
ait résolu	aient résolu

Imperfect Subjunctive
résolusse	résolussions
résolusses	résolussiez
résolût	résolussent

Pluperfect Subjunctive
eusse résolu	eussions résolu
eusses résolu	eussiez résolu
eût résolu	eussent résolu

Imperative/Command
résous	résolvons	résolvez

Verb in Action
C'est un problème qui sera difficile à résoudre. *(This problem will be difficult to solve.)*
La violence ne résout rien. *(Violence doesn't solve anything.)*
J'ai résolu le problème. *(I solved the problem.)*

ressembler (à)

(to look like, to resemble)

Present Participle: ressemblant • **Past Participle:** ressemblé
Regular **-er** verb

Present
ressemble	ressemblons
ressembles	ressemblez
ressemble	ressemblent

Imperfect
ressemblais	ressemblions
ressemblais	ressembliez
ressemblait	ressemblaient

Passé Simple
ressemblai	ressemblâmes
ressemblas	ressemblâtes
ressembla	ressemblèrent

Future
ressemblerai	ressemblerons
ressembleras	ressemblerez
ressemblera	ressembleront

Conditional
ressemblerais	ressemblerions
ressemblerais	ressembleriez
ressemblerait	ressembleraient

Present Subjunctive
ressemble	ressemblions
ressembles	ressembliez
ressemble	ressemblent

Imperfect Subjunctive
ressemblasse	ressemblassions
ressemblasses	ressemblassiez
ressemblât	ressemblassent

Passé Composé
ai ressemblé	avons ressemblé
as ressemblé	avez ressemblé
a ressemblé	ont ressemblé

Pluperfect
avais ressemblé	avions ressemblé
avais ressemblé	aviez ressemblé
avait ressemblé	avaient ressemblé

Past Anterior
eus ressemblé	eûmes ressemblé
eus ressemblé	eûtes ressemblé
eut ressemblé	eurent ressemblé

Future Perfect
aurai ressemblé	aurons ressemblé
auras ressemblé	aurez ressemblé
aura ressemblé	auront ressemblé

Conditional Perfect
aurais ressemblé	aurions ressemblé
aurais ressemblé	auriez ressemblé
aurait ressemblé	auraient ressemblé

Past Subjunctive
aie ressemblé	ayons ressemblé
aies ressemblé	ayez ressemblé
ait ressemblé	aient ressemblé

Pluperfect Subjunctive
eusse ressemblé	eussions ressemblé
eusses ressemblé	eussiez ressemblé
eût ressemblé	eussent ressemblé

Imperative/Command
ressemble	ressemblons	ressemblez

Verb in Action

Elle ne ressemble pas à sa sœur. *(She doesn't look like her sister.)*
Ça ressemble à un conte de fées. *(It resembles a fairy tale.)*
Ces deux pays ne se ressemblent pas. *(These two countries aren't alike (don't resemble each other).)*

ressentir
(to feel)

Present Participle: ressentant • Past Participle: ressenti
Irregular -**ir** verb

Present		*Passé Composé*	
ressens	ressentons	ai ressenti	avons ressenti
ressens	ressentez	as ressenti	avez ressenti
ressent	ressentent	a ressenti	ont ressenti

Imperfect		*Pluperfect*	
ressentais	ressentions	avais ressenti	avions ressenti
ressentais	ressentiez	avais ressenti	aviez ressenti
ressentait	ressentaient	avait ressenti	avaient ressenti

Passé Simple		*Past Anterior*	
ressentis	ressentîmes	eus ressenti	eûmes ressenti
ressentis	ressentîtes	eus ressenti	eûtes ressenti
ressentit	ressentirent	eut ressenti	eurent ressenti

Future		*Future Perfect*	
ressentirai	ressentirons	aurai ressenti	aurons ressenti
ressentiras	ressentirez	auras ressenti	aurez ressenti
ressentira	ressentiront	aura ressenti	auront ressenti

Conditional		*Conditional Perfect*	
ressentirais	ressentirions	aurais ressenti	aurions ressenti
ressentirais	ressentiriez	aurais ressenti	auriez ressenti
ressentirait	ressentiraient	aurait ressenti	auraient ressenti

Present Subjunctive		*Past Subjunctive*	
ressente	ressentions	aie ressenti	ayons ressenti
ressentes	ressentiez	aies ressenti	ayez ressenti
ressente	ressentent	ait ressenti	aient ressenti

Imperfect Subjunctive		*Pluperfect Subjunctive*	
ressentisse	ressentissions	eusse ressenti	eussions ressenti
ressentisses	ressentissiez	eusses ressenti	eussiez ressenti
ressentît	ressentissent	eût ressenti	eussent ressenti

Imperative/Command

ressens	ressentons	ressentez

Verb in Action

Le patient ne devrait pas ressentir de douleur. *(The patient should not feel any pain.)*
Il ressentait des émotions contradictoires. *(He felt mixed emotions.)*
On a ressenti une secousse sismique dans la nuit. *(We felt an earthquake during the night.)*

rester
(to stay, to remain, to be left (over))

Present Participle: restant • **Past Participle:** resté
Regular **-er** verb

Present
reste	restons
restes	restez
reste	restent

Imperfect
restais	restions
restais	restiez
restait	restaient

Passé Simple
restai	restâmes
restas	restâtes
resta	restèrent

Future
resterai	resterons
resteras	resterez
restera	resteront

Conditional
resterais	resterions
resterais	resteriez
resterait	resteraient

Present Subjunctive
reste	restions
restes	restiez
reste	restent

Imperfect Subjunctive
restasse	restassions
restasses	restassiez
restât	restassent

Passé Composé
suis resté(e)	sommes resté(e)s
es resté(e)	êtes resté(e)(s)
est resté/restée	sont restés/restées

Pluperfect
étais resté(e)	étions resté(e)s
étais resté(e)	étiez resté(e)(s)
était resté/restée	étaient restés/restées

Past Anterior
fus resté(e)	fûmes resté(e)s
fus resté(e)	fûtes resté(e)(s)
fut resté/restée	furent restés/restées

Future Perfect
serai resté (e)	serons resté (e) s
seras resté (e)	serez resté (e) (s)
sera resté/restée	seront restés/restées

Conditional Perfect
serais resté(e)	serions resté(e)s
serais resté(e)	seriez resté(e)(s)
serait resté/restée	seraient restés/restées

Past Subjunctive
sois resté(e)	soyons resté(e)s
sois resté(e)	soyez resté(e)(s)
soit resté/restée	soient restés/restées

Pluperfect Subjunctive
fusse resté(e)	fussions resté(e)s
fusses resté(e)	fussiez resté(e)(s)
fût resté/restée	fussent restés/restées

Imperative/Command
reste	restons	restez

Verb in Action
Cet été, je reste en Écosse. *(I'm staying in Scotland this summer.)*
Ils ne sont pas restés très longtemps. *(They didn't stay very long.)*
Il leur restait encore un peu d'argent. *(They still had some money left.)*

retenir

(to remember, to book, to retain)

Present Participle: retenant • Past Participle: retenu
Irregular -**ir** verb

Present		*Passé Composé*	
retiens	retenons	ai retenu	avons retenu
retiens	retenez	as retenu	avez retenu
retient	retiennent	a retenu	ont retenu

Imperfect		*Pluperfect*	
retenais	retenions	avais retenu	avions retenu
retenais	reteniez	avais retenu	aviez retenu
retenait	retenaient	avait retenu	avaient retenu

Passé Simple		*Past Anterior*	
retins	retînmes	eus retenu	eûmes retenu
retins	retîntes	eus retenu	eûtes retenu
retint	retinrent	eut retenu	eurent retenu

Future		*Future Perfect*	
retiendrai	retiendrons	aurai retenu	aurons retenu
retiendras	retiendrez	auras retenu	aurez retenu
retiendra	retiendront	aura retenu	auront retenu

Conditional		*Conditional Perfect*	
retiendrais	retiendrions	aurais retenu	aurions retenu
retiendrais	retiendriez	aurais retenu	auriez retenu
retiendrait	retiendraient	aurait retenu	auraient retenu

Present Subjunctive		*Past Subjunctive*	
retienne	retenions	aie retenu	ayons retenu
retiennes	reteniez	aies retenu	ayez retenu
retienne	retiennent	ait retenu	aient retenu

Imperfect Subjunctive		*Pluperfect Subjunctive*	
retinsse	retinssions	eusse retenu	eussions retenu
retinsses	retinssiez	eusses retenu	eussiez retenu
retînt	retinssent	eût retenu	eussent retenu

Imperative/Command

retiens	retenons	retenez

Verb in Action

Tu as retenu leur adresse? *(Do you remember their address?)*
J'ai retenu une chambre à l'hôtel. *(I booked a room at the hotel.)*
Je ne vous retiens pas, vous devez être pressé. *(Don't let me keep you, you must be in a hurry.)*

retourner

(to go back, to return)

Present Participle: retournant • **Past Participle:** retourné
Regular **-er** verb

Present		Passé Composé	
retourne	retournons	suis retourné(e)	sommes retourné(e)s
retournes	retournez	es retourné(e)	êtes retourné(e)(s)
retourne	retournent	est retourné/retournée	sont retournés/retournées

Imperfect		Pluperfect	
retournais	retournions	étais retourné(e)	étions retourné(e)s
retournais	retourniez	étais retourné(e)	étiez retourné(e)(s)
retournait	retournaient	était retourné/retournée	étaient retournés/retournées

Passé Simple		Past Anterior	
retournai	retournâmes	fus retourné(e)	fûmes retourné(e)s
retournas	retournâtes	fus retourné(e)	fûtes retourné(e)(s)
retourna	retournèrent	fut retourné/retournée	furent retournés/retournées

Future		Future Perfect	
retournerai	retournerons	serai retourné(e)	serons retourné (e) s
retourneras	retournerez	seras retourné(e)	serez retourné (e) (s)
retournera	retourneront	sera retourné/retournée	seront retournés/retournées

Conditional		Conditional Perfect	
retournerais	retournerions	serais retourné(e)	serions retourné(e)s
retournerais	retourneriez	serais retourné(e)	seriez retourné(e)(s)
retournerait	retourneraient	serait retourné/retournée	seraient retournés/retournées

Present Subjunctive		Past Subjunctive	
retourne	retournions	sois retourné(e)	soyons retourné(e)s
retournes	retourniez	sois retourné(e)	soyez retourné(e)(s)
retourne	retournent	soit retourné/retournée	soient retournés/retournées

Imperfect Subjunctive		Pluperfect Subjunctive	
retournasse	retournassions	fusse retourné(e)	fussions retourné(e)s
retournasses	retournassiez	fusses retourné(e)	fussiez retourné(e)(s)
retournât	retournassent	fût retourné/retournée	fussent retournés/retournées

Imperative/Command		
retourne	retournons	retournez

Verb in Action

Cet été, nous retournons en Grèce. *(We're going back to Greece this summer.)*
Elle retournait rarement dans son pays natal. *(She would rarely go back to her native country.)*
Elle avait retourné la carte pour vérifier. *(She had turned the card over to check.)*

Note: When this verb has a direct object, it takes the auxiliary **avoir** *(to have).*

retrouver
(to meet, to find (again))

Present Participle: retrouvant • **Past Participle:** retrouvé
Regular **-er** verb

Present		*Passé Composé*	
retrouve	retrouvons	ai retrouvé	avons retrouvé
retrouves	retrouvez	as retrouvé	avez retrouvé
retrouve	retrouvent	a retrouvé	ont retrouvé

Imperfect		*Pluperfect*	
retrouvais	retrouvions	avais retrouvé	avions retrouvé
retrouvais	retrouviez	avais retrouvé	aviez retrouvé
retrouvait	retrouvaient	avait retrouvé	avaient retrouvé

Passé Simple		*Past Anterior*	
retrouvai	retrouvâmes	eus retrouvé	eûmes retrouvé
retrouvas	retrouvâtes	eus retrouvé	eûtes retrouvé
retrouva	retrouvèrent	eut retrouvé	eurent retrouvé

Future		*Future Perfect*	
retrouverai	retrouverons	aurai retrouvé	aurons retrouvé
retrouveras	retrouverez	auras retrouvé	aurez retrouvé
retrouvera	retrouveront	aura retrouvé	auront retrouvé

Conditional		*Conditional Perfect*	
retrouverais	retrouverions	aurais retrouvé	aurions retrouvé
retrouverais	retrouveriez	aurais retrouvé	auriez retrouvé
retrouverait	retrouveraient	aurait retrouvé	auraient retrouvé

Present Subjunctive		*Past Subjunctive*	
retrouve	retrouvions	aie retrouvé	ayons retrouvé
retrouves	retrouviez	aies retrouvé	ayez retrouvé
retrouve	retrouvent	ait retrouvé	aient retrouvé

Imperfect Subjunctive		*Pluperfect Subjunctive*	
retrouvasse	retrouvassions	eusse retrouvé	eussions retrouvé
retrouvasses	retrouvassiez	eusses retrouvé	eussiez retrouvé
retrouvât	retrouvassent	eût retrouvé	eussent retrouvé

Imperative/Command

retrouve	retrouvons	retrouvez

Verb in Action

J'ai retrouvé mon portefeuille. *(I found my wallet.)*
Je te retrouve au café à trois heures. *(I'll meet you at the café at 3 o'clock.)*
Elle a retrouvé un emploi trois mois plus tard. *(She found another job three months later.)*

réunir

(to bring (or get) together, to reunite)

Present Participle: réunissant • **Past Participle:** réuni
Regular **-ir** verb

Present
réunis	réunissons
réunis	réunissez
réunit	réunissent

Passé Composé
ai réuni	avons réuni
as réuni	avez réuni
a réuni	ont réuni

Imperfect
réunissais	réunissions
réunissais	réunissiez
réunissait	réunissaient

Pluperfect
avais réuni	avions réuni
avais réuni	aviez réuni
avait réuni	avaient réuni

Passé Simple
réunis	réunîmes
réunis	réunîtes
réunit	réunirent

Past Anterior
eus réuni	eûmes réuni
eus réuni	eûtes réuni
eut réuni	eurent réuni

Future
réunirai	réunirons
réuniras	réunirez
réunira	réuniront

Future Perfect
aurai réuni	aurons réuni
auras réuni	aurez réuni
aura réuni	auront réuni

Conditional
réunirais	réunirions
réunirais	réuniriez
réunirait	réuniraient

Conditional Perfect
aurais réuni	aurions réuni
aurais réuni	auriez réuni
aurait réuni	auraient réuni

Present Subjunctive
réunisse	réunissions
réunisses	réunissiez
réunisse	réunissent

Past Subjunctive
aie réuni	ayons réuni
aies réuni	ayez réuni
ait réuni	aient réuni

Imperfect Subjunctive
réunisse	réunissions
réunisses	réunissiez
réunît	réunissent

Pluperfect Subjunctive
eusse réuni	eussions réuni
eusses réuni	eussiez réuni
eût réuni	eussent réuni

Imperative/Command
réunis	réunissons	réunissez

Verb in Action

L'équipe scientifique réunissait des chercheurs britanniques, danois, américains et suisses. *(The team of scientists brought together British, Danish, American, and Swiss researchers.)*

Il fallait qu'il réunisse les preuves de son innocence. *(He needed to gather together the proof of his innocence.)*

L'équipe se réunit tous les lundis. *(The team gets together every Monday.)*

réussir

(to succeed, to be successful, to pass (a test))

Present Participle: réussissant • **Past Participle:** réussi
Regular **-ir** verb

Present		*Passé Composé*	
réussis	réussissons	ai réussi	avons réussi
réussis	réussissez	as réussi	avez réussi
réussit	réussissent	a réussi	ont réussi

Imperfect		*Pluperfect*	
réussissais	réussissions	avais réussi	avions réussi
réussissais	réussissiez	avais réussi	aviez réussi
réussissait	réussissaient	avait réussi	avaient réussi

Passé Simple		*Past Anterior*	
réussis	réussîmes	eus réussi	eûmes réussi
réussis	réussîtes	eus réussi	eûtes réussi
réussit	réussirent	eut réussi	eurent réussi

Future		*Future Perfect*	
réussirai	réussirons	aurai réussi	aurons réussi
réussiras	réussirez	auras réussi	aurez réussi
réussira	réussiront	aura réussi	auront réussi

Conditional		*Conditional Perfect*	
réussirais	réussirions	aurais réussi	aurions réussi
réussirais	réussiriez	aurais réussi	auriez réussi
réussirait	réussiraient	aurait réussi	auraient réussi

Present Subjunctive		*Past Subjunctive*	
réussisse	réussissions	aie réussi	ayons réussi
réussisses	réussissiez	aies réussi	ayez réussi
réussisse	réussissent	ait réussi	aient réussi

Imperfect Subjunctive		*Pluperfect Subjunctive*	
réussisse	réussissions	eusse réussi	eussions réussi
réussisses	réussissiez	eusses réussi	eussiez réussi
réussît	réussissent	eût réussi	eussent réussi

Imperative/Command

réussis	réussissons	réussissez

Verb in Action

Elle réussissait toujours à me faire rire quand j'étais triste. *(She always succeeded in making me laugh when I was sad.)*
Je suis sûr que tu réussiras à ton examen. *(I'm sure you'll pass your test.)*
Finalement, elle réussit à le convaincre. *(She eventually managed to convince him.)*

réveiller
(to wake up)

Present Participle: réveillant • **Past Participle:** réveillé
Regular **-er** verb

Present		*Passé Composé*	
réveille	réveillons	ai réveillé	avons réveillé
réveilles	réveillez	as réveillé	avez réveillé
réveille	réveillent	a réveillé	ont réveillé

Imperfect		*Pluperfect*	
réveillais	réveillions	avais réveillé	avions réveillé
réveillais	réveilliez	avais réveillé	aviez réveillé
réveillait	réveillaient	avait réveillé	avaient réveillé

Passé Simple		*Past Anterior*	
réveillai	réveillâmes	eus réveillé	eûmes réveillé
réveillas	réveillâtes	eus réveillé	eûtes réveillé
réveilla	réveillèrent	eut réveillé	eurent réveillé

Future		*Future Perfect*	
réveillerai	réveillerons	aurai réveillé	aurons réveillé
réveilleras	réveillerez	auras réveillé	aurez réveillé
réveillera	réveilleront	aura réveillé	auront réveillé

Conditional		*Conditional Perfect*	
réveillerais	réveillerions	aurais réveillé	aurions réveillé
réveillerais	réveilleriez	aurais réveillé	auriez réveillé
réveillerait	réveilleraient	aurait réveillé	auraient réveillé

Present Subjunctive		*Past Subjunctive*	
réveille	réveillions	aie réveillé	ayons réveillé
réveilles	réveilliez	aies réveillé	ayez réveillé
réveille	réveillent	ait réveillé	aient réveillé

Imperfect Subjunctive		*Pluperfect Subjunctive*	
réveillasse	réveillassions	eusse réveillé	eussions réveillé
réveillasses	réveillassiez	eusses réveillé	eussiez réveillé
réveillât	réveillassent	eût réveillé	eussent réveillé

Imperative/Command

réveille	réveillons	réveillez

Verb in Action

Réveille ton frère et demande-lui de descendre. *(Wake up your brother and ask him to come down.)*

Le tonnere a réveillé les enfants. *(The thunder woke up the children.)*

se réveiller

(to wake up)

Present Participle: se réveillant • **Past Participle:** réveillé
Regular pronominal **-er** verb

Present

me réveille	nous réveillons
te réveilles	vous réveillez
se réveille	se réveillent

Imperfect

me réveillais	nous réveillions
te réveillais	vous réveilliez
se réveillait	se réveillaient

Passé Simple

me réveillai	me réveillâmes
te réveillas	te réveillâtes
se réveilla	se réveillèrent

Future

me réveillerai	nous réveillerons
te réveilleras	vous réveillerez
se réveillera	se réveilleront

Conditional

me réveillerais	nous réveillerions
te réveillerais	vous réveilleriez
se réveillerait	se réveilleraient

Present Subjunctive

me réveille	nous réveillions
te réveilles	vous réveilliez
se réveille	se réveillent

Imperfect Subjunctive

me réveillasse	nous réveillassions
te réveillasses	vous réveillassiez
se réveillât	se réveillassent

Passé Composé

me suis réveillé(e)	nous sommes réveillé(e)s
t'es réveillé(e)	vous êtes réveillé(e)(s)
s'est réveillé/réveillée	se sont réveillés/réveillées

Pluperfect

m'étais réveillé(e)	nous étions réveillé(e)s
t'étais réveillé(e)	vous étiez réveillé(e)(s)
s'était réveillé/réveillée	s'étaient réveillés/réveillées

Past Anterior

me fus réveillé(e)	nous fûmes réveillé(e)s
te fus réveillé(e)	vous fûtes réveillé(e)(s)
se fut réveillé/ réveillée	se furent réveillés/réveillées

Future Perfect

me serai réveillé(e)	nous serons réveillé(e)s
te seras réveillé(e)	vous serez réveillé(e)(s)
se sera réveillé/ réveillée	se seront réveillés/ réveillées

Conditional Perfect

me serais réveillé(e)	nous serions réveillé(e)s
te serais réveillé(e)	vous seriez réveillé(e)(s)
se serait réveillé/ réveillée	se seraient réveillés/ réveillées

Past Subjunctive

me sois réveillé(e)	nous soyons réveillé(e)s
te sois réveillé(e)	vous soyez réveillé(e)(s)
se soit réveillé/réveillée	se soient réveillés/réveillées

Pluperfect Subjunctive

me fusse réveillé(e)	nous fussions réveillé(e)s
te fusses réveillé(e)	vous fussiez réveillé(e)(s)
se fût réveillé/ réveillée	se fussent réveillés/ réveillées

Imperative/Command

réveille-toi;	réveillons-nous;	réveillez-vous;
ne te réveille pas	ne nous réveillons pas	ne vous réveillez pas

Verb in Action

Je me réveille à sept heures tous les matins. *(I wake up at seven every morning.)*
Réveille-toi. Il est huit heures! *(Wake up. It's eight!)*
Je ne me réveillerais pas sans mon réveil. *(I wouldn't wake up without my alarm clock.)*

revenir

(to come back)

Present Participle: revenant • **Past Participle:** revenu
Irregular **-ir** verb

Present

reviens	revenons
reviens	revenez
revient	reviennent

Passé Composé

suis revenu(e)	sommes revenu(e)s
es revenu(e)	êtes revenu(e)(s)
est revenu/revenue	sont revenus/revenues

Imperfect

revenais	revenions
revenais	reveniez
revenait	revenaient

Pluperfect

étais revenu(e)	étions revenu(e)s
étais revenu(e)	étiez revenu(e)(s)
était revenu/revenue	étaient revenus/revenues

Passé Simple

revins	revînmes
revins	revîntes
revint	revinrent

Past Anterior

fus revenu(e)	fûmes revenu(e)s
fus revenu(e)	fûtes revenu(e)(s)
fut revenu/revenue	furent revenus/revenues

Future

reviendrai	reviendrons
reviendras	reviendrez
reviendra	reviendront

Future Perfect

serai revenu(e)	serons revenu(e)s
seras revenu(e)	serez revenu(e)(s)
sera revenu/revenue	seront revenus/revenues

Conditional

reviendrais	reviendrions
reviendrais	reviendriez
reviendrait	reviendraient

Conditional Perfect

serais revenu(e)	serions revenu(e)s
serais revenu(e)	seriez revenu(e)(s)
serait revenu/revenue	seraient revenus/revenues

Present Subjunctive

revienne	revenions
reviennes	reveniez
revienne	reviennent

Past Subjunctive

sois revenu(e)	soyons revenu(e)s
sois revenu(e)	soyez revenu(e)(s)
soit revenu/revenue	soient revenus/revenues

Imperfect Subjunctive

revinsse	revinssions
revinsses	revinssiez
revînt	revinssent

Pluperfect Subjunctive

fusse revenu(e)	fussions revenu(e)s
fusses revenu(e)	fussiez revenu(e)(s)
fût revenu/revenue	fussent revenus/revenues

Imperative/Command

reviens	revenons	revenez

Verb in Action

Ça me revient! *(It's coming back to me now!)*
Je ne reviendrai jamais ici. *(I'll never come back here.)*
Ils sont revenus le soir même avec leur fille. *(They came back that same evening with their daughter.)*

rêver
(to dream)

Present Participle: rêvant • **Past Participle:** rêvé
Regular **-er** verb

Present
rêve	rêvons
rêves	rêvez
rêve	rêvent

Passé Composé
ai rêvé	avons rêvé
as rêvé	avez rêvé
a rêvé	ont rêvé

Imperfect
rêvais	rêvions
rêvais	rêviez
rêvait	rêvaient

Pluperfect
avais rêvé	avions rêvé
avais rêvé	aviez rêvé
avait rêvé	avaient rêvé

Passé Simple
rêvai	rêvâmes
rêvas	rêvâtes
rêva	rêvèrent

Past Anterior
eus rêvé	eûmes rêvé
eus rêvé	eûtes rêvé
eut rêvé	eurent rêvé

Future
rêverai	rêverons
rêveras	rêverez
rêvera	rêveront

Future Perfect
aurai rêvé	aurons rêvé
auras rêvé	aurez rêvé
aura rêvé	auront rêvé

Conditional
rêverais	rêverions
rêverais	rêveriez
rêverait	rêveraient

Conditional Perfect
aurais rêvé	aurions rêvé
aurais rêvé	auriez rêvé
aurait rêvé	auraient rêvé

Present Subjunctive
rêve	rêvions
rêves	rêviez
rêve	rêvent

Past Subjunctive
aie rêvé	ayons rêvé
aies rêvé	ayez rêvé
ait rêvé	aient rêvé

Imperfect Subjunctive
rêvasse	rêvassions
rêvasses	rêvassiez
rêvât	rêvassent

Pluperfect Subjunctive
eusse rêvé	eussions rêvé
eusses rêvé	eussiez rêvé
eût rêvé	eussent rêvé

Imperative/Command
rêve	rêvons	rêvez

Verb in Action

J'ai rêvé de mes vacances cette nuit. *(I dreamed about my vacation last night.)*
On peut toujours rêver! *(One/You/We can always dream!)*
Elle rêvait d'ouvrir une boutique en ville. *(She was dreaming of opening a store in town.)*

revoir
(to see again)

Present Participle: revoyant • **Past Participle:** revu
Irregular verb

Present

revois	revoyons
revois	revoyez
revoit	revoient

Passé Composé

ai revu	avons revu
as revu	avez revu
a revu	ont revu

Imperfect

revoyais	revoyions
revoyais	revoyiez
revoyait	revoyaient

Pluperfect

avais revu	avions revu
avais revu	aviez revu
avait revu	avaient revu

Passé Simple

revis	revîmes
revis	revîtes
revit	revirent

Past Anterior

eus revu	eûmes revu
eus revu	eûtes revu
eut revu	eurent revu

Future

reverrai	reverrons
reverras	reverrez
reverra	reverront

Future Perfect

aurai revu	aurons revu
auras revu	aurez revu
aura revu	auront revu

Conditional

reverrais	reverrions
reverrais	reverriez
reverrait	reverraient

Conditional Perfect

aurais revu	aurions revu
aurais revu	auriez revu
aurait revu	auraient revu

Present Subjunctive

revoie	revoyions
revoies	revoyiez
revoie	revoient

Past Subjunctive

aie revu	ayons revu
aies revu	ayez revu
ait revu	aient revu

Imperfect Subjunctive

revisse	revissions
revisses	revissiez
revît	revissent

Pluperfect Subjunctive

eusse revu	eussions revu
eusses revu	eussiez revu
eût revu	eussent revu

Imperative/Command

revois	revoyons	revoyez

Verb in Action

J'ai revu Sophie hier soir. *(I saw Sophie again last night.)*
On a revu "Casablanca" récemment. *(We saw "Casablanca" again recently.)*
Quand est-ce qu'on va se revoir? *(When will we see each other again?)*

rincer
(to rinse)

- -

Present Participle: rinçant • **Past Participle:** rincé
-cer verb; **c** becomes **ç** before an **a** or an **o**

- -

Present		Passé Composé	
rince	rinçons	ai rincé	avons rincé
rinces	rincez	as rincé	avez rincé
rince	rincent	a rincé	ont rincé

Imperfect		Pluperfect	
rinçais	rincions	avais rincé	avions rincé
rinçais	rinciez	avais rincé	aviez rincé
rinçait	rinçaient	avait rincé	avaient rincé

Passé Simple		Past Anterior	
rinçai	rinçâmes	eus rincé	eûmes rincé
rinças	rinçâtes	eus rincé	eûtes rincé
rinça	rincèrent	eut rincé	eurent rincé

Future		Future Perfect	
rincerai	rincerons	aurai rincé	aurons rincé
rinceras	rincerez	auras rincé	aurez rincé
rincera	rinceront	aura rincé	auront rincé

Conditional		Conditional Perfect	
rincerais	rincerions	aurais rincé	aurions rincé
rincerais	rinceriez	aurais rincé	auriez rincé
rincerait	rinceraient	aurait rincé	auraient rincé

Present Subjunctive		Past Subjunctive	
rince	rincions	aie rincé	ayons rincé
rinces	rinciez	aies rincé	ayez rincé
rince	rincent	ait rincé	aient rincé

Imperfect Subjunctive		Pluperfect Subjunctive	
rinçasse	rinçassions	eusse rincé	eussions rincé
rinçasses	rinçassiez	eusses rincé	eussiez rincé
rinçât	rinçassent	eût rincé	eussent rincé

Imperative/Command

rince	rinçons	rincez

- -

Verb in Action

Rincez et égouttez les lentilles. *(Rinse and drain the lentils.)*
Je me rince les mains et j'arrive! *(I'm rinsing my hands, and then I'm coming!)*
À l'époque, on rinçait le linge dans la rivière. *(At that time, people rinsed their laundry in the river.)*

rire
(to laugh)

Present Participle: riant • **Past Participle:** ri
Irregular **-re** verb

Present		Passé Composé	
ris	rions	ai ri	avons ri
ris	riez	as ri	avez ri
rit	rient	a ri	ont ri

Imperfect		Pluperfect	
riais	riions	avais ri	avions ri
riais	riiez	avais ri	aviez ri
riait	riaient	avait ri	avaient ri

Passé Simple		Past Anterior	
ris	rîmes	eus ri	eûmes ri
ris	rîtes	eus ri	eûtes ri
rit	rirent	eut ri	eurent ri

Future		Future Perfect	
rirai	rirons	aurai ri	aurons ri
riras	rirez	auras ri	aurez ri
rira	riront	aura ri	auront ri

Conditional		Conditional Perfect	
rirais	ririons	aurais ri	aurions ri
rirais	ririez	aurais ri	auriez ri
rirait	riraient	aurait ri	auraient ri

Present Subjunctive		Past Subjunctive	
rie	riions	aie ri	ayons ri
ries	riiez	aies ri	ayez ri
rie	rient	ait ri	aient ri

Imperfect Subjunctive		Pluperfect Subjunctive	
risse	rissions	eusse ri	eussions ri
risses	rissiez	eusses ri	eussiez ri
rît	rissent	eût ri	eussent ri

Imperative/Command

ris	rions	riez

Verb in Action

Elle rit toujours de mes plaisanteries. *(She always laughs at my jokes.)*
On a bien ri. *(We had a good laugh.)*
Ne ris pas! Ce n'est pas drôle! *(Don't laugh! It's not funny!)*

rompre
(to split up, to break)

Present Participle: rompant • **Past Participle:** rompu
Regular **-re** verb (except for the third person singular **il/elle,** where you add a **t**)

Present
romps	rompons
romps	rompez
rompt	rompent

Imperfect
rompais	rompions
rompais	rompiez
rompait	rompaient

Passé Simple
rompis	rompîmes
rompis	rompîtes
rompit	rompirent

Future
romprai	romprons
rompras	romprez
rompra	rompront

Conditional
romprais	romprions
romprais	rompriez
romprait	rompraient

Present Subjunctive
rompe	rompions
rompes	rompiez
rompe	rompent

Imperfect Subjunctive
rompisse	rompissions
rompisses	rompissiez
rompît	rompissent

Passé Composé
ai rompu	avons rompu
as rompu	avez rompu
a rompu	ont rompu

Pluperfect
avais rompu	avions rompu
avais rompu	aviez rompu
avait rompu	avaient rompu

Past Anterior
eus rompu	eûmes rompu
eus rompu	eûtes rompu
eut rompu	eurent rompu

Future Perfect
aurai rompu	aurons rompu
auras rompu	aurez rompu
aura rompu	auront rompu

Conditional Perfect
aurais rompu	aurions rompu
aurais rompu	auriez rompu
aurait rompu	auraient rompu

Past Subjunctive
aie rompu	ayons rompu
aies rompu	ayez rompu
ait rompu	aient rompu

Pluperfect Subjunctive
eusse rompu	eussions rompu
eusses rompu	eussiez rompu
eût rompu	eussent rompu

Imperative/Command
romps	rompons	rompez

Verb in Action
Elle a rompu le silence. *(She broke the silence.)*
Paul et Jo ont rompu. *(Paul and Jo have split up.)*
Ils ont tiré sur la corde jusqu'à ce qu'elle rompe. *(They pulled on the rope until it broke.)*

rouler

(to drive, to roll)

Present Participle: roulant • **Past Participle:** roulé
Regular **-er** verb

Present
roule	roulons
roules	roulez
roule	roulent

Imperfect
roulais	roulions
roulais	rouliez
roulait	roulaient

Passé Simple
roulai	roulâmes
roulas	roulâtes
roula	roulèrent

Future
roulerai	roulerons
rouleras	roulerez
roulera	rouleront

Conditional
roulerais	roulerions
roulerais	rouleriez
roulerait	rouleraient

Present Subjunctive
roule	roulions
roules	rouliez
roule	roulent

Imperfect Subjunctive
roulasse	roulassions
roulasses	roulassiez
roulât	roulassent

Passé Composé
ai roulé	avons roulé
as roulé	avez roulé
a roulé	ont roulé

Pluperfect
avais roulé	avions roulé
avais roulé	aviez roulé
avait roulé	avaient roulé

Past Anterior
eus roulé	eûmes roulé
eus roulé	eûtes roulé
eut roulé	eurent roulé

Future Perfect
aurai roulé	aurons roulé
auras roulé	aurez roulé
aura roulé	auront roulé

Conditional Perfect
aurais roulé	aurions roulé
aurais roulé	auriez roulé
aurait roulé	auraient roulé

Past Subjunctive
aie roulé	ayons roulé
aies roulé	ayez roulé
ait roulé	aient roulé

Pluperfect Subjunctive
eusse roulé	eussions roulé
eusses roulé	eussiez roulé
eût roulé	eussent roulé

Imperative/Command
roule	roulons	roulez

Verb in Action

Le train roulait à 250 kilomètres à l'heure. *(The train was going 250 kilometers per hour.)*
Gilles a roulé une cigarette. *(Gilles rolled a cigarette.)*
Il a roulé le tapis. *(He rolled up the carpet.)*

salir

(to get dirty, to soil)

Present Participle: salissant • **Past Participle:** sali
Regular **-ir** verb

Present		Passé Composé	
salis	salissons	ai sali	avons sali
salis	salissez	as sali	avez sali
salit	salissent	a sali	ont sali

Imperfect		Pluperfect	
salissais	salissions	avais sali	avions sali
salissais	salissiez	avais sali	aviez sali
salissait	salissaient	avait sali	avaient sali

Passé Simple		Past Anterior	
salis	salîmes	eus sali	eûmes sali
salis	salîtes	eus sali	eûtes sali
salit	salirent	eut sali	eurent sali

Future		Future Perfect	
salirai	salirons	aurai sali	aurons sali
saliras	salirez	auras sali	aurez sali
salira	saliront	aura sali	auront sali

Conditional		Conditional Perfect	
salirais	salirions	aurais sali	aurions sali
salirais	saliriez	aurais sali	auriez sali
salirait	saliraient	aurait sali	auraient sali

Present Subjunctive		Past Subjunctive	
salisse	salissions	aie sali	ayons sali
salisses	salissiez	aies sali	ayez sali
salisse	salissent	ait sali	aient sali

Imperfect Subjunctive		Pluperfect Subjunctive	
salisse	salissions	eusse sali	eussions sali
salisses	salissiez	eusses sali	eussiez sali
salît	salissent	eût sali	eussent sali

Imperative/Command

salis	salissons	salissez

Verb in Action

Ne salis pas d'assiette, je vais le manger à la main. *(Don't get a plate dirty, I'll just eat it with my hands.)*

Ils cherchent par tous les moyens à salir ma réputation. *(They are seeking to ruin/soil my reputation by all means.)*

Mets un tablier, sinon tu vas te salir. *(Put on an apron or you'll get yourself dirty.)*

sauter

(to jump, to skip)

Present Participle: sautant • **Past Participle:** sauté
Regular **-er** verb

Present		Passé Composé	
saute	sautons	ai sauté	avons sauté
sautes	sautez	as sauté	avez sauté
saute	sautent	a sauté	ont sauté

Imperfect		Pluperfect	
sautais	sautions	avais sauté	avions sauté
sautais	sautiez	avais sauté	aviez sauté
sautait	sautaient	avait sauté	avaient sauté

Passé Simple		Past Anterior	
sautai	sautâmes	eus sauté	eûmes sauté
sautas	sautâtes	eus sauté	eûtes sauté
sauta	sautèrent	eut sauté	eurent sauté

Future		Future Perfect	
sauterai	sauterons	aurai sauté	aurons sauté
sauteras	sauterez	auras sauté	aurez sauté
sautera	sauteront	aura sauté	auront sauté

Conditional		Conditional Perfect	
sauterais	sauterions	aurais sauté	aurions sauté
sauterais	sauteriez	aurais sauté	auriez sauté
sauterait	sauteraient	aurait sauté	auraient sauté

Present Subjunctive		Past Subjunctive	
saute	sautions	aie sauté	ayons sauté
sautes	sautiez	aies sauté	ayez sauté
saute	sautent	ait sauté	aient sauté

Imperfect Subjunctive		Pluperfect Subjunctive	
sautasse	sautassions	eusse sauté	eussions sauté
sautasses	sautassiez	eusses sauté	eussiez sauté
sautât	sautassent	eût sauté	eussent sauté

Imperative/Command

saute	sautons	sautez

Verb in Action

Nous avons sauté par-dessus la barrière. *(We jumped over the gate.)*
Il a sauté dans un taxi. *(He jumped into a taxi.)*
J'ai sauté une ligne. *(I skipped a line.)*

sauver
(to save)

Present Participle: sauvant • **Past Participle:** sauvé
Regular **-er** verb

Present
sauve	sauvons
sauves	sauvez
sauve	sauvent

Imperfect
sauvais	sauvions
sauvais	sauviez
sauvait	sauvaient

Passé Simple
sauvai	sauvâmes
sauvas	sauvâtes
sauva	sauvèrent

Future
sauverai	sauverons
sauveras	sauverez
sauvera	sauveront

Conditional
sauverais	sauverions
sauverais	sauveriez
sauverait	sauveraient

Present Subjunctive
sauve	sauvions
sauves	sauviez
sauve	sauvent

Imperfect Subjunctive
sauvasse	sauvassions
sauvasses	sauvassiez
sauvât	sauvassent

Passé Composé
ai sauvé	avons sauvé
as sauvé	avez sauvé
a sauvé	ont sauvé

Pluperfect
avais sauvé	avions sauvé
avais sauvé	aviez sauvé
avait sauvé	avaient sauvé

Past Anterior
eus sauvé	eûmes sauvé
eus sauvé	eûtes sauvé
eut sauvé	eurent sauvé

Future Perfect
aurai sauvé	aurons sauvé
auras sauvé	aurez sauvé
aura sauvé	auront sauvé

Conditional Perfect
aurais sauvé	aurions sauvé
aurais sauvé	auriez sauvé
aurait sauvé	auraient sauvé

Past Subjunctive
aie sauvé	ayons sauvé
aies sauvé	ayez sauvé
ait sauvé	aient sauvé

Pluperfect Subjunctive
eusse sauvé	eussions sauvé
eusses sauvé	eussiez sauvé
eût sauvé	eussent sauvé

Imperative/Command
sauve	sauvons	sauvez

Verb in Action
Le chevalier sauva la princesse. *(The knight saved the princess.)*
Sauvons les orangs-outans! *(Save the orangutans!)*

savoir
(to know)

Present Participle: sachant • **Past Participle:** su
Irregular verb

Present		Passé Composé	
sais	savons	ai su	avons su
sais	savez	as su	avez su
sait	savent	a su	ont su

Imperfect		Pluperfect	
savais	savions	avais su	avions su
savais	saviez	avais su	aviez su
savait	savaient	avait su	avaient su

Passé Simple		Past Anterior	
sus	sûmes	eus su	eûmes su
sus	sûtes	eus su	eûtes su
sut	surent	eut su	eurent su

Future		Future Perfect	
saurai	saurons	aurai su	aurons su
sauras	saurez	auras su	aurez su
saura	sauront	aura su	auront su

Conditional		Conditional Perfect	
saurais	saurions	aurais su	aurions su
saurais	sauriez	aurais su	auriez su
saurait	sauraient	aurait su	auraient su

Present Subjunctive		Past Subjunctive	
sache	sachions	aie su	ayons su
saches	sachiez	aies su	ayez su
sache	sachent	ait su	aient su

Imperfect Subjunctive		Pluperfect Subjunctive	
susse	sussions	eusse su	eussions su
susses	sussiez	eusses su	eussiez su
sût	sussent	eût su	eussent su

Imperative/Command

sache	sachons	sachez

Verb in Action

Je ne sais pas. *(I don't know.)*

Est-ce que tu savais que son père était enseignant? *(Did you know that his/her father was a teacher?)*

Elle ne sait pas nager. *(She doesn't know how to swim.)*

sécher

(to dry, to skip (a class))

Present Participle: séchant • **Past Participle:** séché
é[consonant]-**er** verb; **é** becomes **è** before consonant + **e, es, ent**

Present		Passé Composé	
sèche	séchons	ai séché	avons séché
sèches	séchez	as séché	avez séché
sèche	sèchent	a séché	ont séché

Imperfect		Pluperfect	
séchais	séchions	avais séché	avions séché
séchais	séchiez	avais séché	aviez séché
séchait	séchaient	avait séché	avaient séché

Passé Simple		Past Anterior	
séchai	séchâmes	eus séché	eûmes séché
séchas	séchâtes	eus séché	eûtes séché
sécha	séchèrent	eut séché	eurent séché

Future		Future Perfect	
sécherai	sécherons	aurai séché	aurons séché
sécheras	sécherez	auras séché	aurez séché
séchera	sécheront	aura séché	auront séché

Conditional		Conditional Perfect	
sécherais	sécherions	aurais séché	aurions séché
sécherais	sécheriez	aurais séché	auriez séché
sécherait	sécheraient	aurait séché	auraient séché

Present Subjunctive		Past Subjunctive	
sèche	séchions	aie séché	ayons séché
sèches	séchiez	aies séché	ayez séché
sèche	sèchent	ait séché	aient séché

Imperfect Subjunctive		Pluperfect Subjunctive	
séchasse	séchassions	eusse séché	eussions séché
séchasses	séchassiez	eusses séché	eussiez séché
séchât	séchassent	eût séché	eussent séché

Imperative/Command

sèche	séchons	séchez

Verb in Action

C'est une peinture qui sèche vite. *(This is a paint that dries quickly.)*
Sèche-toi avec cette serviette. *(Dry yourself off with this towel.)*
Les étudiants sèchent leurs cours le vendredi après-midi, surtout quand il fait beau.
(Students skip their classes Friday afternoons, especially when it's nice out.)

secourir
(to rescue, to help)

Present Participle: secourant • **Past Participle:** secouru
Irregular **-ir** verb

Present
secours	secourons
secours	secourez
secourt	secourent

Passé Composé
ai secouru	avons secouru
as secouru	avez secouru
a secouru	ont secouru

Imperfect
secourais	secourions
secourais	secouriez
secourait	secouraient

Pluperfect
avais secouru	avions secouru
avais secouru	aviez secouru
avait secouru	avaient secouru

Passé Simple
secourus	secourûmes
secourus	secourûtes
secourut	secoururent

Past Anterior
eus secouru	eûmes secouru
eus secouru	eûtes secouru
eut secouru	eurent secouru

Future
secourrai	secourrons
secourras	secourrez
secourra	secourront

Future Perfect
aurai secouru	aurons secouru
auras secouru	aurez secouru
aura secouru	auront secouru

Conditional
secourrais	secourrions
secourrais	secourriez
secourrait	secourraient

Conditional Perfect
aurais secouru	aurions secouru
aurais secouru	auriez secouru
aurait secouru	auraient secouru

Present Subjunctive
secoure	secourions
secoures	secouriez
secoure	secourent

Past Subjunctive
aie secouru	ayons secouru
aies secouru	ayez secouru
ait secouru	aient secouru

Imperfect Subjunctive
secourusse	secourussions
secourusses	secourussiez
secourût	secourussent

Pluperfect Subjunctive
eusse secouru	eussions secouru
eusses secouru	eussiez secouru
eût secouru	eussent secouru

Imperative/Command
secours	secourons	secourez

Verb in Action

Nous avons secouru un petit chat retrouvé à moitié mort de faim devant la maison.
(We rescued a little cat found half-starved in front of the house.)
Les pompiers ont été appelés pour secourir des automobilistes bloqués par la neige.
(Firefighters were called to rescue motorists stranded by the snow.)

sentir/se sentir*

(to smell, to feel, to taste)/(to feel)

Present Participle: sentant • **Past Participle:** senti
Irregular **-ir** verb

Present		Passé Composé	
sens	sentons	ai senti	avons senti
sens	sentez	as senti	avez senti
sent	sentent	a senti	ont senti

Imperfect		Pluperfect	
sentais	sentions	avais senti	avions senti
sentais	sentiez	avais senti	aviez senti
sentait	sentaient	avait senti	avaient senti

Passé Simple		Past Anterior	
sentis	sentîmes	eus senti	eûmes senti
sentis	sentîtes	eus senti	eûtes senti
sentit	sentirent	eut senti	eurent senti

Future		Future Perfect	
sentirai	sentirons	aurai senti	aurons senti
sentiras	sentirez	auras senti	aurez senti
sentira	sentiront	aura senti	auront senti

Conditional		Conditional Perfect	
sentirais	sentirions	aurais senti	aurions senti
sentirais	sentiriez	aurais senti	auriez senti
sentirait	sentiraient	aurait senti	auraient senti

Present Subjunctive		Past Subjunctive	
sente	sentions	aie senti	ayons senti
sentes	sentiez	aies senti	ayez senti
sente	sentent	ait senti	aient senti

Imperfect Subjunctive		Pluperfect Subjunctive	
sentisse	sentissions	eusse senti	eussions senti
sentisses	sentissiez	eusses senti	eussiez senti
sentît	sentissent	eût senti	eussent senti

Imperative/Command

sens	sentons	sentez

Verb in Action

Ça sent bon ici. *(It smells nice here.)*
Elle ne se sent pas bien. *(She's not feeling well.)*

* *Note:* This pronominal verb is conjugated like **sentir,** but with the addition of the pronominal pronouns and the auxiliary **être** *(to be)* for all the compound tenses.

servir

(to serve, to be useful)

Present Participle: servant • **Past Participle:** servi
Irregular **-ir** verb

Present		Passé Composé	
sers	servons	ai servi	avons servi
sers	servez	as servi	avez servi
sert	servent	a servi	ont servi

Imperfect		Pluperfect	
servais	servions	avais servi	avions servi
servais	serviez	avais servi	aviez servi
servait	servaient	avait servi	avaient servi

Passé Simple		Past Anterior	
servis	servîmes	eus servi	eûmes servi
servis	servîtes	eus servi	eûtes servi
servit	servirent	eut servi	eurent servi

Future		Future Perfect	
servirai	servirons	aurai servi	aurons servi
serviras	servirez	auras servi	aurez servi
servira	serviront	aura servi	auront servi

Conditional		Conditional Perfect	
servirais	servirions	aurais servi	aurions servi
servirais	serviriez	aurais servi	auriez servi
servirait	serviraient	aurait servi	auraient servi

Present Subjunctive		Past Subjunctive	
serve	servions	aie servi	ayons servi
serves	serviez	aies servi	ayez servi
serve	servent	ait servi	aient servi

Imperfect Subjunctive		Pluperfect Subjunctive	
servisse	servissions	eusse servi	eussions servi
servisses	servissiez	eusses servi	eussiez servi
servît	servissent	eût servi	eussent servi

Imperative/Command

sers	servons	servez

Verb in Action

Il faut que je serve la soupe. *(I have to serve the soup.)*
Ces boîtes te serviront quand tu déménageras. *(You'll find these boxes useful when you move.)*
Servez-vous. *(Help yourself.)*

signifier
(to mean)

Present Participle: signifiant • **Past Participle:** signifié
Regular **-er** verb

Present
signifie	signifions
signifies	signifiez
signifie	signifient

Passé Composé
ai signifié	avons signifié
as signifié	avez signifié
a signifié	ont signifié

Imperfect
signifiais	signifiions
signifiais	signifiiez
signifiait	signifiaient

Pluperfect
avais signifié	avions signifié
avais signifié	aviez signifié
avait signifié	avaient signifié

Passé Simple
signifiai	signifiâmes
signifias	signifiâtes
signifia	signifièrent

Past Anterior
eus signifié	eûmes signifié
eus signifié	eûtes signifié
eut signifié	eurent signifié

Future
signifierai	signifierons
signifieras	signifierez
signifiera	signifieront

Future Perfect
aurai signifié	aurons signifié
auras signifié	aurez signifié
aura signifié	auront signifié

Conditional
signifierais	signifierions
signifierais	signifieriez
signifierait	signifieraient

Conditional Perfect
aurais signifié	aurions signifié
aurais signifié	auriez signifié
aurait signifié	auraient signifié

Present Subjunctive
signifie	signifiions
signifies	signifiiez
signifie	signifient

Past Subjunctive
aie signifié	ayons signifié
aies signifié	ayez signifié
ait signifié	aient signifié

Imperfect Subjunctive
signifiasse	signifiassions
signifiasses	signifiassiez
signifiât	signifiassent

Pluperfect Subjunctive
eusse signifié	eussions signifié
eusses signifié	eussiez signifié
eût signifié	eussent signifié

Imperative/Command
signifie	signifions	signifiez

Verb in Action

Que signifie ce mot? *(What does this word mean?)*
Qu'est-ce que ce panneau peut bien vouloir signifier? *(What could this sign possibly mean?)*
Il ne savait pas que "mdr" signifiait "mort de rire". *(He didn't know that "lol" meant "laugh out loud.")*

skier
(to ski)

Present		*Passé Composé*	
skie	skions	ai skié	avons skié
skies	skiez	as skié	avez skié
skie	skient	a skié	ont skié

Imperfect		*Pluperfect*	
skiais	skiions	avais skié	avions skié
skiais	skiiez	avais skié	aviez skié
skiait	skiaient	avait skié	avaient skié

Passé Simple		*Past Anterior*	
skiai	skiâmes	eus skié	eûmes skié
skias	skiâtes	eus skié	eûtes skié
skia	skièrent	eut skié	eurent skié

Future		*Future Perfect*	
skierai	skierons	aurai skié	aurons skié
skieras	skierez	auras skié	aurez skié
skiera	skieront	aura skié	auront skié

Conditional		*Conditional Perfect*	
skierais	skierions	aurais skié	aurions skié
skierais	skieriez	aurais skié	auriez skié
skierait	skieraient	aurait skié	auraient skié

Present Subjunctive		*Past Subjunctive*	
skie	skiions	aie skié	ayons skié
skies	skiiez	aies skié	ayez skié
skie	skient	ait skié	aient skié

Imperfect Subjunctive		*Pluperfect Subjunctive*	
skiasse	skiassions	eusse skié	eussions skié
skiasses	skiassiez	eusses skié	eussiez skié
skiât	skiassent	eût skié	eussent skié

Imperative/Command

skie	skions	skiez

Verb in Action

Je skie depuis toute petite. *(I've been skiing since I was a little girl.)*
On a beaucoup skié l'hiver dernier. *(We skied a lot last winter.)*
Je n'ai jamais appris à skier. *(I never learned to ski.)*

soigner
(to look after, to treat)

Present Participle: soignant • **Past Participle:** soigné
Regular **-er** verb

Present		**Passé Composé**	
soigne	soignons	ai soigné	avons soigné
soignes	soignez	as soigné	avez soigné
soigne	soignent	a soigné	ont soigné

Imperfect		**Pluperfect**	
soignais	soignions	avais soigné	avions soigné
soignais	soigniez	avais soigné	aviez soigné
soignait	soignaient	avait soigné	avaient soigné

Passé Simple		**Past Anterior**	
soignai	soignâmes	eus soigné	eûmes soigné
soignas	soignâtes	eus soigné	eûtes soigné
soigna	soignèrent	eut soigné	eurent soigné

Future		**Future Perfect**	
soignerai	soignerons	aurai soigné	aurons soigné
soigneras	soignerez	auras soigné	aurez soigné
soignera	soigneront	aura soigné	auront soigné

Conditional		**Conditional Perfect**	
soignerais	soignerions	aurais soigné	aurions soigné
soignerais	soigneriez	aurais soigné	auriez soigné
soignerait	soigneraient	aurait soigné	auraient soigné

Present Subjunctive		**Past Subjunctive**	
soigne	soignions	aie soigné	ayons soigné
soignes	soigniez	aies soigné	ayez soigné
soigne	soignent	ait soigné	aient soigné

Imperfect Subjunctive		**Pluperfect Subjunctive**	
soignasse	soignassions	eusse soigné	eussions soigné
soignasses	soignassiez	eusses soigné	eussiez soigné
soignât	soignassent	eût soigné	eussent soigné

Imperative/Command

soigne	soignons	soignez

Verb in Action

Je vais te soigner pendant ton rétablissement. *(I'm going to take care of you during your recovery.)*

Soigne-toi bien ce week-end! *(Take good care of yourself this weekend!)*

Ce n'est pas grave, ça se soigne facilement. *(It is not serious, it can be treated easily.)*

sonner
(to ring)

Present Participle: sonnant • **Past Participle:** sonné
Regular **-er** verb

Present
sonne	sonnons
sonnes	sonnez
sonne	sonnent

Passé Composé
ai sonné	avons sonné
as sonné	avez sonné
a sonné	ont sonné

Imperfect
sonnais	sonnions
sonnais	sonniez
sonnait	sonnaient

Pluperfect
avais sonné	avions sonné
avais sonné	aviez sonné
avait sonné	avaient sonné

Passé Simple
sonnai	sonnâmes
sonnas	sonnâtes
sonna	sonnèrent

Past Anterior
eus sonné	eûmes sonné
eus sonné	eûtes sonné
eut sonné	eurent sonné

Future
sonnerai	sonnerons
sonneras	sonnerez
sonnera	sonneront

Future Perfect
aurai sonné	aurons sonné
auras sonné	aurez sonné
aura sonné	auront sonné

Conditional
sonnerais	sonnerions
sonnerais	sonneriez
sonnerait	sonneraient

Conditional Perfect
aurais sonné	aurions sonné
aurais sonné	auriez sonné
aurait sonné	auraient sonné

Present Subjunctive
sonne	sonnions
sonnes	sonniez
sonne	sonnent

Past Subjunctive
aie sonné	ayons sonné
aies sonné	ayez sonné
ait sonné	aient sonné

Imperfect Subjunctive
sonnasse	sonnassions
sonnasses	sonnassiez
sonnât	sonnassent

Pluperfect Subjunctive
eusse sonné	eussions sonné
eusses sonné	eussiez sonné
eût sonné	eussent sonné

Imperative/Command
sonne	sonnons	sonnez

Verb in Action
On a sonné. *(Somebody rang the doorbell.)*
Le téléphone a sonné. *(The phone rang.)*
On entendait sonner les cloches de l'église voisine. *(We could hear the bells ringing in the church nearby.)*

sortir
(to go out)

Present Participle: sortant • **Past Participle:** sorti
Irregular **-ir** verb

Present		*Passé Composé*	
sors	sortons	suis sorti(e)	sommes sorti(e)s
sors	sortez	es sorti (e)	êtes sorti(e)(s)
sort	sortent	est sorti/sortie	sont sortis/sorties

Imperfect		*Pluperfect*	
sortais	sortions	étais sorti(e)	étions sorti(e)s
sortais	sortiez	étais sorti(e)	étiez sorti(e)(s)
sortait	sortaient	était sorti/sortie	étaient sortis/sorties

Passé Simple		*Past Anterior*	
sortis	sortîmes	fus sorti(e)	fûmes sorti(e)s
sortis	sortîtes	fus sorti(e)	fûtes sorti(e)(s)
sortit	sortirent	fut sorti/sortie	furent sortis/sorties

Future		*Future Perfect*	
sortirai	sortirons	serai sorti(e)	serons sorti(e)s
sortiras	sortirez	seras sorti(e)	serez sorti(e)(s)
sortira	sortiront	sera sorti/sortie	seront sortis/sorties

Conditional		*Conditional Perfect*	
sortirais	sortirions	serais sorti(e)	serions sorti(e)s
sortirais	sortiriez	serais sorti(e)	seriez sorti(e)(s)
sortirait	sortiraient	serait sorti/sortie	seraient sortis/sorties

Present Subjunctive		*Past Subjunctive*	
sorte	sortions	sois sorti(e)	soyons sorti(e)s
sortes	sortiez	sois sorti(e)	soyez sorti(e)(s)
sorte	sortent	soit sorti/sortie	soient sortis/sorties

Imperfect Subjunctive		*Pluperfect Subjunctive*	
sortisse	sortissions	fusse sorti(e)	fussions sorti(e)s
sortisses	sortissiez	fusses sorti(e)	fussiez sorti(e)(s)
sortît	sortissent	fût sorti/sortie	fussent sortis/sorties

Imperative/Command

sors	sortons	sortez

Verb in Action

Aurélie sort avec Bruno. *(Aurélie is going out with Bruno.)*
Je ne suis pas sortie ce week-end. *(I didn't go out this weekend.)*
Je n'ai pas sorti le chien parce qu'il pleuvait. *(I didn't take the dog out for a walk because it was raining.)*

Note : When this verb has a direct object, it takes the auxiliary **avoir** *(to have)*.

souffrir

(to suffer, to be in pain)

Present Participle: souffrant • **Past Participle:** souffert
Irregular **-ir** verb

Present
souffre	souffrons
souffres	souffrez
souffre	souffrent

Passé Composé
ai souffert	avons souffert
as souffert	avez souffert
a souffert	ont souffert

Imperfect
souffrais	souffrions
souffrais	souffriez
souffrait	souffraient

Pluperfect
avais souffert	avions souffert
avais souffert	aviez souffert
avait souffert	avaient souffert

Passé Simple
souffris	souffrîmes
souffris	souffrîtes
souffrit	souffrirent

Past Anterior
eus souffert	eûmes souffert
eus souffert	eûtes souffert
eut souffert	eurent souffert

Future
souffrirai	souffrirons
souffriras	souffrirez
souffrira	souffriront

Future Perfect
aurai souffert	aurons souffert
auras souffert	aurez souffert
aura souffert	auront souffert

Conditional
souffrirais	souffririons
souffrirais	souffririez
souffrirait	souffriraient

Conditional Perfect
aurais souffert	aurions souffert
aurais souffert	auriez souffert
aurait souffert	auraient souffert

Present Subjunctive
souffre	souffrions
souffres	souffriez
souffre	souffrent

Past Subjunctive
aie souffert	ayons souffert
aies souffert	ayez souffert
ait souffert	aient souffert

Imperfect Subjunctive
souffrisse	souffrissions
souffrisses	souffrissiez
souffrît	souffrissent

Pluperfect Subjunctive
eusse souffert	eussions souffert
eusses souffert	eussiez souffert
eût souffert	eussent souffert

Imperative/Command
souffre	souffrons	souffrez

Verb in Action

Elle a beaucoup souffert quand il l'a quittée. *(She suffered a lot when he left her.)*
Elle avait beaucoup souffert durant son enfance. *(She had suffered a lot during her childhood.)*
Il souffre beaucoup. *(He's in a lot of pain.)*

souhaiter
(to wish)

Present Participle: souhaitant • **Past Participle:** souhaité
Regular **-er** verb

Present
souhaite	souhaitons
souhaites	souhaitez
souhaite	souhaitent

Passé Composé
ai souhaité	avons souhaité
as souhaité	avez souhaité
a souhaité	ont souhaité

Imperfect
souhaitais	souhaitions
souhaitais	souhaitiez
souhaitait	souhaitaient

Pluperfect
avais souhaité	avions souhaité
avais souhaité	aviez souhaité
avait souhaité	avaient souhaité

Passé Simple
souhaitai	souhaitâmes
souhaitas	souhaitâtes
souhaita	souhaitèrent

Past Anterior
eus souhaité	eûmes souhaité
eus souhaité	eûtes souhaité
eut souhaité	eurent souhaité

Future
souhaiterai	souhaiterons
souhaiteras	souhaiterez
souhaitera	souhaiteront

Future Perfect
aurai souhaité	aurons souhaité
auras souhaité	aurez souhaité
aura souhaité	auront souhaité

Conditional
souhaiterais	souhaiterions
souhaiterais	souhaiteriez
souhaiterait	souhaiteraient

Conditional Perfect
aurais souhaité	aurions souhaité
aurais souhaité	auriez souhaité
aurait souhaité	auraient souhaité

Present Subjunctive
souhaite	souhaitions
souhaites	souhaitiez
souhaite	souhaitent

Past Subjunctive
aie souhaité	ayons souhaité
aies souhaité	ayez souhaité
ait souhaité	aient souhaité

Imperfect Subjunctive
souhaitasse	souhaitassions
souhaitasses	souhaitassiez
souhaitât	souhaitassent

Pluperfect Subjunctive
eusse souhaité	eussions souhaité
eusses souhaité	eussiez souhaité
eût souhaité	eussent souhaité

Imperative/Command
souhaite	souhaitons	souhaitez

Verb in Action
Il souhaite aller à l'université. *(He wishes to go to college.)*
Nous vous souhaitons une bonne année. *(We wish you a happy New Year.)*
Il souhaite un meilleur avenir pour ses enfants. *(His hope is for a better future for his children.)*

sourire
(to smile)

Present Participle: souriant • **Past Participle:** souri
Irregular **-re** verb

Present		Passé Composé	
souris	sourions	ai souri	avons souri
souris	souriez	as souri	avez souri
sourit	sourient	a souri	ont souri

Imperfect		Pluperfect	
souriais	souriions	avais souri	avions souri
souriais	souriiez	avais souri	aviez souri
souriait	souriaient	avait souri	avaient souri

Passé Simple		Past Anterior	
souris	sourîmes	eus souri	eûmes souri
souris	sourîtes	eus souri	eûtes souri
sourit	sourirent	eut souri	eurent souri

Future		Future Perfect	
sourirai	sourirons	aurai souri	aurons souri
souriras	sourirez	auras souri	aurez souri
sourira	souriront	aura souri	auront souri

Conditional		Conditional Perfect	
sourirais	souririons	aurais souri	aurions souri
sourirais	souririez	aurais souri	auriez souri
sourirait	souriraient	aurait souri	auraient souri

Present Subjunctive		Past Subjunctive	
sourie	souriions	aie souri	ayons souri
souries	souriiez	aies souri	ayez souri
sourie	sourient	ait souri	aient souri

Imperfect Subjunctive		Pluperfect Subjunctive	
sourisse	sourissions	eusse souri	eussions souri
sourisses	sourissiez	eusses souri	eussiez souri
sourît	sourissent	eût souri	eussent souri

Imperative/Command

souris	sourions	souriez

Verb in Action

Les enfants nous regardaient et souriaient. *(The children were looking at us and smiling.)*
Sylviane sourit aux photographes. *(Sylviane smiled for photographers.)*
Après le 12, la chance sourira à nouveau aux Capricornes de janvier. *(After the 12th, luck will smile again on the January Capricorns.)*

se souvenir
(to remember)

Present Participle: se souvenant • **Past Participle:** souvenu
Irregular pronominal **-ir** verb

Present
me souviens	nous souvenons
te souviens	vous souvenez
se souvient	se souviennent

Imperfect
me souvenais	nous souvenions
te souvenais	vous souveniez
se souvenait	se souvenaient

Passé Simple
me souvins	nous souvînmes
te souvins	vous souvîntes
se souvint	se souvinrent

Future
me souviendrai	nous souviendrons
te souviendras	vous souviendrez
se souviendra	se souviendront

Conditional
me souviendrais	nous souviendrions
te souviendrais	vous souviendriez
se souviendrait	se souviendraient

Present Subjunctive
me souvienne	nous souvenions
te souviennes	vous souveniez
se souvienne	se souviennent

Imperfect Subjunctive
me souvinsse	nous souvinssions
te souvinsses	vous souvinssiez
se souvînt	se souvinssent

Passé Composé
me suis souvenu(e)	nous sommes souvenu(e)s
t'es souvenu (e)	vous êtes souvenu(e)(s)
s'est souvenu/souvenue	se sont souvenus/souvenues

Pluperfect
m'étais souvenu(e)	nous étions souvenu(e)s
t'étais souvenu(e)	vous étiez souvenu(e)(s)
s'était souvenu/ souvenue	s'étaient souvenus/ souvenues

Past Anterior
me fus souvenu(e)	nous fûmes souvenu(e)s
te fus souvenu(e)	vous fûtes souvenu(e)s
se fut souvenu/ souvenue	se furent souvenus/ souvenues

Future Perfect
me serai souvenu(e)	nous serons souvenu(e)s
te seras souvenu(e)	vous serez souvenu(e)(s)
se sera souvenu/ souvenue	se seront souvenus/ souvenues

Conditional Perfect
me serais souvenu(e)	nous serions souvenu(e)s
te serais souvenu(e)	vous seriez souvenu(e)(s)
se serait souvenu/ souvenue	se seraient souvenus/ souvenues

Past Subjunctive
me sois souvenu(e)	nous soyons souvenu(e)s
te sois souvenu(e)	vous soyez souvenu(e)(s)
se soit souvenu/ souvenue	se soient souvenus/ souvenues

Pluperfect Subjunctive
me fusse souvenu(e)	nous fussions souvenu(e)s
te fusses souvenu(e)	vous fussiez souvenu(e)(s)
se fût souvenu/ souvenue	se fussent souvenus/ souvenues

Imperative/Command
souviens-toi;	souvenons-nous;	souvenez-vous;
ne te souviens pas	ne nous souvenons pas	ne vous souvenez pas

Verb in Action
Je ne me souviens pas de son adresse. *(I can't remember his/her address.)*
Il ne se souvenait pas où il avait mis ses clés. *(He couldn't remember where he'd put his keys.)*
Il s'ést souvenu un peu tard de son anniversaire. *(He remembered his/her birthday a little late.)*

suffire
(to be enough)

Present		Passé Composé	
suffis	suffisons	ai suffi	avons suffi
suffis	suffisez	as suffi	avez suffi
suffit	suffisent	a suffi	ont suffi

Imperfect		Pluperfect	
suffisais	suffisions	avais suffi	avions suffi
suffisais	suffisiez	avais suffi	aviez suffi
suffisait	suffisaient	avait suffi	avaient suffi

Passé Simple		Past Anterior	
suffis	suffîmes	eus suffi	eûmes suffi
suffis	suffîtes	eus suffi	eûtes suffi
suffit	suffirent	eut suffi	eurent suffi

Future		Future Perfect	
suffirai	suffirons	aurai suffi	aurons suffi
suffiras	suffirez	auras suffi	aurez suffi
suffira	suffiront	aura suffi	auront suffi

Conditional		Conditional Perfect	
suffirais	suffirions	aurais suffi	aurions suffi
suffirais	suffiriez	aurais suffi	auriez suffi
suffirait	suffiraient	aurait suffi	auraient suffi

Present Subjunctive		Past Subjunctive	
suffise	suffisions	aie suffi	ayons suffi
suffises	suffisiez	aies suffi	ayez suffi
suffise	suffisent	ait suffi	aient suffi

Imperfect Subjunctive		Pluperfect Subjunctive	
suffisse	suffissions	eusse suffi	eussions suffi
suffisses	suffissiez	eusses suffi	eussiez suffi
suffît	suffissent	eût suffi	eussent suffi

Imperative/Command

suffis	suffisons	suffisez

Verb in Action

Ça suffit! *(That's enough!)*
Ses jouets lui suffisent. *(His/her toys are enough for him/her.)*
Ça te suffira, dix euros? *(Will ten euros be enough for you?)*

suggérer
(to suggest)

Present Participle: suggérant • **Past Participle:** suggéré
é[consonant]-**er** verb; **é** becomes **è** before consonant + **e, es, ent**

Present		Passé Composé	
suggère	suggérons	ai suggéré	avons suggéré
suggères	suggérez	as suggéré	avez suggéré
suggère	suggèrent	a suggéré	ont suggéré

Imperfect		Pluperfect	
suggérais	suggérions	avais suggéré	avions suggéré
suggérais	suggériez	avais suggéré	aviez suggéré
suggérait	suggéraient	avait suggéré	avaient suggéré

Passé Simple		Past Anterior	
suggérai	suggérâmes	eus suggéré	eûmes suggéré
suggéras	suggérâtes	eus suggéré	eûtes suggéré
suggéra	suggérèrent	eut suggéré	eurent suggéré

Future		Future Perfect	
suggérerai	suggérerons	aurai suggéré	aurons suggéré
suggéreras	suggérerez	auras suggéré	aurez suggéré
suggérera	suggéreront	aura suggéré	auront suggéré

Conditional		Conditional Perfect	
suggérerais	suggérerions	aurais suggéré	aurions suggéré
suggérerais	suggéreriez	aurais suggéré	auriez suggéré
suggérerait	suggéreraient	aurait suggéré	auraient suggéré

Present Subjunctive		Past Subjunctive	
suggère	suggérions	aie suggéré	ayons suggéré
suggères	suggériez	aies suggéré	ayez suggéré
suggère	suggèrent	ait suggéré	aient suggéré

Imperfect Subjunctive		Pluperfect Subjunctive	
suggérasse	suggérassions	eusse suggéré	eussions suggéré
suggérasses	suggérassiez	eusses suggéré	eussiez suggéré
suggérât	suggérassent	eût suggéré	eussent suggéré

Imperative/Command

suggère	suggérons	suggérez

Verb in Action

Il a suggéré que nous passions la nuit à l'hôtel. *(He suggested we spend the night in a hotel.)*

Elle a suggéré de passer par le nord de l'île. *(She suggested going via the north of the island.)*

Je suggère que nous en reparlions un autre jour. *(I suggest that we speak about it again another day.)*

suivre

(to follow, to take (a class))

Present Participle: suivant • **Past Participle:** suivi
Irregular **-re** verb

Present		Passé Composé	
suis	suivons	ai suivi	avons suivi
suis	suivez	as suivi	avez suivi
suit	suivent	a suivi	ont suivi

Imperfect		Pluperfect	
suivais	suivions	avais suivi	avions suivi
suivais	suiviez	avais suivi	aviez suivi
suivait	suivaient	avait suivi	avaient suivi

Passé Simple		Past Anterior	
suivis	suivîmes	eus suivi	eûmes suivi
suivis	suivîtes	eus suivi	eûtes suivi
suivit	suivirent	eut suivi	eurent suivi

Future		Future Perfect	
suivrai	suivrons	aurai suivi	aurons suivi
suivras	suivrez	auras suivi	aurez suivi
suivra	suivront	aura suivi	auront suivi

Conditional		Conditional Perfect	
suivrais	suivrions	aurais suivi	aurions suivi
suivrais	suivriez	aurais suivi	auriez suivi
suivrait	suivraient	aurait suivi	auraient suivi

Present Subjunctive		Past Subjunctive	
suive	suivions	aie suivi	ayons suivi
suives	suiviez	aies suivi	ayez suivi
suive	suivent	ait suivi	aient suivi

Imperfect Subjunctive		Pluperfect Subjunctive	
suivisse	suivissions	eusse suivi	eussions suivi
suivisses	suivissiez	eusses suivi	eussiez suivi
suivît	suivissent	eût suivi	eussent suivi

Imperative/Command

suis	suivons	suivez

Verb in Action

Mon chat me suit partout dans la maison. *(My cat follows me all around the house.)*
Il a suivi un cours d'allemand pendant six mois. *(He took a German course for six months.)*
Ils nous suivaient à vélo. *(They were following us on bikes.)*

surprendre
(to surprise)

Present Participle: surprenant • **Past Participle:** surpris
Irregular **-re** verb

Present		Passé Composé	
surprends	surprenons	ai surpris	avons surpris
surprends	surprenez	as surpris	avez surpris
surprend	surprennent	a surpris	ont surpris

Imperfect		Pluperfect	
surprenais	surprenions	avais surpris	avions surpris
surprenais	surpreniez	avais surpris	aviez surpris
surprenait	surprenaient	avait surpris	avaient surpris

Passé Simple		Past Anterior	
surpris	surprîmes	eus surpris	eûmes surpris
surpris	surprîtes	eus surpris	eûtes surpris
surprit	surprirent	eut surpris	eurent surpris

Future		Future Perfect	
surprendrai	surprendrons	aurai surpris	aurons surpris
surprendras	surprendrez	auras surpris	aurez surpris
surprendra	surprendront	aura surpris	auront surpris

Conditional		Conditional Perfect	
surprendrais	surprendrions	aurais surpris	aurions surpris
surprendrais	surprendriez	aurais surpris	auriez surpris
surprendrait	surprendraient	aurait surpris	auraient surpris

Present Subjunctive		Past Subjunctive	
surprenne	surprenions	aie surpris	ayons surpris
surprennes	surpreniez	aies surpris	ayez surpris
surprenne	surprennent	ait surpris	aient surpris

Imperfect Subjunctive		Pluperfect Subjunctive	
surprisse	surprissions	eusse surpris	eussions surpris
surprisses	surprissiez	eusses surpris	eussiez surpris
surprît	surprissent	eût surpris	eussent surpris

Imperative/Command

surprends	surprenons	surprenez

Verb in Action

Sa décision de quitter son poste ne surprend personne. *(His/her decision to leave his/her job surprises no one.)*

Ça me surprendrait beaucoup qu'il arrive à l'heure. *(I'd be very surprised if he arrives on time.)*

Je l'ai surpris en train de fouiller dans mon placard. *(I caught him rummaging in my closet.)*

survenir

(to occur, to happen, to arise)

Present Participle: survenant • **Past Participle:** survenu
Irregular **-ir** verb

Present

surviens	survenons
surviens	survenez
survient	surviennent

Passé Composé

suis survenu(e)	sommes survenu(e)s
es survenu(e)	êtes survenu(e)(s)
est survenu/survenue	sont survenus/survenues

Imperfect

survenais	survenions
survenais	surveniez
survenait	survenaient

Pluperfect

étais survenu(e)	étions survenu(e)s
étais survenu(e)	étiez survenu(e)(s)
était survenu/survenue	étaient survenus/survenues

Passé Simple

survins	survînmes
survins	survîntes
survint	survinrent

Past Anterior

fus survenu(e)	fûmes survenu(e)s
fus survenu(e)	fûtes survenu(e)(s)
fut survenu/survenue	furent survenus/survenues

Future

surviendrai	surviendrons
surviendras	surviendrez
surviendra	surviendront

Future Perfect

serai survenu(e)	serons survenu(e)s
seras survenu(e)	serez survenu(e)(s)
sera survenu/survenue	seront survenus/survenues

Conditional

surviendrais	surviendrions
surviendrais	surviendriez
surviendrait	surviendraient

Conditional Perfect

serais survenu(e)	serions survenu(e)s
serais survenu(e)	seriez survenu(e)(s)
serait survenu/survenue	seraient survenus/survenues

Present Subjunctive

survienne	survenions
surviennes	surveniez
survienne	surviennent

Past Subjunctive

sois survenu(e)	soyons survenu(e)s
sois survenu(e)	soyez survenu(e)(s)
soit survenu/survenue	soient survenus/survenues

Imperfect Subjunctive

survinsse	survinssions
survinsses	survinssiez
survînt	survinssent

Pluperfect Subjunctive

fusse survenu(e)	fussions survenu(e)s
fusses survenu(e)	fussiez survenu(e)(s)
fût survenu/survenue	fussent survenus/survenues

Imperative/Command

surviens	survenons	survenez

Verb in Action

La collision entre le camion et le train est survenue dans la nuit. *(The collision between the truck and the train occurred during the night.)*

Le curseur de ma souris se met parfois à ramer. Le problème survient de plus en plus souvent. *(The cursor on my mouse sticks sometimes. The problem is occurring more and more often.)*

#460

survivre
(to survive)

Present Participle: survivant • **Past Participle:** survécu
Irregular verb

Present		Passé Composé	
survis	survivons	ai survécu	avons survécu
survis	survivez	as survécu	avez survécu
survit	survivent	a survécu	ont survécu

Imperfect		Pluperfect	
survivais	survivions	avais survécu	avions survécu
survivais	surviviez	avais survécu	aviez survécu
survivait	survivaient	avait survécu	avaient survécu

Passé Simple		Past Anterior	
survécus	survécûmes	eus survécu	eûmes survécu
survécus	survécûtes	eus survécu	eûtes survécu
survécut	survécurent	eut survécu	eurent survécu

Future		Future Perfect	
survivrai	survivrons	aurai survécu	aurons survécu
survivras	survivrez	auras survécu	aurez survécu
survivra	survivront	aura survécu	auront survécu

Conditional		Conditional Perfect	
survivrais	survivrions	aurais survécu	aurions survécu
survivrais	survivriez	aurais survécu	auriez survécu
survivrait	survivraient	aurait survécu	auraient survécu

Present Subjunctive		Past Subjunctive	
survive	survivions	aie survécu	ayons survécu
survives	surviviez	aies survécu	ayez survécu
survive	survivent	ait survécu	aient survécu

Imperfect Subjunctive		Pluperfect Subjunctive	
survécusse	survécussions	eusse survécu	eussions survécu
survécusses	survécussiez	eusses survécu	eussiez survécu
survécût	survécussent	eût survécu	eussent survécu

Imperative/Command
survis	survivons	survivez

Verb in Action

Heureusement, ils ont tous survécu à l'accident. *(Fortunately, they all survived the accident.)*
Il survécut miraculeusement à ses blessures au ventre. *(He miraculously survived his injuries to the stomach.)*
La cathédrale a survécu aux bombardements. *(The cathedral survived the bombings.)*

se taire

(to stop talking, to be quiet)

Present Participle: se taisant • **Past Participle:** tu
Irregular pronominal-**re** verb

Present

me tais	nous taisons
te tais	vous taisez
se tait	se taisent

Passé Composé

me suis tu(e)	nous sommes tu(e)s
t'es tu(e)	vous êtes tu(e)(s)
s'est tu/tue	se sont tus/tues

Imperfect

me taisais	nous taisions
te taisais	vous taisiez
se taisait	se taisaient

Pluperfect

m'étais tu(e)	nous étions tu(e)s
t'étais tu(e)	vous étiez tu(e)(s)
s'était tu/tue	s'étaient tus/tues

Passé Simple

me tus	nous tûmes
te tus	vous tûtes
se tut	se turent

Past Anterior

me fus tu(e)	nous fûmes tu(e)s
te fus tu(e)	vous fûtes tu(e)(s)
se fut tu/tue	se furent tus/tues

Future

me tairai	nous tairons
te tairas	vous tairez
se taira	se tairont

Future Perfect

me serai tu(e)	nous serons tu(e)s
te seras tu(e)	vous serez tu(e)(s)
se sera tu/tue	se seront tus/tues

Conditional

me tairais	nous tairions
te tairais	vous tairiez
se tairait	se tairaient

Conditional Perfect

me serais tu(e)	nous serions tu(e)s
te serais tu(e)	vous seriez tu(e)(s)
se serait tu/tue	se seraient tus/tues

Present Subjunctive

me taise	nous taisions
te taises	vous taisiez
se taise	se taisent

Past Subjunctive

me sois tu(e)	nous soyons tu(e)s
te sois tu(e)	vous soyez tu(e)(s)
se soit tu/tue	se soient tus/tues

Imperfect Subjunctive

me tusse	nous tussions
te tusses	vous tussiez
se tût	se tussent

Pluperfect Subjunctive

me fusse tu(e)	nous fussions tu(e)s
te fusses tu(e)	vous fussiez tu(e)(s)
se fût tu/tue	se fussent tus/tues

Imperative/Command

tais-toi;	taisons-nous;	taisez-vous;
ne te tais pas	ne nous taisons pas	ne vous taisez pas

Verb in Action

Je préfère me taire quand ils se disputent. *(I prefer to keep quiet when they argue.)*
Sophie, tais-toi! *(Be quiet, Sophie!)*
Il s'était tu et tout resta silencieux pendant quelques minutes. *(He had stopped talking and for a few minutes all was silent.)*

taper
(to beat down, to tap, to type)

Present Participle: tapant • **Past Participle:** tapé
Regular **-er** verb

Present		Passé Composé	
tape	tapons	ai tapé	avons tapé
tapes	tapez	as tapé	avez tapé
tape	tapent	a tapé	ont tapé

Imperfect		Pluperfect	
tapais	tapions	avais tapé	avions tapé
tapais	tapiez	avais tapé	aviez tapé
tapait	tapaient	avait tapé	avaient tapé

Passé Simple		Past Anterior	
tapai	tapâmes	eus tapé	eûmes tapé
tapas	tapâtes	eus tapé	eûtes tapé
tapa	tapèrent	eut tapé	eurent tapé

Future		Future Perfect	
taperai	taperons	aurai tapé	aurons tapé
taperas	taperez	auras tapé	aurez tapé
tapera	taperont	aura tapé	auront tapé

Conditional		Conditional Perfect	
taperais	taperions	aurais tapé	aurions tapé
taperais	taperiez	aurais tapé	auriez tapé
taperait	taperaient	aurait tapé	auraient tapé

Present Subjunctive		Past Subjunctive	
tape	tapions	aie tapé	ayons tapé
tapes	tapiez	aies tapé	ayez tapé
tape	tapent	ait tapé	aient tapé

Imperfect Subjunctive		Pluperfect Subjunctive	
tapasse	tapassions	eusse tapé	eussions tapé
tapasses	tapassiez	eusses tapé	eussiez tapé
tapât	tapassent	eût tapé	eussent tapé

Imperative/Command

tape	tapons	tapez

Verb in Action

Maman, il m'a tapé! *(Mom, he hit me!)*
Le soleil tape. *(The sun's really beating down.)*
Tapez votre mot de passe et validez. *(Type in your password and validate.)*

teindre

(to dye)

Present Participle: teignant • Past Participle: teint
Irregular verb

Present		Passé Composé	
teins	teignons	ai teint	avons teint
teins	teignez	as teint	avez teint
teint	teignent	a teint	ont teint

Imperfect		Pluperfect	
teignais	teignions	avais teint	avions teint
teignais	teigniez	avais teint	aviez teint
teignait	teignaient	avait teint	avaient teint

Passé Simple		Past Anterior	
teignis	teignîmes	eus teint	eûmes teint
teignis	teignîtes	eus teint	eûtes teint
teignit	teignirent	eut teint	eurent teint

Future		Future Perfect	
teindrai	teindrons	aurai teint	aurons teint
teindras	teindrez	auras teint	aurez teint
teindra	teindront	aura teint	auront teint

Conditional		Conditional Perfect	
teindrais	teindrions	aurais teint	aurions teint
teindrais	teindriez	aurais teint	auriez teint
teindrait	teindraient	aurait teint	auraient teint

Present Subjunctive		Past Subjunctive	
teigne	teignions	aie teint	ayons teint
teignes	teigniez	aies teint	ayez teint
teigne	teignent	ait teint	aient teint

Imperfect Subjunctive		Pluperfect Subjunctive	
teignisse	teignissions	eusse teint	eussions teint
teignisses	teignissiez	eusses teint	eussiez teint
teignît	teignissent	eût teint	eussent teint

Imperative/Command

teins	teignons	teignez

Verb in Action

Est-ce que je peux teindre mon jean en noir? *(Can I dye my jeans black?)*

Je me suis teint les cheveux en roux, pour changer. *(I've dyed my hair red for a change.)*

Le directeur se teignait les cheveux en noir, mais ce n'était pas très convaincant. *(The director dyed his hair black, but it was not very convincing.)*

téléphoner (à)
(to phone, to call)

Present Participle: téléphonant • **Past Participle:** téléphoné
Regular **-er** verb

Present
téléphone	téléphonons
téléphones	téléphonez
téléphone	téléphonent

Passé Composé
ai téléphoné	avons téléphoné
as téléphoné	avez téléphoné
a téléphoné	ont téléphoné

Imperfect
téléphonais	téléphonions
téléphonais	téléphoniez
téléphonait	téléphonaient

Pluperfect
avais téléphoné	avions téléphoné
avais téléphoné	aviez téléphoné
avait téléphoné	avaient téléphoné

Passé Simple
téléphonai	téléphonâmes
téléphonas	téléphonâtes
téléphona	téléphonèrent

Past Anterior
eus téléphoné	eûmes téléphoné
eus téléphoné	eûtes téléphoné
eut téléphoné	eurent téléphoné

Future
téléphonerai	téléphonerons
téléphoneras	téléphonerez
téléphonera	téléphoneront

Future Perfect
aurai téléphoné	aurons téléphoné
auras téléphoné	aurez téléphoné
aura téléphoné	auront téléphoné

Conditional
téléphonerais	téléphonerions
téléphonerais	téléphoneriez
téléphonerait	téléphoneraient

Conditional Perfect
aurais téléphoné	aurions téléphoné
aurais téléphoné	auriez téléphoné
aurait téléphoné	auraient téléphoné

Present Subjunctive
téléphone	téléphonions
téléphones	téléphoniez
téléphone	téléphonent

Past Subjunctive
aie téléphoné	ayons téléphoné
aies téléphoné	ayez téléphoné
ait téléphoné	aient téléphoné

Imperfect Subjunctive
téléphonasse	téléphonassions
téléphonasses	téléphonassiez
téléphonât	téléphonassent

Pluperfect Subjunctive
eusse téléphoné	eussions téléphoné
eusses téléphoné	eussiez téléphoné
eût téléphoné	eussent téléphoné

Imperative/Command
téléphone	téléphonons	téléphonez

Verb in Action
Je vais téléphoner à Claire. *(I am going to call Claire.)*
Je peux téléphoner? *(Can I make a phone call?)*
Tu préfères que je te téléphone, ou que je t'envoie un SMS? *(Do you prefer me to call you or text you?)*

tendre
(to stretch, to tighten)

Present Participle: tendant • **Past Participle:** tendu
Regular **-re** verb

Present
tends	tendons
tends	tendez
tend	tendent

Passé Composé
ai tendu	avons tendu
as tendu	avez tendu
a tendu	ont tendu

Imperfect
tendais	tendions
tendais	tendiez
tendait	tendaient

Pluperfect
avais tendu	avions tendu
avais tendu	aviez tendu
avait tendu	avaient tendu

Passé Simple
tendis	tendîmes
tendis	tendîtes
tendit	tendirent

Past Anterior
eus tendu	eûmes tendu
eus tendu	eûtes tendu
eut tendu	eurent tendu

Future
tendrai	tendrons
tendras	tendrez
tendra	tendront

Future Perfect
aurai tendu	aurons tendu
auras tendu	aurez tendu
aura tendu	auront tendu

Conditional
tendrais	tendrions
tendrais	tendriez
tendrait	tendraient

Conditional Perfect
aurais tendu	aurions tendu
aurais tendu	auriez tendu
aurait tendu	auraient tendu

Present Subjunctive
tende	tendions
tendes	tendiez
tende	tendent

Past Subjunctive
aie tendu	ayons tendu
aies tendu	ayez tendu
ait tendu	aient tendu

Imperfect Subjunctive
tendisse	tendissions
tendisses	tendissiez
tendît	tendissent

Pluperfect Subjunctive
eusse tendu	eussions tendu
eusses tendu	eussiez tendu
eût tendu	eussent tendu

Imperative/Command
tends	tendons	tendez

Verb in Action
Lola, dans son berceau, tendait les bras pour qu'on la prenne. *(Lola, in her crib, stretched out her arms for someone to pick her up.)*
Il se tourna vers moi et me tendit la main. *(He turned to me and offered me his hand.)*

tenir
(to hold)

Present Participle: tenant • **Past Participle:** tenu
Irregular -**ir** verb

Present		*Passé Composé*	
tiens	tenons	ai tenu	avons tenu
tiens	tenez	as tenu	avez tenu
tient	tiennent	a tenu	ont tenu

Imperfect		*Pluperfect*	
tenais	tenions	avais tenu	avions tenu
tenais	teniez	avais tenu	aviez tenu
tenait	tenaient	avait tenu	avaient tenu

Passé Simple		*Past Anterior*	
tins	tînmes	eus tenu	eûmes tenu
tins	tîntes	eus tenu	eûtes tenu
tint	tinrent	eut tenu	eurent tenu

Future		*Future Perfect*	
tiendrai	tiendrons	aurai tenu	aurons tenu
tiendras	tiendrez	auras tenu	aurez tenu
tiendra	tiendront	aura tenu	auront tenu

Conditional		*Conditional Perfect*	
tiendrais	tiendrions	aurais tenu	aurions tenu
tiendrais	tiendriez	aurais tenu	auriez tenu
tiendrait	tiendraient	aurait tenu	auraient tenu

Present Subjunctive		*Past Subjunctive*	
tienne	tenions	aie tenu	ayons tenu
tiennes	teniez	aies tenu	ayez tenu
tienne	tiennent	ait tenu	aient tenu

Imperfect Subjunctive		*Pluperfect Subjunctive*	
tinsse	tinssions	eusse tenu	eussions tenu
tinsses	tinssiez	eusses tenu	eussiez tenu
tînt	tinssent	eût tenu	eussent tenu

Imperative/Command

tiens	tenons	tenez

Verb in Action

Elle ne tient pas bien sa raquette. *(She's not holding her racket properly.)*
Tiens-moi la main. *(Hold my hand.)*
Tiens, prends mon stylo. *(Here, take my pen.)*

terminer
(to finish)

Present Participle: terminant • **Past Participle:** terminé
Regular **-er** verb

Present
termine	terminons
termines	terminez
termine	terminent

Passé Composé
ai terminé	avons terminé
as terminé	avez terminé
a terminé	ont terminé

Imperfect
terminais	terminions
terminais	terminiez
terminait	terminaient

Pluperfect
avais terminé	avions terminé
avais terminé	aviez terminé
avait terminé	avaient terminé

Passé Simple
terminai	terminâmes
terminas	terminâtes
termina	terminèrent

Past Anterior
eus terminé	eûmes terminé
eus terminé	eûtes terminé
eut terminé	eurent terminé

Future
terminerai	terminerons
termineras	terminerez
terminera	termineront

Future Perfect
aurai terminé	aurons terminé
auras terminé	aurez terminé
aura terminé	auront terminé

Conditional
terminerais	terminerions
terminerais	termineriez
terminerait	termineraient

Conditional Perfect
aurais terminé	aurions terminé
aurais terminé	auriez terminé
aurait terminé	auraient terminé

Present Subjunctive
termine	terminions
termines	terminiez
termine	terminent

Past Subjunctive
aie terminé	ayons terminé
aies terminé	ayez terminé
ait terminé	aient terminé

Imperfect Subjunctive
terminasse	terminassions
terminasses	terminassiez
terminât	terminassent

Pluperfect Subjunctive
eusse terminé	eussions terminé
eusses terminé	eussiez terminé
eût terminé	eussent terminé

Imperative/Command
termine	terminons	terminez

Verb in Action
Je n'ai pas encore terminé. *(I haven't finished yet.)*
Tu termines le travail à quelle heure? *(What time do you finish work?)*
Les vacances se terminent demain. *(The vacation ends tomorrow.)*

tirer
(to pull, to shoot)

Present Participle: tirant • **Past Participle:** tiré
Regular **-er** verb

Present
tire	tirons
tires	tirez
tire	tirent

Passé Composé
ai tiré	avons tiré
as tiré	avez tiré
a tiré	ont tiré

Imperfect
tirais	tirions
tirais	tiriez
tirait	tiraient

Pluperfect
avais tiré	avions tiré
avais tiré	aviez tiré
avait tiré	avaient tiré

Passé Simple
tirai	tirâmes
tiras	tirâtes
tira	tirèrent

Past Anterior
eus tiré	eûmes tiré
eus tiré	eûtes tiré
eut tiré	eurent tiré

Future
tirerai	tirerons
tireras	tirerez
tirera	tireront

Future Perfect
aurai tiré	aurons tiré
auras tiré	aurez tiré
aura tiré	auront tiré

Conditional
tirerais	tirerions
tirerais	tireriez
tirerait	tireraient

Conditional Perfect
aurais tiré	aurions tiré
aurais tiré	auriez tiré
aurait tiré	auraient tiré

Present Subjunctive
tire	tirions
tires	tiriez
tire	tirent

Past Subjunctive
aie tiré	ayons tiré
aies tiré	ayez tiré
ait tiré	aient tiré

Imperfect Subjunctive
tirasse	tirassions
tirasses	tirassiez
tirât	tirassent

Pluperfect Subjunctive
eusse tiré	eussions tiré
eusses tiré	eussiez tiré
eût tiré	eussent tiré

Imperative/Command
tire	tirons	tirez

Verb in Action

Elle a tiré un mouchoir de son sac. *(She pulled a handkerchief out of her purse.)*
Il m'a tiré les cheveux. *(He pulled my hair.)*
Il a tiré plusieurs coups de feu. *(He fired several shots.)*

tomber
(to fall)

Present Participle: tombant • **Past Participle:** tombé
Regular **-er** verb

Present
tombe	tombons
tombes	tombez
tombe	tombent

Passé Composé
suis tombé(e)	sommes tombé(e)s
es tombé(e)	êtes tombé(e)(s)
est tombé/tombée	sont tombés/tombées

Imperfect
tombais	tombions
tombais	tombiez
tombait	tombaient

Pluperfect
étais tombé(e)	étions tombé(e)s
étais tombé(e)	étiez tombé(e)(s)
était tombé/tombée	étaient tombés/tombées

Passé Simple
tombai	tombâmes
tombas	tombâtes
tomba	tombèrent

Past Anterior
fus tombé(e)	fûmes tombé(e)s
fus tombé(e)	fûtes tombé(e)(s)
fut tombé/tombée	furent tombés/tombées

Future
tomberai	tomberons
tomberas	tomberez
tombera	tomberont

Future Perfect
serai tombé(e)	serons tombé(e)s
seras tombé(e)	serez tombé(e)(s)
sera tombé/tombée	seront tombés/tombées

Conditional
tomberais	tomberions
tomberais	tomberiez
tomberait	tomberaient

Conditional Perfect
serais tombé(e)	serions tombé(e)s
serais tombé(e)	seriez tombé(e)(s)
serait tombé/tombée	seraient tombés/tombées

Present Subjunctive
tombe	tombions
tombes	tombiez
tombe	tombent

Past Subjunctive
sois tombé(e)	soyons tombé(e)s
sois tombé(e)	soyez tombé(e)(s)
soit tombé/tombée	soient tombés/tombées

Imperfect Subjunctive
tombasse	tombassions
tombasses	tombassiez
tombât	tombassent

Pluperfect Subjunctive
fusse tombé(e)	fussions tombé(e)s
fusses tombé(e)	fussiez tombé(e)(s)
fût tombé/tombée	fussent tombés/tombées

Imperative/Command
tombe	tombons	tombez

Verb in Action
Attention, tu vas tomber! *(Be careful, you'll fall!)*
Nicole est tombée de cheval. *(Nicole fell off her horse.)*
La tasse tomba par terre et se cassa. *(The cup fell on the floor and broke.)*

tondre

(to mow, to shear)

Present Participle: tondant • **Past Participle:** tondu
Regular **-re** verb

Present		*Passé Composé*	
tonds	tondons	ai tondu	avons tondu
tonds	tondez	as tondu	avez tondu
tond	tondent	a tondu	ont tondu

Imperfect		*Pluperfect*	
tondais	tondions	avais tondu	avions tondu
tondais	tondiez	avais tondu	aviez tondu
tondait	tondaient	avait tondu	avaient tondu

Passé Simple		*Past Anterior*	
tondis	tondîmes	eus tondu	eûmes tondu
tondis	tondîtes	eus tondu	eûtes tondu
tondit	tondirent	eut tondu	eurent tondu

Future		*Future Perfect*	
tondrai	tondrons	aurai tondu	aurons tondu
tondras	tondrez	auras tondu	aurez tondu
tondra	tondront	aura tondu	auront tondu

Conditional		*Conditional Perfect*	
tondrais	tondrions	aurais tondu	aurions tondu
tondrais	tondriez	aurais tondu	auriez tondu
tondrait	tondraient	aurait tondu	auraient tondu

Present Subjunctive		*Past Subjunctive*	
tonde	tondions	aie tondu	ayons tondu
tondes	tondiez	aies tondu	ayez tondu
tonde	tondent	ait tondu	aient tondu

Imperfect Subjunctive		*Pluperfect Subjunctive*	
tondisse	tondissions	eusse tondu	eussions tondu
tondisses	tondissiez	eusses tondu	eussiez tondu
tondît	tondissent	eût tondu	eussent tondu

Imperative/Command

tonds	tondons	tondez

Verb in Action

Il faut encore que je tonde la pelouse avant de partir en vacances. *(I need to cut the grass again before I go on vacation.)*
Marcel m'a montré comment tondre un mouton. *(Marcel showed me how to shear a sheep.)*
Le gazon était fraîchement tondu. *(The lawn was freshly mowed.)*

toucher
(to touch)

Present Participle: touchant • **Past Participle:** touché
Regular **-er** verb

Present
touche	touchons
touches	touchez
touche	touchent

Imperfect
touchais	touchions
touchais	touchiez
touchait	touchaient

Passé Simple
touchai	touchâmes
touchas	touchâtes
toucha	touchèrent

Future
toucherai	toucherons
toucheras	toucherez
touchera	toucheront

Conditional
toucherais	toucherions
toucherais	toucheriez
toucherait	toucheraient

Present Subjunctive
touche	touchions
touches	touchiez
touche	touchent

Imperfect Subjunctive
touchasse	touchassions
touchasses	touchassiez
touchât	touchassent

Passé Composé
ai touché	avons touché
as touché	avez touché
a touché	ont touché

Pluperfect
avais touché	avions touché
avais touché	aviez touché
avait touché	avaient touché

Past Anterior
eus touché	eûmes touché
eus touché	eûtes touché
eut touché	eurent touché

Future Perfect
aurai touché	aurons touché
auras touché	aurez touché
aura touché	auront touché

Conditional Perfect
aurais touché	aurions touché
aurais touché	auriez touché
aurait touché	auraient touché

Past Subjunctive
aie touché	ayons touché
aies touché	ayez touché
ait touché	aient touché

Pluperfect Subjunctive
eusse touché	eussions touché
eusses touché	eussiez touché
eût touché	eussent touché

Imperative/Command
touche	touchons	touchez

Verb in Action
Ne touche pas à mes livres! *(Don't touch my books!)*
La balle l'a touché en pleine poitrine. *(The bullet hit him right in the chest.)*
Nos deux jardins se touchent. *(Our gardens are next to (touch) each other.)*

tourner
(to turn, to go sour)

Present Participle: tournant • **Past Participle:** tourné
Regular **-er** verb

Present		Passé Composé	
tourne	tournons	ai tourné	avons tourné
tournes	tournez	as tourné	avez tourné
tourne	tournent	a tourné	ont tourné

Imperfect		Pluperfect	
tournais	tournions	avais tourné	avions tourné
tournais	tourniez	avais tourné	aviez tourné
tournait	tournaient	avait tourné	avaient tourné

Passé Simple		Past Anterior	
tournai	tournâmes	eus tourné	eûmes tourné
tournas	tournâtes	eus tourné	eûtes tourné
tourna	tournèrent	eut tourné	eurent tourné

Future		Future Perfect	
tournerai	tournerons	aurai tourné	aurons tourné
tourneras	tournerez	auras tourné	aurez tourné
tournera	tourneront	aura tourné	auront tourné

Conditional		Conditional Perfect	
tournerais	tournerions	aurais tourné	aurions tourné
tournerais	tourneriez	aurais tourné	auriez tourné
tournerait	tourneraient	aurait tourné	auraient tourné

Present Subjunctive		Past Subjunctive	
tourne	tournions	aie tourné	ayons tourné
tournes	tourniez	aies tourné	ayez tourné
tourne	tournent	ait tourné	aient tourné

Imperfect Subjunctive		Pluperfect Subjunctive	
tournasse	tournassions	eusse tourné	eussions tourné
tournasses	tournassiez	eusses tourné	eussiez tourné
tournât	tournassent	eût tourné	eussent tourné

Imperative/Command

tourne	tournons	tournez

Verb in Action

Tournez à droite aux prochains feux. *(Turn right at the next light.)*
Le lait a tourné. *(The milk's gone sour.)*
Ils ont tourné un film célèbre ici, à Rochefort. *(They shot a famous movie here in Rochefort.)*

traduire
(to translate)

Present Participle: traduisant • **Past Participle:** traduit
Irregular verb

Present
traduis	traduisons
traduis	traduisez
traduit	traduisent

Passé Composé
ai traduit	avons traduit
as traduit	avez traduit
a traduit	ont traduit

Imperfect
traduisais	traduisions
traduisais	traduisiez
traduisait	traduisaient

Pluperfect
avais traduit	avions traduit
avais traduit	aviez traduit
avait traduit	avaient traduit

Passé Simple
traduisis	traduisîmes
traduisis	traduisîtes
traduisit	traduisirent

Past Anterior
eus traduit	eûmes traduit
eus traduit	eûtes traduit
eut traduit	eurent traduit

Future
traduirai	traduirons
traduiras	traduirez
traduira	traduiront

Future Perfect
aurai traduit	aurons traduit
auras traduit	aurez traduit
aura traduit	auront traduit

Conditional
traduirais	traduirions
traduirais	traduiriez
traduirait	traduiraient

Conditional Perfect
aurais traduit	aurions traduit
aurais traduit	auriez traduit
aurait traduit	auraient traduit

Present Subjunctive
traduise	traduisions
traduises	traduisiez
traduise	traduisent

Past Subjunctive
aie traduit	ayons traduit
aies traduit	ayez traduit
ait traduit	aient traduit

Imperfect Subjunctive
traduisisse	traduisissions
traduisisses	traduisissiez
traduisît	traduisissent

Pluperfect Subjunctive
eusse traduit	eussions traduit
eusses traduit	eussiez traduit
eût traduit	eussent traduit

Imperative/Command
traduis	traduisons	traduisez

Verb in Action
Tu pourrais me traduire ça en anglais? *(Could you translate that into English for me?)*
C'est une expression difficile à traduire. *(It's a difficult expression to translate.)*
Elle traduit des textes officiels pour l'ONU. *(She translates official documents for the UN.)*

trahir
(to betray)

- -

Present Participle: trahissant • **Past Participle:** trahi
Regular **-ir** verb

- -

Present		*Passé Composé*	
trahis	trahissons	ai trahi	avons trahi
trahis	trahissez	as trahi	avez trahi
trahit	trahissent	a trahi	ont trahi

Imperfect		*Pluperfect*	
trahissais	trahissions	avais trahi	avions trahi
trahissais	trahissiez	avais trahi	aviez trahi
trahissait	trahissaient	avait trahi	avaient trahi

Passé Simple		*Past Anterior*	
trahis	trahîmes	eus trahi	eûmes trahi
trahis	trahîtes	eus trahi	eûtes trahi
trahit	trahirent	eut trahi	eurent trahi

Future		*Future Perfect*	
trahirai	trahirons	aurai trahi	aurons trahi
trahiras	trahirez	auras trahi	aurez trahi
trahira	trahiront	aura trahi	auront trahi

Conditional		*Conditional Perfect*	
trahirais	trahirions	aurais trahi	aurions trahi
trahirais	trahiriez	aurais trahi	auriez trahi
trahirait	trahiraient	aurait trahi	auraient trahi

Present Subjunctive		*Past Subjunctive*	
trahisse	trahissions	aie trahi	ayons trahi
trahisses	trahissiez	aies trahi	ayez trahi
trahisse	trahissent	ait trahi	aient trahi

Imperfect Subjunctive		*Pluperfect Subjunctive*	
trahisse	trahissions	eusse trahi	eussions trahi
trahisses	trahissiez	eusses trahi	eussiez trahi
trahît	trahissent	eût trahi	eussent trahi

Imperative/Command		
trahis	trahissons	trahissez

- -

Verb in Action

Je ne trahirai pas le secret d'Anne. *(I will not betray Anne's secret.)*
J'ai trouvé ça effroyable qu'il trahisse ma confiance. *(I found it appalling that he betrayed my trust.)*
Sa voix trahissait sa fatigue. *(His/her voice gave away his/her fatigue.)*

traiter
(to treat)

Present Participle: traitant • **Past Participle:** traité
Regular -**er** verb

Present
traite	traitons
traites	traitez
traite	traitent

Passé Composé
ai traité	avons traité
as traité	avez traité
a traité	ont traité

Imperfect
traitais	traitions
traitais	traitiez
traitait	traitaient

Pluperfect
avais traité	avions traité
avais traité	aviez traité
avait traité	avaient traité

Passé Simple
traitai	traitâmes
traitas	traitâtes
traita	traitèrent

Past Anterior
eus traité	eûmes traité
eus traité	eûtes traité
eut traité	eurent traité

Future
traiterai	traiterons
traiteras	traiterez
traitera	traiteront

Future Perfect
aurai traité	aurons traité
auras traité	aurez traité
aura traité	auront traité

Conditional
traiterais	traiterions
traiterais	traiteriez
traiterait	traiteraient

Conditional Perfect
aurais traité	aurions traité
aurais traité	auriez traité
aurait traité	auraient traité

Present Subjunctive
traite	traitions
traites	traitiez
traite	traitent

Past Subjunctive
aie traité	ayons traité
aies traité	ayez traité
ait traité	aient traité

Imperfect Subjunctive
traitasse	traitassions
traitasses	traitassiez
traitât	traitassent

Pluperfect Subjunctive
eusse traité	eussions traité
eusses traité	eussiez traité
eût traité	eussent traité

Imperative/Command
traite	traitons	traitez

Verb in Action
Elle le traite comme un chien. *(She treats him like a dog.)*
Cette nouvelle unité est équipée pour traiter les brûlés. *(This new unit is equipped to treat burn victims.)*
Elle traite ses trois enfants de la même manière. *(She treats her three children the same way.)*

transférer

(to transfer)

Present Participle: transférant • **Past Participle:** transféré
é[consonant]-er verb; **é** becomes **è** before consonant + **e, es, ent**

Present
transfère	transférons
transfères	transférez
transfère	transfèrent

Imperfect
transférais	transférions
transférais	transfériez
transférait	transféraient

Passé Simple
transférai	transférâmes
transféras	transférâtes
transféra	transférèrent

Future
transférerai	transférerons
transféreras	transférerez
transférera	transféreront

Conditional
transférerais	transférerions
transférerais	transféreriez
transférerait	transféreraient

Present Subjunctive
transfère	transférions
transfères	transfériez
transfère	transfèrent

Imperfect Subjunctive
transférasse	transférassions
transférasses	transférassiez
transférât	transférassent

Passé Composé
ai transféré	avons transféré
as transféré	avez transféré
a transféré	ont transféré

Pluperfect
avais transféré	avions transféré
avais transféré	aviez transféré
avait transféré	avaient transféré

Past Anterior
eus transféré	eûmes transféré
eus transféré	eûtes transféré
eut transféré	eurent transféré

Future Perfect
aurai transféré	aurons transféré
auras transféré	aurez transféré
aura transféré	auront transféré

Conditional Perfect
aurais transféré	aurions transféré
aurais transféré	auriez transféré
aurait transféré	auraient transféré

Past Subjunctive
aie transféré	ayons transféré
aies transféré	ayez transféré
ait transféré	aient transféré

Pluperfect Subjunctive
eusse transféré	eussions transféré
eusses transféré	eussiez transféré
eût transféré	eussent transféré

Imperative/Command
transfère	transférons	transférez

Verb in Action

Je transférerai de l'argent sur ton compte. *(I will transfer some money to your account.)*

J'ai transféré les documents de mon ordinateur à ma clé USB. *(I transferred the documents from my computer to my USB key.)*

Il va être transféré au service de comptabilité. *(He is going to be transferred to the accounting department.)*

transmettre

(to transmit, to send, to give)

Present Participle: transmettant • **Past Participle:** transmis
Irregular verb

Present

transmets	transmettons
transmets	transmettez
transmet	transmettent

Passé Composé

ai transmis	avons transmis
as transmis	avez transmis
a transmis	ont transmis

Imperfect

transmettais	transmettions
transmettais	transmettiez
transmettait	transmettaient

Pluperfect

avais transmis	avions transmis
avais transmis	aviez transmis
avait transmis	avaient transmis

Passé Simple

transmis	transmîmes
transmis	transmîtes
transmit	transmirent

Past Anterior

eus transmis	eûmes transmis
eus transmis	eûtes transmis
eut transmis	eurent transmis

Future

transmettrai	transmettrons
transmettras	transmettrez
transmettra	transmettront

Future Perfect

aurai transmis	aurons transmis
auras transmis	aurez transmis
aura transmis	auront transmis

Conditional

transmettrais	transmettrions
transmettrais	transmettriez
transmettrait	transmettraient

Conditional Perfect

aurais transmis	aurions transmis
aurais transmis	auriez transmis
aurait transmis	auraient transmis

Present Subjunctive

transmette	transmettions
transmettes	transmettiez
transmette	transmettent

Past Subjunctive

aie transmis	ayons transmis
aies transmis	ayez transmis
ait transmis	aient transmis

Imperfect Subjunctive

transmisse	transmissions
transmisses	transmissiez
transmît	transmissent

Pluperfect Subjunctive

eusse transmis	eussions transmis
eusses transmis	eussiez transmis
eût transmis	eussent transmis

Imperative/Command

transmets	transmettons	transmettez

Verb in Action

La mère a transmis une maladie génétique à son enfant. *(The mother has transmitted a genetic disease to her child.)*
Je lui ai transmis le dossier en main propre. *(I gave him/her the dossier in person.)*
Transmettez-nous votre CV. *(Send us your résumé.)*

transporter
(to carry, to transport)

Present Participle: transportant • **Past Participle**: transporté
Regular **-er** verb

Present		*Passé Composé*	
transporte	transportons	ai transporté	avons transporté
transportes	transportez	as transporté	avez transporté
transporte	transportent	a transporté	ont transporté

Imperfect		*Pluperfect*	
transportais	transportions	avais transporté	avions transporté
transportais	transportiez	avais transporté	aviez transporté
transportait	transportaient	avait transporté	avaient transporté

Passé Simple		*Past Anterior*	
transportai	transportâmes	eus transporté	eûmes transporté
transportas	transportâtes	eus transporté	eûtes transporté
transporta	transportèrent	eut transporté	eurent transporté

Future		*Future Perfect*	
transporterai	transporterons	aurai transporté	aurons transporté
transporteras	transporterez	auras transporté	aurez transporté
transportera	transporteront	aura transporté	auront transporté

Conditional		*Conditional Perfect*	
transporterais	transporterions	aurais transporté	aurions transporté
transporterais	transporteriez	aurais transporté	auriez transporté
transporterait	transporteraient	aurait transporté	auraient transporté

Present Subjunctive		*Past Subjunctive*	
transporte	transportions	aie transporté	ayons transporté
transportes	transportiez	aies transporté	ayez transporté
transporte	transportent	ait transporté	aient transporté

Imperfect Subjunctive		*Pluperfect Subjunctive*	
transportasse	transportassions	eusse transporté	eussions transporté
transportasses	transportassiez	eusses transporté	eussiez transporté
transportât	transportassent	eût transporté	eussent transporté

Imperative/Command

transporte	transportons	transportez

Verb in Action

Le train transportait des marchandises. *(The train was carrying freight.)*
Je ne sais pas comment je vais transporter mes affaires. *(I don't know how I'm going to transport my stuff.)*
Tu peux m'aider à la transporter dans son lit? *(Can you help me carry her to her bed?)*

travailler
(to work)

Present Participle: travaillant • **Past Participle:** travaillé
Regular **-er** verb

Present
travaille	travaillons
travailles	travaillez
travaille	travaillent

Imperfect
travaillais	travaillions
travaillais	travailliez
travaillait	travaillaient

Passé Simple
travaillai	travaillâmes
travaillas	travaillâtes
travailla	travaillèrent

Future
travaillerai	travaillerons
travailleras	travaillerez
travaillera	travailleront

Conditional
travaillerais	travaillerions
travaillerais	travailleriez
travaillerait	travailleraient

Present Subjunctive
travaille	travaillions
travailles	travailliez
travaille	travaillent

Imperfect Subjunctive
travaillasse	travaillassions
travaillasses	travaillassiez
travaillât	travaillassent

Passé Composé
ai travaillé	avons travaillé
as travaillé	avez travaillé
a travaillé	ont travaillé

Pluperfect
avais travaillé	avions travaillé
avais travaillé	aviez travaillé
avait travaillé	avaient travaillé

Past Anterior
eus travaillé	eûmes travaillé
eus travaillé	eûtes travaillé
eut travaillé	eurent travaillé

Future Perfect
aurai travaillé	aurons travaillé
auras travaillé	aurez travaillé
aura travaillé	auront travaillé

Conditional Perfect
aurais travaillé	aurions travaillé
aurais travaillé	auriez travaillé
aurait travaillé	auraient travaillé

Past Subjunctive
aie travaillé	ayons travaillé
aies travaillé	ayez travaillé
ait travaillé	aient travaillé

Pluperfect Subjunctive
eusse travaillé	eussions travaillé
eusses travaillé	eussiez travaillé
eût travaillé	eussent travaillé

Imperative/Command
travaille	travaillons	travaillez

Verb in Action

Je ne travaille plus, je suis à la retraite. *(I don't work anymore, I am retired.)*
Elle travaille pour une association caritative. *(She works for a charity.)*
Tu ne travaillais pas dans un restaurant, avant? *(Weren't you working in a restaurant, before?)*

trier
(to organize, to sort)

Present Participle: triant • **Past Participle:** trié
Regular **-er** verb

Present
trie	trions
tries	triez
trie	trient

Passé Composé
ai trié	avons trié
as trié	avez trié
a trié	ont trié

Imperfect
triais	triions
triais	triiez
triait	triaient

Pluperfect
avais trié	avions trié
avais trié	aviez trié
avait trié	avaient trié

Passé Simple
triai	triâmes
trias	triâtes
tria	trièrent

Past Anterior
eus trié	eûmes trié
eus trié	eûtes trié
eut trié	eurent trié

Future
trierai	trierons
trieras	trierez
triera	trieront

Future Perfect
aurai trié	aurons trié
auras trié	aurez trié
aura trié	auront trié

Conditional
trierais	trierions
trierais	trieriez
trierait	trieraient

Conditional Perfect
aurais trié	aurions trié
aurais trié	auriez trié
aurait trié	auraient trié

Present Subjunctive
trie	triions
tries	triiez
trie	trient

Past Subjunctive
aie trié	ayons trié
aies trié	ayez trié
ait trié	aient trié

Imperfect Subjunctive
triasse	triassions
triasses	triassiez
triât	triassent

Pluperfect Subjunctive
eusse trié	eussions trié
eusses trié	eussiez trié
eût trié	eussent trié

Imperative/Command
trie	trions	triez

Verb in Action
Je vais trier mes papiers avant de partir. *(I'm going to organize my papers before I go.)*
J'ai trié le linge et j'ai tout rangé. *(I sorted the clothes and I put everything away.)*
On triera les cerises avant de les manger; certaines sont pourries. *(We will sort the cherries before eating them, some of them are rotten.)*

tromper

(to deceive, to cheat, to betray)

Present Participle: trompant • **Past Participle:** trompé
Regular **-er** verb

Present
trompe	trompons
trompes	trompez
trompe	trompent

Passé Composé
ai trompé	avons trompé
as trompé	avez trompé
a trompé	ont trompé

Imperfect
trompais	trompions
trompais	trompiez
trompait	trompaient

Pluperfect
avais trompé	avions trompé
avais trompé	aviez trompé
avait trompé	avaient trompé

Passé Simple
trompai	trompâmes
trompas	trompâtes
trompa	trompèrent

Past Anterior
eus trompé	eûmes trompé
eus trompé	eûtes trompé
eut trompé	eurent trompé

Future
tromperai	tromperons
tromperas	tromperez
trompera	tromperont

Future Perfect
aurai trompé	aurons trompé
auras trompé	aurez trompé
aura trompé	auront trompé

Conditional
tromperais	tromperions
tromperais	tromperiez
tromperait	tromperaient

Conditional Perfect
aurais trompé	aurions trompé
aurais trompé	auriez trompé
aurait trompé	auraient trompé

Present Subjunctive
trompe	trompions
trompes	trompiez
trompe	trompent

Past Subjunctive
aie trompé	ayons trompé
aies trompé	ayez trompé
ait trompé	aient trompé

Imperfect Subjunctive
trompasse	trompassions
trompasses	trompassiez
trompât	trompassent

Pluperfect Subjunctive
eusse trompé	eussions trompé
eusses trompé	eussiez trompé
eût trompé	eussent trompé

Imperative/Command
trompe	trompons	trompez

Verb in Action

Elle a trompé son mari. *(She cheated on her husband.)*

Grâce à ses belles promesses, il a trompé beaucoup de femmes. *(Thanks to his beautiful promises, he deceived many women.)*

Souvent les apparences peuvent vous tromper. *(Appearances can often deceive you.)*

se tromper
(to make a mistake)

Present Participle: se trompant • Past Participle: trompé
Regular pronominal -er verb

Present
me trompe	nous trompons
te trompes	vous trompez
se trompe	se trompent

Passé Composé
me suis trompé(e)	nous sommes trompé(e)s
t'es trompé(e)	vous êtes trompé(e)(s)
s'est trompé/trompée	se sont trompés/trompées

Imperfect
me trompais	nous trompions
te trompais	vous trompiez
se trompait	se trompaient

Pluperfect
m'étais trompé (e)	nous étions trompé(e)s
t'étais trompé (e)	vous étiez trompé(e)(s)
s'était trompé/trompée	s'étaient trompés/trompées

Passé Simple
me trompai	nous trompâmes
te trompas	vous trompâtes
se trompa	se trompèrent

Past Anterior
me fus trompé(e)	nous fûmes trompé(e)s
te fus trompé(e)	vous fûtes trompé(e)(s)
se fut trompé/trompée	se furent trompés/trompées

Future
me tromperai	nous tromperons
te tromperas	vous tromperez
se trompera	se tromperont

Future Perfect
me serai trompé(e)	nous serons trompé(e)s
te seras trompé(e)	vous serez trompé(e)(s)
se sera trompé/trompée	se seront trompés/trompées

Conditional
me tromperais	nous tromperions
te tromperais	vous tromperiez
se tromperait	se tromperaient

Conditional Perfect
me serais trompé(e)	nous serions trompé(e)s
te serais trompé(e)	vous seriez trompé(e)(s)
se serait trompé/trompée	se seraient trompés/trompées

Present Subjunctive
me trompe	nous trompions
te trompes	vous trompiez
se trompe	se trompent

Past Subjunctive
me sois trompé(e)	nous soyons trompé(e)s
te sois trompé(e)	vous soyez trompé(e)(s)
se soit trompé/trompée	se soient trompés/trompées

Imperfect Subjunctive
me trompasse	nous trompassions
te trompasses	vous trompassiez
se trompât	se trompassent

Pluperfect Subjunctive
me fusse trompé(e)	nous fussions trompé(e)s
te fusses trompé(e)	vous fussiez trompé(e)(s)
se fût trompé/trompée	se fussent trompés/trompées

Imperative/Command
trompe-toi;	trompons-nous;	trompez-vous;
ne te trompe pas	ne nous trompons pas	ne vous trompez pas

Verb in Action
Je me suis trompé dans mon addition. *(I made a mistake in my addition.)*
J'ai l'impression qu'on s'est trompé de chemin. *(I have the impression we took the wrong road.)*
Tout le monde peut se tromper. *(Anyone can make a mistake.)*

trouver/se trouver*
(to find)/(to be situated/located)

Present Participle: trouvant • **Past Participle:** trouvé
Regular **-er** verb

Present
trouve	trouvons
trouves	trouvez
trouve	trouvent

Imperfect
trouvais	trouvions
trouvais	trouviez
trouvait	trouvaient

Passé Simple
trouvai	trouvâmes
trouvas	trouvâtes
trouva	trouvèrent

Future
trouverai	trouverons
trouveras	trouverez
trouvera	trouveront

Conditional
trouverais	trouverions
trouverais	trouveriez
trouverait	trouveraient

Present Subjunctive
trouve	trouvions
trouves	trouviez
trouve	trouvent

Imperfect Subjunctive
trouvasse	trouvassions
trouvasses	trouvassiez
trouvât	trouvassent

Passé Composé
ai trouvé	avons trouvé
as trouvé	avez trouvé
a trouvé	ont trouvé

Pluperfect
avais trouvé	avions trouvé
avais trouvé	aviez trouvé
avait trouvé	avaient trouvé

Past Anterior
eus trouvé	eûmes trouvé
eus trouvé	eûtes trouvé
eut trouvé	eurent trouvé

Future Perfect
aurai trouvé	aurons trouvé
auras trouvé	aurez trouvé
aura trouvé	auront trouvé

Conditional Perfect
aurais trouvé	aurions trouvé
aurais trouvé	auriez trouvé
aurait trouvé	auraient trouvé

Past Subjunctive
aie trouvé	ayons trouvé
aies trouvé	ayez trouvé
ait trouvé	aient trouvé

Pluperfect Subjunctive
eusse trouvé	eussions trouvé
eusses trouvé	eussiez trouvé
eût trouvé	eussent trouvé

Imperative/Command
trouve	trouvons	trouvez

Verb in Action
Je ne trouve pas mes lunettes. *(I can't find my glasses.)*
On trouvera un moyen de leur expliquer. *(We will find a way to explain it to them.)*
Nice se trouve dans le sud de la France. *(Nice is in the south of France.)*

* Note: This pronominal verb is conjugated similarly to **se bagarrer.**

tutoyer/se tutoyer*

(to address someone as "tu")/(to address each other as "tu")

Present Participle: tutoyant • **Past Participle:** tutoyé
-**yer** verb; **y** becomes **i** before **e, es, ent**

Present

tutoie	tutoyons
tutoies	tutoyez
tutoie	tutoient

Imperfect

tutoyais	tutoyions
tutoyais	tutoyiez
tutoyait	tutoyaient

Passé Simple

tutoyai	tutoyâmes
tutoyas	tutoyâtes
tutoya	tutoyèrent

Future

tutoierai	tutoierons
tutoieras	tutoierez
tutoiera	tutoieront

Conditional

tutoierais	tutoierions
tutoierais	tutoieriez
tutoierait	tutoieraient

Present Subjunctive

tutoie	tutoyions
tutoies	tutoyiez
tutoie	tutoient

Imperfect Subjunctive

tutoyasse	tutoyassions
tutoyasses	tutoyassiez
tutoyât	tutoyassent

Passé Composé

ai tutoyé	avons tutoyé
as tutoyé	avez tutoyé
a tutoyé	ont tutoyé

Pluperfect

avais tutoyé	avions tutoyé
avais tutoyé	aviez tutoyé
avait tutoyé	avaient tutoyé

Past Anterior

eus tutoyé	eûmes tutoyé
eus tutoyé	eûtes tutoyé
eut tutoyé	eurent tutoyé

Future Perfect

aurai tutoyé	aurons tutoyé
auras tutoyé	aurez tutoyé
aura tutoyé	auront tutoyé

Conditional Perfect

aurais tutoyé	aurions tutoyé
aurais tutoyé	auriez tutoyé
aurait tutoyé	auraient tutoyé

Past Subjunctive

aie tutoyé	ayons tutoyé
aies tutoyé	ayez tutoyé
ait tutoyé	aient tutoyé

Pluperfect Subjunctive

eusse tutoyé	eussions tutoyé
eusses tutoyé	eussiez tutoyé
eût tutoyé	eussent tutoyé

Imperative/Command

tutoie	tutoyons	tutoyez

Verb in Action

Tu peux me tutoyer, tu sais. *(You can address me as "tu," you know.)*
Ça ne se fait pas de tutoyer un prof. *(You can't address a teacher as "tu".)*
On se tutoie? *(Shall we address each other as "tu"?)*

* *Note:* This pronominal verb is conjugated like **tutoyer,** but with the addition of the pronominal pronouns and the auxiliary **être** *(to be)* for all the compound tenses.

utiliser

(to use)

Present Participle: utilisant • **Past Participle:** utilisé
Regular **-er** verb

Present
utilise	utilisons
utilises	utilisez
utilise	utilisent

Passé Composé
ai utilisé	avons utilisé
as utilisé	avez utilisé
a utilisé	ont utilisé

Imperfect
utilisais	utilisions
utilisais	utilisiez
utilisait	utilisaient

Pluperfect
avais utilisé	avions utilisé
avais utilisé	aviez utilisé
avait utilisé	avaient utilisé

Passé Simple
utilisai	utilisâmes
utilisas	utilisâtes
utilisa	utilisèrent

Past Anterior
eus utilisé	eûmes utilisé
eus utilisé	eûtes utilisé
eut utilisé	eurent utilisé

Future
utiliserai	utiliserons
utiliseras	utiliserez
utilisera	utiliseront

Future Perfect
aurai utilisé	aurons utilisé
auras utilisé	aurez utilisé
aura utilisé	auront utilisé

Conditional
utiliserais	utiliserions
utiliserais	utiliseriez
utiliserait	utiliseraient

Conditional Perfect
aurais utilisé	aurions utilisé
aurais utilisé	auriez utilisé
aurait utilisé	auraient utilisé

Present Subjunctive
utilise	utilisions
utilises	utilisiez
utilise	utilisent

Past Subjunctive
aie utilisé	ayons utilisé
aies utilisé	ayez utilisé
ait utilisé	aient utilisé

Imperfect Subjunctive
utilisasse	utilisassions
utilisasses	utilisassiez
utilisât	utilisassent

Pluperfect Subjunctive
eusse utilisé	eussions utilisé
eusses utilisé	eussiez utilisé
eût utilisé	eussent utilisé

Imperative/Command

utilise   utilisons   utilisez

Verb in Action

J'utilise l'Internet pour me renseigner et faire des achats. *(I use the Internet to get information and shop.)*
Ils n'ont utilisé que des matériaux écologiques pour construire leur maison. *(They have used only environmentally friendly materials to build their house.)*
C'est un instrument qu'il utilise souvent dans ses albums. *(It's an instrument that he often uses in his albums.)*

vaincre
(to defeat, to overcome)

Present Participle: vainquant • **Past Participle:** vaincu
Irregular verb

Present
vaincs	vainquons
vaincs	vainquez
vainc	vainquent

Passé Composé
ai vaincu	avons vaincu
as vaincu	avez vaincu
a vaincu	ont vaincu

Imperfect
vainquais	vainquions
vainquais	vainquiez
vainquait	vainquaient

Pluperfect
avais vaincu	avions vaincu
avais vaincu	aviez vaincu
avait vaincu	avaient vaincu

Passé Simple
vainquis	vainquîmes
vainquis	vainquîtes
vainquit	vainquirent

Past Anterior
eus vaincu	eûmes vaincu
eus vaincu	eûtes vaincu
eut vaincu	eurent vaincu

Future
vaincrai	vaincrons
vaincras	vaincrez
vaincra	vaincront

Future Perfect
aurai vaincu	aurons vaincu
auras vaincu	aurez vaincu
aura vaincu	auront vaincu

Conditional
vaincrais	vaincrions
vaincrais	vaincriez
vaincrait	vaincraient

Conditional Perfect
aurais vaincu	aurions vaincu
aurais vaincu	auriez vaincu
aurait vaincu	auraient vaincu

Present Subjunctive
vainque	vainquions
vainques	vainquiez
vainque	vainquent

Past Subjunctive
aie vaincu	ayons vaincu
aies vaincu	ayez vaincu
ait vaincu	aient vaincu

Imperfect Subjunctive
vainquisse	vainquissions
vainquisses	vainquissiez
vainquît	vainquissent

Pluperfect Subjunctive
eusse vaincu	eussions vaincu
eusses vaincu	eussiez vaincu
eût vaincu	eussent vaincu

Imperative/Command
vaincs	vainquons	vainquez

Verb in Action
Il a réussi à vaincre sa timidité. *(He managed to overcome his shyness.)*
La France a vaincu la Corée trois buts à deux. *(France beat Korea three goals to two.)*
Ils vainquirent l'armée ennemie après une bataille acharnée. *(They defeated the enemy army after a fierce battle.)*

valoir
(to be worth)

Present Participle: valant • **Past Participle:** valu
Irregular verb

Present
vaux	valons
vaux	valez
vaut	valent

Passé Composé
ai valu	avons valu
as valu	avez valu
a valu	ont valu

Imperfect
valais	valions
valais	valiez
valait	valaient

Pluperfect
avais valu	avions valu
avais valu	aviez valu
avait valu	avaient valu

Passé Simple
valus	valûmes
valus	valûtes
valut	valurent

Past Anterior
eus valu	eûmes valu
eus valu	eûtes valu
eut valu	eurent valu

Future
vaudrai	vaudrons
vaudras	vaudrez
vaudra	vaudront

Future Perfect
aurai valu	aurons valu
auras valu	aurez valu
aura valu	auront valu

Conditional
vaudrais	vaudrions
vaudrais	vaudriez
vaudrait	vaudraient

Conditional Perfect
aurais valu	aurions valu
aurais valu	auriez valu
aurait valu	auraient valu

Present Subjunctive
vaille	valions
vailles	valiez
vaille	vaillent

Past Subjunctive
aie valu	ayons valu
aies valu	ayez valu
ait valu	aient valu

Imperfect Subjunctive
valusse	valussions
valusses	valussiez
valût	valussent

Pluperfect Subjunctive
eusse valu	eussions valu
eusses valu	eussiez valu
eût valu	eussent valu

Imperative/Command
vaux	valons	valez

Verb in Action
Ça vaut combien? *(How much is it worth?)*
Ça ne vaut pas la peine de s'inquiéter. *(It's not worth worrying about.)*
Il valait mieux ne pas y penser. *(It was best not to think about it.)*

vendre
(to sell)

Present Participle: vendant • **Past Participle:** vendu
Regular **-re** verb

Present		*Passé Composé*	
vends	vendons	ai vendu	avons vendu
vends	vendez	as vendu	avez vendu
vend	vendent	a vendu	ont vendu

Imperfect		*Pluperfect*	
vendais	vendions	avais vendu	avions vendu
vendais	vendiez	avais vendu	aviez vendu
vendait	vendaient	avait vendu	avaient vendu

Passé Simple		*Past Anterior*	
vendis	vendîmes	eus vendu	eûmes vendu
vendis	vendîtes	eus vendu	eûtes vendu
vendit	vendirent	eut vendu	eurent vendu

Future		*Future Perfect*	
vendrai	vendrons	aurai vendu	aurons vendu
vendras	vendrez	auras vendu	aurez vendu
vendra	vendront	aura vendu	auront vendu

Conditional		*Conditional Perfect*	
vendrais	vendrions	aurais vendu	aurions vendu
vendrais	vendriez	aurais vendu	auriez vendu
vendrait	vendraient	aurait vendu	auraient vendu

Present Subjunctive		*Past Subjunctive*	
vende	vendions	aie vendu	ayons vendu
vendes	vendiez	aies vendu	ayez vendu
vende	vendent	ait vendu	aient vendu

Imperfect Subjunctive		*Pluperfect Subjunctive*	
vendisse	vendissions	eusse vendu	eussions vendu
vendisses	vendissiez	eusses vendu	eussiez vendu
vendît	vendissent	eût vendu	eussent vendu

Imperative/Command

vends	vendons	vendez

Verb in Action

Elle voudrait vendre sa voiture. *(She would like to sell her car.)*
Est-ce que vous vendez des piles? *(Do you sell batteries?)*
Il m'a vendu son vélo pour cinquante euros. *(He sold me his bike for fifty euros.)*

venir
(to come)

Present Participle: venant • **Past Participle:** venu
Irregular -**ir** verb

Present		Passé Composé	
viens	venons	suis venu(e)	sommes venu(e)s
viens	venez	es venu(e)	êtes venu(e)(s)
vient	viennent	est venu/venue	sont venus/venues

Imperfect		Pluperfect	
venais	venions	étais venu(e)	étions venu(e)s
venais	veniez	étais venu(e)	étiez venu(e)(s)
venait	venaient	était venu/venue	étaient venus/venues

Passé Simple		Past Anterior	
vins	vînmes	fus venu(e)	fûmes venu(e)s
vins	vîntes	fus venu(e)	fûtes venu(e)(s)
vint	vinrent	fut venu/venue	furent venus/venues

Future		Future Perfect	
viendrai	viendrons	serai venu(e)	serons venu(e)s
viendras	viendrez	seras venu(e)	serez venu(e)(s)
viendra	viendront	sera venu/venue	seront venus/venues

Conditional		Conditional Perfect	
viendrais	viendrions	serais venu(e)	serions venu(e)s
viendrais	viendriez	serais venu(e)	seriez venu(e)(s)
viendrait	viendraient	serait venu/venue	seraient venus/venues

Present Subjunctive		Past Subjunctive	
vienne	venions	sois venu(e)	soyons venu(e)s
viennes	veniez	sois venu(e)	soyez venu(e)(s)
vienne	viennent	soit venu/venue	soient venus/venues

Imperfect Subjunctive		Pluperfect Subjunctive	
vinsse	vinssions	fusse venu(e)	fussions venu(e)s
vinsses	vinssiez	fusses venu(e)	fussiez venu(e)(s)
vînt	vinssent	fût venu/venue	fussent venus/venues

Imperative/Command		
viens	venons	venez

Verb in Action

Fatou et Malik viennent du Sénégal. *(Fatou and Malik come from Sénégal.)*
Viens avec moi! *(Come with me!)*
Elle viendrait avec nous si elle n'avait pas tant de travail. *(She'd come with us if she didn't have so much work.)*

vérifier
(to check)

Present Participle: vérifiant • **Past Participle:** vérifié
Regular **-er** verb

Present		*Passé Composé*	
vérifie	vérifions	ai vérifié	avons vérifié
vérifies	vérifiez	as vérifié	avez vérifié
vérifie	vérifient	a vérifié	ont vérifié

Imperfect		*Pluperfect*	
vérifiais	vérifiions	avais vérifié	avions vérifié
vérifiais	vérifiiez	avais vérifié	aviez vérifié
vérifiait	vérifiaient	avait vérifié	avaient vérifié

Passé Simple		*Past Anterior*	
vérifiai	vérifiâmes	eus vérifié	eûmes vérifié
vérifias	vérifiâtes	eus vérifié	eûtes vérifié
vérifia	vérifièrent	eut vérifié	eurent vérifié

Future		*Future Perfect*	
vérifierai	vérifierons	aurai vérifié	aurons vérifié
vérifieras	vérifierez	auras vérifié	aurez vérifié
vérifiera	vérifieront	aura vérifié	auront vérifié

Conditional		*Conditional Perfect*	
vérifierais	vérifierions	aurais vérifié	aurions vérifié
vérifierais	vérifieriez	aurais vérifié	auriez vérifié
vérifierait	vérifieraient	aurait vérifié	auraient vérifié

Present Subjunctive		*Past Subjunctive*	
vérifie	vérifiions	aie vérifié	ayons vérifié
vérifies	vérifiiez	aies vérifié	ayez vérifié
vérifie	vérifient	ait vérifié	aient vérifié

Imperfect Subjunctive		*Pluperfect Subjunctive*	
vérifiasse	vérifiassions	eusse vérifié	eussions vérifié
vérifiasses	vérifiassiez	eusses vérifié	eussiez vérifié
vérifiât	vérifiassent	eût vérifié	eussent vérifié

Imperative/Command
vérifie	vérifions	vérifiez

Verb in Action
Vérifie que tu as tout ce qu'il te faut. *(Check that you have everything you need.)*
Nous vérifions régulièrement notre équipement. *(We regularly check our equipment.)*
Il a fait vérifier l'état de ses pneus avant de partir en vacances. *(He had his tires checked before he went on vacation.)*

vêtir/se vêtir*

(to dress, to clothe)/ (to get dressed)

Present Participle: vêtant • **Past Participle:** vêtu
Irregular verb

Present		Passé Composé	
vêts	vêtons	ai vêtu	avons vêtu
vêts	vêtez	as vêtu	avez vêtu
vêt	vêtent	a vêtu	ont vêtu

Imperfect		Pluperfect	
vêtais	vêtions	avais vêtu	avions vêtu
vêtais	vêtiez	avais vêtu	aviez vêtu
vêtait	vêtaient	avait vêtu	avaient vêtu

Passé Simple		Past Anterior	
vêtis	vêtîmes	eus vêtu	eûmes vêtu
vêtis	vêtîtes	eus vêtu	eûtes vêtu
vêtit	vêtirent	eut vêtu	eurent vêtu

Future		Future Perfect	
vêtirai	vêtirons	aurai vêtu	aurons vêtu
vêtiras	vêtirez	auras vêtu	aurez vêtu
vêtira	vêtiront	aura vêtu	auront vêtu

Conditional		Conditional Perfect	
vêtirais	vêtirions	aurais vêtu	aurions vêtu
vêtirais	vêtiriez	aurais vêtu	auriez vêtu
vêtirait	vêtiraient	aurait vêtu	auraient vêtu

Present Subjunctive		Past Subjunctive	
vête	vêtions	aie vêtu	ayons vêtu
vêtes	vêtiez	aies vêtu	ayez vêtu
vête	vêtent	ait vêtu	aient vêtu

Imperfect Subjunctive		Pluperfect Subjunctive	
vêtisse	vêtissions	eusse vêtu	eussions vêtu
vêtisses	vêtissiez	eusses vêtu	eussiez vêtu
vêtît	vêtissent	eût vêtu	eussent vêtu

Imperative/Command

vêts	vêtons	vêtez

Verb in Action

Les enfants aiment vêtir leurs poupées. *(The children like to dress their dolls.)*
Il faut se lever, se laver et se vêtir en dix minutes. *(You have to get up, get washed, and get dressed in ten minutes.)*

* **Note:** This pronominal verb is conjugated like **vêtir,** but with the addition of the pronominal pronouns and the auxiliary **être** *(to be)* for all the compound tenses.

vieillir
(to age, to grow old)

Present Participle: vieillissant • **Past Participle:** vieilli
Regular **-ir** verb

Present		**Passé Composé**	
vieillis	vieillissons	ai vieilli	avons vieilli
vieillis	vieillissez	as vieilli	avez vieilli
vieillit	vieillissent	a vieilli	ont vieilli

Imperfect		**Pluperfect**	
vieillissais	vieillissions	avais vieilli	avions vieilli
vieillissais	vieillissiez	avais vieilli	aviez vieilli
vieillissait	vieillissaient	avait vieilli	avaient vieilli

Passé Simple		**Past Anterior**	
vieillis	vieillîmes	eus vieilli	eûmes vieilli
vieillis	vieillîtes	eus vieilli	eûtes vieilli
vieillit	vieillirent	eut vieilli	eurent vieilli

Future		**Future Perfect**	
vieillirai	vieillirons	aurai vieilli	aurons vieilli
vieilliras	vieillirez	auras vieilli	aurez vieilli
vieillira	vieilliront	aura vieilli	auront vieilli

Conditional		**Conditional Perfect**	
vieillirais	vieillirions	aurais vieilli	aurions vieilli
vieillirais	vieilliriez	aurais vieilli	auriez vieilli
vieillirait	vieilliraient	aurait vieilli	auraient vieilli

Present Subjunctive		**Past Subjunctive**	
vieillisse	vieillissions	aie vieilli	ayons vieilli
vieillisses	vieillissiez	aies vieilli	ayez vieilli
vieillisse	vieillissent	ait vieilli	aient vieilli

Imperfect Subjunctive		**Pluperfect Subjunctive**	
vieillisse	vieillissions	eusse vieilli	eussions vieilli
vieillisses	vieillissiez	eusses vieilli	eussiez vieilli
vieillît	vieillissent	eût vieilli	eussent vieilli

Imperative/Command		
vieillis	vieillissons	vieillissez

Verb in Action

Il a beaucoup vieilli depuis la dernière fois que je l'ai vu. *(He's aged a lot since I last saw him.)*

Trois jours passés avec eux, et j'ai l'impression d'avoir vieilli de dix ans. *(Three days with them, and I feel I have aged ten years.)*

Ça la vieillit, cette coiffure. *(That hairstyle ages her.)*

visiter
(to visit (a place))

Present Participle: visitant • **Past Participle:** visité
Regular **-er** verb

Present
visite	visitons
visites	visitez
visite	visitent

Passé Composé
ai visité	avons visité
as visité	avez visité
a visité	ont visité

Imperfect
visitais	visitions
visitais	visitiez
visitait	visitaient

Pluperfect
avais visité	avions visité
avais visité	aviez visité
avait visité	avaient visité

Passé Simple
visitai	visitâmes
visitas	visitâtes
visita	visitèrent

Past Anterior
eus visité	eûmes visité
eus visité	eûtes visité
eut visité	eurent visité

Future
visiterai	visiterons
visiteras	visiterez
visitera	visiteront

Future Perfect
aurai visité	aurons visité
auras visité	aurez visité
aura visité	auront visité

Conditional
visiterais	visiterions
visiterais	visiteriez
visiterait	visiteraient

Conditional Perfect
aurais visité	aurions visité
aurais visité	auriez visité
aurait visité	auraient visité

Present Subjunctive
visite	visitions
visites	visitiez
visite	visitent

Past Subjunctive
aie visité	ayons visité
aies visité	ayez visité
ait visité	aient visité

Imperfect Subjunctive
visitasse	visitassions
visitasses	visitassiez
visitât	visitassent

Pluperfect Subjunctive
eusse visité	eussions visité
eusses visité	eussiez visité
eût visité	eussent visité

Imperative/Command
visite	visitons	visitez

Verb in Action
Le ministre a visité la nouvelle usine. *(The minister visited the new factory.)*
Le monument le plus visité à Paris est probablement la tour Eiffel. *(The most visited monument in Paris is probably the Eiffel Tower.)*
Visitez le château de Versailles. *(Visit the Palace of Versailles.)*

vivre
(to live)

Present Participle: vivant • **Past Participle:** vécu
Irregular verb

Present
vis	vivons
vis	vivez
vit	vivent

Passé Composé
ai vécu	avons vécu
as vécu	avez vécu
a vécu	ont vécu

Imperfect
vivais	vivions
vivais	viviez
vivait	vivaient

Pluperfect
avais vécu	avions vécu
avais vécu	aviez vécu
avait vécu	avaient vécu

Passé Simple
vécus	vécûmes
vécus	vécûtes
vécut	vécurent

Past Anterior
eus vécu	eûmes vécu
eus vécu	eûtes vécu
eut vécu	eurent vécu

Future
vivrai	vivrons
vivras	vivrez
vivra	vivront

Future Perfect
aurai vécu	aurons vécu
auras vécu	aurez vécu
aura vécu	auront vécu

Conditional
vivrais	vivrions
vivrais	vivriez
vivrait	vivraient

Conditional Perfect
aurais vécu	aurions vécu
aurais vécu	auriez vécu
aurait vécu	auraient vécu

Present Subjunctive
vive	vivions
vives	viviez
vive	vivent

Past Subjunctive
aie vécu	ayons vécu
aies vécu	ayez vécu
ait vécu	aient vécu

Imperfect Subjunctive
vécusse	vécussions
vécusses	vécussiez
vécût	vécussent

Pluperfect Subjunctive
eusse vécu	eussions vécu
eusses vécu	eussiez vécu
eût vécu	eussent vécu

Imperative/Command
vis	vivons	vivez

Verb in Action
Il a vécu dix ans à Lyon. *(He lived in Lyon for ten years.)*
Vivras-tu avec ta sœur quand tu feras tes études à Paris? *(Will you live with your sister when you're studying in Paris?)*
Ils n'avaient jamais vécu à la campagne. *(They'd never lived in the countryside.)*

voir
(to see)

Present Participle: voyant • **Past Participle:** vu
Irregular verb

Present		Passé Composé	
vois	voyons	ai vu	avons vu
vois	voyez	as vu	avez vu
voit	voient	a vu	ont vu

Imperfect		Pluperfect	
voyais	voyions	avais vu	avions vu
voyais	voyiez	avais vu	aviez vu
voyait	voyaient	avait vu	avaient vu

Passé Simple		Past Anterior	
vis	vîmes	eus vu	eûmes vu
vis	vîtes	eus vu	eûtes vu
vit	virent	eut vu	eurent vu

Future		Future Perfect	
verrai	verrons	aurai vu	aurons vu
verras	verrez	auras vu	aurez vu
verra	verront	aura vu	auront vu

Conditional		Conditional Perfect	
verrais	verrions	aurais vu	aurions vu
verrais	verriez	aurais vu	auriez vu
verrait	verraient	aurait vu	auraient vu

Present Subjunctive		Past Subjunctive	
voie	voyions	aie vu	ayons vu
voies	voyiez	aies vu	ayez vu
voie	voient	ait vu	aient vu

Imperfect Subjunctive		Pluperfect Subjunctive	
visse	vissions	eusse vu	eussions vu
visses	vissiez	eusses vu	eussiez vu
vît	vissent	eût vu	eussent vu

Imperative/Command

vois	voyons	voyez

Verb in Action

Venez me voir quand vous serez à Paris. *(Come see me when you're in Paris.)*
Est-ce que tu l'as vu? *(Have you seen him?)*
Il ne voyait rien sans ses lunettes. *(He couldn't see anything without his glasses.)*

voler
(to fly, to steal)

- -

Present Participle: volant • **Past Participle:** volé
Regular **-er** verb

- -

Present		*Passé Composé*	
vole	volons	ai volé	avons volé
voles	volez	as volé	avez volé
vole	volent	a volé	ont volé

Imperfect		*Pluperfect*	
volais	volions	avais volé	avions volé
volais	voliez	avais volé	aviez volé
volait	volaient	avait volé	avaient volé

Passé Simple		*Past Anterior*	
volai	volâmes	eus volé	eûmes volé
volas	volâtes	eus volé	eûtes volé
vola	volèrent	eut volé	eurent volé

Future		*Future Perfect*	
volerai	volerons	aurai volé	aurons volé
voleras	volerez	auras volé	aurez volé
volera	voleront	aura volé	auront volé

Conditional		*Conditional Perfect*	
volerais	volerions	aurais volé	aurions volé
volerais	voleriez	aurais volé	auriez volé
volerait	voleraient	aurait volé	auraient volé

Present Subjunctive		*Past Subjunctive*	
vole	volions	aie volé	ayons volé
voles	voliez	aies volé	ayez volé
vole	volent	ait volé	aient volé

Imperfect Subjunctive		*Pluperfect Subjunctive*	
volasse	volassions	eusse volé	eussions volé
volasses	volassiez	eusses volé	eussiez volé
volât	volassent	eût volé	eussent volé

Imperative/Command

vole	volons	volez

- -

Verb in Action

L'hirondelle avait volé pendant plus de 6 000 km. *(The swallow had flown more than 6,000 km.)*

On a volé mon appareil photo. *(My camera's been stolen.)*

Il paraît qu'il vole son entreprise depuis des années. *(Apparently he has been robbing his company for years.)*

voter
(to vote)

Present Participle: votant • **Past Participle:** voté
Regular **-er** verb

Present		Passé Composé	
vote	votons	ai voté	avons voté
votes	votez	as voté	avez voté
vote	votent	a voté	ont voté

Imperfect		Pluperfect	
votais	votions	avais voté	avions voté
votais	votiez	avais voté	aviez voté
votait	votaient	avait voté	avaient voté

Passé Simple		Past Anterior	
votai	votâmes	eus voté	eûmes voté
votas	votâtes	eus voté	eûtes voté
vota	votèrent	eut voté	eurent voté

Future		Future Perfect	
voterai	voterons	aurai voté	aurons voté
voteras	voterez	auras voté	aurez voté
votera	voteront	aura voté	auront voté

Conditional		Conditional Perfect	
voterais	voterions	aurais voté	aurions voté
voterais	voteriez	aurais voté	auriez voté
voterait	voteraient	aurait voté	auraient voté

Present Subjunctive		Past Subjunctive	
vote	votions	aie voté	ayons voté
votes	votiez	aies voté	ayez voté
vote	votent	ait voté	aient voté

Imperfect Subjunctive		Pluperfect Subjunctive	
votasse	votassions	eusse voté	eussions voté
votasses	votassiez	eusses voté	eussiez voté
votât	votassent	eût voté	eussent voté

Imperative/Command

vote	votons	votez

Verb in Action

La France votera pour un nouveau président ce week-end. *(France will vote for a new president this weekend.)*
Elles ont enfin le droit de voter. *(They are finally allowed to vote.)*
Je n'ai voté qu'une fois pour les Verts. *(I only voted one time for the Green Party.)*

vouloir
(to want)

Present Participle: voulant • **Past Participle:** voulu
Irregular verb

Present	
veux	voulons
veux	voulez
veut	veulent

Passé Composé	
ai voulu	avons voulu
as voulu	avez voulu
a voulu	ont voulu

Imperfect	
voulais	voulions
voulais	vouliez
voulait	voulaient

Pluperfect	
avais voulu	avions voulu
avais voulu	aviez voulu
avait voulu	avaient voulu

Passé Simple	
voulus	voulûmes
voulus	voulûtes
voulut	voulurent

Past Anterior	
eus voulu	eûmes voulu
eus voulu	eûtes voulu
eut voulu	eurent voulu

Future	
voudrai	voudrons
voudras	voudrez
voudra	voudront

Future Perfect	
aurai voulu	aurons voulu
auras voulu	aurez voulu
aura voulu	auront voulu

Conditional	
voudrais	voudrions
voudrais	voudriez
voudrait	voudraient

Conditional Perfect	
aurais voulu	aurions voulu
aurais voulu	auriez voulu
aurait voulu	auraient voulu

Present Subjunctive	
veuille	voulions
veuilles	vouliez
veuille	veuillent

Past Subjunctive	
aie voulu	ayons voulu
aies voulu	ayez voulu
ait voulu	aient voulu

Imperfect Subjunctive	
voulusse	voulussions
voulusses	voulussiez
voulût	voulussent

Pluperfect Subjunctive	
eusse voulu	eussions voulu
eusses voulu	eussiez voulu
eût voulu	eussent voulu

Imperative/Command

veuille	veuillons	veuillez

Verb in Action

Il n'a pas voulu te déranger. *(He didn't want to disturb you.)*
Ils voulaient aller au cinéma. *(They wanted to go to the movies.)*
Tu voudrais une tasse de thé? *(Would you like a cup of tea?)*

vouvoyer/se vouvoyer *

(to address someone as "vous")/(to address each other as "vous")

Present Participle: vouvoyant • **Past Participle:** vouvoyé
-yer verb; **y** becomes **i** before **e, es, ent**

Present
vouvoie	vouvoyons
vouvoies	vouvoyez
vouvoie	vouvoient

Passé Composé
ai vouvoyé	avons vouvoyé
as vouvoyé	avez vouvoyé
a vouvoyé	ont vouvoyé

Imperfect
vouvoyais	vouvoyions
vouvoyais	vouvoyiez
vouvoyait	vouvoyaient

Pluperfect
avais vouvoyé	avions vouvoyé
avais vouvoyé	aviez vouvoyé
avait vouvoyé	avaient vouvoyé

Passé Simple
vouvoyai	vouvoyâmes
vouvoyas	vouvoyâtes
vouvoya	vouvoyèrent

Past Anterior
eus vouvoyé	eûmes vouvoyé
eus vouvoyé	eûtes vouvoyé
eut vouvoyé	eurent vouvoyé

Future
vouvoierai	vouvoierons
vouvoieras	vouvoierez
vouvoiera	vouvoieront

Future Perfect
aurai vouvoyé	aurons vouvoyé
auras vouvoyé	aurez vouvoyé
aura vouvoyé	auront vouvoyé

Conditional
vouvoierais	vouvoierions
vouvoierais	vouvoieriez
vouvoierait	vouvoieraient

Conditional Perfect
aurais vouvoyé	aurions vouvoyé
aurais vouvoyé	auriez vouvoyé
aurait vouvoyé	auraient vouvoyé

Present Subjunctive
vouvoie	vouvoyions
vouvoies	vouvoyiez
vouvoie	vouvoient

Past Subjunctive
aie vouvoyé	ayons vouvoyé
aies vouvoyé	ayez vouvoyé
ait vouvoyé	aient vouvoyé

Imperfect Subjunctive
vouvoyasse	vouvoyassions
vouvoyasses	vouvoyassiez
vouvoyât	vouvoyassent

Pluperfect Subjunctive
eusse vouvoyé	eussions vouvoyé
eusses vouvoyé	eussiez vouvoyé
eût vouvoyé	eussent vouvoyé

Imperative/Command
vouvoie	vouvoyons	vouvoyez

Verb in Action
Elle vouvoie son père. *(She uses "vous" with her father.)*
Ils se vouvoyèrent les premiers jours. *(They addressed each other as "vous" for the first few days.)*
On se vouvoierait encore si je n'avais rien dit. *(We'd still be addressing each other as "vous" if I hadn't said anything.)*

* Note: This pronominal verb is conjugated like **vouvoyer,** but with the addition of the pronominal pronouns and the auxiliary **être** *(to be)* for all the compound tenses.

voyager
(to travel)

Present Participle: voyageant • **Past Participle:** voyagé
-ger verb; **g** becomes **ge** before an **a** or an **o**

Present		Passé Composé	
voyage	voyageons	ai voyagé	avons voyagé
voyages	voyagez	as voyagé	avez voyagé
voyage	voyagent	a voyagé	ont voyagé

Imperfect		Pluperfect	
voyageais	voyagions	avais voyagé	avions voyagé
voyageais	voyagiez	avais voyagé	aviez voyagé
voyageait	voyageaient	avait voyagé	avaient voyagé

Passé Simple		Past Anterior	
voyageai	voyageâmes	eus voyagé	eûmes voyagé
voyageas	voyageâtes	eus voyagé	eûtes voyagé
voyagea	voyagèrent	eut voyagé	eurent voyagé

Future		Future Perfect	
voyagerai	voyagerons	aurai voyagé	aurons voyagé
voyageras	voyagerez	auras voyagé	aurez voyagé
voyagera	voyageront	aura voyagé	auront voyagé

Conditional		Conditional Perfect	
voyagerais	voyagerions	aurais voyagé	aurions voyagé
voyagerais	voyageriez	aurais voyagé	auriez voyagé
voyagerait	voyageraient	aurait voyagé	auraient voyagé

Present Subjunctive		Past Subjunctive	
voyage	voyagions	aie voyagé	ayons voyagé
voyages	voyagiez	aies voyagé	ayez voyagé
voyage	voyagent	ait voyagé	aient voyagé

Imperfect Subjunctive		Pluperfect Subjunctive	
voyageasse	voyageassions	eusse voyagé	eussions voyagé
voyageasses	voyageassiez	eusses voyagé	eussiez voyagé
voyageât	voyageassent	eût voyagé	eussent voyagé

Imperative/Command

voyage	voyageons	voyagez

Verb in Action

On voyagera de nuit; ce sera plus calme. *(We will travel at night; it will be quieter.)*
Pour ceux qui voyagent avec des jeunes enfants, voici quelques conseils pratiques.
(For those traveling with young children, here are some useful tips.)
Étant jeune, j'ai beaucoup voyagé. *(I traveled a lot when I was young.)*

Part III

The Part of Tens

Find another 500 French Verbs Part of Tens chapter online at
www.dummies.com/extras/500frenchverbs.

In this part . . .

✔ Differentiate ten common false cognates, which are French verbs that look similar to English words but have different meanings, and know how to use them correctly.

✔ Identify ten common French verbs that are used differently than they are in English.

✔ Enjoy an additional 500 French Verbs Part of Tens online chapter regarding ten common verb traps people often fall into when they're learning to speak French.

Chapter 4

Ten False Cognate Verbs

When you're studying a foreign language, you often come across words that look similar to English; therefore, it's natural to assume that they have the same meaning. Most of the time, you would be correct. However, some words look the same in English but have a different meaning in French. These words are false *cognates,* or as the French call them, **faux amis** (*false friends*). This chapter features ten false cognate verbs.

Achever (to Complete, to Finish)

Achever means *to complete*, not *to achieve*. **Achever** is a stem-change verb and therefore, you need to add the **accent grave (è)** on the first **e** in the first **(je)**, second **(tu)**, third **(il/elle/on)** person singular, and third person plural **(ils/elles)** in the present indicative and present subjunctive as well as throughout the future and conditional stems. For example:

> **Cet écrivain achève son troisième roman.** (*This author is completing/finishing his third novel.*)

You can also use this verb figuratively to mean *to end* or *to finish off* as in this example:

> **Monet acheva sa vie à peindre.** (*Monet ended his life painting.*)

Atteindre, accomplir, and **réaliser** all mean *to achieve/to fulfill/to accomplish* in French.

Assister (à) (to Attend)

This regular **–er** verb is only a false cognate when it's followed by the preposition **à** + a place or an event because it means *to attend* not *to assist.* For example:

Nous assistons au match. (*We are attending the game.*)

Au is the contraction of the preposition **à,** and the definite masculine singular article **le,** like with **le match,** which becomes **au match.**

When **assister** is used as a transitive verb, it means *to assist* or *to help* as in:

J'assiste mes parents à remplir le formulaire. (*I assist my parents in filling out the form.*)

Blesser (to Wound, to Offend)

You have to watch your step with this verb. It means *to wound* or *to offend* someone. When used in the passive voice with the verb **être** (*to be*), it means that someone was wounded or offended, depending on context. For example:

Le soldat a été blessé. (*The soldier was wounded.*)

To say *to bless* in French, you use **bénir.** To say *bless you* in French when someone sneezes, say **à tes/vos souhaits,** literally meaning *to your wishes.* Use **tes** with a person with whom you're very familiar, such as a friend, family member, or classmate, and **vos** with someone with whom you have a formal relationship like your boss, your teacher, or an elder.

Prétendre (to Claim, to Maintain, to Assert)

This verb is a regular **–re** verb and doesn't mean *to pretend,* but *to claim, to maintain,* or *to assert.* Here is an example:

Il prétend être innocent. (*He claims to be innocent.*)

When this verb is followed by the preposition **à,** it means *to aspire to* as in the following example:

Elle prétend à un meilleur poste. (*She aspires to a better position [at work].*)

To say *to pretend* in French, use the expression **faire semblant,** as in:

Tu fais semblant de lire. (*You are pretending to read.*)

Quitter (to Leave)

This regular **–er** verb means *to leave something or someone.* It's a transitive verb, meaning that it's followed by a direct object. This verb takes the auxiliary **avoir** (*to have*) in compound tenses. Don't confuse it with the verb **partir,** which also means *to leave,* but doesn't require a direct object because it's an intransitive verb. **Partir** takes the auxiliary **être** *to be* in compound tenses. Here's an example:

Je quitte la maison à 7 h. (*I leave the house at 7 a.m.*)

When you use this verb with a person, it means that you're leaving this person for good. For example,

Il a quitté sa femme. (*He left his wife.*)

To quit or *to stop doing something* in French is **arrêter** or **arrêter de** as in:

Tu arrêtes de travailler. (*You quit working.*)

Rester (to Stay)

When you see this verb, you naturally assume that it means *to rest.* However, this verb means *to stay* in French. It's a regular **–er** verb, which means that it's conjugated just like **parler** (*to speak*). It's also an intransitive verb, meaning it isn't followed by a direct object, and therefore it uses the auxiliary **être** (*to be*) to form all its compound tenses. To say (*to rest/to relax*) in French, you have to use the pronominal verbs **se reposer** or **se détendre.** For example, **Il s'est reposé après le long voyage.** (*He rested after the long trip.*)

Résumer (to Summarize)

This regular **–er** verb means *to summarize, to sum up,* and not *to resume.* Here are some examples:

Il a résumé sa vie en quelques minutes. (*He summed up his life in a few minutes.*)

Nous pouvons résumer le roman. (*We can summarize the novel.*)

To resume in French is **reprendre** or **recommencer.**

Retirer (to Take off/out, to Remove, to Withdraw)

This simple –er verb can mean so many things like to *take off/out*, *remove*, *collect*, *withdraw*, or *obtain*. Here are a couple of examples:

Elle a retiré sa candidature. (*She withdrew her candidacy.*)

Il retire sa cravate. (*He takes off his tie.*)

To say *to retire* in French, you'd say **prendre sa retraite** as in **J'ai pris ma retraite** (*I retired.*)

Supplier (to Beg, to Beseech, to Implore)

This regular **–er** verb is often confused for *to supply* in English, but it actually means *to beseech, to beg,* and *to implore*. The following are some examples:

Je te supplie d'arrêter ce bruit. (*I beg you to stop that noise.*)

Ne vous fâchez pas, je vous en supplie. (*Don't be angry, I beg you.*)

To say *to supply* in French, use the verbs **fournir, procurer,** or **approvisionner.**

Travailler (to Work)

Students often mistake this verb for the verb *to travel,* but this verb is all work and no play. It's a regular **–er** and means *to work.* To say *to travel* in French, use the verb **voyager.** Remember the word *voyage* in English, and you won't make the mistake of confusing these two verbs. The verb **travailler** however, does have a cognate in English, *to travail,* which means *to toil* or *to labor* or to *suffer the pains of childbirth.*

Chapter 5

Ten Verbs Used the French Way

In This Chapter

▶ Distinguishing transitive from intransitive verbs

▶ Making sense of the prepositions

*I*f you've ever tried to translate something from one language to another, you've probably noticed that something didn't quite jibe in the translation. That's because every language has a way of saying things that is unique to that language and therefore different in other languages. The differences can be quite simple, such as the order of the words or the addition or omission of a preposition. However, some differences can make or break the translation.

In this chapter, I help you avoid some of the pitfalls regarding ten verbs that are used transitively in English but intransitively in French and vice versa. *Transitive verbs* take a direct object, whereas *intransitive verbs* don't. This chapter looks more closely at ten common verbs that you may use in everyday conversation. (Please know that this list isn't exhaustive; I only list ten of the most common.) I begin with verbs that are transitive in French, but intransitive in English, and then move to the intransitive French verbs (and transitive English verbs).

Attendre (to Wait for)

The first French transitive verb that comes to mind is **attendre** (*to wait for*). (In English this verb is intransitive.) Think of the preposition *for* as being built into the verb itself and therefore making any other preposition unnecessary. For example:

> **Nous attendons le train.** (*We are waiting for the train.*)
>
> **Ils attendent leurs amis.** (*They are waiting for their friends.*)

Chercher (to Look for)

The verb **chercher** (*to look for*) is another verb that's transitive in French and intransitive in English. In French, you say **Je cherche les clés,** which literally means, *I'm looking the keys,* but in good English, you'd say, *I'm looking for the keys*. The preposition *for* is built into the verb in French. You also use the verb **chercher** to mean *to pick someone up*. So don't panic if someone says, **Je vais chercher mes enfants à l'école.** This statement doesn't mean that the children are lost. Rather, it means *I'm picking them up.*

Écouter (to Listen to)

Écouter (*to listen to*) is also transitive in French but intransitive in English. Notice that the following example doesn't use a preposition between the verb **écouter** and the noun, unlike in English where you use the preposition *to*. For example:

Il écoute la radio. (*He is listening to the radio.*)

Nous écoutons le président. (*We are listening to the president.*)

Payer (to Pay)

When you go shopping, how do you pay for your purchases? How do you pay for your movie ticket or even for concert seats? In French, the verb **payer** (*to pay*) is transitive and doesn't require the preposition *for* after it, as is often the case in English. For example:

Tu paies les provisions. (*You are paying for the groceries.*)

Nous payons les billets d'avion. (*We are paying for the plane tickets.*)

 However, don't use the verb **payer** to *mean to pay a visit to someone;* instead use the verb **rendre visite à.** For example:

Nous rendons visite à nos cousins. (*We are visiting/paying a visit to our cousins.*)

Regarder (to Look at, to Watch)

The last common French transitive verb that I cover in this chapter is the verb **regarder** (*to look at, to watch*). In French, this verb always takes a direct object, regardless of how you translate it in English. For example:

Il regarde les livres. (*He is looking at the books.*)

Regarder means *to watch.* In this sense, it's transitive in both English and French, thereby requiring no preposition. For example:

> **Nous regardons le match.** (*We are watching the game.*)
>
> **Je regarde la télé.** (*I'm watching television.*)

Demander (to Ask)

The first intransitive French verb (but transitive English verb) that I cover is **demander** (*to ask*). With this verb and the following four verbs in this chapter, you add the preposition **à** after the verb in French. When you ask someone a question, use the verb **demander à** followed by the person. For example:

> **Les étudiants demandent au professeur d'expliquer la leçon.** (*The students ask the professor to explain the lesson.*)
>
> **Elle demande à ses parents si elle peut sortir.** (*She asks her parents if she can go out.*)

However, don't use the verb **demander à** when you want to ask a question; use the verb **poser** (*to put, to ask*) followed by the noun **une question** (*a question*). The person to whom you're asking the question is still indirect with this verb. The following examples clarify this construction:

> **Il pose une question.** (*He is asking a question.*)
>
> **Il pose une question au directeur.** (*He asks the director a question.*)

Obéir (to Obey)

You also add the preposition **à** to the verb **obéir** (*to obey*). In French, you must say *to obey to someone,* and therefore the person is the indirect object instead of the direct object, which makes this verb intransitive. In English, you say *I obey someone,* making this verb transitive because it's followed by a direct object (*someone*) and not by a preposition. Furthermore, the fact that you're obeying something rather than someone doesn't change the structure of the verb. You still need the preposition **à**. Here are some examples:

> **Les enfants obéissent à leurs parents.** (*The children obey their parents.*)
>
> **Nous obéissons à la loi.** (*We obey the law.*)

Permettre (to Allow)

The same rule applies to the verb **permettre** (*to allow*). That is to say that in French, you need the preposition *to* after the verb, making it an intransitive verb. You say in French, *you allow to someone to do something*, whereas in English, there is no preposition after the verb. For example:

> **Le directeur permet aux employés de partir tôt.** (*The director allows the employees to leave early.*)

> **Mme Meneau permet à sa fille de sortir avec Mathieu.** (*Mrs. Meneau allows her daughter to go out with Mathieu.*)

Répondre (to Answer)

Another important and very common verb that you use differently in French than in English is the verb **répondre** (*to answer*). In French, the verb is intransitive because the preposition **à** (*to*) is needed after the verb because you answer *to someone* as well as *to a question*. In English, however, this verb is transitive because no preposition is needed after the verb. For example:

> **Tu réponds à la question.** (*You answer the question.*)

> **Nous répondons à notre entraîneur.** (*We are answering our coach.*)

Téléphoner (to Telephone, to Call)

When you call someone using this verb, you actually *call to someone* in French because it's an intransitive verb. This meaning is conveyed by the verb **téléphoner,** followed by the preposition **à,** and then followed by either a person or a place. In English, this verb is transitive because it's followed by a direct object without the use of a preposition. For example:

> **Ils téléphonent à leurs parents.** (*They call their parents.*)

> **Nous téléphonons au bureau.** (*We're calling the office.*)

Another verb in French, **appeler,** also means *to call*. However, just like in English, this verb is transitive because it doesn't require a preposition. For example:

> **J'appelle la police.** (*I'm calling the police.*)

Part IV
Verb Indexes

The Four Main French Verb Types

The French language has four classifications of verbs. By understanding them, you can more easily know how to conjugate verbs, just like a native speaker. The four classifications with examples are as follows:

- ✔ **Regular verbs:** Most French verbs are regular, which means they follow a standard conjugation. The three main types of regular verbs are **-er** verbs, (**demander** (*to ask*)), **-ir** verbs (**choisir** (*to choose*)), and **-re** verbs (**vendre** (*to sell*)).

- ✔ **Stem-change verbs:** These verbs' stems change in the first, second, and third person singular and in the third person plural. Examples include **appeler** (*to call*) and **acheter** (*to buy*).

  Two other types only face stem changes in the **nous** (*we*) form: **-cer** verbs (such as **annoncer** (*to announce*)) and **-ger** verbs (for instance, **nager** (*to swim*)).

- ✔ **Irregular verbs:** Call them special. Their conjugation patterns are unique. Examples include **aller** (*to go*) and **faire** (*to do, to make*).

- ✔ **Pronominal verbs:** The majority of these verbs are regular, but they have pronominal pronouns placed after the subject pronouns, and they take the auxiliary **être** (*to be*) in the compound tenses. The three types are **reflexive verbs** (such as **se laver** (*to wash*)), **reciprocal verbs** (such as **s'aimer** (*to love each other*)), and **idiomatic expressions** (such as **s'entendre** (*to get along*)).

Visit www.dummies.com/extras/500frenchverbs for tips on which French verbs to use when you're eating out.

In this part . . .

✔ Peruse the French-to-English and English-to-French
   minidictionaries, find a verb that you want, and flip to the verb
   table in Part II for how to conjugate it or a similar verb that has
   the same conjugation.

✔ Build your vocabulary with more than 1,300 French verbs listed,
   ranging from **abaisser** (*to lower*) to **zigzaguer** (*to zigzag*).

✔ Identify verbs that you commonly use and then flip to the
   respective verb tables to check their conjugation.

English-to-French Index

In this index, locate the verb you want and then flip to that verb in one of the 500 verb tables to see how you conjugate it. For example, if you want to look up **parler** (*to speak, to talk*), you'll see that it's table 339. I use what I call model verbs for the additional 1,300 verbs in this index that don't appear in the 500 tables. So, for instance, **assumer** (*to assume* or *to take on*) doesn't appear in the 500 verb tables, so I use 339 here, which is an example **–er** regular verb. You conjugate **assumer** the same as you do **parler**. *Note:* Remember that these verbs are in the infinitive form, so **parler** means *to speak* or *to talk*. Make sure you place a *to* in front of all the English translations.

A

abandon **abandonner** (1), **délaisser** (339), **se départir** (341)
abolish **abolir** (248)
abound **abonder** (339), **foisonner** (339)
absolve **absoudre** (420)
absorb **absorber** (339)
abstain **s'abstenir** (4)
abstract **abstraire** (186)
accelerate **accélérer** (366)
accept **accepter** (5), **agréer** (339)
access **accéder** (226)
accommodate **accueillir** (10)
accompany **accompagner** (6)
accomplish **accomplir** (7)
accumulate **accumuler** (339)
accuse **accuser** (339)
accustom **habituer** (339)
acquire **acquérir** (13)
acquit **acquitter** (339)
act **agir** (21)
adapt **adapter** (339), **approprier** (339)
add **ajouter** (26), **rajouter** (339)
add to **adjoindre** (288)
add up **additionner** (339)
address **adresser** (339)
address each other as "tu" **se tutoyer** (484)
address each other as "vous" **se vouvoyer** (499)
address somebody as "tu" **tutoyer** (484)
address somebody as "vous" **vouvoyer** (499)
adjust **ajuster** (339), **rajuster** (339), **régler** (400)
admire **admirer** (15)

admit **admettre** (14), **avouer** (62)
adopt **adopter** (339)
adore **adorer** (16)
adorn **parer** (339)
advance **avancer** (59)
advise **conseiller** (114)
advise against **déconseiller** (339)
affirm **affirmer** (19)
age **vieillir** (492)
agitate **s'agiter** (32)
agree **accepter** (5), **consentir** (444), **convenir** (121)
aim at **braquer** (339), **viser** (339)
air out **aérer** (226)
alarm **alarmer** (339), **effarer** (339)
alert **alerter** (339)
allow **admettre** (14), **permettre** (348)
ally oneself with **apparenter** (339)
"almost" **faillir** (242)
alternate **alterner** (339)
amaze **épater** (339)
amplify **amplifier** (339)
amputate **amputer** (339)
amuse **amuser** (31), **divertir** (248)
analyze **analyser** (339)
anesthetize **insensibiliser** (339)
annex **annexer** (339)
annihilate **anéantir** (248)
annotate **annoter** (339)
announce **annoncer** (33)
annoy **agacer** (20), **contrarier** (339), **embêter** (200), **énerver** (339), **fâcher** (339), **impatienter** (339)
answer **répondre (à)** (417)

anticipate **anticiper** (339)
appear **apparaître** (36)
appear suddenly **surgir** (248)
apply **appliquer** (339)
appreciate **apprécier** (41)
approach **approcher** (43)
approve **agréer** (339)
approve of **approuver** (339)
argue **arguer** (339), **discuter** (183), **se disputer** (185)
arise **survenir** (459)
arm **armer** (339)
arouse **éveiller** (339), **susciter** (339)
arrange **arranger** (46), **classer** (339), **disposer** (339)
arrest **arrêter** (47)
arrive **arriver** (48)
ask (for) **demander** (159)
ask for more/ask again **redemander** (159)
assemble **assembler** (339), **rassembler** (339)
assess **évaluer** (339)
assign **assigner** (339)
assimilate **assimiler** (339)
assist **assister** (51)
associate **associer** (339)
assume **assumer** (339)
assure **assurer** (339)
astonish **stupéfier** (339)
astound **ahurir** (248), **ébahir** (248)
attack **attaquer** (52)
attack violently **pourfendre** (54)
attend **assister** (51)
attract **accrocher** (9), **attirer** (339)
authorize **autoriser** (57)

avenge **venger** (303)
avoid **éviter** (235)
award **attribuer** (339), **décerner** (339)

B

bake **cuire** (141)
balance **équilibrer** (339)
bandage **bander** (339), **panser** (339)
bang **claquer** (339)
banish **bannir** (248), **proscrire** (195)
baptize **baptiser** (339)
bark **aboyer** (326)
barricade **barricader** (339)
base **baser** (68)
baste **arroser** (49)
bathe **baigner** (64)
batter **martyriser** (339)
battle **batailler** (339)
be **être** (231)
be a question of **s'agir (de)** (21)
be able **pouvoir** (365)
be about **s'agir (de)** (21)
be ahead of **devancer** (176)
be asleep **dormir** (189)
be bored **s'ennuyer** (214)
be born **naître** (324)
be called **s'appeler** (39)
be close to **côtoyer** (326)
be crazy **raffoler** (339)
be delirious **délirer** (339)
be engaged **fiancer** (102)
be enough **suffire** (455)
be equivalent to **équivaloir** (487)
be furious **enrager** (303)
be hailing **grêler** (339)
be harmful **nuire** (108)
be in pain **souffrir** (451)
be interested in **s'intéresser à** (282)
be joking **blaguer** (339), **rigoler** (339)
be left (over) **rester** (423)
be located **se trouver** (483)
be mistaken **se méprendre** (367)
be more specific about **préciser** (339)
be named **s'appeler** (39)
be necessary **falloir** (244)
be pleasing **plaire** (354)
be present **assister** (51)
be quiet **se taire** (461)
be restless **s'agiter** (22)

be revived **renaître** (324)
be shaky **branler** (339)
be situated **se trouver** (483)
be successful **reussir** (428)
be unemployed **chômer** (339)
be up to **appartenir** (37)
be urgent **presser** (369)
be useful **servir** (445)
be wary **se méfier** (310)
be worth **valoir** (487)
beat **battre** (69), **palpiter** (339)
beat down **taper** (462)
become **devenir** (177)
become more expensive **renchérir** (248)
become pale **blêmir** (248), **pâlir** (248)
become rich **s'enrichir** (216)
beg **mendier** (339), **supplier** (339)
begin **amorcer** (102), **commencer** (102)
behead **décapiter** (339)
believe **croire** (137)
belong **appartenir** (37)
bend **courber** (339), **fausser** (339), **fléchir** (248), **plier** (358)
bend out of shape **s'avachir** (234)
benefit **bénéficier** (339)
besiege **assiéger** (380)
bet **miser** (339), **parier** (338)
betray **trahir** (474), **tromper** (481)
bid higher **surenchérir** (248)
bind **relier** (339)
bite **mordre** (320), **piquer** (351)
bite again **remordre** (320)
blacken **noircir** (248)
blame **blâmer** (339)
blaze **flamber** (339)
bleach **blanchir** (248)
bleat **bêler** (339)
bleed **saigner** (339)
bless **bénir** (248)
blind **aveugler** (339)
blink **cligner** (339), **clignoter** (339)
block **barrer** (339), **bloquer** (339), **boucher** (339)
blog **bloguer** (339)
blossom **fleurir** (249)
blow **souffler** (339)
blow the horn **klaxonner** (339)

blow the nose of **moucher** (339)
blow up **gonfler** (339)
blur **brouiller** (339)
blush **rougir** (248)
boil **bouillir** (75)
bolt **verrouiller** (339), **boulonner** (339)
bomb **bombarder** (339)
boo **huer** (339)
book **réserver** (419), **retenir** (424)
borrow **emprunter** (339)
botch up **bâcler** (339)
bother **déranger** (168), **embêter** (200), **ennuyer** (213), **gêner** (339), **incommoder** (339)
bounce **rebondir** (248)
brake **freiner** (339)
brandish **brandir** (248)
bray **braire** (186)
break **briser** (339), **casser** (86), **rompre** (436)
break down **désagréger** (380)
break new ground **innover** (339)
break one's body part(s) **se casser** (86)
break up **désagréger** (380), **disperser** (339)
breathe **respirer** (339)
breathe in **aspirer** (339)
breed **élever** (12)
brew **infuser** (339)
bribe **corrompre** (436)
bridle **brider** (339)
bring **apporter** (40)
bring around **ranimer** (339)
bring back **ramener** (388), **rapporter** (339)
bring closer **rapprocher** (339)
bring down **terrasser** (339)
bring forward **avancer** (59)
bring in **adjoindre** (288)
bring (or get) together **réunir** (427)
bring someone **amener** (30)
bring up **élever** (12)
broadcast **diffuser** (339), **émettre** (202), **retransmettre** (315)
broil **griller** (339)
bruise **meurtrir** (248)
brush **brosser** (81)
brush against **frôler** (339)
brush oneself (one's hair, teeth) **se brosser** (82)

build **bâtir** (248), **construire** (116), **édifier** (339)
bully **brutaliser** (339)
bump into **croiser** (138)
burglarize **cambrioler** (339)
burn **brûler** (83)
burn oneself (or one's body part(s) **se brûler** (83)
burst **craquer** (339), **crever** (12)
burst out laughing **s'esclaffer** (32)
bury **enfouir** (248), **s'ensevelir** (248), **enterrer** (339)
busy oneself **s'affairer** (18)
butter **beurrer** (339)
button **boutonner** (339)
buttress **arc-bouter** (339)
buy **acheter** (12)
buy a subscription for **abonner** (339)
buy another **racheter** (385)
buy back **racheter** (385)
buzz **bourdonner** (339), **vrombir** (248)

C

calculate **calculer** (339)
call **appeler** (38), **intituler** (339), **téléphoner (à)** (464)
call back **rappeler** (390)
call each other **s'appeler** (39)
call for **requérir** (13)
call upon **invoquer** (339)
calm **pacifier** (339)
calm (down) **apaiser** (366)
calm down **rasséréner** (366)
camp **camper** (339)
can **pouvoir** (365)
cancel **annuler** (34), **décommander** (339), **oblitérer** (226), **résilier** (339)
capitulate **capituler** (339)
captivate **captiver** (339)
capture **capter** (339), **capturer** (339)
caricature **caricaturer** (339)
carry **charrier** (339), **porter** (359), **transporter** (478)
carry on **continuer** (118)
carry on with **poursuivre** (363)
carry out **accomplir** (7)
carve **découper** (151)
cash **encaisser** (339)
catalog **cataloguer** (339)
catapult **catapulter** (339)

catch **accrocher** (9), **attraper** (56)
catch a cold **s'enrhumer** (215)
cause **causer** (339)
cause malfunction **dérégler** (366)
celebrate **célébrer** (366), **fêter** (339)
censor **censurer** (339)
censure **censurer** (339)
certify **certifier** (339)
chain (up) **enchaîner** (339)
chair **présider** (339)
challenge **défier** (339)
change **changer** (88), **décaler** (339), **modifier** (316)
change your mind **se raviser** (63)
channel surf **zapper** (339)
characterize **caractériser** (339)
charge **inculper** (339)
charge ahead **foncer** (250)
charm **charmer** (339), **séduire** (108)
charter **affréter** (226)
chase away **chasser** (91)
chat **bavarder** (70), **chatter** (339)
cheat **tricher** (339), **tromper** (481)
check **cocher** (339), **contrôler** (339), **vérifier** (490)
cheer up **égayer** (326), **ragaillardir** (248)
cherish **chérir** (248)
chew **mâcher** (339), **mâchonner** (339)
chisel **ciseler** (12)
choose **choisir** (94), **désigner** (339)
circumcise **circoncire** (281)
circumvent **circonvenir** (372)
claim **affirmer** (19), **prétendre** (370), **revendiquer** (339)
clap **applaudir** (248)
clarify **clarifier** (97)
classify **classifier** (339)
clean **blanchir** (248), **nettoyer** (326)
clean out **curer** (339)
clean up **assainir** (248), **ranger** (389)
clear **dégager** (303), **dissiper** (339), **frayer** (326)

clear (away) **débarrasser** (144)
clear customs **dédouaner** (339)
clear up **éclaircir** (193)
click **cliquer** (339)
climb **escalader** (339), **gravir** (248), **grimper** (339)
clink glasses **trinquer** (339)
clone **cloner** (339)
close **fermer** (246)
close again **refermer** (339)
clothe **vêtir** (491)
clutter **encombrer** (339)
coat **enduire** (108)
code **coder** (339)
codify **codifier** (339)
coincide **coïncider** (339)
collaborate **collaborer** (339)
collapse **s'affaisser** (32), **crouler** (339), **dégringoler** (339), **s'effondrer** (32)
collect **collectionner** (339), **recueillir** (140)
colonize **coloniser** (339)
color **colorer** (339)
color (in) **colorier** (100)
color with bright colors **barioler** (339)
comb **peigner** (339)
comb one's hair **se peigner** (63)
combine **allier** (339)
come **arriver** (48), **venir** (489)
come (from) **provenir (de)** (381)
come alive again **revivre** (494)
come back **revenir** (431)
come down **descendre** (169)
come flooding back **resurgir** (248)
come in **entrer** (220)
come near **s'approcher** (43)
come through **réchapper** (339)
comfort **réconforter** (339)
commemorate **commémorer** (339)
commit **commettre** (103)
commit suicide **se suicider** (63)
communicate **communiquer** (339)
compare **comparer** (339)
compel **astreindre** (134)

follow **découler** (339), **suivre** (457)

forbid **défendre** (155), **interdire** (281)

force **contraindre** (134), **forcer** (252), **obliger** (329)

foresee **prévoir** (373)

forge **contrefaire** (243)

forget **désapprendre** (367), **oublier** (334)

forgive **pardonner** (339)

form **forger** (303), **former** (339)

formalize **se formaliser** (63)

formulate **formuler** (339)

found **fonder** (339)

frame **encadrer** (339)

free **dégager** (303), **libérer** (297)

free up **libérer** (297)

freeze **congeler** (111), **figer** (303), **geler** (261), **glacer** (102), **surgeler** (12)

frighten **affoler** (339), **effrayer** (198)

frolic **batifoler** (339), **s'ébattre** (191)

frost **givrer** (339)

frustrate **frustrer** (339)

fry **frire** (255)

fulfill **accomplir** (7), **combler** (339), **gratifier** (339)

fund **financer** (247)

furl **ferler** (339)

furnish **meubler** (339)

G

gain weight **grossir** (266)

gallop **galoper** (339)

garnish with truffles **truffer** (339)

gash **balafrer** (339)

gather **cueillir** (140), **froncer** (102)

generalize **généraliser** (339)

get **obtenir** (331), **recevoir** (394)

get a tan **bronzer** (80)

get along well **sympathiser** (339)

get better **guérir** (267)

get cold **se refroidir** (398)

get depressed **déprimer** (339)

get dirty **salir** (438), **souiller** (339)

get divorced **divorcer** (187)

get dressed **s'habiller** (269), **se vêtir** (491)

get drunk **enivrer** (339)

get home **rentrer** (414)

get in **monter** (317)

get in touch with **contacter** (117)

get married **se marier** (307)

get moldy **moisir** (248)

get off **descendre** (169)

get out of the habit of **déshabituer** (339)

get over **franchir** (248)

get rid of **se débarrasser** (144)

get rusty **rouiller** (339)

get stuck **coincer** (98)

get to **parvenir** (342)

get (or bring) together **réunir** (427)

get up **se lever** (296)

get used to **accoutumer** (339), **réhabituer** (339)

get wet **mouiller** (339)

get/become rich **s'enrichir** (216)

give **donner** (188), **offrir** (333), **transmettre** (477)

give as an excuse **prétexter** (339)

give away **donner** (188)

give back **rendre** (410)

give birth **enfanter** (339)

give in **céder** (87)

give information **renseigner** (413)

give out **émettre** (202)

give permission for **autoriser** (57)

give up **abandonner** (1), **renoncer** (411)

gleam **reluire** (108)

glide **planer** (339)

glorify **glorifier** (339), **magnifier** (339)

glue **coller** (99)

gnaw **ronger** (303)

go **aller** (27), **avancer** (59), **partir** (341)

go against **déroger** (303)

go along **longer** (303)

go around **contourner** (339)

go at furiously **s'acharner** (11)

go back **retourner** (425)

go back down **redescendre** (169)

go back on **dédire** (181)

go back to **rejoindre** (288)

go back up **remonter** (406)

go bad **pourrir** (362)

go to bed **se coucher** (127)

go down **descendre** (169)

go further into **approfondir** (248)

go on and on **rebattre** (69)

go out **sortir** (450)

go out again **ressortir** (450)

go past or beyond **dépasser** (163)

go sour **tourner** (472)

go surfing **surfer** (339)

go through **dépouiller** (339)

go up **monter** (317)

gossip **jaser** (339)

govern **gouverner** (339), **régir** (248)

grab (hold of) **s'emparer** (205)

grade **corriger** (125)

grant **accorder** (339), **concéder** (226), **octroyer** (326)

grate **râper** (339)

graze **brouter** (339), **écorcher** (339)

grill **griller** (339)

grimace **grimacer** (102)

grind **hacher** (339), **moudre** (321)

grind again **remoudre** (321)

grip **étreindre** (134)

groan **geindre** (134)

grouch **ronchonner** (339)

group **grouper** (339)

group together **regrouper** (339)

grow **croître** (139), **cultiver** (339), **grandir** (264), **pousser** (364), **verdoyer** (326)

grow again **repousser** (339)

grow more attractive **embellir** (248)

grow old **vieillir** (492)

grow up **grandir** (264)

growl **grogner** (339), **gronder** (339)

grumble **maugréer** (339), **rouspéter** (226)

guarantee **garantir** (259)

guard **garder** (260)

guess **deviner** (178)

guide **guider** (339)

gush out **jaillir** (248)

H

haggle **marchander** (339)

hammer **marteler** (12)

handicap **handicaper** (339)

handle **manier** (339), **manutentionner** (339)

kiss **embrasser** (201)
knead **pétrir** (248)
kneel down **s'agenouiller** (32)
knit **tricoter** (339)
knock **cogner** (339), **frapper** (254)
knock around **brutaliser** (339)
knock down **dégringoler** (339)
knock out **assommer** (339)
knock over **renverser** (339)
know **connaître** (112), **savoir** (441)

L

label **étiqueter** (287)
lace (up) **lacer** (102)
lack **manquer** (304)
land **atterrir** (55)
land on the moon **alunir** (248)
languish **languir** (248)
last **durer** (190)
laugh **rire** (435)
launch **lancer** (292)
lay **pondre** (54), **poser** (360)
lay again **repondre** (54)
lay off **débaucher** (339), **licencier** (339)
lead **entraîner** (339), **induire** (108), **mener** (312)
lead to **aboutir** (2)
leaf through **feuilleter** (287)
leak **couler** (129), **fuir** (256)
lean **accoter** (339), **adosser** (339), **appuyer** (44)
lean (on one's elbows) **s'accouder** (32)
leap **bondir** (248)
learn **apprendre** (42)
leave **s'absenter** (3), **déposer** (167), **laisser** (291), **partir** (341), **quitter** (384)
leave a stain **tacher** (339)
legalize **légaliser** (339)
legislate **légiférer** (226)
lend **prêter** (371)
lengthen **allonger** (303)
let **laisser** (291)
let go of **lâcher** (339)
level **niveler** (38)
lick **lécher** (226)
lie **mentir** (313)

lie down **se coucher** (127)
lift **lever** (295), **soulever** (12)
light **allumer** (28)
light again **rallumer** (339)
light up **éclairer** (339), **illuminer** (339)
lighten **éclaircir** (193)
like **aimer** (25), **plaire** (354)
limit **borner** (339), **limiter** (339)
limp **boiter** (339)
line **border** (339)
liquefy **liquéfier** (339)
liquidate **liquider** (339)
lisp **zézayer** (326)
list **dénombrer** (339)
listen to **écouter** (194)
live **demeurer** (161), **habiter** (270), **loger** (299), **vivre** (494)
live on **subsister** (339)
liven up **animer** (339)
load **charger** (90)
loathe **exécrer** (226)
lock **verrouiller** (339)
lock up **enfermer** (339)
lodge **caser** (339)
look after **garder** (260), **soigner** (448)
look for **chercher** (93), **rechercher** (395)
look like **ressembler (à)** (421)
look out for **guetter** (339)
look up **chercher** (93)
look younger **rajeunir** (248)
loosen **desserrer** (339)
lose **paumer** (339), **perdre** (347)
lose again **reperdre** (54)
lose one's taste for **déprendre** (367)
lose weight **maigrir** (301)
love **adorer** (16), **aimer** (25)
lower **abaisser** (339), **baisser** (65)
lubricate **lubrifier** (339)
lunch **déjeuner** (158)

M

machine **usiner** (339)
magnetize **aimanter** (339)
maintain **entretenir** (221), **maintenir** (302), **prétendre** (370)

make **effectuer** (339), **fabriquer** (241), **faire** (243)
make a fuss over **cajoler** (339)
make a hole in **trouer** (339)
make a mistake **se tromper** (482)
make a note of **noter** (339)
make a racket **chahuter** (339)
make an inventory of **recenser** (339)
make boring or bland **blaser** (339)
make breathless **essouffler** (339)
make crooked **déjeter** (287)
make drowsy **assoupir** (248)
make easy **faciliter** (339)
make fun **se moquer (de)** (319)
make lighter **alléger** (380)
make money from **monnayer** (326)
make more attractive **embellir** (248)
make out **entrevoir** (495)
make stupid **abêtir** (248)
make supple **assouplir** (248)
make thinner **amaigrir** (248)
make uneven **déniveler** (38)
make up **constituer** (339), **maquiller** (305)
make worse **aggraver** (339)
manage **se débrouiller** (146), **diriger** (182), **gérer** (226), **parvenir** (342)
maneuver **manoeuvrer** (339)
manhandle **malmener** (12)
manipulate **manipuler** (339)
manufacture **fabriquer** (241), **manufacturer** (339)
march **défiler** (339)
mark **baliser** (339), **marquer** (308)
mark down **démarquer** (339)
marry **épouser** (339), **marier** (307)
mask **masquer** (339)
massacre **massacrer** (339)
massage **masser** (339)
master **maîtriser** (339)
match **accorder** (339), **assortir** (248)
matter **importer** (339)
mean **impliquer** (339), **signifier** (446)
measure **mesurer** (339)

persuade not **dissuader** (339)
pervert **pervertir** (248)
pet **câliner** (339)
petrify **pétrifier** (339)
phone **téléphoner (à)** (464)
photocopy **photocopier** (339)
photograph **photographier** (350)
pick **crocheter** (12), **cueillir** (140)
pick on **brimer** (339)
pick up **ramasser** (339)
pierce **percer** (346), **transpercer** (102)
pile up **amonceler** (38), **empiler** (339), **entasser** (339)
pinch **pincer** (102)
pity **plaindre** (353)
place **mettre** (315), **placer** (352), **poser** (360)
plan **planifier** (339), **prévoir** (373), **projeter** (287)
plant **planter** (339)
plaster **crépir** (248)
play **s'amuser** (32), **disputer** (185), **jouer** (289)
plead **objecter** (339), **plaider** (339)
please **contenter** (339)
plot **machiner** (339)
plow **labourer** (339)
plug in **brancher** (77)
poach **braconner** (339)
podcast **podcaster** (339)
point out **indiquer** (275)
poison **empoisonner** (339)
polish **astiquer** (339), **cirer** (339), **polir** (248)
pollute **polluer** (339)
popularize **vulgariser** (339)
populate **peupler** (339)
pose **poser** (360)
post **poster** (339)
postpone **remettre** (405)
pour **déverser** (339), **verser** (339)
practice **exercer** (102), **pratiquer** (339)
praise **louer** (300), **vanter** (339)
pray **prier** (339)
preach **prêcher** (339)
precede **devancer** (176), **précéder** (366)
predict **prédire** (281)
prefer **préférer** (366)
prejudge **préjuger** (303)

premeditate **préméditer** (339)
prepare **apprêter** (339), **préparer** (368), **aménager** (303)
prescribe **prescrire** (195)
present **présenter** (339)
preserve **confire** (281), **préserver** (339)
press **fouler** (339)
presume **présumer** (339)
prevail **prévaloir** (487)
prevent **empêcher** (339)
print **imprimer** (339)
proceed **procéder** (226)
proclaim **proclamer** (339)
procrastinate **atermoyer** (326)
procreate **procréer** (339)
procure **procurer** (339)
produce **produire** (108)
program **programmer** (339)
progress **évoluer** (339), **progresser** (339)
promise **promettre** (377)
promote **promouvoir** (204)
pronounce **prononcer** (378)
pronounce clearly **articuler** (339)
prop up **étayer** (326)
protect **préserver** (339), **protéger** (380)
protest **contester** (339), **protester** (339)
prove **prouver** (339)
provide **fournir** (253), **nantir** (248), **subvenir** (372)
provoke **provoquer** (339)
publish **éditer** (339), **publier** (339)
puff out **bouffir** (248)
puff up **renfler** (339)
pull **tirer** (468)
pull down **rabattre** (69)
pull strings for **pistonner** (339)
pull up **arracher** (45)
pulverize **pulvériser** (339)
pump **pomper** (339)
punch **composter** (339), **poinçonner** (339)
punctuate **ponctuer** (339)
punish **châtier** (339), **punir** (383)
purify **purifier** (339)
pursue **poursuivre** (363)
push **appuyer** (44), **pousser** (364)
push down **enfoncer** (210)

push in **enfoncer** (210)
put **mettre** (315)
put at a disadvantage **défavoriser** (339)
put away **ranger** (389)
put back down **reposer** (339)
put back on **remettre** (405)
put down **déposer** (167), **poser** (360), **soumettre** (315)
put down the top of **décapoter** (339)
put in **installer** (280)
put indebt **endetter** (339)
put make up on **se maquiller** (305)
put on **enfiler** (339), **revêtir** (491)
put salt in **saler** (339)
put shoes on **chausser** (339)
put somebody at a disadvantage **désavantager** (303)
put to bed **coucher** (126)
put up **afficher** (339), **dresser** (339), **héberger** (303)

Q

qualify **qualifier** (339)
quarrel **se disputer** (185)
quarter **écarteler** (12)
quench the thirst of **désaltérer** (226)
question **interroger** (303), **questionner** (339)
quiet down **assagir** (248)
quote **citer** (339)

R

race again **recourir** (131)
rain **pleuvoir** (357)
raise **hausser** (339), **lever** (295), **rehausser** (339)
rally **rallier** (339)
rant and rave **déblatérer** (226)
rape **violer** (339)
rationalize **rationaliser** (339)
reach **accéder** (226), **atteindre** (53), **parvenir** (342)
react **réagir** (393)
read **bouquiner** (339), **lire** (298)

scrape **racler** (339)

scratch **gratter** (339), **griffer** (339), **rayer** (326)

screw **visser** (339)

scribble **griffonner** (339)

sculpt **sculpter** (339)

search **rechercher** (395)

season **assaisonner** (339)

seat **placer** (352)

see **apercevoir** (35), **fréquenter** (339), **voir** (495)

see again **revoir** (433)

seek **briguer** (339), **quêter** (339)

seem **paraître** (336), **sembler** (339)

seize **s'emparer** (205)

seize again **ressaisir** (248)

select **sélectionner** (339)

sell **revendre** (54), **vendre** (488)

sell off **écouler** (339)

send **adresser** (339), **envoyer** (224), **expédier** (339), **transmettre** (477)

send back **renvoyer** (326)

sense **pressentir** (444)

sentence **condamner** (339)

separate **séparer** (339)

serve **servir** (445)

set **sertir** (248)

set fire to **enflammer** (339)

set free **délivrer** (339)

set off **déclencher** (339)

set off again **repartir** (341)

set upright **redresser** (339)

settle **décanter** (339), **s'installer** (280), **régler** (400)

sew **coudre** (128)

sew up **recoudre** (128)

shake **agiter** (22), **ébranler** (339), **secouer** (339), **trembler** (339)

shape **façonner** (339)

share **partager** (340)

sharpen **aiguiser** (339)

shave off **raser** (339)

shed light on **éclairer** (339)

shell **décortiquer** (339)

shelter **abriter** (339)

shift **déplacer** (166)

shine **astiquer** (339), **briller** (79), **resplendir** (248)

shiver **frissonner** (339), **grelotter** (339)

shock **choquer** (339)

shoot **fusiller** (339), **tirer** (468)

shorten **abréger** (380)

shout **crier** (136), **gueuler** (339), **vociférer** (226)

shove **bousculer** (339)

show **démontrer** (339), **exposer** (339), **montrer** (318), **représenter** (339)

show again **remontrer** (339)

show off **crâner** (339), **exhiber** (339), **frimer** (339)

show out **reconduire** (108)

show through **transparaître** (336)

shower **doucher** (339)

shrink **raccourcir** (248), **rétrécir** (248)

shudder **frémir** (248)

sidestep the issue **biaiser** (339)

sift **cribler** (339)

sigh **soupirer** (339)

sign **dédicacer** (102), **signer** (339)

signal **clignoter** (339)

silver **argenter** (339)

simmer **mijoter** (339)

simplify **simplifier** (339)

simulate **simuler** (339)

sin **pécher** (226)

sing **chanter** (89)

sink **s'affaisser** (32), **couler** (129), **sombrer** (339)

sit **siéger** (380)

sit down **s'asseoir** (50)

sit down at the table **s'attabler** (32)

situate **situer** (339)

skate **patiner** (339)

sketch **esquisser** (339)

sketch out **ébaucher** (339)

ski **skier** (447)

skid **déraper** (339)

skim **écrémer** (366)

skim through **parcourir** (337)

skimp **lésiner** (339)

skip **sauter** (439)

skip a class **sécher** (442)

slacken **détendre** (172)

slander **calomnier** (339)

slap across the face **gifler** (339)

slash **balafrer** (339)

sleep **dormir** (189)

sleep with someone **coucher** (126)

slip **glisser** (262)

slit the throat of **égorger** (303)

slow down **décélérer** (366), **ralentir** (387)

slump **s'avachir** (234)

smash **fracasser** (339)

smash in **défoncer** (102)

smash into **percuter** (339)

smell **sentir** (444)

smile **sourire** (453)

smoke **fumer** (257)

sneeze **éternuer** (339)

sniff **flairer** (339), **renifler** (339)

snore **ronfler** (339)

snow **neiger** (325)

soak **tremper** (339)

sob **sangloter** (339)

sober up **dégriser** (339)

soften **adoucir** (248), **amollir** (248), **ramollir** (248)

soil **salir** (438)

solder **parfondre** (54)

solicit **racoler** (339)

solve **résoudre** (420)

soothe **calmer** (85)

sort **trier** (480)

sow **semer** (12)

space out **échelonner** (339), **espacer** (102)

sparkle **étinceler** (38), **scintiller** (339)

speak **parler** (339)

specialize **spécialiser** (339)

specify **spécifier** (339)

speed away **filer** (339)

speed up **activer** (339), **précipiter** (339)

spell **épeler** (225), **orthographier** (339)

spend (money) **dépenser** (165)

spend (time) **passer** (343)

spit **cracher** (339)

splash **éclabousser** (339), **rejaillir** (248)

split **désintégrer** (226), **fendre** (54), **scinder** (339)

split up **quitter** (384), **rompre** (436)

spoil **défraîchir** (248), **gâter** (339)

sponsor **parrainer** (339), **patronner** (339)

spot **repérer** (226)

spout **déclamer** (339)

spread **épandre** (54), **étaler** (339), **étendre** (230), **propager** (303), **répandre** (54), **tartiner** (339)

V

vaccinate **vacciner** (339)
vanish **s'évanouir** (234)
varnish **vernir** (248),
   vitrifier (339)
vary **varier** (339)
veer **dévier** (339)
vegetate **végéter** (366)
veil **voiler** (339)
venture **aventurer** (339),
   hasarder (339)
vibrate **vibrer** (339)
victimize **brimer** (339)
visit (a place) **visiter** (493)
vituperate **vitupérer** (226)
vomit **vomir** (248)
vote **voter** (497)

W

wage war **guerroyer** (326)
wait **patienter** (339)
wait (for) **attendre** (54)
wake up **réveiller** (429),
   se réveiller (430)
walk **marcher** (306)
walk along **longer** (303)
wander around **rôder** (339)
want **désirer** (339), **vouloir**
   (498)
warm up **réchauffer** (339)

warn **avertir** (60), **prévenir**
   (372)
warp **gauchir** (248)
wash **laver** (293)
wash (oneself) **se laver** (294)
waste **gâcher** (339),
   gaspiller (339)
waste away **dépérir** (248)
watch **observer** (339),
   regarder (399)
water **abreuver** (339),
   arroser (49), **larmoyer**
   (326)
weaken **affaiblir** (17),
   amoindrir (248)
wean **sevrer** (12)
wear **porter** (359)
wear out **épuiser** (339), **user**
   (339)
weave **tisser** (339)
weigh **peser** (349)
welcome **accueillir** (10)
whip **fouetter** (339)
whisper **chuchoter** (95),
   murmurer (339)
whistle **siffler** (339)
widen **élargir** (199)
win **gagner** (258), **remporter**
   (339)
win back **regagner** (339)
wind **enrouler** (339)
wind around **enlacer** (102)

wipe **essuyer** (228)
wish **souhaiter** (452)
withdraw **se désister** (63),
   retirer (339)
wither **flétrir** (248)
work **bosser** (73), **fonctionner**
   (339), **marcher** (306),
   travailler (479)
work hard **boulonner** (339)
work out **calculer** (339),
   élaborer (339)
worry **inquiéter** (277),
   s'inquiéter (278),
   tracasser (339)
worsen **empirer** (339)
wound **blesser** (71)
wrap **emballer** (339),
   envelopper (339)
wreck **bousiller** (339),
   saccager (303)
wring **tordre** (320)
wring out **essorer** (339)
wrinkle **chiffonner** (339)
write **écrire** (195), **inscrire**
   (279), **rédiger** (303)

Y–Z

yawn **bâiller** (339)
yield **céder** (87)
zigzag **zigzaguer** (339)

French-to-English Index

In this index, locate the verb you want and then flip to that verb in one of the 500 verb tables to see how you conjugate it. For example, if you want to look up **parler** (*to speak, to talk*), you'll see that it's table 339. I use what I call model verbs for the additional 1,300 verbs in this index that don't appear in the 500 tables. So, for instance, **assumer** (*to assume* or *to take on*) doesn't appear in the 500 verb tables, so I use 339 here, which is an example **–er** regular verb. You conjugate **assumer** the same as you do **parler**. *Note:* Remember that these verbs are in the infinitive form, so **parler** means *to speak* or *to talk*. Make sure you place a *to* in front of all the English translations.

A

abaisser lower (339)
abandonner abandon, give up (1)
abattre kill, take down (69)
abêtir make stupid (248)
abîmer damage (339)
abolir abolish (248)
abonder abound (339)
abonner buy a subscription for (339)
aborder tackle (339)
aboutir lead to, end up, succeed (2)
aboyer bark (326)
abréger shorten (380)
abreuver water (339)
abriter shelter (339)
abrutir exhaust (248)
s'absenter take time off work, leave (3)
absorber absorb, swallow (339)
absoudre absolve, dismiss (420)
s'abstenir abstain, refrain (4)
abstraire abstract (186)
abuser misuse, take advantage of (339)
accabler overwhelm (339)
accaparer monopolize (339)
accéder access, reach (226)
accentuer stress (339)
accepter accept, agree (5)
accompagner accompany (6)
accomplir fulfill, carry out, accomplish (7)
accorder grant, match (339)
accoter lean (339)
accoucher deliver a baby, have a baby (339)

s'accouder lean (on one's elbows) (32)
accourir rush, run, run to (8)
accoutumer get used to (339)
accrocher attract, catch (9)
accroître increase (139)
s'accroupir squat down (234)
accueillir welcome, accommodate (10)
accumuler accumulate (339)
accuser accuse (339)
s'acharner go at furiously, hound (11)
acheminer dispatch (339)
acheter buy (12)
achever finish (12)
acquérir acquire (13)
acquitter acquit (339)
actionner operate (339)
activer speed up (339)
adapter adapt (339)
additionner add up (339)
adhérer stick (226)
adjoindre bring in, add to (288)
admettre allow, admit (14)
admirer admire (15)
adopter adopt (339)
adorer love, adore (16)
adosser lean (339)
adoucir soften (248)
adresser send, address (339)
advenir happen (489)
aérer air out (226)
affaiblir weaken (17)
s'affairer busy oneself (18)
s'affaisser sink, collapse (32)
affamer starve (339)
affermir consolidate (248)
afficher display, put up (339)
affirmer claim, affirm (19)

affliger distress (303)
affoler frighten, scare (339)
affranchir stamp (248)
affréter charter (226)
affronter face (339)
agacer irritate, annoy (20)
s'agenouiller kneel down (32)
aggraver make worse (339)
agir act (21)
s'agir be about, be a question of (21)
agiter shake (22)
s'agiter be restless, move about, agitate (22)
agrandir extend, enlarge (23)
agréer accept, approve (339)
ahurir astound (248)
aider help (24)
aigrir embitter (248)
aiguiser sharpen (339)
aimanter magnetize (339)
aimer like, love (25)
ajouter add (26)
ajuster adjust (339)
alarmer alarm (339)
alerter alert (339)
alimenter feed (339)
allécher tempt (226)
alléger make lighter, reduce (380)
alléguer use as an excuse (226)
aller go (27)
allier combine, unite (339)
allonger lengthen (303)
allumer light, turn on (28)
altérer distort (226)
alterner alternate (339)
alunir land on the moon (248)
amaigrir make thinner (248)

ambitionner have as one's ambition (339)
améliorer improve (29)
aménager prepare, fit out (303)
amener bring someone (30)
ameuter draw a crowd (339)
amincir thin down (248)
amoindrir weaken (248)
amollir soften (248)
amonceler pile up (38)
amplifier amplify (339)
amputer amputate (339)
amuser amuse, entertain (31)
s'amuser enjoy oneself, play, have fun (32)
analyser analyze, test (339)
anéantir annihilate, overwhelm (248)
angoisser distress (339)
animer host, liven up (339)
annexer annex (339)
annoncer announce (33)
annoter annotate (339)
annuler cancel (34)
anoblir ennoble (248)
anticiper anticipate (339)
apaiser calm (down) (339)
apercevoir perceive, see (35)
s'apercevoir notice, realize (35)
apitoyer move, pity (326)
aplatir flatten (248)
apparaître appear (36)
appareiller fit out (with) (339)
apparenter ally oneself with, resemble (339)
apparier pair (339)
appartenir belong, be up to (37)
appauvrir impoverish (248)
appeler call (38)
s'appeler be called, be named, call each other (39)
applaudir clap (248)
appliquer apply (339)
apporter bring (40)
apprécier appreciate (41)
appréhender dread (339)
apprendre learn, teach (42)
apprêter prepare (339)
apprivoiser tame (339)
approcher approach (43)
s'approcher come near (43)
approfondir deepen, go further into (248)
approprier adapt (339)

approuver approve of (339)
appuyer lean, push (44)
arc-bouter buttress (339)
argenter silver (339)
arguer argue, deduce (339)
armer arm (339)
arnaquer swindle (339)
arpenter pace up and down (339)
arracher pull up, take out, tear out (45)
arranger arrange, suit (46)
arrêter arrest, stop (47)
s'arrêter stop oneself, pause (47)
arriver arrive, come, happen (48)
arrondir increase, round (248)
arroser water, baste, drink to (49)
articuler pronounce clearly (339)
asphyxier suffocate (339)
aspirer breathe in (339)
assainir clean up (248)
assaisonner season (339)
assassiner murder (339)
assembler assemble (339)
assener strike (12)
s'asseoir sit down (50)
asservir enslave (248)
assiéger besiege (380)
assigner assign (339)
assimiler assimilate (339)
assister assist, be present, attend (51)
associer associate (339)
assombrir darken (248)
assommer knock out (339)
assortir match (248)
assoupir make drowsy (248)
assouplir make supple (248)
assourdir deaden, deafen (248)
assujettir subjugate (248)
assumer assume, take on (339)
assurer assure, insure (339)
astiquer polish, shine (339)
astreindre compel (134)
atermoyer procrastinate (326)
s'attabler sit down at the table (32)
attacher fasten, tie up (339)
attaquer attack (52)
atteindre reach (53)
atteler harness (38)

attendre wait (for) (54)
attendrir move (248)
atterrir land (55)
attirer attract (339)
attraper catch (56)
attribuer award (339)
attrister sadden (339)
augmenter increase (339)
autoriser give permission for, authorize (57)
s'avachir bend out of shape, slump (234)
avaler swallow (58)
avancer bring, go, move forward, advance (59)
avantager favor (303)
aventurer venture (339)
avertir warn (60)
aveugler blind (339)
avilir debase (248)
aviser notice, notify (339)
aviver intensify, stir up (339)
avoir have (61)
avouer admit (62)

B

bâcler botch up (339)
bafouer scorn (339)
se bagarrer fight (63)
baigner bathe (64)
se baigner take a bath, swim (64)
bâiller yawn (339)
baisser lower (65)
balader take out for a walk (66)
se balader take a walk, stroll (66)
balafrer gash, slash (339)
balancer swing, toss out (102)
balayer sweep (67)
balbutier stammer (339)
baliser mark (339)
bander bandage (339)
bannir banish (248)
baptiser baptize, christen (339)
baratiner sweet-talk (339)
barbouiller dab (339)
barioler color with bright colors (339)
barrer block, cross out (339)
barricader barricade (339)
basculer fall down (339)
baser base (68)
batailler battle (339)
batifoler frolic, play, flirt (339)
bâtir build (248)

battre beat (69)
bavarder chat, talk (70)
baver drool (339)
bêcher dig (339)
becqueter eat, peck (287)
bégayer stutter (326)
bêler bleat (339)
bénéficier benefit, have (339)
bénir bless (248)
bercer rock (102)
berner trick, joke (339)
beurrer butter (339)
biaiser sidestep the issue (339)
bichonner pamper (339)
biffer cross out (339)
blaguer be joking (339)
blâmer blame (339)
blanchir bleach, clean (248)
blaser make boring, make bland (339)
blêmir become pale (248)
blesser injure, wound, hurt (71)
bloguer blog (339)
bloquer block (339)
boire drink (72)
boiter limp (339)
bombarder bomb (339)
bondir leap (248)
bonifier improve (339)
border line (339)
borner limit (339)
bosser work (73)
boucher block (339)
boucler fasten (339)
bouder sulk (339)
bouffer eat (339)
bouffir puff out (248)
bouger move (74)
bouillir boil (75)
bouleverser upset, move deeply (76)
boulonner work hard, bolt (339)
bouquiner read (339)
bourdonner buzz (339)
bourrer stuff (339)
boursoufler swell (339)
bousculer rush, shove (339)
bousiller wreck (339)
boutonner button (339)
braconner poach (339)
braire bray (186)
brancher connect, plug in (77)
brandir brandish (248)
branler be shaky (339)
braquer aim at, turn (339)

braver defy (339)
bredouiller mumble (339)
breveter patent (12)
bricoler do odd jobs (78)
brider keep in check, bridle (339)
briguer seek (339)
briller shine (79)
brimer pick on, victimize (339)
briser break (339)
broder embroider (339)
broncher stumble (339)
bronzer get a tan (80)
brosser brush (81)
se brosser brush oneself (one's hair, teeth) (82)
brouiller blur, mix up (339)
brouter graze (339)
broyer crush (326)
brûler burn (83)
se brûler burn oneself (or one's body part(s) (83)
brunir turn brown (248)
brusquer rush (339)
brutaliser knock around, bully (339)
buter stumble (339)

C

cabosser dent (339)
cacher hide (84)
cadrer tally (339)
cajoler make a fuss over, cuddle (339)
calculer calculate, work out (339)
caler stall (339)
câliner cuddle, pet (339)
calmer soothe (85)
calomnier slander (339)
calquer copy, trace (339)
cambrioler burglarize (339)
camper camp (339)
capituler capitulate (339)
capter capture, harness (339)
captiver captivate (339)
capturer capture (339)
caractériser characterize (339)
caresser stroke (339)
caricaturer caricature (339)
caser lodge, stay with (339)
casser break (86)
se casser break one's body part(s) (86)
cataloguer catalog (339)

catapulter catapult (339)
causer cause, chat (339)
céder give in, yield (87)
ceindre encircle (134)
célébrer celebrate (366)
celer conceal (12)
censurer censor, censure (339)
cercler ring (339)
cerner surround (339)
certifier assure, certify (339)
cesser stop (339)
chagriner distress (339)
chahuter make a racket (339)
chamailler squabble (339)
chanceler stagger (339)
changer change (88)
chanter sing (89)
chantonner hum (339)
charger load (90)
charmer charm (339)
charrier carry (339)
chasser chase away, hunt (91)
châtier punish (339)
chatouiller tickle (339)
chatter chat (339)
chauffer heat (92)
chausser put shoes on (339)
chercher look for, look up (93)
chérir cherish (248)
chiffonner wrinkle (339)
chiffrer encode (339)
choisir choose (94)
chômer be unemployed (339)
choquer shock (339)
choyer pamper (326)
chronométrer time (226)
chuchoter whisper (95)
cicatriser heal (339)
circoncire circumcise (281)
circonscrire contain, define (195)
circonvenir circumvent (372)
circuler run (96)
cirer polish (339)
ciseler chisel (12)
citer quote (339)
claquer bang (339)
clarifier clarify (97)
classer arrange (339)
classifier classify (339)
cligner blink (339)
clignoter blink, signal (339)
cliquer click (339)
cloner clone (339)
clouer nail (339)

cocher check (339)
coder code (339)
codifier codify (339)
cogner knock (339)
coiffer do somebody's hair (339)
coincer get stuck (98)
coïncider coincide (339)
collaborer collaborate (339)
collectionner collect (339)
coller stick, glue (99)
coloniser colonize (339)
colorer color (339)
colorier color (in) (100)
combattre fight (101)
combler fill, fulfill (339)
commander order (339)
commémorer commemorate (339)
commencer start, begin (102)
commettre commit (103)
communier take communion (339)
communiquer communicate (339)
comparer compare (339)
compenser compensate for (339)
compléter complete (104)
complimenter compliment (339)
compliquer complicate (339)
comporter consist of, have (339)
composer compose (339)
composter punch (339)
comprendre include, understand (105)
compromettre compromise (315)
compter count (106)
concéder grant (226)
concentrer concentrate (339)
concerner concern (339)
concevoir conceive, design (394)
concilier reconcile (339)
conclure conclude (107)
concorder tally (339)
concourir compete (131)
concurrencer compete with (102)
condamner condemn, sentence (339)
condenser condense (339)
condescendre condescend (54)

conduire drive, take someone somewhere (108)
conférer confer (226)
confesser confess (339)
confier confide, entrust (109)
confire preserve (281)
confirmer confirm (339)
confisquer confiscate (339)
confondre mix up, confuse (110)
conforter reinforce (339)
congédier dismiss (339)
congeler freeze (111)
connaître know, meet (112)
connecter connect (339)
conquérir conquer (113)
consacrer devote (339)
conseiller recommend, advise (114)
consentir agree (444)
conserver keep (339)
considérer consider (115)
consister consist (of) (339)
consoler console (339)
consolider strengthen (339)
consommer use (339)
conspirer conspire (339)
constater notice (339)
consterner dismay (339)
constituer make up (339)
construire build (116)
consulter consult (339)
contacter get in touch with (117)
contaminer contaminate (339)
contempler stare at (339)
contenir contain (466)
contenter please (339)
conter relate (339)
contester protest (339)
continuer continue, keep/carry on (118)
contourner go around (339)
contraindre force (134)
contrarier annoy (339)
contraster contrast (339)
contredire contradict (281)
contrefaire forge (243)
contrevenir contravene (372)
contribuer contribute (119)
contrôler check (339)
convaincre convince, persuade (120)
convenir agree, suit (121)
convertir convert (248)
convier invite (339)

convoquer summon (339)
coopérer cooperate (122)
copier copy (123)
correspondre correspond (124)
corriger correct, grade (125)
corrompre bribe, corrupt (436)
côtoyer be close to, rub shoulders with (326)
coucher put to bed, sleep with someone (126)
se coucher go to bed, lie down (127)
coudre sew (128)
couler flow, sink, leak (129)
couper cut (130)
se couper cut oneself (or one's body part(s)) (130)
courber bend (339)
courir run (131)
coûter cost (132)
couvrir cover (133)
cracher spit (339)
craindre fear (134)
crâner show off (339)
craquer burst, creak (339)
créer create (135)
crépir plaster (248)
creuser dig (339)
crever burst, have a flat tire, die (animals) (12)
cribler sift (339)
crier shout (136)
critiquer criticize (339)
crocheter crochet, pick (12)
croire believe (137)
croiser bump into, cross (138)
croître grow, increase (139)
croquer munch (339)
crouler collapse (339)
croupir stagnate (248)
crucifier crucify (339)
cueillir pick, gather (140)
cuire cook, bake (141)
cuisiner cook (142)
culbuter fall over, trip (339)
cultiver grow (339)
cumuler hold concurrently (339)
curer clean out (339)

D

daigner deign (339)
damner damn (339)
danser dance (143)
dater date (339)

envier envy (339)
envisager consider (303)
s'envoler fly away (223)
envoyer send (224)
épandre spread (54)
épanouir open up (248)
épargner save (339)
éparpiller scatter (339)
épater amaze (339)
épeler spell (225)
éplucher peel (339)
éponger mop up (303)
épouser marry (339)
épouvanter terrify (339)
épreindre squeeze out (134)
éprouver feel (339)
épuiser wear out (339)
équilibrer balance (339)
équiper equip, suit up (339)
équivaloir be equivalent to (487)
escalader climb (339)
s'esclaffer burst out laughing (32)
escorter escort (339)
espacer space out (102)
espérer hope (226)
esquisser sketch (339)
esquiver evade, dodge (339)
essayer try (227)
essorer wring out (339)
essouffler make breathless (339)
essuyer wipe (228)
estimer estimate (339)
estropier cripple (339)
établir establish (248)
étaler spread (339)
étayer prop up (326)
éteindre switch off, extinguish (229)
étendre spread, hang (230)
éternuer sneeze (339)
étinceler sparkle (38)
étiqueter label (287)
étirer stretch (339)
étoffer fill out (339)
étonner surprise (339)
étouffer suffocate (339)
étourdir stun (248)
étrangler strangle (339)
être be (231)
étreindre grip (134)
étudier study (232)
évacuer evacuate (339)

s'évader escape (233)
évaluer assess (339)
s'évanouir faint, vanish (234)
évaporer evaporate (339)
éveiller arouse (339)
éventer fan (339)
s'évertuer strive (32)
éviter avoid (235)
évoluer progress (339)
évoquer mention (339)
exagérer exaggerate (236)
exalter excite (339)
examiner examine (339)
exaspérer infuriate (226)
excéder exceed (226)
excepter except (339)
exciter excite (339)
s'exclamer exclaim (237)
exclure exclude, expel (107)
excommunier excommunicate (339)
excuser excuse (339)
exécrer loathe (226)
exécuter execute (339)
exempter exempt (339)
exercer practice (102)
exhiber show off (339)
exhorter urge (339)
exiger demand, require (238)
exiler exile (339)
exister exist (339)
exonérer exempt (226)
expédier send (339)
expérimenter test (339)
expirer expire (339)
expliquer explain (239)
exploiter exploit (339)
explorer explore (339)
exploser explode (339)
exporter export (339)
exposer show (339)
exprimer express (240)
s'exprimer express oneself (240)
expulser expel (339)
exterminer exterminate (339)
extraire extract (186)
exulter rejoice (339)

F

fabriquer make, manufacture (241)
fâcher annoy (339)
faciliter make easy (339)

façonner shape (339)
facturer invoice (339)
faillir fall short of, almost (242)
faire do, make, have something done (243)
falloir need to, be necessary (244)
falsifier falsify (339)
familiariser familiarize (339)
farcir stuff (248)
fasciner fascinate (339)
fatiguer tire (245)
fausser bend (339)
favoriser favor (339)
faxer fax (339)
feindre fake (134)
fêler crack (339)
féliciter congratulate (339)
fendre split (54)
ferler furl (339)
fermenter ferment (339)
fermer close (246)
fêter celebrate (339)
feuilleter leaf through (287)
fiancer be engaged (102)
ficeler tie up (38)
ficher stick (339)
fier trust (339)
figer freeze (303)
filer speed away (339)
fileter thread (12)
financer finance, fund (247)
finir finish (248)
fixer stare at (339)
flairer sniff (339)
flamber blaze (339)
flâner stroll (339)
flanquer flank (339)
flatter flatter (339)
fléchir bend (248)
flétrir wither (248)
fleurir blossom, flower (249)
flirter flirt (339)
flotter float (339)
foisonner abound (339)
fomenter incite (339)
foncer rush, charge ahead (250)
fonctionner work (339)
fonder found (339)
fondre dissolve, melt (251)
forcer force (252)
forger form (303)
se formaliser formalize (63)
former form (339)
formuler formulate (339)

mélanger mix (303)
mêler mix (339)
menacer threaten (311)
ménager handle carefully (303)
mendier beg (339)
mener lead (312)
mentionner mention (339)
mentir lie (313)
se méprendre be mistaken (367)
mépriser despise (339)
mériter deserve (314)
mesurer measure (339)
mettre put, place (315)
meubler furnish (339)
meugler moo (339)
meurtrir bruise (248)
miauler meow (339)
mijoter simmer (339)
mimer mimic (339)
miner undermine (339)
minimiser minimize (339)
miser bet (339)
mobiliser mobilize (339)
modeler model (12)
modérer moderate (226)
moderniser modernize (339)
modifier change, modify (316)
moisir get moldy (248)
moissonner harvest (339)
monnayer make money from (326)
monopoliser monopolize (339)
monter go up, take something up, get in (317)
montrer show (318)
se moquer (de) make fun (319)
mordre bite (320)
mortifier mortify (339)
motiver motivate (339)
moucher blow the nose of (339)
moudre grind (321)
mouiller get wet (339)
mourir die (322)
mouvoir move (204)
muer molt (339)
multiplier multiply (339)
munir equip (248)
mûrir ripen (248)
murmurer whisper (339)
museler muzzle (38)

muter transfer (339)
mutiler mutilate (339)
mystifier mystify (339)

N

nager swim (323)
naître be born (324)
nantir provide (248)
narrer narrate (339)
naviguer sail (339)
navrer upset (339)
nécessiter necessitate (339)
négliger neglect (303)
négocier negotiate (339)
neiger snow (325)
nettoyer clean (326)
nier deny (339)
niveler level (38)
noircir blacken (248)
nommer name (339)
normaliser standardize (339)
noter make a note of (339)
nouer tie (339)
nourrir feed, nourish (327)
noyer drown (326)
nuire be harmful (108)
numéroter number (339)

O

obéir (à) obey (328)
objecter plead (339)
obliger force, oblige (329)
oblitérer cancel (226)
obscurcir obscure (248)
obséder obsess (226)
observer watch (339)
s'obstiner persevere, persist (330)
obtenir get, obtain (331)
occuper occupy, keep busy (332)
octroyer grant (326)
offenser offend (339)
offrir give, offer (333)
omettre omit (315)
opérer operate on (226)
opposer oppose (339)
opprimer oppress (339)
ordonner order (339)
organiser organize (339)
orner decorate (339)
orthographier spell (339)
osciller swing (339)
oser dare (339)

ôter take off (339)
oublier forget (334)
outrager offend deeply (303)
ouvrir open (335)
oxyder oxidize (339)

P

pacifier calm (339)
pâlir become pale (248)
palper feel (339)
palpiter beat (339)
paniquer panic (339)
panser bandage (339)
parachever complete (12)
parachuter parachute (339)
paraître seem (336)
paralyser paralyze (339)
parcourir skim through, travel (337)
pardonner forgive (339)
parer adorn (339)
parfondre solder (54)
parfumer flavor (339)
parier bet (338)
parler speak, talk (339)
parquer pen (up) (339)
parrainer sponsor (339)
partager divide, share (340)
participer participate (339)
partir leave, go (341)
parvenir manage, get to, reach (342)
passer pass, spend (time), take a test (343)
passionner inflame (339)
patienter wait (339)
patiner skate (339)
pâtir suffer (248)
patronner sponsor (339)
paumer lose (339)
pauser pause (339)
paver pave (339)
payer pay for (344)
pécher sin (226)
pêcher fish (339)
peigner comb (339)
se peigner to comb one's hair (63)
peindre paint (345)
peler peel (12)
pencher tilt (339)
pendre hang (54)
pénétrer enter (366)
penser think (339)
percer pierce (346)
percevoir perceive (394)
percuter smash into (339)

valoir be worth (487)
vanter praise (339)
varier vary (339)
végéter vegetate (366)
veiller stay up (339)
vendre sell (488)
venger avenge (303)
venir come (489)
verdir turn green (248)
verdoyer grow (326)
vérifier check (490)
vernir varnish (248)
verrouiller bolt, lock (339)
verser pour (339)
vêtir dress, clothe (491)
se vêtir get dressed (491)
vexer upset (339)

vibrer vibrate (339)
vider empty (339)
vieillir age, grow old (492)
violer rape (339)
virer transfer (339)
viser aim at (339)
visiter visit (a place) (493)
visser screw (339)
vitrifier varnish (339)
vitupérer vituperate (226)
vivifier invigorate (339)
vivre live (494)
vociférer shout (226)
voiler veil (339)
voir see (495)
voler fly, steal (496)
vomir vomit (248)

voter vote (497)
vouer dedicate, devote (339)
vouloir want (498)
vouvoyer address somebody as "vous" (499)
se vouvoyer address each other as "vous" (499)
voyager travel (500)
vrombir hum, buzz (248)
vulgariser popularize (339)

Z

zapper channel surf (339)
zébrer streak (226)
zézayer lisp (326)
zigzaguer zigzag (339)

31901055127007